Konrad Jarausch

Die Umkehr

Schriftenreihe Band 469

Konrad Jarausch

Die Umkehr

Deutsche Wandlungen 1945-1995

bpb:
Bundeszentrale für politische Bildung

Bonn 2004
Lizenzausgabe für die
Bundeszentrale für politische Bildung

Umschlaggestaltung: Michael Rechl, Kassel
Umschlagfoto: © Ullstein
Typografie und Satz: DVA/Brigitte Müller
Druck und Bindearbeiten: Bercker Graphischer Betrieb, Kevelaer
ISBN 3-89331-581-0

Inhalt

Vorwort

Den Anstoß zu diesen Überlegungen gab ein an sich triviales Erlebnis. Anfang der siebziger Jahre kam ich wieder einmal nach einem transatlantischen Flug etwas übernächtigt in Frankfurt an. Nach dem üblichen Gedränge beim Aussteigen traute ich an der Passkontrolle kaum meinen Augen: Der junge Grenzbeamte trug einen Vollbart, sein Kragen war offen und der Schlips verrutscht, er lächelte sogar und wünschte mir einen schönen Aufenthalt! Ich war so erstaunt über diesen freundlichen Empfang, dass ich nur eine Höflichkeitsfloskel murmelte und rasch weiterging. Erst als sich bei späteren Ankünften die Zöllner ähnlich unautoritär verhielten, dämmerte mir, dass ihr Verhalten ein Anzeichen eines breiteren Wandlungsprozesses sein könne. Wenn sogar uniformierte Hoheitsträger sich durchaus leger benahmen, war dies nicht ein Indiz für eine allgemeinere Transformation deutscher Gesellschaft und Kultur?

Mein vorheriges Deutschlandbild war durch negative Kindheitserfahrungen der Nachkriegszeit geprägt, in denen Ordnung und Autorität eine größere Rolle als Freundlichkeit spielten. Zweifellos waren der Wiederaufbau und die Wiederherstellung von Normalität in Familie, Schule und Arbeit eindrucksvolle Leistungen der älteren Generation. Aber als Jugendliche hatten wir wenig Geduld mit dem Bemühen, beschädigte Traditionen aus dem Schutt des Nationalsozialismus zu retten, denn wir sehnten uns nach einer unbelasteten Zukunft und interessierten uns für alles Moderne, das aus den westlichen Nachbarländern kam. Trotz seines Anspruchs, ein besseres Deutschland zu sein, schien der sozialistische Gegenstaat im Osten zu sehr sowjetische Marionette, um eine echte Alternative zu bieten. Da Spuren des von ihnen verursachten Unheils noch überall sichtbar waren, trafen Väter mit ihren Disziplinierungsversuchen meist auf Unverständnis. Eine vom Direktor meines Gymnasiums inszenierte Demütigung während der mündlichen Abiturprüfung bestärkte mich in dem Entschluss, aus dieser Enge auszubrechen und in den USA zu studieren.

Umso erfreuter registrierte ich bei meinen Forschungsreisen nach Deutschland Anzeichen eines Wandels der Verhaltensweisen und der

Denkstrukturen. Da mich die Vergangenheit meines Heimatlandes nicht losließ, kam ich jedes Jahr für kürzere oder längere Zeit aus den USA zurück, hatte also viel Gelegenheit, Veränderungen des Alltagslebens zu beobachten. Seit den siebziger Jahren kuschten Schüler nicht mehr vor ihrem Lehrer, ließen sich Kunden nicht mehr alles von Verkäufern gefallen, folgte das Publikum nicht mehr jeder Anordnung von Beamten. Stattdessen begannen die Menschen, sich vor einem Schalter in einer Schlange anzustellen, ohne sich vorzudrängen, und sogar auf der Autobahn fingen die Fahrer an, sich bei Baustellen alternierend einzuordnen. Viele Frauen begehrten gegen den Kommandoton ihrer Männer auf, und der kleinbürgerliche Mief der Sittenwächter verflüchtigte sich. Auch begannen Bürger sich in öffentliche Belange einzumischen und zusammenzuschließen, um ihr Recht einzufordern. Dieser graduelle Wandlungsprozess, der aus Deutschland ein angenehmeres Land machte, ist keineswegs selbstverständlich, sondern höchst erklärungsbedürftig.

In der Beurteilung dieser erstaunlichen Metamorphose der Deutschen nach dem Ende der NS-Diktatur gehen die Meinungen, je nach politischem Standpunkt, weit auseinander. Ausländische Journalisten wie Jane Kramer oder Mark Fisher interessieren sich eher für die Schatten der NS-Vergangenheit, nehmen also die darauf folgenden Veränderungen kaum wahr. Dagegen haben manche inländische Kommentatoren zu wenig Abstand von den im Einzelnen kleinen, aber in der Summe doch signifikanten Entwicklungen, um ihre volle Bedeutung zu erkennen. Während Traditionalisten meist glauben, dass sich seit der Wiederherstellung von Bürgerlichkeit in der Adenauerzeit kaum noch etwas verändern musste, gehen für kritische Intellektuelle die Wandlungen oft nicht weit genug, weshalb sie ihrer Betonung instinktiv misstrauen. Vielleicht ist eine transatlantische Doppelperspektive, die Distanz mit Sympathie verbindet, notwendig, um das Ausmaß des dramatischen Wandlungsprozesses zu beschreiben und nach seinen Ursachen, seinem Verlauf und seinen Implikationen zu fragen.

Die Untersuchungen der neueren Zeitgeschichte nach 1945 bieten interessante Anregungen, können aber in ihrer analytischen Durchdringung nicht ganz überzeugen. Die Betrachtungen von Journalisten liefern atmosphärisch dichte Beschreibungen, bleiben jedoch weitgehend an der Oberfläche der Ereignisse. Die ambitiösen Begriffsbildungen der Sozialwissenschaftler wie Ulrich Becks »Risikogesellschaft« haben leider oft einen zu kurzen Atem, um längerfristigen Strukturwandlungen gerecht zu werden. Die eindrucksvollen Synthesen der Staatengeschichte der Bundesrepublik und der DDR beschränken sich dagegen weitgehend auf jeweils separate Darstellungen der politischen Entwicklung (Manfred Görtemaker oder Klaus Schroeder). Bei der Beurteilung dient die westdeutsche Entwicklung meist als Norm, so dass die immer besser erforschte DDR-Geschichte noch nicht wirklich in die allgemeine Nachkriegsgeschichte integriert ist (auch nicht bei Heinrich August Winkler). Obwohl sie sich auf diese narrativen Vorarbeiten stützen werden, stellen sich die folgenden Betrachtungen eine andere analytische Aufgabe.

Um den positiveren Verlauf der deutschen Geschichte in der zweiten Hälfte des 20. Jahrhunderts zu erklären, muss sich der Historiker auf das weniger erkundete Terrain der soziokulturellen Veränderungen vorwagen. Er kann dabei von Sebastian Haffners Kriterium des Einflusses von Ereignissen auf das Leben von einfachen Menschen ausgehen, also weniger die Haupt- und Staatsaktionen als die schrittweisen Veränderungen von Anschauungen und Verhaltensweisen im Alltagsleben untersuchen. Um die Spannung zwischen sich wandelnden Strukturbedingungen und ihrer Bewusstwerdung auszuloten, ist eine methodische Mischung von individueller Erfahrungsgeschichte und Analyse des öffentlichen Diskurses notwendig. Im Zentrum werden daher weniger Regierungshandlungen als individuelle Erfahrungen und kollektive Debatten über Kernfragen der politischen Kultur stehen. Als Quellen dazu dienen vor allem Tagebücher, Autobiographien und Memoiren aus Walter Kempowskis privater Sammlung sowie zahlreiche Gespräche mit Zeitzeugen, die durch eine selektive Auswertung von Printmedien etwa aus dem Pressearchiv des Otto-Suhr-Instituts der Freien Universität Berlin ergänzt werden.

Das Ziel dieser quellengestützten Reflexion ist es, die Schlüsselfrage nach der Überwindung der NS-Katastrophe zu beantworten, die diesem Prozess eine exemplarische Bedeutung verleiht: Wie gelang es den Deutschen, aus der durch Vernichtungskrieg und Holocaust selbstverschuldeten physischen Zerstörung und moralischen Diskreditierung wieder herauszukommen? Im Kern geht es dabei um die Rekonstruktion der konfliktreichen Abwendung von aggressiven Tendenzen und vom autoritären Habitus unter den erschwerenden Rahmenbedingungen von Teilung und Kaltem Krieg. Die folgenden Überlegungen werden sich mit den Veränderungen der Wertvorstellungen und Verhaltensweisen in beiden Nachfolgestaaten beschäftigen, um die praktischen Lernprozesse, die sich aus der Verarbeitung des NS-Traumas ergaben, deutlich zu machen. Dabei werden auch Aspekte persönlicher Erinnerungen und öffentlicher Gedächtniskultur angesprochen, aber sie sollen nicht als Selbstzweck, sondern als Hintergrund für die Wandlungen der Politik dienen. Im Zentrum steht daher die Analyse der von Gustav Radbruch im Januar 1947 geforderten »Umkehr zur Humanität« und damit auch die Frage nach den historischen Wurzeln einer erst entstehenden Berliner Republik.

Potsdam, im Mai 2004 *Konrad H. Jarausch*

Einleitung

Der Zivilisationsbruch

Erst das herannahende Ende enthüllte die vollen Schrecken der NS-Diktatur. Der »unglaubliche Frühling« von 1945 brachte den Krieg nach Deutschland – Panzerketten zerfurchten Äcker, Granaten durchlöcherten Häuser und Brandbomben setzten Stadtteile in Flammen. Unter den energischen Angriffen der Alliierten brachen die notdürftig mit dem Volkssturm verstärkten Fronten endgültig zusammen, und die sieggewohnte Wehrmacht zerfiel in Zivilisten, die der Gefangennahme zu entgehen suchten. Trotz Goebbelsscher Durchhalteappelle fingen Millionen von Mitgliedern an, die NSDAP zu verlassen, höhere Amtswalter brachten sich in Sicherheit, und die kleinen Nazis versteckten ihre Uniformen. Eine Journalistin notierte: »Jeder rückt jetzt von Adolf ab, und keiner ist dabei gewesen.« Gleichzeitig zerbrach das Großdeutsche Reich, denn immer größere Landesteile wurden besetzt und die überlebenden Kriegsgefangenen, Zwangsarbeiter sowie KZ-Insassen befreit. Mit dem Stocken der Verwaltungstätigkeit löste sich die bürgerliche Ordnung auf, Strom und Wasser fielen aus, die Versorgung unterblieb, die Straßen wurden unsicher.[1]

Die sich abzeichnende Niederlage rief in der deutschen Bevölkerung gemischte Gefühle hervor. Die Journalistin Margret Boveri schrieb Ende April in Berlin: »Über den Krieg wird nicht viel geredet. Dass ihn alle satt haben, ist trotzdem klar.« Aber erst musste man die letzten Kämpfe überleben und die Besetzung überstehen, die neue Gefahren bereithielt. Zwar war das Ende der Todesangst eine große Erleichterung, aber die Ankunft der Sieger brachte neue Sorgen vor plündernden oder vergewaltigenden Truppen mit sich: »Da haben sie mich«, so beschrieb eine Frau ihre Schändung: »Ich schreie, schreie … Hinter mir klappt dumpf die Kellertür zu.« Vor allem für Nationalsozialisten, Patrioten und Soldaten war die Niederlegung der Waffen eine Niederlage. Viele waren »sehr bitter darüber, wie wir betrogen worden seien. Dafür habe man nun sechs Jahre gekämpft, dass hier die Russen seien und dass man nicht wisse, ob die Familie noch lebe und wo sie sei«.[2] Jedoch für Mitglieder des Widerstands, Zwangsarbeiter und Lagerhäftlinge bedeutete die Ankunft der Alliierten eine echte Befreiung, die Hoffnung auf eine bessere Zukunft weckte. Bei dem Rest der Bevölkerung wechselten in verwirrender Folge Gefühle des tiefen Verlusts mit berauschender Überlebensfreude.[3]

Die schreckliche Hinterlassenschaft der Hitler-Diktatur wird in den eindrucksvollen Bildern der amerikanischen Fotografin Margaret Bourke-White vom April 1945 deutlich. Ihre mit den vorrückenden GIs gemachten Aufnahmen zeigen vor allem trostlose Trümmerlandschaften mit Bergen von Schutt, geborstenen Brücken, zerstörten Industrieanlagen, ausgebrannten Häusern und kaputtem Kriegsgerät. Von den millionenfachen Toten sind nicht nur einzelne Gräber oder Selbstmörder, sondern auch erschütternde Beispiele von verkohlten Körpern am Stacheldraht und von Leichenbergen vor den Öfen der Konzentrationslager zu sehen. Während die wohlgenährten, befehlsgewohnten Gesichter der Nazi-Anhänger noch ihren Erfolg im Dritten Reich widerspiegeln, sind die sympathischeren Antlitze der Opponenten durch tiefe Furchen der Angst gezeichnet und die hohlwangigen Köpfe der Opfer scheinen mit übergroßen Augen um Barmherzigkeit zu flehen. Die Sieger schauen dagegen selbstbewusst in die Kamera und fraternisieren trotz aller Verbote schon mit allzu willigen »Fräuleins«. Zwischen den zerbombten Häusern, in den ruinierten Fabriken, auf den überfüllten Zügen und holprigen Landstraßen scheint jedoch trotz alledem das Leben weiterzugehen.[4]

Diese Fotoreportage zeigt die zerstörerischen Folgen eines Regimes, das durch Vernichtungskrieg und Genozid die Grenzen normaler Kriegsführung überschritten hatte. Nicht nur war der Grad der materiellen Zerstörung atemberaubend, das moralische Unheil war fast noch größer, und deswegen die Unsicherheit über die Zukunft allgegenwärtig. Da das Ausmaß der Niederlage des Dritten Reiches weit über den Zusammenbruch des Zweiten Reiches hinausging, stellten sich der betäubten Bevölkerung Fragen über Fragen: Würden die verhassten Deutschen überhaupt überleben können oder würden die geknechteten Nachbarn blutige Rache für die ihnen angetanen Untaten üben? Wie würden die Besatzungsmächte mit den Besiegten umgehen – würden sie das Reich zerschlagen und hohe Reparationen verlangen oder ihnen ein Existenzminimum für ein Weiterleben zubilligen? Würden die Alliierten den früheren Feinden jemals die Herstellung einer geläuterten inneren Ordnung und die Rückkehr als handelndes Subjekt in die internationale Politik erlauben? Die von Hitler verursachte »Verachtung der zivilisierten Welt« für Deutschland war gleichzeitig Vorbedingung und Hindernis für jeden Neuanfang.[5]

Schock der Unmenschlichkeit

Die Entdeckung der Kriegsverbrechen im Frühjahr 1945 löste eine tiefe Empörung aus, die das Bild der Deutschen dauerhaft verdunkelte. Von dem dramatischen Endkampf um Berlin überschattet, schienen der internationalen Öffentlichkeit die Gerüchte von der Ermordung von fünf Millionen Juden in Auschwitz zu unvorstellbar zu sein, um wirklich Glauben zu finden.[6] Nur langsam sickerten Meldungen über die Befreiung von »3000 lebenden Skeletten und 2700 unbestatteten Leichen« des KZ Dora (Nordhausen) und von »Horror-Märschen« von alliierten Gefangenen durch.[7] Erst die Befreiung des Konzentrationslagers Buchenwald durch amerikanische Truppen am 11. April brachte den eindeutigen Beweis durch den beklagenswerten Zustand der etwa 21000 Insassen, von denen viele dem Tode nahe waren, und die Unterlagen des Häftlingskommitees, die 32705 Ermordete auswiesen. »Was ich sah, war so schrecklich, dass ich es nicht geglaubt hätte, wenn ich es nicht mit eigenen Augen gesehen hätte«, berichtete der Journalist Harold Denny, der dadurch »vom deutschen Sadismus überzeugt« wurde. Er beschrieb, wie ein befreiter Russe mit Ironie auf das mörderische Hygienische Institut der Waffen-SS zeigte: »Und so zivilisiert sind die Deutschen!«[8]

Um Behauptungen entgegenzutreten, die die Berichte über den Holocaust als alliierte Propaganda bezeichneten, zwangen die US-Militärs 1200 Weimarer Bürger, »selbst den Horror, die Brutalität und die Unmenschlichkeit zu sehen, die gegen ihre ›Nachbarn‹ im notorischen KZ Buchenwald verübt wurden«. Ein Reporter schrieb, dass die Tour durch die »Todesfabrik« mit zu »Pergament« verarbeiteten Stücken menschlicher Haut begann, die wegen ihrer Tätowierungen gesammelt worden waren. »Die Deutschen sahen dies alles und weinten. Und die, die nicht weinten, waren beschämt.« Dann kamen die »wissenschaftlichen Laboratorien« an die Reihe, in denen Menschenversuche wie Infizierungen mit Typhus gemacht worden waren – mit einer Sterbequote von 98 Prozent. Darauf ging es weiter zu den Baracken: »Der Gestank, der Dreck und das Leiden waren unbeschreiblich.« Auch die berüchtigte Folterkammer und der oft benutzte Galgen wurden nicht ausgelassen. Am schlimmsten war jedoch das Krematorium, in dem Leichen noch wie Holz auf Wagen gestapelt waren, um in drei modernen Öfen verbrannt zu werden. »Sie haben Dinge gesehen, die Tränen in ihre Augen brachten, und Dutzende, einschließlich der Krankenschwestern, sind in Ohnmacht gefallen.«[9] Auch wenn viele patriotische Deutsche den Meldungen und Bildern anfangs nicht trauen wollten, konnten sie die Verbrechen auf die Dauer nicht leugnen: »Entsetzt waren wir jedoch über die grauenvollen Berichte, die über die vorgefundenen Zustände bei der Befreiung der Konzentrationslager zu uns kamen.«[10]

Bestätigt durch die Befreiung der Todeslager von Bergen-Belsen, Dachau und Sachsenhausen musste der »unbezweifelbare Nachweis« solcher NS-Verbrechen die Haltung der Alliierten zur deutschen Zukunft nach Hitler verhärten. Um die von den Übertreibungen des Ersten Weltkriegs herrührende »Skepsis über so genannte deutsche Gräuelgeschichten« zu überwinden, publizierte das US-Militär einen offiziellen Bericht über die »Vernichtungsfabrik« Buchenwald.[11] Auch besuchten zahlreiche Kongressabgeordnete, führende Militärs wie Dwight D. Eisenhower und Journalisten das befreite Lager, um sich selbst von »der fast unglaublichen barbarischen Behandlung« zu überzeugen.[12] Die schrecklichen Bilder der abgemagerten Häftlinge und Massengräber bestärkten die Befürworter einer Politik der Strafe, wie Henry Morgenthau[13], die mit US-Präsident Franklin Delano Roosevelt glaubten, dass »die ganze [deutsche] Nation sich auf eine rechtlose Verschwörung gegen die Anstandsregeln der modernen Zivilisation eingelassen hat«. Je mehr Untaten entdeckt wurden, desto schwieriger wurde es für gemäßigte Realpolitiker wie John J. McCloy und Henry Stimson, dagegen zu argumentieren, dass ein karthagischer Frieden »ein Verbrechen gegen die Zivilisation selbst« wäre. Beide Richtungen stimmten jedoch in der Notwendigkeit überein, nicht nur die kurzfristigen Schäden des Nationalsozialismus zu reparieren, sondern auch mit den längerfristigen problematischen Traditionen deutscher politischer Kultur zu brechen.[14]

Auch auf deutscher Seite beschleunigte die Niederlage die Distanzierung vom zerfallenen Dritten Reich, ohne jedoch zur Anerkennung der eigenen Verantwortung für seine Untaten zu führen. Eine amerikanische Meinungsumfrage von Anfang Juni 1945 zeigt eine ratlose Bevölkerung, die vor allem die führenden Nazis für die Katastrophe verantwortlich machte und daher »die Eliminierung aller Spuren der NSDAP« verlangte.[15] »Der Deutsche ist zum Paria unter den Völkern geworden. Deutschlands Ehre genommen durch die Grausamkeiten, die eine wahnwitzige Idee unschuldigen Menschen zugefügt hat«, notierte eine Hamburgerin fassungslos. »Dass so etwas von Deutschen verübt ist, hat man nie für möglich gehalten, [dass] Deutschland, das einen Goethe, Schiller, Humboldt und Kant stolz zu seinem ureigensten Eigentum gezählt hat, so tief sinken konnte.«[16] Nur im Exil gelang Intellektuellen wie Thomas Mann eine tiefsinnigere Analyse »unserer Schmach«, welche die »romantische Gegenrevolution gegen den ... Rationalismus der Aufklärung« als Ursache der »hysterischen Barbarei« verstand, um damit zu einer Rückkehr zu den Werten westlicher Zivilisation aufzurufen.[17] Dennoch war es einer kritischen Minderheit von unabhängigen Beobachtern und Antifaschisten klar, dass in jeder Hinsicht ein grundlegender Neubeginn notwendig sei.[18]

Das Bekanntwerden der Umrisse des »kaltblütigen, wissenschaftlichen Massenmordes« an den europäischen Juden warf auch einen Schatten auf die Potsdamer Konferenz, die zu einem »wirklich rezivilisierten Europa« führen sollte. Schon die Aufhebung deutscher Souveränität am 5. Juni 1945, trotz der praktischen Probleme einer alliierten Übernahme der Verantwortung, deutete in eine strenge Richtung.[19] Kein Wunder, dass die zunächst provisorischen, aber dann endgültigen Entscheidungen der drei Großmächte über die Zukunft Deutschlands gleichzeitig auf Bestrafung wie Rehabilitierung hinzielten. Aufgrund der vom Dritten Reich zu verantwortenden Millionen Toten war das Bedürfnis der Sieger nach militärischer Sicherheit und materieller Wiedergutmachung durch Abtrennung der Ostgebiete sowie erhebliche Reparationen durchaus verständlich. Ein Leitartikel der *New York Times* bezeichnete solche Bedingungen als »hart und restriktiv«, denn sie bezweckten, »die Ausrichtung der deutschen Mentalität zu verändern, die Nation ihres Kriegspotentials zu berauben, die Wirtschaft zu verändern und zu dezentralisieren«, also das Land zu reagrarisieren. Für die deutsche Bevölkerung seien die Auflagen der Entmilitarisierung, Entnazifizierung und Entkartellierung aber »nicht hoffnungslos«, da sie ihr die Möglichkeit gäben, »sich auf die schließliche Rekonstruktion ihres Lebens auf einer demokratischen und friedlichen Basis vorzubereiten«.[20]

Die alliierten Beschlüsse beendeten die Unsicherheit der ersten Besatzungsmonate und boten, in ihrer Interpretation durch General Eisenhower, klare Rahmenbedingungen für eine schrittweise Rehabilitierung. »Wir waren auch alle deprimiert über das Kommunique der Potsdamer Konferenz, das wir auszulegen versuchten«, notierte die Journalistin Margret Boveri in ihrem Tagebuch. Vor allem in Berlin diskutierte man »fast immer auf dem Boden der Frage: Ost oder West«, das heißt Bolschewismus oder Amerikanismus und ob man »nicht doch noch anstelle des Entweder-Oder ein Drittes, Eigenes, setzen« könnte. Auch der liberale jüdische Gelehrte Victor Klemperer, der die Rassenverfolgung mit knapper Not überlebt hatte, war erschüttert: »Das geschrumpfte Kleinstdeutschland wird ein armseliger Agrarstaat ohne Selbständigkeit, ohne Möglichkeit, zu neuen Kräften zu kommen.«[21] Während die Mehrheit der »deprimierten und verärgerten« Deutschen nicht verstand, »warum die Außenwelt sie für die Verbrechen verantwortlich macht«, versuchten Mitglieder der dezimierten Elite wie der Historiker Gerhard Ritter, die Nation in geläuterter Form durch die Besatzungszeit zu retten. Obwohl man sich über Richtung und Grad der notwendigen Reformen streiten konnte, war es unübersehbar, dass Militarismus und Nationalismus ins Unglück geführt hatten.[22]

Die Nürnberger Prozesse waren daher ein nicht unproblematischer, aber doch notwendiger Versuch, die »Verletzung der Konventionen der Zivilisation« durch die NS-Verbrechen mit juristischen Mittel zu ahnden. »Ihre kriminellen Machenschaften wurden für die ganzen menschlichen und materiellen Verluste seit Hitlers Machtergreifung, einschließlich des Blutes von 5700000 systematisch ermordeten Juden, verantwortlich gemacht.« Die Anklagepunkte zeigen eine ansteigende Linie von Überschreitungen des traditionellen Kriegsrechts durch den Vernichtungskrieg (Punkt drei) zu neuartigen, aus den Verträgen des Völkerbunds abgeleiteten Vergehen gegen den

Frieden (Punkte eins und zwei) durch die Aggression gegen die Nachbarstaaten. Als Reaktion auf die Schreckensbilder der KZs kam als weitere juristische Neuerung eine Anklage wegen »Verbrechen gegen die Menschlichkeit« hinzu, welche die »Vernichtung, Versklavung und Deportation von Zivilbevölkerung vor und während des Krieges und die Verfolgung aus politischen, rassischen oder religiösen Gründen« betraf. Dieser vierte Anklagepunkt macht den Versuch der Alliierten deutlich, nicht nur auf die Schuld für den Kriegsausbruch oder die Verschärfung der Kriegsführung, sondern auch auf die vorher unvorstellbare Qualität der Verbrechen gegen Nichtkombattanten zu reagieren, um durch die Ahndung ihrer Verletzungen menschliche Grundrechte wiederherzustellen.[23]

Die deutsche Bevölkerung betrachtete das Spektakel der Kriegsverbrecherprozesse in der vormaligen »Stadt der Reichsparteitage« mit durchaus gemischten Gefühlen. »Zutage tritt eine grenzenlose Machtgier und Unbildung, völlige Enthemmtheit und ein wahnsinniges Experimentieren mit Menschen und Völkern.« Trotz der skrupulösen Korrektheit des Verfahrens war es nationalistischen Verteidigern leicht, den Vorwurf einer »Siegerjustiz« zu erheben, denn sowjetische Verbrechen wie die Massenerschießung von Katyn wurden auch den Nationalsozialisten angelastet. Dennoch verfehlten die in Presseaufnahmen, Wochenschauen und Aufklärungsfilmen (»Todesmühlen«) vorgestellten Bilder des Grauens, das von vielen Entscheidungsträgern und Organisationen zu verantworten war, nicht ganz ihre Wirkung, so dass etwa die Hälfte der Deutschen die Bestrafung der Täter für richtig hielt. Auch bewiesen die Teilgeständnisse der Beteiligten viele der Anklagepunkte und die relativ milden Strafen für Mitglieder der ehemaligen Eliten wie Hjalmar Schacht belegten die Möglichkeit einer individuellen Verteidigung. Insgesamt verstärkten die Nürnberger Prozesse den Eindruck der Schuld von führenden Nationalsozialisten, trugen aber auch zur Selbstentlastung der Mehrheit der Bevölkerung bei, da diese nun weiter behaupten konnte, entweder nichts gewusst oder nur Befehle von oben befolgt zu haben.[24]

Unter der Vormundschaft der Besatzungsmächte musste der Prozess der Rehabilitierung lang und schwierig werden, denn die Alliierten waren sich immer weniger über die Methoden und Ziele der

Umwandlung einig. Eine »strenge Politik«, die neben der notwendigen Entnazifizierung die Deutschen langfristig wirtschaftlich schwächte und politisch knebelte, war zwar in Washington und Moskau durchaus populär, würde aber allein kaum ein besiegtes Volk zur Demokratie bekehren können. Pragmatische Politiker wie der Chef der US-Militärregierung General Lucius D. Clay befürworteten stattdessen ein »positives Programm« mit Anreizen für den schwierigen physischen Wiederaufbau sowie für die problematischere Läuterung des öffentlichen Lebens. Gleichzeitig beklagten einige Beobachter die Existenz eines »politischen Vakuums«, da sich die Besiegten zwischen amerikanischer Demokratie oder sowjetischem Kommunismus als konkurrierenden Modellen entscheiden mussten. Schließlich war es auch keineswegs klar, ob es überhaupt wieder eine deutsche Zentralregierung geben oder ob der Wiederbeginn des politischen Lebens nach den jeweiligen ideologischen Vorgaben der Besatzungsmacht in den einzelnen Zonen stattfinden würde.[25]

Auch auf Seiten der von Selbstmitleid erfüllten Deutschen schienen die Voraussetzungen für eine Demokratisierung nicht gerade günstig zu sein. Nur von einer Minderheit der NS-Gegner oder -Opfer wurde die Niederlage der Wehrmacht wirklich als Befreiung von der Diktatur empfunden.[26] Obwohl die Mehrheit der Bevölkerung sich über das Kriegsende freute, gab es Enttäuschung über die Nationalsozialisten sowie Hass auf die Sieger: »Man hat uns belogen und betrogen.« Zwar fanden amerikanische Interviewer unter den Besiegten »ein latentes und möglicherweise tief sitzendes Schuldgefühl wegen der Brutalität der deutschen Wehrmacht in Europa«, aber der fast »zwanghafte verbale Mitteilungsdrang« sollte doch wohl eher die individuelle Verantwortung verschleiern und die Schuld irgendwelchen Nazi-Bonzen zuschreiben.[27] Deswegen war die Suche nach selbstbewussten deutschen Demokraten weitgehend vergeblich, denn die Mehrheit schien noch ganz in autoritären Verhaltensmustern gefangen und biederte sich nun servil den Besatzungsmächten an. Aufrechte, nicht kompromittierte Christen oder Sozialdemokraten, die selbst »radikal ausmisten« und einen neuen politischen Anfang wagen würden, waren dagegen höchst selten.[28]

Wegen der Ausmaße der NS-Verbrechen verlangte der Rehabilitierungsversuch nach 1945 wesentlich tiefere Eingriffe als der nach

1918. Um eine erneute Bewaffnung zu verhindern, bestanden die Siegermächte auf einer »bedingungslosen Übergabe«, einer völligen Besetzung, der Zerschlagung staatlicher Souveränität und auf einer juristischen Bestrafung von Kriegsverbrechern. Auch die Besiegten mussten sich angesichts der Luftangriffe, des Blutzolls der Ostfront sowie der Flucht und der Vertreibung darüber im Klaren sein, dass die totale Niederlage wesentlich drastischere Folgen als nach dem Ersten Weltkrieg haben würde. Trotz der Leugnung individueller Verantwortung waren das enorme Ausmaß und die neue Qualität der im Vernichtungskrieg und im Genozid verübten Verbrechen kaum abzustreiten – vor allem weil Tausende von Zeugen, seien es überlebende Juden, frühere Sklavenarbeiter oder befreite Kriegsgefangene, sich noch in Deutschland befanden. Wegen solch unvorstellbarer Schuld mussten die innere Wiederherstellung des Rechtsstaates wie die Wiederaufnahme in die internationale Gemeinschaft ein langwieriger Prozess werden: »Unsere Ächtung ist die Folge unseres Verrats an der humanen Gesittung.«[29] Inwieweit würden die siegreichen Besatzer und die Minderheit der Besetzten bei der notwendigen Läuterung der politischen Kultur Erfolg haben?

Deutungen nationalsozialistischer Barbarei

Zeitgenössische amerikanische Versuche, die Ursachen der NS-Aggression zu erklären, benutzten die Denkfigur der Abweichung von westlicher Zivilisation als selbstverständlichen Standard. Der Begriff einer *western civilization* war nach dem Ersten Weltkrieg an US-Hochschulen als Antwort auf die Frage zurückgekehrter Soldaten entstanden, warum Bauernjungen aus Iowa in den Schützengräben von Chateau Thierry sterben mussten. Inhaltlich waren damit die Entwicklung von Menschenrechten und der Fortschritt von Demokratie in den Westmächten gemeint, unter Nichtbeachtung des russischen Verbündeten, der nicht in dieses Muster passte. Diese Selbststilisierung sah sich durch den von deutschen Intellektuellen im Ersten Weltkrieg hervorgehobenen Gegensatz zwischen »Helden und Händlern«, so Werner Sombart, oder »Kultur und Zivilisation«, so Thomas Mann, wenn auch unter umgekehrten Vorzeichen, bestätigt.[30] In ähnlicher Weise konnten liberale westeuropäische Historiker im Zweiten Weltkrieg einen aus der Aufklärung abgeleiteten, universell gedachten Begriff der Menschlichkeit propagieren und die Hitlerdiktatur als Devianz verurteilen. Das deutsche Sündenregister reichte dabei von der autoritären Reformation und der territorialen Zersplitterung über den preußischen Militarismus und den Irrationalismus der Romantik bis zur Weltpolitik des Kaiserreichs.[31]

Auch sowjetische Intellektuelle entwickelten eine zivilisatorische Kritik der deutschen Barbarei, die allerdings eher marxistische Standards anlegte. Der traditionelle Respekt vor deutscher Kultur führte zu einer polarisierten Analyse, in welcher bürgerlicher Humanismus sowie fortschrittliche Elemente der Arbeiterbewegung den reaktionären Vorstellungen der Junker und Kapitalisten gegenübergestellt wurden. Im Gegensatz zur westlichen Betonung historischer Kontingenz, die die Abweichung vom eigenen Vorbild an unterschiedlichen Wendepunkten wie 1848 festmachte, baute das marxistische Faschismusverständnis vor allem auf einer ökonomischen Klassenanalyse auf, sah den Nationalsozialismus also hauptsächlich als Produkt der Krise des internationalen Monopolkapitalismus.[32] Während die westliche Fehleranalyse als Korrektiv begrenzte institutionelle Reformen favorisierte, verlangte der in der DDR staatlich sanktionierte »Antifaschismus« eine radikalere soziale Umwälzung als Vorbedingung für die politische Rehabilitierung der Deutschen. Die kommunistische Kritik an den traditionellen Eliten entlastete gleichzeitig die Mehrheit der einfachen NS-Mitläufer.[33]

In der Bundesrepublik setzte sich dagegen in den späten sechziger Jahren die amerikanische Devianzkritik in Form der These eines deutschen Sonderwegs durch. Aufgrund positiver Austauscherfahrungen mit den zivileren Formen westlicher Gesellschaft übernahm die jüngere Intellektuellengeneration die von Emigranten formulierte kritische Interpretation deutscher Vergangenheit. Gleichzeitig bot der Begriff des Sonderwegs eine Antwort auf die von der Fischer-Kontroverse aufgeworfene Frage nach strukturellen Kontinuitäten, die noch in die Bundesrepublik hineinwirkten. Die methodische Verschiebung von Politik- zur Gesellschaftsgeschichte erleichterte auch den Import von sozialwissenschaftlichen Arbeitsweisen und Theorieangeboten. Das Resultat war eine Interpretation deutscher Vergangenheit, welche die langfristige Schwäche des Bürgertums, die Verspätung der Nationsbildung und die daraus folgende Demokratieunfähigkeit, so Ralf Dahrendorf, betonte und das Dritte Reich nicht mehr als Abweichung von, sondern als logische Konsequenz aus deutschen Traditionen erklärte.[34] Eine Stärke der Sonderwegsperspektive war ihre Motivierung eines politischen Engagements zur Brechung negativer Traditionen durch eine konsequente Liberalisierung der Gesellschaft.

In Reaktion auf Kritik hat sich die Sonderwegsthese in Richtung einer Vorstellung von Westernisierung weiterentwickelt, dadurch aber ihre Probleme eher noch potenziert. Schon Anfang der achtziger Jahre erregten die britischen Historiker Geoff Eley und David Blackbourn einiges Aufsehen mit dem Einwand, dass nicht die deutsche, sondern die englische Entwicklung vom allgemeinen Muster abweiche und die empirische Basis der Wehlerschen Kritik des Kaiserreichs nicht ausreiche.[35] Aus der daran anschließenden Debatte ging eine modifizierte Version hervor, welche mit Heinrich August Winkler »den langen Weg nach Westen« hervorhob, die NS-Katastrophe vor allem der Ideologie des Reiches anlastete und die Westernisierung der Bundesrepublik betonte.[36] Diese von vielen Zeithistorikern geteilte Interpretation weist korrekterweise auf die geographische Westverlagerung des Staates nach 1945, die Westbindung von Politik und Wirtschaft sowie die Verwestlichung von Konsum und Populärkultur hin. Aber sie globalisiert den Westen, thematisiert nicht seine eigenen Belastungen durch Sklaverei, Imperialismus sowie Ausbeutung und tradiert ein Idealbild, das längst von feministischer und postkolonialer Kritik dekonstruiert worden ist.[37]

Als kritischere Alternative hat der deutsch-israelische Historiker Dan Diner den Begriff des »Zivilisationsbruchs Auschwitz« im Historikerstreit der achtziger Jahre geprägt. Dieser Neologismus setzt bei Hannah Arendts tiefem Erschrecken über die Nachrichten von der Massenvernichtung der Juden im Jahre 1943 an, die über jede militärische Notwendigkeit hinausging: »Das war wirklich, als ob der Abgrund sich öffnet… Alles andere hätte irgendwie noch einmal gut gemacht werden können… Dies nicht. Dies hätte nicht geschehen dürfen.« Für Diner ist das Ereignis Auschwitz ein »tief reichender, fundamentaler Einbruch«, der »an Schichten zivilisatorischer Gewissheit« rührt und Grundvoraussetzungen menschlichen Zusammenlebens untergräbt. »Die bürokratisch organisierte und industriell durchgeführte Massenvernichtung bedeutet so etwas wie die Widerlegung einer Zivilisation, deren Denken und Handeln einer Rationalität folgt, die ein Mindestmaß antizipatorischen Vertrauens voraussetzt.« Die Vernichtung von Menschen um der bloßen Vernichtung willen verletzt nicht nur als universell geltende Maßstäbe ethischen Verhaltens, sondern dementiert gleichsam auch die mit der Aufklärung beginnenden säkularen Fortschrittshoffnungen. Es geht dabei nicht nur um das Leiden der Juden, sondern »Auschwitz stellt sich als ein universelles, als ein Menschheitsproblem«.[38]

Die schnelle umgangssprachliche Verbreitung des Terminus »Zivilisationsbruch« weist darauf hin, dass der Begriff eine erhebliche intuitive Aussagekraft besitzt. Im Gegensatz zu westlichen Devianzvorstellungen und marxistischer Klassenanalyse thematisiert dieser Neologismus explizit das »moralische Schandmal« des Holocausts als »Angriff auf die schieren Grundlagen von Menschlichkeit und Zivilisation«.[39] Dadurch wirft »Zivilisationsbruch« historische Fragen nach der schillernden Bedeutung von »Zivilisation« auf, die über die soziologischen Analysen von Norbert Elias zur individuellen Affektkontrolle und zum kollektiven Gewaltmonopol des Staates hinausgehen.[40] Gleichzeitig weist das Konzept auf die von Zygmunt Bauman aufgeworfene Problematik der Verbindung von Moderne und Genozid hin, da »der Holocaust nur als Fehlschlag der Zivilisation (das heißt vernunftgeleiteten menschlichen Verhaltens) verstanden werden kann, die morbiden Instinkte oder was sonst an Natur im Menschen verblieben ist zu zähmen«.[41] Auch wenn der inflationäre Gebrauch den Terminus zur globalen Leerformel zu reduzieren droht, betont »Zivilisationsbruch« deutlicher als andere Begriffe wie »Stunde Null« die Verbrechen des Vernichtungskrieges und des Holocausts als den eigentlichen Ausgangspunkt einer deutschen Nachkriegsgeschichte.[42]

Eine Möglichkeit sozialhistorischer Spezifizierung der Bedeutung von Zivilisation bietet die überraschende Renaissance des Begriffs einer Zivilgesellschaft. Die Vorstellung einer Sphäre der *societas civilis* außerhalb des eigenen Hauses, aber unterhalb des Staates wurde von der Staatstheorie des 17. und 18. Jahrhunderts vor allem als Abgrenzung von Natur und Barbarei verstanden. Durch wirtschaftlichen Austausch, kulturelle Kreativität und soziale Emanzipation konnte die Zivilisierung der Gesellschaft als ein fortschreitender Prozess gesehen werden, der das menschliche Zusammenleben bereicherte. Während englische Denker eher von der Kompatibilität von Zivilgesellschaft und konstitutionellem Staat ausgingen, gaben kontinentale Kritiker wie Immanuel Kant dem Begriff durch die Betonung der selbstorganisierten Freiwilligkeit der Bürger eine antiabsolutistische Stoßrichtung.[43] Als Alternative zur Diskreditierung des Klassencharakters der bürgerlichen Gesellschaft durch Marx wurde das Konzept der *civil society* ein Jahrhundert später zu einem Schlüsselwort antidiktatorischer Kritik in Osteuropa, um die Wiederherstellung der Menschenrechte zu rechtfertigen. In der Form von Hoffnung auf demokratische Selbstverwirklichung außerhalb von Kapital und Staat strahlte der Begriff dann auch wieder auf die normativen Diskussionen westlicher Intellektueller zurück.

Um als Maßstab politischer Entwicklung zu dienen, verlangt der Begriff von »Zivilgesellschaft« eine historische Definition, die versucht, bei verschiedenen Autoren vorkommende Bedeutungen zusammenzufassen. Nach Jürgen Kocka könnte man darunter folgende Merkmale verstehen: 1. Ein fundamentaler Aspekt ist die gesellschaftliche Selbstorganisation durch freie Assoziation von Bürgern zur Verfolgung gemeinsamer Interessen in der Öffentlichkeit. 2. Eine weitere Dimension betont Normen des zivilen Umgangs untereinander, eine gewaltfreie Geselligkeit und Beziehung zwischen Staaten ohne Militär oder Militarismus. 3. Gleichzeitig impliziert der Begriff auch kulturelle Zivilisiertheit sowie religiöse Toleranz, Zivilcourage und Verantwortungsgefühl für die Gemeinschaft. 4. Problematischer, aber dennoch wichtig ist auch die ökonomische Selbstregulierung durch einen ungehinderten Markt, also die Verfolgung eigener wirtschaftlicher Interessen. 5. Schließlich handelt es sich dabei um staatsbürgerliche Partizipation in Form von lokaler Selbstverwaltung und nationalen Rechten demokratischer Beteiligung.[44] So gesehen ist Zivilgesellschaft kein festgeschriebener Zustand oder eine fixe Ideologie, sondern ein auf Pluralität ausgerichtetes, offenes Leitbild des Zusammenlebens unterschiedlicher Elemente der Gesellschaft.

Die Zuspitzung auf den zivilgesellschaftlichen Kern kann vielleicht auch die zeitgenössische Wahrnehmung eines nationalsozialistischen

Bruchs mit den Werten und der Praxis westlicher Zivilisation erklären. Inneren Kritikern erschien die Gleichschaltung als Verwandlung von freien Assoziationen der Bürger in Zwangsorganisationen von Untertanen. Äußere Beobachter verstanden die Glorifizierung von Gewalt gegen Andersdenkende als Vorbereitung militaristischer Aggression gegen die deutschen Nachbarstaaten. NS-Gegner und Opfer sahen die Konsequenzen von religiöser, rassistischer und politischer Intoleranz als Ursache ihrer Verfolgung und Vernichtung. Deutsche Proletarier sowie fremde Zwangsarbeiter nahmen die Unterordnung der Wirtschaft unter die Ziele der NSDAP als Grund ihrer eigenen Ausbeutung wahr. Die Rückwirkungen von Vernichtungskrieg und Holocaust auf ihre Urheber machten auch NS-Anhängern die schlimmen Konsequenzen ihres blinden Führerglaubens klar. Da das Dritte Reich die deutsche Gesellschaft in fast jeder Hinsicht entzivilisiert hatte, musste die Rehabilitierung der Deutschen eine Wandlung in entgegengesetzter Richtung verlangen.[45]

Im Gegensatz zur Sonderwegsthese präsentiert der Begriff der zivilisierten Gesellschaft einen übergreifenden Standard, an dem die Entwicklung verschiedener Staaten gemessen werden kann. Statt, wie es das Konzept der Westernisierung tut, den idealisierten Maßstab westlicher Siegermächte anzulegen, deren Realgeschichte einen erheblichen Anteil von Rassismus, Imperialismus und Ausbeutung aufweist, ist die Utopie einer *civil society* ein Produkt fortschrittlicher europäischer wie amerikanischer Denker, an der auch hervorragende Deutsche wie Georg Wilhelm Friedrich Hegel beteiligt waren. Zivilgesellschaft schließt die Diskussion um »bürgerliche Gesellschaft« mit ein, ist aber weniger auf die Bourgeoisie als Klasse oder auf Bürger als Mitglieder eines Staates bezogen.[46] Gleichzeitig bietet der normative Charakter des Zivilisierungskonzepts auch einen Ausweg aus der Falle einer »Erfolgsgeschichte«, die dem Modernisierungsparadigma zugrunde liegt, das einen teleologischen Aufstieg von Vergangenheit zur Gegenwart hin postuliert. Brüche dieses Standards durch die braunen oder roten Diktaturen machen die tödliche Ambivalenz der Moderne deutlich, während Abweichungen durch die Demokratien auch die Unvollkommenheit der Realisierung eigener Ideale veranschaulichen können.

Aufgaben einer Geschichte der Rezivilisierung

Der eklatante Zivilisationsbruch durch die NS-Diktatur wirft für die Nachkriegsgeschichte die Schlüsselfrage auf: Wie konnten die Deutschen nach ihren Verbrechen einen Weg zurück zur vor 1933 bereits in Ansätzen entwickelten Zivilgesellschaft finden? In seiner souveränen Synthese stellt Peter Graf Kielmansegg lapidar fest: »Es war die Katastrophe, die Deutschland demokratiefähig gemacht hat.«[47] Für konservative Beobachter fanden die entscheidenden Wandlungsprozesse schon mit der Währungsreform, der Verkündung des Grundgesetzes und der Gründung der Bundesrepublik in der zweiten Hälfte der vierziger Jahre statt. Dagegen betonen liberalere Intellektuelle die Notwendigkeit einer inneren Neugründung durch die sozial-liberale Koalition sowie die Generationsrevolte in den sechziger Jahren und kritisieren die Unvollständigkeit der Veränderung. In ähnlicher Weise war für Marxisten die Bundesrepublik eine Fortsetzung des Faschismus in modernerem Gewande und nur die antifaschistisch-demokratische DDR das bessere Deutschland.[48] Auch wenn der Kollaps des Kommunismus den Konkurrenzkampf eindeutig zugunsten der Bundesrepublik entschieden hat, bleiben Zeitpunkt, Ursachen und Erfolg der Rehabilitierung der Deutschen nach Hitler weiterhin umstritten.

Daher ist es notwendig, die Prozesse des teils persönlichen, teils kollektiven Lernens, die eine Wiederkehr des Schreckens von Krieg und Unterdrückung verhindern sollten, historisch zu rekonstruieren. Welche Bedingungen förderten im Gegensatz zur Lernunwilligkeit nach dem Ersten Weltkrieg eine politische »Bewusstseinsänderung« der deutschen Bevölkerung nach der zweiten Niederlage?[49] Wie verliefen die Vorgänge der individuellen Besinnung und des kollektiven Lernens aus dem »deutschen Unglück«, das mit seinem »Beigeschmack von Ekel, Krankheit und Wahnsinn … mit nichts Historischem vergleichbar« zu sein schien? Welche Folgen hatte der schockierende Zivilisationsbruch für ausgewählte Schlüsselbereiche wie die Haltung zum Militär, das Verständnis von Nation oder die Ordnung der Wirtschaft? Die trotz aller Widerstände letztlich doch stattgefundene »geistige Wandlung« wirft schwierige Fragen auf: War es die überlegene Macht der Sieger, die eine opportunistische Anbiederung an ihre Rhetorik wie Verhaltensweisen nahe legte? Oder diskreditierten die selbst erfahrenen, zerstörerischen Folgen sowie die in den Medien publizierten beschämenden Untaten die NS-Weltanschauung und führten zu einer Suche nach unbeschädigten Werten?[50]

Der langwierige und diffuse Vorgang des Umdenkens in der besiegten Gesellschaft, der Traditionen teils verwarf, teils als Rettungsanker benutzte, sollte auf unterschiedlichen Ebenen analysiert werden. Zunächst muss man bei den Individuen und ihrem Versuch beginnen, mit der eigenen Vergangenheit ins Reine zu kommen, schon um einen überzeugenden Lebenslauf vorlegen zu können, der bei jeder Einstellung verlangt wurde. Dann könnte man die Ansätze von Gruppen, wie studentischer Korporationen, und Institutionen, wie der Kirchen, betrachten, über ihre Kollaboration mit dem Hitler-System Rechenschaft abzulegen. Schließlich sollte man auch die öffentlichen Auseinandersetzungen mit den Ursachen des Nationalsozialismus in den Blick nehmen, die eine Voraussetzung für den Wiederbeginn des politischen Lebens auf nationaler Ebene bildeten. Einerseits ist dazu eine Analyse von Erfahrungen mit dem Nationalsozialismus, der Niederlage und der Besatzungszeit notwendig, die danach politische Optionen bestimmten. Andererseits ist aber auch eine Untersuchung ideologischer Diskurse wichtig, die in öffentlichen Deutungsdebatten während des Kalten Krieges immer wieder versuchten, unterschiedliche Lehren aus dem Geschehen zu ziehen.[51]

Bei der Analyse der Lernprozesse steht jedoch weniger die intellektuelle als die praktische Form der Auseinandersetzung mit der Vergangenheit im Zentrum, das heißt die Konsequenzen die aus den jeweiligen Einsichten gezogen wurden. Die Kontroverse zwischen linken Kritikern der Verdrängung von Schuld und rechten Apologeten der Notwendigkeit eines kollektiven Beschweigens berücksichtigt die konkreten Folgen beider Haltungen zu wenig.[52] Zwar lenkt der von Norbert Frei geprägte Begriff der Vergangenheitspolitik die Aufmerksamkeit auf legislative Folgen in den frühen fünziger Jahren, aber sein Blickfeld ist zu eng, solange er nicht die Entwicklung der vorhergehenden und folgenden NS-Debatten mit einbezieht.[53] Auch die Diskussion der verschiedenen Ebenen der Erinnerung, die von kommunikativem über kollektives bis zu kulturellem Gedächtnis ansteigen, hilft hierbei wenig, da sie die Umsetzung der jeweiligen

Verarbeitung kaum thematisiert.[54] Stattdessen ist es notwendig, die in persönlichem Verhalten, organisierter Interessenverfolgung und politischen Entscheidungen deutlich werdenden, aber oft nur wenig artikulierten Versuche zu betrachten, eine Wiederholung des Unheils zu verhindern, seine Folgen zu lindern und eine bessere Zukunft aufzubauen.

Die Erklärung der grundlegenden Veränderungen der politischen Kultur in der zweiten Hälfte des 20. Jahrhunderts verlangt eine kontrastierende, systemübergreifende Problemgeschichte. Da weiterhin meist separate Geschichten der beiden deutschen Staaten geschrieben werden, ist die Aufgabe ihrer Zusammenführung in einer gemeinsamen Nachkriegsgeschichte noch ungelöst, denn auf die Bundesrepublik bezogene Darstellungen räumen der DDR meist nur einen untergeordneten Platz ein.[55] Zwar haben die durch Christoph Kleßmanns systematischen Vergleich[56] angeregten Debatten über das Verhältnis der gemeinsam getrennten Vergangenheiten den Vorschlag einer asymmetrischen Beziehungsgeschichte hervorgebracht, aber diese nimmt noch immer das staatliche Gehäuse zum Ausgangspunkt.[57] Eine überzeugendere Beurteilung des Ausmaßes der Veränderungen ist jedoch erst möglich, wenn die Untersuchung von einer »pluralen Sequenzperspektive« von Schlüsselthemen ausgeht und eine Längsschnittsanalyse der partiellen Gemeinsamkeiten wie deutlichen Unterschiede zwischen Ost und West vorlegt. Dabei kann die Darstellung nicht schematisch gleichgewichtig vorgehen, sondern sie muss dem jeweils wechselnden Schwerpunkt der Lernprozesse folgen, jedoch die Gegenseite wenigstens punktuell mitberücksichtigen.[58]

Die folgenden Überlegungen zur Rezivilisierung werden sich exemplarisch auf drei Zeitabschnitte konzentrieren, in denen sich wichtige Veränderungen besonders stark verdichteten. Schon in der ersten Nachkriegszeit fielen die grundlegenden Entscheidungen, die die Voraussetzungen für eine Wandlung schufen. Das Potsdamer Programm der Siegermächte definierte ein doppeltes Ziel der Besatzung: Zwar sollte das deutsche Volk für die von ihm angerichteten »furchtbaren Verbrechen« büßen, aber gleichzeitig die Gelegenheit erhalten, sich darauf vorzubereiten, später sein Leben auf demokratischer und friedlicher Grundlage neu aufzubauen. Als Mittel zu diesem Zwecke dienten erstens »die vollständige Entwaffnung und Entmilitarisierung Deutschlands« sowie das Eingeständnis der Niederlage; zweitens die Zerschlagung der »NSDAP mit ihren angeschlossenen Organisationen«, die Auflösung von allen Nazi-Einrichtungen und die Verhinderung von NS-Propaganda«; und drittens die Umwandlung der Wirtschaft zur »Beseitigung des deutschen Kriegspotentials« und der »übermäßigen Konzentration« von Macht durch Dezentralisierung.[59] Wie erfolgreich war dieser Versuch der Eliminierung von NS-Einflüssen als Initialzündung für die Rehabilitierung?

Nach der relativen Stabilisierung in der Adenauerzeit fand der eigentliche Durchbruch zur modernen Zivilgesellschaft in den »dynamischen Zeiten« der sechziger Jahre statt. Obwohl der soziale Strukturwandel schon davor einsetzte, ermöglichte erst seine Beschleunigung in diesem Jahrzehnt eine Überwindung von problematischen Traditionen, die nun von kritischen Deutschen selbst vorangetrieben wurde. Es verstärkte sich die durch territoriale Westverschiebung und außenpolitische Westbindung sowie von Konsum und Populärkultur getragene Westernisierung, so dass sich Werte und Verhaltensweisen amerikanisierten. Gleichzeitig beschleunigte sich durch Gewöhnung an das neue politische System, Anerkennung seiner Leistungen in der Vermehrung des Wohlstands und langsame Verinnerlichung von freiheitlichen Werten die emotionale Bindung an die repräsentative Demokratie. Schließlich brachten auch der aus dem Generationswechsel hervorgehende Jugendprotest, der sozial-liberale Wahlsieg und die Entstehung der diversen Emanzipationsbewegungen einen Schub zur Liberalisierung der westdeutschen Gesellschaft, während sich der diktatorische Osten immer mehr hinter der Mauer abschottete.[60] Verursachten die sechziger Jahre den Verlust der Sekundärtugenden oder einen entscheidenden Fortschritt in der »inneren Demokratisierung«?

Der bisher letzte, aber noch unvollständige Schritt zur Wiedererlangung einer zivilisatorischen Normalität ist eng mit der Bürgerrevolution von 1989/90 verknüpft. Das bürgerrechtliche Aufbegehren in der DDR war selbst ein überraschender Ausdruck einer wieder entstehenden Zivilgesellschaft, die zwar die SED-Diktatur überwinden konnte, aber durch die Vereinigung des bankrotten Ostens mit dem erfolgreicheren Westen die eigene Zukunftsgestaltung aufgab und neue Probleme der inneren Einheit mit sich brachte.[61] Die unerwartete Wiedererstehung eines nunmehr verkleinerten Nationalstaates, eingebettet in den weitergehenden Integrationsprozess Europas, machte einen schwierigen Versuch einer neuen Identitätsbildung notwendig, der eine paradoxe Nostalgie nach der alten Bundesrepublik wie der untergegangenen DDR hervorbrachte. Der gleichzeitig einsetzende Druck der Globalisierung der Wirtschaft und der weltweiten Migrationen verlangte eine ungewohnte internationale Öffnung, in der eine sich bedroht fühlende Minderheit auf eingeübte Reflexe des rassistischen Fremdenhasses zurückfiel.[62] Ist die Berliner Republik daher nun wirklich ein »normaler« Staat oder die (un)heimliche Vormacht Europas geworden?

Die Analyse dieser komplexen Entwicklungen verlangt keine affirmative Erfolgs-, sondern eine kritische Wandlungsgeschichte der Deutschen in der zweiten Hälfte des 20. Jahrhunderts. Externe Beobachter wie Saul K. Padover und interne Kritiker wie Victor Klemperer dachten anfangs skeptisch über die Chancen einer grundlegenden Veränderung, denn es verlangte eine große Anstrengung, um die ihr im Wege stehenden Schwierigkeiten schrittweise zu überwinden.[63] Waren es vor allem die alternativlosen Umstände der totalen Niederlage, transnationale Modernisierungsprozesse und verantwortungsbewusste Entscheidungen, die dennoch eine Wende zum Besseren möglich machten? Trotz aller positiven Veränderungen wirken jedoch immer noch Spuren des Zivilisationsbruchs in dem gestörten Verhältnis zur eigenen Vergangenheit und in der Skepsis vieler Nachbarn vor dem wieder entstandenen deutschen Einfluss nach.[64] Auch sollten verbliebene Defizite wie eine unterschwellige Fremdenfeindlichkeit vor allzu großer Selbstzufriedenheit warnen. Eine tolerante Zivilgesellschaft ist daher keine abgeschlossene Errungenschaft, sondern sie bleibt eine dauernde, zukunftsoffene Herausforderung.

Teil I
Erzwungene Neuorientierungen

Trotz aller Unstimmigkeiten über die zukünftige Gestaltung des Friedens waren sich die siegenden Alliierten im Winter 1945 grundsätzlich über die Behandlung der Deutschen einig: »Es ist unser unwandelbarer Vorsatz, den deutschen Militarismus und Nazismus zu zerstören und sicherzustellen, dass Deutschland niemals wieder im Stande sein wird, den Frieden der Welt zu beeinträchtigen.« Wegen der grausamen Kriegsführung der Wehrmacht waren Roosevelt, Churchill und Stalin kaum gewillt, zwischen den verantwortlichen Nazis und dem breiteren Volk zu unterscheiden, so dass die Stimmung bei ihren Verhandlungen von Jalta eher auf Bestrafung als auf Rehabilitierung zielte. Auch die ersten Besatzungsdirektiven wie der Befehl Nr. 1067 der amerikanischen Joint Chiefs of Staff sprachen eine klare Sprache: »Deutschland wird nicht zum Zweck der Befreiung, sondern als besiegte Feindnation besetzt werden.«[1] Aufgrund der Wiederholung der Aggression von 1914 im Jahre 1939 war das oberste Kriegsziel der Alliierten die Verhinderung eines erneuten Angriffskrieges.

Die Ausrottung der »nationalsozialistischen Gewaltherrschaft mit Stumpf und Stiel« verlangte jedoch eine wesentlich grundlegendere Veränderung der deutschen politischen Kultur als nach dem Ersten Weltkrieg. Zwar mußten Institutionen und Denkweisen der NS-Diktatur beseitigt werden, die soviel Leiden über die Welt gebracht hatte, aber den alliierten Planern schien darüber hinaus ein noch radikalerer Bruch mit denjenigen Traditionen notwendig, die Hitlers Gewaltherrschaft mit ihren Gräueltaten überhaupt möglich gemacht hatten. Die norwegische Schriftstellerin Sigrid Undset hielt eine Läuterung der »nationalen Geisteshaltung« für schwierig, denn die schrecklichen Verbrechen, »die infolge des deutschen Denkens begangen worden sind«, würden »nie vergessen werden«.[2] Das noch unter dem Eindruck der Befreiung der KZs formulierte Besatzungsprogramm von Potsdam verlangte daher eine tief greifende Entmilitarisierung, Entnazifizierung und Entkartellisierung des Landes als Voraussetzung für eine erst später mögliche Rückkehr in den Kreis der zivilisierten Völker durch Demokratisierung.[3] »Die Zeit wird kommen, in der Deutschland zum Fortschritt der Zivilisation wieder wird beitragen können«, versprach ein britisches Merkblatt für Gefangene im Sommer 1945: »Aber nur, wenn ihr und eure Landsleute das Eure dazu beitragt.«[4]

Der Erfolg des Projekts einer so fundamentalen »Umerziehung der Deutschen«[5] hing daher nicht nur von dem Druck der Besatzungsmächte, sondern auch von der Bereitschaft der Besiegten ab, sich daran zu beteiligen. »Wir stehen erschüttert vor den Trümmern des Dritten Reiches, das an den Grundsätzen zerbrach, auf denen es aufgebaut war«, beklagte die erste Ausgabe der *Neuen Rheinischen Zeitung*, »und haben das drückende Bewußtsein, dass wir als Volk an dem Elend, das über uns und Europa gekommen ist, die Hauptschuld tragen.« Während in dem chaotischen Sommer von 1945 die Mehrheit der vormaligen Volksgenossen mit dem nackten Überleben beschäftigt war, versuchte eine kritische Minderheit in den befreiten Lagern und zerstörten Städten aus der selbstverschuldeten Katastrophe Lehren zu ziehen. »Eine neue, eine bessere Zukunft zu gestalten ist unser Ziel. Auf sie muss unser Blick sich richten«, verlangte der neue Oberpräsident der Nordrheinprovinz Hans Fuchs. »Nicht nur materiell, sondern auch geistig und seelisch müssen wir zu neuem Leben erstehen.«[6]

Obwohl die Notwendigkeit einer grundlegenden Umkehr deutlich war, blieben Ausmaß und Methode des notwendigen Neuanfangs heftig umstritten. Die durch Kollaboration erschütterten Eliten suchten Zuflucht in religiösen oder kulturellen Traditionen, die das Dritte Reich weitgehend unbeschadet überstanden hatten, um so die nationale Kontinuität durch den Zusammenbruch zu retten. So plädierte der Philosoph Karl Jaspers für eine »Verwandlung durch Selbsterziehung«, die eine rückhaltlose Aufklärung der Untaten der Diktatur mit einer »geschichtlichen Selbstbesinnung« auf die Grundlagen abendländischer Zivilisation verband, um die »Selbstverantwortlichkeit des Einzelnen« zu stärken.[7] Dagegen sahen antifaschistische Kritiker wie die Autoren des Buchenwalder Manifests das schmähliche Ende des Dritten Reiches als Chance, mit Hilfe der Besatzungsmächte radikalere Veränderungen durchzusetzen, die bisher blockiert worden waren. Aber sie mussten sich wie Victor Klemperer zwischen den rivalisierenden Großentwürfen der dominanten Besatzungsmächte entscheiden: »Welches ist das richtige [Pferd]…? Russland? USA? Demokratie? Communismus?«[8]

Ein Versuch der Erklärung der von außen erzwungenen und von innen gewünschten Veränderung der Deutschen nach 1945 sollte daher noch einmal an den Kernpunkten des Potsdamer Abkommens ansetzen. Seine berühmten drei »d's«, das heißt *demilitarization*, *denazification* und *decartelization* enthalten einerseits den Minimalkonsens der spannungsgeladenen Grand Alliance, sie sind als Quintessenz der internationalen Kritik an den Grundübeln deutscher Politik zu verstehen.[9] Die Kernpunkte eines radikalen Bruchs mit der Glorifizierung des Militärs, Überheblichkeit der Nation und Konzentration wirtschaftlicher Macht wurden andererseits auch von vielen, meist linken Gegnern des traditionellen Nationalstaates im Exil oder Widerstand geteilt. Der Versuch einer grundlegenden Veränderung war daher ein kooperatives Projekt, in dem Besatzungsmächte mit reformwilligen Deutschen zusammenarbeiteten, um eine Rückkehr zu zivilisatorischen Standards möglich zu machen.[10] Die folgenden Kapitel werden die Umsetzung obiger Hauptziele sukzessive analysieren: Welche Umerziehungsmaßnahmen unternahmen die Alliierten, welche Lernprozesse spielten sich in der Bevölkerung ab und wie erfolgreich waren schließlich die Veränderungen?

1. Kapitel
Abkehr vom Krieg

Beim herannahenden Kriegsende 1945 entledigte sich ein Volk spontan seiner Waffen. Trotz fanatischer »Endkampf«-Appelle entwickelte sich ein fast zwanghaftes Ritual, auf der Flucht die hinderlichen Gewehre, Stahlhelme, Pistolen und die Munition wegzuwerfen; darauf die Rang und Verantwortung bedeutenden Achselstücke abzureißen; danach die Uniformröcke und auch Hosen auszuziehen, um in zivile Kleidung zu schlüpfen; und schließlich den verräterischen Wehrpass und die Erkennungsmarke zu verlieren.[11] Die Angst vor der Gefangennahme vor allem durch die Russen und der Drang, sich unerkannt nach Hause durchzuschlagen, bewirkten einen tausendfach wiederholten Prozess der individuellen Entmilitarisierung in der Hoffnung, durch Verwischen von Spuren der Mittäterschaft das eigene Leben zu retten. Angesichts der drohenden Niederlage verwandelten sich vorher gern mit militärischen Ehrenzeichen fotografierte Sieger, wo sie nur konnten, in scheinbar harmlose zivile Besiegte.

Die vorrückenden Alliierten bestanden trotz der fortschreitenden Selbstauflösung deutscher Streitkräfte auf ihrer Forderung nach einem *unconditional surrender* der Wehrmacht. Zunächst verlangte die bedingungslose Kapitulation die systematische Demobilisierung der etwa zwölf Millionen Männer der Wehrmacht, der Waffen-SS und des Volkssturms. Dies bedeutete ihre Gefangennahme, Einlieferung in Lager, teilweise Heranziehung zu Reparationsarbeiten und vor allem auch eine rigorose Suche nach Kriegsverbrechern, die im okkupierten Europa Gräueltaten begangen hatten. Gleichzeitig implizierte der völlige Sieg auch die Besetzung des Reichsgebietes zur Sicherstellung von Waffen, Nahrungsmitteldepots, Kasernen, Truppenübungsplätzen wie die Schleifung von Befestigungsanlagen. Schließlich bedeutete die vollständige Unterwerfung auch die Kontrolle und Konversion der Anlagen der Kriegswirtschaft, um jede Umgehung der Vorschriften unmöglich zu machen.[12]

Um einen erneuten Angriffskrieg zu verhindern, gingen die Siegermächte jedoch über die Niederlegung der Waffen hinaus und verlangten die völlige »Beseitigung des Militärs und der militärischen

Tradition«. Einerseits forderte die Proklamation Nr. 2 des Alliierten Kontrollrats die endgültige Auflösung »alle[r] deutschen Streitkräfte zu Land, zur See und in der Luft, [der] SS, SA, SD und Gestapo ... einschließlich des Generalstabes, des Offizierskorps«. Aufgrund der schlechten Weimarer Erfahrungen zielte diese Auflage auf die unwiderrufliche Zerstörung des Militärs als Institution hin, um das deutsche Gefahrenpotential ein für alle Mal zu bannen. Andererseits verfügte dieselbe Ankündigung noch weitergehende soziokulturelle Restriktionen: »Alle Arten militärischer Ausbildung, militärischer Propaganda und militärischer Betätigung sind dem deutschen Volke verboten«, einschließlich von Organisationen der Traditionspflege, Veteranengruppen oder ähnlicher Vereine.[13] Ziel dieser Maßnahme war nichts weniger als die Ausrottung des Militarismus als Denkungsart!

Von der Forschungsliteratur ist dieses atemberaubende Sozialexperiment der sozialen Pazifizierung kaum beachtet worden, da die daraus resultierende Veränderung der politischen Kultur als selbstverständliche Errungenschaft der Bonner Republik gilt. Verständlicher Weise konzentriert sich die amerikanische Kriegsgeschichte eher auf die dramatischen Umstände des eigenen Sieges als auf die Probleme der prosaischen Besatzungszeit danach.[14] Zwar hat die deutsche Militärgeschichtsschreibung eine akribische Untersuchung zu den internationalen Verhandlungen über Entmilitarisierung vorgelegt, aber die bahnbrechende Arbeit von Gerhard Wettig übergeht die sozialen und kulturellen Dimensionen des Prozesses mit einigen knappen Andeutungen.[15] Auch die Friedensforschung behandelt die breit gefächerte Opposition gegen die westdeutsche Wiederbewaffnung eingehender als die davor liegende Phase der psychologischen Distanzierung vom Militär durch die Verarbeitung der horrenden Kriegserlebnisse.[16]

Die interpretative Herausforderung besteht daher in der Erinnerung an diese vergessene Veränderung und in ihrer Erklärung: Wie verschwand die größte Kriegsmaschine der europäischen Geschichte und wie verwandelte sich die militaristische Gesinnung in zivile Friedfertigkeit? Die von den Alliierten verfügte administrative Demobilisierung ist quellenmäßig gut belegt und daher leicht zu rekonstruieren. Aber die darüber hinausgehende mentale Entmilitarisierung der

Deutschen ist im amtlichen Schriftgut nur bruchstückhaft überliefert und findet sich eher in literarischer Darstellung oder in Oral History-Interviews.[17] Auch die langfristigen Folgen für den westdeutschen Versuch einer demokratischen Wiederbewaffnung sollten als Teil des Themas gesehen werden, vor allem im Kontrast zu den offensichtlicheren Bestrebungen in der DDR, die Einstellungen zu remilitarisieren.[18] Ein erster grundlegender Aspekt des Weges zurück zu einer zivilen Gesellschaft nach 1945 war daher nicht nur das Ablegen der Uniform, sondern auch der Abschied von der Uniformiertheit des Denkens.

Alliierte Entwaffnungsmaßnahmen

Um 2 Uhr 41 in der Nacht vom 7. auf den 8. Mai endete der Zweite Weltkrieg in Europa. Nach fünf Jahren, acht Monaten und sechs Tagen brutalster Kriegsführung setzte ein übermüdeter, aber noch stolzer General Alfred Jodl seine Unterschrift unter die Kapitulationsurkunde in Reims, während am gleichen Tag Feldmarschall Wilhelm Keitel in Berlin ein nahezu identisches Dokument unterzeichnete. Der Zusammenschluss der russischen und amerikanischen Truppen bei Torgau an der Elbe, der feige Selbstmord des Diktators Hitler und der Fall der Reichshauptstadt Berlin hatten weiteren Widerstand sinnlos gemacht, auch wenn die Wehrmacht noch in Skandinavien sowie Böhmen und Österreich stand. Der Versuch von Admiral Hans-Georg von Friedeburg, den Soldaten an der Ostfront die Gefangennahme durch die westlichen Alliierten zu ermöglichen, musste fehlschlagen, denn General Eisenhower bestand auf einer gleichzeitigen Niederlegung der Waffen. Angesichts der harten Kapitulationsbedingungen konnte Jodl nur noch die Sieger bitten, das deutsche Volk und seine Truppen »mit Großzügigkeit zu behandeln«.[19]

Die Forderung einer Entmilitarisierung der Feindmächte war eines der wenigen alliierten Kriegsziele, über das weitgehendes Einvernehmen herrschte. Die Idee einer permanenten Entwaffnung der Deutschen tauchte zuerst in der von Roosevelt und Churchill am 14. August 1941 proklamierten Atlantischen Charta auf und wurde dann von

Stalin auf der Konferenz von Teheran deutlich über den militärischen Bereich hinaus ausgeweitet. Die Verhandlungen der Europäischen Beraterkommission in London zielten auf die Verhinderung der Fähigkeit zu künftiger Kriegsführung und bildeten die Basis für die Formulierung der amerikanischen Draft Planning Directive Nr. 17 und des JCS-Befehls 1067. Diese Vorbereitungen kulminierten in der Entscheidung der Konferenz von Jalta:

> »Wir sind entschlossen, alle deutschen Streitkräfte zu entwaffnen und aufzulösen, den deutschen Generalstab für alle Zeiten zu zerschlagen, der wiederholt das Wiedererstehen des deutschen Militarismus in die Wege geleitet hat, alles deutsche Militärgerät zu entfernen oder zu zerstören, alle deutsche Industrie zu eliminieren oder zu kontrollieren, die für militärische Produktion genutzt werden könnte, alle Kriegsverbrecher einer gerechten und raschen Bestrafung zuzuführen.«[20]

Dieses Programm ging weit über die Demobilisierung der Wehrmacht und die Sicherung des alliierten Sieges hinaus, denn es zielte auf eine tiefergreifende Veränderung politischer und wirtschaftlicher Strukturen sowie mentaler Dispositionen, eine Veränderung, die eine erneute Aggression dauerhaft unmöglich machen sollte.

Ein wesentliches Motiv hinter dem Entschluss zur Entmilitarisierung war die verbreitete Furcht vor dem preußischen Militarismus, den der Generalstab verkörperte. Als Nachwirkung eigener Gräuelpropaganda des Ersten Weltkriegs sahen vor allem englische und amerikanische Intellektuelle in der »Kriegslust« der Junker den eigentlichen Feind hinter dem Nationalsozialismus, den es auszumerzen galt. Gleichzeitig wirkte auch der Schock der anfänglichen NS-Blitzsiege nach, so dass alliierte Militärs dem Feind »eine brillante patriotische Kriegsführung« attestierten, die nur »durch die Einmischung und Unfähigkeit der Partei verloren ging«. Daher hielt Eisenhowers Hauptquartier das Oberkommando der Wehrmacht für die Quelle des Militarismus und »die eigentliche Macht im Reiche«, die hinter der Planung der Angriffskriege stand. Vor allem erinnerten sich die Alliierten daran, dass die vielfache Umgehung der Abrüstungsauflagen des Versailler Friedensvertrages, an der die Sowjetunion nicht ganz unschuldig war, den Wiederaufbau der deutschen Streitkräfte im Dritten Reich beschleunigt hatte. »General Eisenhower und seine

Aufklärungsoffiziere sind entschlossen, dass dies kein zweites Mal passieren wird.«[21]

Eine weitere Ursache für das Insistieren auf einer dauerhaften Entwaffnung war der Eindruck, dass sich Wehrmacht und SS zahlreicher Kriegsverbrechen schuldig gemacht und dadurch ihre militärische Ehre verspielt hatten. Noch am Tage der Kapitulation druckte die *New York Times* einen Bericht der Außerordentlichen Sowjetischen Staatskommission, der die Zahl der Getöteten im Vernichtungslager Auschwitz auf etwa vier Millionen bezifferte. Die Aussagen von 2819 Überlebenden lieferten ein erschreckendes Bild vom Ausmaß der systematischen Ermordung, den medizinischen Experimenten und der Zwangsarbeit in nahen Industriebetrieben.[22] Auch zahlreiche Berichte der befreiten alliierten Kriegsgefangenen schilderten unzureichende Verpflegung und Grausamkeiten der Wachmannschaften, die die Haager Landkriegsordnung verletzten. Noch unter der Einwirkung der unfassbaren Eindrücke seiner KZ-Tour forderte der US-Medienzar Joseph Pulitzer, »dass der ganze deutsche Generalstab, die deutschen Industriellen und Bankiers und fast alle Mitglieder der Gestapo und der SS [etwa 1,5 Millionen] als Kriegsverbrecher getötet werden sollten«.[23] Eine so schuldig gewordene Wehrmacht konnte man nicht reformieren, sondern nur auflösen.

Vorbedingung zur Demobilisierung war die Beendigung der Kampfhandlungen und Niederlegung der Waffen der Wehrmacht auf allen Kriegsschauplätzen. Die Durchsetzung der Kapitulation war keineswegs selbstverständlich, denn die Garnison in Norwegen fühlte sich nach General Franz Boehme »ungeschlagen und im Vollbesitz unserer Kräfte«, so dass sie der Ankündigung des Waffenstillstands von Außenminister Lutz Graf Schwerin von Krosigk nur zähneknirschend folgte. Auch die sich zäh verteidigenden Enklaven von der Atlantikküste bis ins Baltikum und die Ägäis waren nur widerwillig bereit, sich zu ergeben und ihre befestigten Stellungen zu räumen. Schließlich musste der Kapitulationsbefehl über hundert U-Boote erreichen, die sich dann zu Sammelpunkten begeben sollten, bevor sie in alliierte Häfen eskortiert wurden.[24] Obwohl noch nach Kriegsende vereinzelt geschossen wurde und deutsche Truppen begründete Angst vor Racheakten der befreiten Bevölkerung hatten, vollzog sich die Niederlegung der Waffen insgesamt ohne größere Zwischenfälle.

Eine Folge der Kapitulation war die Gefangennahme ganzer deutscher Armeen, die die Siegermächte vor enorme logistische Probleme stellte. Da im Mai 1945 noch etwa zehn Millionen Männer in der Wehrmacht dienten, wurden die besiegten Massen anfangs unter Aufrechterhaltung ihrer Kommandostruktur in größeren Räumen konzentriert, bevor eigentliche Lager eingerichtet werden konnten. In diesen im Freien improvisierten Umzäunungen waren Ernährung, Schutz gegen Witterung und sanitäre Anlagen oft katastrophal, was aber wohl mehr von einfacher Überforderung als von bewusster Schikane herrührte.[25] Da die sofortige Repatriierung der Sklavenarbeiter einen akuten Personalmangel nach sich zog, war eine Antwort auf das Chaos die schnelle Entlassung einfacher Soldaten, die für die industrielle und landwirtschaftliche Produktion gebraucht wurden. Weitere Alternativen waren der Einsatz gesunder Gefangener zu Aufräumungsarbeiten und ihre Überweisung an Franzosen oder Russen zur Wiedergutmachung von Kriegsschäden. Bis Ende Juli waren von den 5590996 US-Gefangenen 2046757 entlassen und 922566 überwiesen worden, 818159 anderweitig verschwunden und noch 1803696 in Gewahrsam.[26]

Ein weiterer Aspekt der Entwaffnung bestand darin, das Kriegsgerät sicherzustellen, die Festungsanlagen zu sprengen, die militärischen Installationen zu kontrollieren und die Waffenproduktion zu unterbinden. »Ein Plakatanschlag warnte vor Waffenbesitz mit der Androhung der Todesstrafe.« Allein den Amerikanern fielen 46 Millionen Patronen, 24 Millionen kleine Artilleriegeschosse, 2590000 Gasmasken, 709000 Handgranaten, 82000 Gewehre und Pistolen, 148000 Landminen, 34000 Raketen, 1842 Schiffe und 420 Flugzeuge in die Hände, die unschädlich gemacht werden mussten. Die verstreuten Befestigungsanlagen wie Bunker, Raketenabschussrampen, Flakstellungen und Minenfelder mussten mit Hilfe von Gefangenen zerstört werden. Hunderte von Kasernen, Truppenübungsplätzen, Flugplätzen und Nachschubdepots von Wehrmacht, Marine und Luftwaffe waren zu übernehmen und teilweise von Alliierten weiter zu benutzen. Am schwierigsten erwies es sich, Anlagen der Kriegsproduktion unbrauchbar zu machen, da etwa die betreffenden »Werkstätten, Forschungsinstitute ... technische Unterlagen« nicht ohne weiteres ausfindig zu machen waren.[27]

Zur Demobilisierung gehörte auch die Suche nach Kriegsverbrechern, auf der die Siegermächte aufgrund des Eindrucks einer deutschen »Verschwörung gegen die Gesetze der Zivilisation« bestanden. Einerseits bemühten sich die Alliierten darum, Unterlagen wie Sachakten und Personaldateien der militärischen Einheiten und Stäbe sowie paramilitärischen Organisationen von SA, NSKK, Reichsarbeitsdienst und Organisation Todt sicherzustellen, um ihre Verbrechen dokumentieren und Mitglieder festnehmen zu können. Andererseits sichteten die Siegermächte systematisch die Gefangenen vor ihrer Entlassung, um die Täter umso schneller vor Gericht stellen zu können. Dabei hielten sie zunächst Generäle und Feldoffiziere sowie etwa 250000 SS-Angehörige fest, um die Entscheidung des Nürnberger Gerichtshofes abzuwarten, bei dem nicht nur Individuen, sondern auch ganze Organisationen wie der Generalstab und das OKW der Wehrmacht und die SS angeklagt waren. Zweck dieser Prozesse war es nicht nur, nachweisbare individuelle Vergehen zu sühnen, sondern den verbrecherischen Charakter der gesamten deutschen Kriegsführung zu zeigen.[28]

Eine logische Konsequenz dieser systematischen Entwaffnung war es, die Zusammenarbeit mit der auf zweifelhafter Rechtsbasis beruhenden Regierung des Admirals Karl Dönitz aufzukündigen. Für einige Wochen waren die Alliierten bereit, mit Hitlers Nachfolgern zu verhandeln, weil sie ihre Unterschriften unter die Kapitulationsurkunde und ihre Hilfe bei der Demobilisierung der Wehrmacht brauchten. Aber vor allem für die Engländer war der vormalige Chef der U-Bootflotte selbst ein Kriegsverbrecher und sein Kabinett repräsentierte die alten Eliten, die sich durch ihre Kollaboration mit Hitler diskreditiert hatten. Die Aufhebung der deutschen Souveränität am 5. Juni wurde daher auch mit der »völligen Niederlage und bedingungslosen Kapitulation« der deutschen Streitkräfte, dem Fehlen einer effektiven Regierung und der Notwendigkeit der Aufrechterhaltung von öffentlicher Ordnung begründet. Ein Hauptziel der Errichtung einer Viermächte-Militärregierung der Alliierten Kontrollkommission war es daher, »die völlige Entwaffnung Deutschlands durchzuführen«.[29]

Diese Demobilisierungsbemühungen mündeten in einen noch ambitiöseren Versuch der Entmilitarisierung, der auf eine dauerhafte

»Transformation der deutschen Mentalität« zielte. »Die physische Entmilitarisierung Deutschlands wird erfolgreich durchgeführt«, begrüßte General Dwight D. Eisenhower das Erscheinen der *Neuen Zeitung*, »aber sie allein bietet keine Sicherheit, dass Deutschland in der Zukunft die Welt nicht wieder in einen Krieg zwingt. Militarismus muss aus der deutschen Gedankenwelt ausgerottet werden. Für alle Kulturvölker der Erde ist Krieg etwas an sich Unmoralisches, die Deutschen aber müssen zu dieser selbstverständlichen Wahrheit noch erzogen werden.«[30] Am 25. September 1945 verfügte der Alliierte Kontrollrat daher die Auflösung »aller deutschen Streitkräfte zu Land, See und in der Luft, der SS, SA und der Gestapo mit allen ihren Organisationen, Stäben und Institutionen«. Hand in Hand mit der Zerstörung des Militärs als Institution ging eine noch weitergehende Bestimmung, die die sozialen und kulturellen Quellen des Militarismus mit Verboten der Traditionspflege und bestimmter Erziehungsmethoden austrocknen wollte. Diese Maßnahmen sollten in den Deutschen »eine genuine Gewohnheit der Friedfertigkeit entwickeln«.[31]

Das Entmilitarisierungsprogramm sollte durch eine Reihe von Maßnahmen verwirklicht werden, die tief in das gesellschaftliche Leben eingriffen. Ende August 1945 verfügte der Kontrollrat auf sowjetischen Druck hin ein »Verbot von Uniformen und Abzeichen«, das nicht nur das Tragen von Uniformteilen, sondern auch von »Medaillen, Orden [und] Rangabzeichen« unter Strafe stellte. Dieses Verbot durchzusetzen erwies sich jedoch als schwierig, weil oft die einfachsten zivilen Kleidungsstücke fehlten, so dass der Volksmund bald den Spruch »färben oder sterben« kolportierte. Acht Monate später mussten diese Anordnung in verschärfter Form wiederholt und Ausnahmen für Polizei und Feuerwehr penibel aufgelistet werden.[32] Erst Anfang Januar 1946 folgte das Verbot des Besitzes von Waffen, Munition und Explosivstoffen, das im April auf Planen, Bauen und Aufrechterhalten militärischer Anlagen ausgeweitet wurde.[33] Während die Einziehung der Waffen dem Sicherheitsbedürfnis der Besatzungsmächte entsprang, sollte das Uniformverbot eher die Militärhörigkeit der besiegten Bevölkerung brechen.

In eine ähnliche Richtung gingen sukzessive Verbote militärischer Traditionspflege, um die Glorifizierung des Krieges in Zukunft zu unterbinden. So wurden am 20. August alle »militärischen Schulen, Klubs oder Vereine militaristischer Art« untersagt, alle Veteranenvereine als potentieller Hort des Revanchismus aufgelöst und alle besonderen militärischen Pensionen und Renten storniert. Mitte Dezember verfügte der Kontrollrat eine »Entmilitarisierung des Sports« durch Verbot »aller Sportvereine militärischen Charakters«, die sich mit Fliegen, Fallschirmspringen, Fechten oder Schießen beschäftigten! Sogar die besatzungsfreundliche *Neue Zeitung* glossierte bissig, dass weitere Sportarten als »militaristischer Sport« eingestuft wurden.[34] Im Mai 1946 wurden dann noch »Gedenksteine, Denkmäler, Plakate, Statuen« verboten, »die darauf abzielen, die deutsche militärische Tradition zu bewahren« oder den Militarismus zu glorifizieren.[35] Die Verherrlichung von kriegerischen Ereignissen sollte dadurch aus dem öffentlichen Raum verbannt werden.

Diese kulturelle Entmilitarisierung machte auch vor Schulen und Bibliotheken nicht Halt, denn die Intellektuellen unter den Besatzungsoffizieren vermuteten dort die eigentlichen Wurzeln des Militarismus. In der britischen Zone mussten sich Lehrer, um weiter zu unterrichten, im August 1945 verpflichten, weder »den Militarismus zu verherrlichen« noch »der Kriegsvorbereitung zu dienen«. Mitte Mai 1946 befahl der Kontrollrat den deutschen Verlagen, wissenschaftlichen Instituten und Bibliotheken, alle Bücher, die zur Gewalt aufriefen, auszusondern und abzuliefern. Davon betroffen war »alles Material, das zur militärischen Ausbildung und Erziehung oder zur Aufrechterhaltung und Entwicklung eines Kriegspotentials beiträgt«. In der sowjetischen Zone erstellte die Deutsche Bücherei daraufhin eine Liste von etwa 15000 einzuziehenden Buchtiteln und 150 Zeitschriften der »faschistischen« und »preußisch-militaristischen« Literatur, die an NS-Säuberungsversuche unter umgekehrtem Vorzeichen erinnerte. Darüber hinaus verlangte der Marburger Professor Richard Hartmann eine Reinigung der deutschen Sprache: »Die Entmilitarisierung der Begriffe gehört mit zu den wichtigsten Aufgaben einer sozialen Neuordnung des Lebens.«[36]

Zur dauerhaften Befriedung der Deutschen schlug die US-Regierung im Mai 1946 den Abschluss eines »Abrüstungsvertrags für Deutschland« vor, der für weitere 25 Jahre jede Wiederaufrüstung verhindern sollte. Obwohl die britische und französische Regierung diesem Vorschlag zustimmten, lehnte die Sowjetunion ihn ab, da sie eine Viermächtekontrolle ostdeutscher Industriebetriebe nicht zulassen wollte. Die internationale Öffentlichkeit war verunsichert durch Berichte, »wonach in den deutschen Besatzungszonen ... wieder erhebliche Mengen von Rüstungsmaterial erzeugt wurden«.[37] Nach zähen Verhandlungen wurde dennoch im Oktober 1946 Übereinstimmung über eine »Viermächtekontrolle der Abrüstung« erzielt, indem eine gemeinsame Kommission gegründet wurde, um die »ständige Überwachung der Liquidierung des Kriegs- und Industriepotentials gemäß dem Abkommen von Potsdam« zu garantieren. Dieser Military Security Board sollte eine Bestandsaufnahme der potentiellen Kriegsindustrie erstellen, um reine Rüstungswerke zu zerstören, Fabriken, die Kriegsmaterial produzieren konnten, zu überwachen, aber harmlose Betriebe zur Friedensproduktion freizugeben.[38]

Der kumulative Effekt dieser alliierten Entmilitarisierungsmaßnahmen war beträchtlich, auch wenn manche Verbote leichter zu dekretieren als umzusetzen waren. In einem ausführlichen Bericht über die »Entmilitarisierung in der britischen Zone« stellte der Generalleutnant Sir Brian Robertson im Juni 1946 fest, dass die »erzielten Fortschritte als zufriedenstellend angesehen werden könnten«. Erstens, »die deutsche Wehrmacht und alle zu ihr gehörigen halbmilitärischen Organisationen seien vollständig aufgelöst«, so dass außer der Polizei »keinerlei bewaffnete organisierte Körperschaft« weiterbestehe. Zweitens, »die Beseitigung der deutschen Waffen, militärischen Ausrüstungen, Lager und Depots« sei weitgehend abgeschlossen, da 95 Prozent der Kriegsschiffe, Flugzeuge usw. vernichtet worden seien. Drittens, auch die »Räumung von Minenfeldern und die Schleifung von Befestigungen und militärischen Einrichtungen« sei zu drei Vierteln durchgeführt. Die »Ausschaltung des deutschen Kriegspotentials« sei allerdings »nur über einen längeren Zeitraum hinweg durchzuführen« und der Erfolg der noch wichtigeren »Umwandlung der deutschen Mentalität« werde erst in ferner Zukunft einzuschätzen sein.[39]

Verarbeitung des Kriegstraumas

Jahrelange Siegespropaganda machte es vielen deutschen Soldaten anfangs schwer, sich ihre totale Niederlage einzugestehen. Alliierte Reporter fanden im Sommer 1945 zahlreiche junge Landser, die weiterhin glaubten, dass Hitler ein großer Mann sei und behaupteten: »Wir haben den Krieg nicht wirklich verloren.« Wenn ihnen Schreckensbilder der Konzentrationslager vorgelegt wurden, antworteten sie: »Das ist nicht wahr. Ich will das nicht glauben, bis ich die Leichen gesehen habe. Fotos können gefälscht werden.« Besonders in Gebieten, die von Bombardierung und Kampfhandlungen verschont waren, behaupteten Zivilisten weiter: »Wir sind im Felde nicht geschlagen worden« und sie »verstanden ihre Niederlage als einen Zufall«. Skeptische Beobachter interpretierten die Aufrechterhaltung militärischer Disziplin nach der Kapitulation als »Arroganz der Offiziere« und die seltenen Willkommensgrüße für heimkehrende Truppen als Beweis für einen ungebrochenen Militarismus. Eine harte Behandlung durch die Sieger sollte den Geschlagenen daher langsam die »Bedeutung ihrer ›Eroberung‹« klarmachen.[40]

Trotzdem war es der Prozess der Niederlage selbst, der für viele der ehemaligen Wehrmachtsangehörigen die Beurteilung des Krieges entmythologisiert hat. Wenn selbst zackige Soldaten an der Ostfront erkannten: »Die Lage wurde aussichtslos«, folgerten sie: »Jetzt blieb nur noch der Weg nach Westen in Richtung Elbe zum Engländer und Amerikaner«, um nicht in russische Kriegsgefangenschaft zu geraten. Der »Rette-sich-wer-kann«-Reflex löste die militärische Disziplin auf, Einheiten flohen in kleinen Gruppen, denn brutale Versuche der SS, durch Standgerichtsurteile die Lage zu stabilisieren, konnten das Chaos nicht verhindern. Der kritische Moment war der Prozess des sich Ergebens mit einer »›weißen‹ Fahne aus einem Hemd an einem auf dem Karabiner aufgepflanzten Bajonett«, denn die Reaktion der Gegner entschied über Leben und Tod.[41] Die Verwandlung von verzweifelt kämpfenden Landsern in besiegte Gefangene forderte oft weitere Opfer, wenn die Sieger die Unterwerfung der Unterlegenen nicht akzeptierten. Solche hundertmal wiederholten Schilderungen des militärischen Zusammenbruchs machen das hilflose Ausgeliefertsein deutlich, das die kollektive Erinnerung an das Kriegsende geprägt hat.

Die am eigenen Leibe erlebte Demütigung durch die Gefangennahme machte die Sinnlosigkeit des Krieges auch für den individuellen Landser deutlich. Die improvisierten Lager brachten neue Gefahren für das Überleben: »Es kamen drei böse Wochen«, weil bei den unvorbereiteten Siegern meist weder Essen noch Schutz vor dem Wetter vorhanden waren. »Die sanitären Verhältnisse waren katastrophal, die Verpflegung brach nach einer Woche fast zusammen.« Anfangs war die Behandlung auch bei den Amerikanern streng, denn durch deutsche Grausamkeiten verursachte Rachegefühle mischten sich mit einem von der Propaganda geschürten Hass. Vor allem Russen und Franzosen zogen Gefangene zur Reparatur der Kriegsschäden als Zwangsarbeiter heran, so dass diese nun erfuhren, was sie den eigenen Arbeitssklaven zugemutet hatten. Diejenigen, die lange festgehalten wurden, konnten sich durch Lagerzeitungen und kulturelle Veranstaltungen Gedanken über den »Götzen Militarismus« oder »das neue Bild des Menschen« machen. »Und das bedeutet die Freiheit und die Persönlichkeit, die Würde und den Wert des Menschen.« Andere wiederum verstanden es, indem sie auf die alliierten Wünsche nach Wiederbelebung der Landwirtschaft durch Arbeiter eingingen, ihre schnelle Entlassung zu erwirken. Allen gemeinsam blieb aber das Trauma einer entwürdigenden Gefangenschaft.[42]

Dennoch waren die meisten Soldaten zunächst froh, noch einmal davongekommen zu sein. »Das wunderbare Gefühl, überlebt zu haben, überwog bei weitem die Betroffenheit über die furchtbare totale Niederlage, die wir natürlich auch empfanden«, so erinnerte sich ein früherer Offizier. »Die wenigsten wissen, wie ihre Angehörigen den Zusammenbruch erlebt haben und viele, namentlich die aus dem Osten, haben nun … um ihr Leben zu fürchten«, schrieb ein anderer Anfang Juni in sein Tagebuch. »In nicht wenigen, und es sind nicht die Schlechtesten, staut sich gegen diesen Beruf ein gewaltiger Hass an.« Durch die Nazi-Verbrechen und die Sinnlosigkeit der Verteidigungsstrategie hatte das Militär seinen Nimbus verloren – eine ganze Generation wollte so schnell wie möglich nach Hause, um in das zivile Leben zurückzukehren. Auch wenn in Ermangelung von Kleidung die Studenten zum Beispiel noch in »umgefärbten Uniformstücken« herumliefen, wollten sie sich vom »Kommisston« bewusst distanzieren. »Aus heutiger Sicht vielleicht lächerlich, befleißigten wir uns, ausgesprochen bürgerlich zivil miteinander umzugehen.« Nach sechs Jahren Krieg waren »Zivil« als Gegenstück zur Uniform und »Zivilität« im Umgang als Kontrast zu der Rohheit des Kasernenhofs wieder gefragt.[43]

Das deutlichste Indiz der Niederlage war für die Millionen von Kriegsheimkehrern die Verbrüderung deutscher Frauen mit alliierten Besatzern, da sie den Verlust ihrer eigenen Macht demonstrierte. Eine erste Meinungsumfrage im August 1945 zeigte, dass viele der Entlassenen über die Beziehungen junger Frauen zu den amerikanischen Soldaten tief verärgert waren. Obwohl auch sie die Aufhebung des irrealen Fraternisierungsverbots begrüßt hatten, waren ehemalige Landser von dem Ausmaß der spontanen Anbändelung mit GIs schockiert: »Wir haben sechs Jahre unser Leben für sie riskiert, und jetzt laufen sie mit den Amerikanern herum.« Die Älteren gaben zwar zu, dass sie es vorher mit den Französinnen oder Holländerinnen ähnlich getrieben hatten, aber die Umkehrung der Rollen schmerzte dennoch. Ein US-Journalist konstatierte: Die »Supermänner« von 1941 »sind nun die Untermenschen von 1945, die unwillig die Trümmer der zerstörten Städte beseitigen oder stoisch das Land bearbeiten, für das sie gekämpft haben. Für diese vorher so stolze Armee hat die Niederlage eine bedrückende Endgültigkeit«. Durch Erfahrungen eigener Impotenz »haben alle außer einer sehr kleinen Zahl die bittere Realität der deutschen Besiegung akzeptiert«.[44]

Zentraler Teil der kollektiven Verarbeitung des Kriegserlebnisses waren die Geschichten, die überlebende Soldaten untereinander, aber auch ihren Frauen und Kindern erzählten. Durch Wiederholung und Austausch nahmen sie über die Jahre eine feste Form an und wurden ein Teil des sozialen Gedächtnisses unterhalb von Politikerreden und wissenschaftlicher Forschung. Oral-History-Interviews haben, besonders bei Arbeitern, eine überraschende Einmütigkeit der Erinnerungsstrukturen feststellen können, in denen der Zweite Weltkrieg als »schlimme Zeit« apostrophiert wird. Zwar erwähnen die Veteranen immer wieder auch positive Seiten wie »dolle Feste«, Kennenlernen ferner Länder und abenteuerliche Situationen, aber insgesamt überwiegt in erstaunlicher Deutlichkeit eine negative Beurteilung. Grausamkeit, Todesangst, Hunger und Rückzüge sind Leidenserfahrungen, die sich zwar schwer mitteilen lassen, aber dafür die Bewertung umso eindeutiger machen: »Das Schlimmste aller Dinge ist ein Krieg. Das Schlimmste, was es gibt.« Ganz im Gegensatz zur Heroisierung des Ersten Weltkriegs folgerten die »gebrannten Kinder« des zweiten Massenmordens mehrheitlich »dass das, was wir da miterlebt hatten, nie wieder vorkommen darf«.[45]

Das zivile Pendant dazu waren die meist von Frauen überlieferten Geschichten vom Bombenterror in den Städten und von Flucht und Vertreibung aus dem Osten. Erzählungen von angsterfüllten Nächten in Luftschutzkellern, dem Heulen der Bomben, dem Bellen der Flak, den verzweifelten Löschversuchen und der Zerstörung des eigenen Besitzes waren fast allgegenwärtig. »Zeit meines Lebens blieb die bestimmende Erinnerung, dass Krieg eine furchtbare Sache ist.« Erlebnisberichte von den Schrecken der Austreibung aus dem großdeutschen Herrschaftsbereich, die nach den Potsdamer Beschlüssen in »geordneter und humaner Weise« durchgeführt werden sollte, betonten das besondere Schicksal der Flüchtlinge. »Im Juni 1945 wurden die Deutschen aus den Dörfern und Städten von polnischen bewaffneten Horden zusammengetrieben, sehr oft mit Schlägen aus den Wohnungen geholt, und mehrere Tage lang nach Westen gejagt, wobei weder für Verpflegung noch für Unterkunft gesorgt wurde«, lautet eine verhaltene Beschreibung.[46] Ob sie nun zu Zwecken des Lastenausgleichs oder als Beleg für den Anspruch auf ein »Recht auf Heimat« gesammelt wurden, bildeten diese Leidensgeschichten in der Zivilbevölkerung gleichfalls eine negative Erinnerung an die Kriegsfolgen.

Die literarische Behandlung des Kriegsthemas, die weitgehend als ein schriftliches Erinnerungsarchiv fungiert, betont ebenso stark das »Leiden der Nation«. Trotz aller Unterschiede in stilistischer Qualität ging die populäre Darstellung des Weltkriegs, etwa von Hans Hellmut Kirst »08/15«, Theodor Plivier »Stalingrad« oder Fritz Wöss »Hunde, wollt ihr ewig leben?« in eine ähnliche Richtung wie die anspruchsvolleren Romane von Heinrich Böll, Siegfried Lenz, Alexander Kluge oder Christa Wolf, um nur einige der bekanntesten Autoren zu nennen.[47] Die Schilderungen des vielfältigen Grauens sind von schonungsloser Deutlichkeit; das Kriegserlebnis wird dadurch weitgehend entmythologisiert; das Thema des nackten Überlebens in einem unverständlichen Chaos dominiert; der Zusammenbruch aller Ordnungen und Moralvorstellungen relativiert vorschnelle Bewertungen. So betont Jürgen Thorwald in seinem Zyklus »Die große Flucht« die universelle Sinnlosigkeit des Leidens, indem er die Deutschen eher als Opfer denn als Täter erscheinen lässt.[48] Obwohl die Privilegierung eigener Schreckenserfahrungen eine Opfermentalität begünstigte, trug sie zu einer kritischen Erinnerung an den Krieg bei.

Sogar das so illusionsträchtige Genre des Films konnte sich dem Zwang zur Darstellung der zerstörenden Wirkung des Krieges nicht völlig entziehen. Zwar wurden die Versuche eindringlicher Schilderung des Grauens in den ersten Nachkriegsjahren, wie Bernhard Wickis »Die Brücke«, bald von sentimentalen Streifen wie der Verfilmung von Heinz G. Konsaliks Erfolgsroman »Der Arzt von Stalingrad« abgelöst. Aber ihre Heroisierung von »anständigen« Einzelgestalten zur Erbauung des Publikums konnte weder den allgemeinen Schrecken des Krieges verwischen noch die auf Partei oder SS abgeschobenen Verbrechen gänzlich leugnen. Auch der populäre Versuch der Heimatfilme, eine heile, apolitische Welt zu rekonstruieren, lebte geradezu von der Brechung durch angedeutete, aber dennoch tragische Kriegsschicksale, die nur durch Kontakt mit unverdorbener Natur zu heilen waren. Schließlich verlangte der Erfolg Hollywoods eine Umkehrung der Identifikationen, da US-Kriegsfilme die Amerikaner als Helden und die Deutschen als Schurken darstellten, also die Sympathien des Publikums verwirrten.[49]

Auch das Totengedenken nach dem noch größeren Sterben des Zweiten Weltkriegs trug wesentlich zivilere, nicht-militaristische Züge. Als Reaktion auf den revanchistischen Totenkult der gefallenen Helden zu Weimarer Zeiten verhinderten einerseits alliierte Verbote anfangs militärische Erinnerungsfeiern. So wurden die Kriegerdenkmäler des Ersten Weltkriegs zwar um einige Tafeln erweitert, aber kaum neue Ehrenmäler errichtet – wenn man von den zahlreichen Denkmälern der Roten Armee in Ostdeutschland absieht. Andererseits ließ das größere Ausmaß der Niederlage die Menschenopfer im Nachhinein noch sinnloser erscheinen und machten Besatzung und Entmilitarisierung jeden Versuch eines Sich-dagegen-Auflehnens zwecklos. Die Läuterung des Volkstrauertages vom NS-»Heldengedenktag« zu einem »Tag der Mahnung zu Versöhnung, Verständigung und Frieden« deutet darauf hin, dass nach 1945 Trost wichtiger wurde als Revanche. Auch die Zerstreuung der Kriegsgräber in alle Herren Länder, die berechtigten Grund zur Feindschaft hatten, machte die Anlage deutscher Heldenhaine unmöglich.[50]

Natürlich verschwanden positive Kriegserinnerungen und eingefleischter Militarismus trotz der vernichtenden Niederlage nicht völlig von der Bildfläche. In manchen privaten Erzählungen blitzte Stolz auf über anfängliche Siege oder spätere Tapferkeit bei der Verteidigung gegen eine feindliche Übermacht. Besonders in halböffentlichen Zusammenkünften ehemaliger Frontkameraden wurde die Zucht der preußischen Militärtradition verteidigt und die Härte deutschen Soldatentums gefeiert.[51] In ihren Memoiren schoben Generäle die Schuld an der Niederlage auf die strategische Einmischung Hitlers, die Unfähigkeit der Partei und die Verbrechen der SS. Durch den kollektiven Freispruch des OKW im Nürnberger Prozess schien die Ehre der Wehrmacht gerettet, auch wenn einzelne Offiziere weiterhin wegen Kriegsverbrechen verurteilt wurden.[52] Besonders in rechtsradikalen Kreisen lebte also militaristisches Gedankengut weiter, in der Hoffnung, die Niederlage noch irgendwie in Zukunft zu revidieren.[53] Aber alle diese Versuche fanden wenig Widerhall in der Jugend und blieben auf einen Teil des Veteranenmilieus beschränkt. »Diesmal war die Niederlage vollständig; für eine zweite Dolchstoßlegende gibt es nicht den geringsten Anhaltspunkt.«[54]

Dennoch ermöglichten die konsequente Abrüstung und die Entmilitarisierung den Deutschen einen zivilen Neuanfang, ein Moratorium ohne eigenes Militär von einem Jahrzehnt. Uniformen, allerdings keine Waffen, trugen außer den in alliierten Lagern verbleibenden Gefangenen nur noch einige zehntausend Männer in Dienstgruppen, die für die Siegermächte Minen suchten und andere niedere Arbeiten verrichteten.[55] Wenn auch manche Maßnahmen wie der Sturz von »gefährlichen Denkmälern«, etwa das Wilhelms I. am Berliner Schloss, und die Umbenennung von Straßen mit martialischen Namen, wie der Belle-Alliance-Straße, etwas über das Ziel hinausschossen, war die Unterbrechung der Militärtradition eine Chance, den jahrhundertelangen Prozess der sozialen Militarisierung umzukehren.[56] Besonders wenn sie nur schwer Tritt fassten, war für die Betroffenen der Absturz aus ihrer privilegierten Stellung in die Bedeutungslosigkeit zweifellos bitter, aber für die politische Kultur bot die Diskreditierung des Militärs eine einmalige Möglichkeit, sich neue, friedlichere Wertmaßstäbe und Verhaltensweisen anzueignen.[57]

Die einzige Ausnahme von der flächendeckenden Demilitarisierung bildete die Aufstellung deutscher Polizeieinheiten. Diese Maßnahme war die Antwort auf öffentliche Sicherheitsprobleme, die selbst eine Folge der vollständigen Entwaffnung waren. Die alliierte Militärpolizei hatte mit der Disziplinierung der eigenen Soldaten genug zu tun und konnte sich kaum um die im rechtsfreien Raum entstehenden deutschen Banden und Schieber kümmern. Weil die Polizei im Dritten Reich ein »Instrument der Unterdrückung« geworden war, musste sie von Nationalsozialisten gesäubert und ihre Professionalität wieder hergestellt werden. In der britischen Zone wurden daher in Lehrgängen erfahrene Polizisten wie neue Anwärter gleichermaßen ausgebildet. Die neuen blauen Uniformen sollten einen veränderten Geist signalisieren und »dem deutschen Volk auf dem Wege zur Demokratie helfen«. Allerdings war es nicht möglich, die Polizisten konsequent unbewaffnet zu lassen, da dies das Personal zu vielen Gefahren aussetzte, so dass allmählich Pistolen ausgegeben werden mussten. In der sowjetischen Besatzungszone wurde die Polizei noch radikaler umgekrempelt, um die Macht der SED zu stabilisieren.[58]

Der weitgehenden Demilitarisierung des Alltags entgegen stand die sich jahrelang hinziehende Heimkehr eines Teils der Gefangenen als personifizierte Erinnerung an die sonst zu leicht vergessenen Leiden des Krieges. Nach der ersten großen Entlassungswelle im Jahre 1945 hielten vor allem die Engländer (über dreihunderttausend), Franzosen (um siebenhunderttausend) und Russen (geschätzte zwei Millionen) noch erhebliche Kontingente von Offizieren und Soldaten, teils zu Wiedergutmachungsarbeiten, teils aber auch zur politischen Quarantäne fest. In den Lagern wurde nicht nur geschuftet, sondern fand sich manche Gelegenheit zur Umerziehung im Sinne der Demokratie. Der wachsende Druck der deutschen Öffentlichkeit, unterstützt von der US-Regierung, beschleunigte die Entlassungen im Herbst 1946, die nach politischen, gesundheitlichen und Arbeitsgesichtspunkten vorgenommen wurden. Dabei war der Kontrast zwischen westlichen und russischen Heimkehrern auffällig, da letztere einen »erschütternden Elendseindruck« machten.[59] »Tragisch gestaltete sich in vielen Fällen die Heimkehr der entlassenen Kriegsgefangenen«, denn »sie waren häufig Fremde in einer fremden Welt«. Die Wiedereingliederung dieser gebrochenen Männer war eine der schwierigsten Herausforderungen der Nachkriegsgesellschaft.[60]

Der teils restriktive, teils unterstützende Umgang mit den Kriegsveteranen nach 1945 verhinderte jedoch die Formierung einer revanchistischen Interessengruppe. Die öffentliche Bestürzung über die verheerende Niederlage entzog ihnen die gesellschaftliche Achtung, und die Aufhebung ihrer Renten zwang sie, sich in Zivilisten zu verwandeln, um sich irgendwie ihren Lebensunterhalt zu sichern. Das anfängliche Organisationsverbot erschwerte die politische Vertretung ihrer Interessen, die auch nach allmählicher Lockerung nur einen begrenzten Lobbyismus in Sachfragen, aber keine militaristische Propaganda erlaubte. Ihr stärkstes Interesse galt daher der Verbesserung der Versorgung, besonders für die überall sichtbaren Kriegsversehrten und die hinterbliebenen Witwen, durch Betonung ihrer materiellen Notlage. Mit den wachsenden Steuereinnahmen versuchten die Länder zunächst ein einheitliches Minimum an Unterstützung anzubieten, während die Bundesregierung in sukzessiven Gesetzen die Bezüge diverser besonders bedürftiger Gruppen aufbesserte. Auch hatten die meisten Veteranen aus dem Fiasko des Hitlerschen Eroberungs- und Vernichtungskriegs genügend gelernt, um eine »sehr skeptische Einstellung allem Militärischen gegenüber« einzunehmen.[61]

Das westdeutsche Grundgesetz kodifizierte den pazifistischen Lernprozess der ersten Nachkriegsjahre, da schon die Präambel den Dienst am Weltfrieden forderte. Die Diskussionen auf Herrenchiemsee und im Parlamentarischen Rat waren dennoch schwierig, weil der Verzicht auf eigene Streitkräfte den Schutz des Staates an die Siegermächte und ein internationales Sicherheitssystem delegierte, deren Zuverlässigkeit nicht berechenbar blieb.[62] Prinzipiell kollidierte die von der SPD geforderte vollständige Ächtung des Krieges mit der von der CDU befürworteten Möglichkeit eigener Landesverteidigung. Resultat der komplexen Auseinandersetzungen war ein Kompromiss, der in Artikel 26, Absatz 1 »Handlungen, die mit der Absicht vorgenommen werden, das friedliche Zusammenleben der Völker zu stören, insbesondere die Führung eines Krieges vorzubereiten« für verfassungswidrig erklärte. Auch wurde die Herstellung von Kriegswaffen außer bei expliziter Genehmigung der Bundesregierung untersagt und ein Recht auf Kriegsdienstverweigerung aus Gewissensgründen in die Verfassung aufgenommen. Auch die erste DDR-Verfassung proklamierte das Prinzip der Friedfertigkeit, obwohl die heimliche Remilitarisierung mittels der Volkspolizei schon im Gange war.[63]

Der Erfolg dieser Entmilitarisierung wurde vor allem durch den lautstarken Widerstand gegen eine potentielle Wiederbewaffnung deutlich. Als Eugen Kogon im Herbst 1948 behauptete, dass Engländer und Amerikaner als Antwort auf die Aufrüstung der Volkspolizei »mit der militärischen Ausbildung von Deutschen begonnen hätten«, war die Ablehnung durch die öffentliche Meinung eindeutig. So hatte Ernst Reuter schon lange gefordert: »Demontiert die Kriegsgesinnung«. Und die erste Nachkriegssynode der evangelischen Kirche plädierte: »Wir brauchen keinen Krieg.«[64] Doch der Abschluss des Nordatlantikpaktes im Frühjahr 1949 warf die Frage nach der Rolle Westdeutschlands auf, da die NATO nur so lange Schutz gewähren würde »wie es von alliierten Truppen besetzt gehalten wird«. In der verworrenen Diskussion um einen deutschen Verteidigungsbeitrag versuchte Konrad Adenauer klarzustellen, »dass Deutschland zuviel verloren hat und zuviel Kräfte für den Wiederaufbau braucht, um an eine Wiederaufrüstung denken zu können«. Listig deutete er jedoch an, dass dies nur bei voller Gleichberechtigung und innerhalb einer »europäischen Streitmacht« möglich sei. Auch Kabinett und Bundestag sprachen sich aufgrund der negativen Volksstimmung eindeutig »gegen Aufrüstung« aus.[65]

Wichtigstes Argument für die Wiederbewaffnung Westdeutschlands war die Angst vor der »Wiederaufrüstung« des Ostens durch »Gründung einer Roten Armee in der Sowjetzone«. Im Herbst 1948 behauptete ein Überläufer, Generalarzt Dr. Schreiber, dass die Volkspolizei »durch deutsche Kriegsgefangene aus der Sowjetunion verstärkt, dass sie mit schweren Waffen ausgerüstet und kaserniert wurde«. Auch die Aufstellung eines »militärischen Werkschutzes« in

Uniform beunruhigte die Öffentlichkeit. Daneben machten andere Meldungen von »deutschem Kanonenfutter in Griechenland« als Legionäre im Bürgerkrieg auf der kommunistischen Seite die Runde. Die Westpresse zitierte den ostdeutschen General Staimer mit der Ankündigung eines zukünftigen Bürgerkriegs: »Unsere Polizei soll es sein, die dazu ausersehen ist, wieder ein geeintes Deutschland herbeizuführen.« Der harte Kern hinter dieser teilweise inszenierten Aufregung war der Wille der SED, sich durch einen vergleichsweise stärkeren Ausbau der Polizeikräfte die innenpolitische Macht zu sichern und sich auch auf deutschlandpolitische Auseinandersetzungen nach Abzug der alliierten Streitkräfte vorzubereiten.[66]

Adenauers Strategie zur Erreichung einer westdeutschen Wiederbewaffnung wurde weitgehend von der Sorge vor den erwarteten inneren und äußeren Widerständen bestimmt. Nachdem er aufgrund von Memoranden früherer Stabsoffiziere wie Adolf Heusinger und Hans Speidel zur Überzeugung gekommen war, dass die Sicherung des eben gegründeten Weststaates auch eine eigene Verteidigungskapazität verlangte, taktierte er höchst vorsichtig. Ein Resultat des antizipierten Widerspruchs war die weitgehende Geheimhaltung der ersten Planungen des Amts Blank sowie der Kontakte mit den Schutzmächten. Eine weitere Konsequenz war das Bestehen auf der Internationalisierung eines deutschen Wehrbeitrags, sei es in dem in der französischen Nationalversammlung gescheiterten Projekt der Europäischen Verteidigungsgemeinschaft, sei es in dem darauf notwendig gewordenen NATO-Beitritt. Eine letzte Folge war die enge Koppelung des Angebots der Aufstellung von Streitkräften an ihre volle Gleichberechtigung innerhalb westlicher Militärstrukturen, um den Vorwurf käuflicher Söldner zu entkräften.[67] Da im Ausland die Angst vor dem Wiederaufleben eines deutschen Militärs verbreitet war, bedurfte es des Korea-Krieges, um unter Realpolitikern die Notwendigkeit einer Armee durchzusetzen.

Das massive »Ohne-mich«-Syndrom zeigt, wie weit sich der Antimilitarismus mittlerweile in der Bevölkerung verbreitet hatte. Umfragen belegen, dass im Dezember 1947 94 Prozent der Bevölkerung in der amerikanischen Zone der Folgerung zustimmten, »Krieg zahlt sich nicht aus«, während drei Fünftel im Frühjahr 1948 einen weiteren Weltkrieg befürchteten. Als sich Gerüchte über eine Wiederbewaffnung verdichteten, waren 1949 62 Prozent der Befragten in der US-Zone dagegen und Anfang der fünfziger Jahre wollten sogar über siebzig Prozent aufgrund der schrecklichen Kriegserfahrungen dabei nicht mitmachen! Der von der von Gustav Heinemann propagierten und der SED lautstark angefeuerten Volksbewegung gegen die Wiederbewaffnung, die von Kirchen, Gewerkschaften und Intellektuellen unterstützt wurde, gelang es, vier bis fünf Millionen Unterschriften zu sammeln. Erst der Angriff des Nordens auf Südkorea, der sich in einem ähnlich geteilten Deutschland wiederholen konnte, überwand den vor allem bei Arbeitern und Frauen verbreiteten Pazifismus, so dass bereits im September 1950 etwa 63 Prozent der Bevölkerung willens waren, westdeutsche Streitkräfte innerhalb einer europäischen Verteidigung zu akzeptieren.[68]

Eine Folge der inneren wie äußeren Skepsis war auch die vergleichsweise zivilere Form der westdeutschen Wiederbewaffnung. Zwar unterstützte Adenauer die schon von dem Nürnberger Militärtribunal in Gang gesetzte und schließlich von Eisenhower formalisierte partielle Rehabilitierung des deutschen Offizierskorps.[69] Aber er bestand auf der eingehenden Durchleuchtung der aus der Wehrmacht übernommenen Offiziere auf politische Zuverlässigkeit und fachliche Kompetenz durch eine unabhängige Personalkommission. Auch die Anerkennung des Rechts auf Wehrdienstverweigerung und sein Ausbau durch diverse Gerichtsurteile trugen viel zur Akzeptanz der Wiederaufrüstung in der Gesellschaft bei. Allerdings hatte die neue Truppe ein gravierendes Traditionsproblem, denn die durch das streng gesiebte Offizierskorps gegebene Kontinuität zur Wehrmacht führte zu einer weitgehenden Leugnung ihrer Mittäterschaft am Völkermord, während der alternative Bezug auf die Gewissensfreiheit der Widerständler des 20. Juli erst nach erheblichen Auseinandersetzungen akzeptiert wurde. Obwohl die Angst vor einem dritten Weltkrieg die Wiederbewaffnung nicht völlig verhindern konnte, gab die verbreitete Abwendung vom Militarismus ihr schließlich eine weniger bedrohliche Form.[70]

Konsequenzen der Friedenssehnsucht

Die neu gewonnene Überzeugung, dass vom deutschen Boden kein Krieg mehr ausgehen dürfe, wurde durch die Krisen des Kalten Krieges bestärkt. Am Eisernen Vorhang standen sich nicht nur Hunderttausende waffenstarrender Soldaten der feindlichen Blocks gegenüber, sondern diese regionale konventionelle Konfrontation wurde von einer interkontinentalen nuklearen Drohgebärde der Supermächte überwölbt, deren Akronym nicht zu Unrecht MAD (*mutually assured destruction*), also unzweifelhafte gegenseitige Vernichtung, hieß. Als strategische Planspiele wie taktische Manöver den vormaligen Kriegstreiber Deutschland in das zentrale Schlachtfeld des Dritten Weltkriegs verwandelten, schien dessen nochmalige Zerstörung unausweichlich, egal ob es erst am Rhein oder schon an der Zonengrenze verteidigt werden sollte. Ein zynisches Bonmot formulierte daher schlagend: »Je kürzer die [Reichweite der] Raketen, desto toter die Deutschen.« In West wie Ost sahen sich die Deutschen in einem Grundwiderspruch gefangen, da sie zwar eine konsequente Friedenspolitik verlangten, gleichzeitig aber Teil eines gigantischen Rüstungswettlaufs wurden.[71]

Eine Folge der Blockeinbindung beider deutscher Staaten war die Fortsetzung der Besatzung, nur in der etwas veränderten Form der Stationierung von Verbündeten. Ein nicht unerheblicher Teil des Staatsgebietes stand unter der Kontrolle der jeweiligen Bündnispartner, deren Militäranlagen, Truppenübungsplätze, Nachschubdepots extraterritoriale Inseln bildeten und deren Wohngebiete, Geschäfte, Schulen und Sportstätten eine Art paralleler Gesellschaft schufen, die oft nur über Zivilangestellte Kontakt mit den Einwohnern hatte. Während die fremdsprachigen Wegweiser von der Bevölkerung ignoriert wurden, waren die endlosen Kolonnen der Militärfahrzeuge nicht zu übersehen, die im Sommer zu Manövern ausschwärmten und einigen Flurschaden anrichteten. Das Gefühl erhöhter Sicherheit, das diese fremden Truppen ausstrahlten, war aber auch mit ärgerlicher Unterlegenheit verbunden, denn in Streitfällen hatten die Einheimischen meist das Nachsehen.[72] Die Präsenz alliierter Soldaten Jahrzehnte nach Kriegsende begrenzte die deutschen Souveränität und führte zu einer eigenartigen Verantwortungslosigkeit, da man für letzte Sicherheitsentscheidungen nicht zuständig war.

In einem von Weltkriegstrauma und nuklearer Angst gezeichneten Klima erwies sich die Aufstellung von zwölf westdeutschen Divisionen Mitte der fünfziger Jahre als überaus schwierig. Erst nach scharfen Auseinandersetzungen zwischen CDU und SPD fand sich eine Reihe von Kompromissen, die das Profil der neu geschaffenen Bundeswehr prägten. Mit dem Amt des Wehrbeauftragten setzte der Bundestag symbolisch die zivile Kontrolle des Militärs durch. Gleichzeitig versuchte das von Wolf Graf Baudissin propagierte Konzept einer »inneren Führung«, deren Leitbild ein »Bürger in Uniform« sein sollte, mit dem überkommenen Kadavergehorsam zu brechen. Die allgemeine Wehrpflicht wurde auf zwölf Monate begrenzt und durch die Anerkennung eines zivilen Wehrersatzdiensts für ihre Gegner erträglicher gemacht. Auch die neuen, an westlichen Vorbildern ausgerichteten Uniformen und Stahlhelme sowie der lockerere Umgangston sollten den Bruch mit der militaristischen Tradition dokumentieren. Schon 1949 brachte die Karikatur eines doppelköpfigen Tieres den Grundwiderspruch dieser Streitkraft auf den Punkt: »Karnickel nach Westen, Wachhund nach Osten«.[73]

Die Schaffung der Nationalen Volksarmee in der DDR löste trotz des Widerstands von Teilen der Bevölkerung einen deutlicheren Schub der Remilitarisierung aus. Aus der Kasernierten Volkspolizei wurde die NVA 1956 als Berufsarmee von linientreuen Freiwilligen gegründet, die erst nach dem Mauerbau auf die Wehrpflicht umgestellt wurde. Weil laut Verfassung von 1974 die DDR »für immer und unwiderruflich mit der UdSSR verbündet« war, übte die Rote Armee eine direkte Kontrolle über ihren Klienten aus. Auch die führende Rolle der SED war durch den Vorsitz ihres Generalsekretärs im Nationalen Verteidigungsrat und das Institut der Politoffiziere festgeschrieben. Unbeschadet von ihren vor allem nach Westen gerichteten Friedenskampagnen, remilitarisierte die Partei ihre eigene Gesellschaft durch eine massive Werbung für den Offiziersnachwuchs sowie die Einrichtung einer Wehrerziehung in Schulen und Jugendgruppen. Das traditionelle Feldgrau der Uniformen, der Stechschritt bei Paraden und das zackigere Auftreten der NVA waren daher äußerer Ausdruck einer eigentümlichen Wiederbelebung preußischer Militärtraditionen unter proletarischem Vorzeichen.[74]

In der Bundesrepublik entzündete sich der Konflikt zwischen Friedenssehnsucht und Sicherheitsvorkehrungen Ende der fünfziger Jahre an der Frage der Einführung taktischer Atomwaffen. Zwar hatte Bonn in den Pariser Verträgen explizit auf ABC-Waffen verzichtet, aber Adenauer und der energische Verteidigungsminister Franz Josef Strauß wollten einen gewissen deutschen Einfluss auf diese *ultima ratio* erreichen. Als ein alliiertes Luftmanöver Millionen von Toten und Verwundeten simulierte, protestierten in einem Aufsehen erregenden Göttinger Manifest daraufhin achtzehn Physiker, angeführt von Nobelpreisträger Max Planck, gegen diese Politik. Führende SPD-Politiker wie Gustav Heinemann, zahlreiche Gewerkschaftler, kritische evangelische Theologen wie Helmut Gollwitzer und Intellektuelle wie Heinrich Böll lancierten einen veritablen »Kampf gegen den Atomtod«, der in Hamburg 1958 150000 Leute zu Protesten mobilisierte. Aber als das Berlin-Ultimatum von Chruschtschow eine neue Bedrohung signalisierte, brach die Kampagne in sich zusammen und der Bundestag billigte die Einführung von nuklearen Trägerwaffen, solange die Kontrolle über die Sprengköpfe bei den Alliierten verblieb.[75]

Der erste Testfall für den potentiellen Einsatz der Bundeswehr im unpopulären Vietnamkrieg begründete eine Doktrin der militärischen Enthaltsamkeit der Bundesrepublik. Als US-Präsident Lyndon Johnson im Dezember 1965 eine Sanitätseinheit und ein Pionierbataillon zur Unterstützung anforderte und Verteidigungsminister Robert McNamara sogar von Kampftruppen sprach, winkte Bundeskanzler Ludwig Erhard ab. Die Bundesregierung unterstützte das südvietnamesische Regime nur finanziell und schickte das Lazarettschiff »Helgoland« vor die vietnamesische Küste. Das Auswärtige Amt argumentierte, dass man »durch die Nachwirkungen des Zweiten Weltkriegs und durch die aus der Teilung Deutschlands entstandenen Probleme in der Bewegungsfreiheit eingeschränkt« sei. Weil die Älteren aufgrund des Weltkriegstraumas und die Jüngeren aus Kritik am amerikanischen Imperialismus jedes Engagement ablehnten, setzte sich die Interpretation durch, dass das Grundgesetz den Einsatz von Soldaten nur bei einem Angriff auf die Bundesrepublik zulasse.[76] Ganz im Gegensatz zu ihren offiziellen Friedensparolen hatte die SED-Führung jedoch keine Skrupel wegen der Entsendung zahlreicher NVA-Instrukteure zur Hilfe von nationalen Befreiungsbewegungen in Afrika.

Stattdessen konzentrierte sich die Bundesregierung auf die Vertiefung der Entspannung durch eine eigene neue Ostpolitik. Hinter dem Versuch, »ein geregeltes Nebeneinander zwischen der BRD und ihren östlichen Nachbarn« zu erreichen, stand die Hoffnung, die Konsequenzen des Weltkriegs und die Spannungen des Kalten Krieges zu überwinden. Der Abschluss der diversen Ostverträge mit der Sowjetunion und ihren Klientenstaaten spann ein »Netz von Gewaltverzichten«, um durch demonstrierte Friedfertigkeit den Vorwurf des Revanchismus und die Angst vor den Deutschen zu entkräften. Auch die De-facto-Anerkennung der DDR war ein Versuch, durch vertragliche Regulierung den innerdeutschen Konflikt zu entschärfen und »Wandel durch Annäherung« herbeizuführen. Schließlich bot das Berlin-Abkommen eine Garantie gegen die Wiederkehr von Ost-West-Konfrontationen. In der Internationalisierung und Kodifizierung dieser Entspannung im KSZE-Prozess spielte die Bundesrepublik eine zentrale Rolle, da ihre Anerkennung des Status quo in Europa die Akzeptanz der Potsdamer Nachkriegsgrenzen wie der innerdeutschen Teilung verlangte.[77] Langfristig erwies sich aber gerade diese Form der aktiven Friedenspolitik als besonders erfolgreich.

Das Dilemma von einerseits Verteidigungsfähigkeit und andererseits Entspannungsbereitschaft tauchte dennoch mit dem NATO-Doppelbeschluss Ende der siebziger Jahre in verschärfter Form wieder auf. Der Versuch Helmut Schmidts, die strategische »Abkoppelung« von Westeuropa und den USA zu verhindern und gleichzeitig die Fortschritte der Entspannung im »zweiten Kalten Krieg« zu bewahren, stieß auf Unverständnis in der Bevölkerung, die die Bedrohung durch die sowjetischen Mittelstreckenraketen SS-20 deutlich unterschätzte. Seine Ankündigung der Stationierung von US-Raketen ähnlicher Reichweite überschattete den gleichzeitig geäußerten Verhandlungswillen und löste stattdessen eine neue Friedensbewegung aus. In Ostermärschen und Kundgebungen, in Lichterketten, Petitionen und Friedensgottesdiensten äußerten Hunderttausende ihre

Angst vor einem nuklearen Krieg, die sich teilweise zu einer regelrechten Weltuntergangspanik ausweitete. »Wir Alten in der Friedensgruppe sind uns darin einig«, schrieb ein ehemaliger Kriegsfotograf, »weil wir in der Nazizeit entweder mitgemacht oder weggeschaut und geschwiegen haben, wollen wir jetzt anders handeln.« [78] Ironischerweise führte die Gefolgsverweigerung der SPD gegenüber ihrem eigenen Kanzler und der Seitenwechsel der FDP zu einer konservativen Regierung, die den umkämpften Beschluss dennoch umsetzte.[79]

Die Entstehung der Friedensbewegung war Ausdruck einer sozialen Polarisierung in eine ökologisch-pazifistische Subkultur und ein bürgerlich-realpolitisches Lager. Die Friedensgruppen waren Teil der Neuen Sozialen Bewegungen von jüngeren, städtischen Angestellten, während der »Dienst beim Bund« in eher kleinstädtisch traditionellen Milieus populär blieb. Der Pazifismus war auch in den Gewerkschaften, der evangelischen Kirche und Intellektuellenkreisen verbreitet sowie in weiten Teilen der SPD und den Grünen organisiert, während Unterstützung für die Bundeswehr eher bei Unternehmern, Katholiken, der CDU und der FDP anzutreffen war. Mit Friedensparolen und heimlicher Finanzierung versuchte die SED die westliche Kritik an der Bundeswehr, den Atomwaffen und Mittelstreckenraketen zu verstärken.[80] Trotz der publizistischen Resonanz des Pazifismus gelang es aber dem bürgerlich-konservativen Lager, die entscheidenden Wahlen zu gewinnen; jedoch erzwang die verbreitete Friedenssehnsucht eine außenpolitische Selbstbeschränkung, die in den USA als »Genscherismus« verpönt war.

Ein Resultat der innerdeutschen Entspannung war Anfang der achtziger Jahre ein wachsendes Bewusstsein der deutschen »Verantwortungsgemeinschaft« für die Aufrechterhaltung des Friedens in Mitteleuropa. Unter den vielfältigen Motiven spielte einerseits das ideologisch unterschiedliche, aber dennoch gemeinsame historische Bewusstsein ihrer Schuld an den NS-Verbrechen eine erhebliche Rolle. Andererseits ging es aber auch um gegenwärtige Interessen an der Aufrechterhaltung des innerdeutschen Handels auf Seiten der BRD und der Kreditfähigkeit der in die Stagnation abrutschenden Wirtschaft der DDR. Damit waren auch die so genannten menschlichen Erleichterungen beim Freikauf von Gefangenen, den gegenseitigen Besuchen und neuen Städtepartnerschaften verbunden. Die Bewahrung dieses immer engeren Geflechts von Beziehungen inspirierte Helmut Schmidt und Helmut Kohl auf der einen und Erich Honecker auf der anderen Seite, im Rahmen ihrer Möglichkeiten den wachsenden Spannungen zwischen den USA und der UdSSR entgegenzuwirken. Die spektakulären gegenseitigen Staatsbesuche waren ein symbolischer Ausdruck dieser neuen Friedfertigkeit.[81]

Im Schatten der Detente entstand ironischerweise auch eine eigene Friedensbewegung in der DDR, die am Widerspruch zwischen der pazifistischen Rhetorik und der militaristischen Praxis der SED ansetzte. Einige mutige protestantische Pastoren unterstützten Wehrdienstverweigerer und propagierten die Verwandlung von »Schwerter in Pflugscharen«, die unter Jugendlichen erhebliche Resonanz fand. Die Stasi-Verfolgung dieser internen Kritiker führte zu einer grundsätzlicheren Auseinandersetzung mit den Menschenrechtsverletzungen des realen Sozialismus, die sich etwa in der Gründung der Gruppe »Initiative für Frieden und Menschenrechte« niederschlug.[82] In Friedensgottesdiensten, Mahnwachen und Schweigemärschen versuchte die Minderheit der Pazifisten ihren widerwillig loyalen Mitbürgern die Notwendigkeit einer konsequenten Friedfertigkeit zu demonstrieren. Die Namen von prominenten Dissidenten wie Bärbel Bohley, Rainer Eppelmann und Markus Meckel deuten an, wie sehr diese Bewegung Teil der Mobilisierung des Herbstes 1989 wurde.

Einige der langfristigen Folgen der soziokulturellen Distanzierung vom Krieg für die Politik der beiden deutschen Nachfolgestaaten waren daher durchaus paradox. Aufgrund der traumatischen Erfahrungen der Niederlage entstand eine elementare, blockübergreifende Friedenssehnsucht, die sich in dem oft wiederholten Slogan »Nie wieder Krieg« äußerte. Dennoch erzwang der Kalte Krieg die Wiederbewaffnung beider Staaten, denn die Besiegten konnten sich nicht völlig den machtpolitischen Wünschen ihrer Bündnispartner entziehen. Allerdings fiel die westdeutsche Variante der Bundeswehr trotz mancher hässlicher Skandale wesentlich ziviler aus als die remilitarisierte ostdeutsche NVA. In der Außenpolitik bewirkten Westintegration und Ostpolitik eine deutliche Zähmung der westdeutschen Macht durch militärische Enthaltsamkeit und Multilateralismus, die in Ostdeutschland mehr der eigenen Schwäche als einem kulturellen Sinneswandel geschuldet blieb. Jedoch zeigten die wiederholten Friedensbewegungen, die nicht nur von der Stasi inszeniert waren, auch einen über das Ziel hinausschießenden Lernprozess der Befriedung, dessen irritierender moralischer Überlegenheitsanspruch auf dem Schutz der anderen Mächte beruhte.[83]

Vergessene Veränderung

Über ein halbes Jahrhundert nach dem Ende des Zweiten Weltkriegs ist die soziale Entmilitarisierung weitgehend vergessen, weil sie durch ihren Erfolg selbstverständlich geworden ist. Um das Ausmaß dieser Veränderung zu verstehen, muss man sich daran erinnern, dass 1945 über die Hälfte aller deutschen Männer in irgendeiner Uniform, sei es Wehrmacht, Luftwaffe oder Kriegsmarine, sei es SS, SA oder RAD steckte. Dazu kamen ein tief sitzender Respekt vor dem Militär, ein großer Stolz auf seine Siege und ein verbreiteter Glauben an die Notwendigkeit von Kriegen. Fünf Jahrzehnte später verweigert fast die Hälfte der Einberufenen den Wehrdienst, fühlen sich Deutsche instinktiv als Zivilisten und ist die Skepsis vor militärischen Einsätzen im Ausland, auch unter multilateralem Vorzeichen, weit verbreitet, wie Umfragen nach dem Attentat auf das World Trade Center belegen.[84] Schon die etymologische Verwandtschaft von »zivil« und »Zivilisation« deutet an, dass diese gesellschaftliche Distanzierung von Militär und Krieg ein erster wichtiger Schritt zur Rezivilizierung der Deutschen nach den Verbrechen des Dritten Reichs war, den es zu erklären gilt.

Entscheidenden Einfluss auf diese Wandlung hatte die alliierte Politik der bedingungslosen Kapitulation, da sie auf die dauerhafte Befreiung von »Nazismus und preußischem Militarismus« hinzielte. Statt eine völlige Zerstörung des Feindes in einem karthagischen Frieden anzustreben, einigten sich die Siegermächte jedoch auf eine Politik der Sicherung vor erneuten Angriffen und einer schrittweisen Rehabilitierung, für die die konsequente Entmilitarisierung eine Grundvoraussetzung bildete. Zu diesem Zweck mussten nicht nur das feindliche Militär demobilisiert und sein Kriegsgerät unschädlich gemacht werden, sondern es ging darüber hinaus um die »geistige und intellektuelle Entmilitarisierung«. Ein amerikanischer Angehöriger der Militärregierung argumentierte im Oktober 1945, dass »Literatur, Symbolik, die Fortführung von Traditionen und jede Art von militärischer Schulung und Ausbildung Faktoren in dem Problem der Entwurzelung des Militarismus in Deutschland sind«.[85] Auch wenn die darauf aufbauenden umfassenden Verbote manchmal an Lächerlichkeit grenzten, gelang es mittels ihrer weitgehenden Umsetzung, den Kult des Militärs aus dem öffentlichen Raum zu verbannen.

Ebenso wichtig war jedoch die deutsche Verarbeitung des Kriegstraumas, denn erst die Abwendung von der Verherrlichung des Heldentums verhinderte ein Wiederaufflammen des Revanchismus. Die verzweifelten Abwehrkämpfe an der Ostfront, der schnelle Zusammenbruch im Westen, der erschreckende Grad der Zerstörung und die Besetzung des Landes ließen keinen Zweifel an dem Ausmaß der zweiten Niederlage. Die unbeschreiblichen Leiden des Kriegsendes sowie die schlimmen Kriegsfolgen erschwerten seine retrospektive Heroisierung: »Wir Frontsoldaten haben restlos genug. Wir wissen, was es heißt, auf Wiedersehen zu sagen und nicht zu wissen, ob man noch einmal wiederkommt... Mit achtzehn Jahren habe ich das alles mitgemacht, ich möchte das nicht noch einmal mitmachen.« In den zahlreichen Kriegsgeschichten tauchen verschlüsselte Andeutungen auf die NS-Verbrechen auf: »Was für mich maßgebend war als Schlüsselerlebnis, waren, wie gesagt, damals die furchtbaren Zustände im Kriege. Und ich kann echt verstehen, wenn der Deutsche... wirklich auf der Welt nicht besonders beliebt ist. Das kommt nicht von ungefähr.« Das öffentliche Eingeständnis der Sinnlosigkeit des »total zwecklosen Krieges« führte zu einer Privatisierung der Erinnerung, in der die Kriegsjahre als »verlorene Zeit des Lebens« apostrophiert wurden.[86] Die Distanzierung vom Krieg und die Abneigung gegen das Militär waren daher das Resultat von tausendfacher Auseinandersetzung mit eigenen Schreckenserlebnissen.

Das politische Resultat dieser Traumatisierung war eine tief gespaltene öffentliche Meinung, die eine begrenzte Wiederbewaffnung zwar tolerierte, aber den Einsatz von Waffen scharf begrenzen wollte. Einerseits zeigen Umfragen eine grundsätzliche Skepsis gegen Gewalt als Mittel zur Lösung internationaler Konflikte, andererseits belegen sie aber auch einen auf konventionelle Waffen begrenzten Willen zur

Selbstverteidigung im Falle eines Angriffes. In den siebziger und achtziger Jahren lehnten vier Fünftel der Westdeutschen jeden Einsatz von Massenvernichtungswaffen ab und waren auch gegen die Einführung von ABC-Waffen in der Bundeswehr. Dennoch forderten etwa drei Fünftel eine Verteidigung der Bundesrepublik gegen einen Angriff aus dem Osten, obwohl nur eine knappe Mehrheit einen Krieg auf deutschem Boden tolerieren wollte. Nur ein Drittel der Betroffenen hielt den Dienst in der Bundeswehr für einen Beitrag zum Frieden, während die Mehrheit der älteren Generation dies durchaus befürwortete.[87] Der Versuch einer konsequenten, zivilen Friedenspolitik war eine logische Folge solcher öffentlichen Ambivalenz.

Der gesellschaftliche Bruch mit dem Militarismus war daher ein erstes wichtiges Resultat des kollektiven Lernprozesses nach 1945. Das bittere Eingeständnis des »verbrecherischen Vorgehens« der deutschen Wehrmacht im Zweiten Weltkrieg durch die »teils aktive, teils passive Mitwirkung« am Völkermord an den Juden, dem Massensterben der Kriegsgefangenen, der Deportation von Zwangsarbeitern und der brutalen Partisanenbekämpfung ist ein überzeugendes Indiz für die grundlegende Veränderung der politischen Kultur in der zweiten Hälfte des zwanzigsten Jahrhunderts. Zwar protestiert eine konservative Minderheit der älteren Generation gegen diese von der militärgeschichtlichen Forschung belegte Erkenntnis und jugendliche Skinheads sind weiterhin von militärischen Traditionen fasziniert. Aber trotz teilweise berechtigter Kritik belegt der erstaunliche Zulauf zur Wehrmachtsausstellung das Ausmaß des gesellschaftlichen Wandlungsprozesses in der deutschen Öffentlichkeit. Eher stellt sich nun die entgegengesetzte Frage nach der möglichen Übertreibung der Umkehr, die nun den Frieden ebenso verabsolutiert wie vorher den Krieg, also eine neue »Arroganz der Demut« hervorgebracht hat.[88]

2. Kapitel
Abschied von der Nation

Aus Furcht vor den Siegern und aus Enttäuschung über Hitlers Versprechungen setzte die Niederlage eine rapide Distanzierung vom Nationalsozialismus und seinen Organisationen in Gang. »Zuerst nahmen wir das Hitler-Ölgemälde vom Haken, und dann wurde der Bücherschrank gesäubert« schilderte ein HJ-Mitglied die vorauseilende Reinigung. »Das Buch *Mein Kampf* von Hitler war darunter, aber gefährlicher waren Parteiabzeichen, Mitgliederlisten und andere eindeutige Beweise einer Hitlerschen Gefolgschaft.« Aufgrund des weisen Ratschlags eines Großvaters, der schon mehrere Regimewechsel überstanden hatte, wanderten alle mit Hakenkreuzen dekorierten Gegenstände wie Gürtelkoppel und Ehrendolche in die Jauchegrube. »Ich kam mir vor wie ein Gotteslästerer und schämte mich. Doch die Angst vor einer Erschießung überwog.« Dieser tausendfache Prozess der Selbst-Entnazifizierung konnte zwar schnell die oberflächlichen Anzeichen des Nationalsozialismus entfernen, aber die Überwindung des dahinterstehenden Nationalismus erwies sich als schwieriger. »Natürlich trauerten die meisten Deutschen, sofern sie keine Verfolgten des NS-Regimes waren, auch in Kirchweyhe, zunächst noch dem untergegangenen Dritten Reich nach.«[89]

Von Anfang an war daher die Entnazifizierung ein zentrales Kriegsziel der Alliierten und der antifaschistischen Regimegegner in Widerstand und Exil. Die Brechung der Naziherrschaft durch ein Verbot der NSDAP und ihrer Gliederungen sowie die vollständige »Entfernung aller Nazis von ihren Machtpositionen« stand als Voraussetzung für die Befriedung eines befreiten Europas in den Direktiven für die Besatzung wie den Beschlüssen der Potsdamer Konferenz an vorderster Stelle.[90] Auch Manifeste des deutschen Widerstands verlangten eine »innere Reinigung Deutschlands von Korruption und Verbrechen« und bestanden darauf, »die nationalsozialistische Gewaltherrschaft ist mit Stumpf und Stiel auszurotten«.[91] Die Forderung einer Entmachtung der Nationalsozialisten beruhte auf der therapeutischen Annahme eines grundlegenden Unterschieds zwischen der NSDAP und dem deutschen Volk, um durch Entfernung einer begrenzten Zahl von Übeltätern den Rest der Bevölkerung wieder zur Vernunft zu bringen. Die in Amerika verbreiteten Metaphern von NS-»Gangstern« und der »Krankheit« des Nationalsozialismus suggerierten die Möglichkeit einer Rehabilitierung der Deutschen durch Befreiung von der kriminellen Führung und von dem Krankheitserreger der politischen Kultur.[92]

Allerdings waren nicht alle Beobachter davon überzeugt, dass sich NS-Regierung und deutsches Volk klar genug trennen ließen, um darauf eine solide Nachkriegspolitik aufzubauen. In der polarisierten Sprache der Kriegspropaganda beschrieb US-Präsident Roosevelt in einem Privatbrief den Krieg als »Kreuzzug zur Rettung ... der Zivilisation von einer brutalen Tyrannei, der sie und alle Würde menschlichen Lebens zerstören würde«.[93] Hinter solchen Formulierungen stand ein Geschichtsbild, das preußischen Militarismus und Autoritätshörigkeit als unveränderliche nationale Charaktereigenschaften verstand. Intellektuelle wie Ilja Ehrenburg und Journalisten wie Raymond Daniell sahen die Unterstützung der Bevölkerung für das NS-Regime als Beleg an: »Langsam merken Europa und die Welt ... dass wir uns mit dem deutschen Volk selbst und nicht nur dem Kaiser oder Hitler auseinander setzen müssen, denn jede Nation, die ohne zu protestieren solche [Verbrechen] zulässt, hat ein gravierendes moralisches Defizit.« Alliierte Politiker wie Sir Robert Vansittart und Henry Morgenthau wollten »die ganze Nation wie einen Kriminellen« behandeln, denn sie hielten nicht nur eine begrenzte Anzahl von Nazis, sondern den tiefsitzenden Nationalismus der Deutschen allgemein für verantwortlich.[94]

Die historische Fachliteratur hat nur einige Dimensionen dieses Komplexes der personellen Säuberung und ideologischen Umorientierung aufgearbeitet, andere Fragen aber weitgehend ignoriert. Durch intensive Lokalstudien hat die Entnazifizierungsforschung den administrativen Versuch, die Parteigenossen auszuschalten, dokumentiert und die numerischen Umrisse des Austauschs vor allem in den Westzonen herausgearbeitet. Aber sie krankt an der Überbewertung der »antifaschistischen Ausschüsse«, weshalb sie den Prozess als Fehlschlag durch seine Pervertierung in eine »Mitläuferfabrik« interpretiert, statt die zwar begrenzten, aber trotzdem wichtigen Diskontinuitäten zu beachten.[95] Dadurch entsteht auch der

Eindruck einer rigoroseren Aussonderung der Nazis in der SBZ, obwohl in manchen Bereichen wie den Naturwissenschaften und dem Militär hohe Anteile alter Nazis toleriert wurden.[96] Die Umerziehungsliteratur bildet kein wirkliches Korrektiv, denn sie beschränkt sich zu sehr auf die Schulstrukturen, um die inhaltlichen und didaktischen Aspekte der Reform wahrzunehmen.[97] Schließlich konzentriert sich das Schrifttum über die nationale Frage nach 1945 fast ausschließlich auf das internationale und innenpolitische Problem der Wiedervereinigung, ignoriert jedoch Persistenz und Verwandlung kultureller Identitäten nahezu völlig.[98]

Eine Analyse der Abkehr der Deutschen vom radikalen Nationalismus in der zweiten Hälfte des 20. Jahrhunderts muss daher etwas breiter ansetzen. Zwar bleibt die Entnazifizierung im engeren Sinne der unumgängliche Ausgangspunkt, denn die Eliminierung der überzeugten Nazis aus den Führungsstellen in West und Ost war die Voraussetzung für jede Veränderung der politischen Kultur. Aber darüber hinaus ist es notwendig, das Abrücken vom Nationalismus, das Zerbrechen des nationalen Orientierungsrahmens und die Suche nach anderen Loyalitätsbindungen zu thematisieren, weil diese bis heute für im internationalen Vergleich niedrige Umfragewerte des Selbstbildes verantwortlich sind. Schließlich sollte aber auch das überraschende Weiterbestehen von deutschen Identitätsbezügen in veränderter Form thematisiert werden, ohne deren Wirkungskraft der Beitritt der ostdeutschen Bundesländer im Jahre 1990 und die Wiederherstellung eines gezähmten Nationalstaates nicht möglich gewesen wären. Die paradoxe Formel von der »postnationalen Nation« bringt diesen Sachverhalt auf einen begrifflichen Punkt, weil ihre Widersprüchlichkeit eine Erklärung verlangt.[99]

Große Säuberung

Im kollektiven Gedächtnis ist der Vorgang der Entnazifizierung in Form einer kleinen Geschichte überliefert, die sich in vielen Autobiografien in stilisierter Form wiederholt. Alexander Dicke, damals ein Jugendlicher im Ruhrgebiet, erinnerte sich Jahrzehnte später:

> »Jeder Deutsche musste einen umfangreichen Fragebogen (131 Fragen) der alliierten Militärregierung ausfüllen, in dem für manchen peinliche Fragen zu Mitgliedschaften und Aktivitäten in und für NS-Organisationen standen. Wollte er eine Anstellung haben, so bedurfte es eines Entnazifizierungsbescheides mit Aussagen über seine Einstufung als Mitläufer oder Nutznießer. Entnazifizierungskammern versuchten, Licht in das Dunkel der NS-Vergangenheit mancher Betroffener zu bringen. Die Erfahrungen … zeigen aber, dass diese Entnazifizierungsverfahren ebenso wenig von Erfolg gekrönt waren wie die Umerziehungsprogramme der Alliierten.«

Diese Beschreibung enthält alle wesentlichen Elemente wie den politischen Zweck der Überprüfung, die Methode des Ausfüllens eines langen Fragebogens, die Spruchkammern als Instanz der Entscheidung, die Verschiedenheit der möglichen Einstufungen und eine abschließende Bewertung des Säuberungsversuchs als Fehlschlag.[100] Die Verbreitung dieser Erzählung und ihr Einfluss auf die Geschichtsschreibung fordern ihre Dekonstruktion heraus: Wie zuverlässig ist diese Wiedergabe des Geschehens und wie schlüssig ist diese Beurteilung seiner Auswirkungen?

Diese Erinnerung vergisst den widersprüchlichen Charakter des Entnazifizierungsprozesses, dessen Ziele und Methoden sich erheblich veränderten. Angespornt durch General Clays Versprechen, »Männer mit Nazi-Ansichten oder Parteiaktivisten werden, und zwar schnell, gesäubert«, konzentrierte sich die Anfangsphase auf die Auflösung der NS-Gliederungen, die Entlassung von Nazis aus Verwaltungsstellen und die Internierung von höheren NS-Funktionären sowie potentiellen Kriegsverbrechern.[101] Die Einlieferung in Internierungslager war für die Mitglieder der gestürzten Elite ein Schock, denn sie wurden härter behandelt als die Kriegsgefangenen, weil sie als Kern des Dritten Reichs galten. Anfangs konnten die meisten den Zusammenbruch kaum fassen, klammerten sich verbittert an ihren Nationalstolz und behaupteten, von den NS-Verbrechen nichts gewusst zu haben: »Schließlich stellte sich heraus, dass alle miteinander eine ›Schuld‹ für sich ablehnten.« Da in dem Nachkriegswirrwarr verlässliche Unterlagen fehlten und auch brutale Verhöre kaum die Wahrheit ans Licht brachten, dauerte die Beweisaufnahme lange und schuf neue Ressentiments wegen »der Diskrepanz zwischen der Proklamation und dem tatsächlichem Handeln« der Siegermächte.[102]

Obwohl das US-Militär rigoros durchzugreifen versuchte, besaß es nicht immer genügend Sprach- und Sachkenntnisse, um alle wirklich Schuldigen ausfindig zu machen. Zwar spielten deutsche Emigranten in amerikanischer Uniform eine Schlüsselrolle, aber die Mehrheit der GIs konnte die feinen Unterschiede zwischen Fanatikern, Opportunisten, Mitläufern und Mitgliedern des Widerstands kaum verstehen. Ermahnungen an entlassene Gefangene wie »nun Sie *back*, nichts Hitler, nichts *Nationalsocialism*, nichts HJ, nichts SS« waren nicht gerade wirkungsvoll. Einige überzeugte Nazis entzogen sich der Verantwortung durch Selbstmord, andere tauchten in die Illegalität ab, die meisten versuchten ihre Belastung durch Vernichtung der Beweise zu verschleiern. Zwar konnte der US-Militärgouverneur im Juli stolz die Auflösung der NSDAP, den automatischen Arrest von achtzigtausend NS-Führern und die Amtsenthebung von siebzigtausend Aktivisten melden; aber lokale Unterschiede in der Umsetzung riefen den Eindruck von Willkür hervor. »In der Stadt werden jetzt alle Beamten und Angestellten entlassen, die der NSDAP angehört haben. Die Amerikaner sollen in ihrem Entnazifizierungseifer viel unerbittlicher als die Briten und Franzosen, ja sogar die Russen sein.«[103]

Durch die militärische Richtlinie vom 7. Juli 1945 nahm die Entnazifizierung den bürokratischen Charakter an, der für den Prozess sprichwörtlich wurde. Da viele Unterlagen vernichtet waren, versuchte die US-Militärregierung vermittels eines ausführlichen Fragebogens, der schließlich 131 separate Fragen umfasste, Informationen über den Grad der NS-Beteiligung von den Betroffenen selbst zu erheben. Die überraschende Rettung der NSDAP-Hauptkartei machte die Überprüfung dieser Angaben möglich.[104] Mit einem weiteren Gesetz vom 26. September verbot das Office for Military Government der USA (OMGUS) die »Beschäftigung von Mitgliedern der NSDAP« über die Rolle von gewöhnlichen Arbeitern hinaus, um auch die Kollaborateure in der Wirtschaft zu erfassen. Vor allem konzentrierte sich die Säuberung auf die dreihunderttausend Mitglieder des öffentlichen Dienstes in der amerikanischen Zone, von denen etwa die Hälfte in irgendeiner Weise belastet war. Die Entfernung nur nach den Kriterien von Mitgliedschaft und Rang konnte aber nicht zwischen »nominellen Nazis« und Überzeugungstätern unterscheiden und schuf »ein Defizit an kompetentem, politisch-zuverlässigem Ersatz.« Kein Wunder, dass der Mehrheit der betroffenen Deutschen dieses schematische Vorgehen »wie ein Stück aus dem absurden Theater« vorkam.[105]

Erst das »Gesetz zur Befreiung von Nationalsozialismus und Militarismus« vom 5. März 1946 übertrug die Entnazifizierung in deutsche Hände und gab ihm die endgültige Gestalt eines Spruchkammerverfahrens. Während der Druck der amerikanischen Öffentlichkeit unter dem Eindruck des Nürnberger Prozesses ein hartes Durchgreifen forderte, standen die lokalen Militärbehörden vor dem Problem, zum Beispiel Kinder ohne die zu 80 bis 85 Prozent entlassenen Lehrer zu unterrichten. Gleichzeitig drängten die ersten deutschen Regierungen, so der zuständige Staatsminister Heinrich Schmitt in Bayern, auf ein »individuelles Untersuchungsverfahren« und Auffächerung der Schuldkategorien, um zwischen mehr oder weniger Belasteten zu unterscheiden. Übereinstimmend forderten die Landesregierungen die Wiederherstellung des Gefühls von Rechtssicherheit durch die Einrichtung von Spruchkammern, die von unbescholtenen Antifaschisten besetzt werden sollten. Das in weiteren Verhandlungen mit der Militärregierung ausgehandelte Gesetz unterschied dann »I. Hauptschuldige, II. Belastete (Aktivisten, Militaristen, Nutznießer), III. Minderbelastete (Bewährungsgruppe), IV. Mitläufer, V. Entlastete«. Trotz der Umkehrung der Beweislast entstand dadurch ein Verfahren, das dem Beschuldigten die Möglichkeit einer Verteidigung einräumte.[106]

Für die große Gruppe der Beschuldigten war die Entnazifizierung keineswegs eine Bagatelle, sondern eine ernsthafte Bedrohung, da ohne Entlastungsbescheinigung keine geordnete Berufsausübung möglich war. Zunächst mussten sich alle Erwachsenen über achtzehn Jahren bei ihrer Lokalbehörde melden, um dadurch die gesamte Bevölkerung lückenlos zu erfassen. Dann sollten die Spruchkammern von »Menschen, bei denen nicht Rache, sondern Gerechtigkeit das Leitmotiv sein soll« besetzt werden, welche die örtlichen Verhältnisse kannten und Entschuldigungen durchschauen konnten. Auch gab es die Möglichkeit, Nationalsozialisten und deren Helfershelfer anzuzeigen, also der Spruchkammer mit Informationen auf die Sprünge zu helfen. Gleichzeitig waren die avisierten Sühnemaßnahmen gravierend, denn sie reichten von bis zu zehn Jahren Arbeitslager, Vermögensentzug, Ausschluss aus öffentlichen Ämtern und Streichung der Rente bis zum Verlust des Wahlrechts. Schließlich überwachte auch die Militärregierung die Umsetzung der Überprüfung mit Argusaugen und konnte wie bei der Auflösung der VI. Spruchkammer Münchens wegen »ergangener Fehlurteile« direkt eingreifen.[107] Da schon das Ausfüllen des Fragebogens ein Ärgernis war, sah ein guter Teil der davon Betroffenen die Entnazifizierung auch als eine wirkliche Gefahr für ihre Zukunft an.

Der erinnerte Eindruck der Milde basiert jedoch auf der mehrheitlichen Praxis des Spruchkammerverfahrens. Ein typischer Fall ist die Anklage gegen Papieringenieur S, der für die Gruppe III der »Minderbelasteten« vorgeschlagen wurde. Er war 1903 in Württemberg geboren, hatte in der Jugend Sport- und Gesangvereinen angehört, arbeitete als Werkleiter auch einige Jahre in der Schweiz und war zuletzt leitender Ingenieur in Österreich. Nicht nur war er 1937 in die Partei und die Arbeitsfront, ein Jahr später in die Volkswohlfahrt und schließlich den Reichluftschutzbund eingetreten, sondern er war auch von 1944 an Zellenleiter in der NSDAP geworden. Zu seiner Entlastung brachte S. vor »er habe nur nominell am Nationalsozialismus teilgenommen« und das Amt des Zellenleiters nur als kranker, nicht-kriegsverwendungsfähiger jüngerer Mann »unter Druck der Gauleitung« angenommen. Zeugen argumentierten, dass ihnen entweder die Parteimitgliedschaft nicht bekannt oder er »nur als Mitläufer zu betrachten sei« und Ermittlungen ergaben »dass er politisch nicht nachteilig bekannt ist«. Deswegen stufte die Spruchkammer ihn in Gruppe IV der Mitläufer ein, verurteilte ihn aber zu einer Strafe von eintausend Reichsmark und dazu, die Kosten des Verfahrens zu übernehmen. Im Jahre 1969 konnte eine Lokalzeitung daher über die Feier seines vierzigjährigen Betriebsjubiläums berichten. Da ein Großteil der Parteigenossen aus Opportunisten bestand, war es nicht ganz unlogisch, diese im Nachhinein auch als solche einzustufen.[108]

Unter weniger belastenden Umständen führte die Überprüfung meist zu einem glatten Freispruch, der berufliche Weiterarbeit möglich machte. Der Regisseur D wurde zunächst in Kategorie IV eingestuft, weil er 1937 in die Partei, 1940 in die SA und schon 1933 in die NSV eingetreten war. Aber aufgrund der Behauptung »Ich bin in erster Linie Künstler und politisch, insbesondere parteipolitisch nie sonderlich interessiert gewesen« und von eidesstattlichen Erklärungen »markant anti-nazistischer« Äußerungen sowie seines »jederzeit tolerant[en] und politisch einwandfrei[en]« Verhaltens, wurde ihm eine »Unbedenklichkeitsbescheinigung« ausgestellt. Auch eine adelige Schulleiterin, der »wegen Mitgliedschaft in der NSDAP« jede erzieherische Tätigkeit verboten worden war, wurde aufgrund ihres Eintretens für die bekennende Kirche und von Zeugenaussagen über die Nichtanstellung von Nazis in ihrer Schule als »entlastet« eingestuft. Obwohl sie das Verfahren als entwürdigend empfand, konnte sie danach wieder eine renommierte Stiftschule leiten. Diese Beispiele zeigen, dass in der Mehrzahl der Fälle die Spruchkammern eher geneigt waren, die entlastenden, manchmal sogar selbst nach dem Prinzip »zunächst entnazifizieren Sie mich und dann entnazifiziere ich Sie« formulierten »Persilscheine« nicht zu kritisch unter die Lupe zu nehmen.[109]

Trotz der nachsichtigen Spruchpraxis löste das Säuberungsgesetz nicht nur bei ehemaligen Nazis einen Sturm von Entrüstung aus. In einem offenen Brief kritisierte der Rat der Evangelischen Kirche das Regelwerk als rückwirkend »zu streng« und kontraproduktiv. Ein Leserbrief in der Schweizer Tageszeitung *Die Tat* denunzierte das Gesetz als »einen logischen Unsinn, eine juristische Perversität und eine moralische Niedertracht«, weil es auf einer Kollektivschuldthese aufbaue und »von reinen partei-politischen Erwägungen« getragen sei. Der katholische Konservative Hermann Freiherr von Lünigk polemisierte in einem hektographierten Brief gegen diese »abstoßende Heuchelei« der Alliierten, deren eigene Grausamkeiten wie die Bombardierung Dresdens ungesühnt blieben: »Wer aber gibt Ihnen die Aktivlegitimation, Richter zu sein über meine Volksgenossen und mich?« Ohne den Vorzug eines rechtlichen Verfahrens anzuerkennen, behauptete er: »Mit völlig unveränderten nationalsozialistischen Mitteln und Methoden wird auch heute Unrecht geübt und Unfreiheit verbreitet.«[110] Auch der Tenor des Erfolgsromans »Der Fragebogen« von Ernst von Salomon zeigt eine tiefe Kränkung deutschen Selbstwertgefühls, die jedes Schuldbewusstsein überschattet.[111]

Obwohl die Militärregierung an der Säuberung festhalten wollte, zwang sie die Größe der Aufgabe und die Kritik der deutschen Stellen zu Modifikationen der Durchführung. Während der US-Militärgouverneur Clay die Langsamkeit des Verfahrens und die »Weißwäscherei« der Beschuldigten beklagte, wiesen die Entnazifizierungsminister auf die Notwendigkeit des »Entgegenkommens für ›nominelle Pgs‹« hin. Um die Bearbeitung der 3,66 Millionen Betroffenen von insgesamt 13,41 Millionen Personen der US-Zone zu beschleunigen, proklamierte OMGUS im August 1946 eine Jugendamnestie für alle nach 1919 Geborenen, die von Sanktionen ausgenommen wurden. Aufgrund eines Vorschlags der US-Gewerkschaften amnestierte der Oberbefehlshaber General Joseph T. McNarney zu Weihnachten des gleichen Jahres eine weitere Million von Mitläufern mit einem Jahreseinkommen von unter 3600 Reichsmark in den letzten Kriegsjahren, damit sich die Spruchkammern den schwierigeren Fällen der Hauptbelasteten zuwenden konnten.[112] Im Sommer 1947 schlugen die Landesregierungen eine weitere Vereinfachung des Verfahrens vor, konnten aber die Militärregierung nicht davon überzeugen. Erst als die Sowjetunion in ihrer eigenen Zone im Frühjahr 1948 die Entnazifizierung beendete, rangen sich auch die Amerikaner dazu durch, das Experiment zu beenden.[113]

Die anderen Westmächte beugten sich generell dem amerikanischen Entnazifizierungsdruck, setzten jedoch gewisse eigene Prioritäten. Die Briten gingen pragmatischer vor, um die »Arbeitsfähigkeit der Verwaltung« vor allem im Ruhrbergbau nicht zu gefährden und die Bevölkerung selbst an dem Prozess zu beteiligen. Dennoch bestanden sie auf der »Durchführung [der Säuberung] mit äußerster Energie« in Schlüsselbereichen wie dem öffentlichen Dienst und der Erziehung: »Nicht der Fragebogen, sondern der Mensch soll geprüft werden.«[114] Allerdings unterschieden die Engländer zwischen einer juristischen Schuld bei den Hauptverantwortlichen in Gruppe I und II, die sie selbst überprüften, und einer politischen Verantwortung, deren Beurteilung sie den Deutschen überließen. Aufgrund der anhaltenden Kritik etwa der evangelischen Kirche gegen die Massenüberprüfung wurde das Verfahren im Frühjahr 1948 geändert und dann ganz eingestellt.[115] Die Franzosen verfuhren großzügiger, vielleicht weil sie vor allem Sicherheit vor erneutem Angriff erreichen wollten und weniger Unterschiede zwischen Kategorien der verhassten *boches* machten. Sie internierten und entließen einen kleineren

Prozentsatz an Parteimitgliedern, stuften fast die Hälfte als Mitläufer ein und ließen den Rest ungeschoren.[116] Ehemalige Nazis versuchten daher durch Verlegung des Wohnsitzes in eine andere Besatzungszone der Überprüfung zu entkommen.

In der sowjetischen Zone war die »Ausrottung des Nazismus« dagegen konsequenter, da sie auf die Machtsicherung der kommunistischen Minderheit durch soziale Umstrukturierung hinzielte. Während der Besetzung verhafteten und entließen sowjetische Streitkräfte sowie lokale KPD-Mitglieder alle Nazis, derer sie habhaft werden konnten. Mit dem Erlass von Reinigungsgesetzen auf Landesebene und Richtlinien des »antifaschistisch-demokratischen Blocks« im Herbst 1945 wurde zwischen Naziverbrechern, aktiven Nazis und nominellen Parteigenossen unterschieden und in wichtigen Bereichen ganze Berufsgruppen wie Lehrer, Richter und Polizisten entlassen. Aufgrund regionaler Ungleichheiten der Umsetzung bestand die SMAD im Dezember 1946 auf der rigorosen Umsetzung des Kontrollratsbefehls Nr. 12, der die »Entfernung aller Mitglieder der NSDAP, die ihr aktiv und nicht nur nominell angehört haben« und aller Feinde der Besatzung verlangte.[117] Die Kritik an den folgenden Massenentlassungen erzwang daher, dass eine Rehabilitierung nomineller Nazis in Befehl Nr. 201 im August 1947 an die Bedingung des Einsatzes beim Neuaufbau geknüpft wurde. Um die Verunsicherung wegen der Enteignung von »junkerlichen Großgrundbesitzern« und »Monopolherren« durch Bodenreform und Volksentscheide gegen »Kriegsverbrecher« zu verringern, erklärte die SMAD die Säuberung als einen Erfolg und löste die Kommissionen im Februar 1948 auf.[118]

Die Diskrepanz zwischen den zeitgenössischen Erfolgsmeldungen in der Presse und dem erinnerten Fehlschlag der Säuberung wirft die Frage nach ihren eigentlichen Wirkungen auf. Eine Beantwortung wird erschwert durch die Unzuverlässigkeit der vorhandenen Statistiken und die gegenseitigen Schuldzuweisungen einer »Beseitigung des Kapitalismus« in der SBZ und eines »Nazi-Eldorados« vor allem in Bayern.[119] Trotzdem sind die Umrisse der Entscheidungen der westdeutschen Gesamtstatistik aus dem Jahre 1949/50 eindeutig: Von den 3660648 Betroffenen fielen 1667 in die Gruppe der Hauptschuldigen und weitere 23060 in die der Belasteten (ohne britische Zahlen), sowie 150425 in die der Minderbelasteten, wurden also

4,8 Prozent als der eigentliche harte Kern der Nationalsozialisten wirklich bestraft. Weitere 995874, also 27,2 Prozent wurden als Mitläufer eingestuft, während 1213873, also 33,2 Prozent, völlig entlastet wurden. Dazu kamen noch 358317 amnestierte, 782803 unbelastete und 124629 andere Personen. In der Ostzone waren nach einer Übersicht vom 1. Januar 1947 von etwa 553170 Nazis 307370 zwangsentlassen, 83108 von Wiederverwendung ausgeschlossen und das restliche Drittel bei der Bahn, in der Wirtschaft und der Medizin »vorübergehend belassen« worden.[120]

Was hat der gewaltige Aufwand der Entnazifizierung letztlich erreicht? Erstens, aufgrund von Gesetz Nr. 2 des Alliierten Kontrollrats vom 15. Oktober 1945 über »die Beendigung und Auflösung der Nazi-Organisationen« verschwanden die NSDAP, ihre Gliederungen und angeschlossenen Verbände sowie ihre Einrichtungen. Trotz punktueller Versuche einer Fortsetzung im Untergrund wurde dadurch das Weiterleben des Nationalsozialismus effektiv unterbunden. Zweitens gelang es der Kooperation des Kontrollrats durch die Direktiven 24 und 38 trotz aller Unterschiede in der Umsetzung und einzelner Skandale, die prominenten Nazis als Gruppe aus dem politischen Leben zu eliminieren. Eine kritische Öffentlichkeit wachte darüber, dass keine Seite im Kalten Krieg allzu viele belastete Politiker wieder in Amt und Würden brachte.[121] Drittens wurde durch die Nürnberger Prozesse und durch weitere Gerichtsverfahren der Nationalsozialismus als Ideologie so diskreditiert, dass Nazi-Argumentationen, die als solche erkennbar waren, nicht mehr geduldet wurden. Dadurch wurde die Grundlage für einen Wandel der politischen Kultur teils in Reaktion auf modernisierende Einflüsse von außen, teils durch Anknüpfen an fortschrittliche Traditionen im Inneren geschaffen.

Nicht gelungen ist dagegen die vollständige Eliminierung aller vormaligen Nazis aus dem Berufsleben, denn das war bei über 6,5 Millionen Parteimitgliedern am Kriegsende ein völlig unrealistisches Ziel. Trotz massiven Drucks der internationalen Öffentlichkeit und der Wünsche von deutschen Antifaschisten war es nicht möglich, alle NS-Mitglieder zu Handarbeit für den Wiederaufbau zu verdammen, weil ohne Expertenwissen Verwaltung und Wirtschaft des besetzten Landes funktionsunfähig geworden wären. Nicht geglückt ist es, alle

Mitläufer aus der alten Elite zur Sühne heranzuziehen, da die Spruchkammern zuerst die einfachen Fragebogen bearbeiteten und Anwälte den Prozess so lange verzögerten, bis die Säuberung aufgrund des Kalten Krieges beendet wurde. Nicht erfolgreich war ebenso der Versuch einer vollständigen Umerziehung, der in Gefangenen- und Internierungslagern begann und durch lizenzierte Medien in der Öffentlichkeit fortgeführt wurde. Die opportunistischen Nationalsozialisten wechselten oft nur ihr Vokabular, hielten aber an alten rassistischen und antikommunistischen Vorurteilen fest. Nicht erreicht wurde auch eine allgemeine Akzeptanz des Verfahrens, denn in der öffentlichen Meinung fiel die Zustimmung von 57 Prozent im März 1946 auf nur 17 Prozent im Mai 1949. Überzogene Ziele und bürokratische Durchführung brachten die Bevölkerung gegen die Säuberung auf.[122]

Dennoch erscheint die anfangs rechte Erinnerung einer »verfehlten Entnazifizierung« weitgehend als eine Legende, die auch durch Verwandlung in eine linke Analyse nicht glaubwürdiger wird, weil die Beurteilung der Säuberung von meist unausgesprochenen Kriterien abhängt.[123] Wenn man erwartet, dass alle Parteimitglieder aus dem Verkehr gezogen wurden, dann beweist das Auftauchen jedes Nazis nach 1945 den Fehlschlag – aber wenn man nach ihrer politischen Wirkungsmächtigkeit über den Zusammenbruch hinaus fragt, dann ist der langfristige Erfolg ebenso deutlich. Entstand nicht gerade in der SBZ, die wesentlich rigoroser verfuhr, eine zweite Diktatur, da sich die SED wenig an rechtsstaatliche Mittel hielt? Die ärgerliche Rehabilitierung vieler Nationalsozialisten im Westen war keine wirkliche Gefahr, da ihre Internierung, Entlassung und Überprüfung den Antifaschisten und Unbelasteten einen Vorsprung in der Besetzung von Stellen und bei der Bildung von Parteien gab. Hat ihre Wiedereingliederung unter der Kontrolle von Besatzung und kritischer Öffentlichkeit nicht geradezu Wiederaufbau und Demokratisierung der Bundesrepublik erleichtert, weil sie die Entstehung einer Subkultur von Ewiggestrigen verhinderte? Das eigentliche Paradox der großen Säuberung ist daher der Widerspruch zwischen ihrem kurzfristigen Versanden und ihrem langfristigen Erfolg.[124]

Distanzierung vom Nationalismus

Hinter den Auseinandersetzungen um die Entnazifizierung stand die noch schwierigere Herausforderung der Brechung des radikalen Nationalismus, der weit tiefer in der deutschen Kultur verankert war. Klarsichtige Beobachter verstanden, dass eine Rückkehr zu den Werten und Verhaltensweisen westlicher Zivilisation eine grundlegende Veränderung der »nationalen Geisteshaltung« verlangen würde, um sich von alldeutschen Anmaßungen abzusetzen. Der politische Journalist Dolf Sternberger beklagte deswegen die »schwerwiegende Verkehrung« des Patriotismus durch seine Vereinnahmung seitens der Nationalsozialisten und konterte »der Begriff des Vaterlandes erfüllt sich erst in seiner *freien Verfassung*«.[125] »Mir war klar, dass ein Zeitalter sein Ende gefunden hatte. Die Welt, in der ich in den vergangenen Jahren gelebt hatte und die mein Lebensinhalt war, schien untergegangen zu sein«, erinnerte sich ein Zeitgenosse später. »Es war ein unsicheres Gefühl, so orientierungslos zu sein, denn niemand wusste, was jetzt kommen würde.«[126] Da die Auseinandersetzung mit der Niederlage nicht nur Intellektuelle, sondern alle Deutschen betraf, stellt sich die Frage, wie das Umdenken vonstatten ging, was verdrängt und was gelernt wurde.

Vorbedingung für eine wirkliche Reorientierung war die offizielle Beendigung des Naziregimes durch die alliierte Übernahme der Souveränität am 5. Juni 1945. »Admiral Friedeburg vergiftete sich in Flensburg auf einem Schiff, wo die Mitglieder der Regierung ihrer Ämter enthoben wurden«, notierte eine Hamburgerin am 28. Mai lapidar, und weiter: »Dönitz abgesetzt und gefangengenommen.« Das Ende deutscher Staatlichkeit verfehlte nicht seinen Eindruck auf aufmerksame Zeitgenossen. »In den nächsten Tagen soll unsere Regierung, die Interalliierte Kommission, zusammentreten. Sie hat die Aufgabe, die Maßnahmen der einzelnen Zonenmachthaber zu koordinieren, die übrigens mit den Unterworfenen sehr selbstherrlich und willkürlich umspringen.« Schon kündigte sich die Rivalität der Siegermächte an, denn beim Lesen amerikanischer Zeitungen entstand »das Gefühl, dass es die USA langsam als blamabel empfinden, von den Sowjets politisch überrundet zu werden«.[127] Wichtige Konsequenzen der alliierten Machtübernahme waren die Transformation

Deutschlands in ein Objekt der internationalen Politik und die schrittweise Teilung des Landes, die den Nationalismus handlungsunfähig machte, indem sie ihm die politische Bühne raubte.

Wichtiger als Symbolhandlungen wie die endgültige Auflösung Preußens war die Demonstration deutscher Machtlosigkeit durch die Präsenz der Besatzungstruppen in der Öffentlichkeit. Schon während des »Überrollens« staunten Überlebende über den »gewaltigen und nicht endenden Fahrzeugstrom« angloamerikanischer Soldaten, die in Jeeps oder Lastwagen fuhren, sauber gekleidet und wohlgenährt waren. Ausgangssperren, Waffenverbote und Ernährungskontrollen durch die zweisprachigen Anschläge an den Straßenecken machten klar, dass nicht nur die NS-Bonzen verschwunden waren, sondern auch die reguläre Verwaltung nur im zugestandenen Raum agieren konnte. Gefürchtet waren ebenso die willkürlichen Einquartierungen alliierter Truppen, die nicht nur ehemalige Nazis, sondern auch normale Deutsche betrafen, wenn ihre Wohnungen die Kampfhandlungen überstanden hatten. Schließlich gehörten zur Besatzung auch noch so hässliche Erscheinungen wie die »Fräuleinprostitution« und die Schiebereien des Schwarzmarktes. Der Schauspieler Hans Doerry persiflierte das Gefühl des Ausgeliefertseins mit den Worten des Deutschlandlieds:

Von der Niers bis zu der Neiße,
von der Eider bis zum Inn –
eine einzige große Scheiße,
und da sitzen wir nun drin![128]

Das alliierte Programm der Umerziehung in den Medien, den Schulen und der Kultur bemühte sich durch eine Mischung von Zwang und Anreizen, den Nationalismus ideell zu diskreditieren. Um die für ihre Verlogenheit berüchtigte NS-Propaganda zu stoppen, verboten die Besatzungsmächte zunächst alle deutschen Zeitungen, Radioprogramme und Filme. Das Informationsvakuum, in dem Gerüchte seltsame Blüten trieben, versuchten sie mit eigenen, oft von Emigranten produzierten Organen zu füllen. In der sowjetischen Zone Berlins erschien als erste die *Tägliche Rundschau* schon im April 1945. »Wir beschäftigen uns mit dem endlosen Wiederkäuen von Parteidogmen, mit einer geschmacklosen Verherrlichung des Sowjetsystems«, schrieb ein kritischer Mitarbeiter verbittert. Als Sprachrohr der Britischen

Verwaltung und der »öffentlichen Meinung« im Rheinland wurde Mitte Juli die *Neue Rheinische Zeitung* gegründet. Im Oktober erschien schließlich die professionell gemachte *Neue Zeitung* der Amerikaner, die »durch objektive Berichterstattung, bedingungslose Wahrheitsliebe und durch hohes journalistisches Niveau« der Neugestaltung der Presse als Beispiel dienen sollte. Erst nach eingehender politischer Überprüfung erhielten zuverlässige deutsche Verleger und Journalisten Lizenzen, um eigene Publikationen herauszugeben.[129]

Eine weitere Auseinandersetzung fand in den Schulen und Gymnasien statt, in der Hoffnung, dass wenigstens die junge Generation der Droge des Nationalismus entwöhnt werden könnte. Notwendig dafür waren die Säuberung des Lehrkörpers und die Installierung von unbelasteten oder soweit vorhanden demokratischen Pädagogen als Direktoren. Die Loslösung einer von der Niederlage enttäuschten, aber von HJ- und BdM-Sprüchen verseuchten Jugend aus den Schablonen rassistischer und chauvinistischer Überlegenheit gestaltete sich schwierig. »Geschichtsunterricht wurde aber nicht erteilt, weil erst ein neues Geschichtsbild entworfen werden sollte, womit Wissenschaftler beauftragt waren.« Die Lektüre von Dokumentationen wie »Hölle Buchenwald« oder die Ausstrahlung von Filmen über die Befreiung der Konzentrationslager schockierten die jungen Gemüter. »Obwohl wir uns im Klaren waren, dass es mit uns Aussteigern in einem fortbestehenden Reich bös geendet hätte, wollten wir nicht gleich alles, was uns als gut und richtig gepredigt worden war, ungeprüft verdammen.« Wenn sich Lehrer selbst mit ihren Zweifeln auseinandersetzten, wirkte ihr Unterricht glaubwürdig, aber wenn die Umerzieher wie oft in der SBZ nur neue ideologische Phrasen an Stelle der alten setzten, mussten ihre Bemühungen »zu Trotz und Ablehnung führen«.[130]

Auch auf dem Gebiet der Kultur versuchten die Besatzungsmächte, schädliche Einflüsse zurückzudrängen, positive Traditionen zu stärken und ihr eigenes Erbe als Alternative zu verbreiten. Nach seiner Rückkehr aus dem US-Exil war Alfred Döblin vom Lesehunger der von der Welt abgeschnittenen Deutschen tief beeindruckt: »Man will wissen, von draußen hören, will neue Anregung und die Zufuhr neuer Kräfte.« Um die bildungsbürgerliche Skepsis vor der Massenzivilisation zu überwinden, konzentrierten sich die Amerikaner auf den Import eigener Hochkultur in den neugegründeten Amerikahäusern, die einen Anschluss an die internationale Moderne boten. Trotzdem machten der erste Rita-Hayworth-Film oder die authentische Swing-Unterhaltungsmusik in den AFN-Soldatensendern auf die Jugendlichen wesentlich mehr Eindruck. Der ostdeutsche Kulturbund widmete sich dagegen der undankbaren Aufgabe der »Ausrottung der faschistischen Ideologie«, der Wiederentdeckung progressiver Traditionen, der Popularisierung der Klassiker des Marxismus in Volksausgaben und der Propagierung des gloriosen Beispiels der Sowjetunion. Die Lektüre von Jack London, Upton Sinclair, aber auch Heinrich Mann und Lion Feuchtwanger wirkte für die Jugend befreiend: »Neue Welten taten sich auf. Eine solche Literatur, ohne nationales Pathos, kannte ich noch nicht und war begeistert.«[131]

Neben den alliierten Anstößen waren es von der Niederlage ausgelöste eigene Lernprozesse, die vielen Deutschen halfen, sich von ihren nationalistischen Reflexen zu trennen. »Die Menschen erschienen wie gelähmt. Würde sich das Leben wieder normalisieren?« Nach dem tiefen Schock der Besetzung erinnert sich ein damaliger Jugendlicher: »Erste Fragen kamen auf: Wie konnte dies alles geschehen? Wer war schuld an dieser Katastrophe?« Da das nach jahrelanger Propaganda für unbesiegbar gehaltene System nun auseinanderbrach, stellten sich Fragen nach dem Sinn des Krieges, die vorher unterdrückt worden waren. »Alle unsere Söhne sind gefallen oder zu Krüppeln geschossen. Deutschland liegt am Boden. Die Ruinen klagen dieses System an.« Besonders für Offiziere, die jahrelang an der Front waren, schienen die Schreckensmeldungen aus den Konzentrationslagern unbegreiflich. »Ich erlitt einen kleinen Nervenzusammenbruch und fragte: Wozu sind wir Soldaten missbraucht worden, wozu hat das deutsche Volk so unglaublich lange standgehalten?«[132] Auch wenn nur selten eigene Schuld bekannt wurde, waren solche bohrenden Fragen der Beginn eines langwierigen Umdenkens.

Die unvermeidliche Auseinandersetzung mit dem Nationalsozialismus führte langsam auch zu einem Zweifel an dem dahinter stehenden Nationalismus. Im Nachhinein war es schwer zu verstehen, dass ein kultiviertes Volk so lange einer so primitiven Ideologie gefolgt war: »Die Verbrechen der Nazis – ihre unverzeihliche Ideologie, ihr Ignorieren grundlegender wirtschaftlicher und demographischer Tatsachen, ihr stumpfsinniger Biologismus, der ihnen das Verständnis selbst für die technische Entwicklung verschloss, ihr chiliastischer Knechtsinn, der sich einen pathologischen Spinner und Mörder zum Heiland erkor…« Gerade weil nur eine Minderheit zu den überzeugten Nationalsozialisten gehörte, musste es breitere kulturelle Ursachen für das Mitmachen der Mehrheit geben. Die Deutschen »waren Opfer einer Ideologie von Vaterland und Größe, Autorität und Gehorsam, Wehrkraft und Opfermut, Menschenverachtung und Rassenwahn geworden«, reflektierte ein Zeitgenosse Jahrzehnte später. »Sie selbst hatten das teilweise selbst verschuldet, weil sie falschen Propheten nachgelaufen waren«.[133] Auch wenn manche Unverbesserliche den Zusammenhang nicht einsehen wollten, musste die allzu lange Unterstützung des völkermordenden Nationalsozialismus schließlich auch die gemäßigteren Formen des mit älteren Sekundärtugenden verbundenen Nationalismus in Mitleidenschaft ziehen.

Wie schwierig es war, sich von nationalistischen Denkgewohnheiten zu lösen, verdeutlicht die emotionale Reaktion auf den von außen kommenden vermeintlichen Vorwurf einer Kollektivschuld. »Einige unverbesserliche Menschen, die die Verbrechen einfach nicht wahrnahmen«, stritten jede Verantwortung weiterhin ab oder versuchten, ihren eigenen Anteil zu vertuschen. Die Mehrheit der Mitläufer machte eher die Diktatur der NS-»Verbrecherbande« verantwortlich für die Untaten, als ihre eigene Mittäterschaft zu thematisieren: »Kein Ausländer kann je ermessen, wie geknebelt wir waren. Keiner konnte sich öffentlich auflehnen, da das Gespenst der Gestapo über uns lauerte.« Marxistische Antifaschisten hielten die adeligen und bürgerlichen Eliten für die Schuldigen, in der drastischen Sprache einer ostdeutschen Schülerin: »Die Russen hatten sie als ›Kapitalistenschweine‹ und ›blutsaugerische Ausbeuter‹ in Lagern inhaftiert!«[134] Nur wenige Intellektuelle wie Martin Niemöller wagten es, das Schuldbekenntnis der Evangelischen Kirche gegen Relativierung durch das von anderen angerichtete Unrecht zu verteidigen: »Und trotzdem befreit uns diese Lage nicht davon, unsere Schuld vor Gott und den Menschen zu bekennen.« Ein volkstümliches Gedicht rechtfertigte sogar das eigene Leiden als gerechte

Strafe: »Und Gott sprach: »Nein! / Ich muss dich schlagen, ich will dich schlagen, / Weil Du Schuld auf Schuld gehäuft! / Dein Maß ist voll, dass es überläuft!«[135]

Wichtig für die Distanzierung vom Nationalismus war auch das Nachdenken der Gebildeten über seine fatalen Folgen und eine Suche nach tragfähigen Alternativen. Indem er die Zerstörungskraft des radikalen Nationalismus betonte, forderte der Rektor der Marburger Universität Julius Ebbinghaus eine Rückkehr zu einem auf die »Idee des Rechts« gegründeten Patriotismus, der »den Spiegel der moralischen Welt« nicht zu scheuen brauchte. Liberale Historiker wie Walter Goetz versuchten die Liebe zum Vaterland vom mörderischen Antisemitismus zu reinigen und verdammten »die antisemitische Geschichtstheorie« als »eine grobe und absichtliche Fälschung geschichtlicher Tatsachen«.[136] In der Ostzone zeigte der marxistische Journalist Alexander Abusch eine »Nation, die von ihren reaktionären Gewalthabern im Verlaufe von Kämpfen gegen die Kräfte des Fortschritts auf einen selbstmörderischen Irrweg gedrängt werden konnte«. Im Westen diskutierten demokratische Intellektuelle um Alfred Weber statt »sozialistischem Internationalismus« die »Entwicklung hinweg vom bisherigen Nationalstaat zu einer durchsetzbaren Weltrechtsordnung« der Vereinten Nationen. Andere unabhängige Köpfe wollten den Nationalismus durch Mitwirken an der von Resistance-Kreisen propagierten Vereinigung Europas überwinden.[137]

Die radikalste Reaktion auf die Misere des Deutschseins war die individuelle Verabschiedung von dem Volk durch Auswanderung. »Am liebsten wanderten wir aus, aber welcher Deutsche will das nicht unter den gegenwärtigen und kommenden Verhältnissen?« In den Worten eines typischen Empfehlungsbriefs baute dieser Wunsch, »ein zerstörtes und hungerndes Heimatland« zu verlassen, auf die Hoffnung, »nun sein Glück in einem anderen Lande und unter anderen Menschen zu erreichen«. Allerdings scheiterten die meisten dieser Pläne schon an den fehlenden Ressourcen und Verbindungen, die für einen Neuanfang in der Ferne notwendig waren.[138] Auch wurden die zahlreichen überlebenden NS-Opfer aus den Konzentrations- und den Zwangsarbeiterlagern bevorzugt aufgenommen, die *displaced persons* genannt wurden, weil sie kein Zuhause hatten, in das sie zurückkehren wollten. Trotzdem waren es nicht nur die »erbeuteten deutschen Wissenschaftler« und untergetauchte Nationalsozialisten, sondern auch über eine Million durch Flucht oder Vertreibung entwurzelte Normalbürger, die den Weg in die Ferne wagten.[139] Dort machten sie dann aber oft die überraschende Erfahrung, dass sie in fremder Umgebung ganz besonders als Deutsche auffielen.

Die Verwandlung der NS-Volksgemeinschaft in eine Schicksalsgemeinschaft rettete jedoch ein gewisses Identitätsgefühl über die Niederlage hinweg. »Die Solidarität der deutschen Bevölkerung war auch nach Kriegsende aufgrund des gemeinsamen Schicksals groß.« Die Frontkameradschaft der Männer, die Angst der Frauen in den Bombenkellern und die Schrecken des Zusammenbruchs prägten einen neuen Gemeinschaftsbezug des kollektiven Leidens. Vor allem für Flucht und Vertreibung derjenigen, die sich nicht selbst durch Verbrechen schuldig gemacht hatten, lag »gar kein auch nur kleinster sonstiger Grund vor als meine angeborene Eigenschaft, Deutscher zu sein«. So entsprang der tschechische Impuls, alle »nemcy« ohne Unterschied zu demütigen, zu misshandeln, auszubeuten und auszuweisen nicht nur einem verständlichen Rachegelüst, sondern auch einem Denken in unveränderlichen ethnischen Stereotypen. Besatzung, Gefangenschaft, Hunger und Kälte bildeten eine neue Art von Gemeinschaftserfahrung, deren unentrinnbarer Nenner die Zugehörigkeit zum deutschen Volk war. In weiten Kreisen verwandelte sich der vormals aggressive Nationalismus durch Mitleid mit der eigenen Opferrolle in ein defensives Ressentiment dagegen, »was dem deutschen Volke Furchtbares angetan wird«.[140]

Die Solidarität im Überlebenskampf der frühen Nachkriegszeit durch einklagbare Gesetze stellte den nationalen Zusammenhalt auf eine neue soziale Basis. Obwohl die »CARE-Pakete« aus den USA »viele lang entbehrte Köstlichkeiten« boten, blieben Hilfsmaßnahmen wie die alliierte Schulspeisung ein Tropfen auf dem heißen Stein. Zwar boten Verwandte und Bekannte zuerst Wohnung, Nahrung und psychische Unterstützung in den Fährnissen der Besatzungszeit. »Endlich war die Familie wieder zusammen, endgültig«, erinnerte sich ein antifaschistischer Offizier. »Das Leben begann wieder.«[141] Auch halfen Kirchen und Gewerkschaften. Aber dadurch spaltete sich die Zusammenbruchsgesellschaft in Gruppen mit unterschiedlichen Rechten, so wie die »Opfer des Faschismus« oder die »Schwerarbeiter«, die bei der Lebensmittelzuteilung bevorzugt wurden. Entscheidend für das deutsche Selbstverständnis war aber, dass effektive Hilfe für die im Namen der Nation erlittenen Leiden nur auf der staatlichen Ebene zu erhalten war. Durch die soziale Solidarität des umfassenden Lastenausgleichs, der den erlittenen Schaden durch eine Sondersteuer der Nicht-Betroffenen finanziell kompensierte, verwandelte sich das arische Herrenvolk in eine Hilfsgemeinschaft von Kriegsversehrten, Witwen, Waisen, Flüchtlingen, Vertriebenen und Ausgebombten.[142]

Die Demütigung des aggressiven Nationalismus durch die von den Siegermächten dekretierten Gebietsverluste perpetuierte jedoch gleichzeitig die nationale Frage durch die Teilung des Landes. Zwar beendeten die Potsdamer Beschlüsse die Tradition eines nationsübergreifenden Reichs: »Rechnet man unsere Ostgebiete hinzu, kontrolliert die Sowjetunion die Hälfte des ehemaligen Reichsgebiets. Die Grenzen Europas verengen sich auf das Territorium Karls des Großen.« Aber die Vertiefung der Zonengrenzen als Verwaltungs- und Wirtschaftseinheiten und der Gegensatz der alliierten Zukunftspläne provozierten geradezu eine deutsche Fixierung auf die Wiedergewinnung einer einheitlichen Staatlichkeit. Im Sommer 1946 bekannte sich daher die erste Düsseldorfer Großkundgebung der Nachkriegszeit »gleich welcher politischen Richtung und Weltanschauung einmütig zur politischen und wirtschaftlichen Einheit Deutschlands«. Auch die SED argumentierte von ihrer Gründung an von der Warte der ehemaligen Reichshauptstadt aus: »Die Einheit der Arbeiterklasse ist die Einheit Deutschlands.«[143] Im Gegensatz zu früherem Hegemoniestreben konnte sich der Wettlauf der auf nationaler Ebene neu gegründeten Parteien um eine »Wieder«vereinigung Deutschlands nur noch auf die Rettung der Reste deutscher Staatlichkeit konzentrieren.

Einige davon besonders betroffene Gruppen reagierten auf die Zerschlagung des Reichs mit einem überraschenden Festhalten an ihrer Zugehörigkeit zu Deutschland, auch wenn dies Nachteile mit sich brachte. Das Beharren der Vertriebenen auf ihrem »Recht auf Heimat« als Rechtsbasis für spätere Rückkehr und Demonstration ihrer Herkunft war noch als Mischung materieller und emotionaler Ziele zu erklären. Auch im während des Kalten Krieges von rechten Kreisen favorisierten Begriff von »Mitteldeutschland« als Bezeichnung für die sowjetisch besetzte Zone lebten ältere Erinnerungen wie an die verlorenen Ostgebiete weiter. Erstaunlich war jedoch der Widerstand von über zehntausend Westdeutschen gegen die von Holland, Belgien und Luxemburg verlangten »Grenzkorrekturen« nach 1945, bei denen sie vom Lager der Besiegten in das der Sieger wechseln sollten. Ähnlich wenig erwartet war der eindeutige Wille der Saarländer, statt an Frankreich angegliedert zu werden oder einen neutralen Status zwischen den Ländern zu erhalten, wieder zu der noch im Aufbau begriffenen Bundesrepublik zurückzukehren.[144] Auch wenn in der politischen Rhetorik Reste eines großdeutschen Nationalismus anklangen, waren diese Haltungen eher Versuche des Festhaltens an einer problematisch gewordenen Identität.

Die rivalisierenden Staatengründungen von 1949 waren deshalb als Zwischenlösungen konzipiert, die sich in Zukunft zu einem umfassenden Nationalstaat für Restdeutschland entwickeln sollten. Das Wiedervereinigungsgebot der Präambel des westdeutschen Grundgesetzes verlangte unmissverständlich: »Das gesamte deutsche Volk ist dazu aufgerufen, in freier Selbstbestimmung die Einheit und Freiheit Deutschlands zu vollenden.« Der Anspruch auf Rechtsnachfolge des Deutschen Reichs und die umfassende Definition der Staatsbürgerschaft auf der Basis von Volkszugehörigkeit in den Grenzen von 1937 waren Ausdruck eines weiterwirkenden Nationalgefühls, das nicht mit der sich entwickelnden Weststaatlichkeit zufrieden war. Ähnlich deutlich war der Gesamtvertretungsanspruch der ersten ostdeutschen Verfassung: »Deutschland ist eine unteilbare demokratische Republik, die aus den deutschen Ländern besteht.« Auch in der Formel »Die DDR ist ein sozialistischer Staat deutscher Nation« von 1968 wirkte diese Perspektive in abgeschwächter Form weiter nach, bevor 1974 der Bezug ganz auf »Arbeiter und Bauern« umgestellt wurde.[145] Das erschreckende Ausmaß der zweiten Niederlage trug entscheidend dazu bei, den aggressiven Radikalnationalismus in ein defensives Restnationalgefühl zu verwandeln.

Auch das Ausbleiben eines massenwirksamen Revanchismus deutet auf ein Schwinden des Radikalnationalismus trotz der Ungelöstheit der deutschen Frage nach 1945. Viele Gründe sind für den

Unterschied zur aufgeheizten Bürgerkriegsatmosphäre der frühen Weimarer Republik verantwortlich. Die zweite Niederlage war wie der vorausgehende Krieg totaler in ihrer Wirkung und die langwierige Besatzung zerstörte die Illusion einer Umkehrbarkeit ihres Verdikts. Die Einbindung der dezimierten konservativen Resteliten in die beiden Nachfolgestaaten durch die CDU und die NDPD gelang besser, so dass diese keine einflussreiche Fronde bilden konnten. Die Unterbrechung der institutionellen Kontinuität des Militärs blockierte die Entwicklung eines Seeckt'schen »Staats im Staate« mit eigenen territorialen Ambitionen. Das Verbot neo-nazistischer Parteien im Westen und die organisatorische Unterdrückung der Vertriebenen im Osten verhinderten die Bildung einer breiteren revanchistischen Bewegung. Die Polarisierung des Kalten Krieges überlagerte die nationale Agenda mit einem ideologischen Blockgegensatz, aus dem kein Weg herausführte. Neben seinen schrecklichen Folgen schwächte das Fehlen eines organisierten Kerns den Chauvinismus in der Nachkriegszeit.

Die Abkehr vom radikalen Nationalismus nach 1945 war daher das Resultat einer komplexen Mischung von alliierten Verboten und Umerziehungsversuchen sowie deutschen Lern- und Anpassungsprozessen. Die entscheidenden Weichen für diesen säkularen Mentalitätswandel wurden schon in der frühen Nachkriegszeit während des Schocks der Niederlage gestellt. Die Rückgabe der Annexionen des Großdeutschen Reichs, der Verlust der Ostgebiete, die Aufhebung deutscher Staatlichkeit und die sichtbare Präsenz der Besatzungsmächte machten auch dem verbohrtesten Volksgenossen klar, dass der Radikalnationalismus in die Katastrophe geführt hatte. Abgesehen von individuellen Versuchen, sich durch Wechsel der Nationalität der Verantwortung zu entziehen, bleibt es dennoch erstaunlich, dass ein gewisses ethnisches Solidaritätsgefühl als Basis für gegenseitige Hilfe die Niederlage überlebte. Die durch die NS-Verbrechen schwer beschädigte deutsche Identität verschwand daher nicht vollständig, sondern verwandelte ihren Charakter in eine Schicksalsgemeinschaft des Leidens. Durch den Zweiten Weltkrieg wurde Deutschsein zu einem internationalen Makel, der geduldig zu ertragen war und höchstens durch besseres Verhalten vermindert werden konnte.

Postnationale Nation?

Der Bruch mit dem überzogenen Nationalismus hinterließ jedoch eine tiefe emotionale Unsicherheit im Umgang mit der eigenen Identität. Konservative Kritiker wie die Demoskopin Elisabeth Noelle-Neumann beklagten daher die im Vergleich zu anderen europäischen Ländern extrem niedrigen Umfragewerte bei Indikatoren des Nationalstolzes als Beweis einer »verletzten Nation«. Liberale Kommentatoren wie der Politikwissenschaftler Karl Dietrich Bracher boten eine positivere Lesart, indem sie von einer »postnationalen Demokratie unter Nationalstaaten sprachen«, also aus der Not des gestörten Selbstbewusstseins eine Tugend der Post-Nationalität machten, die in Analogie zu anderen »post«-Begriffen die Krankheit des Nationalismus überlebt und daraus gelernt hatte.[146] Auch wenn in der bundesrepublikanischen Öffentlichkeit der Nationalismus ziemlich negativ besetzt war, blieben die Ostdeutschen weiterhin auf den nationalen Bezugspunkt angewiesen, um private oder staatliche Hilfe aus dem Westen zu erhalten. Das Paradox, das es zu erklären gilt, ist daher nicht nur die verbreitete Abkehr vom Nationalismus, sondern auch das Weiterbestehen eines ethnischen Zusammenhalts.

Als Reaktion auf die nationalistische Hysterie des Dritten Reichs zogen sich viele sonst verantwortlich denkende Bürger in ein weitgehend vorpolitisches Deutschsein zurück. Nach Überwindung ihrer »dumpfen Verwirrung und Ratlosigkeit« kritisierten konservative Kreise zwar zahlreiche Fehler der Besatzungspolitik – aber sie waren nicht in der Lage, selbst überzeugende Alternativen vorzuweisen. Trotz allen Geredes über Gefahren der »Vermassung« waren autoritäre Ordnungsvorstellungen durch die Kollaboration des Präsidialregimes mit der NS-Machtergreifung diskreditiert und Hitlers blutige Rache am Widerstand des 20. Juli hatte eine alternative nationale, aber nichtdiktatorische Elite physisch weitgehend vernichtet. Außerdem waren die Konservativen außenpolitisch handlungsunfähig, denn im Kalten Krieg waren sie auf den Schutz der westlichen Vormacht angewiesen, die innenpolitisch gerade eine fundamentale Umerziehung verlangte. Der vor allem von konservativen Historikern wie Gerhard Ritter unternommene Versuch einer Läuterung des Nationalismus durch Abstoßung gefährlicher Elemente wie des Kadavergehorsams oder der Uniformgläubigkeit konnte daher seine Glaubwürdigkeit nicht wieder herstellen.[147]

Linke Patrioten scheiterten dagegen an ihrer inneren Zersplitterung und der widersprüchlichen Deutschlandpolitik der Sowjetunion. Die unterschiedlichen Bestrebungen Jakob Kaisers, Kurt Schumachers und Gustav Heinemanns, staatliche Einheit durch nationalen Neutralismus zwischen Ost und West herzustellen, hatten allesamt wegen der Polarisierung des Kalten Krieges keinen durchschlagenden Erfolg. Die prononciert nationale Rhetorik der ostdeutschen Volkskongressbewegung fand im Westen wenig Anklang, da sie auf eine gesamtdeutsche SED-Dominanz und auf eine Revolutionierung der wirtschaftlichen Besitzverhältnisse hinauslief. Auch die überparteiliche Sammlungsbewegung des Kuratoriums Unteilbares Deutschland konnte weder die politische Kultur noch die praktische Politik dauerhaft beeinflussen.[148] Teils verlor der linke Nationalismus durch den inhärenten Widerspruch zwischen der Tradition des Internationalismus und der nationalen Programmatik sowie dem Machtkampf zwischen SED und SPD seine Überzeugungskraft. Teils verhinderten die sowjetischen Schwankungen zwischen Bestrafung durch territoriale Einbußen, Aufbau eines sozialistischen Satelliten oder freundlichem Verhältnis zu einem neutralen Gesamtdeutschland eine wirkliche Zusammenarbeit.[149]

Negative Assoziationen und fehlende Perspektiven führten daher in weiten Kreisen zu einer veritablen Flucht vor dem Deutschsein und einem chamäleonartigen Überstreifen anderer Identitäten. Dabei wandte sich die westliche Bevölkerung aufgrund positiver Erfahrungen mit ihrer Besatzungsmacht zu dem demokratischen Erfolgsmodell der Amerikaner hin, das durch Wirtschaftspotenz und lockeren Lebensstil eine große Anziehungskraft bewies. Während Mitglieder der politischen Elite auf die US-Sicherheitsgarantie gegen den Kommunismus bauten und Manager von den Möglichkeiten der Massenproduktion beeindruckt waren, fanden Gebildete eher die Kreativität der modernistischen Hochkultur attraktiv und Jugendliche waren von Hollywood-Filmen, von Jazz und Rock'n'Roll fasziniert.[150] Im Osten stellte sich für manche trotz schrecklicher Erinnerungen an das Einrücken der Roten Armee die siegreiche Sowjetunion aufgrund der Errungenschaften des Sozialismus als ein

Garant humanerer Zukunft dar, die sogar bürgerliche Wissenschaftler wie Victor Klemperer in ihren Bann zog.[151] Eine weitere Alternative war die Hinwendung zu Europa als transnationaler Einheit, die zunächst durch das gemeinsame Bewusstsein abendländischer Werte und dann durch Rechtfertigung der Vorteile von Integrationsversuchen gekennzeichnet war.[152]

Erst diverse Erfolgserlebnisse wie der Gewinn der Fußballweltmeisterschaft 1954 und der wirtschaftliche Erfolg des Wiederaufbaus richteten das geknickte Selbstbewusstsein auf beiden Seiten des Eisernen Vorhangs wieder auf. In der ersten Nachkriegszeit bot schon die Sicherung des reinen Überlebens unter den chaotischen Bedingungen von Hunger und Kälte, von Besatzung und Entnazifizierung, von Demontage und Reparationen Grund zur Zufriedenheit. Nach der Währungsreform im Westen wirkte das immer schnellere Wachstum der Wirtschaft als Basis für wachsenden Wohlstand und die steigende internationale Nachfrage nach deutschen Produkten als Beweis eigener Leistungsfähigkeit, auf die man durchaus stolz sein konnte. Auch im Osten erlaubte der später einsetzende und schwächere Aufschwung einen neuen Stolz auf die eigene Leistung, ein verbreitetes Gefühl des »Wir-sind-wieder-wer«, das manche politische Demütigungen kompensieren half. Diese wenig ideologische Wiedergewinnung von Selbstrespekt knüpfte an ältere Nationalstereotypen von deutschem Fleiß und Wertarbeit an, bot vor allem Männern eine positive Ersatzidentität und weitete sich schließlich zu einem regelrechten »DM-Nationalismus« aus.[153]

Unter den Intellektuellen führte eine wachsende Selbstkritik im Laufe der sechziger Jahre dagegen zur Umkehrung des positiven Sonderbewusstseins in eine betont negative Konnotation deutscher Identität. Im Kontrast zur affirmativ-nationalen Ausrichtung des Bildungsbürgertums hatte diese neue Formation der »geistigen Arbeiter« einen moderneren Lebensstil, internationaleren Horizont und kritischeren Habitus.[154] Vor allem Romanciers wie Günter Grass und Heinrich Böll sowie Dramatiker wie Rolf Hochhuth und Peter Weiss setzten sich im Zuge einer aufklärerischen Vergangenheitsbewältigung mit den nationalsozialistischen Verbrechen und der Schuld der Mitläufer auseinander. Trotz der Instrumentalisierung des Antifaschismus zur Unterstützung des SED-Regimes trugen die Romane von Christa Wolf und Stefan Heym in der DDR ebenso zu einer Distanzierung von dem nationalistischen Erbe bei. Im Gegensatz zum wiedererstarkenden positiven Selbstbild der Mehrheit der Bevölkerung schuf die Betonung deutscher Verantwortung für den Ausbruch des Zweiten Weltkriegs und die organisierte Massenvernichtung der Juden vor allem unter den westlichen Intellektuellen geradezu eine Art von »Holocaust-Identität«.[155]

Die Generationsrevolte von 1968 verschärfte diese literarische Selbstanklage zu einer paradoxen Art von negativem Nationalismus. Obwohl ein Wertewandel zum Postmaterialismus auch in anderen westlichen Gesellschaften stattfand, wurde er in Westdeutschland durch den außerordentlichen Autoritätsverlust der älteren Generation als Langzeitfolge des Dritten Reichs verstärkt.[156] In der Anklage der schuldbeladenen Väter spielte der Vorwurf der Verantwortung für die NS-Verbrechen eine zentrale Rolle, da sich die rebellierenden Söhne dadurch besonders überzeugend von den überkommenen nationalen Werten absetzen konnten. In bewusster Distanzierung von ihrer eigenen Herkunft vertraten die Jungen einen aggressiven Internationalismus, ein moralisierendes Dritte-Welt-Denken und eine oft naive Sympathie für anti-imperialistische Befreiungskämpfe.[157] Auch in der Radikalität des Themenwechsels zu den Neuen Sozialen Bewegungen verblieben Spuren einer Umkehrung der deutschen Sonderrolle durch die Betonung besonderer Verantwortung für Frieden, Umwelt und Emanzipation der Frauen. Je nach politischer Einstellung konnte diese Verneinung der Nation als postnationaler Fortschritt gelobt oder als antinationaler Selbsthass beklagt werden.

Eine linksdemokratische Antwort auf die Frage nach der Basis des politischen Zusammenhalts im Westen bot in den siebziger Jahren der Begriff des »Verfassungspatriotismus«. Diese vom Politikwissenschaftler Dolf Sternberger geprägte und vom Sozialphilosophen Jürgen Habermas popularisierte Formel verabschiedete sich dezidiert von einem ethnischen Nationsbezug, um stattdessen den Staat auf Grundwerte wie die Menschenrechte aufzubauen. Darin spiegelte sich die wachsende Anerkennung des Grundgesetzes als Schutz des nichtkonformen Individuums und kritischer Gruppen vor Repressionsgelüsten der Staatsmacht.[158] Auch der Verzicht auf den Begriff der Nation in der DDR-Verfassung von 1974 ging in eine ähnliche Richtung, da dadurch das ideologische Prinzip des Marxismus zur Basis des Staatswesens gemacht wurde. Obwohl die Formulierung des »Verfassungspatriotismus« bei Intellektuellen wegen ihres expliziten Demokratiebezugs viel Anklang fand, konnte dieser rationale Ansatz kaum das populäre Bedürfnis nach emotionaler Identifikation befriedigen. Das Resultat war daher eine wachsende Distanz zwischen einem kritischen Selbstverständnis der Gebildeten und einer positiven ethnischen Identifikation der breiten Bevölkerung.

Normativ überhöht wurde der Abschied von der Nation auch durch einen in den achtziger Jahren sich ausbreitenden Binationalismus, der die Zweistaatlichkeit der Nachkriegszeit nicht nur de facto dulden, sondern moralisch rechtfertigen wollte. Das Plädoyer vor allem von linken Schriftstellern und Historikern für eine vollständige Anerkennung der DDR und eine Akzeptanz ihrer zweiten Staatsbürgerschaft stützte sich teils auf moralische, teils auf politische Argumente.[159] Eine vereinfachende Sicht der Ursachen des Fanals von »Auschwitz« leitete das Verbrechen des Jahrhunderts aus deutscher Nationalstaatlichkeit ab, sah also ihre Zerschlagung als historische Notwendigkeit. Eine ebenso simplifizierende These verlangte von den Deutschen das Opfer der Akzeptanz ihrer Teilung als Voraussetzung für die Aufrechterhaltung des Friedens in Mitteleuropa, sozusagen um dadurch die historische Schuld der Spaltung des Kontinents zu begleichen. Wegen des Fehlschlags der Wiedervereinigungsrhetorik wiesen realistischere Kommentatoren dagegen auf die Verfestigung der Bundesrepublik und der DDR hin, die Charakteristiken von getrennten Nationen entwickelten und deswegen eine doppelte Staatlichkeit unvermeidlich machten. Korrekt in der Einschätzung der Konsolidierungstendenzen, sollte sich diese Diagnose jedoch als vorschnell erweisen.

Als Resultat solcher Entwicklungen wies die Mehrheit der Westdeutschen eine Generation nach dem Kriegsende eine deutlich gebrochene Identität auf. Konservative Politiker beklagten die im Vergleich zu anderen europäischen Ländern abnormal niedrigen Werte für eine Identifikation mit der Nation, die nur die Hälfte des westeuropäischen Durchschnitts betrugen. Aufgrund der Generationsrevolte war die Bindung der Jüngeren an die eigene Nation noch geringer ausgeprägt. Der kritische Einfluss der Intellektuellen in den Medien und Schulen führte dazu, dass Abiturienten mehrheitlich jedes deutsche Selbstbewusstsein ablehnten, während in weniger gebildeten Schichten ein deutlich positiveres Selbstbild überlebte. Schließlich war das Selbstgefühl der Westdeutschen ungewöhnlich stark politisch polarisiert, so dass sich das linke Lager dezidiert von der Nation distanzierte, während nur in rechten Kreisen affirmativere Reflexe weiterlebten. Allerdings suggerieren fragmentarische Daten einen höheren Grad nationaler Orientierung in Ostdeutschland und machten die DDR-Bürger trotz der Rhetorik vom sozialistischen Internationalismus den Eindruck, dass sie irgendwie deutscher geblieben seien als ihre westlichen Vettern.[160] Obwohl Umfrageergebnisse noch gewisse Solidaritätsgefühle belegen, zeigen sie ein fortschreitendes alltägliches Auseinanderleben der Bevölkerung.

Erfolgreicher in der Aufrechterhaltung eines grenzübergreifenden Zusammenhalts als antikommunistische Polemiken war die sozialliberale Ostpolitik der partiellen Anerkennung der DDR. Über die Jahrzehnte verloren flammende Appelle zur Wiedervereinigung, die Ächtung des SED-Regimes durch die Hallstein-Doktrin und das symbolische Gedenken an die »Brüder und Schwestern im Osten« am 17. Juni ihre Wirkung.[161] Dagegen half die »Politik der kleinen Schritte« der Regierung Brandt-Scheel, die Mauer zu durchlöchern und eine gewisse Interessengemeinschaft zu stiften. Die Staatsbesuche von Brandt, Schmidt und Honecker sowie zahlreiche andere Politikerkontakte konnten zwar den Eisernen Vorhang nicht heben, begannen aber einen innerdeutschen Dialog, der die Konfrontation begrenzte. Im Zweiten Kalten Krieg erwuchs aus dem Friedenswunsch ein Konzept der »Verantwortungsgemeinschaft« zwischen Ost und West, in dem die Deutschen im jeweiligen Bündnis für Deeskalation plädierten. Auch der immer enger werdende grenzübergreifende Handel trug zur Verbesserung der Lebensqualität in Ostdeutschland bei und die Milliardenkredite stabilisierten nicht nur die SED-Gerontokratie, sondern schafften auch Raum für potentielle Dissidenz.[162]

Im Schatten der Detente verdichtete sich die durch den Mauerbau teilweise unterbrochene Kommunikation zwischen Ost- und Westdeutschland wieder auf ein Niveau, das erheblich über dem Austausch mit den jeweiligen anderen Nachbarn lag. Dabei halfen besonders die elektronischen Medien, denn nach Abschaltung der Störsender und nach Beendigung der Antennenkontrolle konnten westliches Radio und Fernsehen in weiten Teilen der DDR empfangen werden, wodurch eine allabendliche Auswanderung vor den Bildschirmen möglich war. Auch die Anzahl der Telefonate stieg wieder durch die Schaltung von neuen Verbindungen und der Reiseverkehr weitete sich in den achtziger Jahren sprunghaft aus. So konnten im Jahre 1987 neben den bevorzugten »Reisekadern« etwa fünf Millionen Ostdeutsche, darunter nicht nur Rentner und Familienangehörige, den Westen besuchen. Auch entstanden Dutzende von Städtepartnerschaften, und im Sport sowie der Kultur stieg die Zahl der Ost-West-Begegnungen ebenso rapide an.[163] Dadurch wurde es den daran besonders Interessierten der jüngeren Generation möglich, einen anderen Teil des sonst nur noch in der Erinnerung der Älteren lebenden Gebildes namens »Deutschland« kennen zu lernen.

Das intellektuelle Pendant zur menschlichen Vernetzung war die Theorie und die Praxis der Kulturnation, einer vornationalstaatlichen Umschreibung des Zusammenhalts zwischen den Deutschsprachigen.[164] Die Publikation der Werke von führenden ostdeutschen Schriftstellern wie Heiner Müller und Ulrich Plenzdorf im Westen und die schwierigere Veröffentlichung von kritischen westlichen Autoren wie Heinrich Böll und Günter Grass im Osten ermöglichte eine grenzübergreifende literarische Rezeption. Dabei waren die gemeinsamen Vergangenheitsbezüge auf die deutsche Klassik ebenso unübersehbar wie die parallele Beschäftigung mit Schuld und Leiden des Nationalsozialismus, auch wenn die Schilderung gegenwärtiger Lebenswelten sogar bei Ostemigranten wie Uwe Johnson immer mehr auseinander klaffte.[165] In den achtziger Jahren nahmen die wissenschaftlichen Kontakte, so unter den Historikern, weiter zu und auch auf der politischen Ebene kam es zu Dialogversuchen wie dem kontroversen Streitpapier zwischen SPD und SED.[166] Diese nicht immer von Illusionen freien Versuche lebten aus gemeinsamer Kritik am Nationalsozialismus, blockübergreifender Friedensbereitschaft und Suche nach einer gerechteren Gesellschaft.

Trotz allen Auseinanderlebens bestand daher ein asymmetrisches Gefühl der Zusammengehörigkeit zwischen Ost- und Westdeutschen ohne ausgeprägten Nationalismus fort. Auch wenn nach Umfragen den Bundesdeutschen ein expliziter Patriotismus mehrheitlich suspekt war, lebten Hoffnungen auf eine spätere Wiedervereinigung weiter und Ostdeutsche blieben ihnen, wenn auch mit einem leichten Anflug eigener Überlegenheit, sympathischer als andere Nachbarn.[167] Obwohl es für DDR-Bürger keine langfristigen Zahlenreihen gibt, suggeriert das fragmentarische Material einen noch höheren Grad an nationaler Orientierung, der allerdings stark mit Bezügen zu westlichem Konsum und Populärkultur durchsetzt ist. Vor allem blieben Menschen, die in der Bundesrepublik Verwandte hatten, ihre Informationen aus westlichen Medien bezogen oder selbst schon Westreisen gemacht hatten, trotz aller offiziellen Skepsis gegenüber Westkontakten stärker mit Westdeutschland verbunden. Aber auch für den Rest der Bevölkerung galten die Kaufkraft der Westwährung und ein Weststandard der Waren als begehrenswerte Bezugsgrößen.[168] Trotz gelegentlichen Aufflackerns eines hässlichen Rechtsradikalismus blieb das Ausmaß eines irredentischen Chauvinismus während der Teilung erstaunlich gering.

Die langfristige Folge der kollektiven Lernprozesse in der Nachkriegszeit war daher ein schwankendes deutsches Identitätsgefühl, das mit der widersprüchlichen Formel der »postnationalen Nation« umschrieben werden kann. Einerseits deutet der Terminus auf eine dezidierte Distanzierung vom Radikalnationalismus, dessen zerstörerische Folgen selbst von den entschiedensten Patrioten nicht geleugnet werden konnten. Hilfreich dabei war zweifellos auch eine Internationalisierung durch Konsum, Populärkultur und Tourismus, die in Westdeutschland zunächst den Horizont der führenden Schichten erweiterte und ihren Habitus weltoffener machte. Trotzdem beinhaltet der Begriff auch die Wiedergewinnung eines kollektiven Selbstgefühls durch das Wirtschaftswunder und die wachsende Identifikation der Bevölkerung mit der Stabilität und der Zivilität der Bonner Republik, also all das, was der sozialdemokratische Wahlslogan der siebziger Jahre »Modell Deutschland« nannte. Gleichzeitig erinnert er an das vom Bundesgerichtshof bekräftigte Wiedervereinigungsgebot, also die durch Doppelstaatlichkeit weiterhin ungelöst gebliebene nationalen Frage.[169]

Nation als Trauma

Statt wie in den USA eine Quelle kollektiven Stolzes zu sein, ist die Nation in Deutschland auch nach der Vereinigung ein eher traumatischer Bezugspunkt geblieben. Die Schwierigkeit, dem 3. Oktober als neuem Nationalfeiertag der Vereinigung dieselbe Begeisterung abzugewinnen wie die, welche der 14. Juli, der Tag der mythologisierten Erstürmung der Bastille, in Frankreich auslöst, belegt eine tiefe Unsicherheit der Deutschen im Umgang mit ihrer eigenen Identität.[170] Sie ist nicht nur das Produkt des allgemeinen Eindrucks einer Krise des Nationalstaats am Anfang des 21. Jahrhunderts etwa durch die Herausforderungen der Globalisierung und des internationalen Terrorismus.[171] Sondern diese Verunsicherung ist weit mehr das Resultat unterschwelliger Schuldgefühle für die Verantwortung an dem unermesslichen Leiden der beiden Weltkriege, der ethnischen Säuberungen und Vernichtung von Juden sowie der Versklavung des Kontinents, die Nation mit Barbarei gleichgesetzt haben. Beides, der aggressive Nationalismus der jugendlichen Skinheads und das akute Selbstmisstrauen der Linksintellektuellen, sind Indizien dafür, dass hierzulande das eigene Selbstbewusstsein noch nicht wieder zur Ruhe gekommen ist.

In der langfristigen Perspektive des 20. Jahrhunderts erscheint die Problematisierung der Nation jedoch eher als ein Erfolg eines fundamentalen Entnationalisierungsprozesses der Nachkriegszeit. Die rassistische Übersteigerung des Nationalsozialismus, dessen mörderischer Charakter erst durch seinen Untergang allgemein deutlich wurde, diskreditierte gleichzeitig auch den Nationalismus. Dabei spielte nicht nur die von den Siegermächten erzwungene und von Antifaschisten mitgetragene Entnazifizierung eine Schlüsselrolle, sondern das kollektive Umdenken der durch den Zusammenbruch überraschten Bevölkerung war vielleicht sogar noch wichtiger. Im Mai 1945 führte der Bremer Bürgermeister Theodor Spitta den Hass der vormaligen Mitläufer auf die NSDAP darauf zurück, dass »das Volk sich belogen und betrogen fühlt«, weil die Wunderwaffen wirkungslos blieben, die NS-Bonzen sich als feige Profiteure erwiesen und das »verzettelte, sinnlose Hinopfern von Menschen und Städten« die Niederlage nicht aufhalten konnte. Da dem Führer »die letzte religiöse und sittliche Bindung und Verantwortung fehlte«, erreichte seine Politik das Gegenteil ihrer angegebenen Ziele: »Hitler erstrebte ein Großdeutschland aller Deutschen; das Ergebnis ist der Untergang des deutschen Reiches und die Aufteilung Deutschlands.«[172]

Die ältere Generation versuchte durch »Überwindung des Nationalismus« wenigstens ein geläutertes, defensives »Nationalgefühl«, so die Formulierung der Schriftstellerin Ricarda Huch, zu retten. Die Solidarität der Schicksalsgemeinschaft von sich durch die Leiden des Zusammenbruchs selbst als Opfer verstehenden Überlebenden war die Basis für die Milderung der Kriegsfolgen durch Sozialgesetze. Da der rechtsradikale Revanchismus, der die Wiederherstellung der Grenzen von 1937 verfolgte, während Besatzungszeit und Kaltem Krieg praktisch handlungsunfähig war, konzentrierten sich gemäßigte Politiker auf die Rettung der Reste deutscher Staatlichkeit durch Opposition gegen weitere Grenzkorrekturen und Wiedereingliederung des Saargebiets. Die emotionale Wiedervereinigungsrhetorik der ost- und westdeutschen Nachfolgestaaten nutzte sich auf die Dauer selbst ab, da sie wegen der Uneinigkeit der Siegermächte folgenlos blieb, solange die ideologischen Lager das jeweilige Faustpfand nicht herausgeben wollten, um der anderen Seite keine Vorteile zukommen zu lassen. Der Begriff der Nation wurde vor allem dadurch negativ besetzt, dass er wie in der Frage der Wiedergutmachung zur Rechtfertigung der kollektiven Haftung für historische Schuld verwendet wurde.[173]

Auch die intellektuellen Fluchtbemühungen der jüngeren Generationen nach 1945 waren nicht wesentlich erfolgreicher, da ihnen der Versuch, sich vom Makel des Deutschseins zu befreien, kaum gelang. Zwar konnten sich deutsche Politiker der jeweiligen Besatzungsmacht als *star pupils* andienen, indem sie nicht nur deren Linie ziemlich bedingungslos folgten, sondern auch deren Lebensstile weitgehend übernahmen. Auch war die Europäisierung des Selbstbildes, also die Verlagerung der emotionalen Bindung auf das entstehende Europa, zweifellos ein konstruktiver Beitrag zur wirtschaftlichen und politischen Integration des alten Kontinents. Aber die negative Konnotation des Nationalismus (45 Prozent der Deutschen waren nicht stolz darauf, Deutsche zu sein), wurde von anderen Demokratien nicht nachvollzogen, da sie keinen ähnlichen Zwang spürten, sich von ihrer eigenen Vergangenheit und Identität zu trennen. Auch die endlosen Symposien, die eine deutsche Identität ohne Nationalismus suchen wollten, weckten im Ausland oft nur ein müdes Lächeln. Ironischerweise erschien das verkrampfte Bemühen deutscher Intellektueller, »Distanz zum nationalen Erbe« zu gewinnen, nun geradezu als besonderes Merkmal der Deutschen![174]

Aus historischer Sicht ist die Kernfrage daher, kann sich ein demokratischer Patriotismus entwickeln, der Nation und Zivilisation miteinander versöhnt? Die Wiedervereinigung ist für Verbindung von Einheit mit Freiheit eine wichtige Voraussetzung, da die Rückkehr eines geschrumpften Nationalstaats mit anerkannten Grenzen und ohne Minderheiten einen irredentistischen Radikalnationalismus überflüssig macht. Eine weitere Vorbedingung wäre die intellektuelle Anerkennung der Notwendigkeit einer affektiven Bindung an das eigene Staatswesen, die von Treue zum Grundgesetz ausgeht, aber auch ein gewisses Selbstwertgefühl in einer für andere Kulturen offenen Form einschließt. Das von so unterschiedlichen Denkern wie Richard Schröder, Wolfgang Schäuble und Heinrich August Winkler vertretene Programm einer Verbindung von Demokratie und Patriotismus weist in eine konstruktive Richtung, die schon in den Revolutionen von 1848 und 1918 versucht wurde.[175] Die eigentliche Herausforderung besteht daher darin, die Gefahren eines radikalen Nationalismus weiterhin zu beherzigen, aber gleichzeitig wieder ein positiveres Verhältnis zum eigenen Land zu entwickeln.

3. Kapitel
Absage an den Plan

Im Frühjahr 1945 wurde auch die Wirtschaft in den Strudel des untergehenden Dritten Reichs hineingerissen. Hinter der zurückweichenden Front mussten Manager wie Arbeiter entscheiden, ob sie Bormanns Aufruf zur Selbstzerstörung folgen oder sich die Voraussetzungen für ein Weiterleben nach dem Zusammenbruch sichern wollten. Mehr und mehr versagte die Energieversorgung, da Bombardierung, Kampfhandlungen und Sprengungen Wasser- und Elektrizitätswerke sowie Gasleitungen beschädigt hatten. In den Städten wurden die Lebensmittelvorräte knapp, überall bildeten sich Schlangen, Panikverkäufe verschleuderten Waren und ungeschützte Depots wurden von Einheimischen und Fremdarbeitern geplündert. Der Bremer Kommunalbeamte Theodor Spitta notierte einen akuten »Mangel an Kohlen und Särgen«. Gleichzeitig kam der Verkehr zum Erliegen, Post wurde nicht mehr ausgetragen, der Rundfunk hörte auf zu senden und Zeitungen stellten ihr Erscheinen ein. Schließlich machte das Ende der Waffenproduktion eine reguläre Arbeit sinnlos. »Die Wirtschafts-, Geld- und Zahlungsverhältnisse werden für lange Zeit gestört, vielleicht zerstört sein.«[176] Nun fiel das vorher anderen Völkern zugefügte Leiden mit Zinseszins auf die Deutschen zurück.

Dabei waren sich die alliierten Sieger selbst noch nicht schlüssig, wie sie mit dem durch den Krieg aufgeblähten ökonomischen Potential der Besiegten verfahren wollten: Weil die NS-Kriegswirtschaft eine widersprüchliche Mischung von staatlichem Zwang und privater Initiative darstellte, waren Problemanalyse und Korrekturvorschläge weniger eindeutig als beim Militarismus oder Nationalsozialismus. Für die Führung der Sowjetunion und westliche Marxisten war die Wurzel des Übels ziemlich eindeutig, denn der Faschismus wurde in der bekannten Dimitroff-Definition als höchste Stufe des Monopolkapitalismus verstanden. Also verlangte eine langfristige Sicherung vor einem erneuten deutschen Angriff neben den für den Wiederaufbau notwendigen Reparationen einen sozioökonomischen Systemwechsel, der auf die Abschaffung des Kapitalismus hinauslief. Höchstens würden Rücksichten auf eine antifaschistische Bündnispolitik im Inneren und auf die Westalliierten im Äußeren eine Beschränkung auf eine schrittweise Umsetzung dieser Fernziele nahelegen. Der erste Aufruf der KPD im Juni 1945 forderte daher die »Enteignung des gesamten Vermögens der Nazibonzen und Kriegsverbrecher« sowie die »Liquidierung des Großgrundbesitzes«.[177]

Für die Amerikaner war das Problem der deutschen Wirtschaft komplexer, denn es ging um die Alternative einer fundamentalen Reduzierung oder einer begrenzteren Umstrukturierung. Zur Vermeidung eines dritten Weltkriegs setzte in Washington eine von Ex-Finanzminister Henry Morgenthau, Bankier Bernard Baruch und Senator Harley M. Kilgore angeführte punitive Strömung zur Vernichtung der Kriegsfähigkeit auf eine weitgehende Entindustrialisierung: »Wir müssen Deutschland – und dasselbe gilt für Japan – daran hindern, sich als große Industriemacht zu reetablieren, die in der Lage ist, einen Krieg zu führen.«[178] Dagegen argumentierten gemäßigte Stimmen aus Wirtschaftskreisen und Pragmatiker der US-Militärregierung, dass eine reine Bestrafung der Deutschen »nicht funktionieren wird«, da eine Reagrarisierung das erheblich verkleinerte Land, das sich vorher schon nicht selbst versorgen konnte, nun völlig zugrunde richten würde. Die Leidtragenden wären dann die amerikanischen Steuerzahler, die Genesung der Nachbarn bräuchte die Wiederherstellung der größten europäischen Wirtschaft und eine wirtschaftliche Knechtung widerspräche den Idealen der Atlantischen Charta sowie dem eigenen Interesse an Freihandel. Die *New York Times* plädierte daher für einen Kompromiss, der »dem Wiederaufbau Europas dienen und die deutsche Gefahr begrenzen« sollte.[179]

In der Geschichtsschreibung zur Nachkriegszeit spielen die wirtschaftlichen Eingriffe von außen und interne Lernprozesse trotz der Allgegenwärtigkeit von Hunger und Armut in den Lebenserinnerungen nur eine untergeordnete Rolle. Das liegt einerseits an der Unklarheit der Begriffe, denn in den alliierten Entscheidungen ist abwechselnd von Entindustrialisierung, Entkartellierung, Entflechtung, Demontage und Reparationen die Rede, ohne dass sich eine einzige Bezeichnung durchgesetzt hätte.[180] Andererseits hat sich die Forschung auch anderen Problemen zugewandt, so zum Beispiel der Verhinderung der Sozialisierung nach 1945, die vor allem von kritischen Intellektuellen als »verpasste Chance« zu einem Neuanfang interpretiert worden ist.[181] Dagegen haben sich Wirtschaftshistoriker mehr auf die Frage der Kontinuität konzentriert und so den Einfluss des Marshall-Plans und der Währungsreform auf den Neubeginn des westdeutschen Wachstums etwas relativiert.[182] Auch die SBZ-Forschung hat sich eher den ungleichen Startbedingungen der Planwirtschaft, den Auswirkungen der Enteignungen und dem erzwungenen Elitenwechsel als der Problematik der wirtschaftlichen Entmachtung zugewandt.[183]

Der Begriff der Zivilgesellschaft deutet auf einen spannungsgeladenen Zusammenhang zwischen Wirtschaftsordnung und politischem System, da er einen Raum individueller Selbstentfaltung und Verfolgung materieller Interessen beschreibt. Nach Jürgen Kocka wurde unter dem Einfluss der Industrialisierung dieser Bereich »als System der Bedürfnisse, der Arbeit, des Marktes und der Partikularinteressen [um]definiert, dem Staat entgegengesetzt und untergeordnet – eine Sphäre der Dominanz des Bürgertums«.[184] Daher bietet der Kontrast zwischen der Herstellung einer sozialen Marktwirtschaft und der Etablierung einer sozialistischen Planwirtschaft ein gesellschaftliches Großexperiment, das die Effektivität der unterschiedlichen Systemansätze in fast lehrbuchmäßiger Reinheit vergleichen lässt. Wie ging die von den USA geforderte Rückkehr zum Markt im Vergleich mit den Anfängen der von der Sowjetunion unterstützten zentralen Planung vonstatten? Was waren Ursachen, Verlauf und Konsequenzen des Wirtschaftswunders in der Bundesrepublik und seiner zeitversetzten Wiederholung in der DDR? Weshalb versagte der reale Sozialismus als Wirtschaftsform und welche Grenzen hat das Modell der sozialen Marktwirtschaft im globalen Wettbewerb?[185]

Alliierte Umstrukturierungsversuche

Im Sommer 1945 standen die Siegermächte vor der Herausforderung, das bedrohliche deutsche Rüstungspotential langfristig unschädlich zu machen. Das Problem der Konversion der Kriegswirtschaft zu zivilen Zwecken stellte sich wegen der vorherigen Versklavung

Europas und der darauf folgenden totalen Niederlage Deutschlands in besonderer Schärfe, denn der Prozess musste von der Alliierten Kontrollkommission durchgeführt werden. Hintergrund ihrer Entscheidungen bildeten negative Erfahrungen mit der Aufrüstung unter Umgehung des Versailler Vertrages, der heimlichen Kooperation in der Waffenentwicklung mit der Sowjetunion und der offenen Wiederbewaffnung im Dritten Reich, die trotz vielfacher Improvisation einen Eindruck von langfristiger Planung und zielstrebigem Handeln machte.[186] Dazu kamen noch die Traumata von Inflation und Weltwirtschaftskrise, die nicht nur Kommunisten, sondern auch liberalen Intellektuellen eine staatliche Lenkung sowie eine Sozialisierung von Grundstoffindustrien attraktiv erscheinen ließen. Die mehr von solchen Ängsten als Kenntnis der tatsächlichen Zerstörungen motivierten Planungen avisierten daher drastische Eingriffe.

Der Tenor der in der JCS-Direktive 1067 angedeuteten und im Potsdamer Abkommen niedergelegten »wirtschaftlichen Grundsätze« war die dauerhafte wirtschaftliche Entmachtung Deutschlands. Zur Beseitigung des NS-Kriegspotentials wurde zunächst »die Herstellung von Waffen, Munition und Kriegsgerät sowie aller Arten von Flugzeugen und Hochseeschiffen verboten und unterbunden«. Für eine weitere Gruppe von »Metallen, Chemikalien, Maschinen und sonstigen« für eine Kriegswirtschaft notwendigen Gegenständen wurde eine strenge Überwachung angeordnet und die nicht lebensnotwendige Produktion zur Entnahme in Form von Reparationen oder zur völligen Vernichtung vorgesehen. Gleichzeitig sollte eine fundamentale Entflechtung vorgenommen werden, um »die bestehende übermäßige Konzentration wirtschaftlicher Macht zu beseitigen«, die in Kartellen, Syndikaten und Trusts anzutreffen war. Schließlich müsse das »Hauptgewicht auf die Entwicklung der Landwirtschaft und der binnenwirtschaftlichen Friedensindustrie gelegt« werden. Die Reparationen in Höhe von zwanzig Milliarden Reichsmark sollten »nicht aus Bargeldzahlungen, sondern aus der Lieferung von Kapitalgütern, Kriegsmaterial und Fertigprodukten des besiegten Deutschland« bestehen. Die englische Zeitschrift *The Economist* kommentierte düster, dass »diese Politik, wörtlich genommen, die Entindustrialisierung Deutschlands in großem Umfange zur Folge« haben würde.[187]

In der sowjetischen Besatzungszone begannen die Demontagen schon vor dem Ende des Krieges, da die russische Führung den Abbruch von Industrieanlagen als »nur eine andere Art der Kriegsführung gegen den verhassten Feind« betrachtete. Als verständliche Reaktion auf die nationalsozialistische Politik der »verbrannten Erde« beim Rückzug der Wehrmacht ging es auch um die Anhäufung von Kriegsbeute, um das Ausmaß des Sieges materiell zu untermauern und in der Heimat zu demonstrieren. Ein nach dem Zusammenbruch der Sowjetunion in russischen Archiven gefundener Bericht von Ende 1946 gibt Auskunft über die tatsächlichen Demontagen in mehr als dreitausend Betrieben – ein erschreckendes Ausmaß an Zerstörung, das ganze Industriezweige und Eisenbahnanlagen vernichtete. Dabei ging es einerseits um wirtschaftliche Entmilitarisierung, andererseits aber auch um den Wiederaufbau der sowjetischen Wirtschaft, die von dem massiven Transfer trotz mancher Fehlleitung von Anlagen sichtbar profitierte. Erst die Einsicht, dass der entstehende Satellitenstaat eigene Entwicklungsperspektiven brauchte, stoppte die gigantische Ausplünderung, die das ostdeutsche Bruttoanlagevermögen auf etwa drei Viertel des Vorkriegsstandes reduzierte.[188]

Auch die Westalliierten unternahmen eine Reihe einschneidender Sofortmaßnahmen zur Reduzierung von Industriekapazitäten, die über »den notwendigen Bedarf der deutschen Bevölkerung und der Besatzungsmächte« hinausgingen. So besetzte die US-Militärregierung am 5. Juli 24 Fabriken des Chemiegiganten IG Farben und unterstellte sie einem Treuhänder, um die »monopolistische Kontrolle der deutschen Industrie« zu brechen und »ihr Kriegspotential« zu eliminieren.[189] Anfang September nahmen die Engländer vierzig Industrielle, unter ihnen Otto Springorum fest, um das Kohlensyndikat an der Ruhr zu zerbrechen und seine Anführer persönlich für ihre Rolle in der Kriegsproduktion zur Verantwortung zu ziehen. Im Dezember folgte der Arrest einer weiteren Gruppe von 84 Eisen- und Stahlindustriellen, die Hitlers Kriegsführung unterstützt und von ihr profitiert hatten. Auch die Beschlagnahmung der großen Vermögen sollte dem angloamerikanischen Publikum die Ernsthaftigkeit der Entnazifizierung von Kriegstreibern demonstrieren, die in der Privatwirtschaft schwerer als in der Verwaltung zu fassen waren. Durch Einführung von zahlreichen *permits* ging es aber auch um eine Verschärfung der Kontrolle über den ökonomischen Kern des deutschen Kriegspotentials.[190]

Im Gegensatz zu Ängsten vor einem Wiedererstarken war die wirtschaftliche Realität in den ersten Friedensmonaten alles andere als rosig. Der US-Korrespondent Gladwyn Hill sah trostlose Szenen im Ruhrgebiet: »Die Tausende hoher Schlote, die einst stolz gegen die Welt rauchten, stehen nun leblos und kalt. Gras wächst jetzt in den Straßen« der zu fünfzig bis achtzig Prozent zerstörten Stadtkerne, in denen sich Soldaten und Flüchtlinge neben den eigentlichen Anwohnern drängten. »Die Wasserversorgung funktioniert meist wieder, aber oft nur durch Feuerwehrschläuche«, doch das Abwasser floss nicht ab. »Es gibt kein Feuerholz« und nur manchmal etwas Kohle, »trotz des Befehls, die Deutschen nicht zu verwöhnen«. Die Lebensmittelversorgung funktionierte höchstens auf minimaler Basis, wie sie für ein Notstandsgebiet in den US genügen würde, und die theoretischen 1500 Kalorien pro Kopf »sind nur halb genug«. Wegen des enormen Bedarfs an Aufräumarbeiten und der schleichenden Geldentwertung bestand ein Mangel an Arbeitskräften, da »ein Bankbeamter kein Bergmann ist«. Der anschauliche Bericht schloss mit der Feststellung: »Unter diesen Umständen ist jede bedrohliche Wiederbelebung der Ruhrindustrie unvorstellbar.« In trockenerer Sprache konstatierte der US-Militärgouverneur, dass »weniger als zehn Prozent der Industriebetriebe« noch weiter arbeiteten.[191]

Aufgrund realistischer Lageeinschätzungen plädierten Wirtschaftsexperten für einen moderateren Kurs, der mehr auf Kontrolle und Strukturwandel als auf Entindustrialisierung baute. Während Kommissionen weiterhin endlose Listen für den Abbruch ganzer Industriezweige ausarbeiteten, nannten sachkundige Beobachter »die Reduzierung Deutschlands zu einem Agrarland eine ökonomische Absurdität«, die negative Konsequenzen für Europa haben würde. Nur eine halbwegs funktionierende Wirtschaft könne die Besatzung finanzieren, zum Krieg gegen Japan beitragen, Reparationen aufbringen und die Bevölkerung adäquat ernähren.[192] Anfang Oktober schlug eine pragmatische Gruppe von OMGUS-Wirtschaftsberatern die Wiederaufnahme von Exporten und die Expansion der Stahlproduktion vor, um den deutschen Lebensstandard dem Niveau der Nachbarn anzugleichen. Man legte also den Akzent auf die Wiederbelebung der Wirtschaft, um nicht langfristig einen Sozialfall zu schaffen.[193] Der nach langen Verhandlungen verabschiedete alliierte Wirtschaftsplan vom Frühjahr 1946 war daher ein Kompromiss zwischen ökonomischer Entwaffnung, Reparationsforderungen und der Erhaltung »wesentlicher Existenzgrundlagen« für die deutsche Bevölkerung.[194]

Ein erster Schritt zur Reform ökonomischer Machtverhältnisse war die justizielle Aufarbeitung durch Anklage hervorragender Wirtschaftspolitiker und Industrieller. So wurden fünf Hauptangeklagte im Nürnberger Prozess der Organisierung von Sklavenarbeit (Fritz Sauckel, Albert Speer), der Ausplünderung besetzter Gebiete (Walther Funk), der finanziellen Kriegsvorbereitung (Hjalmar Schacht) und der Waffenschmiede für den Krieg (Gustav Krupp von Bohlen und Halbach) bezichtigt. Aber nur Sauckel wurde gehängt, Funk und Speer wurden lebenslänglich inhaftiert, Schacht jedoch freigesprochen. Auch der im Februar 1947 begonnene »Flick-Prozess« gegen den Besitzer des »größten Privatunternehmens der Eisen-, Stahl- und Rüstungsindustrie des Reiches« wegen Zwangsarbeit, Ausplünderung, Arisierung und Unterstützung der SS war nur teilweise erfolgreich. Zwar wurden Friedrich Flick, die IG-Farben-Direktoren und Krupp zu mittleren Freiheitsstrafen verurteilt, aber viele Unternehmer konnten nach ihrer Haft erheblichen Einfluss wiedergewinnen. Durch Entnazifizierung, Internierung und Anklage wurden zwar besonders belastete Industrielle zeitweilig aus dem Verkehr gezogen, jedoch im Westen fand wegen des Festhaltens am Privateigentum kein kollektiver Elitenwechsel statt, sondern die Unternehmer wurden nur gezwungen, sich langsam mit dem Verlust ihrer Vorherrschaft über weite Teile Europas abzufinden.[195]

Eine weitere Methode des ökonomischen Strukturwandels war der von den Amerikanern in der Tradition des *trust-busting* unternommene Anlauf zur Entflechtung der Großkonzerne. Die August 1945 eingesetzte interalliierte Kommission zur »Dezentralisierung der deutschen Wirtschaft« fand es schwer zu definieren, »was eine exzessive Konzentration von Macht und einen unfairen Vorteil darstellt, also allgemein, was erlaubt und was verboten sein solle«. Vor allem die Engländer hielten den sowjetischen Vorschlag der Entflechtung von Fabriken mit dreitausend Mitarbeitern und einem Jahresvolumen von 25 Millionen Reichsmark für unpraktisch und ihr Einspruch verhinderte die Verabschiedung eines gemeinsamen Kontrollratsgesetzes.[196] Trotz des Protests gegen die Zerreißung »organisch gewachsener Zusammenhänge« gelang es den Alliierten, einige der größten Unternehmen zu entflechten und dadurch den Wettbewerb zu stärken. So wurden zum Beispiel die IG Farben in Bayer, Hoechst und die BASF zerschlagen; die verfilzten Montanbetriebe in 23 unabhängige Stahlproduzenten sowie Dutzende von Kohlezechen zerlegt; und drei Großbanken in neun Konzerne umgewandelt, was aber eine partielle spätere Rekonzentration nicht verhindern konnte. Der Zigarettengigant Reemtsma zerlegte sich selbst, aber die Elektroriesen Siemens und Bosch entkamen der Entflechtung.[197]

Auch das Verbot von Kartellen, Syndikaten, Trusts und anderen Versuchen der Wettbewerbsbeschränkung war ein Versuch, die korporative Verkrustung der Wirtschaftsstrukturen aufzubrechen. Im Gegensatz zum angloamerikanischen Freihandel hatte sich von 1897 an in Deutschland eine kartellfreundliche Praxis durchgesetzt, die wirtschaftliche Absprachen als notwendige Korrekturen der Marktschwankungen und als Vorteile im internationalen Wettbewerb verstand. In den beiden Weltkriegen dienten diese Kooperationsformen innerhalb der verschiedenen Branchen als staatlich sanktionierte Organisationsformen der Kriegswirtschaft, die deswegen den Alliierten ein besonderer Dorn im Auge waren. Im Februar 1947 verbot das amerikanische Gesetz Nr. 56 daher »alle Formen von Absprachen oder gemeinschaftlichen Unternehmungen von Personen, deren Zweck oder Wirkung in der Beschränkung des Binnen- oder Welthandels oder anderer Wirtschaftstätigkeit, in der Förderung einer monopolistischen Kontrolle derselben oder in der Beschränkung des Zugangs zu Binnen- oder Weltmärkten besteht«. Dadurch wurden beispielsweise Preisabsprachen, Marktanteilvereinbarungen, Produktionskontingentierungen und Patentabmachungen untersagt, um den Wettbewerb freizusetzen.[198] Allerdings musste die Kontrollgruppe »North German Iron and Steel Control« bis in die frühen fünfziger Jahre wegen Absatzschwierigkeiten eine Neuauflage des Ruhrkohlesyndikats hinnehmen.

Die spät einsetzende Demontage der Industriebetriebe in der Bizone zielte mehr auf materielle Reparationen an die Sowjetunion und siebzehn andere Länder als auf ökonomischen Strukturwandel. Eine in langen angloamerikanischen Verhandlungen erstellte Liste vom Oktober 1947 enthielt 682 Fabriken, davon 302 Kriegsbetriebe, die teilweise schon abgerissen waren. Während Adenauer gegen die »Ausplünderung der deutschen Industrie« schimpfte, argumentierten deren Vertreter, dass eine Wiedergutmachung nur durch die Produktion geleistet werden könne: »Darum widerspricht es der wirtschaftlichen Vernunft, uns durch den Abbau von Arbeitsstätten und die Entfernung von Maschinen und Werkzeugen der Möglichkeit zur Arbeit zu berauben.«[199] Als Bagger bei betroffenen Betrieben anrückten, kam es immer wieder zu Konfrontationen mit demonstrierenden Arbeitern, die Kollaborateure verprügelten und handfesten Widerstand zu leisten versuchten, so dass Truppen einschreiten mussten. Zwar begrüßten die Franzosen den Abriss, aber gemäßigte Stimmen wie Victor Gollancz und Gustav Stolper kritisierten das Festhalten an der Demontagepolitik als dem europäischen Wiederaufbau hinderlich. Erst nach vielen Einsprüchen deutscher Politiker und zähen Auseinandersetzungen zwischen alliierten Behörden wurden die sich hinschleppenden Demontagen im Dezember 1949 beendet. Obwohl sie tiefe Ressentiments hinterließen, war ihre ökonomische Wirkung im Westen wesentlich kleiner, da sie nur um die fünf Prozent der Kapazität vernichteten.[200]

In der sowjetischen Besatzungszone ging die wirtschaftliche Umstrukturierung wesentlich radikaler vonstatten, da in der Meinung der SED das Bürgertum durch Kooperation mit dem Nazi-Regime »das Recht auf Eigentum verwirkt« hatte. Zugleich mit wesentlich höheren Reparationsabgaben an die Sowjetunion fand ein fundamentaler sozialer Umbruch der Besitzverhältnisse und der Wirtschaftsform statt, der den Frieden nicht durch Abbau von Kriegsindustrie, sondern durch Entmachtung der Großgrundbesitzer und Industriellen als soziale Klasse garantieren sollte. Schon im September 1945 fand eine rigorose Bodenreform unter der Parole »Junkerland in Bauernhand« statt, welche allen Grundbesitz über einhundert Hektar an Neubauern verteilte, vor allem an frühere Landarbeiter und Vertriebene. Aufgrund eines Plebiszits gegen »Kriegsverbrecher« und »Konzernherren« im Juni 1946 wurden in Sachsen auch alle Besitzer von Großbetrieben enteignet und die

Fabriken in Volkseigentum überstellt, also de facto verstaatlicht. Gleichzeitig wurden die ersten Ansätze einer Planwirtschaft eingeführt, um Reparationen zu sichern, den Mangel zu verwalten und den Wiederaufbau in geordnete Bahnen zu lenken. Dadurch fand in der SBZ ein viel grundlegenderer Elitewandel statt, der das Besitzbürgertum durch eine neue sozialistische Führungsschicht ersetzte.[201] Die anfangs auch im Westen geplante Bodenreform blieb dagegen in Anfängen stecken.[202]

Auch wenn Teile der Besatzungsbürokratien noch an der Schwächung Deutschlands arbeiteten, wurde dieses ursprüngliche Ziel durch die Ost-West-Spannungen langsam vom Systemwettbewerb zwischen den verschiedenen Wirtschaftsordnungen überlagert. Schon das Aufgreifen der militärischen Forscher bei der Besetzung und ihre Verlagerung in die USA oder die Sowjetunion, wo sie wesentlich zur Entwicklung der Rüstungstechnik beitrugen, war ein Anzeichen, dass die Siegermächte einander nicht wirklich trauten.[203] Auch die scharfe Pressepolemik der SED gegen die Halbherzigkeit von Entkartellierung und Entflechtung in den Westzonen sowie die entgegengesetzten Warnungen vor »demokratischem Schein und diktatorischem Sein« der Zwangsenteignungen im Osten deutete auf die Erosion der gemeinsamen Agenda hin.[204] Obwohl sie gleichermaßen die wirtschaftliche Entwaffnung des besiegten Gegners avisierten, waren die verschiedenen Strategien eines radikalen antikapitalistischen Umbruchs und einer begrenzteren Korrektur innerhalb des Kapitalismus, die das jeweilige eigene System widerspiegelten, letztlich inkompatibel. Der Kalte Krieg machte die Bestätigung der eigenen Ordnung und die Nutzung des deutschen Wirtschaftspotentials zu einer wichtigeren Aufgabe.

Während des ersten halben Nachkriegsjahrzehnts verlagerte sich die Priorität daher langsam von der Entmachtung auf die Wiederbelebung einer veränderten Wirtschaft im jeweiligen Machtbereich. Zwar wurde die nationalsozialistische Kriegsindustrie trotz teilweisen Weiterarbeitens für die Besatzungsmächte zerschlagen und sogar Flugzeuge und Schiffe konnten nicht mehr gebaut werden. Aber vor allen im Westen änderte sich die Richtung von einer deutlichen Reduzierung des Lebensstandards mit der Rede von Außenminister James F. Byrnes, der Gründung der Bizone und der Einbeziehung in den Marshall-Plan grundlegend in Richtung Wiederaufbau. Der zweite deutsche Industrieplan der drei Westmächte vom August 1947 mit einer deutlich auf 10,7 Millionen Tonnen erhöhten Stahlquote und angehobener Kohleförderung sollte zur Ankurbelung des Exports dienen, signalisierte also einen Sinneswandel hin zu einer Wiederbelebung des ökonomischen Potentials für friedliche Zwecke.[205] Auch dadurch wurde die Sowjetunion gezwungen, die direkten Entnahmen aus der ostdeutschen Wirtschaft zu beenden und die weitere Ausbeutung der Zone durch die Gründung von gemischten Aktiengesellschaften (SAGs) zu bemänteln. Dieser Kurswechsel zur ökonomischen Wiederbelebung fand allerdings in grundlegend veränderten Rahmenbedingungen einer ideologischen Systemkonkurrenz statt.

Rückkehr zum Markt

Angesichts des erschreckenden Ausmaßes der Zerstörungen schien jede Hoffnung auf baldigen Wiederaufbau im Sommer 1945 optimistisch und realitätsfern. Dennoch hatten schon während des Krieges Fachleute in der Industrie, der Verwaltung und den Universitäten versucht, sich aus Hitlers Untergangsphantasien zu befreien und für die Zeit nach der Niederlage Vorsorge zu treffen. Bei diesen oft heimlich geführten Diskussionen wurden die Erfahrungen aus der Inflation, der Weltwirtschaftskrise und mit der Kriegswirtschaft jedoch unterschiedlich verarbeitet: Auch bürgerliche Antifaschisten forderten wie der Sozialdemokrat Viktor Agartz eine Sozialisierung der führenden Großbetriebe, um damit gleichzeitig die autoritären Industriellen zu entmachten. Dagegen setzte eine kleine Minderheit der sogenannten Ordoliberalen um Walter Eucken in den Universitäten auf die Freisetzung der Kräfte des Markts, um durch Aufhebung der Restriktionen eine neue Dynamik in Gang zu bringen. Ohne viel Schuldbewusstsein war die Mehrheit der Vertreter der Wirtschaft bereit, in ihren gewohnten Kartellen weiter zu arbeiten. Nur ganz wenige Außenseiter wie Wilhelm Röpke begriffen die Niederlage als Chance für einen echten wirtschaftlich-sozialen Neubeginn jenseits des Kollektivismus.[206]

Zur Sicherung des Überlebens setzten die rekonstituierten lokalen Verwaltungen in Zusammenarbeit mit den Besatzungsmächten eine Art von Zwangswirtschaft fort. In Städten wie Bremen hatte der Zusammenbruch die Aufgaben zur Befriedigung menschlicher Grundbedürfnisse vereinfacht. »Die Ruinen ringsum [sind] traurig. Die Schutthaufen auf den Straßen mussten die Anwohner beseitigen.« Dann sollten die Stadtwerke repariert werden, um die Versorgung mit Strom, Wasser und Gas zeitweise wiederherzustellen. »Die Häuser sind nahezu fensterlos; entweder haben sie offene Löcher oder mit Brettern vernagelte Fensteröffnungen.« Um heimatlose Massen zu beherbergen, mussten die Trümmer irgendwie bewohnbar gemacht werden. »Läden sind so gut wie gar nicht vorhanden; einige Bäckerläden mit langen Menschenschlangen, sonst ist nichts zu kaufen.« Da die Vorräte aufgebraucht waren, mussten neue Nahrungsmittel organisiert werden. »Die Kontore zeigen meistens noch keinen Betrieb; in den Fabriken wird höchstens Aufräumarbeit geleistet.« Also musste auch Arbeit beschafft werden. Viele fragten sich deshalb: »Hat dieses Restleben überhaupt noch einen Sinn?«[207]

Die Einzelnen sahen sich plötzlich in eine Situation geworfen, in der »Wolfsgesetze« herrschten und alle Regeln außer dem Kampf ums Überleben nichts mehr zu gelten schienen. Zunächst war es wichtig, überhaupt ein Dach über dem Kopf zu haben, irgendwo eine Zuzugsgenehmigung zu bekommen, um so aus dem Strom der Wanderungen auszuscheren und eine Bleibe zu erhalten. Die nicht zerstörten Gebäude mussten behelfsmäßig bewohnbar gemacht werden, indem Dächer repariert und neue Fensterscheiben eingesetzt wurden. Wegen alliierter Einquartierungen und der Zuweisung von Flüchtlingen war es »ein Leben auf engstem Raume mit vielen Unzuträglichkeiten. Mein Bett musste ich mit meinem Bruder teilen«, erinnerte sich ein damaliger Jugendlicher später. »Die Kontrolleure des Wohnungsamts kontrollierten dauernd und wollten Wohnraum beschlagnahmen, um die vielen obdachlosen Menschen unterzubringen.« Da die Kohleförderung stockte, »war besonders Brennmaterial sehr begehrt«, so dass viele Bäume gefällt und von fahrenden Güterzügen Kohlen geklaut wurden. »Noch nie hat mich die Kälte so gepeinigt« wie in den beiden ersten Nachkriegswintern. Die Zeitungen meldeten immer wieder, dass viele unterernährte »Menschen... in der Nacht in ihren Betten erfroren« waren.[208]

Ebenso notwendig war die Beschaffung von Nahrung, da die Lebensmittelversorgung infolge des beschädigten Transportsystems und des administrativen Chaos zusammenbrach. »Die Versorgungslage wurde immer katastrophaler. Es gab fast nichts mehr an Lebensmitteln zu kaufen. Die Rationen wurden ständig heruntergesetzt. Langes Schlangestehen gehörte zum Alltag.« Da Not erfinderisch machte, besannen sich viele Familien auf die »bäuerliche Tradition« und versuchten sich durch Herstellung von Butter und Einmachen von Obst selbst zu helfen. »Jeder Quadratmater des eigenen Gartens wurde genutzt. Selbst Tabak wurde angepflanzt, getrocknet und fermentiert.« Eine andere Strategie waren Hamsterfahrten aufs Land, um Familiensilber, Teppiche und Ölgemälde für Kartoffeln und Eier zu tauschen. Aufgrund des Mangels hatten auch Ersatzstoffe Konjunktur. »Es gab Maisbrot, gelb und klebrig, und das unvergessliche Heißgetränk«, den Malzkaffee. »Die hohlen Wangen wurden zum Markenzeichen der Deutschen. Es gab keine Bäuche mehr. Die Deutschen waren am Ende und der Steinzeit nahe.« Nur Schulspeisungen der amerikanischen Quäker und CARE-Pakete halfen zeitweilig die größte Not zu überbrücken.[209]

Da wenig reguläre Arbeit vorhanden war, dienten die eigenen Anstrengungen vor allem der Sicherung von solchen Grundbedürfnissen. Zwar gab es einen riesigen Bedarf an Aufräum-, Reparatur- und Ingangsetzungsarbeiten, aber geregelte Beschäftigungen wurden mit wertlosem Geld bezahlt, so dass sie sich kaum mehr lohnten. Dagegen florierten Aushilfetätigkeiten, die mit Naturalien entgolten wurden. Daher verlagerte sich ein erheblicher Teil der wirtschaftlichen Aktivitäten auf den Schwarzmarkt, auf dem man sich durch überhöhte Preise oder Zigaretten Waren beschaffen konnte, die sonst nicht zu finden waren. Die begehrten *cigarettes* oder der *coffee* kamen vor allem aus den alliierten Geschäften, in denen Soldaten einkauften, aber Teile ihrer Versorgung durch einen »regen Handel« für Souvenirs wie Briefmarken an die deutsche Bevölkerung weitergaben. »Für eine Leica gab es eine Schweinehälfte«, beschrieb ein junger Schwarzmarkthändler die Lage. »Nahezu jeder stahl und verschob das Gestohlene in aller Öffentlichkeit. Nur wer sich bewegte, konnte in dieser schrecklichen Zeit überleben.«[210] Solche tausendfach wiederholten Erfahrungen mit dem Rückfall in primitive Tauschwirtschaft wiesen auf die Chancen wie Gefahren eines unregulierten Markts hin.

Trotzdem waren die wirtschaftlichen Startbedingungen nicht ganz so schlimm, wie sie den meisten Zeitgenossen erschienen, denn ein Großteil der Industrie hatte die Bombardierung besser überlebt als die Wohnungen. Zunächst hatte die Expansion der Kriegswirtschaft viele neue Kapazitäten geschaffen, die nach Rekonversion auch zu Friedenszwecken genutzt werden konnten. Ebenso waren die Betriebe nach den Angriffen immer wieder repariert worden, so dass auf den zerbombten Fabrikgeländen noch erstaunlich viele funktionsfähige Maschinen standen. Auch waren die technischen Fähigkeiten der Ingenieure, das kaufmännische Wissen der Geschäftsleitung und vor allem die Arbeitskraft der aus der Gefangenschaft heimgekehrten Soldaten weiterhin verfügbar, solange überhaupt Rohmaterial vorhanden war. Einige der sozialen Probleme wie die große Anzahl von Flüchtlingen und Vertriebenen boten neben all dem Leid, das sie zweifellos mit sich brachten, auch langfristige Chancen, da sie Arbeitswillen wie technische Fähigkeiten einbringen konnten. Schließlich halfen die Besatzungsmächte auch immer wieder mit dem Import eigener Lebensmittel, um die Grundversorgung der Bevölkerung sicherzustellen.[211]

Die enormen Anfangsschwierigkeiten konnten nur durch gemeinsame Anstrengungen überwunden werden, damit ein rudimentärer wirtschaftlicher Kreislauf wieder in Gang kam. Allein die Enttrümmerung der 13,5 Millionen Kubikmeter Schutt in der 79 Prozent zerstörten Innenstadt von Köln war eine jahrelange Arbeit, von der notdürftigen Wiederherstellung der Kanalisation, der Rheinbrücken und des Hauptbahnhofs ganz zu schweigen. Die Aufräumarbeiten in den zerstörten Betrieben waren schwierig genug, aber »die Hauptprobleme ergaben sich erst bei der Aufnahme der eigentlichen Produktion«, da der Nachschub an Rohmaterial stockte und die Energieversorgung unzuverlässig blieb. Immer wieder behinderten Engpässe den Aufschwung, denn wenn genug Kohle gefördert wurde, gab es »aber keine Waggons«, so dass die Vorräte weder Fabriken noch Haushalte erreichen konnten. Ein besonderes Problem war die Nahrungsmittelversorgung, denn die eigene Produktion reichte nicht für die durch Flüchtlinge angewachsene Bevölkerung und die Mangelverteilung durch Rationierung schuf viele Ungerechtigkeiten. Trotz harter Arbeit konnte im Jahre 1946 noch nicht einmal die niedrige Begrenzung der Industrieproduktion auf 50 bis 55 Prozent des Vorkriegsniveaus erreicht werden.[212]

Der Hungerwinter von 1946/47 machte deutlich, dass die Wirtschaft in einem »tödlichen Kreislauf« gefangen blieb, in der trotz positiver Ansätze die Verkettung von Hemmnissen eine wirkliche Erholung verhinderte. »Alle Pläne und Maßnahmen scheiterten daran, dass es nicht gelang, den Bergbau zu beleben, mehr Kohle zu fördern, und damit mehr Stahl, Dünger, mehr Wirtschaftsartikel und mehr Exportgüter zu erzeugen.« Teilweise waren die Alliierten selbst daran Schuld, denn die Verhaftungen von Industriellen, die Fortsetzung der Demontagen, die Restriktionen der Produktion, die Bürokratisierung der Exportgenehmigungen und die Verknappung des Dollarumtauschs waren einem Aufschwung nicht gerade förderlich. Auch der Kompetenzwirrwarr einer unter Entnazifizierungsdruck stehenden deutschen Verwaltung, die durch Repolitisierung ideologisch gespalten war, half der Wiederbelebung nicht sonderlich. Das Einfrieren der Warenpreise auf dem Niveau von 1944 konnte nicht eine weitere schleichende Geldentwertung verhindern, die die Wirtschaft zu nichtmonetären Kompensationsgeschäften trieb und den privaten Kaufkraftüberhang in den Schwarzmarkt statt in die Stärkung der regulären Nachfrage umleitete.[213]

Schließlich löste die Krise der Zwangswirtschaft einen grundlegenden Kurswechsel von alliierter Lenkung zur Wiederherstellung eines freien Markts aus. Der Fehlschlag des Kohleprogramms vom Frühjahr 1947, das durch die an der Labour Party orientierten englischen wie die New-Deal-geprägten amerikanischen Berater ausgearbeitet wurde, regte den US-Wirtschaftskreisen nahestehenden Militärgouverneur Lucius Clay zum Übergang zu einer auf »möglichst baldige Errichtung einer sich selbst erhaltenden deutschen Wirtschaft abzielenden« Politik an. Am 25. Juni 1947 bot die Einrichtung eines bizonalen Wirtschaftsrats in Frankfurt deutschen Politikern »eine historische Chance«, die überregionale Gesundung der eigenen Wirtschaft aktiver mitzubestimmen. Ein weiterer Schritt zur »Überwindung der Not« war die Einbeziehung der Westzonen in den Marshall-Plan, da das European Recovery Program die Wiederbelebung der Wirtschaft in einen breiteren europäischen Rahmen stellte und auch den Deutschen Kredite als Starthilfe in Aussicht stellte. Den letzten Anstoß gab die Entlassung von Johannes Semler als Direktor des bizonalen Wirtschaftsamts, aufgrund seiner Kritik an der verfehlten alliierten Preispolitik im Januar 1948, denn sie öffnete dem bis dahin unbekannten Ludwig Erhard die Tür.[214]

Die erste Pressekonferenz des Wirtschaftsprofessors aus Franken im April 1948 kündigte nichts weniger als »einen Kurswechsel in der Wirtschaftspolitik an, der auf eine Förderung der Verbraucherindustrie hinziele. Eine Erhöhung der Produktion von Konsumgütern sei unerlässlich, da man den Menschen ein Äquivalent für ihre Arbeit bieten müsse«. Obwohl kein dogmatischer Neo-Liberaler war Erhard durch die schlechten Erfahrungen mit der NS-Kriegswirtschaft zu einem Vertreter der freien Marktwirtschaft geworden, der auch in dem Chaos der Nachkriegszeit mehr auf individuelle »Tatkraft und persönliche Initiative«, also auf »freien Wettbewerb als Ansporn und Maßstab der Leistung«, als auf behördlichen Zwang setzte. Allerdings erkannte er ebenso die Schlüsselrolle des Staates bei der Schaffung von Wettbewerbsvoraussetzungen wie einem freien Markt und freier Preise an. Aber es war eine ungewöhnliche Einsicht »dass unsere Wirtschaft einen grundsätzlichen strukturellen Umbau erfahren muss«, die ihn das Risiko einer Befreiung der »Marktwirtschaft mit freier Preisbildung« von der »staatlichen Befehlswirtschaft mit regulativem Eingriff« befürworten ließ.[215]

Die Notwendigkeit einer Währungsreform war wegen der von der NS-Aufrüstung verursachten Inflation lange diskutiert und nur durch interalliierte Dispute verzögert worden. Obwohl bei der Vorbereitung der Geldentwertung in den Westzonen die Befürworter der Marktwirtschaft, wie Alfred Müller-Armack, mit Vertretern staatlicher Lenkung, wie Günter Keiser, zusammenstießen, schlug der Wirtschaftsbeirat dennoch einen Kompromiss vor. Liberal waren Empfehlungen wie die Wiedereinführung des Preismechanismus und die Aufhebung von Kontrollen über Produktion, Rohmaterial und Außenhandel. Löhne sollten aufgrund von Verträgen ausgehandelt und der Machtmissbrauch von Monopolen verhindert werden.

Sozial waren dagegen die Vorschläge, die Rationierung von Nahrungsmitteln und die Preiskontrolle der Mieten beizubehalten, Kapitalabfluss zu verhindern und die Wirtschaft gegenzyklisch zu steuern. In einer kämpferischen Rede begründete Erhard am 21. Juni die Freigabe von Gebrauchsgütern als eine Art von Initialzündung, um den Starrkrampf der Wirtschaft zu lösen. Trotz der damit verbundenen Abwertung von eins zu zehn begrüßte die *Rheinische Post* die Einführung der neuen D-Mark mit der Schlagzeile: »Für ehrliche Arbeit wieder ehrliches Geld!«[216]

Auch wenn die neue Währung aus »häßlichen blauen, in den USA gedruckten Scheinen« bestand, bedeutete ihre Ausgabe einen tiefen Einschnitt in Millionen von Menschenleben, dessen magische Kraft sie noch jahrzehntelang in Erinnerung behielten. Als der Student Hans Herzog im Radio Erhards Ankündigung der Abschaffung von Lebensmittelkarten und des Bezugsscheinsystems für Gebrauchsgegenstände hörte, dachte er, das ist »ein Phantast, schließlich gab es die strenge Bewirtschaftung noch bei den europäischen Siegerstaaten… Sollte er gar im Recht sein? Nein und nimmer, ganz ausgeschlossen und doch, es begann über Nacht Sensationelles.« Millionenfach wiederholte sich dieselbe Erfahrung: »Die bis dahin völlig verödeten Schaufenster blühten auf. Vom Metzger über Bäcker, Lebensmittelhändler bis zum Bettengeschäft, man konnte kaufen und die noch immer gültigen Kartenabschnitte wurden bald nicht mehr verlangt.« Der Schwarzmarkt brach zusammen, weil sich das Angebot vergrößerte und niemand sich von den neuen D-Mark-Scheinen trennen wollte. »Fast ein jeder war arm, viele sehr arm, aber ab sofort musste keiner mehr hungern. Das war ein riesiger Fortschritt.« Vor den staunenden Augen der Bevölkerung hatte die partielle Entfesselung des Marktes ein Wunder bewirkt, das Optimismus zurückbrachte und Energien freisetzte.[217]

Das »Schaufensterwunder« signalisierte den Anfang einer wirtschaftlichen Wiederbelebung, die durch den neuen Wert des Geldes und die schrittweise Aufhebung von Kontrollen in Gang kam. Für die Menschen bedeutete der Verlust der Ersparnisse, dass »jeder von heute auf morgen die Ärmel hochkrempeln« musste, um »Geld [zu] verdienen an einem sicheren Arbeitsplatz«. Jetzt »wo das Geld wieder Kaufkraft hatte«, lohnte es sich, in geordnete Arbeitsverhältnisse zurückzukehren, den Wiederaufbau energisch anzupacken und langfristig zu planen.[218] In der Wirtschaft half die neue Währung den negativen Kreislauf durch Wiederbelebung der Konsumnachfrage zu durchbrechen, denn nun lohnte sich die Produktion von Gebrauchsgegenständen wieder, da man Geld mit wirklicher Kaufkraft verdienen konnte. Zweifellos brachte die Umstellung eine Reihe von Schwierigkeiten mit sich, da die freigesetzten Preise anfangs anstiegen, die Arbeitslosigkeit sich vergrößerte und die »bisherige Solidarität... plötzlich einen Riss« bekam. »Aber trotzdem gab es schon wieder viele Dinge, die wir vorher entbehrt hatten und die wir dringend benötigten.«[219] Besser als jede Propaganda zeigte dieser Anschauungsunterricht die Motivationskraft des Preismechanismus und Marktwettbewerbs.

Die anschließende Währungsreform in der SBZ hatte eine wesentlich geringere Wirkung, da sie das Volkseinkommen systematisch begünstigte. Einerseits deutete das sowjetische Vorbild der stalinistischen Fünfjahrespläne zur Industrialisierung in die Richtung einer straffen staatlichen Wirtschaftslenkung. Andererseits verstand sich die SED als »Partei des Neuaufbaus der deutschen Wirtschaft« durch die Enteignung der Großgrundbesitzer und Industriellen, die als »Kriegsverbrecher und Kriegsinteressenten« gebrandmarkt wurden. Um das »Wirtschafts-Chaos« der Nachkriegszeit zu überwinden, setzte sie auf die Strategie »Enteignung statt ›Entflechtung‹« wie auf eine »bessere zentrale Koordinierung der Planungsarbeit und der Kontrolle«. Zur Koordination der divergierenden Maßnahmen der Länder wurde im Juni 1947 eine Deutsche Wirtschaftskommission (DWK) geschaffen, die Rahmenplanziele für die gesamte Volkswirtschaft ausarbeitete. Statt auf die Kräfte des Markts zu vertrauen, baute die SED auf »eine umfassende Planung der Wirtschaft, um alle Kräfte sinnvoll einzusetzen, nichts zu vergeuden und jeden Rohstoff, jedes Fertigprodukt dahin zu lenken, wo es am dringendsten gebraucht und am sinnvollsten verwendet wird«.[220]

Die Folgen dieser ideologischen Grundentscheidung für die Planwirtschaft waren fatal. Zwar wuchs im Osten unter den schwierigen Startbedingungen höherer Reparationslieferungen bis 1948 die Wirtschaft schneller, aber der weitere Aufbau vollzog sich langsamer und blieb auf einem niedrigeren Niveau. Nach Etablierung der DWK konnten die volkseigenen Betriebe nicht mehr selbständig handeln, sondern mussten auf Anweisungen warten, die durch die Hauptverwaltungen für Industrien und die Vereinigungen der VEBs gefiltert waren. Statt auf die Produktion von Konsumgütern setzte der erste Zweijahresplan vor allem auf den Ausbau der Stahlindustrie und Kohleförderung, also auf Grundstoffindustrien. Das Resultat war eine Verwaltung des Mangels, die sogar von der Partei zugegeben wurde (»niemand behauptet, dass diese Rationssätze ausreichend sind«), um zu größeren Anstrengungen in der Lebensmittelproduktion aufzurufen. Zur Kanalisierung des Unmuts veröffentlichte die Parteizeitung endlose Aufsätze über die Hungersnot im Westen, die Wiederkehr der NS-Bosse, die Halbherzigkeit der Veränderungen in der Industriestruktur.[221] Trotz aller Kampagnen wurde es in den frühen fünfziger Jahren immer deutlicher, dass das Sozialexperiment der Planwirtschaft hinter dem Markt zurückblieb.

Dagegen verlief auch aufgrund dieses abschreckenden Beispiels die anfangs starke Bewegung zur Sozialisierung der Industrie in den Westzonen schließlich im Sande. Wegen der Kollaboration der Unternehmer mit den Nazis forderten Gewerkschaftsführer die sofortige Einführung von »Planwirtschaft, Sozialisierung, Mitbestimmung«; die SPD hielt »die Grundstoffindustrie besonders geeignet für eine Übernahme durch die öffentliche Hand«; und sogar die CDU befürwortete im Ahlener Programm die »Vergesellschaftung der Bergwerke« im Sinne einer Gemeinwirtschaft.[222] In einigen Bundesländern wie Berlin forderten daher gemeinsame SPD- und KPD-Initiativen die Aufnahme von Sozialisierungsbestimmungen in die Verfassung, die in Hessen sogar in der Landtagswahl vom Dezember 1946 mit Zwei-Drittel-Mehrheit gebilligt wurden. Die Engländer, denen das Ruhrgebiet unterstand, waren anfangs willens, »eine sozialisierte Wirtschaft in Deutschland zu fördern«, aber der eher neo-liberale US-Militärgouverneur Clay verzögerte die Umsetzung. Aufgrund des Widerstands Konrad Adenauers und der Unternehmerverbände stimmte der nordrhein-westfälische Landtag im März 1947 gegen einen Volksentscheid zur »Enteignung der Ruhrzechen«. Obwohl sich die Sozialisierungsbefürworter nicht geschlagen gaben, konnten sie nur die Montanmitbestimmung durchsetzen.[223]

Zum offenen Ausbruch kam der Konflikt zwischen beiden Wirtschaftsstrategien im Juni 1948 in Berlin, als sich der Senat für die Einführung beider neuer Währungen in der geteilten Stadt entschied. Die Antwort von Marschall Wassilij Sokolowskij auf die westliche Währungsreform war die Blockade der Zufahrtswege, um dadurch die wirtschaftliche Einheit des Westteils mit der SBZ zu erzwingen. Die riskante amerikanische Entscheidung für die Versorgung der Westsektoren durch eine Luftbrücke und die Bilder der im Minutentakt anfliegenden Rosinenbomber waren »nur die materiellen Formen eines geistigen und politischen Kampfes, in dem jeder Berliner leidenschaftliche Partei ergreift«.[224] Auch wenn nicht alle Zulieferungen aus dem Osten gekappt wurden, fungierten die Lebensbedingungen der beiden Stadthälften als konkurrierende Angebote, die für die Alternative von Marktwirtschaft und Planwirtschaft standen, zwischen denen sich die Leute entscheiden mussten. Auf der einen Seite waren »die leeren oder mit minderwertigen Waren gefüllten Schaufenster in Ostberlin«, auf der anderen Seite konnte man in den Westberliner Auslagen »jetzt viele Haushaltsgegenstände sehen, die es seit Jahren nicht mehr gab«. Das Fiasko der Ostwährung im freien Wettbewerb mit der D-Mark führte bei den Stadtverordnetenwahlen im Westsektor zum Sieg der SPD mit 64 Prozent und der CDU mit 19,4 Prozent der Stimmen, einem eindeutigen Votum für den Markt.[225]

Obwohl die Planwirtschaft eine radikalere Antwort auf die NS-Wirtschaftsverbrechen zu sein schien, setzte sich mit der Marktwirtschaft eine behutsamere Korrektur der Industriestruktur durch. Die vielgepriesene Bodenreform und die industriellen Enteignungen im Osten dienten letztlich nur der Machterhaltung einer Minderheitsdiktatur und erwiesen sich als weniger produktiv und zukunftsfähig. Die weniger rigorose Antwort einer Entflechtung und Dekartellierung, die von der US-Militärregierung und einer Minderheit der liberalen Fachleute in Deutschland gegen die Mehrheit der Bevölkerung mit der Währungsreform verwirklicht wurde, zeigte sich in ihrer ökonomischen Leistung schon kurzfristig eindeutig überlegen. Ein Jahr nach dem Sturz ins kalte Wasser des Wettbewerbs schien »die Wunderwirkung der DM« schon fast selbstverständlich geworden zu sein, denn eine geradezu »sprunghafte Aufwärtsentwicklung« in der Produktivität setzte ein, die den Lebensstandard wieder auf

85 Prozent des Vorkriegsniveaus heranführte. Zweifellos spielten die reichlichen Dollarhilfen, Erhards sektoral deflationistische Preispolitik und die soziale Abfederung durch das erste Lastenausgleichsgesetz eine wichtige Rolle.[226] Aber die Bevölkerung machte nicht ganz zu Unrecht das Grundprinzip der freien Selbstbetätigung im Gegensatz zum kollektivistischen Zwang für den Erfolg verantwortlich.

Dynamiken sozialer Marktwirtschaft

Durch ihre spektakuläre Leistung ist die soziale Marktwirtschaft zu einem Grundbestandteil der politischen Kultur der Bundesrepublik geworden, so dass sogar frühere Kritiker wie die SPD und die Grünen Frieden mit ihren Grundprinzipien geschlossen haben. Auch der Beitritt der neuen Bundesländer im Jahre 1990 hat diese wirtschaftliche Ordnung noch einmal bestätigt, obwohl sie mit den Folgen der Vereinigung immer noch nicht fertig geworden ist. Dieser erstaunliche Konsens unterschlägt jedoch die erheblichen Schwierigkeiten ihrer Durchsetzung bei den vom Schwarzmarkt verunsicherten Konsumenten, der an Absprachen gewöhnten Industrie und den auf Sozialisierung hoffenden Gewerkschaften. Gleichzeitig minimiert die Erfolgsformel das Spannungsverhältnis der widerstreitenden marktliberalen und sozialstaatlichen Prinzipien, so dass die sich mit der Zeit erheblich verändernde Mischung der Komponenten weitgehend in Vergessenheit geraten ist, denn die Kompromissformel verdeckt die Konflikte der Implementierung weitgehend.[227] Wie hat sich die soziale Marktwirtschaft im Kontrast zur marxistischen Planwirtschaft entwickelt und mit welchen zentralen Problemen hatte sie fertig zu werden?

Der Kompromiss einer wettbewerbsorientierten, aber gleichzeitig sozialverträglichen Wirtschaftsform musste zunächst einmal ein skeptisches Publikum für sich gewinnen. Erst im Juli 1949 wurde in den »Düsseldorfer Leitsätzen« der neue Begriff »soziale Marktwirtschaft« als CDU-Plattform festgeschrieben: »Unter dieser versteht die CDU eine sozialgebundene Verfassung der gewerblichen Wirtschaft, die die Leistung freier und tüchtiger Menschen ordnet und ein

Höchstmaß an wirtschaftlichem Nutzen und sozialer Gerechtigkeit erbringt.«[228] Gegen sozialdemokratische Versuche des Festhaltens an Bewirtschaftung verteidigte Erhard in zahlreichen Reden das Risiko des Wettbewerbs: »Die Forderung nach demokratischer Freiheit wird so lange leeres Gerede bleiben, als nicht die menschlichen Grundrechte der freien Berufs- und Konsumwahl als unantastbares und unveräußerliches Gut anerkannt sind.« Dennoch brauche der Markt auch staatliche Ordnung: »Diese Freiheit bedeutet nicht Freibeutertum, und sie bedeutet nicht Verantwortungslosigkeit, sondern sie bedeutet immer verpflichtende Hingabe an das Ganze.« Als erfahrener Werbefachmann benutzte Erhard sogar Reklamemethoden wie eine Karikaturserie mit einem Dackel, um für die Marktwirtschaft als überlegene und ethische Wirtschaftsform zu werben.[229]

Auch gegen die Schwerindustrie, die sich an Marktabsprachen gewöhnt hatte, musste Erhard den freien Wettbewerb mit Hilfe der Kartellpolitik durchsetzen. Bis 1930 hatten sich etwa dreitausend Kartelle gebildet, um Preise zu binden oder Märkte aufzuteilen, so dass die NS-Kriegswirtschaft auf solchen Zusammenschlüssen aufbauen konnte. Statt das amerikanische Verbot aufzuheben, argumentierte Erhard immer wieder »dass alle Marktabreden, insbesondere auf dem Felde der Preise, in letzter Konsequenz eine irgendwie geartete Beschränkung der Wettbewerbsfreiheit zum Ziele haben« und dadurch der Wirtschaft schadeten. Gegen den massiven Widerstand des BDI-Vorsitzenden Fritz Berg bestand Erhard auf dem Schutz des freien Wettbewerbs durch ein deutsches Kartellgesetz, das er für den »zentralen Inhalt« der Marktwirtschaft, das heißt der wirtschaftlichen Freiheit hielt.[230] Wegen zahlreicher parlamentarischer Widerstände zog sich die Verabschiedung des Gesetzes in die Länge, aber durch Konzedierung von einigen Ausnahmen brachte Erhard das Kartellverbot und die Einrichtung eines Kartellamts 1957 durch den Bundestag. Zusammen mit der Rückkehr zum Welthandel durch die schrittweise Freisetzung der Konvertibilität der D-Mark wurde das abgeschwächte Kartellgesetz ein Pfeiler der Wirtschaftsliberalisierung.[231]

War der »soziale« Teil der sozialen Marktwirtschaft je mehr als ein Feigenblatt für die Einführung des Neoliberalismus? Auch gegen linke Kritiker bestand Erhard darauf, dass »der Wettbewerb in wesentlichen Bereichen unserer Wirtschaft eine segensreiche Wirkung in Richtung einer Verbesserung des Lebensstandards unseres Volkes getan hat«. Es waren daher die Sozialpolitiker in der CDU aus moralischen Motiven und Bundeskanzler Adenauer aus Gründen des Machterhalts, die auf einer Komplettierung des Wettbewerbs durch sichtbare Sozialmaßnahmen bestanden. So war die gesamte Gesetzgebung des Lastenausgleichs eine unumgängliche Befriedungsmaßnahme, die die Kriegsfolgen für die besonders betroffenen Teile der Bevölkerung durch Umverteilung von den Verschonten erträglicher machte. Auch der in den fünfziger Jahren staatlich subventionierte Soziale Wohnungsbau war ein notwendiger Schritt zur Behebung einer elementaren gesellschaftlichen Not. Schließlich war auch die Rentendynamisierung von 1957 ein Versuch, die erhebliche Zahl von Pensionären an dem wachsenden Wohlstand teilhaben zu lassen. Einerseits machten die Erfolge von Erhards Liberalisierung dafür die notwendigen Geldmittel verfügbar, andererseits erhöhte die Sozialpolitik aber auch die Kaufkraft und stützte dadurch den Aufschwung.[232]

Für den einzelnen Geschäftsmann bedeutete die Freisetzung des Wettbewerbs von Restriktionen gleichzeitig enorme Chancen wie Risiken. Einerseits ermöglichte zum Beispiel die Aufhebung des Lizenzzwangs und der Papierkontingentierung im Verlagswesen wieder ein geregeltes Wirtschaften, so dass der Buchhandel wieder aufblühte. »Das Geschäft zog nach der Währungsreform zudem stark an und die Firma hatte gut zu tun.« Die Verbesserung des Geschäftsklimas machte Neueinstellungen von qualifizierten Absolventen notwendig, gab den überlebenden jungen Männern Aufstiegschancen innerhalb der Betriebe und erlaubte es ihnen, endlich Familien zu gründen.[233] Andererseits vergrößerte die Verschärfung der Konkurrenz bei ungenügender Kapitaldecke die Unsicherheit, so dass beim Aufkommen von neuen Produkten und sich ändernden Konsumbedürfnissen wie in der fränkischen Pelzindustrie, der Fabrikation von Hüten und dem Wollhandel Pleiten, Konkurse und Vergleiche an der Tagesordnung waren. Trotzdem kamen viele traditionelle Großfirmen wie der Krupp-Konzern nach dem Vergleich von 1953 langsam wieder auf die Beine, die Produktion begann zu boomen, die Belegschaft wuchs an und der Optimismus kehrte zurück.[234]

Nach Überwindung der Anfangsschwierigkeiten erlebte die Wirtschaft als Ganzes in den fünfziger Jahren ein unvergleichliches Wachstum, das sich in den Erfolgsmeldungen der Statistik spiegelte. So stieg zum Beispiel die Industrieproduktion von 57 Prozent auf 174 Prozent (1950 = 100) zwischen dem zweiten Quartal von 1948 und dem vierten Quartal von 1953, also mehr als dreifach innerhalb von fünf Jahren! Im gleichen Zeitraum wuchs auch die Zahl der Beschäftigten, die anfangs um 13,5 Millionen stagniert hatte, auf etwa 16 Millionen, so dass die Erwerbslosigkeit, die im ersten Quartal von 1950 noch 12,2 Prozent betrug, auf etwa die Hälfte zurückging. In diesem halben Jahrzehnt verteuerten sich die Lebenshaltungskosten nur um etwa zehn Prozent, während die Löhne etwa um 51 Prozent anstiegen, die reale Kaufkraft daher um zwei Fünftel wuchs. Der eben dem Hunger und der Kälte entronnenen Bevölkerung machte es Spaß, in den Zeitungen von immer wieder neuen Rekorden zu lesen, denn der Aufschwung war im eigenen Portemonnaie spürbar. Auch wenn ein guter Teil aus dem Aufholen der Konsumversäumnisse des Kriegs und der Niederlage bestand, so wuchs die westdeutsche Wirtschaft um erstaunliche 8,2 Prozent jährlich, eine Expansionsrate, die nie wieder erreicht wurde.[235]

Ursache dieses bald »Wirtschaftswunder« genannten Wachstums war eine einmalige Faktorenkonstellation der Nachkriegszeit, die durch Erhards Wirtschaftspolitik nicht hervorgebracht, deren Nutzung aber von ihr begünstigt wurde. Ein wichtiger Grund war die Verfügbarkeit von genügend Arbeitskräften, die bereit waren, hart zu schuften, ohne sich zu beklagen. »Für den Spaß nach Feierabend blieb wenig Zeit übrig.« Die jährliche Steigerung der Arbeitsproduktivität von 7,3 Prozent resultierte zwar auch aus dem Einsatz von Maschinen, beruhte aber bei einer 48-Stundenwoche in erheblichem Maße auf Selbstausbeutung.[236] Eine weitere Ursache war die schnelle Kapitalbildung der Unternehmen durch Steuerverzicht des Staates (die Bruttoersparnis wuchs zwischen 1948 und 1953 von 8,8 auf 35,4 Mrd. DM), die zum größten Teil in die Entwicklung der Betriebe reinvestiert wurde. Ein letzter Grund war die konsequente Freihandelspolitik, die den Anschluss an den Weltmarkt suchte und den Aufbau des europäischen Binnenmarktes in der EG unterstützte. Die ERP-Kredite des Marshall-Plans halfen vor allem dem Bergbau wie der Energieversorgung und schufen ein positives mentales Klima, waren aber weniger wichtig als die Liberalisierung der Rahmenbedingungen.[237]

Dagegen hatte die ostdeutsche Wirtschaft erst mit der Einstellung der Reparationslieferungen eine wirkliche Chance, ihre erschwerten Startbedingungen zu überwinden. Allerdings ging die Verstaatlichung der Betriebe weiter, so dass die VEB 1955 schon fast drei Viertel des Gesamtprodukts erwirtschafteten und den privaten Sektor immer mehr zurückdrängten. Der erste Fünfjahresplan von 1951 lenkte fast die Hälfte der Investitionen in die Industrie, davon mehr als die Hälfte in den Grundstoffbereich, so dass zwar dreizehn Prozent für Wohnungsbau, aber weniger als drei Prozent für Konsumgüter übrig blieben.[238] Die Erfüllung von Planzielen wurde zum zentralen Lenkungsinstrument einer Politik, die mit der Glorifizierung von »Aktivisten« wie Adolf Hennecke und mit Prämien arbeiten musste, um Anreize für härtere Arbeit zu schaffen. Die Subsidierung von Grundbedürfnissen wie Kartoffeln, Mieten und Verkehrsmitteln verzerrte die Verteilung, da die Preise die Kosten nicht deckten. Kaufkraft wurde dagegen in HO-Läden abgeschöpft, denn da »gab es für zwanzig Mark eine Tafel Schokolade. Für zweihundertfünfzig Mark konnte man ein Paar Herrenschuhe bekommen, seidene Damenstrümpfe kosteten etwa dreißig Mark.«[239] Obwohl die Zuverlässigkeit der DDR-Statistiken schwer zu beurteilen ist, besteht Einvernehmen darüber, dass bei langsamer Besserung der Lage die Planwirtschaft aufgrund inhärenter Schwächen den Vorsprung der Marktwirtschaft nicht mehr einholen konnte.[240]

Das westliche Wirtschaftswunder wurde erst 1966 durch eine leichte Wachstumsdelle entzaubert, die durch eine deutliche Überreaktion der politischen Klasse Ludwig Erhard die Kanzlerschaft kostete. Noch im Vorjahr hatte er einen großen Wahlsieg errungen und mit der unglücklich formulierten Idee einer »formierten Gesellschaft« auf die Notwendigkeit des »Zusammenwirken[s] aller Gruppen und Interessen« hingewiesen. Doch durch den Anstieg der Arbeitslosigkeit auf 0,5 Prozent, die Erhöhung der Inflation auf 3,5 Prozent und die Abflachung des Wachstums auf 2,9 Prozent schien den Kritikern in der CDU und den anderen Parteien plötzlich das Schicksal der Bundesrepublik in Gefahr.[241] Auch forderte der den parteipolitischen Intrigen distanziert gegenüberstehende Wirtschaftsfachmann in seiner zweiten Regierungserklärung »Sparsamkeit und Nüchternheit«, keine Botschaft, die die vom Wachstum verwöhnten Landsleute hören wollten. Zwar konnte er sich auf dem Bundesparteitag der CDU aufgrund seiner Popularität noch einmal durchsetzen, aber die Gaullisten innerhalb der eigenen Partei unterminierten seine Arbeit und die FDP verließ die Regierung, so dass der in der Politik als »unwissendes Kind« agierende Kanzler Ende November zurücktreten musste.[242]

Die darauf folgende Große Koalition hielt zwar an der Marktwirtschaft fest, setzte aber auf eine stärkere staatliche Lenkung, um die Rezession von 1967 zu überwinden. Ihr führender ökonomischer Kopf war der Hamburger Professor Karl Schiller, der in den schwierigen Diskussionen der SPD mit der Formel »soviel Wettbewerb wie möglich, soviel Planung wie nötig« den Kurswechsel des Godesberger Programms mit inspiriert hatte. Beeindruckt von der Dynamik des Marktes suchte er dennoch nach einer Verstärkung der sozialen Komponente in einer modernen Wirtschaftspolitik. Im Kabinett Kiesinger-Brandt wurde Schiller Wirtschaftsminister neben Finanzminister Franz Josef Strauß, wusste sich aber mit dem Konzept der Globalsteuerung durchzusetzen. Seine eigentliche Innovation war die im Stabilitäts- und Wachstumsgesetz von 1967 verankerte »Konzertierte Aktion«, in der Vertreter der Arbeitnehmer- und Unternehmerverbände sowie des volkswirtschaftlichen Sachverständigenrats unter der Ägide der Bundesbank über die Grundrichtung der Wirtschaftspolitik diskutierten. Mit keynesianischen Maßnahmen gelang es Schiller, das Wachstum wieder anzukurbeln, so dass es im Mittel des Jahrzehnts 4,4 Prozent erreichte, aber die Stärkung der Staatsinterventionen waren ein Rückfall in eine problematische Tradition.[243]

In der DDR versuchte Ulbricht dagegen, mit der NÖSPL die Planwirtschaft durch begrenzte Einführung von Marktanreizen zu dynamisieren. Ansätze eines eigenen »roten Wunders« waren unter anderem durch die Kollektivierungskrise der Landwirtschaft unterbrochen worden, die nur durch den Mauerbau gestoppt werden konnte. 1963 führte die SED »ökonomische Hebel« wie eine realistischere Preisgestaltung, die Einbehaltung von Gewinnen zur Reinvestition und Eigenverantwortung von Betrieben ein, um das

Wachstum wieder anzukurbeln. Auch hoffte Ulbricht auf eine »wissenschaftlich-technische Revolution« und lenkte die Investitionen auf Elektrotechnik, chemische Industrie und Maschinenbau, also auf innovativere Branchen als die Schwerindustrie. Im Jahre 1965 wurde dann auch noch das Planungssystem gründlich überholt, da die indirekte Lenkung nicht genügend funktionierte. Das Resultat dieser Maßnahmen war eine Wiederbelebung des Wachstums, aber der jährliche Durchschnitt um etwa drei Prozent für die sechziger Jahre blieb insgesamt enttäuschend. Honeckers Putsch gegen seinen Ziehvater war nicht nur ein Produkt der Liberalisierungsängste des Apparats, sondern auch eine Reaktion auf die zu geringe Besserung des Lebensstandards.[244]

Im Westen schien es der sozialliberalen Koalition von 1969 zu gelingen, in dem »Modell Deutschland« stetiges Wirtschaftswachstum mit einem kontinuierlichen Ausbau des Sozialstaats zu verbinden. Einerseits machte es die seit 1961 bestehende Vollbeschäftigung, die zur Anwerbung von Gastarbeitern geführt hatte, den Arbeitnehmern möglich, ihre Löhne deutlich zu erhöhen und dadurch ihren Anteil am BIP zu vergrößern. Andererseits konnte der Staat auch neue sozialpolitische Initiativen wie den Ausbau des Bildungssystems sowie der Hochschulen finanzieren (die Bildungsausgaben stiegen auf 15,8 Prozent des Haushalts im Jahre 1975) und dadurch die Klientengruppen zu vergrößern. Allerdings hatten diese, den Produktivitätsgewinn überschreitenden sozialen Umverteilungsprozesse negative Folgen: Als Resultat der überhitzten Konjunktur stieg die Inflationsrate deutlich an, bis sie 1973 6,9 Prozent erreichte und dadurch alte Ängste hervorrief. Gleichzeitig wuchs die Sozialquote, das heißt der Anteil der Sozialausgaben am Bruttosozialprodukt, zwischen 1970 und 1975 von 26,7 auf 33,7 Prozent, der größte Anstieg der Nachkriegszeit.[245] Die kontinuierliche Verlagerung der Prioritäten auf die Sozialpolitik brachte die soziale Markwirtschaft mehr und mehr aus dem Gleichgewicht.

Der Schock der Verzehnfachung der Ölpreise von 1973 löste daher eine tiefe Krise aus, deren Überwindung nur mit Mühe gelang. Zwar kostete die Sicherung des Ölimports jährlich nur fünfzehn Milliarden Mark, was durch die Dollarschwäche erleichtert wurde, aber die Wirtschaft sank 1975 aufgrund des rückläufigen Exports in ihre erste wirkliche Rezession, in der das Bruttosozialprodukt um etwa zwei Prozent zurückging. Auf Technologien mittlerer Reichweite konzentrierte Branchen hatten den Wandel zur Hochtechnologie weitgehend verschlafen, so dass Sparten wie Bergbau, Schiffbau, Optik und Elektrotechnik einbrachen. Bundeskanzler Helmut Schmidt, der sich gern als »Weltökonom« stilisierte, reagierte außenpolitisch mit teilweise erfolgreichen Versuchen der Stabilisierung der Währungskurse, innenpolitisch aber mit hektischen Konjunkturprogrammen, die durch ihre jährliche Wiederholung an Wirkung verloren. Resultat der hässlichen »Stagflation« war der Anstieg der Staatsschulden von 45,4 Milliarden Mark im Jahr 1969 auf 309 im Jahre 1982 sowie die Ausbreitung einer Sockelarbeitslosigkeit auf zwei Millionen und die Verdopplung der Anzahl der Sozialhilfeempfänger auf über drei Millionen.[246] Das vielgerühmte Modell funktionierte nicht mehr richtig.

Durch die Hinwendung zu Konsum und den Ausbau der Sozialpolitik von Erich Honecker vermied die DDR zwar die Rezession von 1975, aber die Planwirtschaft schlitterte dann in eine unabwendbare Finalkrise. Zwar brachten der Ausbau der Kombinate als Staatskonzerne der einzelnen Wirtschaftszweige sowie die Erhöhungen von sozialpolitischen Ausgaben zum Beispiel im Wohnungsbau in der ersten Hälfte der siebziger Jahre einen neuen Wachstumsschub, aber in der zweiten Hälfte des Jahrzehnts verflachte sein Effekt. Die 1976 proklamierte »Einheit von Wirtschafts- und Sozialpolitik« war sozusagen ein letzter Versuch, durch Lohnsteigerungen und Konsumverbesserung die Produktivität der Planwirtschaft zu erhöhen. Aber ein Teil der Expansion wurde durch Auslandskredite finanziert, deren Rückzahlung durch Verkauf veredelter Derivate wegen der Reduzierung der Öllieferungen und der Preiserhöhung der Sowjetunion immer schwieriger wurde. Der westdeutsche Milliardenkredit von 1982 sowie steigende Transferzahlungen retteten die DDR noch einmal, aber in der zweiten Hälfte der achtziger Jahre summierten sich Auslandsverschuldung, Handelsdefizit, Fehlinvestitionen, Infrastrukturverfall und andere chronische Probleme zu einer Art von Staatsbankrott.[247]

In der Bundesrepublik versuchte die von Bundeskanzler Kohl proklamierte »Wende« die Wirtschaft wieder etwas zu stimulieren, blieb aber im Vergleich mit der radikaleren neo-liberalen Politik Reagans oder Thatchers zu schwach. Die liberalkonservative Koalition bemühte sich, ein wirtschaftsfreundlicheres Klima durch die Reduzierung der Sozialquote auf unter dreißig Prozent und den Abbau der Staatsquote auf 45 Prozent zu schaffen, aber bei jeder Infragestellung des sozialen Besitzstandes protestierten nicht nur die Opposition und die Gewerkschaften, sondern auch der linke Flügel der CDU unter Norbert Blüm. Obwohl die Zahl der Beschäftigten während der achtziger Jahre deutlich auf über dreißig Millionen wuchs, wollte sich die Arbeitslosigkeit nicht verringern und verharrte bei etwa zwei Millionen. Trotz der Intensivierung des europäischen Binnenmarkts erreichte das Wirtschaftswachstum nur die Rate von knapp zwei Prozent, eine schwächere Leistung als in England, den USA oder Japan. Wegen der nicht wirklich rückgängig gemachten Akzentverschiebung von freiem Markt auf soziale Absicherung war die deutsche Wirtschaft schon vor der Vereinigung dabei, ihre internationale Wettbewerbsfähigkeit zu verlieren.[248]

Grenzen des deutschen Modells

Die Entwicklung der konkurrierenden Wirtschaftsordnungen in den deutschen Staaten nach 1945 deutet auf gegensätzliche Lernprozesse aus den Diktaturerfahrungen des Dritten Reichs hin. Die von Liberalen wie Wilhelm Röpke propagierte Lösung setzte auf die Wiedereinführung des Markts als wirtschaftliche Basis der Rezivilisierung – ein Programm, das von der US-Militärregierung nach einigem Schwanken adoptiert und in seinen Umrissen von Ludwig Erhards sozialer Marktwirtschaft umgesetzt wurde.[249] Da der »kooperative Kapitalismus« des Dritten Reichs die Nazi-Diktatur ermöglicht hatte, um sich selbst durch Ausplünderung der besiegten Nachbarn zu bereichern, musste er soweit verändert werden, dass er keine Gefahr mehr nach außen darstellte und nach innen der parlamentarischen Demokratie nicht im Wege stand. Eine Kombination von anfänglich harten, aber dann begrenzteren Eingriffen veränderte die Strukturen in Richtung Konkurrenz, während kollektive Lernprozesse der Unternehmer die Chancen des Markts verinnerlichten.[250] Die Stärkung des Wettbewerbs, der jedoch durch eine starke soziale Komponente gezähmt wurde, setzte in der Marktwirtschaft trotz mancher Skandale eine für alle Beteiligten überraschende Wachstumsdynamik in Gang.

Dagegen steuerte die ostdeutsche Planwirtschaft, die anfangs für Linksintellektuelle wie die allgemeine Bevölkerung vielversprechender zu sein schien, schließlich in eine Sackgasse. Die rigorosen Eingriffe der Bodenreform und der späteren Kollektivierung der Landwirtschaft sowie der Enteignung von Großindustriellen und nachmaligen Verstaatlichung von Handel und Handwerk waren ein wesentlich konsequenterer Versuch, reaktionären Tendenzen den ökonomischen Nährboden zu entziehen – aber sie führten ironischerweise zu Errichtung einer ideologisch entgegengesetzten Minderheitsdiktatur der SED.[251] Zweifellos waren deren Startbedingungen schwieriger und konnte auch die DDR-Wirtschaft ein kleines Wunder verzeichnen, so dass der verbreitete Stolz der »Aufbaugeneration« eine gewisse Berechtigung hatte. Aber die nichtmonetäre Wirtschaftslenkung versagte nicht nur im Vergleich mit der Bundesrepublik, sondern auch mit anderen Staaten, da sie nur in relativer Abschottung von dem Wettbewerb der Weltwirtschaft gedeihen konnte.[252] Der Ersatz des Markts durch die Planbürokratie schuf zahlreiche neue Ungerechtigkeiten, denn die Verteilung von Konsumgütern lief nun über »Vitamin B« wie Beziehungen oder über politische Loyalität.

Trotz der Überhöhung eigener Fortschritte in den DDR-Statistiken fällt fast jeder Vergleich zwischen den Leistungen der Plan- und Marktwirtschaft zwischen 1945 und 1989 zugunsten des Westens aus. Obwohl die langfristigen Tendenzen bis auf die frühen siebziger Jahre eine verblüffende Ähnlichkeit aufweisen, verlief die bundesrepublikanische Wachstumskurve generell auf einem höheren Niveau. Daher machte die Produktivität des einzelnen Arbeiters gegen Ende der DDR nur etwa ein Drittel der des vergleichbaren Arbeitnehmers in der Bundesrepublik aus. Zwar war die Inflationsrate im Westen höher, aber alle verfügbaren Indikatoren der deutsch-deutschen Wechselkurse deuten auf einen unzweifelhaften Kaufkraftverlust der Ostmark von anfänglicher Parität auf etwa zwei Fünftel. Deswegen betrug auch das Brutto-Nominaleinkommen eines durchschnittlichen Arbeiters schließlich nur etwa ein Drittel eines westdeutschen Arbeitnehmers. Der Kontrast zwischen Trabi und VW-Golf oder einer Mietwohnung und einem Eigenheim macht darüber hinaus noch Qualitätsunterschiede deutlich, die eine fundamentale Diskrepanz im Lebensstandard bewirkten. Trotz aller sozialer Ungleichheiten und Konjunkturrisiken erwies sich der bunte westliche Konsumkapitalismus daher auf die Dauer attraktiver als der eher eintönige sozialistische Konsum.[253]

Dennoch war es wohl gerade der erstaunliche Erfolg der sozialen Marktwirtschaft, der dieses Modell in den letzten Jahrzehnten selbst zum Hemmnis weiterer ökonomischer Dynamik gemacht hat. Einerseits hat der sukzessive Ausbau des Sozialstaats im politischen Wettbewerb zwischen SPD und CDU zur Auflegung immer neuer Programme wie der Pflegeversicherung geführt, welche die Sozialabgaben der Arbeitgeber und -nehmer so weit verteuert haben, dass die Einrichtung von Arbeitsplätzen stockt, die Sockelarbeitslosigkeit konjunkturunabhängig weiterbesteht und sich ein erheblicher Markt für Schwarzarbeit gebildet hat. Andererseits ist die Praxis des Kartellamts uneinheitlich gewesen und hat mit der Ausweitung des europäischen Binnenmarkts einen höheren Grad von Konzentration zugelassen, der den internen Wettbewerb erschwert. Gleichzeitig ist durch die, von unterschiedlichen Regierungen geförderte, Zusammenarbeit von Gewerkschaften und Unternehmern in der »Deutschland AG« ein Neokorporatismus entstanden, der schmerzhafte Reformen verhindert und Immobilismus hervorbringt. Auch ohne die zusätzlichen Belastungen des Vereinigungsprozesses war das »deutsche Modell« auf bestem Wege, sich selbst zu widerlegen.[254]

Dieses »Gulliver-Syndrom« der Selbstfesselung durch zahllose staatliche Eingriffe demonstriert, dass, im Gegensatz zu Krieg und Nation, die Lehren der NS-Erfahrung in der Wirtschaft nur halb gelernt wurden. Zweifellos ist die Erinnerung an das Wirtschaftswunder ein Gründungsmythos der Bonner Republik, der harte Arbeit, unternehmerisches Risiko und Konsumverzicht als Quelle des gegenwärtigen Wohlstands zelebriert. Aber dahinter sitzen weiterhin tiefe Ängste vor der Erfahrung der Geldentwertung der doppelten Inflation, der Arbeitslosigkeit der Weltwirtschaftskrise wie dem Hunger und der Kälte der Nachkriegszeit, die vor allem soziale

Sicherheit verlangen. In Rezessionssituationen wie 1967, 1975 und 1982 erschallte daher immer wieder der Ruf nach dem Staat als Retter von der Not, statt sich auf die eigenen Kräfte und zivilgesellschaftliche Organisation von Gegenmaßnahmen zu besinnen. Die Durchbrechung des Innovationsstaus verlangt nicht einen neoliberalen Kasinokapitalismus, der nur auf ungeregelte Maximierung des *shareholder-value* aus ist.[255] Aber erst wenn die in ihrem Klientelismus unbeweglich gewordene Parteipolitik gleich welcher Couleur den Mut zum Risiko entdeckt und individuelle Initiative belohnt, wird die soziale Marktwirtschaft ihre Balance wiedergewinnen und eine größere Dynamik zurückkehren.

Voraussetzungen der Freiheit

Die alliierten Besatzungsmächte und eine selbstkritische Minderheit der Besiegten standen im Sommer 1945 vor der doppelten Aufgabe, die Deutschen zu »entnazifizieren und zu demokratisieren«. Die Entfernung der sichtbaren Spuren des Hitler-Regimes war überraschend einfach, da die meisten Menschen sich schnell vom Nationalsozialismus distanzierten, indem sie die Verantwortung für die Katastrophe einer kleinen Zahl von Bonzen und Angehörigen der NSDAP zuschoben. Aber das »Lernen der Lehren der Niederlage« im tieferen Sinne erwies sich als wesentlich schwieriger, da es verlangte, geheiligte Traditionen in Frage zu stellen und sich von liebgewonnenen Denkgewohnheiten zu trennen. Klarsichtige Beobachter wie der junge Stefan Heym warnten daher vor einem wachsenden Widerstand gegen das Experiment der Umerziehung einer ganzen Gesellschaft: »Vor allem müssen wir als Amerikaner eine langfristige erzieherische, politische und wirtschaftliche Strategie gegenüber Deutschland und den Deutschen entwickeln und umsetzen.« Um das Land tiefer greifend zu verändern, sollten die Besatzungsmächte durch das Beispiel »unseres eigenen demokratischen Erbes« wirken, »die Führung in die Hände der sauberen Deutschen«, das heißt Nazigegner, legen und sie unterstützen, »bis demokratische Ideale wirklich Wurzel geschlagen haben«.[256]

Die Rahmenbedingungen für die Erneuerung der politischen Kultur wurden zunächst durch die Alliierten bestimmt, deren Eingriffe sich nicht immer als richtig, aber dennoch als notwendig erwiesen, um wirkliche Veränderungen zu erzwingen. Über die tieferen Ursachen des Dritten Reichs, also des »Militarismus und Pangermanismus« stritten sich Ideologen mit Pragmatikern – erstere dachten in Nationalstereotypen und hielten die Deutschen für unheilbar barbarisch, letztere identifizierten konkrete Fehlentwicklungen wie den Kadavergehorsam, die sie zu korrigieren hofften, um die Besiegten zur Zivilisation zurückzuführen. Das Potsdamer Programm von Entmilitarisierung, Entnazifizierung und Entflechtung war daher ein Kompromiss aus widersprüchlichen Wünschen nach Schwächung,

Bestrafung und Umstrukturierung, in dem das gemeinsame Ziel einer fundamentalen Umerziehung nur undeutlich formuliert war. Seine praktische Umsetzung erschwerten nicht nur unterschiedliche Nationalinteressen, verschiedene politische Stile und konfligierende Ideologien, die zur Auseinanderentwicklung der Besatzungszonen führten, sondern auch die wiederholten Auseinandersetzungen um die Alternative von Veränderung durch Zwang oder Vorbild sowie durch alliierte Kontrolle oder deutsche Selbstbeteiligung.[257]

Auf die Dauer erwiesen sich dennoch die Lernprozesse der Deutschen als wichtiger, da diese im Windschatten des Kalten Krieges langsam die Kontrolle über ihr eigenes Schicksal zurückgewannen. Zwar herrschte eine große Verbitterung über die Gebietsverluste, die Vertreibung und die Bestrafung von Kriegsverbrechern, da ehemalige Soldaten an ihrer militärischen Ehre festhielten, Studenten auf ihre Nation stolz waren und Wirtschaftsführer die Demontage bekämpften. Aber in den impressionistischen Kategorien von Wolfgang Schivelbusch ließ sich die Niederlage nicht verschleiern, konnte man kaum noch eine geistige Überlegenheit reklamieren oder wirklich auf Revanche sinnen. Daher forderten kritische Stimmen vor allem in den Gewerkschaften, den Kirchen und unter Intellektuellen aus Entsetzen vor den eigenen Untaten eine radikale Umkehr: »Das deutsche Volk ist darum in seiner Gesamtheit für diese Verbrechen verantwortlich, und nur durch die Übernahme der Schuld ist es möglich, den Grund für eine bessere Ordnung zu finden.«[258] Diese teils opportunistische, teils von eigener Einsicht getragene Annäherung an westliche Freiheitsideen und östliche Gleichheitsvorstellungen ist die zentrale politische Entwicklung der Nachkriegszeit.

Das dreifache Programm von Entmilitarisierung, Entnazifizierung und Entflechtung sollte durch einen Bruch mit den negativen Traditionen die Voraussetzungen für eine dauerhafte Fundierung von Freiheit schaffen. Die Entwaffnung des Militärs geschah schnell, die Auflösung der Wehrmacht eliminierte die äußere Bedrohung sowie einen inneren Machtfaktor und die Ausmerzung des Militarismus als Gesinnung gelang auch weitgehend, denn die anschließende Wiederbewaffnung traf auf starken Widerstand in der Bevölkerung. Die Eliminierung der Nationalsozialisten erwies sich dagegen als schwieriger. Zwar wurden die NS-Führung verurteilt, die Organisationen aufgelöst und das Vermögen beschlagnahmt, so dass der Einfluss ehemaliger Nazis auf die Nachkriegspolitik gering blieb; aber viele Täter schlüpften durch die Maschen und die deutsche Teilung hielt den Nationalismus als Hoffnung auf eine Wiedervereinigung am Leben. Da sie ein überzogenes Ziel setzte, war die ökonomische Entmachtung ein noch eindeutigerer Fehlschlag. Auch wenn die Kriegsindustrie abgerissen wurde und die Demontage vor allem in der SBZ wertvolle Kapazitäten entfernte, blieb der Einfluss von Entflechtung und Entkartellierung beschränkt, so dass sich die Wirtschaft nicht nur erholte, sondern im Westen zu neuer Macht entwickelte. Erst als diese Voraussetzungen geschaffen worden waren, begannen die Besatzungsmächte mit ernsthaften Bemühungen um eine parlamentarische oder sozialistische Demokratisierung.[259]

Durch die Eliminierung von solch negativen Einflüssen konnte sich im Schatten von Besatzung und Not im Westen wieder eine »Kultur der Zivilität« entwickeln, deren Ausrichtung die politischen Anschauungen bis in die neunziger Jahre bestimmte. Das Abstreifen der Uniformen und die Absage an Uniformiertheit schufen einen fast zehnjährigen Hiatus ohne Militär, währenddessen sich Männer wieder als Zivilisten begreifen konnten und der Krieg eine schmerzliche, nicht mehr heroisierte Erinnerung bildete. Das Ende der NS-Gleichschaltung erlaubte eine Wiederbelebung einer vielfältigen Vereinskultur, die durch Geselligkeit und Verfolgung gemeinsamer Interessen die Gesellschaft im vorpolitischen Raum organisierte. Die Wiederherstellung des Rechtsstaats durch das mit deutlicheren Menschenrechten und Schutzklauseln ausgestattete Grundgesetz ermöglichte die Wiederentstehung eines politischen Lebens, das trotz aller parteipolitischen Auseinandersetzungen an einem demokratischen Grundkonsens festhielt. Schließlich gehörte dazu auch noch die Wiedereinführung eines freien Marktes und eine Rückkehr zum sozial gezähmten Wettbewerb, die eine neue Wirtschaftsdynamik auslösten und der individuellen Selbstverwirklichung einen größeren Freiraum boten.[260] Die rigoroseren marxistischen Umgestaltungspläne im Osten strangulierten dagegen solche zivilgesellschaftlichen Ansätze und führten deswegen zu einer neuen SED-Minderheitsdiktatur.[261]

Allerdings brachten die kontrastierenden Lernprozesse im Osten wie Westen teilweise einen Überschuss an Korrekturen hervor, die selbst neue Probleme für die Weiterentwicklung der zweiten deutschen Demokratie darstellten. Vor allem die Absage an den Militarismus war so radikal, dass sie in breiten Kreisen zu einem ideologischen Pazifismus führte, der hinter dem militärischen Schild der Besatzungsmächte eine moralisierende Außenpolitik propagierte, die ein Verständnis für die Anwendung von Macht in der internationalen Arena entbehrte. Auch die Distanzierung vom überbordenden Nationalismus der Bildungsbürger führte bei den sich nun als Intellektuelle stilisierenden Nachfahren zu einer massiven Selbstkritik, die nicht ganz unberechtigt als »negativer Nationalismus« bezeichnet wurde, also eine Flucht in andere Identitäten, wie nach Europa, und eine Unsicherheit des Selbstverständnisses, die deutsche Nachbarn nervte, obwohl sie diese auch förderten. Schließlich begünstigte eine marxistisch-vereinfachende Faschismustheorie im wirtschaftlichen Bereich eine generelle Kapitalismuskritik, welche die ökonomischen Grundlagen von Freiheit missverstand, weil sie weiterhin auf staatliche Planwirtschaft setzte. Ironischerweise führten die radikalen Lernprozesse aus der Niederlage im Osten jedoch zur Errichtung einer antifaschistischen Parteidiktatur und erwiesen sich die vorsichtigen Veränderungen im Westen durch die Möglichkeit sukzessiver Selbstkorrektur als eine stabilere Basis für den Aufbau einer Demokratie.[262]

Teil II
Widersprüchliche Modernisierungsschübe

Obwohl wichtige Grundlagen schon nach dem Krieg geschaffen worden waren, fand der eigentliche Durchbruch der Zivilisierung erst Mitte der sechziger Jahre statt. Folgen der Niederlage wie die Abtrennung der Ostgebiete, das Verschwinden des Adels, die konfessionelle Durchmischung, die Auflösung der Sozialmilieus und die Aufstiegsbemühungen der Vertriebenen lösten bereits in den ersten Nachkriegsjahren soziale Veränderungen unter konservativem Vorzeichen aus.[1] Dennoch kam es zwei Jahrzehnte nach Konstituierung der Bundesrepublik zu einem weiteren Aufbegehren, das »aus heutiger Sicht als überfälliger Prozess politischer, sozialer und wirtschaftlicher Modernisierung erscheint« und trotz konservativer Einwände »alles in allem als geglückt gilt«.[2] Diese westdeutschen Wandlungen in Richtung »einer kulturellen Moderne« vertieften auch die Kluft zwischen beiden deutschen Staaten, da die DDR aufgrund ihres radikaleren Neuanfangs nach dem Scheitern der NÖSPL alle vergleichbaren Reformbestrebungen zurückwies.[3] Im Gegensatz zu den gut erforschten »langen fünfziger Jahren« wirft das folgende »Jahrzehnt beschleunigten Wandels« eine Reihe von schwierigen Interpretationsfragen auf, die erst allmählich in den Blick kommen.[4]

Allerdings wird das Verständnis der sechziger Jahre durch die Kontroversen über das aufgeladene Symbol »1968« erschwert, das eine eigenartige analytische Hilflosigkeit hervorgebracht hat. Immer noch ist der Begriff »achtundsechzig« ein Reizwort, das Emotionen hervorruft, weil es Identitätspositionierungen beschreibt und konträre Urteile über einen »entscheidenden Demokratisierungsimpuls« oder die »gewollte Demontage des traditionellen Wertesystems« damit verknüpft sind.[5] Die eklatante Diskrepanz zwischen der retrospektiven Mythologisierung der Generationsrevolte durch ihre Teilnehmer und den eher bescheidenen damit zusammenhängenden Ereignissen macht eine politikgeschichtliche Narrativierung schwierig. Auch der Widerspruch zwischen dem weitgehenden Scheitern der ideologischen Ziele und den erheblichen soziokulturellen Veränderungen entzieht sich einer konventionellen Darstellung. Die Unterschiede hinsichtlich des Ausmaßes und des Inhalts zwischen westlichen Vietnamkundgebungen und ostdeutschen Protestversuchen gegen die Niederschlagung des Prager Frühlings verhindern eine einheitliche Betrachtung. Nur langsam dämmert die Einsicht, dass 1968 als Kulturrevolution eine andersartige Zäsur darstellt, die eines eher kulturgeschichtlichen Ansatzes bedarf.[6]

Um Distanz zu gewinnen, ist es notwendig, den Generationskonflikt in breitere Prozesse des sozialen Wandels einzubetten, die sich in den sechziger Jahren in allen westlichen Industrieländern abspielten. Im deutschen Falle könnten sie als eine Art von nachholender Modernisierung verstanden werden, denn die gebrochenen Verlaufskurven von quantitativen Indikatoren zeigen, dass zahlreiche sozioökonomische Entwicklungen durch die Weltkriege unterbrochen worden waren.[7] Es handelt sich dabei vor allem um die Tertiärisierung der Wirtschaft, das heißt die Flucht aus der Landwirtschaft und die Entstehung einer weitgehend auf Bildung aufgebauten Dienstleistungsgesellschaft. Ebenso dramatisch ist die Verdoppelung der Löhne und die Verbilligung der Massenproduktion, die elitäre Verbrauchsgüter nun auch für Normalverbraucher zugänglich machte, so dass sich ein konsumgetriebener Wohlstand und eine auf Unterhaltung zielende Populärkultur ausbreiten konnten. Gleichzeitig markierten die siebziger Jahre mit den Ölschocks und der Einführung des PCs das Ende der Hochindustrialisierung und damit den Übergang zur Postmoderne.[8] Diese Strukturveränderungen, die schließlich auch auf die DDR übergriffen, relativieren die Fixierung auf 1968, indem sie generellere Fragen über die dahinter stehenden Wandlungsprozesse aufwerfen.

Ein erstes Problem ist die Analyse der graduellen Annäherungen von deutschen Denkgewohnheiten und Verhaltensweisen an westliche Vorbilder. Zweifellos hatte schon der materielle Überfluss der US-Besatzer die besiegte Bevölkerung beeindruckt, da er die Überlegenheit der westlichen Lebensweise konkret zu beweisen schien. Da die Sowjetisierung Ostdeutschlands meist als kommunistische Bedrohung wahrgenommen wurde, setzte die ältere Generation auf transatlantischen Schutz, obwohl die Vertreter deutscher Geisteskultur gegenüber der amerikanischen Massenzivilisation erhebliche Vorurteile hegten.[9] Die von Hollywood-Filmen und Rockmusik beeindruckte Jugend war dagegen von der durch Massenkonsum und Populärkultur ausgelösten Transformation der Lebensstile fasziniert, da dieser »Wertewandel« einen Bruch mit den klassischen Sekundärtugenden und eine Hinwendung zu einer freieren Sexualmoral und einer hedonistischeren Lebensweise bedeutete. Jedoch kritisierten die Jüngeren vehement die amerikanische Außenpolitik wie die Unterstützung von Militärdiktaturen in der Dritten Welt.[10] Eine entscheidende Entwicklung war daher die Überwindung von zivilisationskritischen und antiamerikanischen Vorbehalten im Zuge einer Westernisierung, welche die »Fundamentalliberalisierung« der Bundesrepublik entscheidend vorantrieb.[11]

Eine weitere Frage zielt auf die Beurteilung des Zusammenhangs zwischen diesen soziokulturellen Entwicklungen und der tieferen Verankerung von partizipatorischer Demokratie in Westdeutschland. Die politikhistorische These einer »Art Nach- oder Umgründung der Zweiten Republik« kann sich vor allem auf das Ende der Adenauer-Ära, den Regierungswechsel zur sozial-liberalen Koalition, die Durchsetzung der neuen Ostpolitik und das Aufkommen der Bürgerbewegungen stützen, während in der DDR nur der Machtwechsel von Ulbricht zu Honecker anzuführen ist.[12] Jedoch übergeht diese Perspektive den hinter solchen Ereignissen stehenden langwierigen Prozess des Ankommens autoritärer Eliten und skeptischer Bevölkerung in der Demokratie, der im Osten durch die SED-Diktatur blockiert wurde. Die von den siegreichen Besatzungsmächten implantierten und von einer Minderheit der Besiegten mitgetragenen demokratischen Institutionen brauchten aber ein zivileres zwischenmenschliches Verhalten und ein mehr auf Menschenrechte gegründetes Werteverständnis, um wirklich Fuß zu fassen. Diese erst nach der Ausarbeitung des Grundgesetzes und Gründung der Bundesrepublik erfolgte »innere Demokratisierung« ist der entscheidende Schritt zur Zivilgesellschaft, den es zu ergründen gilt. [13]

Eine letzte Herausforderung ist schließlich die Erklärung der erneuten Mobilisierung einer erst mit Mühe stabilisierten Nachkriegsgesellschaft in den sechziger Jahren. Während sich die Mehrheit der Bevölkerung noch über den Anstieg des Wohlstands freute, verlangten Kritiker weitergehende soziale Reformen. Im Westen bildete sich aufgrund ärgerlicher NS-Skandale und neuer Übergriffe wie der Spiegel-Affäre eine kritische Öffentlichkeit heraus, die sich nicht mehr mit dem autoritären Stil der Kanzlerdemokratie abfinden wollte. Gleichzeitig entstand aufgrund des Einflusses der Frankfurter Schule und eines unorthodoxen Marxismus eine »Neue Linke«, die über Umverteilungsparolen hinausging und sozialutopische Veränderungen forderte. Aus Furcht vor der von der Großen Koalition vorgelegten Notstandsgesetzgebung sammelte sich eine breite Außerparlamentarische Opposition von den Kirchen bis zu den Gewerkschaften, um ihre Bürgerrechte zu verteidigen. Im Osten begannen einzelne Intellektuelle wie Robert Havemann auf eine Vermenschlichung des Sozialismus im Prager Sinne zu hoffen.[14] Die Entstehung einer neuen, meist gewaltlosen Protestkultur, die in den Neuen Sozialen Bewegungen kulminierte, ist ein weiterer Indikator dieses zivilgesellschaftlichen Reifeprozesses.[15]

4. Kapitel
Hinwendung zum Westen

Dem »Dauerbesuch« der Besatzung begegneten die Deutschen mit einer widersprüchlichen Mischung aus Angst und Hoffnung. In der Beurteilung der verschiedenen Mächte kollidierten zivilisationskritische Ressentiments gegen den Westen und rassistische Russenfeindschaft mit Amerikafaszination, Britenkult und Frankophilie sowie Bewunderung für das kommunistische Experiment. Selbst realistische Einschätzungsversuche wie die schon im Jahre 1945 geschriebene »Amerikafibel« von Margret Boveri, die Verständnis dafür wecken wollte, »dass die Amerikaner ein neues Volk sind«, das »nicht nach unserem Maßstab zu messen« sei, blieben ambivalent in ihren Gefühlen. Die Charakterisierung der westlichen Vormacht als »Volk der Auswanderer im Lande der Freiheit«, mit einem konformistischen »neuen Menschentyp«, einem Hang zur »Standardisierung« der Gesellschaft, einer Vorliebe zum Moralisieren, eher oberflächlicher Höflichkeit und ausgeprägter »Sucht nach Neuem« bot eine Melange von antiamerikanischen Klischees und hellsichtigen Beobachtungen.[16] Die Aufhebung des Widerspruchs zwischen importierten Reformen und gleichzeitiger Selbstbewahrung würde einen langen Umorientierungsprozess benötigen.

Die von den Siegern verordnete Veränderung der politischen Kultur stieß daher auf die doppelte Schwierigkeit der Ablehnung von Überfremdung und der Konkurrenz unter den neuen Leitbildern. »Unsere eigentliche Niederlage erleben wir erst dann, wenn wir uns die Wertvorstellungen und Verhaltensmuster von den Siegern statt von unserer eigenen Überlieferung vorschreiben lassen und die Amerikaner fragen, was deutsch ist«, klagte ein Intellektueller 1946. Im Kalten Krieg zerbrach jedoch der Konsens der Besatzungsmächte an gegensätzlichen Angeboten des »Abendlands« und der »freien Welt« oder des »sozialistischen Humanismus«,[17] so dass die Besiegten versuchen konnten, eine Seite gegen die andere auszuspielen. Ebenso erlaubte der Widerspruch zwischen Oktroyierung und Freiwilligkeit einen hinhaltenden Widerstand gegenüber als ungerecht empfundenen Auflagen, denn dauerhafte Reformen setzten eine gewisse eigene

Mitarbeit voraus. Weil sie die Überwindung tiefsitzender antiwestlicher Vorurteile verlangte, war die Umkehr nach 1945 nicht das Resultat eines einfachen, einseitigen Kulturtransfers, sondern eines umstrittenen, langfristigen Akkulturationsvorgangs.[18]

Eine Analyse dieser fundamentalen Wandlung wird durch die Unschärfe der Begrifflichkeit erschwert, da das einleuchtende Kontrastpaar von Amerikanisierung und Sowjetisierung in die Kritik geraten ist.[19] An der Amerikanisierung wird vor allem moniert, dass der Terminus oft unbewusst normativ gebraucht wird und dabei zu wenig zwischen Impulsen von außen und Aneignungen von innen unterschieden wird.[20] Daher hat Anselm Doering-Manteuffel das breitere Konzept der Verwestlichung vorgeschlagen, um auch konkurrierende Einflüsse aus England, Frankreich und Italien – Stichwort »Toskana-Fraktion« – sichtbar zu machen.[21] Der Terminus der Sowjetisierung ist ähnlich vorbelastet, da er im Kalten Krieg als westlicher Kampfbegriff gegen die Errichtung der sowjetischen Vorherrschaft und Einführung des stalinistischen Modells geprägt wurde.[22] Allerdings hat sich hier das pejorative Pendant der »Veröstlichung« nicht durchsetzen können, weil der von Journalisten während der Vereinigung erfundene geographische Hinweis als diffamierend empfunden wurde.[23] Zur Untersuchung der dominierenden Westwendung empfiehlt sich daher der umfassendere Ansatz einer Westernisierung, auch wenn er weiterhin um amerikanische Einflüsse kreist.

Voraussetzung für den Gebrauch von »Westernisierung« ist allerdings eine Klärung der Implikationen dieses Neologismus, da dessen Konturen noch oft verschwimmen. Grundlegend dafür ist die Erkenntnis, dass der Westen selbst ein komplexer Mythos ist, der einerseits auf ein europäisches Kulturgefälle hinweist, andererseits von amerikanischen Vorstellungen der offenen Grenze lebt, die in den Wildwestfilmen wie der Zigarettenreklame des Marlboro-Mannes und von »test the West« auftauchen.[24] In der Stilisierung des Westens zur allgemeinen Entwicklungsnorm werden die Schattenseiten etwa von Imperialismus, Rassismus, Sklaverei und Ausbeutung geflissentlich unterschlagen.[25] Deswegen ist es notwendig, die unterschiedlichen Bedeutungshorizonte der damit gemeinten allgemeinen Modernisierungsprozesse, der generellen anglo-amerikanischen oder anderen europäischen Transfers und der aus eigenen Entwicklungsdynamiken hervorgehenden Veränderungen jeweilig deutlicher zu benennen, als es bisher geschieht. Trotz berechtigter postkolonialer Kritik weist der umstrittene Terminus einer *Western civilization* auf die Existenz einer westlichen Vorstellung von Zivilisation hin, die das noch offene Konzept der Westernisierung analytisch füllen könnte.[26]

Die zentrale Frage, die sich hinter dieser schillernden Begrifflichkeit verbirgt, betrifft die Ursachen, Prozesse und Konsequenzen des »langen Wegs nach Westen« nach 1945. Ist diese Verwestlichung vor allem als Erfolg der westlichen Politik der Umerziehung oder Umorientierung und eines Fehlschlags des konkurrierenden kommunistischen Modells zu verstehen? Oder sollte man sie als »Selbstkolonisierung« durch selektive Akzeptanz äußerer Anregungen, innere Parallelentwicklung aus eigenen Traditionen und multiple Formen von Hybridisierung externer Angebote und interner Lernprozesse deuten?[27] Um der Komplexität von Westernisierung gerecht zu werden, könnte man zunächst die Wirkung der tausendfachen persönlichen Begegnungen untersuchen, die nach dem Krieg zu individuellen Westwendungen führten. Dann wäre es wichtig, die schon besser erforschte Entstehung politischer Westbindungen aus der Perspektive der damit verbundenen Veränderungen von Einstellungen Revue passieren zu lassen.[28] Schließlich müsste man auch die generationsbezogenen Prozesse der Verwestlichung des Konsumverhaltens und der Populärkultur noch einmal vergleichen, um die tatsächlichen Auswirkungen der Amerikanisierung zu präzisieren.[29]

Persönliche Westwendung

Individuelle Kontakte der abgeschnittenen Bevölkerung mit den Besatzungsmächten bieten einen wenig beachteten Schlüssel zur Erklärung der Westoption der meisten Nachkriegsdeutschen. Die entscheidenden ersten Eindrücke, die sich nur schwer verändern ließen, hingen von einer Reihe von Umständen ab: Wenn sich einmarschierende Sieger weniger schrecklich verhielten, als die Gräuelvorhersagen der NS-Propaganda ankündigten, konnten die Besiegten erleichtert aufatmen, denn sie würden vielleicht mit ihnen in Zukunft auskommen können. Die Art der Erlebnisse hatte viel damit zu tun, ob man selbst als harmloser älterer Zivilist, als potentiell gefährlicher Soldat, als attraktive Frau, oder als neugieriger Jugendlicher zuerst mit den Besatzungssoldaten zusammentraf. Auch ohne funktionierende Medien schufen Berichte von unterschiedlichen, teils traumatischen, teils angenehmen Vorfällen langsam ein kollektives Bild, das zwar einige Widersprüche enthielt, sich aber doch zu einer Gesamtbeurteilung zusammenfügte. »Ich freute mich wie ein Schneekönig, dass die Amis da waren«, erinnerte sich ein damaliger Jugendlicher, denn »jedenfalls war das Wort Russe bei den Berlinern ... negativ belegt.« Bei solchen tausendfach angestellten Vergleichen kam »der Westen« fast immer besser weg als »die Russen«.[30]

Die Erwartungen, mit denen Sieger und Besiegte aufeinander trafen, waren von tiefsitzenden kulturellen Klischees bestimmt, die durch die Feindbilder der Kriegspropaganda vergröbert worden waren. Während Franzosen das harte Auftreten der Wehrmacht als Besatzung beklagten, Briten stolz auf ihren Abwehrsieg gegenüber der Luftwaffe waren und Russen an den Folgen des Vernichtungskriegs litten, bestand bei den Amerikanern aufgrund ihrer Distanz und des späten Kriegseintritts weniger Anlass zu Hass. Im Vergleich zu deutschen Vorurteilen gegen die kultivierten, aber schwachen Franzosen, ritterlichen, doch zähen Engländer und auf uneingestandenen Schuldgefühlen basierenden Ängsten vor russischen Rachegelüsten schwankte sogar bei Nazis die Einschätzung der Amerikaner zwischen rassischer Dekadenz und freundlicher Umgänglichkeit. Nachdem die verzweifelten Abwehrkämpfe gegen die Rote Armee erfolglos blieben, fassten Tausende von vertriebenen Flüchtlingen und versprengten Wehrmachtsoldaten den Entschluss, so schnell wie möglich zu fliehen.[31] Wie wäre es sonst zu erklären, dass trotz einzelner Beispiele erbitterten Widerstands sich deutsche Truppen an der Westfront eher ergaben, während sogar Volkssturmeinheiten im Osten oft bis zur letzten Patrone kämpften und so durch ihr eigenes Verhalten schärfere Reaktionen der Sieger als im Westen hervorriefen?

Vergleiche der verschiedenen Siegermächte, die durch die Arrondierung der Besatzungszonen nötig wurden, fielen meist zu Gunsten der Amerikaner aus. Trotz einzelner Beispiele der Kinderliebe stimmen die Aufzeichnungen von Margret Boveri und anderer Zeitzeugen so stark darin überein, »Erschütterndes gesehen« zu haben, dass der Eindruck von Erschießungen, Plünderungen und Vergewaltigungen russischer Soldaten keine Legende des Kalten Kriegs sein kann.[32] In ihrem Tagebuch beschreibt Marianne Kiefer ähnliche Übergriffe des Stehlens und der Art »Frau, komm mit« von marokkanischen Soldaten, die ihr die Franzosen »verhasst« machten: »Wir waren so fertig mit den Nerven, dass wir die Schwarzen baten, uns zu erschießen.«[33] Dagegen erlebte Manfred Clausen das Regime der Engländer als distanziert, herrisch, aber korrekt: »Es sollte erwähnt werden, dass es von Seiten der englischen Soldaten nicht das geringste Fehlverhalten gegenüber der deutschen Zivilbevölkerung gab.«[34] Noch mehr wurden die US-GIs als »Erlösung von diesem Terror« der anderen Soldaten begrüßt, denn die Amerikaner »waren vergleichsweise viel angenehmer, traten überhaupt nicht als Besatzer auf und gaben großzügige Trinkgelder«.[35] Aufgrund ihrer Ausstattung und ihres Auftretens wurden »die Amis« geradezu sprichwörtlich für die Überlegenheit des Westens.

Die intensivsten Kontakte mit den Besatzungssoldaten hatten junge Frauen, die nach etwas menschlicher Wärme und Unterhaltung suchten. Da die Russen bald kaserniert wurden und die Franzosen oder Briten wegen ihres geringen Wehrsolds wenig zu bieten hatten, waren die »vergnügungssüchtigen und gelangweilten« GIs die populärsten Partner. »Sie litten keine Not und ihren großen Bedarf an ›Frolleins‹ konnten sie unproblematisch mit ihren Zigaretten und Schokolade trotz des offiziellen, von ihrer Obrigkeit erlassenen ›Fraternisierungsverbots‹ abdecken.« Nicht nur die kleinen Geschenke von Kaffee oder Nylonstrümpfen, sondern auch die Lässigkeit der Soldaten machte großen Eindruck. »Manchmal benahmen sie sich wie im Wilden Westen« und ignorierten alle Verkehrsregeln. »Zwei angetrunkene Amis winkten mit aufgeblasenen Kondomen aus dem Jeep den Frauen zu.« Um die Militärbasen herum entstanden regelrechte Vergnügungsviertels mit Bars, die oft von sogenannten *displaced persons* betrieben wurden. Dort konnten sich junge Frauen mit den GIs treffen, sei es um als Prostituierte zu arbeiten, sei es um ein Liebesverhältnis anzufangen, in der meist enttäuschten Hoffnung, als »Kriegsbraut« in das Land der unbegrenzten Möglichkeiten mitgenommen zu werden. »Der Großteil der deutschen Bevölkerung war auf diese ›Veronikas‹ nicht gut zu sprechen und empfand ihr Tun als würdelos.«[36]

Erwachsene Männer standen dagegen unter dem Generalverdacht der NS-Kollaboration und konnten sich nur durch praktische Hilfsdienste nützlich machen. Schon der Kontrast zwischen den »wohlgenährten« und »warm gekleideten« Besatzern und den »klapperdürren deutschen Jammergestalten«, darunter viele Kriegsversehrte, machte das neue Abhängigkeitsverhältnis deutlich. Trotzdem war das Arbeiten bei den Amerikanern beliebt, denn »bezahlt wurde der Job nicht mit Geld, sondern mit einem warmen Essen, was damals viel wertvoller war«. Wer bei den Siegern irgendeine Anstellung im Fuhrpark, den Küchen oder den Offiziersklubs fand, konnte sich glücklich preisen. Aus dem wirtschaftlichen Gefälle entstand nicht nur mit Amerikanern »ein schwunghafter Handel« mit Lebensmitteln oder Benzin und NS-Devotionalien oder Familienerbstücken, der sich bald zu einem regelrechten Schwarzmarkt verdichtete. Trotz harter Strafen konnten regelmäßige Razzien nach »irgendwelchen gestohlenen Gegenständen« den Kreislauf nur unterbrechen, nicht aber außer Kraft setzen, denn die »Schieber« entwickelten eine erhebliche Virtuosität im Verstecken ihrer Konterbande.[37]

Auch wenn einige noch den HJ-Idolen nachtrauerten, waren vor allem Jugendliche von der lockereren Lebensart der amerikanischen Soldaten fasziniert. Schnell wurden die »mageren englischen Schulkenntnisse« reaktiviert und »erstmalig sinnvoll und nutzbringend, wenn auch manchmal falsch« angewendet, um ein Stück Kaugummi zu ergattern. Bei einer längeren Einquartierung konnten sich regelrechte Freundschaften herausbilden, wenn Jungen NS-Orden als »Souvenirs« heranschafften und dafür mit »Schokolade, Kaffee und Zigaretten« belohnt wurden. »In den Schulen organisierten die Amerikaner die Schulspeisung, die uns Schulkindern sehr über die Hungerzeit hinweggeholfen hat.« Auch die meist von Quäkern organisierte Sendung von CARE-Paketen war ein Glücksfall, denn sie enthielten dringend gebrauchte Nahrungsmittel und Kleidungsstücke, die notfalls getauscht werden konnten. »Unser Leben wurde allmählich immer mehr amerikanisch eingefärbt«, erinnert sich ein damaliger Jugendlicher an seine Faszination mit US-Radiosendungen: »Es war die Stimme einer anderen, heilen Welt« die »uns autoritär getrimmten Deutschen das Wesen der Demokratie, leicht verbrämt mit den Annehmlichkeiten amerikanischen Lebensstils, näher zu bringen« versuchte.[38]

Zur Verminderung der unvermeidlichen Friktionen eines Besatzungsregimes begannen vor allem die Amerikaner um das Verständnis der Zivilbevölkerung zu werben. So erleichterte die Einsetzung von gemeinsamen Kommissionen die Lösung von strittigen Fragen wie die Bezahlung der immer wieder auftretenden Manöverschäden. Die Öffnung von Militärstützpunkten im Rahmen von *open houses* erlaubte es Besuchern, ihre Neugier darüber zu befriedigen, was eigentlich hinter den Kasernenmauern vorging. Auch die Einrichtung von Jugendclubs, in denen amerikanische Soldaten mit deutschen Jugendlichen Sport trieben, Filme ansahen oder Jazz hörten, half unterschwellige Spannungen zu entkrampfen. Diese German Youth Associations waren besonders wegen der dort angebotenen Coca-Cola und Schokolade populär. Ebenso vergrößerte das im Gegensatz zur strikten Kasernierung der Russen mögliche *off base-living* die Kontaktfläche zwischen GIs und deutschen Vermietern. Schließlich half das gemeinsame Feiern von Festen wie des US-Unabhängigkeitstags und des rheinischen Karnevals manche Vorurteile, vor allem auch gegenüber schwarzen Soldaten, abzubauen.[39]

Wirkungsvoller waren die offiziellen Austauschprogramme, die erst 1947/48 einsetzten, aber bis 1955 schon ungefähr zwölftausend Deutsche in die USA brachten. Sie umfassten Studenten wie den Historiker Hans-Ulrich Wehler, der vom gerade entstehenden Fulbright-Programm zum regulären Fachstudium an der Ohio University eingeladen wurde, sie betrafen Professoren wie den Juristen Walter Hallstein, der als Gastprofessor an der Georgetown University lehren durfte, sie umfassten ganze Delegationen von Erziehern wie den baden-württembergischen Kultusminister Theodor Bäuerle, der Schulen inspizierte, und sie betrafen Mitglieder gesellschaftlicher Gruppen wie Gewerkschaftler, die an einem AFL-CIO Kongress teilnahmen, um gemeinsame Probleme zu diskutieren. Der Kontrast zwischen dem zerstörten und geteilten Herkunftsland und den friedlichen und blühenden Vereinigten Staaten, die einen ganzen Kontinent umfassten, hinterließ einen ebenso tiefen Eindruck wie »der sehr herzliche Empfang«, der alle Feindschaft vergessen ließ.[40] Auch wenn viele amerikanische Methoden nicht direkt auf Deutschland zu übertragen waren, prägte sich der »Geist echter Demokratie« so tief in das Bewusstsein der Besucher ein, dass er für die meisten eine lebenslange Herausforderung blieb.[41]

Wichtige kulturelle Mittler waren die kritischen Intellektuellen und die linken Politiker, die als Remigranten zurückkehrten, um ein neues, besseres Deutschland aufzubauen. Die Entscheidung fiel nicht leicht, denn vor allem die Jüngeren hatten schon tiefe Wurzeln in ihren Gastländern geschlagen, und die offiziellen Einladungen trafen auf passiven Widerstand der mit eigenen Leiden beschäftigten Bevölkerung. Dennoch brachten zum Beispiel der Historiker Hans Rothfels, der Politikwissenschaftler Ernst Fraenkel und die sozialistischen Politiker Ernst Reuter und Willy Brandt positive Erfahrungen aus den USA und anderen westlichen Ländern mit, während die Gruppe Ulbricht trotz der stalinistischen Verfolgungen in Moskau die Überlegenheit des sowjetischen Systems propagierte.[42] Der linkssozialistische Literaturwissenschaftler Alfred Kantorowicz formulierte die Gründe seiner Rückkehr mit der Einbringung der »im Exil erworbenen Einsichten und Erkenntnisse« beim Wiederaufbau: »Der Sieg des besseren, des humanen, schöpferischen, friedensliebenden Deutschland ist noch zu erkämpfen. Dieser Kampf muss hier im Lande ausgetragen werden.« Anfangs schien der radikalere Neubeginn im Osten erfolgversprechender, aber bald wechselten Hans Mayer, Ernst Bloch und andere Nonkonformisten in die tolerantere Bundesrepublik.[43]

Eine zentrale Rolle in der Vermittlung ausländischer Forderungen nach innen und deutscher Wünsche nach außen spielten auch die diversen Deutschlandkenner. In schwierigen Detailfragen stützten sich die Besatzungsmächte notgedrungen auf die *German hands* wie den Pädagogen Edward Hartshorne und den Juristen Shepard Stone, die sich schon vor dem Kriege mit Deutschland beschäftigt hatten. Remigrierte Journalisten wie Sebastian Haffner und Hans Habe schrieben gleichzeitig englischsprachige Reportagen über das besiegte Land, und deutsche Artikel, die versuchten, den skeptischen Besetzten die Reformvorstellungen der Sieger zu erklären.[44] Die gebildeten Kulturoffiziere, die Interesse an der Mentalität und Kreativität der jeweiligen Besatzungsmacht wecken sollten, standen vor einer ähnlichen Übersetzungsaufgabe zwischen ihren elitären Vorgaben wie der Förderung von klassischer Musik und den Wünschen des Publikums nach Unterhaltung mit Jazz.[45] Durch die Notwendigkeit der Lösung konkreter Besatzungsprobleme sahen sich auch pragmatische Politiker wie General Clay und Hochkommissar McCloy immer stärker gezwungen, auf die Vorstellungen der Besiegten einzugehen. Besonders auf der städtischen Arbeitsebene mussten Bürgermeister wie der Bremer Wilhelm Kaisen oft mit kooperativen Offizieren praktische Kompromisse aushandeln.[46]

Im Laufe der Zeit verdichteten sich die eher zufälligen Treffen zu festen Bekanntschaften, aus denen sich wiederum informelle Netze bildeten, die sogar zu bilateralen Organisationen zusammenwuchsen. Auf lokaler Ebene ergaben sich bei US-Militärstützpunkten individuelle Mitgliedschaften in deutschen Vereinen oder in amerikanischen Klubs, aus denen manchmal übergreifende Vereinigungen entstanden. Auf nationaler Ebene versuchte vor allem die Sowjetunion durch die Gründung einer »Gesellschaft zum Studium der Kultur der Sowjetunion« (1947, später Gesellschaft für Deutsch-Sowjetische Freundschaft) dem Bildungsbürgertum durch Veranstaltungen und Ausstellungen ein positiveres Bild russischer Kultur und kommunistischer Erfolge (»der Sieg des Sozialismus in der Sowjetunion«) zu vermitteln. Als westliches Pendant wurde 1952 die elitäre »Atlantik-Brücke« gegründet, die in Amerika Vorbehalte gegenüber der Bundesrepublik abbauen und in Deutschland Verständnis für den *American way of life* propagieren sollte. Gleichzeitig initiierten US *service clubs* wie ROTARY, LIONS und KIWANIS deutsche Ableger, die als Foren für Geschäftsleute lokale Wohltätigkeitsveranstaltungen durchführen und dadurch das amerikanische Dienstleistungsethos internationalisieren sollten.[47]

Die Intensivierung der Kontakte zum Westen war ebenso ein Resultat eigener deutscher Initiativen zur Wiederherstellung von Auslandsbeziehungen. So blieb der überdimensionierten Wirtschaft keine Wahl als zu versuchen, den Export wieder anzukurbeln – allerdings nicht mehr in der gewohnten Herrenrolle, sondern in der wenig beneidenswerten Position eines Bittstellers. Schon während der alliierten Kontrolle durch militärische Treuhänder ergaben sich intensive Auseinandersetzungen, die sich mit der Wende zum Wiederaufbau im Zeichen des Kalten Krieges langsam zu einer Art der Zusammenarbeit entwickelten. Die vom European Recovery Program des Marshall-Plans avisierte Wiederherstellung des europäischen Warenaustauschs verlangte geradezu die Wiederaufnahme früherer Arbeitsbeziehungen, die sich zur Rückgewinnung alter Märkte benutzen ließen. Zwar fanden die zahlreichen Verhandlungen unter veränderten Rahmenbedingungen statt und mussten schmerzliche Erinnerungen an deutsche Untaten überwinden; aber die damit verbundenen Reisen ins westliche Ausland erweiterten den Horizont der Manager, belohnten echtes Kooperationsverhalten und schufen dadurch eine gewisse Internationalisierung des Stils.[48]

Besonders Jugendliche hatten ein enormes Interesse am Westen und suchten nach Gelegenheiten, der deutschen Enge zu entfliehen und die Nachbarländer kennen zu lernen. Daher waren bei ihnen Angebote der protestantischen und katholischen Geistlichen zu religiösen Versöhnungstreffen, vor allem in den Grenzregionen, beliebt. In den frühen fünfziger Jahren wurden von wagemutigen Lehrern auch die ersten Schülerfahrten organisiert, die zum Beispiel Oberschülerinnen aus Krefeld in einem Bus nach Südfrankreich führten, um dadurch teils ihre Sprachkenntnisse zu verbessern, teils die Kultur der Provence kennen zu lernen und schließlich um durch menschliche Begegnungen nationale Vorurteile abzubauen.[49] Auch internationale Jugendorganisationen wie die Boy Scouts luden deutsche Delegationen ein, die zum Beispiel an der Feier des fünfzigjährigen Gründungsjubiläums in England teilnehmen und dadurch das britische Königspaar bestaunen durften. Zwar wurden unbelastete Jugendliche durch ablehnende Reaktionen immer wieder an ihr Deutschsein erinnert, aber sie konnten durch freundliches Auftreten helfen, alte Feindbilder zu überwinden, und dadurch zur Entstehung eines europäischen Gemeinschaftsgefühls beitragen.

Auch die Reisewelle der fünfziger Jahre förderte die Internationalisierung, da sie das Ausland mit Urlaub, Abwechslung und Erholung assoziierte. Zunächst in Zügen oder Bussen, aber dann in ihren Privatautos und schließlich in Flugzeugen strömten Bundesbürger in westliche und südliche Nachbarländer, da der Eiserne Vorhang die östlichen Ferienziele blockierte. Die »zweite Germanische Invasion«

von zweihunderttausend Touristen während der Osterferien von 1954 löste in Holland erheblichen Spott aus, der Klischees aus dem Zweiten Weltkrieg bemühte, obwohl tüchtige Geschäftsleute gerne an den für »Tulpenzwiebeln, Porzellan-Windmühlen, Silberlöffeln, Butter, Tee und Kognak« ausgegebenen D-Mark verdienten. Zwei dänische Journalisten, die sich als deutsche Touristen verkleideten, erlebten einen »regelrechten Triumphzug, obwohl wir uns alle Mühe gaben, gegen jedes Parkverbot zu verstoßen«. Auch wenn taktloses Benehmen traditionelle Ressentiments reaktivierte, waren generell die Deutschen überraschend willkommen: »Wir hatten das Gefühl, dass wir zehn Jahre lang vermisst worden waren.«[50] Für die Touristen boten diese Reisen eine Möglichkeit der Horizonterweiterung, sei es durch Kulturstudium, sei es durch Kennenlernen fremder Lebensarten.

Das Resultat solch unterschiedlicher Kontakte war eine langsame Öffnung für westliche Denkstile und Verhaltensweisen, die materiell und ideell nachahmenswert zu sein schienen. Das Interesse am Osten blieb eher begrenzt, weil die Kontaktfläche zur Sowjetunion kleiner war, Begegnungen schärfer kontrolliert wurden und Sprachbarrieren die Kommunikation behinderten. Nach der Kasernierung der Roten Armee hatte die ostdeutsche Bevölkerung wenig mit russischen Soldaten zu tun und die diversen Delegationen, die zu Studienaufenthalten in die Sowjetunion fuhren, bestanden meist nur aus überzeugten SED-Mitgliedern.[51] Dagegen besaß der Westen eine ganze Reihe von Attraktionen: Frankreich und Italien boten inspirierende Manifestationen alter Hochkulturen, England demonstrierte Formen eines zivilisierten Lebensstils sowie einer von Beatles und Minirock geprägten Jugendkultur und die Vereinigten Staaten zeigten eindrucksvolle Beispiele militärischer Macht, politischen Einflusses und wirtschaftlichen Erfolges, von konsumorientierter Populärkultur ganz zu schweigen. Da die meisten Begegnungen gegenseitige Vorurteile abbauten, schufen die damit verbundenen Erlebnisse des gegenseitigen Kennenlernens insgesamt eine mentale Grundlage für die graduelle Westwendung der Deutschen in den Nachkriegsjahrzehnten.[52]

Politische Westbindung

Die Bindung der westdeutschen Politik an den Westen war jedoch keine automatische Konsequenz positiver Erfahrungen, sondern das Ergebnis eines kontroversen Entscheidungsprozesses zwischen den Gesellschaftsentwürfen der rivalisierenden Siegermächte. Zwar bekannte der Nestor der entstehenden CDU, Konrad Adenauer, im März 1946, er sei und bleibe Deutscher, fühle sich aber auch als Europäer und setze sich daher für eine Verständigung und für eine Entwicklung zu den Vereinigten Staaten von Europa ein. Aber der im Ersten Weltkrieg und im Konzentrationslager versehrte Vorsitzende der SPD in den Westzonen, Kurt Schumacher, schlug gleichzeitig stärker nationale Töne an: »Die Sozialdemokratie sei aber nicht die Partei der russischen und der britischen, nicht die der französischen oder amerikanischen Arbeiter, sondern die der deutschen Arbeiter.« Dagegen plädierten radikalere Sozialisten wie Max Fechner für eine engere Zusammenarbeit der zu gründenden Einheitspartei (SED) mit dem »dreifachen Sieger« der Geschichte: der Sowjetunion.[53] Erst nach scharfen Auseinandersetzungen zwischen Vertretern einer Ostausrichtung, Proponenten einer nationalen Neutralität und Befürwortern einer Westwendung konnte sich der letztere Kurs durchsetzen.

Ausgangspunkt für die politische Westwendung war die Verschiebung des deutschen Territoriums nach Westen durch die Verfestigung der Potsdamer Beschlüsse im Gefolge des Zweiten Weltkriegs. Trotz des Traumas von Flucht und Vertreibung befreite der von der russischen Teilannexion Ostpreußens und der Verlagerung Polens verursachte Verlust der früheren preußischen Ostgebiete die westdeutsche Entwicklung von den problematischen Einflüssen Ostelbiens, die zur NS-Machtergreifung beigetragen hatten. Die anschließende Verwandlung des mitteldeutschen Kernraums in »Ostdeutschland« und seine Abtrennung durch den Eisernen Vorhang zwang die Westdeutschen, sich politisch auf die westlichen Nachbarländer auszurichten. Dadurch konnten sich eigene liberale Traditionen freier entfalten, kulturelle und wirtschaftliche Beziehungen zu Frankreich und England vertiefen und westdeutsche Gebiete sich als »integrierender Teil Westeuropas« verstehen lernen. Der Politikwissenschaftler Richard Löwenthal hielt die daraus hervorgegangene

Bundesrepublik für »das westlichste Deutschland, das es seit Jahrhunderten gegeben hat«, weil sich dort eine »bürgerliche Lebensform im westlichen Sinne« herausbilden konnte.[54]

Als ideologische Überhöhung bot sich im ersten Nachkriegsjahrzehnt vor allem die diffuse Identitätsvokabel vom »christlichen Abendland« an, die kaum in einer Rede bürgerlicher Politiker fehlen durfte. Dabei erwies sich im Kalten Krieg der türkenfeindliche Hintergrund des Begriffs als Vorteil, da er *mutatis mutandis* in die antikommunistische Kreuzzugsstimmung passte. Vor allem in katholischen Kreisen des Südens und Westens rief er auch die Erinnerung an ein im Mittelalter kulturell geeintes Europa wach, das vielleicht durch eine Zusammenarbeit mit Frankreich und Italien rekonstituiert werden konnte. Dennoch ließ das Schlagwort auch für konservative Protestanten Raum, da es seine gesamte von Hellas inspirierte kulturelle Tradition mit einschloss. Durch die Rückwendung zu ethischen Grundwerten, die vom Nationalsozialismus verletzt worden waren, wurde das »christliche Abendland« zu einer Brücke zwischen desillusionierten Neo-Konservativen und für Gläubige, die auf Rechristianisierung hofften. Mit der Betonung der transnationalen Wertegemeinschaft erlaubte diese Formel auch eine virtuelle Reintegration der deutschen Kultur in einen konservativ verstandenen Westen. Die Aufforderung zur »Rückkehr zu den Grundlagen christlich-abendländischer Kultur« der Menschenwürde nahm daher einen prominenten Platz in den Programmen der CDU ein.[55]

In liberalen und protestantischen Kreisen Norddeutschlands war es eher die Ausstrahlung der anglo-amerikanischen Zivilisation, die das Bild eines fortschrittlichen Westens bestimmte. Dabei spielte die britische Besatzung des Ruhrgebiets im neuen Land Nordrhein-Westfalen eine wichtige Rolle, während die materielle Überlebenshilfe verdeutlichte, dass die USA die eigentliche westliche Vormacht war. Trotzdem blieben die Gebildeten mit ihrem überhöhten Kulturbegriff anfangs eher skeptisch gegenüber der technisch überlegenen Zivilisation der Amerikaner, vor allem weil sie ihre Selbstachtung nicht verlieren wollten. Es war daher eine Minderheit von progressiven Intellektuellen, praktischen Geschäftsleuten, überzeugten Demokraten und orientierungslosen Jugendlichen, die sich von der experimentellen Kunst, wirtschaftlichen Dynamik, praktizierten Selbstverwaltung und rhythmischen Musik der Vereinigten Staaten anziehen ließ. Erst mittels der schrittweisen Einführung von American Studies als Landeskunde an den Universitäten gelang es, die eher fragmentarischen Bilder der USA systematisch zu unterfüttern.[56] Der Begriff des Westens von Völkern mit den »gleichen Ansichten über Staat, Person, Freiheit und Eigentum« vereinte daher durchaus widersprüchliche Vorstellungen des Abendlands und Amerikas.[57]

Trotz aller Gräuelgeschichten übte in einigen westlichen Arbeitergegenden und in Ostdeutschland aufgrund der nicht zu übersehenden Präsenz der Roten Armee das sowjetische Vorbild einen erheblichen Einfluss aus. Sogar Mitglieder der geschlagenen Eliten, die von der Opferbereitschaft des russischen Volkes beeindruckt waren, konnten wie die Offiziere des Nationalkomitees Freies Deutschland (NKFD) an Erinnerungen der traditionellen Waffenbrüderschaft mit dem Zarenreich anknüpfen. Aber es waren eher Aktivisten der Arbeiterbewegung, die die Vereinigung von KPD und SPD als überfällig ansahen und auf die Übertragung der Stalinschen Erfolge bei Kollektivierung und Industrialisierung hofften, um in Deutschland einen sozialistischen Staat zu errichten. Auch antifaschistische Intellektuelle, wie der jüdische Romanist und bürgerliche Demokrat Victor Klemperer waren bereit, die Ausschreitungen und Fehler der Besatzungsmacht zu übersehen, da die Kommunisten den deutlichsten Bruch mit der Vergangenheit versprachen: »Sie allein dräng[en] wirklich auf radikale Ausschaltung der Nazis.«[58] Durch die Resonanz der »antifaschistischen Einheitsfront« in unterschiedlichen Bevölkerungskreisen war auch eine Ostbindung an die Sowjetunion nicht völlig chancenlos.

Im »politischen Vakuum« der Nachkriegszeit war es jedoch der Eindruck der Maßnahmen einzelner Besatzungsmächte, der schließlich die politischen Optionen der Bevölkerung bestimmte. Zwar waren viele Deutsche über den Schuldvorwurf der Nürnberger Prozesse, die bürokratische Entnazifizierung, die unbeholfenen Umerziehungsversuche und die punitive Grundhaltung der Amerikaner verärgert.[59] Aber Außenminister Byrnes stieß mit seiner Rede in Stuttgart im September 1946 ein »Tor der Hoffnung« auf, weil er »den Deutschen als Freund und Helfer den Weg zu einem neuen Leben« wies. Auch die Einbeziehung Westdeutschlands in das European Recovery Program gegen die Proteste westlicher Nachbarn und der Sowjetunion wirkte positiv, da der Marshall-Plan den deutschen Wiederaufbau in einen europäischen Kontext stellte und dadurch einen Zusammenschluss der westlichen Besatzungszonen im Wirtschaftsrat notwendig machte, aus dem »Trizonesien« hervorging. Schließlich sandte auch die hauptsächlich von US-Flugzeugen bestrittene Luftbrücke ein aufmunterndes Signal, da die technische Leistung der Versorgung Berlins mit Lebensmitteln handfest demonstrierte, »dass die Amerikaner die Deutschen nicht im Stich ließen«.[60]

Dagegen schreckten viele Aktionen der Sowjetunion eher ab und die wachsende Diskrepanz zwischen SED-Propaganda und erlebter Realität untergrub ihre Glaubwürdigkeit. Auch wenn die Behauptung einer »Rettung durch die Rote Armee« nicht ganz falsch war, erinnerte sich die Bevölkerung an ihre Grausamkeiten. »Ich kann gar nicht alle aufzählen, die von den Russen erschlagen, erschossen und auf Nimmerwiedersehen verschleppt wurden.« Obwohl viele Mitläufer von Hitler desillusioniert waren, wurden sie bald die Übertreibungen des Stalinkults leid, der den Generalissimus der Sowjetunion als Mann verklärte, der »Weisheit mit Kühnheit, genaue wissenschaftliche Berechnung mit resoluter Tapferkeit« verband.[61] Manche »Teile der Bevölkerung begannen der KPD beizutreten in der Hoffnung auf gewisse Vorteile«, aber »viele Leute zogen sich mehr zurück, weil sie ihren eigenen Freunden oder Verwandten nicht mehr vertrauten«. Obwohl Neubauern und Arbeiter die Enteignung der Großgrundbesitzer und Industriellen begrüßten, markierte die Aufstellung von Einheitslisten nach dem enttäuschenden SED-Abschneiden in den Wahlen von 1946/47 das Ende der Meinungsfreiheit. Den Ostdeutschen wurde es daher immer klarer, dass sie eine Diktatur gegen eine andere getauscht hatten, wie ein enttäuschter Altkommunist formulierte: »Un dafier hammer nu gegämfd.«[62]

Das in einer solchen Atmosphäre zustande gekommene westdeutsche Grundgesetz war daher ein Kompromiss zwischen Aufrechterhaltung eigener Verfassungstraditionen und meist freiwilligen Westimporten. Natürlich setzten die Londoner Vorgaben der Westmächte einen gewissen Rahmen von Föderalismus, Grundrechten und Neuordnung der Länder, der durch offizielle Demarchen wie durch informelle Kontakte verstärkt wurde. Aber die Mitglieder des Parlamentarischen Rats waren mit der deutschen Verfassungsgeschichte hinlänglich vertraut, um deren positive Aspekte fortführen sowie die Hauptfehler der Weimarer Republik wie etwa die Zersplitterung der Parteien und die Notverordnungskompetenz des Präsidenten vermeiden zu können. Gleichzeitig kannten Persönlichkeiten wie Ludwig Bergsträsser (SPD), Hermann von Mangoldt (CDU), Anton Pfeiffer (CSU) und Rudolf Katz (SPD) westliche Spielarten des Parlamentarismus eingehend und konnten daher mit Hilfe von Konrad Adenauer und Carlo Schmid positive Anregungen einbringen. Auch ohne Senat, Präsidialregime oder plebiszitäre Elemente trug das Grundgesetz zur Westernisierung bei, weil es deutsche Staatstraditionen wie das Berufsbeamtentum und den Föderalismus mit westlichen Elementen etwa der Grundrechte und des Verfassungsgerichts verband.[63]

Die ostdeutschen Verfassungsberatungen bemühten sich um ein deutsches Erscheinungsbild, um dadurch den schon ablaufenden Prozess der Sowjetisierung zu verschleiern. Das KPD-Programm vom Juni 1945 versprach die »Herstellung der demokratischen Rechte und Freiheiten des Volkes« und das Gründungsmanifest der SED vom Frühjahr 1946 erwähnte als Ziel nur »die antifaschistisch-demokratische Republik«. Der erste »Entwurf einer Verfassung für die deutsche Demokratische Republik« vom November 1946 knüpfte an Weimarer Vorstellungen an und betonte »die Einheit der Nation, de[n] soziale[n] Fortschritt [und] die Sicherung des Friedens« als Leitlinien.[64] Der Versuch, über eine gesamtdeutsche Verfassungsdiskussion unter dem Signum eines »Volksentscheids für die Einheit Deutschlands« die westliche Arbeiterschaft für eine sozialistische Republik zu begeistern, stieß jedoch auf wenig Resonanz über kommunistische Kreise hinaus – nicht weil die Forderungen nach »Säuberung von Naziaktivisten«, »demokratischer Bodenreform«, »Enteignung der Kriegs- und Naziverbrecher« sowie Einführung der Planwirtschaft unpopulär gewesen wären, sondern weil sie durch die Politik der SED und der Sowjetunion desavouiert wurden. Die Volkskongressbewegung blieb daher weitgehend auf die SBZ beschränkt und die erste volksdemokratische DDR-Verfassung spiegelte das Ausmaß der sozialen Veränderung in Richtung sowjetisches Vorbild nur unzureichend wider.[65]

Trotz mancher Rückschläge war die Adenauersche Kooperationspolitik mit den westlichen Alliierten insgesamt genügend erfolgreich, um ein skeptisches Wahlvolk vom Nutzen der Westbindung zu überzeugen. Schon das Besatzungsstatut vom Frühjahr 1949 förderte die Stärkung deutscher Selbstverwaltung und behandelte die diversen Reservatrechte als zeitlich begrenzt. Der Kanzler konnte den durch die Petersberger Verträge geschaffenen Spielraum zur Konstituierung der Bundesrepublik als Surrogat für ein zu vereinigendes Deutschland nutzen, um auf eine »Wiedergewinnung der Souveränität« hinzuarbeiten. »Die schrittweise Wiederaufnahme in die Gemeinschaft der freien Völker Europas« ermöglichte die vorzeitige Aufhebung von Besatzungskontrollen, die Mitgliedschaft in europäischen Organisationen und die Wiederherstellung einer gewissen Handlungsfreiheit.[66] Auch wenn nationalistische Maximalforderungen die »vertrauensvolle Zusammenarbeit« immer wieder gefährdeten, waren Fortschritte wie die Beendigung des Kriegszustands mit den USA unleugbar. Die »Einigung über den deutsch-alliierten Generalvertrag« war daher ein Erfolg von Adenauers »Ruhe und Zähigkeit«. Im Vergleich zur langwierigen Revision von Versailles gelang die Erringung der formalen Gleichberechtigung nach dem Zweiten Weltkrieg wesentlich schneller.[67]

Dagegen waren die internen Widerstände gegen den Schuman-Plan einer Montanunion erheblich stärker, da es sich dabei um den ersten konkreten Schritt zu einer »überstaatlichen« Vereinigung der westeuropäischen Staaten handelte. Adenauer wurde nicht müde, die Vorteile einer Europäisierung der Kohle- und der Stahlproduktion anzupreisen, die nicht nur einseitige alliierte Kontrollen über das Ruhrgebiet und Beschränkungen für die Industrie beenden, sondern auch »auf die Dauer zwischen Frankreich und Deutschland ein friedliches Verhältnis« begründen würde. Trotz der Kooperation des DGB polemisierte die SPD gegen die »Schwächung der deutschen Wirtschaft«, die »Diktatur der hohen Behörde« und die Schaffung eines »Kleinsteuropa« ohne England und Skandinavien.[68] Noch schärfer lehnte die SED diesen »Kriegsplan« ab, indem sie westdeutsche Bergarbeiter zum Massenstreik aufrief. Die Bundesregierung ließ sich dennoch nicht irre machen und versuchte, den Plan durch Ausbau von Institutionen wie den Ministerrat, die parlamentarische Versammlung und den Gerichtshof zu einer »europäischen Gemeinschaft« auszuweiten. In der Bundestagsdebatte setzte sich letztlich die Regierung durch, da sie die Montanunion als Ende der Diskriminierung und Schritt zur »wirtschaftlichen und politischen Gesundung« Europas darstellen konnte.[69]

Vor allem das Fehlen von praktikablen Alternativen in der von nationalen und sozialdemokratischen Kreisen angemahnten Wiedervereinigungspolitik trug zur Festigung der Westbindung bei. Da der Westen »eine kommunistische Diktatur für Gesamtdeutschland« ebenso ablehnte wie der Osten die Ausdehnung der Demokratie auf die DDR, blockierten sich die Forderungen nach »freien Wahlen« oder einem »Friedensvertrag« auf konföderativer Basis gegenseitig.[70] Als die sowjetische Note im Frühjahr 1952 einen Hoffnungsschimmer anzubieten schien, forderte der gesamtdeutsch orientierte Gustav Heinemann zwar deutlich: »Wer die Wiedervereinigung Deutschlands will, muss auf die Westeingliederung verzichten.« Aber Adenauer war dazu nicht bereit: »Die Wiedervereinigung Deutschlands sei nicht aus eigener Kraft und auch nicht mit russischer Unterstützung, sondern nur mit Hilfe der drei Westmächte möglich.« Ziel seiner Politik sei »die Wiedergewinnung der deutschen Einheit in Freiheit – ein Status, der durch eine so genannte ›Neutralisierung‹ niemals erreicht werden« könne. Auch wenn Schumacher weiterhin auf dem Vorrang der Wiedervereinigung beharrte, schien der Bundesregierung während des Kalten Krieges das Risiko einer ungeschützten Neutralität zu groß, um deswegen die schon erreichten Fortschritte der Westintegration aufzugeben.[71]

Der überraschende Arbeiteraufstand vom 17. Juni 1953 diskreditierte nationale Vorbehalte gegen eine Anlehnung an die Westmächte noch mehr, weil er die *ultima ratio* eines sowjetischen Militäreinsatzes zur Machtsicherung der SED provozierte. Die spontanen Proteste von Bauarbeitern der Ostberliner Stalinallee gegen die Erhöhung ihrer Arbeitsnormen verbreiteten sich schnell durch die Republik und wurden zu einem »Aufruhr gegen das SED-Regime«. In Sprechchören forderten die demonstrierenden Arbeiter »freie und geheime Wahlen, die Rückgängigmachung der erzwungenen Normerhöhungen und die Absetzung der für Missstände verantwortlichen Regierungsmitglieder«.[72] Dadurch wurde aus einem begrenzten Arbeitskonflikt ein politischer Aufstand, der »eine moralische Hinrichtung des sowjetzonalen SED-Systems« bedeutete. Da viele Parteimitglieder von der Wut des eigenen Volkes überrascht waren, musste die Rote Armee mit Panzern eingreifen, um die Ruhe wiederherzustellen. Deshalb verfing auch der Erklärungsversuch des *Neuen Deutschland* nicht, der den Aufstand als »faschistisches Abenteuer« zu disqualifizieren versuchte. Als die russischen Panzer »den Arbeiterpartei-Mythos« zerstört hatten, konnte die Bundesregierung sich in ihrer Politik, »alles zu tun, um Deutschland in Frieden und Freiheit zu einigen«, bestätigt fühlen.[73]

Mitte der fünfziger Jahre war die Westbindung schon stark genug, um auch die Ablehnung der EVG zu verkraften und stattdessen den NATO-Beitritt durchzusetzen. Da eine Nationalarmee »mit Geist und Ziel der europäischen Einigung nicht vereinbar war« hatte die Bundesregierung den Vorschlag einer europäischen Verteidigungsgemeinschaft unterstützt, bis die französische Nationalversammlung mit Stimmen der Gaullisten und Kommunisten diese Lösung ablehnte. Dennoch setzte Adenauer im Kabinett durch, dass »die bisher verfolgte Europa-Politik beibehalten werden müsse«, und schlug stattdessen einen Beitritt in den Nordatlantikpakt vor.[74] Im Glauben, dass »eine Welle des Widerspruchs und des Widerstandes durch die Bevölkerung gehe«, kämpfte die Opposition entschlossen gegen die Ratifizierung der Pariser Verträge. In einer dramatischen Kundgebung in der Paulskirche warfen der SPD-Vorsitzende Erich Ollenhauer und Intellektuelle wie Helmut Gollwitzer der Koalition die »Versteinerung der Spaltung« sowie die »Lostrennung der Saar« vor. Gegen die Massenbewegung für einen Volksentscheid berief sich die Regierung auf die Verantwortung der Legislative und die Vorteile einer »Wiederherstellung der deutschen Souveränität«.[75] Im Bundestag konnte die Regierung die Verträge mit »starker Mehrheit« durchsetzen, da nur erhoffte sowjetische Konzessionen die realen Sicherheiten der Westintegration nicht übertrumpfen konnten.[76]

Dagegen waren die EWG-Verträge weniger umkämpft, auch wenn ihnen nicht unerhebliche Detailkritik entgegenschallte. Jean Monnets Idee einer *relance européenne* »durch den Ausbau der gemeinsamen Institutionen, durch die schrittweise Fusion der nationalen Wirtschaften, durch die Schaffung eines gemeinsamen Marktes« stieß in Bonn durchaus auf Wohlwollen. Der Grundkompromiss eines erweiterten Absatzes für deutsche Industrieprodukte im Gegenzug für französische Agrarsubventionen, nukleare Zusammenarbeit und Kolonialpräferenzen war einleuchtend. Weil sich die SPD, gewitzt durch vergangene Niederlagen, diesmal zu einer prinzipiellen Zustimmung entschloss, kamen die Einwände nun aus Handelskreisen und von der FDP, die eine Freihandelszone bevorzugten, Großbritannien mit dabei haben wollten und den »hohen Kaufpreis für Europa« ablehnten. Gegen die Klage über »viele kleine Fehler« wies die Regierung auch auf die Billigung deutscher Sonderwünsche wie die Berlinklausel und die Behandlung des innerdeutschen Austauschs als Binnenhandel hin. Der belgische Außenminister Paul-Henri Spaak konnte deswegen die Unterzeichnung der Verträge als die »größte freiwillige und organisierte Umwandlung in der Geschichte Europas« begrüßen.[77]

Erst das Godesberger Programm der SPD brachte die volle innenpolitische Verankerung der Westbindung, da dadurch die größte Oppositionspartei auf den westlichen Integrationskurs einschwenkte. Die nach Kurt Schumachers frühem Tod von Erich Ollenhauer bis zum Deutschlandplan von 1959 fortgesetzte Priorität der Wiedervereinigung und der Verhandlungen mit der Sowjetunion war weder von der russischen Regierung noch von den westdeutschen Wählern genügend honoriert worden. Daher versuchte gegen Ende der fünfziger Jahre eine Gruppe von jüngeren Außenpolitikern wie Fritz Erler, Willy Brandt und Helmut Schmidt ihre Partei langsam aus der Sackgasse der Ostfixierung herauszuführen. Trotz scharfer SED-Warnungen gegen eine solche »Kapitulation« verabschiedete sich der SPD-Sonderparteitag im November 1959 unter der Ägide von Herbert Wehner von »überholten Doktrinen«, indem er die Marktwirtschaft als Rahmenbedingung akzeptierte sowie sich »zur Verteidigung der freiheitlich-demokratischen Grundordnung«, das heißt der Landesverteidigung bekannte. Zwar zog die SPD weiterhin eine »europäische Zone der Entspannung« vor, aber die Westbindung war so wenig kontrovers geworden, dass sie als solche überhaupt nicht mehr zur Diskussion stand.[78]

Als Anfang der sechziger Jahre im Bündnis Spannungen entstanden, tauchte die Frage auf, mit welchem »Westen« sich die Bundesrepublik eigentlich solidarisieren sollte. Eine Gruppe der »Atlantiker« setzte auf eine enge Zusammenarbeit mit den Vereinigten

Staaten und England, die schon von Theodore Roosevelt, Austin Chamberlain und Wilhelm II. avisiert, aber nie realisiert worden war. Vor allem Handelskreise und Wirtschaftsmanager waren an den Freihandelskonzeptionen der Anglo-Amerikaner interessiert, um ohne Behinderungen auf dem Weltmarkt agieren zu können. Auch Militärs, Sicherheitsexperten und Rüstungsfachleute blickten auf Washington wegen der Überlegenheit der im Koreakrieg erprobten konventionellen Waffensysteme, der Notwendigkeit des nuklearen Schirmes gegen die russische Bedrohung und des politischen Willens zur Verteidigung. Liberale Vordenker konnten sich auch auf die Kongruenz der Werte zwischen der US-Verfassungstradition und der deutschen »freiheitlich-demokratischen Grundordnung« berufen. Das Problem der atlantischen Ausrichtung waren jedoch die starken Schwankungen der innenpolitisch bestimmten US-Außenpolitik zwischen dem Dullesschen »Roll-back« und der Kennedyschen Detente.[79]

Die Gegenposition bildeten die »Gaullisten«, die sich stärker auf den kontinentalen Nachbarn Frankreich hin orientieren wollten. Diese Partnerschaft konnte sich auf die Verständigung von Briand und Stresemann in den zwanziger Jahren berufen, die auch unter Botschafter Otto Abetz während des Vichy-Regimes weiterverfolgt worden war. Für Paris sprachen vor allem kulturelle Affinitäten in Westdeutschland, das seit Jahrhunderten von der französischen Literatur, der kultivierten Lebensart und dem Rechtssystem (Code Napoléon) beeinflusst worden war. Allerdings musste die »Politik der Versöhnung« die Rückkehr des Saargebiets zur Bundesrepublik per Volksentscheid aushalten. Durch den Militärputsch von 1958, der Charles de Gaulle an die Macht brachte, hatte sich mit dem Präsidialsystem der Fünften Republik auch endlich die politische Szene in Paris stabilisiert. Gleichzeitig war der General ein Staatsmann, der in größeren historischen Kategorien dachte und aus Ressentiment gegen seine Vernachlässigung im Exil auf stärkere Unabhängigkeit von den Vereinigten Staaten hinarbeitete.[80] Die Schwierigkeit einer Anlehnung an Paris war jedoch dessen begrenzte militärische Macht, die trotz der *force de frappe* kaum für einen wirklichen Schutz gegen den Osten ausreichte.

Die von Atlantikern und Gaullisten vertretene Alternative löste während der letzten Regierungsjahre von Konrad Adenauer scharfe Konflikte aus. Dem alternden Kanzler blieben die USA trotz erfolgreicher Staatsbesuche eine fremde Welt, denn er fühlte sich dem europäischen Partner Frankreich näher und sympathisierte instinktiv mit de Gaulle.[81] Die jungen Wilden, vor allem in der CSU Franz Josef Strauß und der Freiherr Karl Theodor zu Guttenberg, die auf einen eigenen Zugang zu Nuklearwaffen hinarbeiteten, sahen in der Zusammenarbeit mit Paris eine Chance zu weiterer Emanzipation. Dagegen blieb der protestantisch-norddeutsche Flügel der CDU, angeführt von Außenminister Gerhard Schröder und Kai-Uwe von Hassel, eher atlantisch gesinnt. Dem Elysée-Vertrag, der die deutsch-französische Freundschaft besiegeln und sich zu einer engeren Union der beiden Staaten entwickeln sollte, stellten sie daher eine Präambel voran, um die Schwächung der transatlantischen Zusammenarbeit zu verhindern.[82] Die Gaullisten revanchierten sich für diese Niederlage, indem sie den Sturz des atlantisch-gesinnten, aber von Präsident Johnson gedemütigten Nachfolgers Erhard betrieben.[83] Auf die Dauer bewiesen diese Querelen jedoch nur, dass eine erfolgreiche Westpolitik gleichzeitig Freundschaft mit Frankreich *und* Anlehnung an Amerika brauchte.

Die ideologische Rechtfertigung für die Westbindung lieferte ein strammer Antikommunismus, der Konservative bis Sozialdemokraten in gemeinsamer Abwehr gegen die Gefahr aus dem Osten einigte. Zur Dramatisierung des Totalitarismus behaupteten Presseartikel, dass »über den achtzehn Millionen Deutschen der Sowjetzone ein unvorstellbarer Terror wütet«, der als »lückenloses Netz« von Geheimdiensten, SED-Organisationen und scheinbar harmlosen gesellschaftlichen Gruppen konzipiert sei. Westdeutsche Regierungsstellen und Privatorganisationen wie das »Aktionskomitee gegen die fünfte Kolonne« warnten vor einer Unterwanderung der Bundesrepublik durch etwa zweihundert »kommunistische Tarnorganisationen«. Vor allem Friedensgruppen seien »kommunistisch gesteuert und finanziert«, während die westdeutsche KPD von »ferngesteuerten Apparatschiks« kontrolliert würde.[84] Diverse Organisationen wie die Kampfgruppe gegen die Unmenschlichkeit, der Bund freiheitlicher Juristen und das Ostbüro der SPD versuchten deshalb, eigene antikommunistische Flugblätter in die DDR zu schleusen. Gleichzeitig entschied sich die Bundesregierung, »die KPD als verfassungswidrig anzusehen« und aufgrund Artikel 21 GG ihr Verbot zu beantragen.[85]

Das östliche Hauptargument für eine Bindung an die Sowjetunion war ein heroisierter Antifaschismus, der den Widerstand gegen und den Sieg über Hitler als moralisches Kapital einsetzte. Das sozioökonomische Verständnis des Nationalsozialismus als extreme Form des Monopolkapitals erleichterte die Behauptung des Weiterlebens des Faschismus in der bürgerlichen Bundesrepublik und die Gleichsetzung der amerikanischen NATO-Generäle mit der SS. Plumpe Propagandabehauptungen wie das »unmenschliche und verbrecherische« Abwerfen von Kartoffelkäfern aus amerikanischen Flugzeugen, die Anklage »Adenauer ist der Mörder«, der einen Dritten Weltkrieg vorbereitete und die Beschimpfung der Bundesrepublik als »Polizeistaat« sollten die eigene Bevölkerung bei der Stange halten.[86] Gleichzeitig publizierten formell unabhängige Organisationen wie der »Arbeitskreis für deutsche Verständigung« Appelle etwa gegen die westliche Zustimmung zum Schuman-Plan, gegen die Unterschrift unter den Generalvertrag und gegen die Pläne für eine gemeinsame europäische Armee. Durch breit angelegte Unterschriftensammlungen der Kampagne für einen Friedensvertrag versuchte die SED-Führung an den westdeutschen Nationalismus zu appellieren, um eine dauerhafte Westbindung zu verhindern.[87]

Der Kalte Krieg verlangte von der Bevölkerung eine eindeutige innen- und außenpolitische Stellungnahme entweder für »die freie Welt« oder den »Sozialismus«. Die DDR sah sich als Versuch der »breitere[n] Entfaltung der Demokratie« und kritisierte, dass der Westen »die Nachfolge des braunen Unwesens angetreten hat«. Die BRD dagegen fürchtete das »aggressive und imperialistische Streben des Sowjetblocks« und verstand sich als »Verfechter einer freiheitlich demokratischen Staatsauffassung, die auf dem Boden des Christentums gewachsen ist und ihre Werte in einer rechtsstaatlichen Demokratie gefunden hat«. Unter diesen sich gegenseitig ausschließenden Zielvorstellungen fand die westliche Variante auf die Dauer mehr Anklang, da sie realitätsnäher und lebensfreundlicher erschien. Eine Aufstellung der Kampfgruppe gegen die Unmenschlichkeit konnte die »Anziehungskraft des Westens und des Ostens« daher mit den jeweiligen Übersiedlerzahlen belegen: In den Jahren 1950 bis September 1954 wechselten 1,584 Millionen von Ost nach West und nur 164000 in umgekehrter Richtung.[88] Der Westen erwies sich also als fast zehnmal attraktiver.

Populäre Amerikanisierung

Eine weitere wichtige Komponente der Westwendung war die Amerikanisierung von erheblichen Teilen der Populärkultur und des Massenkonsums in Deutschland. In diesem Bereich hat der schillernde Begriff durchaus seine Berechtigung, da es sich dabei nicht nur um allgemeine Modernisierungserscheinungen, sondern um konkret fassbare amerikanische Einflüsse handelt. Weil viele Neuentwicklungen tatsächlich zunächst aus den USA kamen, wurde dieser Prozess schon damals unter dem Stichwort »Amerikanisierung« heftig diskutiert.[89] Allerdings war diese Beeinflussung keineswegs ein Selbstläufer, Teil einer globalen Übernahme von amerikanischen Stilen, Inhalten und Verhaltensweisen, sondern ihr Ausmaß war das Resultat einer einmaligen Nachkriegssituation, die einen derartigen kulturellen Wandel begünstigte: Einerseits operierte die auf »Umorientierung« hinzielende Kulturpolitik der Besatzungsmächte naturgemäß mit dem eigenen Vorbild und unterstützte die Verbreitung eigener Kulturprodukte kommerziell. Andererseits war eine verunsicherte Jugend ungemein offen für ausländische Angebote, hungerte geradezu nach Kontakt mit der Außenwelt und ignorierte daher auch die Warnungen christlich-konservativer Tugendwächter vor westlicher Dekadenz.[90]

Anfangs konzentrierte sich das offizielle US-Kulturprogramm auf die Übermittlung von Hochkultur, um tradierte Vorstellungen der Überlegenheit deutscher Bildung zu überwinden. Sein Hauptinstrument waren die Amerikahäuser, die in größeren Städten eine reiche Auswahl an US-Zeitungen, Zeitschriften und Büchern anboten, um den Hunger nach Informationen zu befriedigen. Typisch für ihre politische Ausrichtung war die Übersetzung der Hymne des Dichters Stephen Vincent Benet an Amerika: »Es gibt ein Land der Hoffnung, ein Land der Freiheit. Es gibt ein Land, in dem die verschiedensten Menschenarten, Abkömmlinge aller Völker dieser Erde unter demselben großen Himmel zusammenleben.«[91] Vor allem Romane von Ernest Hemingway und William Saroyan, die einen Schlüssel zum Verständnis dieses widersprüchlichen Landes lieferten, sowie Kunstausstellungen, die Meisterwerke der Moderne aus dem Exil zurückbrachten, fanden Anklang, während sich Versuche, klassische Komponisten wie Aaron Copeland und Dramatiker wie Thornton Wilder zu vermitteln, als weniger aussichtsreich erwiesen. Bei der Lektüre von Nathaniel Hawthorne notierte ein junger Anglist begeistert: »Endlich ein anderes Amerika, als man es aus den US-Zeitungen, Zeitschriften und von Besatzern gewohnt ist.«[92]

In einem Bereich waren diese intellektuellen Bemühungen überraschend erfolgreich, nämlich der Verankerung von Politologie als amerikanisch ausgerichtete »Demokratiewissenschaft« in den Universitäten während der fünfziger Jahre. Vor allem die Besatzungsmächte drängten darauf, die unterbrochene Tradition als eine »Fahrschule für Politik« wiederaufzunehmen, um dadurch eine breitangelegte politische Bildung zu unterfüttern. Die Gründungsväter der neuen Disziplin wie Theodor Eschenburg und Eugen Kogon waren dezidierte Demokraten, die als Juristen, Historiker oder Journalisten ausgebildet worden waren. Eine Schlüsselrolle spielten jedoch Remigranten aus Amerika wie Ernst Fraenkel an der Freien Universität in Berlin, der Autor einer brillanten Analyse des Doppelcharakters der NS-Diktatur, der die deutsche Demokratie an westlichen Vorbildern ausrichten, und Arnold Bergsträsser in Freiburg, der eine Art Grundlagenwissenschaft für verantwortliche Bürger konzipieren wollte. Durch die methodische Wendung der zweiten Generation zur Verhaltenswissenschaft und Quantifizierung gewannen die Sozialwissenschaften wieder Anschluss an den von US-Forschern gesetzten internationalen Standard und fungierten weiterhin als Übermittler westlicher Wertvorstellungen.[93]

Dennoch waren die Einflüsse der US-Populärkultur wie der Comic-Heftchen, die in den fünfziger Jahren traditionelle Kinderbücher zu ersetzen begannen, auf die Dauer wesentlich wirksamer. Durch die weit verbreiteten Phantasieromane von Karl May, die sich ungleich größerer Beliebtheit erfreuten als die realistischeren Schilderungen Friedrich Gerstäckers, bestand besonders unter den Jungen schon lange eine Indianerbegeisterung, die die amerikanische Urbevölkerung als »edle Wilde« romantisierte.[94] Dies erleichterte die Verlagerung des Leseinteresses von den Kriegsschilderungen der Landserheftchen, die die unterlegene Wehrmacht heroisierten, zu den Cowboy-Geschichten von Tom Mix und anderen Wildwest-Helden, die den großen Vorteil hatten, dass man sich mit ihren

Gestalten ohne Gewissensbisse identifizieren konnte. Gleichzeitig tauchten Übersetzungen der gezeichneten Abenteuer von Mickymaus, Tarzan und Superman auf, die bei den Jüngeren großen Anklang fanden, auch wenn man sich an den eigentümlichen Stil der Sprechblasen und Lautmalerei erst gewöhnen musste. Obwohl Pädagogen darüber klagten, »dass die Jugend keine ernsten Interessen habe [und] ihre Bildungsbedürfnisse mit ›comic strips‹ befriedige«, hatten sie dem bunten Angebot nichts Gleichwertiges entgegenzusetzen.[95]

Einen dramatischeren Effekt hatte das Einströmen amerikanischer Unterhaltungsmusik, da sich daran scharfe Auseinandersetzungen zwischen den Generationen entzündeten. Schon im Dritten Reich war der Kult des Swing eine Art von Jugendprotest gegen die NS-Diktatur gewesen, und in der Nachkriegszeit interessierten sich vor allem Studenten für Jazz als musikalischen Ausdruck der Leiden schwarzer Unterschichten.[96] Die seit Mitte der fünfziger Jahre über alliierte Sender wie AFN und RIAS ausgestrahlte Rockmusik erreichte ein wesentlich größeres Publikum, denn sie sprach mit ihren starken Rhythmen, einfachen Melodien und elektronischem Sound vor allem die Arbeiterjugend an. In den suggestiven Windungen von Elvis Presley sahen entsetzte Erwachsene eine sexuelle Enthemmung, aufgeregte Journalisten berichteten von »Massenhysterie« und Krawallen der »Teenager« – das Abendland schien plötzlich in Gefahr. Gegen diese »Hey Barbariba« grölenden »Halbstarken« in Jeans und Petticoats schien kein Kraut gewachsen, denn wie konnte man gegen den negativen Einfluss der westlichen Vormacht protestieren, deren Schutz man gegen die kommunistische Bedrohung brauchte? Im Westen beruhigten sich schließlich die Gemüter, aber im Osten ging der Kampf gegen diese »Boogie-Woogie-Kultur« weiter.[97]

Noch beunruhigender waren die Versuchungen der Hollywoodfilme, die seit den späten vierziger Jahren die Kinos überschwemmten, da sie gefährliche Leitbilder zu propagieren schienen. Das Publikum war von US-Streifen fasziniert, weil sie oft von Emigranten wie Billy Wilder produziert wurden, technisch brillant waren und eine heile, vom Krieg unberührte Traumwelt darstellten, die die amerikanische Wirklichkeit verklärte. Auch die aggressive Verteilungsoffensive des US-Vermarktungskartells, die als Informationspolitik von Washington finanziert wurde, trug zur Ausschaltung deutscher

Konkurrenz bei.[98] An einem Wochenende zeigten Westberliner Kinos zwanzig US-Titel wie »Cowboy-Gangster«, »Die Banditen von Korsika«, »Tarzan bricht die Ketten«, »Der Rächer von Montana«, »Fuzzi der Revolverheld«, »Der Schrecken vom Amazonas«, »Waffenschmuggler« und »Cisco, der Banditenschreck«. Eine evangelische Jugendzeitung wetterte gegen solche »rasante Abenteuer-Filme«, deren »Duldung mit Wahrung der Freiheit nichts mehr zu tun hat«, obwohl deutsche Heimatschnulzen auch kaum besser waren. Die CDU forderte einen effektiveren Jugendschutz gegen die »starken und oft verwirrenden Wirkungen des Films und der anderen Erscheinungen auf dem Gebiet der Vergnügungsindustrie«, aber die Heraufsetzung der Altersgrenze auf achtzehn Jahre konnte die Attraktion der Hollywoodfilme nicht brechen.[99]

Auch die Übertragung von Mustern eines neuen Massenkonsums verstärkte die Tendenzen zur Amerikanisierung in der deutschen Gesellschaft. Während der Besatzungszeit waren vor allem »Schokolade, Kaffee und Zigaretten... sehr begehrte Artikel«, so dass »Luckies« sprichwörtlich wurden und den hungernden Besiegten das Warenangebot des Soldatenladens PX als »Paradies« erschien. Besonders junge Frauen, die sich für GIs attraktiv machen wollten, sprachen auf importierte Kosmetika, Nylonstrümpfe und modischere Kleider an, weshalb überraschte US-Reporter bald von einem »Fräuleinwunder« sprachen.[100] Mit der Rockmusik und den Cowboyfilmen tauchten neue Kleidungsstücke wie Niethosen und Petticoats sowie die Elvis-Tolle der Jungen und die Bubiköpfe der Mädchen auf, die sofort imitiert wurden. Da die »Bluejeans« in vielen Schulen anfangs verboten waren (und es in der DDR noch länger blieben), wurden sie zum Kultobjekt junger Männer, die ihre Unabhängigkeit von Konventionen ausdrücken wollten, ohne zu ahnen, dass sie damit einem kommerziellen Trend zum Opfer fielen.[101] Bei Geschäftsleuten waren es eher Alkoholika wie Scotch und US-Anzüge, die Lässigkeit und Weltläufigkeit signalisieren sollten.

Nach der Überwindung des Mangels setzte sich die Verbesserung des Lebensstandards in den sechziger Jahren mit der Anschaffung von langlebigen Konsumgütern fort, die in amerikanischer Weise meist auf Raten abbezahlt wurden. Der wachsende Wohlstand ermöglichte zuerst die Modernisierung des Haushalts durch den Kauf eines Staubsaugers, Elektroherds und vor allem eines Kühlschranks, der die Hausfrau von den Mühen des täglichen Einkaufs befreite. Im Wohnzimmer fand durch den Erwerb einer Radio- und Plattenspielertruhe, später auch eines Schwarzweißfernsehers eine Revolution der Unterhaltung statt, die durch das Telefon vervollständigt wurde. Auf der Straße setzte sich gleichzeitig auch die Motorisierung durch, die vom Moped über den Motorroller und Kleinstwagen (Isetta, Goggomobil) zu einem richtigen Auto wie dem VW Käfer führte. Dadurch wurde der Komfort des täglichen Lebens, der bisher nur der Oberschicht vorbehalten war, auch den einfachen Leuten zugänglich, weshalb sich die Elite durch Differenzierung des Stils und der Qualität dieser »sozialen Nivellierung« zu entziehen suchte.[102] Obwohl viele Geräte eigentlich von deutschen Ingenieuren entwickelt wurden, verbreiteten sie sich aufgrund von Leitbildern des Überflusses, die sich am *American way of life* orientierten.

Als Resultat der rapiden Zunahme von Konsumgütern amerikanisierten sich auch Produktion und Handel. Über US-Tochterfirmen, Studienaufenthalte in den Staaten und Fortbildungsseminare hielten moderne Managementtechniken Einzug, die stärker auf Wettbewerb und Gewinn achteten. Auch das *franchise-system* machte bald Schule, da sich Einzelhändler, wo immer möglich, zu Handelsketten zusammenschlossen, um günstiger einzukaufen und Werbung zu betreiben. Besonders im Lebensmittelhandel, aber auch in den Kaufhäusern hielt die neue Form der Selbstbedienung Einzug, so dass der »König Kunde« die Produkte selbst auswählen konnte, ohne auf unwilliges Bedienungspersonal angewiesen zu sein. Gleichzeitig wurde die Reklame greller und aggressiver, informierte nicht mehr in langen Texten über die Vorzüge eines jeweiligen Produkts, sondern suggerierte in kurzen Slogans wie »Mach mal Pause, trink Coca-Cola« ein modernes Lebensgefühl. Sogar deutsche Firmen benutzten englische Etikette wie »Happy-end Make-up«, um den Nimbus der Internationalität zu verbreiten. Weil sie die Unterschiede zu den westlichen Nachbarn überwand, ist es durchaus »möglich, ja wahrscheinlich, dass die Entwicklung zur Konsumgesellschaft in der Bundesrepublik die Zivilisierung Deutschlands befördert hat«.[103]

Ironischerweise bezog sich sogar die antimaterialistische Protestkultur der Studentenbewegung explizit auf das amerikanische Vorbild der Bürgerrechtsbewegung. Zwar waren die USA der imperialistische Hauptfeind wegen des Kriegs in Vietnam, aber führende Aktivisten wie Cohn-Bendit hatten in Amerika studiert oder waren wie Dutschke mit einer Amerikanerin verheiratet. Ihre Inspiration war das Civil Rights Movement von Martin Luther King, das durch die Strategie der Gewaltfreiheit gegen die ungerechten Gesetze der Rassendiskriminierung protestierte. Von dort übernahmen Studenten der Universität von Kalifornien in Berkeley die Methode des *sit-ins* zum ersten Mal im Dezember 1964 und entwickelten sie weiter zum *teach-in*, ein Endlosseminar zur Diskussion des Pro und Contra der amerikanischen Intervention. Auch die antiautoritären Formen der Hippie-Subkultur sprangen schnell auf Berlin, Frankfurt und Hamburg über, denn die Protestlieder von Joan Baez, die langen Haare und Glockenhosen der Blumenkinder, die sexuellen Experimente und der Drogenkonsum von Haight-Ashbury symbolisierten eine neue Freiheit. Im deutschen Kontext entstand aus diesen Anregungen die Strategie der »direkten Aktion« und der »begrenzten Regelverletzung« zur Demaskierung der Repression.[104]

Die Ausstrahlung des sowjetischen Modells auf die unter stärkerer politischer Kontrolle stehende ostdeutsche Bevölkerung blieb dagegen, nach unvollständigen Eindrücken zu urteilen, eigentümlich begrenzt. Nur eine Minderheit interessierte sich für »die Kultur des Sowjetlands«, die als russische Literatur, klassische Musik oder Ballett zu offiziellen Anlässen angeboten wurde. Das breitere Publikum gewöhnte sich zwar an die heroisierenden Propagandafilme über den Aufbau des Sozialismus, aber Intellektuelle interessierten sich mehr für Anzeichen realistischer Auseinandersetzung mit den Problemen des Stalinismus in den Tauwetterfilmen. Zweifellos beeindruckten die Erfolge des Raumfahrtprogramms technisch interessierte Jugendliche, die den Sputnik als Beweis der Zukunftsfähigkeit des Sozialismus wahrnahmen. Auch die folkloristisch garnierten Druschba-Feste der Verbrüderung mit sowjetischen Delegationen hinterließen positive Spuren. Aber die deutsch-sowjetische Freundschaft hatte traditionelle Vorurteile einer kulturellen Überlegenheit zu überwinden und mit unterdrückten Erinnerungen der »Befreiung vom Faschismus« zu kämpfen. Der passive Widerstand gegen das erzwungene Lernen der russischen Sprache zeigt, dass bei der Mehrheit letztlich die Ablehnung überwog.[105]

Trotz des offiziellen Antiamerikanismus der SED, die Washington als Hort des ausbeuterischen Kapitalismus und als Zentrum des Weltimperialismus denunzierte, entstand auch in der DDR eine subkutane Amerikanisierung. In den Weihnachtspaketen und den Intershops waren es amerikanische Markenprodukte wie Kaffee, Zigaretten, Alkohol und Kosmetika, die den Duft der weiten Welt vermittelten und Standards des Stils sowie der Qualität setzten, mit denen eigene Waren nicht konkurrieren konnten. In der allabendlichen Auswanderung durch das Fernsehen spielten amerikanische Seifenopern wie »Dallas« eine erhebliche Rolle und auch die Wiederholung älterer Spielfilme war ein Fenster in eine fremde Welt, da der Realitätsvergleich durch Reisen versagt blieb. So stark war die Ausstrahlung der Rock-Musik auf etwa ein Drittel der Jugendlichen, die regelmäßig Westsender wie RTL einschalteten, dass Ulbricht ein eigenes Gegenprogramm, den Jugendsender DT64, autorisieren musste.[106] Ostdeutsche Bands spielten westliche Hits und überschritten mit ihren eigenen Texten oft die Grenze des Verbotenen, so dass sich ein Dauerproblem jugendlicher »Rowdies« ergab. Während offizielle Amerikabilder bis zum Ende der DDR die USA als Unterdrücker und Aggressor schilderten, schufen Verbote eine Phantasievorstellung von Amerika als Land des besseren Lebens.

Ein drastischer Indikator der Amerikanisierung ist der sprunghafte Anstieg des Gebrauchs von Amerikanismen in den Jahrzehnten nach dem Zweiten Weltkrieg. Vor allem in den Medien, aber auch der Umgangssprache tauchten so viele direkte Entlehnungen aus dem Englischen und Übertragungen amerikanischer Ausdrücke ins Deutsche auf, dass Bundespräsident Heinemann warnte: »Die Flut der Amerikanismen muss endlich wieder zurückgedrängt werden.« Einerseits war die Übernahme von Fachausdrücken aus dem militärischen Bereich wie »Jeep« und von technischem Jargon wie »Computer« unvermeidlich.[107] Andererseits wurde die Entwicklung aber auch von der Werbung vorangetrieben, die besonders Jugendliche durch Redewendungen ansprechen wollte die »modern, dynamisch, jung, flott, vital [oder] sexy« klangen. Daher konnten die Anstrengungen von diversen Gruppen wie dem Verein Deutsche Sprache, die Muttersprache »gegen ihre Verdrängung durch das Englische« zu schützen, die Verbreitung von 4600 Amerikanismen (andere Listen gehen bis zu zwanzigtausend) letztlich nicht verhindern. Gerade wegen der oft falschen Anleihen (in den USA versteht niemand den Ausdruck »Handy«) belegt das hybride »Neuanglodeutsch« die alltagskulturelle Ausstrahlung Amerikas.[108]

Auch die Verbreitung des Antiamerikanismus ist ein weiteres Indiz der Amerikanisierung, da nur ein starkes Bedrohungsgefühl virulente Proteste hervorruft. In Kreisen der besiegten Elite bestand eine lange Tradition des Kulturpessimismus, die Amerika als dekadent, vermasst, »verjudet« und vom Pöbel beherrscht perhorreszierte. Marxistische Zirkel dagegen diffamierten die Vereinigten Staaten, wie ein DDR-Pamphlet mit dem Titel *Ami go home!* zeigt, als kapitalistischen Ausbeuter, imperialistischen Unterdrücker und nach 1968 auch als Autor von »Konsumterror« oder »Globalisierung«. Die Ursachen dieses Feindbilds waren vielfältig, beispielsweise die Enttäuschung über die Praxis der Besatzung, das Ressentiment gegen den eigenen Machtverlust, aber auch Neid auf den Wohlstand oder defensive kulturelle Arroganz: »Nach allem, was ich bisher kennenlernte ... sage ich es offen heraus, dass gerade die Amerikaner die größten Heuchler sind.« Die verbreitete Ablehnung hatte weniger mit den unzweifelhaften Problemen der US-Gesellschaft als mit innenpolitischen Frontstellungen zu tun, die Vorbehalte gegen den Parlamentarismus, Kritik an Militäreinsätzen oder Ablehnung des Antikommunismus am Beispiel Amerikas illustrieren wollten. Die USA fungierten daher mehr und mehr als Projektionsfläche für eine Reihe durchaus unterschiedlicher Einwände gegen die Westbindung.[109]

Die Amerikanisierung der Nachkriegsjahrzehnte war deswegen ein langwieriger und widersprüchlicher Prozess, der auf verschiedenen Gebieten unterschiedliche Resultate zeitigte. Dabei war der bewusste Versuch der kulturellen Veränderung, der sich als »Neuorientierung« auf eine westliche Demokratie hin zwangsweise am amerikanischen Vorbild orientierte, wie häufige Klagen der Besatzungsoffiziere belegen, nur begrenzt erfolgreich. Wirkungsvoller waren deutsche Adaptationen der Populärkultur und des Massenkonsums, die teils als reiner Import, teils aber auch als eigene Parallelentwicklung stattfanden. Im Kalten Krieg brauchte der rechte Teil des politischen

Spektrums den Schutz der USA in antikommunistischer Solidarität, lehnte aber die Übertragung amerikanischer Kultur entschieden ab, bis sich unter Ludwig Erhard das Verhältnis entspannte. Die westdeutschen Linken dagegen, die selbst den lässigeren Lebensstil in Kleidung, Musik und Filmen akzeptiert hatten, kämpften gegen Washingtons Atomrüstung und Politik in der Dritten Welt. Zwischen den Extremen wuchsen jedoch bei der Mehrheit der Westdeutschen deutlich positive Gefühle für Amerika, sein demokratisches System, seine dynamische Wirtschaft und seine Unterhaltungskultur.[110] Nur in der DDR blieb eine eigentümliche Ambivalenz, in der Relikte der Feindschaft mit großem Interesse kollidierten.

Widersprüche der »Entdeutschung«

In den Nachkriegsjahrzehnten haben die Deutschen teils gezwungenermaßen, teils freiwillig viele bedrohliche Aspekte ihres Erscheinungsbildes und ihrer Ausrichtung abgelegt. Besonders Jugendliche sind in ihrer saloppen Kleidung, ihren Unterhaltungsgewohnheiten und ihrer Körpersprache kaum mehr von ihren westeuropäischen Nachbarn zu unterscheiden. In den Regalen der Supermärkte stammen mehr Lebensmittel aus dem Ausland, und in Fachgeschäften finden sich mehr internationale Markenartikel als je zuvor. Für fremde Gäste kann man kaum noch ein Restaurant finden, das eine »typisch deutsche« Küche anbietet. Wenn man durchs Land fährt und Radiosender anwählt, hört man meist englischsprachige Musik, auch wenn sie von einheimischen Bands gespielt wird, und die Filme der Fernsehkanäle und Kinos werden mehrheitlich aus Hollywood importiert. Natürlich sind vier Fünftel der Ausdrücke im Internet amerikanischen Ursprungs – diese Liste ließe sich fast beliebig fortsetzen. So groß ist der Wandel der Lebensgewohnheiten, dass der Kulturanthropologe Hermann Bausinger ironisch fragt: »Wie deutsch sind die Deutschen?« – man wäre versucht hinzuzusetzen: »noch«.[111]

Die graduelle Herausbildung eines »zivilen Habitus« durch »Informalisierung« signalisiert die Beendigung des einst mit Stolz verteidigten Sonderweges zwischen Ost und West. Da die kommunistische Alternative aufgrund der bedrohlichen Politik der Sowjetunion nicht besonders attraktiv schien, konnte sich das westliche Modell der kapitalistischen Demokratie trotz anfänglicher Vorbehalte langfristig durchsetzen. Die nicht immer bewusst gewollte Westernisierung bestand aus überlappenden Prozessen positiver individueller Begegnungen, militärischer Schutzsuche im NATO-Bündnis und jugendlicher Faszination von amerikanischer Populärkultur, die sich gegenseitig bedingten und verstärkten. Eine Integration in das Abendland oder die »freie Welt« verlangte weniger einschneidende Veränderungen als eine Zusammenarbeit mit dem egalitären Osten, weil eigene bürgerliche Traditionen nur von ihren nationalistischen Exzessen befreit, und nicht durch eine soziale Revolution abgeschafft werden mussten. Das Resultat dieser sich über Jahrzehnte hinziehenden Veränderungen der Werte und Verhaltensweisen war eine Umorientierung der politischen Kultur, die als Rückkehr eines geläuterten Apostaten in die gemeinsame westliche Zivilisation gefeiert werden konnte.[112]

Die Interpretation der Westernisierung als vorbildliche Erfolgsgeschichte unterschlägt jedoch in ihrer Glättung die erheblichen Widerstände und Probleme, die mit dieser Veränderung verbunden waren. Wie der Anti-Amerikanismus von Leo Matthias zeigt, gab es unter den konservativen Eliten virulente Vorbehalte gegen diese Form der Modernisierung, die in den sechziger Jahren, so zum Beispiel die Anklage von Rolf Winter, von der Linken als Kampf gegen den US-Imperialismus aufgenommen wurden.[113] Gleichzeitig zeugte das »Musterschüler-Syndrom« einer vorbehaltlosen Anpassung der Besiegten an die Vorgaben der jeweiligen Siegermächte von einem rückgratlosen Opportunismus, der die Deutschen zu Erfüllungsgehilfen der Teilung des eigenen Landes machte. Die Flucht vor Schuldgefühlen durch einen radikalen Bruch mit eigener Identität beweist eher eine Verdrängung als eine konstruktive Bewältigung der problematischen Vergangenheit.[114] Auch wenn sich die Alarmrufe vor den kulturzerstörenden Konsequenzen der Westwendung als übertrieben herausstellten, sollten sich nicht alle unkritisch übernommenen Muster wirklich positiv auswirken. Es kam ganz darauf an, in welchem Westen die Deutschen nun angekommen waren.[115]

Die verbreitete Kritik an den Schattenseiten der »freien Welt« deutet darauf hin, dass »der Westen« auch für seine Freunde in der Nachkriegszeit keine unproblematische Zielvorstellung sein konnte.

Hatten die führenden Länder wie Großbritannien und Frankreich nicht eine imperialistische Vergangenheit, die trotz Entkolonialisierung weiterlebte und von den Vereinigten Staaten indirekt fortgesetzt wurde? Gab es nicht einen hässlichen Rassismus, der Sklaverei und Apartheid gerechtfertigt hatte und auch nach deren Abschaffung noch indirekt weiterwirkte? Lief der rechtlich unbegrenzte Kapitalismus nicht auf eine Ausbeutung der Arbeiterschaft hinaus und produzierte schrankenloser Wettbewerb nicht immer wieder neue Wirtschaftskrisen, die das vorherige Wachstum zunichte machten? War der Massenkonsum nicht eine Form von Zwang zur Anschaffung immer neuer Güter, deren Besitz immer weniger befriedigte, und war die Populärkultur nicht eine Art von Droge, die auf die Dauer von seichter Unterhaltung abhängig machte…?[116] Auch wenn Hinweise auf die Schwächen des Westens kaum die eigenen Verfehlungen verkleinern konnten, wollten die Besiegten nach 1945 nicht einfach ihre eigenen alten Pathologien mit solchen neuen Problemen vertauschen.

Der kumulative Vorgang einer »normativen Westernisierung« konnte nur reüssieren, wenn sich seine Befürworter an einer Idealvorstellung des Westens orientierten, die sich auf die Zentralwerte der amerikanischen und französischen Revolutionen bezog. Philosophische Ausgangsbasis war das Postulat der Freisetzung des Individuums, das ihm durch Aufhebung obrigkeitlicher Bevormundung größere Entfaltungsmöglichkeiten gewähren sollte. Eine legale Grundlage dafür bot die Garantie von Menschenrechten der »Freiheit, Gleichheit und Brüderlichkeit«, die einen Rückfall in rechte oder linke Diktaturen verhindern würden. Eine Konsequenz dieser Vorstellungen war das Leitbild einer vorstaatlichen Zivilgesellschaft von bürgerlicher Selbstverantwortung, die sich zur Verfolgung gemeinsamer Ziele in Gruppen zusammenschloss. Die dadurch entstehende Öffentlichkeit bot schließlich die Chance zur Selbstkritik, die den Diktaturen fehlte und trotz aller Fehltritte die den Demokratien wieder auf den richtigen Pfad zurückbrachte.[117] Die Anverwandlung dieses zivilisatorischen Wertekanons ist eine historische Leistung der Nachkriegszeit, die den Deutschen ironischerweise eine neue Verantwortung als Vermittler von Westernisierung nach Ostmitteleuropa auferlegt hat.

5. Kapitel
Ankunft in der Demokratie

Während der Anstrengungen des Wiederaufbaus versank »die große Mehrheit der deutschen Bevölkerung in Apathie« gegenüber einer eigenen Beteiligung an der Politik. Beobachter der US-Militärregierung erklärten den weit verbreiteten Rückzug ins Private damit, dass die Deutschen »viel zu sehr mit den Überlebensfragen wie Nahrung und Wohnung beschäftigt« waren und sie »an den Nachwirkungen der jahrelangen NS-Diktatur und der Wirkung der kürzlichen totalen Niederlage« litten. Wegen solch traumatischer Erfahrungen wurde der unvermeidliche Neuanfang »nur von einer Minderheit als Chance, von einer Mehrheit jedoch als nützlicher, aber nichtsdestoweniger lästiger Zwang empfunden«.[118] Obwohl der mit unterschiedlichen Akzenten propagierte Schlüsselbegriff der Demokratie durch das Weimarer Debakel beschädigt zu sein schien, forderten Intellektuelle wie der Linkskatholik Walter Dirks eine grundlegende Veränderung Europas durch die »produktive Utopie« von Freiheit und Sozialismus: »Es bedarf der leidenschaftlichen Bemühung der Berufenen, die fruchtbare Unruhe der Besten und die kostbare Chance der ›Wandlung‹ wachzuhalten.«[119]

Auch für die Alliierten war die Demokratisierung des besiegten Reichs ein grundlegendes Kriegsziel, das im Potsdamer Abkommen als gemeinsame, aber ferne Zukunftsaufgabe erwähnt wurde. Die Vorbereitung der »endgültigen Umgestaltung des politischen Lebens Deutschlands auf demokratischer Grundlage« blieb ein problematischer Formelkompromiss zwischen eher offenen Vorstellungen des *American spirit of democracy* und den kontrollierten Konzepten einer sowjetischen Volksdemokratie. Gemeint war damit die Reorganisation der Justiz, die Wiederherstellung lokaler und regionaler Selbstverwaltung, die Förderung »aller demokratischen politischen Parteien« sowie die Garantie von Grundrechten wie der »Rede-, Presse- und Religionsfreiheit« – unter Vorbehalt militärischer Sicherheit. »Wir wollen das deutsche Volk nicht erniedrigen«, signalisierte General Eisenhower einen schrittweisen Richtungswechsel von anfänglicher Bestrafung zu langfristiger Rehabilitierung: »Wir werden euch helfen, euer Leben auf demokratischer Basis wieder aufzubauen.«[120] Allerdings verbarg sich hinter diesem Versprechen ein fundamentales Paradox: Wie sollte ein autoritäres militärisches Besatzungsregime den skeptischen Besiegten den Geist der Freiheit beibringen?

Dabei gab es durchaus Gründe, die Frage »Ist Demokratie in Deutschland möglich?« positiver zu beantworten als zum Beispiel in dem ebenso besiegten Japan. Konnte man nicht an die liberalen Traditionen der Revolution von 1848 anknüpfen, die zumindest im Südwesten weiterlebten? War nicht das Kaiserreich trotz seines Semikonstitutionalismus auf dem Weg zu einer »schleichenden Parlamentarisierung« gewesen, worauf dann die Verfassungsgebung der Weimarer Republik aufbauen konnte?[121] Obwohl die Mehrheit der adeligen und bürgerlichen Mitglieder des Widerstands kaum Demokraten waren, forderte die Emigration den Versuch einer »soziologischen, moralischen, wirtschaftlichen und politisch-demokratischen Erneuerung«.[122] Der Chef-Redakteur der *Neuen Neckar Zeitung* Rudolf Agricola rief daher im Herbst 1945 auf, »dazu selbst die Voraussetzungen zu schaffen«. Durch eine naturrechtliche Erklärung von »Wesen und Verantwortung der Demokratie« bemühten sich führende Politiker wie Konrad Adenauer und Kurt Schumacher um die Verankerung »einer demokratischen Entwicklung in europäischem Sinne« in den Grundwerten westlicher Zivilisation.[123] Demokratie sollte daher nicht nur von außen implantiert, sondern auch von innen wieder neu begründet und durch aktive Mitarbeit selbst erlernt werden.

Die reichhaltige Literatur zur Nachkriegsgeschichte beschäftigt sich erstaunlich wenig mit dem Problem der Demokratisierung als solcher. Oft wird der Prozess wie in der musealen Selbstdarstellung des Hauses der Geschichte der Bundesrepublik in Bonn unter der allgemeineren Perspektive einer Erfolgsgeschichte nach 1945 subsumiert, zu der die DDR dann die dunkle Kontrastfolie der fehlgeschlagenen Diktatur abgibt.[124] In den Überblicken zum 25. oder 50. Jahrestag der Gründung der Bundesrepublik herrscht eine wachsende Selbstzufriedenheit über das »politische Wunder«, die natürlich nicht unberechtigt ist.[125] Konservative Kommentatoren siedeln den Durchbruch der Demokratie meist relativ früh mit der Verabschiedung des Grundgesetzes und der Kanzlerschaft von Konrad Adenauer an, während linke Kritiker auf spätere Liberalisierungsprozesse verweisen oder ihre »beständige Sorge« um Demokratiedefizite betonen.[126] Dabei bleibt auch offen, wie mit der Demokratierhetorik der Deutschen »Demokratischen« Republik umzugehen ist – war sie nur eine Bemäntelung der SED-Diktatur oder verbarg sich dahinter ein alternatives Konzept?[127] Anscheinend hat die formale und normative Herangehensweise eine Historisierung der Frage bisher weitgehend verhindert.

Einen Ausweg aus diesem Dilemma böte die Reformulierung der stufenweisen Veränderung der politischen Kultur als Gewinnung der Legitimität durch die Nachkriegsdemokratie. Dadurch könnte man über den eher institutionellen Fokus der Transformationsforschung hinausgelangen und genauer auf die Prozesse blicken, die das Provisorium der Bundesrepublik in den Meinungen und Gefühlen der Bevölkerung verankert haben. In ihrer bahnbrechenden Analyse der Stabilität und des Untergangs der DDR unterscheidet die Politikwissenschaftlerin Sigrid Meuschel zwischen einer nur konditionellen Loyalität und einer fundamentaleren Legitimität des politischen Systems. So gesehen stellt sich die Frage, warum die BRD sich von passiver Akzeptanz zu aktiver Befürwortung entwickelt hat, während die SED-Diktatur an dieser Herausforderung letztlich gescheitert ist. Über den rein politischen Bereich hinaus eröffnen sich somit wirtschaftliche, gesellschaftliche und kulturelle Dimensionen, die bei affektiver Bindung an ein System auch eine wichtige Rolle spielen.[128] Die folgenden Reflexionen werden daher zunächst mit der formalen Demokratisierung einsetzen, dann ihre innere Akzeptanz analysieren und schließlich ihre Bewährungsproben diskutieren.

Formale Demokratisierung

Die zweite deutsche Demokratie entstand nicht primär aus eigenem Antrieb, sondern durch das *Fiat* der konkurrierenden Siegermächte. Dabei übernahm anfangs die Sowjetunion die Führung mit der schnellen Zulassung von »antifaschistisch-demokratischen Parteien«, der KPD, SPD, CDU und LDPD, die sich zu einer Einheitsfront zusammenschlossen, um eine »Umwandlung des deutschen Wesens«

zu erreichen.[129] Schon in ihrer ersten Erklärung vom Juni 1945 forderte die KPD eine »Herstellung der demokratischen Rechte und Freiheiten des Volkes«, die zu einer vom ganzen Volk frei gewählten Regierung in einer »neuen demokratischen Republik« führen sollte.[130] Dieses auch nichtkommunistische Kreise ansprechende Ziel ging über die Wiedereinführung der gescheiterten Weimarer Demokratie hinaus, da es die Herstellung der Einheit der Arbeiterklasse verlangte: »Ohne geeinigte Arbeiterschaft keine Demokratie.«[131] Entscheidend war aber das von bürgerlichen Vorstellungen grundlegend verschiedene Verständnis des Begriffs der »Demokratie« in der Sowjetunion, das sich vor allem auf ein Ende der wirtschaftlichen Ausbeutung und nationalen Unterdrückung bezog: »Die Diktatur der Arbeiterklasse ist die Demokratie der Werktätigen.«[132]

Da sie die Deutschen für »unreif für das politische Leben« hielten, begannen auch die Amerikaner im Sommer 1945 mit dem Versuch, »Deutschland in die zivilisierte Gesellschaft und europäische Wirtschaft zurückzuführen«. General Clay beauftragte daher den Politikwissenschaftler James K. Pollock damit, einen Plan auszuarbeiten, mit dem »das deutsche Volk auf eine demokratische Selbstverwaltung vorbereitet werden kann«. Dieser Versuch sollte sich vor allem auf die Umorientierung der Schulen, der Presse, der Kirchen und des öffentlichen Lebens konzentrieren.[133] Jedoch wurde die erwartete Bekehrung dadurch erschwert, dass die Handlungen der Militärregierung, so ein deutscher Angestellter, oft im Widerspruch zu ihren eigenen Idealen zu stehen schienen: »Sie kümmern sich einen Pfifferling um demokratische Spielregeln, wenn sie jemanden in der Tasche haben.« Wegen der Enttäuschung überhöhter Erwartungen benötigte es viel Geduld von alliierter Seite, um das »Missverstehen der Demokratie« als parlamentarische Staatsform zu überwinden und den Sinn einer demokratischen »Lebensform« zu erklären. Überzeugte Deutsche wie Dolf Sternberger mussten daher für ihre skeptischen Landsleute die Widersprüche der »Herrschaft der Freiheit« auflösen.[134]

Das von den Alliierten für notwendig gehaltene Projekt einer Umerziehung zur Demokratie begann schon in der Kriegsgefangenschaft. Unter den schrecklichen Verhältnissen der russischen Lager war es auch die Hoffnung auf mehr Essen, die zur Teilnahme an antifaschistischen Kursen führte, wobei manche junge Soldaten wie Hans Modrow durch ehrliche Reue zum Kommunismus fanden.[135] Unter den besseren materiellen Umständen der Lager für die Offiziere des Afrikakorps in den Vereinigten Staaten konnte sich eine rege interne Diskussion entwickeln, wobei sich Nationalisten an Siegeshoffnungen klammerten, während kritische Geister wie Gustav H. Blanke anfingen, Vorträge über die Weimarer Republik und die »amerikanische Demokratie« zu halten. Letzterer wurde im Frühjahr 1945 mit 150 ausgewählten Kandidaten nach Fort Kearney geschickt, wo es um »die Zurückführung des deutschen Volkes zur Demokratie der zwanziger Jahre... und ihre Verbesserung ging«. Der bekannte Historiker Howard Mumford Jones dozierte über amerikanische Geschichte, der Emigrant Henry Ehrmann behandelte »die deutsche Geschichte in neuem Lichte« und der Politikwissenschaftler T. V. Smith führte in die Theorie der Demokratie ein. Aus solchen Kursen ging eine Reihe von engagierten Vertretern der Demokratisierung hervor.[136]

Um die jüngere Generation für die Demokratie zu gewinnen, konzentrierte sich die Umerziehung vor allem auch auf die Schulen. Der Direktor der Zentralverwaltung für Volksbildung der SBZ Paul Wandel propagierte eine ambitiöse Agenda: »Neues Lehrziel, neues Lehrgut, neue Lehrmethoden und Lehrmittel, neue Lehrer, neue Beziehungen zwischen dem ganzen Volke, den Eltern, den Lehrern und der Schule gilt es zu gestalten.« Mit der Unterstützung der SED hieß das die Einrichtung der Einheitsschule, die Einstellung von Neulehrern, die Einführung von neuen Lehrinhalten. Bei den betroffenen Schülern stieß diese Zwangsumstellung auf erheblichen Widerstand: »Demokratie = Volksherrschaft = Totalherrschaft der neuen Bonzen!«[137] In den Westzonen scheiterten ähnlich weitgehende Pläne einer Strukturreform an dem Widerstand traditioneller Pädagogen, die an religiöser Erziehung festhielten, an der Obstruktion des Philologenverbandes, der für die höhere Schule kämpfte, und an der Kulturhoheit der Länder, die eine Einheitsreform ablehnten. Dafür setzten sich aber mit Hilfe von Amerikahäusern und Austauschprogrammen eine Befreiung des Lehrstils, eine Erweiterung der Schulverfassung und eine Liberalisierung der Lehrpläne durch, die die Schulwirklichkeit auf subtilere Weise demokratisierten.[138]

Als massive Umerziehungsversuche mehr Ressentiments als Erfolge zu produzieren begannen, gingen zumindest die Westmächte zu einer indirekten Form der Umorientierung über. Die Presse war dafür ein besonders wichtiges Feld, denn »die Zeitungen erschienen wegen des Papiermangels unregelmäßig, waren nur bessere Notausgaben und waren in der Regel nur ›unter dem Ladentisch‹ zu bekommen«. In der SBZ machte die kommunistische Zensur die Medien auf die Dauer langweilig und unglaubwürdig.[139] Im Westen praktizierten die Alliierten dagegen eine scharfe Lizenzierung, die Neugründungen von Verlagen nur Antifaschisten und Nichtbelasteten erlaubte, so dass eine jüngere Generation mit mehr Respekt für Fakten als Meinungen zum Zuge kam. Das Erlangen einer begehrten Zeitungslizenz, z.B. von Journalisten wie Rudolf Augstein, der den *Spiegel* gründete, konnte eine lebenslange Karriere initiieren, obwohl wegen Personalknappheit schließlich die schon im Dritten Reich tätigen Netze der Publizisten wiederkehrten. Trotz aller Kritik etablierte diese Reorientierungspolitik aber eine neue demokratische Öffentlichkeit, so dass auch konservative Köpfe wie Hans Zehrer, Giselher Wirsing und Karl Korn nun dem veränderten Ton Rechnung tragen mussten.[140]

Wesentlich wirkungsvoller als die Versuche der Umerziehung war die Autorisierung von Selbstverwaltung auf lokaler Basis, da dadurch die Besiegten in überschaubarem Rahmen wieder an der Lösung ihrer eigenen Probleme mitarbeiten konnten. Trotz Übernahme der Souveränität konnten die Besatzungsmächte auf die Dauer die Verwaltung aufgrund Personalmangels und fehlender Sprachkenntnisse nicht selbst durchführen und mussten also deutsche Fachleute heranziehen, solange diese nicht durch NS-Kollaboration kompromittiert waren. In kontroversen Bereichen wie der Aufnahme von Flüchtlingen aus den Ostgebieten kam es deswegen immer wieder zu Konflikten mit einheimischen Behörden, die General Clay zu dem Ausbruch veranlassten: »Die Deutschen haben noch keine Demokratie, folglich sollen sie sich nicht einbilden, deren Vorteile in Anspruch zu nehmen.«[141] Trotz aller Reibereien bildeten sich bei der gemeinsamen Arbeit an Überlebensfragen auch feste Arbeitsbeziehungen. »Aber wir haben das Chaos gebannt«, verkündete der Berliner Bürgermeister Arthur Werner, »der Ablauf des täglichen Lebens in unserer

Stadt ist wieder geregelt.« Zum Jahresende 1945 konnte dieses »Probefeld für demokratische Praxis« erste Erfolge vorweisen.[142]

Parallel dazu verlief die zunächst regionale und nationale Gründung von politischen Parteien, die auf traditionelle Lager aufbauten, sie aber auch in wichtigen Aspekten modifizierten. Die erste Gruppierung war die KPD, die sich schon im Juni 1945 als dezidiert antifaschistische Partei empfahl, was ihr einen Agitationsvorsprung einbrachte. Auch die wiedererstehende SPD konnte behaupten, nicht für das Ermächtigungsgesetz gestimmt zu haben, und mit Kurt Schumacher besaß sie einen passionierten Demokraten, dem die Bewahrung nationaler Einheit am Herzen lag. Dagegen war die vom rheinischen Regionalpolitiker Konrad Adenauer geleitete CDU eine echte Neugründung einer überkonfessionellen bürgerlichen Partei, mit der Katholiken den »Zentrumsturm« verließen und Protestanten sich vom Nationalismus absetzten. Auch die von Reinhold Maier geführte FDP war ein Versuch der Konsolidierung des gesamten nichtreligiösen liberalen Lagers. Alliierte Verbote von neofaschistischen Organisationen zwangen Rechtsgerichtete, sich den anderen bürgerlichen Parteien anzuschließen. Da in den ersten Kommunalwahlen CDU und SPD triumphierten, beschleunigten Kommunisten die Zwangsvereinigung der SPD mit der KPD zur SED, um wettbewerbsfähiger zu werden.[143]

Ein weiterer Demokratisierungsschritt war die Einrichtung von Ländern als größere Einheiten innerhalb der Besatzungszonen. Teils beruhten sie wie Bayern und Sachsen auf historischen Vorläufern, teils waren sie völlige Neugründungen wie Nordrhein-Westfalen und Thüringen. Die Länder boten »eine Gelegenheit für die deutschen Behörden, Erfahrung in der Selbstregierung zu gewinnen, da sie ... die Verantwortung für die Ernährung, Versorgung mit Heizmaterialien und die übrigen Lebensbedürfnisse« übernahmen.[144] Die Regierungen waren von den Alliierten aus Weimarer Politikern, Mitgliedern des Widerstands und Fachleuten aufgrund der »weißen Liste« berufen worden, und bestanden aus Vertretern aller demokratischen Parteien, was sie intern zu Kompromissen zwang. Trotzdem intervenierten die Besatzungsmächte, wenn ihnen wie im bayerischen Schäffer-Kabinett die Politik zu konservativ schien, und setzten die liberalere Hoegner-Regierung ein. Legitimität gewannen sie erst durch die

Ausarbeitung von Verfassungsdokumenten und die Landtagswahlen von Sommer und Herbst 1946, die im Westen der CDU und SPD Erfolge brachten, im Osten aber die SED enttäuschten. Ihre Ministerpräsidenten waren die ersten gewählten Sprecher für deutsche Belange, blieben aber zu schwach, um in der letzten gemeinsamen Münchener Konferenz kollektiv eine Nationalregierung durchzusetzen.[145]

Das aus dem Parlamentarischen Rat hervorgegangene Grundgesetz fixierte die Lernprozesse aus den Fehlern der NS-Vergangenheit wie die Erfahrungen der Nachkriegszeit in einer Verfassung. Zweifellos war der alliierte Anstoß der Frankfurter Dokumente, »eine demokratische Verfassung auszuarbeiten«, eine wichtige Vorgabe, und auch die informelle Einwirkung von Beratern bestärkte Tendenzen zum Föderalismus und zu einer Garantie der Grundrechte. Aber der Text war eine eigenständige deutsche Leistung, die in unterschiedlichen Gremien wie dem »Ellwanger Kreis« der CDU, dem Herrenchiemseer Verfassungskonvent und schließlich den Beratungen des Parlamentarischen Rats ausgearbeitet wurde.[146] Einerseits versuchte das Grundgesetz eine ethische Fundierung des provisorischen Staatsgebildes der Bundesrepublik durch Rückgriff auf die Wertvorstellungen des Naturrechts von der Unantastbarkeit der Menschenwürde. Andererseits zielte es auf eine Stabilisierung des Parlamentarismus durch prozedurale Sicherungen wie die Schwächung der Stellung des Präsidenten und ein konstruktives Misstrauensvotum, die noch durch die Fünf-Prozent-Hürde des Wahlgesetzes ergänzt wurden. Da es nicht von der meist desinteressierten Bevölkerung, sondern von der Minderheit überzeugter Demokraten konzipiert wurde, hat sich seine Grundrichtung als so erfolgreich erwiesen.[147]

Die Antwort der SBZ auf den Fehlschlag der Einheitskampagne des Volkskongresses war die Gründung einer eigenen »Deutschen Demokratischen Republik«. In ihrem Gründungsmanifest stellte sich die SED als die »Partei des Aufbaus einer antifaschistisch-demokratischen parlamentarischen Republik« vor. Damit versprach sie über bürgerliche Grundrechte der »formalen Demokratie« hinauszugehen, um die Volksherrschaft durch die Brechung der Macht der Kriegstreiber, Kapitalisten und Beamten »wahrhaft« zu verankern.[148] Obwohl die SED aus den Landtagswahlen vom Herbst 1946 aufgrund ihrer Kontrolle des Staatsapparats als stärkste Partei hervorging, unterlag sie doch in den meisten Großstädten den bürgerlichen Parteien und blieb in Berlin abgeschlagen. Dieser partielle Misserfolg zwang sie zur Formalisierung der Blockpolitik, die den Wahlausgang über vorherige Festlegung der Listen entschärfte, den Akt also zur Akklamation degradierte.[149] Zur Verhinderung der westlichen Staatsgründung startete die SED dann eine große Volkskongresskampagne, in der eine durch Selbstbeteiligung ausgewählte Versammlung eine einheitliche deutsche Verfassung ausarbeiten sollte. Da sich aber aus dem Westen nur eine kleine Minderheit beteiligte, lief die Verabschiedung des Dokuments auf die am Weimarer Vorbild orientierte erste Verfassung der DDR hinaus.[150]

Die Praxis entwickelte sich jedoch in konträre Richtungen, da Adenauers Kanzlerdemokratie trotz »demiautoritärer« Züge auf die Dauer die Demokratisierung festigte, während sich Ulbrichts radikalere Volksdemokratie doch bald als SED-Diktatur entpuppte. Schon das Grundgesetz hatte durch die Schwächung des Präsidenten und die Richtlinienkompetenz die Stellung des Bundeskanzlers wesentlich gestärkt. Darüber hinaus füllte Konrad Adenauer durch Einsatz des Altersprivilegs, Nüchternheit des Auftretens, Zähigkeit in der Verfolgung der Ziele und Geschick bei schwierigen Verhandlungen das Amt in einer Weise aus, dass alle Fäden in seiner Hand zusammenliefen. Durch den Ausbau des Kanzleramts und die Beibehaltung des Parteivorsitzes konnte der Kanzler in entscheidenden Momenten immer wieder seine Autorität festigen, Rivalen ausmanövrieren und seine Meinung durchsetzen. Auch nach außen strahlten seine große Erfahrung und natürliche Gravität das Gefühl einer seriösen Führung aus, die Skeptikern bewies, dass auch eine demokratische Regierung zu energischen Entscheidungen fähig war.[151] Daher erschien Adenauer seinen Kritikern als eine Art von bürgerlichem »Ersatzkaiser«, der aber bald auf internationaler Bühne als Staatsmann akzeptiert wurde.

In Ostdeutschland diskreditierte dagegen die immer deutlichere Diskrepanz zwischen radikaldemokratischer Rhetorik und repressiver SED-Politik den Anspruch, ein »besseres Deutschland« zu schaffen. Da der radikale Versuch des Aufbaus einer antibürgerlichen »Gegengesellschaft« noch weniger Resonanz in der Bevölkerung als die begrenztere Erneuerung im Westen fand, musste er durch drakonischere Methoden durchgesetzt werden, nach Ulbrichts zynischem Motto: »Es muss demokratisch aussehen, aber wir müssen alles in der Hand haben.« Daher wurde die SED als Instrument des Wandels rigoros von allen rechtsabweichlerischen sozialdemokratischen und linksutopistischen Mitgliedern marxistischer Splittergruppen gesäubert, also intern durch die Ausschaltung von offener Diskussion stalinisiert.[152] Gleichzeitig wurden unabhängige Politiker wie Jakob Kaiser aus den Blockparteien verdrängt und diese zu akklamatorischen Erfüllungsgehilfen der SED degradiert. Die Verletzung von Bürgerrechten durch die Staatssicherheit, die Zensur der Medien und von Publikationen sowie die Degradierung der Wahlen zum »Zettelfalten« raubten dem Anspruch auf »demokratische Politik« auf die Dauer jede Glaubwürdigkeit.[153]

Als militärische Bedrohung von außen und potentielle Subversion von innen hatte der Kalte Krieg einen paradoxen Effekt auf die Demokratisierung, da er den Prozess gleichzeitig beschleunigte wie behinderte. Einerseits zwang der westliche Antikommunismus nationalistische Mitglieder der alten Eliten, sich mit dem Bonner Provisorium als kleineres Übel anzufreunden, da manche NS-Verstrickungen im Kampf gegen die bolschewistische Gefahr übersehen wurden. Auch legitimierten verbreitete Ängste vor einem Angriff der Roten Armee die Verbote der SRP und KPD im Namen einer »wehrhaften Demokratie« und verstärkten die Bemühungen, alle bürgerlichen Kräfte durch Aufsaugung des BHE, der DP und der Bayernpartei in der CDU/CSU zu sammeln.[154] Andererseits erleichterte es der östliche Antifaschismus, über Verletzungen innerparteilicher Demokratie oder öffentlicher Menschenrechte hinwegzusehen, da ein radikaler Neuanfang Zwangsmaßnahmen nahe legte, die zwar nicht unbedingt erfreulich, aber doch notwendig zu sein schienen. Auf der Strecke blieb dabei die Hoffnung einer Gruppe radikaldemokratischer und sozialistischer Intellektueller wie Walter Dirks und Hans Mayer, die besten Prinzipien beider Ideologien miteinander zu verbinden.[155]

Die zweite deutsche Demokratie war daher zunächst ein von der Mehrheit der Bevölkerung hingenommener Staat, der toleriert, aber kaum geliebt wurde. Unter vielen Mitgliedern der ehemaligen Elite herrschte unverhüllte Verbitterung über den Niedergang: »Ganz bestimmt aber kann eine wahre Demokratie auch nicht bei einer Verelendung, wie das deutsche Volk sie heute schon erlebt ... erreicht werden.« Verbreitet war daher eine politische Orientierungslosigkeit. Ein enttäuschter früherer Ordensjunker registrierte bei seinen weltanschaulichen Diskussionen einen Eindruck von »klägliche[n] Reste[n] einer unbewältigten Ideologie der Vergangenheit, mehr oder weniger gegorene ... Phrasen marxistischer Theorie oder utopische Weltverbesserungs-Phantastereien«. Aufgrund ihrer »schlechten Erfahrungen« wollten die meisten Leute mit der Politik nichts mehr zu tun haben und verharrten in »einer ›Ohne-mich‹ Haltung«. Nur wenige traten in die neuformierten Parteien ein: »Denn nur durch aktive Mitarbeit konnte Neues aufgebaut werden.« Allerdings waren Jugendliche etwas offener: »Nach den Erfahrungen der Vergangenheit wollte ich nur noch Demokrat sein.« Auch der neunzehnjährige Helmut Kohl war »geradezu begeistert« vom Grundgesetz, denn wie viele Mitglieder seiner Generation spürte er: »Das wird unsere Republik.«[156]

War die Bundesrepublik deswegen ein Versuch der »Restauration«, eine verspielte Chance für einen völligen Neubeginn? Schon während der Gründungsphase formulierte Eugen Kogon seine Kritik an der »unvollendeten Erneuerung«, die in den sechziger Jahren von der Mehrzahl der Intellektuellen geteilt wurde. Auch wenn die »Wiederherstellung von Gewesenem« augenfällig war, blieb fraglich, was denn eigentlich restauriert worden war – das Kaiserreich, die Weimarer Republik oder das Dritte Reich? Zweifellos gab es eine »Wiederkehr von scheinbar Vergangenem« durch zahlreiche spezifische Rückgriffe auf vermeintlich nicht-korrumpierte Traditionsbestandteile und den Versuch der Wiederherstellung eines gesellschaftlichen Gleichgewichts unter bürgerlichem Vorzeichen. Aber insgesamt ist die Charakterisierung einer »konservativen Modernisierung« zutreffender, da nicht nur viele tatsächliche Neuerungen wie das Bundesverfassungsgericht eingeführt wurden, sondern auch die Träger der modernen Technologien zum sozialen Leitbild wurden. »Dass es ausgerechnet die Demokratie ist, die in Deutschland von dieser Mentalität« bürgerlicher Rückbesinnung wie vorsichtiger Erneuerung profitiert hat, mutet wie eine Ironie der Geschichte an.[157]

Die hier nur in groben Strichen skizzierte formale Demokratisierung legte daher in Westdeutschland den Grundstein für ein graduelles Hineinwachsen in die Demokratie. Im Gegensatz zu den ideologischen Kämpfen der Weimarer Republik half es, dass die Deutschen dabei eigentlich keine Wahl hatten, weil ihnen die neue Regierungsform von den Westmächten oktroyiert wurde. Dadurch erhielt die Minderheit der einheimischen Demokraten die Chance, ein parlamentarisches Gehäuse zu errichten, in dem sich die apolitische Mehrheit häuslich einrichten konnte. Auch das Provisorium der Bonner Republik erleichterte einen pragmatischen Umgang mit den neuen Institutionen, die sich durch Lösung von praktischen Problemen, ja sogar durch partiellen Widerstand gegen die Alliierten bewähren konnten. Schließlich half der Kontrast zur ostdeutschen SED-Diktatur, die Vorzüge der Demokratie im Westen deutlich zu machen. Wegen der rapiden Eingewöhnung, die im reibungslosen Funktionieren der Verfassungsorgane evident wurde, blickte der im Jahre 1954 scheidende US-Hochkommissar James B. Conant mit Zuversicht in die Zukunft: »Die deutsche Bevölkerung scheint mit ihrer undemokratischen Vergangenheit gebrochen zu haben.«[158]

Verinnerlichung von Demokratie

Trotz erfolgreicher Institutionalisierung blieb der kulturelle Aneignungsprozess der Demokratie schwierig, da autoritäre Denkmuster und Gewohnheiten noch lange nachwirkten. Auch nach der Bonner Staatsgründung konstatierten interne Beobachter »größtes Misstrauen und innerliche Ablehnung« gegenüber der implantierten Regierungsform, gepaart mit einer Suche nach wirklicher Partizipation, die man, »vielleicht etwas romantisch, deutsche oder organische oder funktionelle Demokratie« nannte. Diese widersprüchliche Mischung von deutlicher Skepsis und überhöhten Erwartungen produzierte sowohl Unmut als auch Gleichgültigkeit. »Es darf ruhig einmal gesagt werden, dass alle Bemühungen um eine wirklich lebendige Demokratie die erforderliche breite Resonanz immer noch vermissen lassen.«[159] Auch führende US-Sozialwissenschaftler wie Gabriel Almond und Sidney Verba fanden die Diskrepanz zwischen äußerer Ausübung demokratischer Rituale wie der Wahlbeteiligung und innerer Reserve gegenüber der Demokratie problematisch.[160] Diese

Beobachtungen werfen die Frage auf: Wie fanden unterschiedliche Schichten zur Demokratie, welche Faktoren begünstigten ihre Akzeptanz, wodurch bildete sich ein inhaltliches Verständnis heraus?

Die bewusste Einbindung von Gruppen durch Gewährung von Entfaltungsmöglichkeiten war ein erster Schritt zur Überwindung von Vorurteilen gegen die »Massenherrschaft«. So erlaubte es der Rekurs auf die unbestrittene Sachkompetenz den diskreditierten Eliten, trotz Internierung und Entnazifizierung sich nicht nur den Besatzungsmächten, sondern auch den Demokraten anzudienen, um ihre unterbrochene Karriere fortzusetzen. Das erneute Knüpfen sozialer Netze ließ sie den Verlust des Standortvorteils in Berlin verschmerzen und auch in der neuen Bonner Hauptstadt an Einfluss gewinnen. Die kontroverse Rehabilitierung durch das 131er-Gesetz besiegelte die Rückkehr von belasteten Fachleuten in frühere Ämter – allerdings meist in ausführenden Positionen in der Beamtenschaft, dem Auswärtigen Amt oder der Bundeswehr. Dadurch gelang es ihnen, zentrale Vorteile wie das dreigliedrige Bildungssystem, das Juristenprivileg und das Berufsbeamtentum gegen den amerikanischen Reformwillen zu behaupten. Die CDU/CSU bot nicht nur jungen Talenten wie Kurt Georg Kiesinger und Franz Josef Strauß Aufstiegschancen, sondern die Adenauersche Kanzlerdemokratie bewies auch älteren Leuten durch ihren autoritären Stil, dass sie Respekt und Ordnung garantieren könne.[161]

Das Eingehen auf kirchliche Wünsche überzeugte ebenso das religiös gebundene Bürgertum davon, dass die Demokratie eher eine »christliche Staatsform« als der traditionelle Obrigkeitsstaat sei. Die Mitglieder der EKD zögerten lange, sich wie Martin Niemöller mit dem Stuttgarter Schuldbekenntnis »Durch uns ist unendliches Leid über viele Völker und Länder gebracht worden« von ihrem Nationalismus und den Deutschen Christen zu distanzieren. Nur durch die pausenlose Überzeugungsarbeit von Männern wie Gustav Heinemann gelang es, ein demokratisches Verantwortungsgefühl zu schaffen: »Die Obrigkeit ist nicht mehr unser Herr, sondern soll unser Diener sein. Wir sind alle mitverantwortlich für ihre Art und für ihre Entscheidungen.«[162] Ebenso überging die katholische Kirche lieber die Zustimmung des Zentrums zum Ermächtigungsgesetz und das Konkordat mit barmherzigem Schweigen. Hier war es eher die

Besinnung auf christliche Grundwerte der Menschenwürde, die die Tür für eine Annäherung an die Demokratie durch Gründung einer konfessionsübergreifenden Gesamtpartei öffnete.[163] Dabei konnten beide Kirchen auf eine starke Stellung rechnen und Entscheidungen über Erziehungsfragen und Familienpolitik beeinflussen.

Das nicht immer erfolgreiche Ringen um seine soziale Demokratisierung half schließlich der organisierten Arbeiterschaft, sich in das Bonner System zu integrieren.[164] Unstrittige Erfolge in Industriegebieten und den Bundesländern verhalfen der SPD zwar zu lokaler und regionaler Macht, aber auf Bundesebene blieb sie in der wenig attraktiven Rolle der Opposition stecken. Adenauer war weise genug, um in einigen Einzelfragen wie der Montanmitbestimmung den Gewerkschaften Konzessionen anzubieten; die weitergehende und populäre Hoffnung auf eine umfassende Sozialisierung der Produktionsmittel erwies sich dennoch als illusorisch. Auch der scharfe persönliche Gegensatz zwischen Schumacher und dem Kanzler erschwerte eine kontinuierliche Zusammenarbeit in den Kommissionen, so dass der SPD nur die Möglichkeit blieb, die Rolle einer parlamentarischen Opposition neu zu definieren. Allerdings scheiterte die emotionale außerparlamentarische Bewegung gegen die Wiederbewaffnung an wiederholten Wahlniederlagen, die die Entscheidungen der Bundesregierung auch plebiszitär legitimierten.[165] In der Praxis wurde die prinzipielle Befürwortung der Demokratie daher für die SPD zu einer schwierigen Gewissensprobe.

Weil nur begrenzte Teile der Bevölkerung von der Teilhabe an demokratischen Prozessen ausgeschlossen blieben, entwickelte sich ein geringerer politischer Extremismus als in den zwanziger Jahren. Zwar verloren ehemalige Nationalsozialisten zunächst ihre Bürgerrechte, aber die sukzessive Aufweichung der Entnazifizierung entlastete die Mehrheit der Mitläufer und manche ehemalige Täter, während das 131er-Gesetz eine große Anzahl von Belasteten rehabilitierte. Lediglich explizite neo-nationalsozialistische Betätigung blieb verboten, weshalb auch die Sozialistische Reichspartei als Nachfolgeorganisation der NSDAP als verfassungsfeindlich eingestuft wurde.[166] Dagegen wurden die Kommunisten zunächst von progressiven Besatzungsoffizieren trotz der Einwände bürgerlicher Ratgeber favorisiert, weil sie als konsequente Antifaschisten galten. Erst die Überziehung von radikalen Maßnahmen brachte sie immer mehr in Verruf und die Systemauseinandersetzung diskreditierte ihre Moskauhörigkeit. Das KPD-Verbot wirkte schließlich kaum destabilisierend, weil es durch materielle und propagandistische Unterstützung aus dem Osten teilweise konterkariert werden konnte.[167]

Da die DDR mit der Einbeziehung verschiedener Bevölkerungsgruppen größere Schwierigkeiten hatte, blieb ihre Legitimität jedoch weitaus prekärer. Zwar waren wie im Westen die Neo-Nazis offiziell verboten, aber der Osten verdrängte durch seine Enteignungen und Säuberungen bis auf wenige Ausnahmen die Mitglieder der alten Eliten, trotz der Einrichtung eines eigenen politischen Sammelbeckens in der NDPD. Anfängliche Angebote der Zusammenarbeit mit religiösen Sozialisten wichen schnell einer Diskriminierung der Kirchen, die sich nicht dem Totalitätsanspruch des Marxismus beugen wollten, so dass auch die Ost-CDU immer mehr zu einer »Blockflöte« verkümmerte. Die als »Umsiedler« deklarierten Vertriebenen konnten sich nach 1950 nicht mehr organisieren und artikulieren. Durch die Zwangsvereinigung der SED wurde die gesamte Arbeiterbewegung gleichgeschaltet, das heißt zur herrschenden Partei, und die Gewerkschaften im FDGB erodierten mehr und mehr zu Transmissionsriemen der Ideologie, konnten also die Wünsche der Arbeiterschaft kaum noch durchsetzen. Andere gesellschaftliche Organisationen wurden ebenso instrumentalisiert und verloren daher ihren Charakter als Vertreter kollektiver Interessen weitgehend.[168]

Erst mit praktischen Leistungen konnte die Bundesrepublik jedoch die zahlreichen Skeptiker für die Demokratie gewinnen, indem sie bessere »Resultate« als Weimar und die DDR vorzuweisen hatte. Die abwartende Mehrheit, die der Fähigkeit der Deutschen, sich selbst zu regieren, nicht traute, musste erst durch »eine ungeahnte Aufwärtsentwicklung« davon überzeugt werden, dass ein demokratisches Gemeinwesen die praktischen Herausforderungen wirklich meistern könne. Dabei ging es zunächst hauptsächlich um das nackte Überleben durch Bereitstellung von Nahrungsmitteln, Wohnraum und Arbeit, wobei die Hilfe der westlichen Alliierten auch von Kritikern der Besatzung positiv registriert wurde. Ebenso wichtig war der Wiederaufbau der Fabriken, Verkehrswege und Wohnviertel durch eigene »harte Arbeit«, die von einer effizienten Verwaltung organisiert und vom Marshall-Plan unterstützt wurde. Schließlich spielte der wirtschaftliche Aufschwung eine entscheidende Rolle, denn er konnte nach Aufhebung der Zwangsbewirtschaftung von der entstehenden sozialen Marktwirtschaft als Erfolg reklamiert werden.[169] Da der Westen diese Probleme schneller überwand als die SBZ, kam der dadurch entstehende gute Wille auch dem demokratischen System zugute.

Auf dem Gebiet der Außenpolitik konnte die Bundesrepublik vor allem auf die Garantierung von Sicherheit vor einem neuen Weltkrieg hinweisen. Als Resultat des Kriegstraumas lebte etwa die Hälfte der westdeutschen Bevölkerung weiterhin in Angst vor einem neuen Konflikt zwischen Ost und West, die noch durch den Koreakrieg erhöht wurde. Trotz mancher Reibungen wurde die Präsenz der Westmächte deswegen letztlich als Schutz gesehen, der mit der Berliner Luftbrücke anschaulich demonstriert wurde, was zu einer positiven Perzeption der NATO beitrug. Deswegen unterstützte die Bevölkerungsmehrheit auch die Integrationsversuche mit den westeuropäischen Nachbarn, auch wenn wie in der Montan-Union damit Einbußen der eigenen Souveränität verbunden waren. Zwar hofften die meisten immer noch auf eine Überwindung der Teilung des Landes, aber sie waren aus antikommunistischer Überzeugung nicht bereit, dafür ins sowjetische Lager überzulaufen, und nur eine Minderheit von etwa einem Drittel plädierte für einen neutralen Kurs zwischen den Blöcken.[170] Für eine leidensgeprüfte Bevölkerung war die Aufrechterhaltung des Friedens mitten in den in Asien aufbrechenden Konflikten ein nicht zu unterschätzender Erfolg, der zur Legitimierung der Demokratie beitrug.

In der Innenpolitik beeindruckte die westdeutschen Bürger vor allem die im Vergleich zu den Weimarer Regierungskrisen erstaunliche Stabilität der Adenauer-Kabinette. Allerdings mussten zwei Drittel der Bevölkerung erst langsam ihre politische Passivität ablegen und von den Segnungen des weitgehend ignorierten Grundgesetzes überzeugt werden. Wichtig waren dabei vor allem die wirtschaftlichen Erfolge von Erhard und sozialpolitische Konzessionen Adenauers, die die Lebensumstände sichtbar verbesserten. So hielt eine starke Mehrheit die Währungsreform für notwendig, machte sich aber gleichzeitig Sorgen über die Arbeitslosigkeit, die erst mit dem

Aufschwung des Koreakrieges verflogen. Da sozialistische Vorstellungen anfänglich noch eine große Resonanz besaßen, begrüßten die meisten auch die gewerkschaftliche Mitbestimmung. Eine überwältigende Mehrheit unterstützte den Grundgedanken eines Lastenausgleichs zwischen verschiedenen Bevölkerungsgruppen, der die Kriegsschäden bei den Betroffenen mildern sollte. Als die wirtschaftliche Prosperität sowie die sozialen Unterstützungsmaßnahmen immer weitere Bevölkerungskreise erreichten, wuchs die Zufriedenheit mit dem demokratischen System Anfang der fünfziger Jahre spürbar.[171]

Auch die DDR konnte durchaus eigene Erfolge aufweisen, aber sie kamen später und blieben auf einem niedrigeren Niveau. Schlechte Startbedingungen wie die massiven Reparationen an die Sowjetunion machten es der SED schwer, ihre Version der Planwirtschaft richtig anzukurbeln, so dass sich nach 1948 eine Produktivitätsschere zwischen Ost und West auftat, die nicht mehr geschlossen werden konnte. Mit großen Kollektivvorhaben wie der Stalinallee und neuen Fabrikorten wie Eisenhüttenstadt machte auch in der DDR der städtische Wiederaufbau Fortschritte, jedoch verfielen die Altstädte aus Mangel an individuellem Anreiz und an verfügbarem Baumaterial. Hunger und Kälte der ersten Nachkriegsjahre konnten auch in Ostdeutschland Ende der fünfziger Jahre überwunden werden, aber die staatliche Präferenz von Großinvestitionen behinderte die Weiterentwicklung eines differenzierten Angebots an Konsumgütern. Solange die Grenze noch offen war, wurde ein Gefälle zwischen dem bescheidenen östlichen Sozialstaat und der dynamischeren, aber ungleicheren Westgesellschaft sichtbar, das die westliche Überlegenheit materiell zu demonstrieren schien. »Wie schön war es da, in Westberlin zu leben, Westgeld in der Tasche zu haben. Was hatten wir für ein Glück.«[172]

Ein weiterer Aspekt des Hineinwachsens in die Demokratie war die Entstehung einer kritischen Öffentlichkeit, die den »freiheitlichen Rechts- und Verfassungsstaat« zu verteidigen bereit war. Durch eine strikte Lizenzierungspolitik wollten die Alliierten die Gewohnheiten der NS-Presselenkung und des verantwortungslosen Meinungsjournalismus brechen, um eine faktischere Information der Bevölkerung durchzusetzen. Auch wenn sich aufgrund des akuten Mangels an unbelastetem Personal alte Netze wiederherstellten, bildeten im Zuge des Generationswechsels jüngere, dem Westen aufgeschlossenere Journalisten wie Rudolf Augstein und Marion Gräfin Dönhoff ein neues Berufsethos heraus, das nicht Bestätigung der Macht, sondern dezidierte »Zeitkritik« favorisierte. Dadurch liberalisierten sich die von so zentralen Blättern wie *Die Zeit* oder *Der Spiegel* vertretenen Meinungen schon Anfang der fünfziger Jahre und wurden zu einem echten Gegengewicht zu den Verlautbarungen des von der CDU gelenkten Bundespresseamts. Die Etablierung neuer Sendeformate – wie des bissigen Fernsehmagazins *Panorama* – sowie die Gründung radikaler Zeitschriften wie *konkret* schufen eine Plattform für Aufdeckung von Skandalen und Kritik an der Regierung.[173]

Diese kulturelle Liberalisierung wurde verstärkt durch die Etablierung einer sozialkritischen Literatur, die sich weniger um überhöhende Sinndeutung als um Anprangerung von Missständen bemühte. Zwar beherrschten Schriftsteller der »inneren Emigration« noch die literarische Szene der ersten Nachkriegsjahre, aber in der Gruppe 47 meldete sich eine neue Art von jüngeren Intellektuellen zu Wort, die an das Engagement der Weimarer Linken anknüpften. Die ironischen Kurzgeschichten von Heinrich Böll, die pikaresken Romane von Günter Grass, die dokumentarischen Theaterstücke von Peter Weiss fungierten als Provokationen des traditionellen Bildungskanons von humanistischer Geistigkeit.[174] Einerseits durchbrachen Dramatiker wie Rolf Hochhuth die Verdrängungsmechanismen der Vergangenheitsbewältigung, indem sie das Fortleben von NS-Verhaltensweisen in der Bundesrepublik thematisierten.[175] Andererseits lieferten Autoren wie Martin Walser satirische Porträts der Wohlstandsgesellschaft, die ihre Schwächen bloßstellten. In den Feuilletons und Journalen entstand durch diese Diskussionen eine an Menschenrechten orientierte, subversive Intellektuellenkultur.

Aus solchen Anstößen entwickelte sich Anfang der sechziger Jahre ein kritischer Demokratiediskurs, der eine breitere gesellschaftliche Selbstbestimmung propagierte. In seinen Reflexionen über den *Strukturwandel der Öffentlichkeit* formulierte der Frankfurter Soziologe Jürgen Habermas eine historisch-theoretische Rechtfertigung von öffentlicher Diskussion als Voraussetzung bürgerlicher Freiheit. Statt als Serie von Spielregeln der Politik verstand er die Demokratie als Prozess der gesellschaftlichen Selbstverständigung durch eine durch

»kritische Publizität« gekennzeichnete liberale, bürgerliche Öffentlichkeit.[176] In *Gesellschaft und Demokratie in Deutschland* sah der Konstanzer Soziologe Ralf Dahrendorf in ähnlicher Weise die Ursachen der »strukturellen Demokratieunfähigkeit« seiner Landsleute in einem Modernisierungsdefizit, das er an Konfliktscheue, Elitenmonopol und Privatisierung festmachte. Nur eine fundamentale Liberalisierung der Bundesrepublik könne die »sozial begründete Verfassung der Freiheit« verwirklichen.[177] Durch die Überzeugungskraft solcher Analysen wurde Demokratie zu einem Schlagwort der sechziger Jahre, in dem sich ein allgemeines Verlangen nach mehr Offenheit und Partizipation ausdrückte.[178]

Das über die Politik hinausgehende neue Verständnis der Demokratisierung weitete den Begriff zu einer Forderung nach fortlaufender Veränderung von Gesellschaft und Kultur aus. So meinte der Soziologe Willy Strzelewicz damit »nicht einen fertigen Zustand etwa im Hinblick auf die Verfassung, sondern einen Prozess, der noch lange nicht abgeschlossen ist und nicht nur die politischen, sondern auch die sozialen, ökonomischen und kulturellen Verhältnisse der Gesellschaft umfasst«. Eine solche auf Liberalisierung der Gesinnung und des Verhaltens hinzielende Demokratievorstellung implizierte eine umfassende Reform von »Wirtschaft, Familie und Schule«, also eine Durchbrechung von autoritären Strukturen im vorpolitischen Bereich.[179] Solche über das formale Wahlrecht hinausgehenden Forderungen nach mehr Partizipation waren vor allem den schon im Bonner System aufgewachsenen Jugendlichen sympathisch, die sich in den späten sechziger Jahren an den immer noch vorhandenen autoritären Relikten rieben. Sie waren daher meist willens, linken Aufrufen nach »Mobilisierung und Einübung emanzipatorischer und demokratischer Gegenmacht, Mitbestimmung und Selbstbestimmung in allen Teilsystemen der Gesellschaft« zu folgen.[180]

Konservativere Kreise forderten demgegenüber aus Sorge vor dem Umsturz aller etablierten Autoritäten eine deutliche Begrenzung der Demokratie auf ein formales Regierungssystem. So insistierte der Generalsekretär der CDU Bruno Heck, dass die Demokratie eine Organisationsform des Staates, nicht aber der Gesellschaft sei: »Politisierung der Gesellschaft, das heißt auch: Demokratisierung der Gesellschaft, führt zum Verlust der Freiheit.«[181] Noch schärfer formulierte der Philosoph Wilhelm Hennis seine Einwände gegen die Achtundsechziger-Forderung der »komplementären Demokratisierung aller gesellschaftlichen Bereiche« als verfassungswidrige »Preisgabe von Grundlagen der abendländischen politischen Kultur« durch einen missverstandenen Egalitarismus. Aufgrund der Erfahrungen des Totalitarismus warnte Hennis eindringlich vor jeder Verwischung des Unterschieds zwischen Politischem und Unpolitischem: »Diese Forderung« der Radikaldemokratisierung »ist mithin keine Ideologie, bloß falsches gesellschaftliches Bewusstsein, sondern eine Revolte gegen die Natur«.[182] Erst diese Zurückweisung des verbalen Überschusses der Reformenthusiasten setzte eine weitreichende Grundsatzdebatte über die engere oder weitere Bedeutung von Demokratie in Gang.

Aufgrund dieser Entwicklungen spiegeln westliche Meinungsumfragen der Nachkriegszeit eine langsame Abkehr von autoritären Denkmustern und tastende Hinwendung zu demokratischen Wertvorstellungen. Einerseits wirkten NS-Erinnerungen (über die Hälfte stimmten der Feststellung zu, dass der Nationalsozialismus eine gute Idee war, die schlecht ausgeführt wurde) und ältere autoritäre Reflexe, die sich vor allem in patriarchalischen Überlegenheitsansprüchen äußerten, deutlich nach. Aber andererseits gab es auch eindeutige Hinweise auf eine Klärung der politischen Begriffe durch Ablehnung der Extreme des Nationalsozialismus und des Kommunismus, die sich zwischen Sommer 1945 und Herbst 1946 von 22 Prozent auf 66 Prozent verdreifachte.[183] Während eine Minderheit weiter eine starke Führung verlangte, trauten dennoch die meisten dem Volk statt den Experten und zogen eine Selbstverwaltung vor. Noch votierte die große Mehrheit gegen ein Engagement in der Politik, aber etwa die Hälfte der Antwortenden in Berlin und etwas weniger in der US-Zone begannen von 1948 an, die Demokratie als Regierungsform zu befürworten. Wenn auch die soziale Absicherung weiterhin eine wichtige Rolle spielte, zeigen sich in den späten vierziger Jahren erste Anzeichen des Verständnisses für die Wichtigkeit der Meinungsfreiheit und der Menschenrechte.[184]

Dagegen blieb die DDR in den Augen der eigenen Bevölkerung weit weniger attraktiv. Ende 1950 war bei drei Vierteln der in Westberlin beim Umtausch Befragten die allgemeine Stimmung entweder schlecht oder sehr schlecht. Beklagt wurden vor allem Unfreiheit, Mangel und

Machtlosigkeit, weshalb die Adenauersche Forderung nach »freien Wahlen« auch mit großer Mehrheit gebilligt wurde. Zwar gehörten 1951 schon vier Fünftel der Jugendlichen zur FDJ, aber auch bei den Teilnehmern von Sportveranstaltungen oder des Pfingsttreffens gab es viel Interesse am Westen und Skepsis gegenüber der Sowjetunion wie der SED. Trotz offizieller Verbote hörte die Mehrheit den Rundfunk im amerikanischen Sektor (RIAS) als Quelle von seriösen Nachrichten und flotter Unterhaltungsmusik. Natürlich waren bei direkt von Zwangsmaßnahmen betroffenen Gruppen wie den unter Kollektivierungsdruck stehenden Bauern und allgemein bei den Flüchtlingen die Meinungen über Ulbricht negativ. Zwar kritisierten einige die westliche Inaktivität beim Arbeiteraufstand vom 17. Juni, aber die meisten unterstützten eine vorsichtige Politik der Stärke gegenüber ihrer eigenen Regierung.[185] Nicht zu leugnende Probleme erschwerten daher eine affektive Bindung an den Kommunismus.

Als Resultat der negativen Eindrücke des SED-Systems und der positiven Wahrnehmung der Bonner Regierung freundete sich die apolitische Mehrheit der Bevölkerung langsam mit der Demokratie an. Der anfängliche Vorsprung der SPD in der Identifikation der Wähler dauerte nur bis Januar 1953, denn dann gelang es der CDU, an ihr vorbeizuziehen, während die rechten und linken Splitterparteien von einem Fünftel auf ein Zehntel zurückgingen. Die allgemeine Zustimmung zur Bundesregierung, die bis Ende 1951 noch kaum stärker als die Kritik war, stieg im Verlauf von 1953 deutlich und stabilisierte sich dann bei erstaunlichen siebzig Prozent. Die Wahlresultate zeigen einen ähnlichen Trend des knappen Ausgangs im Jahr 1949, des deutlichen CDU-Sieges im Jahr 1953 und der absoluten Mehrheit im Jahr 1957. Entscheidend bei diesem wachsenden Erfolg des Kabinetts Adenauer war jedoch, dass seine Popularität auch auf die Demokratie als Regierungsform ausstrahlte, die 44 Prozent Ende 1953 für stärker hielten als in den Jahren zuvor.[186] Die persönliche Autorität des ersten Bundeskanzlers und die positiven Ergebnisse seiner Politik halfen daher zweifellos dabei, das westdeutsche System in der Bevölkerung zu verankern.

Nach autobiographischen Zeugnissen wurde die Überwindung von tiefsitzenden Vorurteilen gegen eine Volksherrschaft auch durch den Generationswechsel entscheidend beschleunigt.[187] Bei den noch im Kaiserreich sozialisierten Älteren war es vor allem die unbestrittene Autorität der Adenauerschen Kanzlerdemokratie, die den Bonner Staat teilweise akzeptabel machte. Bei der durch das politische und wirtschaftliche Chaos der Weimarer Republik verunsicherten mittleren Altersgruppe war es weniger »das Anpassen an jede veränderte politische Situation« als die Prosperität der sozialen Marktwirtschaft und die Stabilität der bürgerlichen Koalitionsregierungen, welche die BRD in positivem Licht erscheinen ließen. Bei den Mitgliedern der durch den Zusammenbruch des Dritten Reichs tief enttäuschten HJ-Generation war es die Chance der Realisierung einer friedlichen und sicheren Zukunft, die die tiefe Skepsis gegen ein politisches Engagement abbaute: »Denn nur durch aktive Mitarbeit konnte Neues aufgebaut werden, nachdem man das Vergangene in Uneinsichtigkeit mit zu verantworten hatte.« Am ehesten erschien die Demokratie daher den in der Bundesrepublik aufgewachsenen Jugendlichen als Selbstverständlichkeit, die nun wirkliches »demokratisches Denken und Handeln« einfordern wollten.[188]

Der noch weitgehend unerforschte Prozess des Ankommens in der Demokratie war daher ein langwieriger kollektiver Lernvorgang, der eigentlich erst nach der Etablierung formeller parlamentarischer Institutionen begann. Ironischerweise erwiesen sich die schwierigeren Rahmenbedingungen des Zusammenbruchs, der Besatzung und des Kalten Kriegs günstiger für die Implantierung des parlamentarischen Systems als der Kollaps des Kaiserreichs. In bewusstem Versuch des Lernens von Fehlern der Vergangenheit entwaffnete die Bundesregierung ihre potentiellen Kritiker unter den alten Eliten durch eine Integrationsstrategie, die es durch Einbeziehung in Entscheidungsprozesse vermied, antidemokratische Ressentiments zu schaffen. Durch seine unbestreitbaren Leistungen des Wiederaufbaus, des Wirtschaftswunders und der Westintegration gelang es dem Bonner Staat, die apolitische Mehrheit davon zu überzeugen, dass das westliche System seinem ostdeutschen Konkurrenten deutlich überlegen sei. Die Entstehung einer kritischen Öffentlichkeit beförderte schließlich bei Intellektuellen die Verinnerlichung von demokratischen Vorstellungen und Verhaltensweisen, da sie ihnen die Rolle eines politischen Gewissens zubilligte, das die Gesellschaft durch einen prozessualen Demokratiebegriff reformieren sollte.[189]

Demokratische Bewährungsproben

Gerade der spektakuläre Erfolg der Demokratie in Nachkriegsdeutschland nährte bei nachdenklichen Beobachtern Zweifel daran, ob ihre Akzeptanz nicht auf tönernen Füßen ruhte, also eher konditionell als prinzipiell gemeint war. »Ich bin die Sorge nie losgeworden«, formulierte die liberale Politikerin Hildegard Hamm-Brücher, »dass wir recht eigentlich eine Schönwetterdemokratie sind, die noch keine wirklichen Bewährungsproben bestanden hat.« Dieses Bedenken weist auf eine Situationsabhängigkeit der Zustimmung zur Bundesrepublik hin, die in schwierigen Zeiten möglicherweise widerrufen werden konnte. Dies ist genau der Unterschied, den der Gegensatz von befristeter Loyalität zu fundamentaler Legitimität eines politischen Systems auf den Begriff zu bringen versucht.[190] Über das Funktionieren von parlamentarischen Institutionen und über positive Einstellungen zur Demokratie hinaus, impliziert diese Unterscheidung die Notwendigkeit einer auf Erfahrungen gegründeten affektiven Bindung. Welche Bewährungsproben musste die zweite deutsche Demokratie überstehen, um eine solche experientielle Verankerung in der Bevölkerung zu erreichen?

Ein erster Beweis demokratischer Verlässlichkeit war der innerparteiliche Machtwechsel von Konrad Adenauer zu Ludwig Erhard im Herbst 1963. Die Verstrickung in die Spiegel-Affäre kostete den machtbewussten ersten Bundeskanzler die Unterstützung in der eigenen Fraktion, da er an seinem belasteten Verteidigungsminister Franz Josef Strauß zu lange festhielt. Als eine Große Koalition mit der SPD an der Frage der Wahlrechtsänderung scheiterte, wurde Adenauer von der FDP gezwungen, in der Koalitionsvereinbarung von Dezember 1962 »die bindende Zusage« zu geben, »sein Amt im Oktober 1963 zur Verfügung zu stellen«. Obwohl er seinem populären Wirtschaftminister die Durchsetzungsfähigkeit als Regierungschef absprach, konnte er nicht die Ernennung Ludwig Erhards zu seinem Nachfolger verhindern. Die *Frankfurter Allgemeine Zeitung* kommentierte die Lösung erfreut: »Das beste demokratische Zeugnis, das alle sich in diesen Tagen ausstellen konnten, war die Absage an die Rückkehr zum Parlamentarismus der Weimarer Republik« durch Gewährleistung der »Stabilität der parlamentarischen Demokratie«. Der erste Wechsel an der Spitze der Regierung vollzog sich daher »in einer Art, die besten demokratischen Gepflogenheiten entspricht«.[191]

Ein kontroverserer Beleg »des normalen Funktionierens des Verfassungsstaates« war jedoch die Ablösung von Erhard durch Kurt Georg Kiesinger, da sie mit dem Wechsel zur Großen Koalition im Herbst 1966 verbunden war. Trotz des Wahlsiegs kam eine »wachsende Kritik am »Regierungsstil« des zweiten Bundeskanzlers auf, denn ihm fehlte die persönliche Autorität. Erhard erschien »glücklos und verlassen«, weil ihm die erste leichte Nachkriegsrezession den Nimbus wirtschaftlicher Unfehlbarkeit raubte und frankophile Gaullisten gegen seine pro-amerikanische Außenpolitik intrigierten.[192] Allerdings waren alle Alternativen problematisch, denn die Zusammenarbeit mit der FDP hatte sich aufgebraucht und zu einer kleinen Koalition zwischen Liberalen und Sozialdemokraten fehlte der politische Mut. Als »das Kolumbusei der Bonner Politik« entpuppte sich daher die mit einer »Notlage« begründete Große Koalition, die der CDU die Macht erhielt, die SPD aber gleichzeitig regierungsfähig machte. Das Risiko der Koalition beider Volksparteien war die Schwächung der parlamentarischen Opposition und die Stärkung des Extremismus – wie demonstrierende Studenten kritisierten. Die Zusammenarbeit auf Zeit mutete besorgten Intellektuellen wie ein »Kartell der Angst« an.[193]

Die »überfällige Grunderfahrung des Übergangs der Regierungsverantwortung auf die andere große Partei« fand erst im Oktober 1969 mit der Bildung der sozialliberalen Koalition statt. Trotz des knappen Wahlausgangs ergriff Willy Brandt die Initiative und überredete Walter Scheel, diesmal das Wagnis eines Modernisierungsbündnisses einzugehen. Damit war die Zeit der Formelkompromisse in der Großen Koalition vorbei und es entwickelte sich wieder eine »spannende Demokratie«. Die Generationsablösung der Führungspersönlichkeiten und die inhaltliche Richtungsänderung signalisierten das Ende der Nachkriegszeit und den Anfang einer Ära der »Erneuerung«, der Veränderungen in der Gesellschaft.[194] In seiner von Zwischenrufen unterbrochenen Regierungserklärung formulierte Brandt als Motto den entscheidenden Satz: »Wir wollen mehr Demokratie wagen«. Mit einer politischen Öffnung zu größerer Partizipation sowie Reformen im Bereich etwa von Bildung und Sozialpolitik nahm dieses Programm die Ausweitung des Demokratisierungsbegriffs auf, die sich in intellektuellen Diskussionen abgezeichnet hatte. Durch die Wiederherstellung einer starken Opposition revitalisierte dieser erste Macht- und Richtungswechsel die parlamentarische Demokratie.[195]

An dem positiven Eindruck konnte auch der durch den Guillaume-Skandal ausgelöste Verschleiß des Charismas von Brandt und der Wechsel zum effizienteren Helmut Schmidt im Jahre 1974 wenig ändern. Nach dem Wahlsieg von 1972 fiel der sozialliberalen Koalition die »Bewährung im Alltag« schwer, da die Ölschocks der OPEC-Preiserhöhung der inneren Reformpolitik den Boden entzogen und die heroische Phase des Durchbruchs der neuen Ostpolitik vorüber war. Brandt selbst befiel eine merkwürdige innere Lähmung und Mutlosigkeit, die ihm »die Lust am Regieren« vergällten, so dass er aus einer ärgerlichen Spionageaffäre den nicht zwingenden Schluss des freiwilligen Rücktritts zog.[196] Der Nachfolger Schmidt war »energischer und zielstrebiger« und arbeitete wegen der wachsenden Inflationsgefahr auf die »Wiedergewinnung des wirtschaftlichen und finanziellen Vertrauens in der breiten Mittelschicht« hin. Als Kanzler der »Kontinuität und der Konzentration« strebte er eine »höhere Effizienz der staatlichen Verwaltung an«, versuchte also durch Sparsamkeit die Reformen zu konsolidieren. Für den liberalen Beobachter waren diese erfolgreichen Regierungswechsel ein weiterer Beweis für »die Krisenfestigkeit der parlamentarischen Demokratie«.[197]

Im Gegensatz zur öffentlichen Diskussion über die Kanzlerfrage im Westen bestätigte die reibungslose »Wachablösung in Ostberlin« von Ulbricht zu Honecker den diktatorischen Charakter der DDR. Da der 78-jährige Generalsekretär schon ein Vierteljahrhundert an der Macht war, begründete er im Mai 1971 seinen »Rückzug auf Raten« mit fortschreitendem Alter, denn »leider ist gegen die Jahre kein Kraut gewachsen«. Sein Nachfolger Erich Honecker, der als NS-Häftling, ehemaliger FDJ-Chef und Vorsitzender des Verteidigungsrates aus dem inneren SED-Zirkel kam, versprach denn auch: »Der Kurs wird kontinuierlich fortgesetzt.« Da Ulbricht sukzessive die Ämter seiner Vorgänger Pieck und Grotewohl übernommen hatte, war dies der einzige Führungswechsel in vier Jahrzehnten der DDR vor ihrer Finalkrise im Herbst 1989! Er ging auf keine offene Diskussion innerhalb der SED zurück, er beruhte auch nicht auf freien Wahlen, sondern resultierte aus dem Druck der Sowjetunion und den Intrigen des Kronprinzen, die beide weder mit innerer Liberalisierung noch mit der Kontaktaufnahme zum Westen glücklich waren.[198] Die Verheimlichung der eigentlichen Gründe des Wechsels wahrte zwar die Fassade der Einmütigkeit, hatte aber keine legitimierende Wirkung für das System.

Eine schwierigere Bewährungsprobe der Demokratie war der Umgang der Bundesrepublik mit der Gefahr des politischen Extremismus, die gegen Ende der sechziger Jahre akut zu werden schien. Dabei stand aufgrund der Sorge vor einer Wiederkehr des Nationalsozialismus zuerst die Furcht vor dem Rechtsradikalismus im Vordergrund, der in der Form der NPD in einigen Landtagen (wie in Hessen) den Durchbruch ins Parlament schaffte. Trotz rhetorischer Akzeptanz des Bonner Staates attestierte der Verfassungsschutzbericht des Jahres 1967 dieser Sammelpartei eine »demokratiefeindliche Grundeinstellung«, da sie auf einen Systemwechsel hinzielte. Der einhelligen Reaktion aller demokratischen Politiker, der Linksintellektuellen und der kritischen Jugendlichen gegen ein Wiederaufleben des »Faschismus« gelang es jedoch in den Bundestagswahlen von 1969, der NPD den Einzug ins Parlament zu verwehren.[199] Aufgrund dieses Misserfolgs zerstritt sich die Partei, zerfiel in rivalisierende Gruppen und schied aus den Landtagen aus. Im Gegensatz zu manchen Katastrophenprophezeiungen erwies sich die Bundesrepublik daher als wetterfest gegenüber rechtsradikalen Bestrebungen.

Dagegen gestaltete sich die Auseinandersetzung mit dem Linksradikalismus wesentlich problematischer, da die Kritiker mehr »Demokratie von unten« forderten. Ihr Demokratisierungskonzept zielte auf »ökonomische Realisierung der Grundrechte« sowie »institutionelle Ermöglichung einer kritischen Öffentlichkeit«, also auf einen Abbau autoritärer Strukturen und eine Reform gesellschaftlicher Machtverhältnisse hin.[200] Verteidiger des parlamentarischen Systems warnten demgegenüber vor einer »Diktatur durch die Hintertür« und begründeten die »Sinnwidrigkeit der Demokratisierung von Einrichtungen funktionalen oder exekutiven Charakters« mit der Durchbrechung des Leistungsprinzips.[201] Brisant wurde diese

Debatte durch den Schritt von Reformforderungen zur neo-marxistischen Systemüberwindung, die die parlamentarische Demokratie zur Disposition stellten: »Die Gesellschaft muss radikal verändert und das ganze System muss abgeschafft werden.« Auf die Entstehung von 316 radikalen Gruppen mit etwa 95000 Mitgliedern reagierten Regierungskreise mit panikartiger Entschlossenheit: »Die Demokratie muss verteidigt werden.« Gegen den von der sozialliberalen Koalition verabschiedeten Radikalenerlass (28.1.1972) warnten Schriftsteller »vor einer abermaligen Zerstörung der Keime einer freiheitlich demokratischen Grundordnung unter dem Vorwand ihrer Verteidigung«.[202]

Das Aufkommen des linken RAF-Terrorismus verschärfte den Kampf um die Grenzen der Demokratie, da Andreas Baader und Ulrike Meinhof ihre minoritäre Version des Volkswillens mit Gewalt durchzusetzen versuchten. Obwohl Bundespräsident Heinemann meinte, »Demokratie braucht die radikale Kritik«, setzte die Mehrheit der verunsicherten Abgeordneten auf Antiterrorgesetze, die einen »Verlust der Liberalität« bedeuteten.[203] Erst die spektakulären Morde an Siegfried Buback und Hanns-Martin Schleyer, die Flugzeugbefreiung in Mogadischu und die Stammheimer Selbstmorde führten zur Besinnung, denn »der Terror hat die Republik verändert«. Die Konservativen sahen in dem Wunsch nach »Sicherheit über alles« eine Chance zu Tendenzwende gegen den Wertewandel und die Aufweichung der Staatsautorität.[204] Die gemäßigte Linke verwahrte sich gegen den Vorwurf der Mitverantwortung und lehnte eine »Stabilisierung nach rückwärts« vehement ab. Gleichzeitig verurteilten intellektuelle Sympathisanten wie Heinrich Böll die Morde und progressive Hochschullehrer erklärten: »Wir lehnen Gewaltanwendung als Mittel der politischen Auseinandersetzung in der BRD ab.« Auch in der Protestszene distanzierten sich nachdenkliche Aktivisten nun von ihren Gewaltphantasien.[205] Der Schock des »deutschen Herbsts« 1977 erzwang eine Rückbesinnung auf Grundwerte der Verfassung als eigentlichen Kern der Demokratie.

Konstruktiver entwickelte sich dagegen die Debatte über die Bürgerinitiativen, die durch direkte Aktionen »unüberhörbar einen Anspruch auf Partizipation« anmeldeten. Lokale Einmischungen zur Verbesserung der Umwelt unter dem Motto »Bürger setzen sich zur

Wehr« wurden von Progressiven »als Ausdruck politischer Mündigkeit« willkommen geheißen, während Konservative vor solcher »Einschränkung der Autorität und der Handlungsfähigkeit parlamentarischer Gremien« warnten.[206] Der spontane Widerstand gegen die Errichtung von Atomkraftwerken in Wyhl und Brokdorf konnte auch mit Polizeigewalt, Einsatz von Wasserwerfern und hohen Bußgeldern nicht gebrochen werden, da die Behörden sich durch »eine Serie von Ungeschicklichkeiten« selbst diskreditierten.[207] Zwar ging der »zivile Ungehorsam« der Demonstranten oft in »schwere Ausschreitungen« über, aber mittels Plädoyers »für einen anderen Umgang mit staatlicher Gewalt« und inhaltlicher Diskussionen mit Umweltschützern gelang es, einen »gewaltlosen Verlauf der Demonstrationen« zu garantieren.[208] Die Entwicklung der im BBU vereinten Umweltorganisationen zu einer eigenen Grünen Partei kanalisierte das diffuse Protestpotential wieder in den parlamentarischen Prozess, veränderte aber gleichzeitig dessen politischen Stil. Bei den etablierten Kräften beförderte der Erfolg der Grünen die Einsicht, »die Bürger stärker an politischen Entscheidungen zu beteiligen«.[209]

Die Friedensbewegung der achtziger Jahre war dagegen eine härtere Bewährungsprobe, da in ihr der Wille einer großen Minderheit der Bevölkerung mit der Mehrheit des Parlaments kollidierte. Die westliche Nachrüstung mit Mittelstreckenraketen verdeutlichte die nukleare Gefährdung: »Angst vor der Atomrüstung geht um.« Da die Regierung Schmidt-Genscher selbst den NATO-Doppelbeschluss initiiert hatte, blieb sie taub für eschatologische Friedensaufrufe wie den Krefelder Appell, der in kurzer Zeit von fast einer Million Bürger unterschrieben wurde.[210] Die Kernfrage der schnell eskalierenden und von Teilen der Gewerkschaften, der Kirchen und der DKP unterstützten Proteste war: »Kann die Friedensbewegung den Kanzler zum Kurswechsel zwingen?« Mit einem Sternmarsch nach Bonn plädierten 250000 Bürger »für Abrüstung und Entspannung in Europa«, in Erhard Epplers Worten »aus Verzweiflung über eine Sicherheitskonzeption, die letztlich nur mit dem eigenen Selbstmord drohen kann«. Konservative kritisierten die Demonstration als »Zug der Aussteiger aus der Geschichte«, während Linke »den Bankrott des etablierten Parteiensystems« prophezeiten. Da die Opposition die Nachrüstung unterstützte, musste die Regierung ihre Politik nicht ändern – aber sie zerbrach schließlich an der »Sehnsucht nach Opposition« in der linken SPD.[211]

Der Kanzlerwechsel von Helmut Schmidt zu Helmut Kohl brachte zwar eine Lösung der politischen Krise, aber das fragwürdige Verfahren trug selbst zu einer schleichenden Politikverdrossenheit bei. Die »innere Spaltung der SPD« zwischen dem gemäßigten Regierungsflügel und den radikalen Linken wurde zur Zerreißprobe, weil eine starke Minderheit der eigenen Partei dem Kanzler in Fragen der NATO-Nachrüstung, der Nutzung der Kernkraft und der Finanzpolitik die Gefolgschaft verweigerte. Wegen der abnehmenden Verlässlichkeit des Partners begann FDP-Chef Hans-Dietrich Genscher »mit dem Gedanken der Desertion« zu spielen und eine Koalition mit der CDU zu befürworten, obwohl deren Vorsitzender »Kohl langweilt« wie Theo Sommer süffisant formulierte.[212] Zwar gab sich Schmidt kämpferisch, »ich denke nicht an Rücktritt«, aber die sozialliberale Koalition zerbrach im September 1982 durch den Auszug der FDP-Minister, als die SPD die von Bundeswirtschaftsminister Otto Graf Lambsdorff formulierten Kürzungsforderungen im sozialen Bereich ablehnte.[213] Auch wenn Kohl Kontinuität signalisierte, hinterließ der Seitenwechsel der FDP einen bitteren Nachgeschmack, da ein Rückzug aus dem Kabinett im Grundgesetz nicht vorgesehen war und Neuwahlen erst im folgenden Jahr stattfanden.[214]

Die vom Kabinett Kohl-Genscher angekündigte »geistige Wende« propagierte deshalb eine Wiederherstellung der Staatsautorität durch ein formaleres Demokratieverständnis. Vor allem machte sich der Kurswechsel im kulturellen und sozialen Stil bemerkbar, da dieser »einen Schwenk zurück in die heile Welt der fünfziger Jahre, des bürgerlichen Biedermeier« bedeutete. Ein wichtiger Teil der Agenda war der Versuch, »mehr Staat und weniger Demokratie [zu] wagen«, das heißt die »ausufernden Rechte von Minderheiten« einzuschränken. Verbunden damit war auch ein Misstrauen gegen den »Volkssouverän« sowie plebiszitäre Verfahren und eine eindeutige Präferenz für die Delegierung von Entscheidungen an das Parlament.[215] Die »Utopieverluste« der Kohl-Ära wurden von den bürgerlichen Kommentatoren als überfällige Normalisierung begrüßt, in der sich eine »neue Zuversicht« der Deutschen in die Zukunft abzeichnete. Dennoch wiesen Kritiker auch darauf hin, dass die Bundesrepublik

Gefahr lief, zu einer »Zuschauer-Demokratie« zu verkümmern, und dass sich ein tiefer »Riss« in der politischen Kultur zwischen der bürgerlichen Mehrheit und einer alternativen Minderheit entwickelt habe.[216]

Die neo-korporatistische Praxis von Kohl brachte zwar eine Verringerung des öffentlichen Streits, lief aber Gefahr, die Demokratie durch Skandale zu diskreditieren. Die politische Einbindung unterschiedlicher gesellschaftlicher Kräfte durch Verteilung von Wohltaten förderte einen kollektiven Immobilismus sowie eine Selbstbedienungsmentalität. Liberale wie Ralf Dahrendorf beklagten deswegen »eine ›gewisse Verrottung‹ der deutschen politischen Klasse«, während Theo Sommer die grüne Kampagne gegen »den Verfall der politischen Sitten« begrüßte.[217] Anlass für solche Kassandrarufe war der Flick-Skandal, in dem das Notizbuch des Bevollmächtigten Eberhard von Brauchitsch sorgfältig die Parteispenden an Kohl, Strauß und andere führende Politiker belegte. Auch löste die »Barschel-Affäre« von Wahlmanipulationen der schleswig-holsteinischen CDU große Verbitterung aus. Während der Schriftsteller Günter Grass gegen »eine Republik der Skandale« wetterte, warnte der Hessische Ministerpräsident Walter Wallmann davor, »die Demokratie selbst für das »politische Fehlverhalten« der Politiker verantwortlich zu machen«. Ironischerweise führte gerade die neo-konservative Politik in eine neue »Vertrauens- und Glaubwürdigkeitskrise«.[218]

Die »bestandenen Proben« solch schwieriger Herausforderungen schufen langsam die Überzeugung, dass die Bundesrepublik »nicht nur eine Schönwetter-Demokratie« sei. Im Gegensatz zur Unbeweglichkeit der SED-Diktatur gaben die oft umstrittenen, aber letztlich doch akzeptierten Regierungswechsel einen eindeutigen Beweis der Funktionsfähigkeit parlamentarischer Institutionen, die unterschiedliche gesellschaftliche Kräfte an der Macht beteiligten.[219] Die Herausforderungen der APO und des Terrorismus führten nicht zum Rückfall in den Faschismus, sondern zu einer intensiven Diskussion über die »Grundwerte«, die das Verständnis der »freiheitlich-demokratischen Grundordnung« erhöhte und der politischen Gewalt Grenzen setzte.[220] Die Antwort auf Vorwürfe der Politikverdrossenheit und der Entmutigung war eine Anerkennung der Bürgerinitiativen, eine Ausweitung der Partizipationsmöglichkeiten auf lokaler Ebene und eine Intensivierung der Kritik an den Skandalen der Politiker.[221] Zwar war die Bundesrepublik keineswegs so perfekt wie rechte Apologeten behaupteten – aber linke Zerrbilder von einer »angeblich wachsenden Illiberalität« waren ebenso überzogen. Kein Wunder, dass Ende der achtziger Jahre fast vier Fünftel der Westdeutschen mit dem demokratischen System »sehr zufrieden oder eher zufrieden waren«.[222]

Gelernte Demokratie

Bei jedem runden Jahrestag ihrer Gründung mehrten sich die Kommentare, die der Bundesrepublik einen erstaunlichen Erfolg bescheinigten. Überwogen am Anfang noch Beschwörungen »Bonn ist nicht Weimar«, so wuchs zunehmend die Zustimmung: »Wohlgenährt und proper liegt sie da, dreißig Jahre alt und unheimlich gesund, wie der Witzbold sagt – die Bundesrepublik Deutschland«. Trotz aller berechtigten Kritik konnte sich die Bilanz dieses »rundherum akzeptierten deutschen Gemeinwesens« sehen lassen: Der Bonner Staat wies starke Freiheitsgarantien, hohe Rechtssicherheit, seriöse Gesetzgebung, problembewusste Regierung, funktionierenden Föderalismus, ein dichtes soziales Netz und integrierte Verbände auf – die Liste der zivilisatorischen Errungenschaften war lang und eindrucksvoll.[223] Allerdings war diese positive Entwicklung keine Selbstverständlichkeit, sondern das Produkt eines langen Lernprozesses, der aus dem Fehlschlag des ersten Versuchs wichtige Lehren gezogen hatte. Auch zeigte sich die zweite Republik überraschend entwicklungsfähig, indem sie sich innerhalb des Grundgesetzes immer wieder den neuen Herausforderungen anpasste. Warum war die Bonner Demokratie so viel erfolgreicher als ihre Vorgängerin?

Zunächst war die Bundesrepublik ein Besatzungskind, ein Resultat der Niederwerfung des Nationalsozialismus und der alliierten Okkupation, welche die Rahmenbedingungen drastischer bestimmte als 1918. Dazu gehörte im negativen Sinne der Versuch einer Brechung rechtsgerichteter Traditionen durch Entmilitarisierung, Entnazifizierung und Entkartellierung, auch wenn ihre Umsetzung nicht immer weit genug ging. Gleichzeitig diskreditierte das abschreckende Beispiel der Entstehung der SED-Diktatur in der SBZ linksradikale Utopien und ließ in den Propagandaschlachten des Kalten Kriegs einen moderaten Parlamentarismus als einzig vernünftige Option erscheinen. In positiver Hinsicht fungierte die westliche Vormacht der Vereinigten Staaten als Exempel demokratischer Institution und wirtschaftlichen Erfolges, das durch Radio, Filme und Fernsehen in westdeutsche Wohnzimmer ausstrahlte. Dabei spielten jüdische Remigranten wie Theodor Adorno und amerikanische Deutschlandkenner wie Shepard Stone eine wichtige Rolle als Mittler zwischen den Kulturen, die demokratische Werte in einen deutschen Kontext übertragen konnten.[224] Indirekt beförderten daher kulturelle Westernisierung und Amerikanisierung auch den Prozess der Demokratisierung.

Dennoch war der Anteil der Deutschen an der Verankerung der Demokratie wohl noch entscheidender, denn ohne ihre aktive Mitarbeit hätte das parlamentarische System kaum langfristig Fuß fassen können. Dabei konnte sich, was oft vergessen wird, die Minderheit der engagierten Demokraten auf eine eigene Tradition stützen, die in den Revolutionen von 1848 und 1918 zum Ausdruck gekommen war, auch wenn sie vor 1945 keine dauerhafte Mehrheit gewinnen konnte.[225] Das Grundgesetz versuchte bewusst an diese Verfassungsentwicklung anzuknüpfen, war aber gleichzeitig von der Entschlossenheit geprägt, die Fehler der Weimarer Republik zu vermeiden. Der Parlamentarische Rat war daher gefordert, die verbreiteten Vorbehalte gegenüber der Demokratie dadurch zu überwinden, dass er ein Institutionengefüge errichtete, das einerseits Autorität, Ordnung und Stabilität, andererseits aber auch Rechtssicherheit und Meinungsfreiheit garantieren würde. Obwohl einzelne Bestimmungen wie der Länderfinanzausgleich im Nachhinein Kritik hervorriefen, erwies sich der Rahmen dieser Verfassung jedoch bei fast allen Herausforderungen als erstaunlich krisenresistent und anpassungsfähig.[226]

Bis die Mehrheit der Bürger innerlich in das Gehäuse der Demokratie hineinwuchs, sich darin einrichtete und sie nicht mehr missen wollte, brauchte es jedoch einige Jahrzehnte. Die schrittweise Eingewöhnung wurde durch eine Reihe positiver Erfahrungen erleichtert: Am Anfang erlaubte das parlamentarische System den Bürgern bei formaler Erfüllung ihrer Pflichten eine emotionale Auszeit, in der sie ihr privates Leben neu organisieren konnten. Als sie dann Forderungen anmeldeten, erwies sich der Bonner Staat als überraschend leistungsfähig, indem er den wirtschaftlichen Aufschwung organisierte, soziale Sicherheit bereitstellte, den gefürchteten Krieg verhinderte und internationale Anerkennung verschaffte. Durch Skandale vorangetrieben, begünstigte die Verfassung die Bildung einer kritischen Öffentlichkeit, die dann als Frühwarnsystem für drängende Probleme fungierte. Die Machtwechsel zwischen Kanzlern und Koalitionen boten politisch Interessierten nicht nur gute Unterhaltung, sondern sie bewiesen Skeptikern auch die Funktionsfähigkeit demokratischer Institutionen.[227] Der im Gegensatz zur DDR höhere Grad an Chancen für Selbstbeteiligung und an Bewältigung von Problemen schuf daher eine stärkere Legitimität für das parlamentarische System.

Die anschließende Grundsatzdebatte über die Ausweitung von Partizipation sowie Grenzen der Freiheit belegt, dass die Demokratie selbst zum Maßstab geworden war und Konflikte nur noch um die Auslegung ihrer Prinzipien kreisten. Die linke Kritik an der »krassen Diskrepanz zwischen den formaldemokratischen Prinzipien des Systems und der faktischen Ausschaltung der Masse der Bevölkerung« motivierte Forderungen nach revolutionärer Veränderung durch mehr Beteiligung, die sich in Bürgerinitiativen niederschlugen. Konservative Politiker wiesen dagegen auf die linke Stasi-Unterwanderung und prangerten die Begehung von»eindeutig strafbaren Tatbeständen« durch zivilen Ungehorsam an: »Diese verfassungsmäßigen Rechte des Parlaments dürfen durch Nötigung seitens einer demokratisch nicht legitimierten Minderheit nicht aus den Angeln gehoben werden.« Dabei trafen entgegengesetzte Demokratiemodelle aufeinander – eine systemkritische Vorstellung von Basisdemokratie nach dem Vorbild des Rätesystems kollidierte mit einer auf Verfassungsbestimmungen begrenzten Konzeption des Parlamentarismus.[228] Dieser Prinzipienstreit um die Demokratisierung der Demokratie spiegelte die unterschiedlichen Standpunkte eines zivilgesellschaftlichen Ringens um Werte und Verhaltensweisen, das die Bundesrepublik noch erheblich weiter verändern sollte.

6. Kapitel
Ausbruch von Protest

Nach der erfolgreichen Demokratisierung kam das »Aufbrechen einer großen Unzufriedenheit mit dem Staat und der Gesellschaft« Mitte der sechziger Jahre ziemlich überraschend.[229] Während sich soziologische Untersuchungen noch über die Apathie der unpolitischen Studenten beklagten, begann es an einigen Universitäten zu rumoren. So versammelten sich am 22. Juni 1966 über dreitausend Studierende der Freien Universität Berlin vor dem akademischen Senat in einem ersten *sit-in*, um gegen die Entlassung von Ekkehard Krippendorff, des Assistenten im Otto-Suhr-Institut zu protestieren. Vorausgegangen waren Konflikte über das Hausrecht des Rektors, der beispielsweise dem linken Schriftsteller Erich Kuby ein Redeverbot an der FU erteilt hatte, weil er den Antikommunismus in Frage stellte. Die plötzlich aufmüpfigen Studierenden gingen jedoch weiter und forderten eine allgemeine Universitätsreform durch drittelparitätische Vertretung von Professoren, Assistenten und Studenten in Gremien sowie ein politisches Mandat der organisierten Studentenschaft zur Stellungnahme bezüglich gesellschaftlicher Fragen. Die Demonstranten verlangten nichts weniger als den »Abbau oligarchischer Herrschaft und die Verwirklichung demokratischer Freiheit in allen gesellschaftlichen Bereichen«.[230]

Unter den angegriffenen Autoritätspersonen hat die Generationsrevolte ein Trauma hinterlassen, das in Verurteilungen wie »romantischer Rückfall« und »Kulturbruch« zum Ausdruck kommt. Die ältere Generation der Demokraten, die den Zerfall der Weimarer Republik und die Verbrechen der NS-Diktatur erlebt hatten, sah in der Bundesrepublik einen geordneten Rechtsstaat, dessen parlamentarische Regierungsform trotz mancher Schwächen einen großen Fortschritt bedeutete. Die spontanen Grenzüberschreitungen des jugendlichen Protests mussten daher wie der Ausbruch einer neuen Welle des Irrationalismus anmuten, die die mühsam wiedergewonnene bürgerliche Normalität leichtfertig aufs Spiel setzte.[231] Hinzu kamen nicht ganz unbegründete Vermutungen über die Finanzierung radikaler Zeitschriften wie *konkret* durch das Ministerium für Staatssicherheit der DDR und der Fernsteuerung sozialistischer Gruppen durch die SED.[232] Kritiker der »kulturrevolutionären Prämissen des intellektuellen Radikalismus« wie Hermann Lübbe konnten auch auf die terroristischen Konsequenzen dieses »neototalitären Elements« hinweisen.[233] Die konservative Interpretation beklagt die Studentenrevolte daher als einen zentrale Werte gefährdenden Zivilisationsprotest.

Dagegen halten wohlwollendere Betrachter die 68er Bewegung für die »erste einigermaßen gelungene deutsche Revolution«, die, in Habermas' Diktum, eine »Fundamentalliberalisierung« der westdeutschen Gesellschaft bewirkte.[234] Zahlreiche autobiographische Zeugnisse belegen, dass sich die Nachkriegsgeneration ohne Erinnerung an die Katastrophen eher an der miefigen Enge der Adenauerzeit rieb und deswegen für die Restaurationskritik linker Schriftsteller und Intellektueller zugänglicher war als für das Selbstlob Bonner Politiker. Ehemaligen Beteiligten erscheint die Studentenrevolte im Rückblick daher als eine intensive, aber etwas desorientierte Suchbewegung nach ideologischen Perspektiven und antiautoritären Lebensformen, die auf ein unsystematisches Sammelsurium von jungem Marx, der Frankfurter Schule und Herbert Marcuse rekurrierte. In diesen Texten wird die Bewegung als individueller Ausbruch aus familiären Zwängen und kollektive Durchbrechung sozialer Konventionen gedeutet, die politisch befreiend wirkten.[235] Die Linken bewerten die von der Generationsrevolte ausgelösten Veränderungen positiver als eine Erweiterung der Zivilgesellschaft durch »eine Art Nach- oder Umgründung der Zweiten Republik«.[236]

Für Zeithistoriker ist das symbolische Datum 1968 daher faszinierend und problematisch zugleich, denn es entzieht sich einer konventionellen politischen Darstellung.[237] Eine erste Hürde ist die emotionale Polarisierung der autobiographischen Erinnerungen, die eine analytische Distanzierung erschwert.[238] Ein weiteres Problem ist die eigentliche Belanglosigkeit der damit zusammenhängenden Ereignisse, von der Erschießung Benno Ohnesorgs bis zur »Schlacht am Tegeler Weg«, die in keinem Verhältnis zu den dadurch ausgelösten Medienwirkungen steht.[239] Eine andere Schwierigkeit ist das ungeklärte Verhältnis zwischen der an den Universitäten aufbrechenden internationalen Generationsrevolte und den auf nationaler Ebene stattfindenden politischen Entwicklungen wie dem Ende der großen Koalition und dem Anfang der sozialliberalen Reformära.[240] Auch das Fehlen von eindeutigen Kriterien für die Beurteilung der Wirkungen langfristiger soziokultureller Veränderungen und eher kurzfristiger Brüche in Werten und Verhaltensweisen ist ein Hindernis.[241] Wie ist daher das Paradox des völligen Fehlschlags des politischen Revolutionsprojekts bei gleichzeitigem unerwarteten Erfolg des kulturellen Bewusstseinswandels aufzulösen?

Eine Annäherung an das Problem der gesellschaftlichen Mobilisierung in den späten sechziger Jahren aus der Perspektive der Zivilisierung verlangt daher einen weniger auf Ideologie und Ereignis als auf Hoffnungen und Erfahrungen abhebenden Ansatz. Voraussetzung dafür ist ein kurzer Blick auf die Wiederherstellung der Bürgerlichkeit im sozialen und politischen Sinne während der Adenauer-Ära, da diese den Aufbruch provozierte, aber gleichzeitig auch ermöglichte. Ebenso notwendig ist eine knappe Rekonstruktion der westdeutschen Protesttradition, die als unterlegener, aber weiterwirkender Gegenpol zu den erfolgreicheren Restaurationsversuchen, so zumindest die Perspektive der linken Kritiker, zu verstehen ist. Daran sollte sich eine Diskussion des widersprüchlichen Charakters des antibürgerlichen Aufbegehrens unter dem Banner der Erweiterung von Partizipationschancen anschließen, die seine Kreativität würdigt, ohne seine ideologischen Verirrungen zu minimieren. Einige vergleichende Blicke nach Ostdeutschland mögen schließlich Dimensionen eröffnen, die die beiden Zäsuren von 1968 und 1989 partiell verbinden.[242]

Wiederherstellung der Bürgerlichkeit

Die bürgerliche Enge, die die Jugend zur Revolte trieb, war ein Produkt der krampfhaften Anstrengung, in Krieg, Zusammenbruch und Nachkriegszeit einen rudimentären sozialen Zusammenhalt zurückzugewinnen. Zur Jahreswende 1945/46 machte der tägliche Kampf ums Überleben klar, »dass noch ein langer Weg vor uns liegt, bis eine bescheidene Normalität des Lebens erreicht ist«.[243] Im Osten setzte die Gruppe Ulbricht nach sowjetischem Vorbild auf einen radikalen

Bruch mit bürgerlichen Eigentumsverhältnissen und Traditionen. Dagegen riefen westdeutsche Politiker wie Konrad Adenauer dazu auf, »die Kräfte der Einzelpersönlichkeit zu pflegen« und das Bürgertum als Schicht durch eine gemäßigtere Reform seiner Pathologien zu rehabilitieren, auch wenn linke Kritiker wie Kurt Schumacher gegen eine solche »Besitzverteidigung« polemisierten.[244] Da die US-Militärregierung auf die Notwendigkeit deutscher »Selbsthilfe« hinwies, konnte sich der Wiederaufbau der Grundlagen einer Zivilgesellschaft im Westen weitgehend an traditionellen, nun aber erweiterten Vorstellungen der Bürgerlichkeit orientieren.

Eine erste Sorge galt der Wiederherstellung der durch Militärdienst, Kinderlandverschickung und Flucht zerrissenen Familien als »Keimzelle der Gesellschaft«. Mit Kreide an Wände geschriebene Adressen und an Türrahmen geheftete Namenszettel versuchten Hinterbliebene zu informieren, bevor das Rote Kreuz durch die Anlegung von Karteien den Suchdienst formalisierte.[245] Die Nachkriegszeit war vor allem die »Stunde der Frauen«, da sie allein das Überleben von verbliebenen Verwandten und Kindern sichern mussten und dadurch in neue Verantwortung für Lebensunterhalt und Durchkommen hineinwuchsen. Die Heimkehr der oft physisch und psychisch gebrochenen Männer aus der Gefangenschaft war nicht immer eine Erleichterung, denn deren Wiedereingliederung in das zivile Leben erwies sich als schwierig.[246] Auch die Rediszipliniierung der wegen des langen Ausfallens der Schule verwilderten Kinder schuf zahlreiche Konflikte, denn auf sich selbst gestellte Jugendliche waren nicht gerade davon begeistert, sich zu Hause wieder unterordnen zu müssen.[247] Diese Probleme verstärkten nicht nur in katholischen Kreisen eine Ideologie, die die Familie als »gottgewollte Bindung« verstand und die gesetzliche Gleichstellung der Frau als sozialistische Irrlehre verteufelte.[248]

Ein nächster Schritt war die Wiedergründung von lokalen Vereinen und regionalen Organisationen, sei es zur Selbsthilfe, sei es zur Verfolgung gemeinsamer Interessen. Nur durch Zusammenschluss von Gleichgesinnten konnte eine atomisierte Bevölkerung versuchen, Probleme selbst anzupacken und ihre Wünsche den Alliierten gegenüber zu artikulieren. Die Besatzungsmächte verfolgten jedoch eine restriktive Politik, die militaristische oder nationalistische Verbände wie Studentenverbindungen verbot und die Gründung von Vereinigungen wie Handelskammern scharf kontrollierte.[249] So wurden in den Westzonen zunächst nur gesellige Vereine lokal zugelassen, überregionale Organisationen jedoch blockiert, was die Entwicklung von Dachverbänden der Gewerkschaften und Parteien erschwerte.[250] In der Ostzone verlief die Zulassung zügiger, solange wiedergegründete Organisationen von Antifaschisten geleitet und neue, sowjetfreundliche Vereinigungen wie der »Kulturbund zur demokratischen Erneuerung Deutschlands« gegründet wurden.[251] Obwohl Verbote die Entstehung von revanchistischen Gruppierungen verhinderten und Veteranen und Vertriebene zur Mäßigung zwangen, konnte im Westen schließlich das Vereinswesen in gewohnter Vielfalt wiederaufleben.

Ein weiterer Teil der Rehabilitierung war die Wiedereröffnung von Institutionen wie Gerichten, Handelskammern und Krankenhäusern, die für das Weiterleben der Gesellschaft unerlässlich waren. Das ideologisch brisante Beispiel von Schulen und Universitäten, die vom Nationalsozialismus verseucht waren, mag die enormen damit verbundenen Probleme illustrieren.[252] Einerseits war es notwendig, die beschädigten Gebäude notdürftig zu reparieren und Lehrmittel bereitzustellen, um überhaupt einen geordneten Lehrbetrieb wieder aufnehmen zu können. Andererseits mangelte es aber an Personal, weil ein Teil im Krieg umgekommen, aber noch mehr durch Kollaboration mit den Nazis diskreditiert war, so dass nur alte Lehrer aus dem Kaiserreich und notdürftig ausgebildete »Neulehrer« zur Verfügung standen.[253] Die gleichzeitige »demokratische Schulreform« der Inhalte, die Krieg und Rassismus in Zukunft verhindern sollte, knüpfte daher an bewährten Weimarer Mustern an, um Lehrpläne und Ausbildungsziele neu zu konzipieren. Die Wiedereröffnung der Schulen und Universitäten war daher nur der Anfang eines langwierigen Prozesses der äußeren Sanierung und inneren Neubesinnung, der innerhalb ihrer überkommenen Strukturen stattfand.[254]

Die nächste Aufgabe war die Einrichtung einer funktionierenden Verwaltung, um die drängenden Probleme des Wiederaufbaus anzupacken. Auch die Besatzer merkten bald, dass sie selbst eine Verkehrs- und Versorgungsinfrastruktur benötigten, also den öffentlichen Dienst wieder in Gang setzen mussten. In Bremen stellte der amerikanische Nachrichtenoffizier Walter Dorn, Historiker der Ohio State University, aus nicht belasteten Fachleuten einen Senat zusammen, dem u.a. so bekannte Politiker wie Wilhelm Kaisen angehörten. Diese vorläufige Verwaltung, die »den Schutt – im eigentlichen und übertragenen Sinne – beseitigen sollte« bestand aus Repräsentanten aller früheren Parteien, von der DNVP bis zur KPD, die zur Bewältigung der ersten Not zusammenarbeiteten: »Es gibt nur einen Programmpunkt: Arbeit und Brot beschaffen und Einschränkung der Unterernährung und des Sterbens in unserer Bevölkerung.« Trotz schwieriger Bedingungen gelang es diesen Notverwaltungen, das schlimmste Elend zu überwinden und die Voraussetzungen für ein geordnetes Leben wiederherzustellen. Durch seine »Erfahrung in der Selbstregierung« konnte das Beamtentum im Westen jedoch auch die Abschaffung der eigenen Privilegien verhindern.[255]

Die Wiederingangsetzung des öffentlichen Lebens verlangte die schrittweise Aufhebung von Entnazifizierungskontrollen und Gewährung von Grundrechten. »Ohne Post, Telephon und Rundfunk« verbreiteten sich unsinnige Gerüchte, denn nur mit Meinungsfreiheit oder Versammlungsrecht war es möglich aufklärend zu wirken. Die Besatzungsmächte publizierten daher bald eigene Blätter wie die *Tägliche Rundschau*, um »dem deutschen Volke die Wahrheit über die Rote Armee und die Sowjetunion nahe zu bringen, den Deutschen zu helfen, in der gegenwärtigen politischen Lage die richtige Orientierung zu finden...«[256] In der SBZ wandten sich Mitte August neben Wilhelm Pieck (KPD) auch Otto Grotewohl (SPD), Andreas Hermes (CDU) und Waldemar Koch (LDPD) in einer Großkundgebung »der Einheitsfront der vier demokratischen Parteien« an die Berliner. In den Westzonen dauerte der Prozess etwas länger, aber auch dort regten sich auf kommunaler Ebene und dann in den wiedereingerichteten Ländern politische Bestrebungen, die schließlich zu überregionalen Parteineugründungen in der interkonfessionellen CDU und gesamtliberalen FDP führten.[257] In Kommunal- und Länderwahlen des Jahres 1946 konnten die Deutschen dann zum ersten Male nach dem Kriege in traditionellen Formen ihre politische Meinung entfalten.

Diese Anstrengungen zur Überwindung der NS-Katastrophe bescherten dem Bürgertum ironischerweise eine Art von »Indianersommer«, in dem es eine Zivilgesellschaft in seinem Sinne rekonstituieren konnte. Die soziale Nivellierung des Dritten Reichs hatte die letzten Reste der Vorherrschaft des Adels beseitigt, während die Arbeiterschaft trotz ihrer Gewerkschaften zu schwach war, um selbst die Führung zu übernehmen. Die Notwendigkeit der Wiederherstellung von Ordnung und Sicherheit gab den von den Nationalsozialisten überstrapazierten bürgerlichen Sekundärtugenden von Fleiß, Sparsamkeit oder Sauberkeit eine neue, unanfechtbare Verbindlichkeit. Die Wiedereinrichtung einer männerdominierten Familienstruktur, die Wiedergründung von freiwilligen Vereinen, die Wiedereröffnung von selbstverwaltenden Institutionen, die Wiedereinführung des herkömmlichen Berufsbeamtentums, die Wiederbelebung eines öffentlichen Bürgersinns waren, wie das Präfix »wieder« zeigt, Versuche eines Rückgriffs auf bürgerliche Traditionen des späten Kaiserreichs. Wegen der Beschädigung der materiellen Basis und der ideellen Werte haftete dem Versuch der Rekonstituierung von Bürgerlichkeit etwas Zwanghaftes an, das oft die ursprüngliche Liberalität vermissen ließ.[258]

Dennoch war die hier nur in groben Strichen angedeutete Wiederherstellung der bürgerlichen Gesellschaft im Westen durch eine Mischung von Rückbesinnung und Reform erstaunlich erfolgreich. In den Anfangsjahren gelang es unter großen Mühen, der materiellen Not einigermaßen Herr zu werden, so dass die besiegte Bevölkerung überhaupt überleben konnte. Schrittweise verstanden es auch gesellschaftliche Einheiten, Institutionen und Gruppierungen, sich aus der NS-Umklammerung zu lösen und ein Eigenleben zurückzugewinnen, das der Bevölkerung Selbstorganisation, Interessenvertretung und Artikulation von Ansichten ermöglichte. In der DDR stoppte der radikale Versuch der sozialen Revolution, der in der bewussten Konstruktion einer antibürgerlichen »Gegengesellschaft« mündete, diesen Redifferenzierungsprozess und kanalisierte gesellschaftliche Initiativen zur Erhaltung einer neuen Diktatur.[259] Dagegen stabilisierte im Westen der begrenztere Reformversuch das Bürgertum durch seine soziale Ausweitung nach unten als Schicht und schuf institutionelle Voraussetzungen für die Ausübung einer aktiveren Staatsbürgerschaft. Aber gerade die dadurch ermöglichte beginnende kulturelle Differenzierung gab immer wieder Anlass zur Kritik an autoritären Relikten.[260]

Antirestaurative Protestansätze

Die Wurzeln des gesellschaftlichen Aufbruchs der sechziger Jahre reichen in das vorangegangene Jahrzehnt zurück, da er auf den Erfahrungen von früheren Protestbewegungen aufbaute. Das vor allem von konservativen Historikern geschaffene Bild der Erfolgsgeschichte der Bundesrepublik, in dem die fünfziger Jahre als eine ruhige, eher unpolitische Epoche fungieren, ist irreführend, insofern es wichtige Massenbewegungen unterschlägt, die mit den als restaurativ verpönten Kompromissen der Adenauerzeit nicht zufrieden waren. So riefen zum Beispiel die alliierten Demontagen, die Leiden der NS-Opfer, die Probleme der Vertriebenen und die Bedürfnisse ehemaliger Soldaten spontane Proteste sowie organisierte Demonstrationen hervor, die in auf die Entstehung der parlamentarischen Demokratie fokussierten Darstellungen nur am Rande auftauchen.[261] Zwar wurden im Westen auch durch den wirtschaftlichen Erfolg die meisten Kritiker in das System integriert, aber im Osten versuchte die SED alle Initiativen durch Kampagnen selbst zu lenken. Diese oft vergessene Protestgeschichte hinterließ ein Arsenal an politischen Einwänden, aktiven Personen und partiellen Netzen, dessen Kritikpotential den späteren Aufbruch beschleunigte.

Eine erste Gruppe der Kritiker waren die Linksintellektuellen auf beiden Seiten des Eisernen Vorhangs, die eine radikale Erneuerung der politischen Kultur anstrebten. Dabei handelte es sich um lockere Diskussionskreise, die bei Herausgabe von Zeitschriften wie der *Frankfurter Hefte* oder *Der Ruf* zusammenarbeiteten und über die Besatzungszonen hinweg miteinander in geistigem Austausch standen. So unterschiedliche Denker wie Eugen Kogon, Hans Werner Richter, Hans Mayer und Ernst Bloch stimmten in ihrer scharfen Verurteilung der deutschen Eliten überein, die mit dem Nationalsozialismus kollaboriert hatten, und forderten eine grundlegende Demokratisierung des öffentlichen Lebens. Mit diesen Zielen verbunden war eine Hoffnung auf teils christliche, teils marxistische Sozialreformen, die eine Sozialisierung der Wirtschaftsunternehmen und eine gerechtere Verteilung des Bodens vorsah, um gesellschaftliche Ungleichheit abzubauen.[262] Auch wenn diese Vorstellungen bald durch die Polarisierung des Kalten Krieges und die konkurrierenden Staatsgründungen überholt wurden, boten die programmatischen Äußerungen und ihre literarischen Verarbeitungen ein Ensemble doppelter Kritik am Stalinismus im Osten und an restaurativen Tendenzen im Westen.

Eine größere Gruppierung waren die Arbeiter, die sich durch Streiks und Organisation in Gewerkschaften mehr Rechte und bessere Bezahlung erkämpfen wollten. Prinzipieller als Lohnstreiks, wie der Ausstand von 75 000 hessischen Metallern 1951, war die Auseinandersetzung um das Betriebsverfassungsgesetz von 1952, das den Betriebsräten nur ein Einspruchsrecht einräumen und ihre Vertreter in der Minderheit lassen wollte. Im Mai 1952 gingen 1 660 550 Arbeiter auf die Straße, um für die gesamte Wirtschaft eine »echte Mitbestimmung« durchzusetzen, aber trotz eines dreitägigen Zeitungsstreiks bestand Adenauer darauf, die Mitwirkung der Arbeiter zu begrenzen.[263] Noch dramatischer verlief der Aufstand in der DDR am 17. Juni 1953, der sich aus spontanen Protesten gegen die Erhöhung der Arbeitsnormen zu einem Flächenbrand mit politischen Forderungen in 270 Orten entwickelte. Die SED musste die Rote Armee zu Hilfe rufen, um ihre Macht zu verteidigen, so dass die folgende Repression insgesamt etwa fünfundfünfzig Menschen das Leben kostete.[264] Nach diesen Niederlagen waren im Osten die Arbeiter weitgehend machtlos, während westdeutsche Gewerkschaftler sich mehr auf die Vierzig-Stunden-Woche konzentrierten. Trotz des KPD-Verbots blieb vor allem am linken Rand der Arbeiterschaft in der Bundesrepublik ein latentes Protestpotential erhalten.

Noch weiter verbreitet waren die Proteste gegen die Wiederbewaffnung, da sie neben den Gewerkschaftlern auch Geistliche, Intellektuelle und Kommunisten erfassten. Die DDR unterstützte die »Friedensbewegung« im Westen, um die Wiederbewaffnung zu blockieren, ohne im eigenen Staat ähnlichen Widerspruch zu dulden. In der Bundesrepublik konzentrierte sich eine erste Welle in den Jahren 1950 bis 1952 auf die Verhinderung der Grundsatzentscheidung, wobei prominente Kirchenleute wie Martin Niemöller und Politiker wie Gustav Heinemann den Einspruch anführten. Nach dem Scheitern der Europäischen Verteidigungsgemeinschaft versuchte eine zweite Phase der »Paulskirchen-Bewegung« 1955 die Zustimmung des Bundestags zu den Pariser Verträgen zu verhindern, indem mehr als eine

Millionen Demonstranten sich dagegen aussprachen. Ein drittes Stadium der Protestaktionen war die durch die »Göttinger Erklärung« ins Rollen gebrachte Kampagne »Kampf dem Atomtod« gegen die nukleare Ausrüstung der Bundeswehr in den Jahren 1957 und 1958, in der 1644000 Menschen ihre Angst vor nuklearer Vernichtung artikulierten.[265] Obwohl die Kampagne nach dem Verbot des Volksbegehrens durch den Bundesgerichtshof zusammenbrach, dramatisierte diese außerparlamentarische Massenbewegung die Macht einer aufgebrachten Bevölkerung.

Eine kleine, aber dennoch wichtige Gruppe waren die Journalisten, die in der *Spiegel*-Affäre ihre Solidarität gegenüber vermeintlichen Übergriffen der Regierung bekundeten. Die persönliche Kampagne von Rudolf Augstein gegen den dynamischen, aber unberechenbaren CSU-Verteidigungsminister Franz Josef Strauß kulminierte in der Publikation des Artikels »Bedingt abwehrbereit« im Oktober 1962. Verärgert über die Veröffentlichung geheimer Informationen über das NATO-Manöver »Fallex 62«, die die schrecklichen Folgen eines Nuklearkriegs in Mitteleuropa belegten, ließ Strauß kurzerhand die *Spiegel*-Büros durchsuchen und seinen Intimfeind und den verantwortlichen Autor, Conrad Ahlers, unter der Anklage des Hochverrats verhaften. Weil die Opposition sofort von einer »Krise des Rechtsstaats« sprach und sogar konservative Zeitungen wie die *Frankfurter Allgemeine* empört waren, verschob sich der Kern der Affäre von einer Frage des Geheimnisverrats zu einem Angriff auf die im Grundgesetz garantierte Pressefreiheit. Das Resultat der öffentlichen Proteste war eine Koalitionskrise zwischen CDU/CSU und FDP, die den Rücktritt von Strauß erzwang und auch die Reputation von Kanzler Adenauer beschädigte, der seinen Adlatus zu lange gedeckt hatte.[266] In den Medien verstärkte diese Wendung die Tendenz zu kritischer Berichterstattung.

Den einflussreichsten Versuch einer theoretischen Fundierung des verbreiteten Unbehagens machte die »Neue Linke«, die gleichzeitig die westdeutsche Wohlstandsgesellschaft und die ostdeutsche Parteidiktatur angriff. Der Begriff »eine neue linke sozialistische Bewegung« war eine Anspielung auf die in England von dem Historiker Edward P. Thompson und dem Anthropologen Robin Williams herausgegebene Zeitschrift *New Left Review*, die einen unorthodoxen

Marxismus propagierte. In Deutschland standen hinter ähnlichen Bestrebungen die Frankfurter Schule unter dem Soziologen Theodor Adorno und der von dem Marburger Politikwissenschaftler Wolfgang Abendroth inspirierte Sozialistische Bund, eine Gruppierung von linken Sozialdemokraten und unabhängigen Sozialisten.[267] Im Mittelpunkt des Interesses dieser Neuen Linken stand eine zeitgemäße Neuinterpretation der Entfremdungsproblematik des frühen Marx, die auf die subtileren Formen der Ausbeutung in der Konsumgesellschaft reagierte. Da das Proletariat weitgehend saturiert schien, verschob sich die Hoffnung auf ein revolutionäres Subjekt auf die unzufriedene neue Intelligenz der Studierenden und Angestellten, die über die Medien eine Gegenmacht bilden, mit originellen Strategien die weiterwirkenden faschistoiden Tendenzen des Kapitalismus entlarven und dadurch auch die weiterhin benachteiligten Arbeiter aktivieren sollten.[268]

Studentischer Vortrupp des kritischen Marxismus war der Sozialistische Deutsche Studentenbund, ein intellektueller Debattierklub, der Mitte der sechziger Jahre zu konkreten Aktionen überging. Die Hochschulgruppe der SPD hatte sich in Arbeitskämpfen und in der Friedensbewegung engagiert, aber aus jugendlichem Radikalismus hatten sich die meisten Mitglieder geweigert, den ideologischen Schwenk des Godesberger Programms zur Anerkennung der sozialen Marktwirtschaft und Westbindung mitzumachen. Durch die Unvereinbarkeitserklärung der SPD im Oktober 1961 auf sich selbst gestellt, bot der SDS ein fruchtbares Feld für eine Renaissance des unorthodoxen Marxismus, der seine Hoffnungen auf eine fundamentale Veränderung der bestehenden Ordnung nicht aufgeben wollte. Seine Mitglieder debattierten deshalb die ganze Palette sozialistischer Klassiker von Lenin bis Luxemburg und neuere Gesellschaftskritiker sowie C. Wright Mills, Herbert Marcuse, Wilhelm Reich und Georg Lukács, um aus diesen heterogenen Angeboten eine zeitgenössische Revolutionstheorie zu zimmern. Gleichzeitig skandalisierten sie die »braune Vergangenheit« von Professoren und begannen in ihrer Hochschuldenkschrift die schlechten Ausbildungsbedingungen an den Universitäten anzuprangern.[269]

Medienwirksamer waren jedoch die bewussten Provokationen einer kleinen antiautoritären Subkultur in der künstlerischen Boheme einiger Großstädte. Vor allem aufgrund französischer Einflüsse der Existentialisten und der Situationisten bildeten sich in Schwabing, später auch in Frankfurt und Berlin, Gruppen einer artistischen Avantgarde unter dem Namen Subversive Aktion, die nach Wegen suchten, ihre Abscheu gegen »den Mief der Adenauerzeit« zu dramatisieren. Diese Art individualistischer Rebellion zog vor allem unangepasste Jugendliche an, die sich der autoritären Erziehung entziehen wollten, um mit freieren Lebensformen zu experimentieren und ihre Sexualität zu entdecken. Einer der führenden Unruhegeister, Dieter Kunzelmann, schrieb entwaffnend über die Gründung der ersten Kommune: »Wir versuchen hier eine kommunistische und situationistische Keimzelle innerhalb der kapitalistischen Gesellschaft aufzurichten.« Den Ärger der Tugendwächter erregten vor allem die spielerischen Protestformen der Provokation wie der Aufruf: »Wir fordern allen Ernstes die Gaudi.«[270] Obwohl die Revolutionsvorstellungen dieser Antiautoritären höchst vage blieben, entwickelten sie mit ihren originellen Happenings neue Protestformen.

Die diversen Protesttraditionen kumulierten schließlich in der außerparlamentarischen Opposition der sechziger Jahre, die die Verabschiedung der Notstandsgesetze im Bundestag verhindern wollte. Im »Komitee Notstand der Demokratie« arbeiteten kritische Intellektuelle, linke Gewerkschaftler und radikale Geistliche mit rebellierenden Studenten zusammen, um eine Massenbewegung gegen die von der Großen Koalition vorgelegte Gesetzesnovelle zu organisieren. Motivierende Sorge war allenthalben die Furcht vor einem Rückfall in Weimarer Zustände der Entdemokratisierung durch präsidiale Notverordnungen. Auf dem Frankfurter Kongress des Jahres 1966 beschwor der Philosoph Ernst Bloch vor fünftausend Zuhörern die Erosion der Grundrechte: »Wir kommen zusammen, um den Anfängen zu wehren.«[271] Da die SPD selbst in der Regierung die Novelle mit verantwortete, versuchten die Mitglieder der APO durch Streiks, Demonstrationen und einen Sternmarsch auf Bonn mit sechzigtausend Teilnehmern, die Verabschiedung zu stoppen. Obwohl die hysterischen Faschismusängste sich schließlich als überzogen erwiesen, da in der Endfassung der Gesetze die Befugnisse der Exekutive stark beschnitten wurden, trug die Kampagne zur Entfremdung der meist jugendlichen Protestteilnehmer vom Parlament bei.[272]

Mitte der sechziger Jahre hatte sich trotz aller wirtschaftlichen und politischen Erfolge in der Bundesrepublik daher ein erhebliches Protestpotential angesammelt. Bevorzugte Themen westlicher Selbstkritik waren soziale Ungleichheiten in der Verteilung des Wohlstands, innere Leere der Konsumgesellschaft, Gefahren des atomaren Rüstungswettlaufs und Bedrohungen der Grundrechte. Innerhalb der repräsentativen Parteidemokratie waren Netze von kritischen Intellektuellen, Massenorganisationen der Arbeitnehmer, Kristallisationskerne der studentischen Agitation und Kooperationsformen zwischen kritischen Kräften entstanden, die den gesellschaftlichen Aufbruch tragen sollten.[273] Dagegen herrschte in der DDR nach dem Mauerbau zunächst eher eine Friedhofsstille. Nach dem 13. August 1961 war es der SED in Ostdeutschland gelungen, die letzten Reste antikommunistischer Kritik in den Gewerkschaften und Kirchen zu unterdrücken und durch den rigorosen Einsatz der zentralen Parteikontrollkommission alle internen marxistischen Alternativen trotzkistischer und anderer Couleur zu eliminieren.[274] Während im Osten eine soziale Selbstorganisation zunächst unmöglich geworden war, erlaubte es im Westen die Zivilgesellschaft den Spannungen, sich dramatisch zu entladen.

Kulturrevolutionäre Aufbrüche

Die Vielzahl der widersprüchlichen Erklärungsversuche der »68er-Bewegung« zeigt eine gewisse Ratlosigkeit der damit konfrontierten Zeitgenossen wie der wissenschaftlichen Beobachter. Auch produzieren die Erinnerungsrituale der in den Medien aufgebauschten Jahrestage unter den ehemals Beteiligten mehr retrospektive Nostalgie als analytisches Verständnis.[275] Die politische Polarisierung der Beurteilungen, die von einer erschreckten Verdammung des jugendlichen Terrorismus über ambivalente Urteile eines geglückten Fehlschlags bis zum Lob für die befreiende Wirkung der Revolte reicht, erleichtert die wissenschaftliche Einordnung nicht gerade.[276] Soziologische Theorien der Rebellion einer »neuen Klasse« oder sozialpsychologische Thesen einer allzu permissiven Erziehung (*red diaper theory*) stehen relativ unvermittelt neben politikwissenschaftlichen

Ansätzen der neuen sozialen Bewegungen und pädagogischen Analysen jugendlicher Entfremdung in Bildungsinstitutionen.[277] Erst langsam setzt sich die Erkenntnis der Notwendigkeit einer Historisierung dieses Phänomens durch, die anhand einer detaillierten Beschreibung der Abläufe eine multidimensionalere Erklärung versuchen könnte.

Einen Anhaltspunkt bieten die autobiographischen Hinweise auf eine ungewöhnlich starke Generationsspannung zwischen den Erwachsenen und Jugendlichen anfangs der sechziger Jahre. Bei Dieter Kunzelmann in Bamberg waren es die endlosen »Vorschriften, unergründlichen Regeln und Vorhaltungen der Schule« sowie die Langeweile der Banklehre, die zu einer Absage an einen »geordneten bürgerlichen Lebensweg« führten und eine »regelrechte Abscheu gegen alles Geregelte, Sicherheit und Gleichförmigkeit« hervorbrachten. Bei Inga Buhmann in Wennigerode waren es eher »die Probleme mit meinem Vater« ebenso wie »unsere Ablehnung der Schule und der Lehrer«, auch »die Verlogenheit und Gemeinheit der meisten Leute« und die Weigerung der Erwachsenen »über Freude und Sexualität zu sprechen«. Bei Rudi Dutschke im ostdeutschen Luckenwalde war es der Versuch, mit der »sozialen Frage und [der] Glaubensfrage« ins Reine zu kommen und die Ursachen für den Ausbruch des Zweiten Weltkriegs zu verstehen. Für Friedrich-Martin Balzer in Iserlohn war es dagegen das starke innere Bedürfnis, der »resignierten Vernünftigkeit« des Erwachsen-Werdens zu widerstehen und einen eigenen, unabhängigen Weg zu finden.[278]

Die besondere Aufladung dieser normalen Probleme der Adoleszenz in den sechziger Jahren zeigt sich darin, dass sie in den meisten Fällen mit einem symbolischen Bruch endeten. Am fünfzigsten Geburtstag seiner Mutter lief der neunzehnjährige Kunzelmann von zu Hause weg, trampte nach Paris und begann dort das ernüchternde Leben eines Clochards – bis er einige Monate später reumütig zurückkehrte, sich aber doch die Freiheit eines Aussteigers in Schwabing erkämpfte. Zwar nahm Inga Buhmann zunächst ein reguläres Studium auf, driftete aber als Dichterin in die Boheme, geriet in die »Klapsmühle« und wurde Hure in Paris, bevor sie sich durch politisches Engagement im SDS wieder fing. Rudi Dutschke konfrontierte eine FDJ-Versammlung mit kritischen Ansichten, die ihn zur Ausreise nach Westberlin zwangen: »Wenn er das Wort schießen höre, liefe es ihm kalt über den Rücken. Keiner wolle Krieg. Das Verbot der Westreisen sei ein Eingriff in die persönliche Freiheit. Man solle doch immer alle Deutschen an einen Tisch bringen.« Friedrich-Martin Balzer schockierte während seiner Abiturrede mit dem idealistischen Aufruf: »Wir wollen unbequem sein für die Mächtigen der Welt. Wir wollen mutig für Gerechtigkeit eintreten. Wir wollen kritisch sein und zweifeln gegenüber dem, was man uns als geprüft und richtig und unantastbar anbietet.«[279]

Unter liberalen Erwachsenen rief der »höchst merkwürdige Vorgang« der Jugendrebellion meist Erstaunen und Unverständnis hervor. Marion Dönhoff kontrastierte in der *Zeit* den heroischen tschechischen Freiheitskampf damit, »dass gleichzeitig in der BRD ein Teil der jungen Generation, dem diese Dinge in die Wiege gelegt wurden, vom Rätesystem träumt, den Pluralismus verdammt und die Liberalen mehr hasst als die Faschisten«. Als diese »Kinderkrankheit« nicht vorübergehen wollte, fand der Rektor der Tübinger Universität, Theodor Eschenburg, bei allem Verständnis für das »Freiheits- und Emanzipationsbedürfnis« der Jugend: »Aber stärker schien mir doch die Freude am schlechten Benehmen zu sein – wie denn der Kampf gegen die Konvention vielleicht der wichtigste Teil dieser Revolution gewesen ist.« Hinter dieser instinktiven Ablehnung stand die Enttäuschung einer älteren Generation, die ihre zivilisatorische Leistung der Wiedergewinnung von Rechtsstaat und Demokratie nicht genügend gewürdigt sah: »Es war charakteristisch für die [jüngere] Generation, dass sie in der Ära des Wirtschaftswunders groß geworden war und von den schrecklichen Zeiten, die Deutschland vorher durchgemacht hatte, aus eigener Erfahrung nichts wissen konnte.«[280]

Diese Diskrepanz der Wahrnehmungen weist auf einen Verdichtungsvorgang individueller Konflikte zu einer kollektiven Revolte in den sechziger Jahren hin, der erhebliche Teile einer gesamten Generation erfasste. Wenn der »Ablösungsprozess Jugendlicher von der elterlichen Welt« öffentlich stattfindet, »weil sich der individuell biographische Konflikt mit sozioökonomischen Widersprüchen« vermischt, kann sich eine Generationsrebellion bilden, in der die Konfrontation generalisiert und emotionalisiert wird. Dabei spielt der Prozess der Solidarisierung, das heißt der Schaffung einer selbst proklamierten und von anderen zugeschriebenen Altersgemeinschaft, eine zentrale Rolle.[281] Im Gegensatz zu der zahlenmäßig erheblichen, aber weitgehend auf die Arbeiterschaft beschränkten Halbstarkenbewegung der fünfziger Jahre konnte sich ein Jahrzehnt später zunächst unter Studenten und Schülern, dann auch bei Lehrlingen ein gemeinsames Bewusstsein der Unterdrückung herausbilden, das sich nicht nur in einem eigenen Stil, sondern auch in politischen Handlungen äußerte.[282] Zweifellos war nur eine Minderheit wirklich aktiv, aber ihre Konfrontationen strahlten auf die Mehrheit aus und überwanden teilweise die Grenzen von Schicht, Geschlecht und Nation.[283]

Eine erste Reibungsfläche, an der sich Generationsspannungen entzündeten, waren die unzulänglichen Studienbedingungen der nach dem Kriege restaurierten Universitäten. Angeregt von Georg Pichts Klagen über den »Bildungsnotstand« unternahm die Vereinigte Studentenschaft im Sommer 1965 eine Kampagne, um die Überfüllung der Hochschulen zu dramatisieren.[284] Mit dem denkwürdigen Slogan »Unter den Talaren, Muff von tausend Jahren« protestierten Hamburger Studierende zwei Jahre später gegen die »Ordinariendiktatur«, das heißt das autoritäre Gehabe der mächtigen Professoren. Als versucht wurde, sie zu disziplinieren, protestierten Berliner Studenten gegen »die Beschneidung ihrer ›demokratischen Rechte‹«, indem sie Peter Schneiders ironischem Appell folgten, sie sollten »aufhören zu argumentieren und [sich] hier in dem Hausflur auf den Fußboden setzen«. Da sich liberale Professoren als nicht radikal genug erwiesen, gründeten Aktivisten eine »Kritische Universität« zum Zweck »permanenter Hochschulkritik und praktischer Studienreform« und besetzten ihre Fachbereiche, um eine Politisierung der Studieninhalte zu erzwingen.[285] Aus Problemen des Studienalltags entwickelte sich schnell eine Grundsatzkritik an der Universität als sozialer Institution.

Ein zweiter Streitpunkt war die Unterstützung der Bundesregierung für den amerikanischen Einsatz im vietnamesischen Bürgerkrieg gegen den kommunistischen Vietcong. Die Präsenz von Studenten aus der Dritten Welt begünstigte eine etwas romantisierende Sympathie mit antiimperialistischen Befreiungsbewegungen gegen die von Washington unterstützten lokalen Diktatoren wie Moise Tschombé im Kongo. Gleichzeitig war der Vietnamkrieg der erste Konflikt, der auf den Bildschirmen ausgetragen wurde, denn das Fernsehen zeigte unentwegt Aufahmen von amerikanischen und südvietnamesischen Grausamkeiten, da es an entsprechendes nordvietnamesisches Material nicht herankam.[286] Eine wiederbelebte Friedensbewegung konnte deswegen die Saigoner »Folterungen und Gefangenenmord[e]« sowie den amerikanischen Einsatz von »Napalmbomben [und] Giftchemikalien« anprangern. Auch Studenten demonstrierten gegen solchen »Mord« und Flugblätter forderten: »Amis raus aus Vietnam!« Auf dem Frankfurter Vietnamkongress des SDS von 1966 erklärte Herbert Marcuse: »Es gibt keine Notwendigkeit, weder strategisch, noch technisch, noch national, die rechtfertigen könnte, was in Vietnam geschieht: das Abschlachten der Zivilbevölkerung.«[287] Ironischerweise kritisierten die Proteste gegen den Vietnamkrieg die westliche Vormacht wegen Missachtung ihrer eigenen Zivilisationsethik.

Ein dritter, jedoch wesentlich diffuserer Protestanlass für die Jugend war die bürgerliche Konformität der erwachsenen Wohlstandsgesellschaft. Vor allem sensible Jugendliche kritisierten traditionelle Sekundärtugenden als Kanalisierung zu einer karrieristischen Angepasstheit und idolisierten die Verweigerung der künstlerischen Avantgarde: »Bleibttreu, bleibtdeutsch, bleibtdoof.« Für viele junge Leute war die Fetischisierung des Konsums der Älteren ein Ärgernis, dessen künstlichen, durch die Werbung aufgestachelten Bedürfnissen sie sich zu entziehen versuchten. So interpretierte Dieter Kunzelmann den Brüsseler Kaufhausbrand vom Jahre 1967 als die Vietnamisierung Europas mit der Frage »Wann brennen Berliner Kaufhäuser?«[288] Auch die Prüderie der doppelten bürgerlichen Geschlechtsmoral erregte immer wieder Kritik: »Es gilt, die Freiheit des Sexus zu erwirken und wiederum einen Bezug zu finden zu einer wollüstig pornographischen Literatur.« Ebenso war der Besitz von Eigentum als spießbürgerlich verpönt: »Wer die Brieftasche zu Hause lassen will, KLAUT BARGELDLOS!«[289] Logische Konsequenz solcher Frustrationen war die Entscheidung auszusteigen, sich selbst zu organisieren und alternative Lebensformen zu entwickeln.

Eine letzte Ursache besonders der deutschen Entfremdung war die Sprachlosigkeit der Väter über ihre eigene NS-Vergangenheit. Auch wenn die Rebellen nur selten wie Niklas Frank und Bernward Vesper selbst aus prominenten Nazifamilien stammten, stellten viele die beunruhigende Frage: »Vati, was hast du im Krieg gemacht?« Wenn ein Jugendlicher auf die Anschuldigung »Du Demonstrant« mit dem Vorwurf »Du Hitlerjunge« antworten konnte, war es meist mit väterlicher Autorität und Disziplin vorbei. Darüber hinaus warfen die zahlreichen Skandale der »braunen« Richter, Politiker und Professoren die grundsätzlichere Frage nach dem Fehlschlag der Entnazifizierung und der Kontinuität von kompromittierten Institutionen auf. Eine marxisierende Faschismusanalyse sah das Weiterwirken des Kapitalismus in der Bundesrepublik als Beweis des quasi-faschistischen Charakters westlicher Demokratie: »Machen wir Schluss damit, dass nazistische Rassenhetzer, dass die Juden-Mörder, die Slawen-Killer, die Sozialisten-Schlächter, dass die ganze Nazi-Scheiße von gestern weiterhin ihren Gestank über unsere Generation bringt.« In einer Art von nachholendem Antifaschismus verlangten die Rebellen daher »die permanente ANTI-NAZI-Kampagne. Bereiten wir den AUFSTAND gegen die Nazi-Generation vor.«[290]

Aus solch unterschiedlichen Anlässen entstand bei einem erheblichen Teil der jüngeren Generation das Gefühl »Trau keinem über dreißig!« Schon in den fünfziger Jahren hatten sich auch in anderen Ländern vor allem an Fragen des Lebensstils wie des Tragens von Jeans und des Hörens von Rockmusik Konflikte zwischen den aufbegehrenden Jugendlichen und den Erwachsenen entzündet. Selbst in der DDR war es bei den eher angepassten Kindern der Republik, die 1949 geboren waren, darüber wiederholt zu lokalen Konfrontationen gekommen.[291] Entscheidend war in den sechziger Jahren jedoch die Politisierung solcher Generationsauseinandersetzungen, die in eine Grundsatzkritik der westlichen Gesellschaft einmündete. Ein anonymes Gedicht aus dem Jahre 1968 beschreibt den engen Zusammenhang zwischen Lebensstilrevolte und politischem Aufbegehren: »Dass Du Beatmusik magst und/gerne tanzt und am liebsten vögelst,/finde ich gut.« Da manche Leute wie Vorgesetzte oder NS-Blockwarte »etwas dagegen haben« könnten, warnt der Autor: »Also pass auf und tu verdammt noch mal etwas.« Sein Aufruf zum zivilen Protest, zum Eierwerfen und zur Verkehrsblockade, endet schließlich in einer prinzipiellen Drohung: »Wenn der Staat Dir/Tanzen und Vögeln verleiden will,/mach den Staat kaputt.«[292]

Verarbeitet wurden diese Generationsspannungen durch eine Ideologisierung, die sich ihre Gesellschaftskritik eklektisch aus Traditionen der Linken zusammensuchte. Diese Theoretisierung wurde dadurch erschwert, dass viele Ansätze durch die NS-Diktatur verschüttet worden waren, also erst mühsam aus Kontakten mit Überlebenden und vergessenen Traktaten rekonstruiert werden mussten. Gleichzeitig erwies sich auch das nicht recht entstalinisierte SED-Regime als Barriere, da es nicht nur eigene Dissidenten verfolgte, sondern durch seine bornierte Provinzialität dem Sozialismus einen schlechten Namen gab. Zwar lasen die führenden Köpfe der Bewegung wie Rudi Dutschke und Hans-Jürgen Krahl fieberhaft, um aus soziologischen Texten eine Gegenwartsbestimmung zu gewinnen, aber sie gelangten kaum zu theoretischen Formulierungen von klarer Deutungskraft. Auch radikalisierten sich ihre Ansichten mit der wachsenden Schärfe der Konflikte, blieben also zu situationsbezogen, um dauerhafte Einsichten zu vermitteln.[293] Deswegen sind die Achtundsechziger eher als eine Suchbewegung zu verstehen, die ein kontextuelles und instrumentelles Verhältnis zur Ideologie hatte.

Dreh- und Angelpunkt der ideologischen Arbeit blieb trotz aller Enttäuschungen der Marxismus, weil er durch die Arbeiterbewegung mit gesellschaftlicher Emanzipation von Unterdrückung identisch geworden war. Aus dem Gefühl eigener Entfremdung heraus entstand zunächst ein reges Interesse an den Schriften des jungen Marx, der sich explizit mit dieser Thematik beschäftigt hatte. Diejenigen, die wie Rudi Dutschke und Bernd Rabehl aus der DDR gekommen waren, arbeiteten sich kritisch an Lenin ab, tendierten aber wegen der Stalinisierung der Sowjetunion mehr zu den Ansichten der unorthodoxen Kommunisten wie Trotzki, Luxemburg und Bucharin. Aktueller waren die Ideen von Neo-Marxisten wie Lukács, Bloch und Marcuse, die die »spätkapitalistische Gesellschaft« analysierten, um ihre kommende Ablösung zu beschleunigen. Mit wachsender Radikalisierung gewannen auch die Vorstellungen von Mao Tse-tung, Che Guevara und Frantz Fanon an Einfluss, da sich die Revolution anscheinend an die anti-imperialistische Peripherie verlagert hatte.[294] Vor allem der SDS kleidete seine Aufrufe in eine marxistische Sprache, obwohl die Erarbeitung einer Revolutionstheorie für eine Wohlstandsgesellschaft letztlich an seiner Fixierung auf die unwilligen Arbeiter scheiterte.

Ein weiterer Schwerpunkt waren sozialpsychologische Denkanstöße des Anti-Autoritarismus, die eine Veränderung der zwischenmenschlichen Beziehungen forderten. Diese im US-Exil entstandene Kritik zielte in den Schriften von Theodor Adorno auf die Identifizierung einer »autoritären Persönlichkeit«, deren Fixierung auf Sekundärtugenden sie für die Versuchungen des Faschismus anfällig machte. Max Horkheimer erweiterte diesen Ansatz zu einer Kritik am integralen, »autoritären Staat«, der sich von der offenen Repression der Diktatur zur gewaltloseren Unterdrückung der Demokratie entwickelt hatte. Wichtig war auch die Wiederentdeckung der Schriften von Wilhelm Reich, der mit einem Amalgam aus Marx und Freud die bürgerliche Prüderie kritisierte und dadurch das jugendliche Bedürfnis einer freieren Sexualität zu legitimieren schien. Zum Schlüsseltext der 68er-Bewegung wurde jedoch Herbert Marcuses Buch »Der eindimensionale Mensch«, das die Entwicklung des Kapitalismus vom Wohlfahrts- zum technologisierten Kriegsstaat anprangerte und gleichzeitig argumentierte, dass dessen »repressive Toleranz« nur durch »außergesetzlichen« Widerstand durchbrochen werden konnte.[295] Diese unterschiedlichen Schriften lieferten Protestvokabeln, die den Aufruhr der Jugendlichen intellektuell zu rechtfertigen schienen.

Ein oft übersehener Kernpunkt der Theoriedebatten war schließlich das Problem der Demokratie in der vom Kapitalismus beherrschten Massengesellschaft. Der Schock des Eintritts der SPD in die Große Koalition schien einen Parlamentarismus »ohne Opposition« anzukündigen und die Durchsetzung von Reformen innerhalb des Bonner Systems unmöglich zu machen. Die marxistisch gewendete Parlamentarismuskritik des Berliner Soziologen Johannes Agnoli erregte deswegen viel Aufmerksamkeit, weil sie argumentierte, dass die Vortäuschung des Pluralismus nur die realen Herrschaftsverhältnisse verschleiere.[296] Als Alternative dazu entdeckten progressive Historiker die Rätedemokratie von 1918 wieder, die in einer revolutionären Situation die direkte Partizipation von Bürgern und einen spontaneren Ausdruck ihres politischen Willens erlaubt hatte.[297] Allerdings warf die Weigerung der Massen, einer revolutionären Minderheit zu folgen, die zentrale Frage auf, wie man eine weitere

Demokratisierung erreichen könne – durch direkte Aktionen, revolutionäre Kaderbildung oder einen »langen Marsch durch die Institutionen«? Obwohl die Forderung nach mehr »direkter Demokratie« durch fast alle Aufrufe geisterte, war es nicht immer klar, was darunter zu verstehen sei.[298]

Diese eigenwillige Mischung von ideologischen Versatzstücken eines unorthodoxen Marxismus, psychologischen Antiautoritarismus und partizipatorischer Demokratievorstellungen wirkte ambivalent. Zwar hatten diese Grundorientierungen einige durchaus positive Folgen: Marxistische Anstöße führten zu sozialkritischer Einstellung und Solidarisierung mit der Dritten Welt; antiautoritäres Denken begünstigte persönliches Aussteigen, sexuelle Befreiung und kommunitäre Lebensformen; basisdemokratische Impulse rechtfertigten Kritik an bestehenden Institutionen und direkte Aktionsformen der Mobilisierung. Aber ihre negativen Konsequenzen waren ebenso gravierend: In ihrer gebetsmühlenhaften Wiederholung schufen marxistische Phrasen ein radikal vereinfachtes Bild sozialer Konflikte und nährten falsche Hoffnungen auf neue Revolutionen; der antiautoritäre Gestus eines Bruchs mit den bürgerlichen Sekundärtugenden zerstörte interpersonelle Zivilität und vertiefte individuelle Lebenskrisen; basisdemokratische Illusionen legten durch Mitbestimmungsforderungen ganze Universitäten lahm und senkten das Niveau der Schulen. Trotz aller Versuche einer »revolutionär-wissenschaftlichen Analyse« beschleunigte das Fehlen einer ausgereiften Theorie schließlich auch das Scheitern der Bewegung.[299]

Wesentlich innovativer waren die Mobilisierungsstrategien und Aktionsmuster des Protests, die versuchten, die Macht durch symbolische Initiativen zu demaskieren. Diese anfangs gewaltlosen Formen der Kritik kamen meist aus der amerikanischen Bürgerbewegung, wanderten also wie jugendliche Konsumstile, wenn sie sich als erfolgreich erwiesen hatten, von Berkeley nach Berlin und bedienten sich auch oft der englischen Sprache. Die Ordnungskräfte waren vor allem vom spielerischen Charakter vieler Proteste überrascht, denn sie waren auf die ordentlichen Demonstrationszüge der Arbeiterbewegung und der Parteien vorbereitet, nicht aber auf die spontanen und chaotischen Inszenierungen von Studenten. Die evidente Hilflosigkeit der Polizei inspirierte die Protestierenden zu immer neuen

Ideen, so dass die frustrierten Behörden permanent in ihren Reaktionen hinterherhinkten.[300] Allerdings setzten die neuen Formen die funktionierende Öffentlichkeit eines Rechtsstaates voraus, bauten also gerade auf die Bürgerlichkeit, die sie selbst ablehnten. Deswegen konnte sich auch in der DDR, trotz mancher Generationsspannungen über Fragen des Lebensstils, keine vergleichbare Protestbewegung entwickeln.

Typisch für die Revolte waren Witz und Ironie, ein geradezu erstaunlicher sprachlicher und bildhafter Einfallsreichtum der Spruchbänder und Plakate. Zwar gab es auch langweilige Sentenzen wie »Vom Volke lernen, dem Volke dienen«, die eher an SED-Massenveranstaltungen erinnerten. Aber wirkungsvoller waren Slogans wie »Professoren sind Papiertiger« oder »Tags sind sie Bullen, nachts sind sie Nullen« – verbale Attacken gegen die Autoritäten, die deren Legitimität ironisierten. Ähnlich effektiv war die Umkehrung von Polizeimethoden wie der Druck eines Fahndungsplakats unter der Überschrift »MORD. Gesucht wird Schah Mohamad Reza Pahlawi wegen Mord und Folterungen« oder eines Aufrufs gegen den »Kommandeur der Westberliner Polizei SS-Werner« wegen der »Ermordung Ohnesorgs«.[301] Auch das Tragen von roten Fahnen und Bildern von Mao, Che und Ho wie Monstranzen war eine Provokation des herrschenden Antikommunismus. Am originellsten waren Aktionen wie die Begleitung eines Demonstranten durch Hunderte von so genannten Ordnern und das Happening beim Staatsbegräbnis für Paul Löbe, bei dem Kunzelmann in einem weißen Nachthemd plötzlich aus einem mitgetragenen Sarg sprang und Flugblätter verteilte.[302]

Die neuen gewaltlosen Demonstrationsformen versuchten, offizielle Verbote durch unkonventionelle Methoden zu umgehen sowie die Hüter der Ordnung mittels »Durchbrechung der etablierten Spielregeln der unvernünftigen Herrschaft« zu verunsichern. Das im Civil Rights Movement erfolgreiche *sit-in* bestand eigentlich nur aus dem Be-Setzen von Bänken, Treppen und Fluren, blockierte aber den Verkehr von Unbeteiligten und verwandelte sich durch Schlafen auf dem Fußboden in eine Institutsbesetzung, die Tage oder Wochen dauern konnte. Populärer an den Universitäten war noch das *teach-in*, eine zunächst gegen den Vietnamkrieg gerichtete, unstrukturierte Information, Diskussion und Agitation, die versuchte, in emotionalisierter Form eine subversive Sicht auf eine Streitfrage zu vermitteln. Schließlich gab es auch eine Reihe von neuartigen Straßenprotesten wie Spaziergangsdemonstrationen von Gruppen, die sich immer wieder neu formieren und auflösen konnten, um so ein Demonstrationsverbot im Wortsinne zu umgehen.[303] Die evidente Friedfertigkeit der Teilnehmer erschwerte die Verhinderung der Proteste oder die Entfernung der Demonstranten, da die Ordnungskräfte in Umkehrung der Rollen dabei als Aggressoren erscheinen mussten.

Wegen des ungleichen Kräfteverhältnisses setzte die »Konfrontation mit der Staatsgewalt« auf Provokation von Repression, um dadurch ihren eigentlichen Machtcharakter zu entlarven. »Mit Provokationen können wir uns einen öffentlichen Raum schaffen«, argumentierte Rudi Dutschke, »in den wir unsere Ideen, unsere Wünsche und unsere Bedürfnisse hineinlegen können. Ohne Provokation werden wir gar nicht wahrgenommen.« So führte eine Überschreitung von Universitätsvorschriften unweigerlich zu Räumungen und Disziplinarverfahren, die wiederum neue Proteste auslösten, weil sich Studierende dadurch missachtet fühlten. Auf den Straßen funktionierte der Mechanismus ähnlich, wenn wegen einer kleinen Regelverletzung jugendliche Demonstranten von uniformierten Ordnungshütern mit Gewalt verhaftet wurden und dadurch der faschistoide Charakter des Staates »bewiesen« wurde. Auch die Ironisierung von Bagatellverstößen in Gerichtsverfahren konnte zur Demaskierung des autoritären Charakters der Justiz benutzt werden.[304] Die Strategie der Provokation von Repression führte langsam zur Bildung eines abgestimmten Rituals zwischen Initiativen der Protestierenden und Reaktionen der Polizei, in der jede Seite eine vorherbestimmte Rolle spielte.

Entscheidend für die Verbreitung der Bewegung war die dramatische Berichterstattung, die die Aufmerksamkeit der Mehrheit auf die Aktionen der Minderheit von Aktivisten lenkte. Vor allem die Springerpresse überbot sich in alarmistischen und verunglimpfenden Schlagzeilen, um die Bevölkerung gegen die Proteste mobil zu machen: »Wer Terror produziert, muss Härte in Kauf nehmen.« Obwohl linke Zeitungen differenzierter reagierten, forderte der SDS, »eine aufklärende Gegenöffentlichkeit zu schaffen«, um durch Flugblätter und Samisdat seine kritische Version mitteilen zu können.[305]

Noch wichtiger waren jedoch die Bilder, die im Fernsehen und auf den Titelseiten ihre Botschaft ohne Worte verbreiteten. Aufnahmen von uniformierten Polizisten, die mit wutverzerrten Gesichtern friedliche, wohlgekleidete Studenten niederknüppelten, suggerierten einen Überschuss an staatlicher Gewaltanwendung. Dagegen appellierten Bilder von langhaarigen, drogenkonsumierenden Kommunarden, von Steine werfenden Randalierern und verletzten Westberliner Polizisten an die Ängste braver Bürger.[306] Durch millionenfache Verbreitung und kontroverse Kommentierung der Medien strahlte diese neue Art der Symbolpolitik auch auf Unbeteiligte aus.

Trotz der Skepsis der Bevölkerungsmehrheit ermöglichten die neuen Protestformen eine erstaunliche Ausbreitung, Intensivierung und Radikalisierung der Bewegung zwischen 1966 und 1968. Während die Demonstrationen in Großstädten wie Berlin, Frankfurt, München und Hamburg begannen, erreichten sie bald auch die klassischen Universitätsstädte wie Göttingen, Marburg, Heidelberg und Tübingen und schließlich auch die noch in Entstehung begriffenen Neugründungen wie Bochum. Angeregt durch symbolträchtige Schlüsselereignisse wuchsen auch die Teilnehmerzahlen und weitete sich die Bewegung in andere gesellschaftliche Kreise sowie auf neue Altersgruppen aus. Dieser rasante Wachstumsprozess bewirkte in führenden Köpfen wie bei Rudi Dutschke einen Gesinnungsumschwung von einer anfänglichen »revolutionären Opposition« zu einem immer stärkeren Glauben an die Durchführbarkeit einer »revolutionären Machtergreifung«.[307] Dennoch sollte sich diese Hoffnung nicht bewahrheiten, denn nie war wie in Paris die Regierung wirklich gefährdet, wie in Chicago die Gesellschaft tief gespalten oder wie in Prag das System in Frage gestellt.

Durch provokative Proteste an den Universitäten entstand zunächst aus der Unzufriedenheit Mitte der sechziger Jahre eine intellektuell diffuse, aber in ihrer Stoßrichtung einheitliche Bewegung von einigen Tausend Studenten. Ein Vorbild war dabei die Erfahrung des Civil Rights Movement gegen die Rassendiskriminierung in den USA, die auch durch direkte Verbindungen übermittelt wurde. Eine andere Anregung kam aus den Versuchen der Provos in den Niederlanden, sich aus bürgerlichen Zwängen durch die Parole »Revolutionierung des Alltags« zu befreien. Klagen über »die Misere der

Universität« als »Misere derer, die an ihr studieren müssen« verbanden sich dabei mit pazifistischen Aufrufen wie »Amis raus aus Vietnam!«[308] Durch die Marxismusrezeption des SDS verwandelte sich die anfangs begrenzte Kritik an »schlechten Arbeitsbedingungen, mit miserablen Vorlesungen, stumpfsinnigen Seminaren und absurden Prüfungsbestimmungen« jedoch zu fundamentalen Zweifeln an der »freiheitlich demokratischen Ordnung« überhaupt. Aus den Forderungen nach mehr »Selbstorganisation« der Studierenden und Einmischung in gesellschaftliche Diskussionen erwuchs das Verlangen nach grundlegender Veränderung des politischen Systems.[309]

Mit originellen Aktionen erregte die SDS-Strategie einer »aktiven Verweigerung« öffentliche Aufmerksamkeit und trug die Bewegung in neue Kreise. Anspruchsvolle Flugblätter kritisierten die Demokratie als »*leere* Form« und Happenings wie das sogenannte Puddingattentat gegen den US-Vizepräsidenten Hubert Humphrey machten den staatlichen Gewaltapparat lächerlich.[310] Der eigentliche Durchbruch kam aber erst, als während der Anti-Schah-Demonstration vor der Berliner Oper der überforderte Polizist Karl-Heinz Kurras den Studenten Benno Ohnesorg erschoss. »Entscheidend war für mich wie viele andere der 2. Juni«, beschrieb Inga Buhmann ihren Schock. »Bisher hatte ich immer noch gezögert, ob ich mich wirklich engagieren sollte. Mit einem Schlag war es klar und unwiderruflich.« Weil Bürgermeister Heinrich Albertz versuchte, die Verantwortung der Polizei zu vertuschen, gingen Tausende von Studenten zu spontanen Trauerkundgebungen, bekundeten erwachsene Intellektuelle ihre Sympathie und solidarisierten sich aufmüpfige Schüler mit der Bewegung. Der SDS folgerte, »das postfaschistische System in der BRD ist zu einem präfaschistischen geworden« und forderte eine engere Zusammenarbeit aller Oppositionellen, um »der kapitalistischen Oligarchie in Ökonomie, Öffentlichkeit und Staatsapparat selbst Machtpositionen streitig zu machen«.[311]

Im Winter 1967/68 führten die »direkten Aktionen« zu einer schnellen Radikalisierung der Bewegung, die immer mehr dazu überging, eine »revolutionäre Gegengewalt« zu legitimieren. Zunächst trennten sich die ungeduldigen Rebellen von vorsichtigeren Mentoren wie Adorno, was ihnen von Jürgen Habermas den enttäuschten Vorwurf des »Linksfaschismus« eintrug. In Demonstrationen gegen die Amerikahäuser flogen immer häufiger Pflastersteine gegen Fensterscheiben, denn »nur ein Akt der Zerstörung ist ein Akt der Befreiung«.[312] Höhepunkt war der Berliner Vietnamkongress im Februar 1968, an dem Delegierte aus aller Welt den »Aufbau einer zweite[n] revolutionäre[n] Front gegen den Imperialismus in dessen Metropolen« durch den »Kampf um revolutionäre Lösungen in Betrieben, Büros, Universitäten und Schulen« verlangten.[313] Am 11. April forderte die Pressehetze gegen die Studentenbewegung ein weiteres Opfer, als der Neonazi Josef Bachmann auf offener Straße ihren charismatischen Anführer Rudi Dutschke mehrere Male in den Kopf schoss. »Wir alle fühlten uns getroffen, und unsere Empörung war grenzenlos.« Diese zweite Bluttat innerhalb eines Jahres brach alle Hemmungen. »Es gab keinen Zweifel daran, wer der eigentliche Schuldige an diesem Attentat war.« In Berlin, Hamburg und München stürmten aufgebrachte Demonstranten die Springerschen Pressehäuser und setzten eine Reihe von Fahrzeugen in Brand.[314]

Trotz »pausenlos[er] Versammlungen und Demonstrationen« gelang es der Protestbewegung in den folgenden Monaten jedoch nicht, die Bonner Machtverhältnisse ernsthaft infrage zu stellen. Die Transformation einer »vorrevolutionären Situation« in eine wirkliche Revolution missglückte aus einer Reihe von Gründen. Obwohl wegen Arbeitskonflikten in den Betrieben einige wilde Streiks ausbrachen und auch manche Arbeiter mit den Zielen der Studenten sympathisierten, gingen die Gewerkschaftsorganisationen des DGB auf Gegenkurs, da sie weder ihre materiellen Vorteile noch ihren politischen Einfluss aufs Spiel setzen wollten.[315] Gleichzeitig absorbierte die Kampagne der APO gegen die Notstandsgesetze im Mai 1968 alle Energien, denn ein Sternmarsch nach Bonn sollte durch den Druck von sechzigtausend Teilnehmern ihre Verabschiedung verhindern. Daher war die Enttäuschung umso größer, als der Bundestag ohne Rücksicht auf die Proteste das Gesetz in Kraft setzte.[316] Schließlich waren sich die verschiedenen Fraktionen im SDS immer weniger darüber einig, welche Strategie sie verfolgen sollten – eine Grundsatzopposition innerhalb des Systems oder den bewaffneten Kampf in den Metropolen im Stile der Stadtguerillas.[317] Die Mobilisierung des akademischen Milieus fand am Widerstand der Gewerkschaften und Parteien ihre Grenze.

Der Fehlschlag in der Machtfrage löste einen rapiden Prozess der ideologischen und organisatorischen Zersplitterung aus, so dass die Bewegung ebenso schnell in sich zusammenfiel, wie sie angewachsen war. Die Verabschiedung der Notstandsgesetze entzog der APO die Resonanz, da sie die Wirkungslosigkeit von außerparlamentarischen Protesten wie die Überzogenheit der damit verbundenen Ängste verdeutlichte. Als »die ruhmreiche Rote Armee« den Versuch des »Sozialismus mit menschlichem Gesicht« in Prag »brutal erwürgte«, setzte eine »große Ernüchterung« ein, da die UdSSR alle Proteste westlicher Sympathisanten ignorierte.[318] Auch erwies sich die so genannte »Schlacht am Tegeler Weg«, eine Konfrontation aus Anlass eines Ehrengerichtsverfahrens gegen den Anwalt Horst Mahler, in der Rebellen inmitten von Tränengas über hundert Polizisten mit Steinen verletzten, als ein Pyrrhussieg, da danach die Ordnungskräfte mit Schutzhelmen und Schildern ausgerüstet wurden, wodurch sich das Kräfteverhältnis auf den Straßen wieder umkehrte. Der durch Dutschkes langsame Rekonvaleszenz im Ausland führungslos gewordene Kern der Bewegung, der SDS, löste sich daher im Jahre 1969 sang- und klanglos auf, da er keine einheitliche Antwort auf die verwirrende Situation der zurückgehenden Unterstützung fand.[319]

Als Anzeichen der Krise bröckelten gemäßigte Sympathisanten ab und verlagerten sich die Konflikte zurück an die Ausgangsinstitutionen, die Universitäten und die Schulen. Zwar gab es in Hamburg wie in München hektische Aktionen gegen die Notstandsgesetze, aber Aufrufe wie »Schmeißt das gesamte Notstandsgesindel in die Außenalster« zeigten immer weniger Wirkung. Institutsbesetzungen zum Zweck der »Transformation der Germanistik in eine aufklärerische Produktivkraft« blieben als Abwechslung des Studienalltags populär, jedoch verlangte die Erarbeitung neuer Lehrinhalte intellektuelle Anstrengungen, um radikale Alternativen zu Adorno und Habermas zu entwickeln.[320] Organisierte Schulungsgruppen »diskutierten philosophische und ökonomiekritische Literatur«, die Medien entdeckten kritische Themen und eine linke Publikationsszene von Zeitungen *(taz)*, Zeitschriften und Verlagen entwickelte sich, um verschüttete Traditionen und neue Theorien zu popularisieren. Solche ideologischen Debatten förderten eine Reakademisierung, die revolutionäre Impulse in die Veränderung der Wissenschaft kanalisierte. Aus der

Rückwendung von Aktion zur Analyse entwickelte sich schrittweise das Projekt eines »langen Marschs durch die Institutionen«.[321]

Ein weiteres Indiz des Verebbens war die Entstehung einer auf individuelle Veränderung zielenden antiautoritären Subkultur, die sich als Erneuerung der Gesellschaft von der Basis her verstand. Obwohl die Kunzelmannschen Kommunen I und II wegen ihrer spektakulären Aktionen und der andauernden Medienaufmerksamkeit auseinanderbrachen, machte das Beispiel des jugendlichen Zusammenwohnens schon aus finanziellen Gründen Schule, so dass sich WGs besonders in den Großstädten schnell ausbreiteten. Bei fehlendem Geld lag die Besetzung von leer stehenden Mietshäusern nahe, die sich zu geduldeten rechtsfreien Räumen entwickelten, in denen alle Arten von Experimenten erlaubt waren. Besonders auf sexuellem Gebiet genossen Jugendliche eine neue Freiheit, aber bald kam auch der Konsum von Drogen dazu, der sich, wie von Bernward Vesper in *Die Reise* geschildert, vom Rauchen der Joints zu schwereren Trips entwickelte. Konstruktiver waren die vielen Projekte, von Kinderläden zu Frauengruppen, die neue Arten von Vernetzung entwickelten. Gleichzeitig entdeckten aber auch Geschäftsleute den Jugendmarkt, so dass über Rockmusik (»Hair«) und T-Shirts bald eine Kommerzialisierung des alternativen Lebensstils einsetzte.[322]

Das Kardinalproblem, an dem die Aktionseinheit der Marxisten schließlich zerbrach, war die Gewaltfrage, die sich im Winter 1968/69 immer eindringlicher stellte. Das Beispiel des Pariser Mai und der Straßenschlacht in Chicago verstärkte die Versuchung, eine effektive »Gegengewalt« gegen die Polizei zu organisieren und der »strukturellen Gewalt« des Systems zumindest durch »Gewalt gegen Sachen« entgegenzutreten, obwohl diese Strategie eher anarchistisch als marxistisch zu nennen war.[323] Aus der Suche nach ideologischer Klärung der gegenwärtigen Klassenverhältnisse in Studienzirkeln entwickelten sich konkurrierende ideologische Gruppen, die teils maoistisch, teils trotzkistisch, teils stalinistisch ausgerichtet waren und versuchten, durch Betriebsarbeit eine breitere Basis im unterdrückten Proletariat zu gewinnen, was aber nur in seltenen Fällen gelang. Die Wiedergründung einer westdeutschen kommunistischen Partei, der DKP, mit ostdeutscher Fernsteuerung und Finanzierung bot eine weitere Alternative, die allerdings eine Unterordnung unter den »real existierenden Sozialismus« der DDR verlangte.[324] In Wandzeitungen, Institutsversammlungen und Einzelaktionen bekämpften sich diese rivalisierenden »K-Gruppen« erbittert, nahmen dadurch aber immer mehr sektiererische Züge an.

Die radikalste Reaktion auf die schwindende Unterstützung der Studenten und den ausbleibenden Aufstand der Arbeiter war der marxistisch verbrämte Terrorismus. Die Berliner »Haschrebellen« und Frankfurter »Spontis« entwickelten eine Vorliebe für Molotow-Cocktails, »Mollis«, mit denen in einem Nacht-und-Nebel-Spiel mit der Polizei zum Beispiel Niederlassungen der Springerpresse in Brand gesetzt werden konnten. Die Denunziationen und Hausdurchsuchungen folgenden Verhaftungen konnten zwar einzelne Täter zeitweilig aus dem Verkehr ziehen, aber die Faszination der jugendlichen Subkultur durch Gewaltaktionen nicht brechen. Der entscheidende Schritt zur Gewalt gegen Personen wurde in Gestalt der spektakulären Befreiung des mit der Journalistin Ulrike Meinhof zusammenarbeitenden Kleinganoven Andreas Baader getan, bei der zum ersten Mal Waffen eingesetzt wurden.[325] Das deshalb notwendige Abtauchen in die Illegalität führte zur weiteren Kriminalisierung durch Beschaffung von Geldern mittels Banküberfällen, um weitere Terroranschläge zu finanzieren. Eine kleine Minderheit von »Leninisten mit der Knarre« ging daher als Rote Armee Fraktion den dezisionistischen Weg der expliziten Gewalt, der zwar die Bonner Republik erschüttern, nicht aber umstürzen konnte.[326]

Die Folgen dieses Zerfalls der Generationsrevolte in seine konstituierenden Bestandteile waren daher durchaus widersprüchlich. Die gemäßigten Demokratisierer wurden durch die Bildung der sozialliberalen Koalition schrittweise in das politische System reintegriert, denn Brandts bewusster Appell, »mehr Demokratie [zu] wagen«, sprach ihre Gefühle an und die Durchsetzung der neuen Ostpolitik bot eine wichtige Aufgabe, für die es sich lohnte, sich einzusetzen. Durch die Gründung von neuen Oberschulen und Hochschulen schuf die Bildungsexpansion auch Gestaltungsmöglichkeiten für eine ganze Kohorte von Jungakademikern, die nun selbst an den Veränderungen der Lehrinhalte und Forschungsprioritäten mitarbeiten durften. In Bremen konnten kritische Pädagogen einen »demokratisch-fortschrittlichen Lehrerverband« gründen, »neue Schulfächer,

Offenheit der Zensuren, demokratische Schulinstitutionen, eine Verjüngung der Lehrerkollegien und Funktionsinhaber« erreichen sowie »Initiativen für Gesamtschulen [und] eine forcierte Universitätsgründung« anregen. »Es gab plötzlich mehr Luft zum Atmen.«[327] Das für Innovationen und den Ausbau der Sozialpolitik offenere Klima der Regierung Brandt-Scheel schien für diese moderateren Mitstreiter zumindest eine teilweise Reformierbarkeit der Bundesrepublik zu belegen.

Mancher Übertreibungen in Drogenkonsum und Promiskuität zum Trotz gelang es auch den Antiautoritären durch ihre Aura von »Spaß«, die Veränderung der Lebensstile in weiteren Kreisen voranzutreiben. Das jugendliche Erscheinungsbild verwandelte sich in erstaunlicher Weise: Während Mitte der sechziger Jahre die Teilnehmer von *sit-ins* ernst, ordentlich frisiert und adrett gekleidet waren, gaben sich die Alternativen ein halbes Jahrzehnt später lässig provozierend, waren langhaarig und trugen abgerissene Jeans.[328] Vor allem in den Großstädten konnten sich »antiautoritäre Inseln« bilden, die in gewissen Stadtvierteln eine ganze Szene von Kneipen, Geschäften und Initiativen etablierten – einen Freiraum für Experimente mit Sex und Drogen, der nachwachsende Schüler und Lehrlinge fast magisch anzog.[329] Die Frustration der im SDS aktiven Frauen durch das patriarchalische Gebaren der männlichen Aktivisten führte zur Bildung eigener emanzipatorischer Gruppen, die nach geschlechtlicher Gleichberechtigung suchten, um endlich die passive Rolle der Objekte von Begierde abzustreifen.[330] Da sie dem jugendlichen Bedürfnis nach freier Entfaltung entgegenkam, bewirkte diese Liberalisierung der Lebensformen langsam einen breiteren Wertewandel und legten lokale Initiativen die Basis für die Entwicklung neuer sozialer Bewegungen.

Die orthodoxeren Marxisten in den K-Gruppen blieben dagegen fast völlig erfolglos, da sie sich in eine Fundamentalopposition verrannt hatten. Ihre ideologische Erwartung der Verschärfung von sozialen Gegensätzen in den Industrieländern erwies sich angesichts des Ausbaus des Sozialstaats als illusorisch, während sich die heroisierten antiimperialistischen Befreiungsbewegungen bald als linke Entwicklungsdiktaturen entpuppten, die genauso gnadenlos unterdrückten wie ihre reaktionären Antipoden. Ihre Rivalität in der Interpretation der Marxschen Lehre verhinderte gemeinsame Aktionen, und sie konnten den Verdacht einer Finanzierung durch die SED nie ganz widerlegen. Schließlich führte »der vollständige Bruch der Partei mit der Wirklichkeit« zu einer sektenhaften Abkopplung von der Mehrheit der Studierenden. Obwohl Maoisten und Trotzkisten bei Studentenwahlen in den sozialwissenschaftlichen Fächern weiterhin die Ausschüsse dominierten, wurden sie in eine Randexistenz abgedrängt, aus der sie sich auch durch Versuche von Betriebsarbeit nicht mehr befreien konnten. So geriet, wie Peter Schneider in der Novelle *Lenz* schildert, das marxistische Engagement zu einem *rite de passage*, der danach möglichst schnell vergessen wurde.[331]

Als ein noch schlimmerer Irrweg entpuppte sich die Glorifizierung der Gewalt durch die jugendlichen Terroristen. Zwar konnten die RAF, die Bewegung 2. Juni und weitere Nachfolgegruppen eine Reihe spektakulärer Anschläge organisieren, die anfangs von intellektuellen Kreisen als eine Art von außerrechtlicher Notwehr gegen faschisierende Tendenzen entschuldigt wurden. Aber die massive Aufrüstung der »wehrhaften Demokratie«, die Einbetonierung des Bonner Regierungsviertels, die Ausdehnung des Personenschutzes auf führende Wirtschaftsvertreter und die rigorose Fahndung der Ordnungskräfte nach den Tätern machten weitere Erfolge immer schwieriger. Der Höhepunkt der Konfrontation im »deutschen Herbst« von 1977 mit der Ermordung des Arbeitgeberpräsidenten Schleyer, der missglückten Flugzeugentführung nach Mogadischu und den umstrittenen Selbstmorden von Baader und Meinhof brachte gleichzeitig die Wende zur Ernüchterung. Mit dem »Mescalero-Aufruf« rückte die Szene von weiterer Gewalt ab, und die sympathisierenden Intellektuellen distanzierten sich von Attentaten, so dass die Terroristen ihr unterstützendes Umfeld verloren und an ihrer Isolierung zugrunde gingen.[332] Durch den Fehlschlag der Gewalt fanden die Reste der Spontis wie Joschka Fischer wieder den Weg zum Rechtsstaat zurück.

Für die Gegner der Generationsrevolte bot ihr Zerfall endlich die Chance, ihre folgenschwersten Veränderungen zu korrigieren. Eine Mehrheit konventioneller Erwachsener und eine Minderheit karriereorientierter Jugendlicher in Studentenverbindungen billigte weder die Fundamentalkritik an der Bundesrepublik noch die Lockerung des Lebensstils. Für den »Bund Freiheit der Wissenschaft« und den RCDS waren linke Angriffe auf das System ein »Gesinnungsterror ideologisch fanatisierter Gruppen« und eine Bedrohung der Kultur, die vehement bekämpft werden mussten. Durch die Gefolgsverweigerung der Friedensbewegung für Helmut Schmidt und den Seitenwechsel der FDP erhielten die konservativen Antikritiker die Gelegenheit, mit dem Regierungsantritt von Helmut Kohl auch eine kulturelle Wende gegen 1968 zu proklamieren.[333] Allerdings hatte dieser Kurswechsel nur kleinere Erfolge zu verzeichnen, wie die Wiederherstellung der Professorenautorität an den Hochschulen, denn die Praxis blieb hinter den hoch gespannten Erwartungen zurück. Demokratisierung der Institutionen und Veränderung des Alltags waren bereits zu weit fortgeschritten, als dass sie mit einem Regierungswechsel hätten rückgängig gemacht werden können.

Folgen eines Fehlschlags

Auch Jahrzehnte nach dem Aufbruch von 1968 bleibt die Einschätzung der Studentenbewegung kontrovers, da sich in den Beurteilungen Erinnerung und Analyse weiterhin vermischen. Angeregt durch die Festrhetorik der sukzessiven Jahrestage hat sich eine Tendenz zur Mythologisierung gebildet, in der vormalige Protagonisten gewissermaßen als »APO-Opas« ihre Widerstandsaktionen heroisieren, während ihre Kritiker die schlimmen Folgen der Revolte beklagen. Dabei weisen die »Protest-Geprägten« gerne auf ihren Beitrag zur Demokratisierung von Institutionen, Entkrampfung des Lebensstils, Intensivierung der Vergangenheitsbewältigung, Vollendung des Sozialstaats und Entstehung der neuen sozialen Bewegungen hin. Gleichzeitig betonen die »Protest-Geschädigten« aber auch die immer deutlicher hervortretenden negativen Konsequenzen, denn eine ideologische Verdummung durch dogmatischen Marxismus, eine Lahmlegung der Universitäten durch Gremienarbeit, ein Qualifikationsverlust durch Abbau von Leistungsdruck und eine Verklärung der Gewalt durch den Terrorismus sind schwer zu bestreiten.[334] Dieser Zyklus von Verherrlichung und Verdammung kann nur durch verstärkte Versuche der bewussten Historisierung gebrochen werden, die vergleichend nach Ursachen, Abläufen und Konsequenzen der Bewegung für die Festigung der Zivilgesellschaft fragt.[335]

Die intellektuelle Herausforderung besteht darin, diese überraschende, schnelle und breite Mobilisierung von Studenten, Schülern und teilweise auch Lehrlingen überzeugend zu erklären. Vor allem ihre Internationalität, die teils der Vernetzung der Medien, teils auch persönlichen Erfahrungen (Daniel Cohn-Bendit in Frankreich, Gretchen Klotz-Dutschke in Amerika) geschuldet war, ist auch im Nachhinein noch eindrucksvoll. Auch die Intensität der ideologischen Suche der Neuen Linken, die sich mit ihrer Mischung aus unorthodoxem Marxismus, Antiautoritarismus und direkten Demokratiewünschen deutlich von der etablierten kommunistischen und sozialdemokratischen Arbeiterbewegung unterschied, bleibt erstaunlich. Schließlich ist der Generationszusammenhang überdeutlich, der trotz einzelner Leitfiguren unter den Älteren meinungsführende Teile einer ganzen Jugend in eine radikale Gegnerschaft zu ihren Eltern führte.[336] Im deutschen Kontext sind als erschwerende Sonderbedingungen noch die teilweise Verdrängung der Kollaboration mit der NS-Diktatur und die Teilung des Landes in ideologisch konkurrierende Nachfolgestaaten zu erwähnen. Was verursachte die Revolte, wie verlief sie und was waren ihre Auswirkungen?

Die Gleichzeitigkeit der Aufbrüche in Berkeley wie Berlin, in Paris wie Prag suggeriert, dass ihre Ursachen in einer internationalen Konstellation zu suchen sind, die über jeweilige nationale Kontexte hinausgeht. Die Rebellion war ein Produkt der Nachkriegsgeneration, die nicht mehr selbst mit der Sicherung der Grundbedürfnisse des Lebens zu kämpfen hatte, sondern einen gewissen Wohlstand als selbstverständlich ansah. Deswegen konnte sie die Diskrepanz zwischen den politischen Versprechungen und Realitäten westlicher Zivilisation schärfer wahrnehmen und sich nicht mit den pragmatischen Kompromissen der Eltern zufrieden geben. Deshalb erlebte sie die ideologische Polarisierung des Kalten Krieges als zunehmend beengend und wollte aus den in die Dritte Welt verlagerten Großmachtkonflikten ausbrechen. Daher reagierte sie so ambivalent auf die Entwicklung von Konsumgesellschaft und Populärkultur, lehnte zwar deren vordergründigen Materialismus ab, ließ sich aber trotzdem von kommerziellem Rock und Jeans als Protestgestus inspirieren.[337]

Da die traditionelle Arbeiterbewegung durch Lohnkonzessionen weitgehend zufriedengestellt war, blieben neben Intellektuellen nur Studenten, Schüler und einige Lehrlinge als neue Trägergruppen für einen spontanen Massenprotest.

Der Verlauf der Revolte zeigt jedoch gleichzeitig das Potential und die Grenze eines generationszentrierten Revolutionsversuchs in einer modernen Massengesellschaft. Die Eskalation von gewaltfreien Protesten einer Minderheit aktivistischer Studenten zu einer einen Großteil der Altersgruppe umfassenden Massenbewegung durch Provokation von Repression überraschte selbst ihre führenden Köpfe. »Wir lebten wie in einem Rausch«, erinnert sich ein Beteiligter, »und wir glaubten, die ganze Welt verändern zu können.« Verschärfte Konflikte mit der Polizei führten zu einer Radikalisierung der Forderungen, die über Universitätsreformen und die Beendung des Vietnamkriegs hinaus nun in Richtung größerer Freiheit und Gleichheit für die gesamte Gesellschaft gingen. Allerdings wurde in dem entscheidenden Moment der Machtfrage deutlich, dass die Gewerkschaften trotz einzelner Streiks ihre Gefolgschaft verweigerten, da sie ihre Errungenschaften nicht durch Revolutionsromantik aufs Spiel setzen wollten. Dadurch gelang es im Westen den parlamentarischen Regierungen, die Proteste in Teilreformen abzudrängen, während in der Tschechoslowakei die Rote Armee eingreifen musste. Danach blieb nur die Erinnerung an den Mai 1968 als einen außerordentlichen Moment der Mobilisierung, eine ungenutzte Chance zur großen Veränderung.[338]

Das politische Scheitern ermöglichte jedoch den Abbau autoritärer Strukturen, die Verbreitung emanzipierterer Lebensformen und einen Zuwachs an Partizipation, die die westdeutsche Kultur tiefgreifend veränderten. Die Erfahrung von Selbstorganisation und gewaltfreien Agitationsmethoden wurde für die Entwicklung einer »bunten und phantasievollen Protest- und Demonstrationskultur« grundlegend. Die konfliktreiche partielle Reformierung von Institutionen wie sogar der Polizei veränderte deren Binnenklima sowie das Verhalten gegenüber den Bürgern. Der individuelle Mentalitätswandel liberalisierte soziale Wertehaltungen in Richtung auf größere Toleranz für unkonventionelle Lebensstile und löste etwa eine »sexuelle Revolution« aus.[339] Das weitgehende Fehlen solcher Veränderungen in der

DDR, das sich als gravierendes Hindernis nach der Vereinigung erwies, verdeutlicht die Wichtigkeit dieser sanften »Kulturrevolution« für die Zivilisierung der Bundesrepublik. »Das Jahr [1968] war wie ein Feuersturm, der alles Hergebrachte in Flammen setzte, von der Tschechoslowakei bis Amerika, und eine Landschaft hinterließ, in der vieles im Bewusstsein verändert war.« Trotz mancher Verirrungen konnte die Generationsrevolte durch ihre soziokulturellen Wirkungen daher einen wichtigen Beitrag zur Etablierung einer toleranteren Zivilgesellschaft leisten.[340]

Paradoxien der Moderne

Die soziokulturellen Veränderungsschübe der sechziger Jahre etablierten auf beiden Seiten des Eisernen Vorhangs konkurrierende Versionen der Moderne. Weder der defensive Versuch einer »partiellen Modernisierung« des Kaiserreichs noch das widersprüchliche Projekt eines »reaktionären Modernismus« im Dritten Reich hatten eine Verbindung von technischem Fortschritt und sozialer Tradition hervorgebracht, die diese gegensätzlichen Tendenzen erfolgreich miteinander versöhnen konnte.[341] Nach der Überwindung der ersten Nachkriegsnot setzte daher eine umfassende Modernisierungswelle ein, in der Vorstellungen der Moderne als nicht hinterfragtes Leitbild fungierten, weil sie gleichzeitig einen Anschluss an internationale Entwicklungen und eine Befreiung von der Last einer unangenehmen Vergangenheit versprachen. Im Stadtbild ist dieses hektische Bemühen noch überall in dem Kontrast zwischen den einfachen Notbauten der frühen fünfziger Jahre, die ein Dach über dem Kopf bieten, und den aufwendigen Glas- und Betongebäuden der sechziger Jahre deutlich, die Modernität suggerieren sollten.[342]

Dabei verlangte der Kalte Krieg von den Deutschen eine Wahl zwischen zwei alternativen Modellen der Moderne – Sozialismus und Kapitalismus. In diesem Wettbewerb konnte die Sowjetunion auf die revolutionäre Ausstrahlung der marxistischen Utopie, die Erfolge der stalinschen Industrialisierung und Kollektivierung sowie auf den Sieg der Roten Armee über die Wehrmacht bauen. Die Westmächte dagegen setzten eher auf die evolutionäre Attraktion von politischer Freiheit, materiellem Wohlstand und ziviler Gesellschaft, die zwar weniger imposant, aber auf Dauer effektiver waren.[343] Die größere Intensität persönlicher Begegnungen, die sich aus lockerem Kontakt mit den Soldaten, dem Einsatz von zahlreichen Vermittlern und dichten Austauschprogrammen ergaben, erhöhte die Anziehungskraft des Westens. Auch waren die politische Bindung an das Verteidigungsbündnis der NATO und die wirtschaftliche Integration mit den Nachbarn mehr ein Resultat freier Entscheidungen statt diktatorischer Vorgaben. Schließlich versprachen die amerikanische Konsumgesellschaft und die Populärkultur eine höhere Befriedigung individueller Bedürfnisse als die sozialistische Subventionsversorgung.[344]

Im direkten Vergleich zur SED-Diktatur erwies sich der westdeutsche Parlamentarismus auf die Dauer auch als die modernere Form der Politik. Es mutet ironisch an, dass der antifaschistische Neuanfang im Osten sich lautstark auf die Demokratie berief – allerdings auf ein leninistisches Verständnis der Partei als Vorhut der Arbeiterklasse, die für das Volk zu entscheiden hatte. Der ostdeutsche Soziologe Detlef Pollack hält daher »das Fehlen von Demokratie und das daraus resultierende Legitimitätsdefizit« für die hauptsächliche Ursache der Modernisierungsrückstände der DDR.[345] Dagegen erlaubten westdeutsche Parlamente offenere Auseinandersetzungen um Grundfragen, eine andere Machtverteilung in den Landtagen und die Möglichkeit eines Richtungswechsels durch freie Wahlen. Die Einbindung von Interessengruppen, die positiven Leistungen und die Chance, Kritik zu üben, überzeugten die Bevölkerung daher langsam von der Tüchtigkeit der Demokratie. Natürlich half es auch, dass Bonn diverse Bewährungsproben wie die Machtwechsel, den Radikalismus und die neuen sozialen Bewegungen überstand.[346] Im Gegensatz zur Beschränkung auf eine akklamatorische Statistenrolle im Osten hatten die Bürger im Westen mehr Einfluss auf Entscheidungen und zeigte sich das System daher wesentlich entwicklungsfähiger.

Schließlich erlaubte der westliche Pluralismus eine offenere Austragung der mit sozialem Wandel verbundenen Konflikte als das östliche System der Fürsorgediktatur. Die systematische Entbürgerlichung während des Aufbaus des Sozialismus legte gleichsam die gesellschaftlichen Organisationen still, indem er sie der SED-Kontrolle unterstellte und dadurch weitgehend der Möglichkeit eigener Interessenvertretung beraubte. Meinungsverschiedenheiten konnten nur innerhalb der Partei ausgetragen werden oder sie wurden durch Repressionsmaßnahmen verdrängt.[347] Dagegen stellte die Rückkehr zur Bürgerlichkeit in der frühen Bundesrepublik selbstbestimmte Einrichtungen und Vereine wieder her, die unterschiedliche Wünsche artikulieren konnten. Auch boten die Grundrechte der Verfassung zahlreichen Protestinitiativen eine öffentliche Plattform zur Verbreitung ihrer Ideen, Sammlung von Anhängern und Beeinflussung von Politik. Deshalb konnten sich die kulturrevolutionären Aufbrüche der sechziger Jahre dort besser entfalten, sich mit den Regierenden auseinandersetzen und auch in ihrem Fehlschlag einen antiautoritären Wertewandel begründen, der in den folgenden Jahrzehnten die Republik grundlegend veränderte.[348]

Mit diesen raschen Modernisierungsschüben handelte sich die Bundesrepublik jedoch auch die sozialen Probleme der anderen entwickelten Industriegesellschaften ein. Um ihren diktatorischen Sozialstaat schmackhafter zu machen, warnte die SED-Propaganda die eigenen Bürger unablässig vor der Gefahr der Arbeitslosigkeit, die mit den Rezessionen der siebziger Jahre eine traurige Wirklichkeit wurde. Ein weiterer beliebter Kritikpunkt, der die erzwungene Gleichheit der DDR bestätigen sollte, war die Ungleichheit einer Zwei-Drittel-Gesellschaft, in der das untere Drittel der arbeitenden Armen von den Segnungen der Wohlstandsentwicklung ausgeschlossen blieb. Gerne prangerten ostdeutsche Journalisten auch die Kriminalität des Westens durch drastische Schilderungen der Folgen des Drogenkonsums an, damit dadurch der eigene Polizeistaat in positiverem Lichte erscheine.[349] Westdeutsche Kritiker monierten dazu auch noch die enorme Zerstörung der Umwelt durch ungebremste Motorisierung, Industrialisierung und Urbanisierung.[350] Wachsende Kritik an negativen Folgen war jedoch selbst ein Indiz des weitgehenden Erfolges der Modernisierung in der Veränderung der Lebenswelt.

Ganz im Gegensatz zu Weimarer kulturpessimistischen Vorbehalten begrüßten westdeutsche Intellektuelle jedoch schließlich diesen Sprung in die Moderne als überfälligen Erfolg der Zivilisierung. Da er als Erbe der Aufklärung verstanden wurde, blieb der Begriff des Fortschritts lange unangefochten, denn davon ausgelöste Veränderungen wurden als segensreich statt als zerstörerisch verstanden. Westliche Kommentatoren argumentierten, dass Prozesse der Westernisierung, der Demokratisierung und der Mobilisierung endlich den deutschen Sonderweg beendet und die Bundesrepublik zu einem fast normalen Mitglied der westlichen Zivilisation gemacht hätten. Dadurch konnte sich die früher in Ansätzen wie dem Vereinswesen und der städtischen Selbstverwaltung vorhandene Zivilgesellschaft nun in allen politischen und gesellschaftlichen Bereichen durchsetzen.[351] Allerdings blieb umstritten, inwieweit Planwirtschaft, soziale

Betreuung und kulturelle Bevormundung in der DDR ebenso als »modern« gelten konnten. Das zähe Festhalten von Leitdenkern wie Jürgen Habermas an dem »Projekt der Moderne« gegenüber allen postmodernen und grünen Einwänden verdeutlicht, wie tief die Modernisierungsschübe der sechziger Jahre das deutsche Selbstverständnis verändert haben.[352]

Teil III
Zivilgesellschaftliche Herausforderungen

Die dritte große Welle der Veränderungen brach Ende der achtziger und Anfang der neunziger Jahre mit unerwarteter Wucht über Deutschland herein. Als alles festgefahren schien und sich Bundesrepublik und DDR mit der Teilung arrangiert hatten, kollabierte plötzlich der Kommunismus in Osteuropa, rebellierten auch die ostdeutschen Bürger und verlangten eine Wiedervereinigung. Am 3. Oktober 1990 hatten interne Kommentatoren deshalb allen Grund, das Ende der hässlichen Abgrenzung, die Ausdehnung der Freiheiten des Rechtsstaats und die Teilhabe an den Segnungen der sozialen Marktwirtschaft zu feiern. Extern konnten auch skeptische Beobachter die Wiedergewinnung der vollen Souveränität, die Wiederherstellung eines verkleinerten Nationalstaats und die internationale Anerkennung der Grenzen begrüßen.[1] Das Ende des fünf Jahrzehnte dauernden Kalten Kriegs erlaubte die Bereinigung der Hinterlassenschaft des Zweiten Weltkriegs, so dass damit endlich auch die Nachkriegsepoche zum Abschluss kam. Nur die ungleich direkter betroffenen neuen Bundesbürger stürzten in eine Vereinigungskrise, da sie durch den Systemumbruch oft überfordert wurden.[2]

Eine festredenartige Stilisierung der Vereinigung zur Erfolgsgeschichte erschwert jedoch das Verständnis der vielfältigen damit verbundenen Veränderungen. Vor allem konservative Politiker interpretieren die »unverhoffte Einheit« gerne als Bestätigung der Bundesrepublik, da sich die ostdeutsche Bevölkerung mehrheitlich für das westliche Modell entschieden habe.[3] Gleichzeitig gilt sogar in linken Kreisen das Scheitern des realen Sozialismus als Beweis der Undurchführbarkeit des kommunistischen Experiments, obwohl ein gewisser Phantomschmerz über den Utopieverlust nicht zu leugnen ist.[4] Dabei wird meist übersehen, dass der Zusammenbruch des Kommunismus den ganzen sowjetischen Herrschaftsbereich erfasste, die Opposition überall an der Wiederherstellung der Menschenrechte arbeitete und die Eingliederung der östlichen Länder eine Herausforderung für das gesamte Europa war.[5] Die Konzentration auf die deutschen Sonderbedingungen der Wiederherstellung statt der Spaltung des Nationalstaats, der Ausdehnung des westlichen Systems auf den Osten und der massiven wirtschaftlichen Entwicklungshilfe droht manchmal den gesamteuropäischen Kontext der postkommunistischen Transformationsprozesse zu überschatten.

Aus den Diskussionen über Ursachen, Abläufe und Konsequenzen des Umbruchs von 1989 sollen daher einige Probleme herausgegriffen werden, die in vergleichender Sicht besonders für die Festigung der Zivilgesellschaft relevant sind. Einen ersten Schwerpunkt markiert ihre »Schutzfunktion« für die Freiheit der Bürger gegenüber ungerechtfertigten Eingriffen des Staates.[6] Die aus den schmerzlichen Erfahrungen der Flüchtlinge vor dem Nationalsozialismus entstandene Totalitarismustheorie verdeutlicht die repressiven Züge der kommunistischen Diktatur vor allem in ihrer stalinistischen Anfangsphase, indem sie die systematische Zerstörung von sozialer Selbstorganisation betont.[7] Allerdings bietet ihre Konzentration auf Repression wenig Anregungen zum Verständnis der Rekonstituierung von gesellschaftlichen Gruppen und Initiativen von unten, die eher durch alltagsgeschichtliche Ansätze zu erfassen sind, die die »Grenzen der Diktatur« im »Eigen-Sinn« der Beherrschten betonen.[8] So eindrucksvoll der »demokratische Aufbruch« des Herbstes von 1989 war, so scheint die darauffolgende Systemtransformation auch in anderen Ländern an der Schwäche der neu entstehenden zivilgesellschaftlichen Strukturen zu kranken.[9]

Ein zweiter Problemkreis, der sich aus der »Gemeinschaftsfunktion« ergibt, weist auf die Implikationen der Wiederherstellung des Nationalstaats für die Zivilgesellschaft hin. Sollte die nicht mehr erwartete Wiederentstehung eines gemeinsamen Staates der Deutschen Anlass für eine »Renationalisierung«, das heißt eine von rechten Bildungsbürgern wie Karl Heinz Bohrer als überfällig empfundene Anknüpfung an verschüttete nationale Traditionen sein? Oder ist der deutsche Nationalstaat, wie postnationale Intellektuelle, so Günter Grass, behaupten, allein durch seine Existenz eine Bedrohung für die innere Freiheit und den Frieden in Europa? Gibt es für das »schwierige Vaterland« in Richard Schröders Worten einen Mittelweg eines demokratischen Patriotismus, der Freiheit mit Vaterlandsliebe verbindet?[10] Die internationale Version dieser Identitätsdebatte kreist um die gewachsene deutsche Verantwortung in Europa, die Notwendigkeit der Beteiligung an Militäreinsätzen und die Ausrichtung auf die USA oder die Integration der EU. Wie lässt sich das in Ostmitteleuropa zu beobachtende Wiedererstehen des ethnischen Nationalismus mit interner Pluralisierung und europäischer Integration vereinen, ohne neue Unterdrückung oder Feindschaft hervorzurufen?[11]

Ein letzter Konfliktbereich hängt mit der »Sozialisierungsfunktion« von Zivilgesellschaft zusammen, nämlich der Verankerung von Bürgertugenden wie Toleranz und Weltoffenheit. Eine wichtige Messlatte für die Vitalität einer Demokratie ist ihr Umgang mit Fremden, seien sie nun potentiell integrierbare Landsleute oder Asylanten aus unterschiedlichen Kulturen. Durch die postkommunistischen Wanderungsbewegungen kollidieren ethnische Ansprüche auf Staatsbürgerschaft für Migranten »deutscher Abstammung« mit einem moralischen, an Erinnerungen an die Flucht vor und Vertreibung durch den Nationalsozialismus anknüpfenden Imperativ der Aufnahme von Asylsuchenden.[12] Welche relative Priorität sollte Flüchtlingen aus der DDR und Rücksiedlern aus Osteuropa oder Bürgerkriegsemigranten aus dem Balkan und Wirtschaftsasylanten aus der Dritten Welt eingeräumt werden? Die ambivalente Reaktion der vergrößerten Bundesrepublik, die sich aufgrund wirtschaftlicher Schwierigkeiten und sozialer Vorurteile nur schwer zu einer offeneren Haltung gegenüber Einbürgerung und Einwanderung durchringen kann, zeigt deutliche Grenzen der Toleranz.[13]

Insgesamt haben die Veränderungen im Gefolge des kommunistischen Zusammenbruchs in der DDR zweifellos zur Konsolidierung einer »reflexiven Zivilgesellschaft« beigetragen.[14] Nicht nur ist die Attraktion der zweiten, kommunistischen Diktatur gebrochen, sondern auch die Frage des Nationalstaats einvernehmlich gelöst worden, obwohl der Grad der Weltoffenheit noch nicht eindeutig entschieden ist. Bei anderen Indikatoren wie der Vermittlungsfunktion sozialer Selbstorganisation und der Kommunikationsfunktion einer pluralistischen Öffentlichkeit sind Fortschritte ebenso eindeutig. Trotz allen berechtigten Stolzes unterschlägt eine positive Wertung dieser Entwicklung jedoch erhebliche Problemfelder. Einerseits wirken, wie die Intensität der Holocaust-Erinnerungen zeigt, ältere Traumata weiter, vor allem durch die scharfen Korrekturen der Nachkriegszeit, das kontroverse Erbe der sechziger Jahre und die unbewältigten Aufgaben der Vereinigungskrise. Andererseits haben sich aus internationalen Zusammenhängen ganz andere, neue Probleme entwickelt, die auf wirtschaftliche und politische Grenzen des »Modells Deutschland« hinweisen. Als normativer »Erwartungsbegriff« ist die Zivilgesellschaft, die sich in den letzten fünf Jahrzehnten entfalten konnte, daher kein fester Besitzstand, sondern eine immer neue Herausforderung.[15]

7. Kapitel
Abwendung vom Sozialismus

Der »demonstrative Kontrapunkt« bei den Feiern des vierzigsten Jahrestags offenbarte das nahende Ende der DDR. »Gorbi-Gorbi«-Rufe begrüßten den sowjetischen Ehrengast während der zentralen Festveranstaltung am 6. Oktober und sein Bericht über die sowjetischen Reformen erntete viel Beifall. Dagegen lobte sein Gastgeber Erich Honecker mit »brüchig-dünner Stimme« die Erfolge der DDR und versprach pathetisch, dass der Sozialismus mit den Herausforderungen der Zeit fertig werde. Im fröhlichen Fackelzug von über Hunderttausend FDJlern schien die Zukunft »unseres Landes« noch gesichert.[16] Ganz anders die Stimmung am folgenden Abend, als sechs- bis siebentausend Menschen in Ost-Berlin zum ersten Mal seit Jahrzehnten gegen das SED-Regime öffentlich protestierten. Indem die Demonstranten »Neues Forum« skandierten und »Pressefreiheit« sowie andere Grundrechte forderten, probten sie den demokratischen Aufbruch im eigenen Staat. Während die überraschte Polizei sich anfangs zurückhielt, griffen am späteren Abend die Stasi und andere Ordnungskräfte mit brutaler Gewalt zu, verprügelten die Protestierenden und verhafteten Hunderte von ihnen.[17] Wie war es zu dieser Herausforderung für die ostdeutsche Diktatur gekommen?

Eine erste Hypothek der DDR war ihre Abhängigkeit von der zweiten Weltmacht des Kalten Krieges, der Sowjetunion. Durch ihren enormen Blutzoll bei der Niederringung der Wehrmacht im »Großen Vaterländischen Krieg« glaubte die Rote Armee, sich die Abtrennung der Ostgebiete sowie die Kontrolle des deutschen Kernraums als Siegestrophäe verdient zu haben. Dabei besaß zunächst die Reparierung der Kriegsschäden und die Sicherheit vor einem dritten Angriff eine höhere Priorität als die Errichtung eines eigenen Klientenstaats.[18] Das daraufhin in Ostdeutschland eingeführte Sowjetsystem sollte mit seinen »wahrhaft grenzenlosen … Möglichkeiten« als zukunftsträchtigere Alternative zum korrupten kapitalistischen Westen dienen. Entscheidend war dabei auch, dass es nicht ein revolutionärer Rätekommunismus, sondern der Spätstalinismus mit seinem Kult »des größten Genius unserer Epoche« war, der die Gründungsphase der DDR prägte und ihre Strukturen dadurch auch besonders repressiv gestaltete.[19] Selbst die SED konnte nicht umhin, die unterschwelligen Ressentiments der Bevölkerung gegen »die Russen« als Verleumdungspropaganda zu denunzieren, um »die fortschrittliche Politik der sowjetischen Besatzungsmacht« zu verteidigen.[20]

Eine weitere Bürde war der Zwangscharakter des SED-Regimes, denn sein Versuch, an progressive Traditionen anzuknüpfen, wurde nur von einer Minderheit getragen. Zwar verstanden die Gründer Wilhelm Pieck und Otto Grotewohl die DDR als Vollendung der Revolution von 1848 und als Realisierung der Hoffnungen der Arbeiterbewegung, die endlich ihre lähmende Spaltung überwunden habe. Aber der kommunistische Kern war in der Weimarer Republik antidemokratisch gesinnt gewesen, die Veteranen des Widerstands hatten sich in Konspiration geübt und die sowjetischen Emigranten waren stalinisiert worden.[21] Auch waren die Vorwürfe des »Sozialfaschismus« gegenüber der SPD nicht wirklich vergessen und es trafen die Säuberungen der Zentralen Parteikontrollkommission neben Westemigranten besonders Linksabweichler wie die Trotzkisten.[22] Anfangs konnte die antifaschistische Bündnispolitik zwar auch fortschrittliche Intellektuelle wie den Dresdener Romanisten Victor Klemperer und den Leipziger Germanisten Hans Mayer überzeugen, am Aufbau eines besseren Deutschlands aktiv mitzuarbeiten.[23] Auf die Dauer erwies sich jedoch der Habitus der SED-Führung aufgrund ihres problematischen Erfahrungshorizonts als zutiefst antibürgerlich und illiberal.

Im Nachhinein erscheint das Scheitern der DDR in der publizistischen, sozialwissenschaftlichen und historischen Literatur geradezu überdeterminiert. Der erstaunliche Boom der Forschung, der durch den Zugriff auf sonst unzugängliche Quellen ausgelöst wurde, hat ein breites Spektrum von ideologisch inkompatiblen Diskursen hervorgebracht.[24] Die von konservativer Seite geförderte Renaissance der Totalitarismustheorie hat die Repressionsmechanismen des SED-Staats und die Versuche des Widerstands aufgehellt, trägt aber wenig zum Verständnis der Entwicklungsdynamik und des Zusammenbruchs bei.[25] Die aus postkommunistischer Perspektive entwickelte Denkfigur eines »fehlgeschlagenen Experiments« verdeutlicht dagegen die Aspirationen der Akteure beim Aufbau des Sozialismus, schweigt sich aber meist über negativen Aspekte des Regimes wie die

Ursachen des Untergangs aus.[26] Eine dritte, von liberalen Forschern bevorzugte Variante des differenzierenden Vergleichs scheint dagegen ideologisch weniger belastet, da sie die DDR als ein System von inhärenten Widersprüchen konzipiert und so Repression und Alltag in paradoxer Weise aufeinander zu beziehen versucht.[27]

Statt mit wenigen Strichen ein Porträt der DDR zu skizzieren, werden sich die folgenden Überlegungen auf die Entwicklung der Zivilgesellschaft beschränken. Da die kommunistischen Regierungen in Ostmitteleuropa die Unabhängigkeit gesellschaftlicher Kräfte systematisch beseitigten, wurde der Begriff von Dissidenten wieder entdeckt, um sich eine Sphäre von eigenständiger, kritischer Aktivität außerhalb der Politik zu schaffen. Dabei fungierte *civil society* gleichzeitig als normatives Ziel und als Methode der Veränderung, denn durch vorpolitische Zusammenschlüsse und Herstellung einer Gegenöffentlichkeit sollte die stillgelegte Gesellschaft ihre Handlungsfähigkeit zurückgewinnen. Auch wenn das Konzept erst relativ spät auf die DDR übersprang, ist der Trajekt der Zivilgesellschaft von ihrer anfänglichen Unterdrückung durch ihre partielle Wiederentstehung bis zu ihrer explosionsartigen Rückmeldung und schwierigen Konsolidierung ein guter Indikator ostdeutscher Entwicklungen. Dabei ist von einer Handlungsperspektive auszugehen, die politische Bedingungen, wirtschaftliche Voraussetzungen und organisatorische Möglichkeiten miteinander verbindet.[28]

Verordnete Entbürgerlichung

Im Gegensatz zum westlichen Individualismus ließ der Kollektivismus der marxistisch-leninistischen Gesellschaftsutopie keinen eigentlichen Raum für zivile Selbsttätigkeit. Das polarisierte Klassenkampfdenken sah in den bourgeoisen »Monopolherren« und adeligen »Junkern« den Hauptfeind, dessen Macht es zu brechen galt, um eine »antifaschistisch-demokratische« Erneuerung zu wagen: »Ihr Ziel ist die sozialistische Gesellschaft, die alle Ausbeutung des Menschen durch den Menschen aufhebt, den Klassengegensatz zwischen Armut und Reichtum beseitigt, den Frieden endgültig sichert und eine voll entfaltete Demokratie herbeiführt.« Politische Voraussetzungen zung dafür war einerseits die durch die SED erreichte »Einheit der Arbeiterklasse«, andererseits die durch die Einheitsfront der anderen Parteien und Organisationen ermöglichte »Zusammenarbeit aller aufbauwilligen demokratischen Volkskräfte«.[29] Diese Vorstellungen zielten auf die Herstellung von sozialer Harmonie durch Überwindung des Klassenkampfs sowie die Kooperation fortschrittlicher Elemente mit der führenden SED – also ein nivellierendes Gegenmodell zur bürgerlichen Gesellschaft.[30]

Der erste Schritt zur Entdifferenzierung war die Sicherung der kommunistischen Vorherrschaft zunächst durch informelle Vorteile, dann aber auch durch formelle Privilegierung. Die Eroberung Berlins durch die Rote Armee machte die Durchsetzung der Verwaltung mit der KPD zugetanen Elementen möglich und sicherte ihr einen Organisationsvorsprung vor den bürgerlichen Parteien. Daher wurde die Entnazifizierung nicht nur gegen frühere NSDAP-Mitglieder, sondern auch gegen unliebsame Konkurrenten eingesetzt. Gleichzeitig brachte die Gründung der Sozialistischen Einheitspartei einen erheblichen Zuwachs an Einfluss, der an verbreiteten Sozialisierungshoffnungen anknüpfte. Bei den Landtagswahlen im Herbst 1946 konnte die SED durch systematische Bevorzugung der eigenen Kandidaten etwa mittels Papierzuteilung und Radiozugang rund die Hälfte der Stimmen gewinnen und sich so plebiszitär legitimieren. Allerdings höhlte die SED nach ihrer Niederlage in der freien Wahl in Berlin immer mehr die demokratischen Formen aus, legte die Verteilung der Sitze des »nationalen Blocks« schon vor der Abstimmung fest und griff auf den Ausbau der Polizei sowie anderer Sicherheitskräfte zurück.[31]

Die nächste Stufe war die in der Logik des Marxismus angelegte Umwälzung der wirtschaftlichen Grundlagen durch eine Reihe von Notmaßnahmen, die auf eine permanente Veränderung der Besitzverhältnisse hinzielten. Den Anfang machte am 23. Juli 1945 die Verstaatlichung von Banken und Finanzen, die für die sowjetische Kontrolle der Währung notwendig war. Dazu kam am 1. September die »Durchführung der Bodenreform ... damit nicht nur vielen Landarbeitern, Umsiedlern und landarmen Bauern Boden gegeben, sondern auch die Großgrundbesitzer«, die als Hort der Reaktion angeprangert wurden, »ihrer ökonomischen und damit auch ihrer politischen Macht entkleidet« wurden. Dann wurden als Bestrafung von »Kriegsverbrechern« die größeren Industriebetriebe enteignet und in den folgenden Jahren weitere Bergbau-, Stahl- und Energiekonzerne »zum Wohle der Allgemeinheit« verstaatlicht. Die neu entstandenen »Volkseigenen Betriebe« wurden durch die schrittweise Einführung der Planwirtschaft koordiniert und auf den Aufbau einer »demokratischen Wirtschaft« eingeschworen, die durch eine deutliche Verbesserung der Versorgung von Arbeitern und Bauern die Überlegenheit des Sozialismus demonstrieren sollte.[32]

Ein weiteres Element war die der NS-Gleichschaltung ähnelnde Überführung der verschiedenen Vereine in kommunistisch dominierte Massenorganisationen. Am wichtigsten war die Gründung einer »Einheitsgewerkschaft« im FDGB, die die Zersplitterung der Arbeiterschaft überwinden und an der »Verbesserung der wirtschaftlichen Grundlage« mitarbeiten sollte – jedoch in einer neuen Rolle der Unterstützung statt des Antagonismus zu den volkseigenen Betrieben![33] Die Schaffung einer »selbständigen Jugendorganisation«, der FDJ, ging in eine ähnliche Richtung, war sie doch dazu bestimmt, die unterschiedlichen Jugendgruppen zusammenzufassen, um »zu einem machtvollen Instrument des demokratischen Neuaufbaus« zu werden.[34] Auch die Einrichtung eines »Kulturbundes« hatte das Ziel, »die unteilbare Einheit deutschen Geisteslebens« durch Bildung einer fortschrittlichen Großorganisation zu bewahren und ein Nachdenken über die deutsche Schuld unter Intellektuellen und Wissenschaftlern anzuregen.[35] Anfangs gerierten sich Neugründungen wie der Demokratische Frauenbund noch als »überparteilich«, aber mit der Zeit wurde ihre kommunistische Kontrolle immer deutlicher, so dass die Gesellschaft ihre Fähigkeit zur Selbstorganisation verlor.[36]

Die einzige gesellschaftliche Kraft, die sich dem Machtanspruch der SED teilweise entziehen konnte, war die Kirche. Anfangs schien die verbreitete Strömung des »christlichen Sozialismus« eine gewisse Brücke zu bilden. Aber der weltanschauliche Gegensatz, der Machtkampf zwischen der SED und der CDU, die durch ihre westdeutsche Schwesterpartei unterstützt wurde, und die Auseinandersetzung zwischen FDJ und Junger Gemeinde schufen starke Spannungen. Deswegen sahen sich Pieck und Grotewohl im August 1946 gezwungen, die konsequente Toleranz der SED zu behaupten und die Chancen der Kooperation zwischen »Christentum und Marxismus« zu betonen. Trotzdem kritisierte der konservative protestantische Bischof Otto Dibelius die Veränderungen in der Ostzone als auf »Gewalt und Unwahrhaftigkeit« gegründet, verglich die Abteilung K3 der Volkspolizei mit der Gestapo und beklagte die Behinderung des Gottesdienstes. Dagegen verteidigte ein regimetreuer Landespastor die »Friedenspolitik« der SBZ und der SED-Intellektuelle Wilhelm Girnus wies die christliche Pflicht der öffentlichen Stellungnahme als politische Einmischung zurück.[37] Der Konflikt zwischen Kirche und Staat ließ sich daher zwar zeitweise mildern, aber nie ganz aufheben.

Mit der Gründung der DDR als separatem Staat entfielen alle gesamtdeutschen Rücksichten und verschärfte sich der Druck auf die verbliebenen zivilgesellschaftlichen Elemente. Schon im Vorfeld verlangte eine SED-Kampagne die »Ausmerzung des [SPD-]Opportunismus« aus den eigenen Reihen, um die »Partei neuen Typus« ganz auf die marxistisch-leninistische Linie auszurichten.[38] Gleichzeitig wurden die letzten unabhängigen Regungen bei CDU und LDPD unterdrückt, neue, gefügigere Gruppierungen wie die post-faschistische NDPD gegründet und die Blockparteien dadurch ganz der SED untergeordnet. In gesellschaftlichen Massenorganisationen wie der FDJ ging die Führung unter Erich Honecker immer offenerer auf einen kommunistischen Kurs der »Sicherung und Festigung der antifaschistischen-demokratischen Ordnung«.[39] Zur Diffamierung der entstehenden Bundesrepublik kritisierte die SED einerseits die westdeutschen Wahlen als »Produkt des reaktionären Wahlsystems«, dessen Resultat eine »nationale Schande« bedeute. Andererseits setzte sie eine massive Volkskongresskampagne in Gang, um die eigene Separatstaatsgründung als »Errichtung eines einheitlichen, unabhängigen und demokratischen Deutschlands« durch 7,9 Millionen Stimmen zu rechtfertigen.[40]

Im Zuge des 1952 proklamierten »Aufbaus des Sozialismus« ging die SED zur »Verschärfung des Klassenkampfs« über, um weitere Bereiche der Wirtschaft zu sozialisieren. Durch einen »Kampf gegen Wirtschaftsverbrecher« gelang es der Partei, verbliebene Unternehmer mit Beschuldigungen der Sabotage, wie zum Beispiel privaten Geschäften mit Firmen im Westen, zu verhaften und zu enteignen.[41] Noch wirkungsvoller waren indirekte Methoden wie die Reduzierung von Rohstofflieferungen, die Verweigerung von Krediten für

Investitionen, die Benachteiligung bei Lieferverträgen, die Erfindung von Steuerschulden und der Zwang zu staatlicher Beteiligung. Aufgrund eines solchen »Systems der Fallstricke« schmolz zwischen 1948 und 1952 der Anteil der Industrieproduktion in Privatbetrieben von sechzig Prozent auf neunzehn Prozent und nur die kleinteilige Konsumgüterindustrie konnte noch eine Weile ihre Unabhängigkeit bewahren. Gegen Ende der fünfziger Jahre waren auf diese Weise 95,2 Prozent des Verkehrs, 89,1 Prozent der Industrieproduktion, 75,3 Prozent des Einzelhandels, aber nur 53 Prozent der Landwirtschaft und 22,1 Prozent des Handwerks in staatlicher Hand.[42] Diese konsequente Enteignung zerstörte schrittweise die ökonomische Basis der Zivilgesellschaft.

Der vielfältige Widerstand gegen solche Zwangsmaßnahmen, der im Volksaufstand des Juni 1953 kulminierte, war meist durch fehlende Organisation und Übermacht der Staatsorgane zum Scheitern verurteilt. Die mutigen Einzelaktionen von bürgerlichen Politikern, Sozialdemokraten und Studenten verpufften wegen ihrer Isolierung, die auch das Ostbüro der SPD, die »Kampfgruppe gegen Unmenschlichkeit« und die Berichterstattung des RIAS nicht wettmachen konnten.[43] Erst als der Unmut über die schlechte Versorgungslage, die Erhöhung der Normen und die Vernichtung des Mittelstands breitere Kreise erfasste, verbreiteten sich die Demonstrationen der Berliner Bauarbeiter am 16. Juni »wie ein Lauffeuer von Block zu Block« und skandierten die Massen: »Mehr Lohn, freie Wahlen, Freiheit für politische Häftlinge!« Da sie von der auf dreihundert andere Orte übergreifenden Protestbewegung überrascht waren, konnten die SED-Funktionäre der Lage nur noch durch den Einsatz russischer Panzer Herr werden. Während die Parteileitung die Bewegung als »faschistischen Putsch« diffamierte, belegen unabhängige Untersuchungen, »dass es sich bei dem Aufstand um die Erhebung der unterdrückten Volksmassen, insbesondere der Industriearbeiterschaft, gehandelt hat«, die weder von außen geplant noch gesteuert war.[44]

Mit dem schon einige Tage vor dem Aufstand proklamierten »Neuen Kurs« versuchte die verunsicherte SED durch Teilkonzessionen die Grundrichtung ihrer repressiven Politik zu retten. »Konkrete kühne Schritte« wie die Öffnung der Zonengrenze, größere Mittel für die Privatwirtschaft, Bereitstellung von mehr Bedarfsgütern, die

Entlassung von Tausenden von Verhafteten und Wiederzulassung relegierter Oberschüler sollten die weiterhin unruhige Bevölkerung umstimmen. Daneben wurden die Mitglieder des FDGB zur »gründlichen Verbesserung ihrer gesamten Arbeit« aufgerufen, die »[der] Erhöhung ihres materiellen und kulturellen Lebensniveaus... [der] Festigung ihres Vertrauens [in] ihre[n] Staat und [in die] Politik der Partei der Arbeiterklasse« dienen sollte. Gleichzeitig wurden jedoch 10283 der Demonstranten verhaftet, 1359 den Gerichten übergeben und Dutzende aufgrund fadenscheiniger Beweise hingerichtet, so dass insgesamt etwa 55 Menschen umkamen. Auch wurden die Sicherheitskräfte des Ministeriums für Staatssicherheit, der Kasernierten Volkspolizei als Kern ostdeutscher Wiederbewaffnung und der Betriebskampfgruppen zahlenmäßig erweitert, besser bewaffnet und schärfer indoktriniert.[45]

Zu den Intellektuellen hatte die SED ein eher ambivalentes Verhältnis, da sie diese zwar für den Aufbau brauchte, deren Unabhängigkeit aber misstraute. Anfangs setzte die Partei auf die Überzeugungskraft der marxistischen Weltanschauung, auf moralische Aufbauappelle an ältere Akademiker und auf den sozialen Aufstiegswillen jüngerer Spezialisten. Gleichzeitig warnte der Wirtschaftshistoriker Jürgen Kuczynski vor bürgerlichen Illusionen und verwies auf die Überlegenheit des »sozialistischen Begriffs der Freiheit der Wissenschaft«, die nicht dem Objektivismus, sondern dem Fortschritt verpflichtet sei.[46] Um der Flucht von Wissenschaftlern, Ingenieuren und Ärzten Einhalt zu gebieten, bot die SED ein »differenziertes Privilegiensystem für die Angehörigen der ›Intelligenz‹« an, das sie durch Sondergehälter, Einzelverträge und offizielle Anerkennung bei der Stange halten sollte. Im Parteiapparat waren es dagegen eher die Aufstiegschancen, die Gelegenheiten, Autorität auszuüben, die Möglichkeiten der Gestaltung, die neben überzeugten Funktionären eine Schar von Mitläufern anzogen. Dennoch forderte Grotewohl von der durch Kaderpolitik neu geschaffenen sozialistischen Elite mehr engagierte Parteilichkeit: »Kommen Sie heraus aus Ihrer negierenden Neutralität!«[47]

Bei der Kollektivierung der Landwirtschaft ging die SED dagegen mit offenem Zwang vor, da Anreize nur eine Minderheit zum Eintritt in Produktionsgenossenschaften bewogen. Anfang der fünfziger Jahre versuchte die Partei durch »Maschinen-Ausleih-Stationen« mit sowjetischen Traktoren Neubauern zur Aufgabe ihrer marginalen Höfe zu überreden und dadurch »eine völlige politische, technische und kulturelle Umwälzung in unseren Dörfern« hervorzurufen.[48] Das LPG-Ideal war ein »Maschinendorf«, in dem die Zusammenlegung von Landflächen eine maschinelle Bearbeitung und die Massenhaltung von Tieren eine effizientere Zucht ermöglichen sollten. In der Praxis wurden die Bauern zu Lohnarbeitern degradiert und sank zunächst die Produktivität, denn viele Felder verkrauteten und Tiere erkrankten, da niemand sich verantwortlich fühlte.[49] Um den Widerstand der zäh an der Scholle hängenden Bauern vollständig zu brechen, unternahm die SED Ende der fünfziger Jahre eine systematische Kampagne der Agitation, der Einschüchterung durch Volkspolizisten und der Zwangsenteignungen durch Erhöhung der Abgaben. Das »moderne Bauernlegen« zwang Widerständige zur Flucht und Widerwillige zum Eintritt in die LPG, so dass im Jahr 1960 die Zwangskollektivierung vollendet war und die »sozialistische Großproduktion« beginnen konnte.[50]

Auch die Fortsetzung des Kampfes gegen die evangelische Kirche zeigt, dass die SED jeden Sammelpunkt der Unabhängigkeit in ihrem Machtbereich vernichten wollte. Konflikte entzündeten sich an der Rivalität zwischen FDJ und Junger Gemeinde, da die Staatsjugend keine unabhängigen Gruppierungen neben sich dulden wollte. Durch die Einführung der »atheistischen Jugendweihe« als Substitut für die Konfirmation und die Verbannung des Religionsunterrichts aus der Schule versuchte die SED der Kirche in einem »systematischen Kleinkrieg« den Nachwuchs abzugraben.[51] Auch leitete die Partei eine »Kampagne zum Austritt aus der Kirche ein«, da Grotewohl die »sozialistische Anschauungswelt« mit Religion als »Erbe aus der kapitalistischen Vergangenheit« für unvereinbar erklärte. Hinter dieser Auseinandersetzung stand das Problem der Staatskirchentradition in einem atheistischen Staat, das die Frage aufwarf: »Wie soll sich ein Christ zum Weltanschauungsstaat verhalten, ohne sich selbst aufgeben oder zum Staatsfeind werden zu müssen?« Während konservative Kirchenkreise um Dibelius an der Einheit mit dem Westen festhielten, waren linke Theologen wie Bischof Moritz Mitzenheim eher bereit, sich als »Kirche im Sozialismus« mit der DDR abzufinden.[52]

Aufgrund dieser Maßnahmen war Ende der fünfziger Jahre der Prozess der erzwungenen Entbürgerlichung daher weitgehend abgeschlossen. In politischer Hinsicht war die DDR ein von der SED »durchherrschter« Staat geworden, in dem demokratische Bürgerrechte ausgehöhlt waren und die Blockparteien trotz leichter Stilunterschiede keine echte Alternative mehr darstellten.[53] In sozialer Perspektive war die ostdeutsche Gesellschaft gleichsam »stillgelegt« worden, indem ihre Klassenunterschiede durch Enteignungen und Austreibungen in den Westen nivelliert worden waren, so dass nur in evangelischen Pfarrhäusern, bei einigen Akademikern und den bis 1972 unabhängigen Handwerkern noch einige bürgerliche Reste zu finden waren, die kaum mehr Gestaltungskraft besaßen.[54] Im organisatorischen Bereich hatten die kommunistisch geführten Massenorganisationen ein Monopol errichtet, so dass sogar Sportvereine und Kleingartengruppen SED-gelenkt waren, also außer in den bedrängten Kirchen kein Raum mehr für eine selbständige Zusammenarbeit bestand. Da die Presse als »kollektiver Organisator der sozialistischen Umgestaltung« verstanden wurde, gab es keine freie Öffentlichkeit mehr, die den Verlust zivilgesellschaftlicher Werte hätte kritisieren können.[55]

Reaktivierung der Gesellschaft

Die eigentliche Überraschung war daher nicht die Anpassung der Mehrheit an das SED-Regime, sondern die schrittweise Entwicklung von kritischen Minderheiten in der DDR. Aus der Herrschaftsperspektive wird dieses Phänomen als Übergang zum Poststalinismus oder Spättotalitarismus diskutiert, in dem die Repressionsformen sich von direkter Gewalt zu indirekten Sanktionen wandelten.[56] Auch die Oppositionsliteratur konstatiert ein langsames Ansteigen von passiver Resistenz zu offenem Widerstand, ohne aber wegen ihrer Fixierung auf Protesttypologien die Ursachen dieser Veränderung erklären zu können.[57] Dagegen bietet die Betonung von Grenzen der Diktatur einige Hinweise auf nichtintendierte Folgen der Unterdrückung, während der Begriff des Eigen-Sinns der Bevölkerung deren eigenen, von der SED nicht völlig zu brechenden Willen betont.[58] Entscheidende Vorbedingung für die Artikulation von systemabweichender Meinung war jedoch die von Soziologen als Redifferenzierung bezeichnete Wiederherstellung gesellschaftlicher Räume, in denen sich Gruppen bilden konnten, um in Teilöffentlichkeiten eigenständige Politikalternativen zu entwickeln.[59]

Sogar die Herrschaftspraxis der SED selbst bot der Bevölkerung einige Ansätze zur Durchsetzung eigener Interessen, solange sie das System stützten statt in Frage stellten. Die ideologische Illusion der freiwilligen Mitarbeit am Aufbau des Sozialismus erlaubte den Beherrschten eine Palette von Verweigerungen, denn die Partei benötigte ihre Zustimmung bei plebiszitären Akklamationsakten. Da »also öffentlich keine der gesellschaftlichen Organisationen ... als Grundlage für die Entfaltung der politischen Opposition in Frage kommt«, konnte sich der verbreitete »innere Widerwillen« nur als »passive, aber immerhin kollektive Renitenz äußern«. Eine solche Widerständigkeit zeigte sich daher dort, »wo sich der Arbeiter der Normentreiberei widersetzt oder der in den Kolchos gepresste Bauer widerwillig nur noch die allernötigsten Arbeiten verrichtet. Es ist Widerstand, wenn ein Handwerker seinen Kunden eine verborgene Fernsehantenne für den ›Westempfang‹ einrichtet ...; wenn ein Lehrer seine Schüler zu kritischem Denken erzieht, statt sie ideologisch zu verbilden«.[60] Zahlreiche Beispiele von Unwilligkeit bei der Arbeit, jugendlicher Aufsässigkeit und intellektueller Parteikritik belegen einen erheblichen Eigen-Sinn, der SED-Anforderungen zurückwies.

Der häufigste Kompromiss zwischen persönlicher Resistenz und öffentlicher Anpassung war die so genannte »Flucht ins Private«. Denn »zu Hause, im Wohnzimmer, im Freundeskreis« konnte man sich als Gegner der SED-Politik fühlen, solange kein IM unter den Bekannten diese Gesinnung an die Stasi meldete. »Immer mehr Menschen verzichten ab einem gewissen Punkt auf weitere Karriere in ihrem Beruf, um den damit verbundenen gesellschaftlichen Verpflichtungen zu entgehen.«[61] Wenn man nicht in die Partei eintreten wollte und bereit war, den bescheidenen sozialistischen Konsum wie ein Auto oder FDGB-Ferienreisen ins Ausland zu opfern, konnte man versuchen, ein nur privates Leben zu führen. Ausdruck dieses »Rückzugs ins Private« war die Datschen-Kultur, die sich auf den Schrebergarten, den Zeltplatz an einem märkischen See oder das Wochenendhäuschen im Grünen konzentrierte, statt sich politisch zu engagieren. Allerdings verlangte diese Strategie die Kultivierung eines bewussten Doppellebens von Konformität in der Öffentlichkeit und Renitenz in der Privatsphäre, die vor allem vor Kindern nicht leicht durchzuhalten war und auf die Dauer auch das System stabilisieren half, da sie den Druck des Unwillens nach innen ablenkte.

Eine subtilere und deswegen erfolgreichere Taktik war die Aneignung von sozialistischen Institutionen zu eigenen Zwecken, das heißt zur Durchsetzung von unabhängigen Anliegen. Mitgliedschaft in der FDJ konnte nicht nur Konformität, sondern auch Freizeitgestaltung oder Freundschaft bedeuten, die zum Beispiel eine gemeinsame Verweigerung der »Meldung zum Waffendienst« ermöglichte. In intensiven Diskussionen von zur Indoktrination bestimmten SED-Hochschulgruppen konnte auch verbotene Literatur gelesen werden, was zu »staatsfeindlichen Auffassungen« führte, besonders wenn der Autor Robert Havemann hieß. Sogar die bewährte Institution der Brigade, die den Sozialismus im Betrieb durchsetzen sollte, konnte es häufiger wagen, wie zahlreiche Arbeitskonflikte zeigen, Forderungen an die Leitung zu stellen und diese mit Nachdruck durchzusetzen. Auch Stadtteilkollektive, welche für die Einhaltung sozialistischer Richtlinien zu sorgen hatten, konnten sich manchmal zu Petitionen für die Erhaltung von Altbausubstanz oder eines besonderen Kulturdenkmals wie eines im Jugendstil erbauten Schwimmbads aufraffen.[62] Statt die Partei frontal anzugehen, benützte diese Taktik der Umdeutung ihre eigenen Gliederungen für gegenteilige Zwecke.

Als Blitzableiter für Irritationen diente die Eingabe, die einen konkreten Missstand anprangerte, um in sozialistischer Sprache um Abhilfe zu bitten. So beklagten sich 56 Henningsdorfer Lokomotivbauer im Sommer 1961 über die »völlig ungenügende Versorgung, die der Lohn für unsere jahrelange intensive Mitarbeit am Aufbau der Volkswirtschaft« sein sollte. Sie forderten die »sofortige Beseitigung« der Missstände, die »durch die übereilte Kollektivierung der Landwirtschaft hervorgerufen« wurden, sowie die Absetzung der dafür Verantwortlichen. Solange es sich um »konstruktive Kritik« handelte, schickte die SED ihre Bezirksleitung, um sich zu rechtfertigen und Hilfsmaßnahmen zu versprechen. Dagegen polemisierte ein anonymer Leipziger Arbeiter gegen Ulbrichts »bewusste Lügen« wie die »Ein- und Überholung des westdeutschen Lebensstandards« und übte Fundamentalkritik am »täglichen Unrecht, täglicher Willkür, täglicher Gewalt, täglicher Verhöhnung«. Eine so massive Anklage wie »an Ihren Händen klebt Blut« und die Forderung »Weg mit der Berliner Schandmauer!« musste dagegen zur Suche nach dem Schuldigen und zu weiteren Repressionsmaßnahmen führen.[63] Die DDR war daher nur ganz begrenzt eine »Aushandelsgesellschaft«.[64]

Kontroverser war jedoch der Versuch, sich innerhalb der DDR durch Erweiterung der Grenzen des Geschmacks und der Kritik eigene Freiräume zu erkämpfen. Wie im NS-Regime bot die Tanzmusik einen ersten Konfliktstoff, da die puristische SED »gegen die dekadente Amüsierkunst« als den »kulturellen Schutt einer verfaulenden Gesellschaftsordnung« polemisierte. Der auch im Westen zunächst kritisch aufgenommene Rock'n'Roll war daher im Osten so lange wegen »der Flachheit von Text oder Musik« verpönt, bis die Partei mit der Einrichtung des Jugendradios DT64 der Beatle-Mania etwas nachgab, solange sechzig Prozent der Musik aus eigener Amiga-Produktion stammten.[65] Als »sozialistische Alternative« favorisierten die »Musik-Opas in der DDR« dagegen die »Singebewegung«, die den eigenen Errungenschaften gegenüber »positiv eingestellt« war, sowie internationale Interpreten des »Roten Liedes«, die den weltweiten »antiimperialistischen Kampf« feierten. Neben heißen Rhythmen waren es vor allem Texte über Wehrdienstverweigerung und Republikflucht, die die SED-Tugendwächter so provozierten, dass die »Renft«-Combo immer wieder verboten wurde, während die apolitischen »Puhdys« von Erfolg zu Erfolg eilten.[66]

Einige der wenigen öffentlichen Konflikte, die in der DDR überhaupt möglich waren, entstanden deswegen auch als Krawalle bei Rockkonzerten. Im Oktober 1977 waren am Alexanderplatz etwa ein- bis zweitausend Jugendliche über den Abbruch eines Konzerts der Rockgruppe »Expreß« so verärgert, dass es zu einer regelrechten Straßenschlacht mit der Volkspolizei kam. Dabei gab es anscheinend neben einer Unfalltoten auch zwei getötete Polizisten, etwa zweihundert Teilnehmer wurden verletzt und siebenhundert vorübergehend verhaftet. Während das *Neue Deutschland* »Schreihälse« und »Rowdys« dafür verantwortlich machte, wiesen Westmedien auf die politische Bedeutung von Sprechchören gegen die Polizei sowie »Deutschland«- und »Russen raus«-Rufen hin.[67] Zehn Jahre später wiederholte sich die Szene, als zu Pfingsten drei Tage lang die Musik von Rockstars wie David Bowie über die Mauer zu einigen Tausend versammelten Rockfans herüberschallte. Als die Vopos sie abdrängen wollten, flogen »Steine, Dosen und Flaschen« und die Unzufriedenheit machte sich mit Rufen nach »Freiheit«, »die Mauer muss weg« und »Gorbatschow« Luft. Da es auch in anderen Städten wie Leipzig zu solchen Konfrontationen kam, war es die massive polizeiliche Repression ihres Freiheitsdrangs, die einen Teil der Jugendlichen gegen das System politisierte.[68]

Eine vergleichbare Rolle für Intellektuelle spielte die sich zwischen Lockerung und Reglementierung entwickelnde belletristische Literatur. Ausgehend von einem verengten Verständnis des Antifaschismus wollte die SED Anfang der sechziger Jahre »die sozialistische Kultur für die ganze Nation« schaffen, indem Künstler durch den Bitterfelder Weg »Anschluss an unser Leben« finden sollten. Streitpunkte waren vor allem Fragen der modernistischen Formensprache, die als »Rudimente spätbürgerlichen Denkens« abgelehnt wurden, sowie die ideologische Linientreue von Versuchen der Kritik an »Widersprüchen unserer sozialistischen Entwicklung« von Autoren wie Peter Hacks.[69] Als Künstler von der eingeräumten Diskussionsfreiheit zu freimütig Gebrauch machten und in Romanen wie »Rummelplatz«, Filmen wie »Das Kaninchen bin ich« und in den Liedern von Wolf Biermann zu offen die Unvollkommenheiten des realen Sozialismus benannten, schritt das 11. Plenum der SED massiv ein und bezichtigte die Autoren der »antisozialistischen Haltung«. Das Resultat waren Auftrittsverbote, Publikationssperren und Entlassungen der Künstler, denen die »höhere Qualität des marxistischen Verstehens« fehlte. Die Ulbrichtsche Reduzierung der Kultur auf »den Kampf gegen den Imperialismus« musste alle Appelle an den Humanismus diskreditieren.[70]

Auch Erich Honeckers persönlicher Präferenz für »saubere Kunst im sauberen Staat« gelang es nicht dauerhaft, die im künstlerischen Schaffen inhärente Experimentierfreudigkeit zu kanalisieren. Anfang der siebziger Jahre zeigten sich erneut »Ansätze zur Entideologisierung« in Ulrich Plenzdorfs Roman »Die neuen Leiden des jungen W.«, dem Beatfilm »Paul und Paula« und der Fernsehunterhaltungssendung »Ein Kessel Buntes«, die Konfliktsituationen der sozialistischen Gesellschaft wieder offener ansprachen und dadurch das Publikum begeisterten.[71] In der zweiten Hälfte der siebziger Jahre setzte sich erneut ein härterer Restriktionskurs durch, als es den Orthodoxen in der Partei erschien, dass »der sozialistische Realismus als Prinzip« in formeller und ideologischer Weise in Frage gestellt sei. Vor allem der unerwartete Protest einer Reihe von führenden DDR-Schriftstellern wie Christa Wolf und Heiner Müller gegen die Biermann-Ausbürgerung diente als willkommener Vorwand, das informelle »Toleranzedikt« aufzuheben und den nicht ausgeschlossenen Literaten durch Forderung »fester Positionen des Sozialismus« wieder einen Maulkorb anzulegen. Honeckers Behauptung, in der DDR seien »Geist und Macht vereint«, konnte diesen Dauerkonflikt nicht lösen.[72]

Diese kulturpolitischen Konflikte hatten ein »besonderes Gewicht« für die ostdeutsche Gesellschaft, da Romane, Theaterstücke und Filme eine Ersatzfunktion für die fehlende politische Öffentlichkeit ausübten. In der DDR wurde anders gelesen, da »Bücher von vielen Lesern ... vor allem auf jene ›versteckten Stellen‹ hin abgeklopft werden, wo zu Recht oder Unrecht Kritik vermutet wird«. Daher etablierte die SED auch ein ausgeklügeltes System von kultureller Lenkung, der Überprüfung und Genehmigung von Manuskripten, deren Inhalt und Form durch Kulturfunktionäre vor der Publikation immer wieder durchgesehen und korrigiert wurden. Positiver Anreiz für Kooperation mit Veränderungsvorschlägen war die Gewährung von materiellen und ideellen Privilegien wie Westreisen und Zugang zu internationaler Literatur. Negative Sanktionen gingen bis zu langjährigen Freiheitsstrafen für Schriftsteller wie bei Erich Loest oder Ausbürgerung in den Westen wie bei Reiner Kunze. Für die loyalen Kritiker im System wie Stefan Heym und Christa Wolf schufen Lesungen kleine Teilöffentlichkeiten, einen »Spielraum für Beherzte«, in denen Intellektuelle kritische Meinungen austauschten. Dadurch bildete sich langsam eine begrenzt unabhängige Kulturszene heraus.[73]

Wegen der Unterdrückung jeder antikommunistischen Regung konnten sich kritische Stimmen, die durch die Diskrepanz zwischen der Utopie und der Realität der DDR irritiert waren, nur auf dem

Boden des Sozialismus entwickeln. Der erste Systemkritiker war der Naturwissenschaftler Robert Havemann, der als Kommunist von den Nazis inhaftiert worden war und als Stalinist die Säuberung der Humboldt Universität vorangetrieben hatte. Trotz seiner privilegierten Stellung desillusionierte ihn die repressive Praxis der SED so sehr, dass er in der Vorlesungsreihe »Naturwissenschaftliche Aspekte philosophischer Probleme« öffentlich Kritik an ihrem Dogmatismus übte.[74] Die Brutalität der folgenden Disziplinierung durch Amtsenthebung, Entfernung aus der Akademie und Parteiausschluss schärfte in Havemann das Bewusstsein für Meinungsfreiheit und Menschenrechte, das er in den Westmedien artikulierte, nachdem er im eigenen Land mundtot gemacht worden war. Seine Forderung nach »Opposition und kritischer Presse« in der DDR führte zu einem langjährigen »Psychoterror« durch Hausarrest. Aber gerade durch die Repressionsmaßnahmen wurde Havemann zum Symbol eines demokratischen Sozialismus, das die Möglichkeit eines systemimmanenten Widerstands zeigte und dadurch eine Gruppe von gleichgesinnten Verfolgten anzog.[75]

Ein weiterer Störenfried war Wolf Biermann, dessen bissige Lieder vor allem bei der ostdeutschen Jugend beliebt waren. Siebzehnjährig war er von Hamburg in die DDR übergesiedelt, um als »kritischer Kommunist« beim Aufbau eines besseren Deutschland mitzuarbeiten. Aber ähnlich wie bei seinem Freund Havemann rieb er sich an der »Monopolbürokratie« der SED und propagierte mit Witz eine »rote Demokratie«, was ihm den Vorwurf eintrug, »alles zu negieren und herunterzureißen«. Das daraus resultierende Auftrittsverbot umging Biermann durch Tonbandmitschnitte, halbprivate Vorstellungen und Konzerte in Kirchen, so dass er langsam zu einer Kultfigur aufmüpfiger Intellektueller wurde. Mit dem Vorwand »grober Verletzung der staatsbürgerlichen Pflichten« verhinderte die SED im Herbst 1976 seine Rückreise in die DDR von einem Konzert in Köln.[76] Überraschenderweise protestierten mit Stefan Heym etwa hundert Intellektuelle wie Jurek Becker, Stephan Hermlin, Heiner Müller und Christa Wolf gegen die Ausbürgerung und rieten, seine Lieder »gelassen nachdenkend [zu] ertragen«. Obwohl es der SED gelang, einige Unterzeichner zum Widerruf zu bewegen, war der »Fall Biermann« eine kulturpolitische Niederlage, weil seine Ausweisung die Unmöglichkeit konstruktiver öffentlicher Kritik demonstrierte.[77]

Der nächste bekannte Dissident war der Philosoph Rudolf Bahro, der sich selbst als linker Kommunist verstand. Er war über zwei Jahrzehnte lang SED-Mitglied, sympathisierte mit dem Prager Frühling und interessierte sich als Arbeitsplaner beim VEB Gummikombinat vor allem für ökologische Fragen der Industriegesellschaft. Im Jahre 1977 veröffentlichte er im westdeutschen Gewerkschaftsverlag eine sensationelle Abrechnung mit dem realen Sozialismus unter dem Titel *Die Alternative*.[78] Darin bezichtigte er das SED-Regime eines »Industriedespotismus«, der als Staatssozialismus die »späte Klassengesellschaft« verewigt habe und forderte die Gründung eines neuen »Bundes der Kommunisten«. Als er in ARD- und ZDF-Interviews seine Kritik an der »verhängnisvollen Übersteigerung des bürokratischen Prinzips« äußerte und die Partei der Diktatur bezichtigte, wurde er verhaftet und unter der Anschuldigung »nachrichtendienstlicher Tätigkeit« zu acht Jahren Zuchthaus verurteilt. Um Abweichungen zu verhindern, denunzierte die linientreue *Bauernzeitung* Dissidenten als »verschiedenartige Spinner und eitle Gesellen in sozialistischen Ländern«, die die eigene Gesellschaft für Geld verleumdeten. »Er ist etwas Fremdes, ein künstliches Produkt von außen.«[79]

Gegen Ende der siebziger Jahre tauchte aufgrund sich mehrender Fälle von Dissidenz der Begriff einer »Bürgerrechtsbewegung in der DDR« auf. Er spielte auf Honeckers Unterschrift der Helsinki-Erklärung an, die die SED zur Stabilisierung der Grenzen, einzelne Bürger trotz Nichtveröffentlichung des Gesamttextes aber zur Einhaltung von Menschenrechten benutzen wollten. So konnten sich zum Beispiel 33 Unterzeichner um Jörn Riedesel aus Riesa auf die UN-Charta berufen und Hundert weitere um den Internisten Karl Nitschke auf die KSZE-Schlussakte beziehen, um ihre Petitionen zur Genehmigung ihrer Ausreisewünsche in die Bundesrepublik zu motivieren.[80] Für Künstler wie den Schriftsteller Jürgen Fuchs und die Liedermacher Gerulf Pannach und Christian Kunert war es eher die Öffentlichkeit, die zur Ausübung ihres Berufes nötig war: »Wir brauchen keine Kandare, Freiheit ist die heiße Ware, nach der wir Schlange stehn.« Bei einer Gruppe von jungen Jenensern um Michael Sallmann und Thomas Auerbach war es dagegen die politische Meinungsfreiheit, auf der ihre »sozialistische Opposition« aufzubauen versuchte. In allen diesen Fällen reagierte die SED mit Gefängnisstrafen und letztlich mit Abschiebung in den Westen, was die Bildung eines inneren Widerstandes behinderte, aber gleichzeitig andere zur Nachahmung einlud.[81]

Erst die Entstehung einer Friedensbewegung im Umfeld der evangelischen Kirche schuf eine breitere Basis für die Opposition in der DDR. Trotz der Etablierung eines eigenen Bundes Evangelischer Kirchen im Osten und des Rückgangs der Gemeindemitgliedschaft von etwa achtzig auf dreißig Prozent der Bevölkerung blieb der Grundkonflikt mit der SED bestehen. Ein spektakuläres Opfer war Pfarrer Oskar Brüsewitz, der sich im Sommer 1976 öffentlich selbst verbrannte, um seine Kritik zu dramatisieren: »Die Kirchen klagen den Kommunismus wegen der Unterdrückung der Jugend an.« Obwohl die Partei den Selbstmord als »anormal und als geisteskrank« abtat, wirkte er als Fanal. Weitere Konflikte entstanden vor allem wegen des Zwangs zum Militärdienst, zu dem alle jungen Männer eingezogen wurden. Jugendliche, die nicht in die NVA wollten, wie der Ost-Berliner Nico Hübner, der sogar aus einer linientreuen Parteifamilie stammte, fanden sich plötzlich isoliert und massiven Repressionen ausgesetzt, wenn sie nicht in der Jungen Gemeinde Unterstützung fanden. »Ich will mich nicht einem System beugen, das sich nur durch totalitäre Bewusstseinsmanipulation, durch Bespitzelung von (Anders-)Denkenden, durch Erpressung und Verleumdung an der Macht halten kann.«[82]

Aus Wehrdienstverweigerern, Gegnern des Wettrüstens und kritischen Theologen bildeten sich Anfang der achtziger Jahre Friedensgruppen innerhalb der evangelischen Kirche, die die offiziellen Friedensbeteuerungen des Staates und der Amtskirche beim Wort nahmen. Sie kritisierten zum Beispiel die Militarisierung der ostdeutschen Erziehung und plädierten für die Zulassung eines Wehrersatzdienstes über die 1964 eingeführten einige Hundert Bausoldaten pro Jahr hinaus. Vor allem der Aufnäher »Schwerter zu Pflugscharen«, der die biblische Aufforderung zu einem Sinneswandel abbildete, war den Autoritäten ein Dorn im Auge, denn er machte in der Öffentlichkeit auf den Widerspruch zwischen ihrer Friedenspropaganda und ihrem Militarismus aufmerksam. Um diesen Widerstand zu brechen, ging die SED brutal vor, verhängte Gefängnisstrafen und schob Rädelsführer wie den Jenenser Roland Jahn mit Gewalt in den Westen ab.[83] Die verbliebenen Pazifisten schlossen sich umso enger zusammen und reagierten mit Friedenswerkstätten, Mahnwachen und dem Berliner Appell »Frieden schaffen ohne Waffen«. Während die Amtskirche versuchte, mit der Regierung weiter zusammenzuarbeiten, wurden die diversen Friedenskreise trotz offizieller Sanktionen zum Kern einer aktiven Opposition.

Ein weiteres Thema der Systemkritiker war die Umweltverseuchung, die an vielen Industrieorten wie Bitterfeld und Leuna gefährliche Ausmaße angenommen hatte. Das Waldsterben im Erzgebirge und die Luftverpestung im Chemiedreieck regten innerhalb der Friedenskreise kritische Geister an, sich auch mit der ökologischen Krisensituation in der DDR zu beschäftigen, Zahlenmaterial zu sammeln und sich zu Aktionen zusammenzuschließen. Als sich junge Umweltschützer zu einer Fahrraddemonstration in Buna mit Plakaten wie »Umkehr zum Leben« treffen wollten, wurden sie durch Schaumspritzen der Hallenser Feuerwehr daran gehindert und zu Ordnungsstrafen um fünfhundert Mark verurteilt, denn sie hätten »die öffentliche Ordnung gefährdet«. Die SED verteufelte jede unabhängige Kritik, auch wenn sie nur zur Abstellung klarer Schwächen dienen sollte. »Misstrauen von oben« war den Aktivisten »schon dann begegnet, wenn sie einen Bach entrümpeln oder wenn sie einen Spielplatz in Ordnung hätten bringen wollen«. Mitte der achtziger Jahre kam es dann in Berlin zur Gründung einer inoffiziellen »Umweltbibliothek« und eines neuen Netzes »Arche Noah«. Die »Katastrophe von Tschernobyl« bestätigte durch ihre Verstrahlung diese Sorgen und führte zu einem schriftlichen Protest von dreihundert Bürgern gegen die Nutzung von Atomkraft.[84]

Die staatlichen Repressalien gegen die Friedensbewegung machten es notwendig, »den engen Zusammenhang von Frieden und Menschenrechten« zu thematisieren. Im Januar 1986 gründeten Berliner Bürgerrechtler und radikale Sozialisten eine »Initiative für Frieden und Menschenrechte« (IFM), weil sie merkten, »dass die Ziele der Friedensarbeit von der Durchsetzung demokratischer Grundrechte und -freiheiten abhängig sind«. Obwohl umstritten, war dies ein wichtiger Schritt zur Entstehung einer politischen Opposition außerhalb der evangelischen Kirche, denn die Forderungen der Gruppe verbanden einzelne Problemkreise zu einer globalen Kritik der DDR. So verlangten Peter Grimm, Ralf Hirsch, Wolfgang Templin und Rainer Eppelmann zum Beispiel »die uneingeschränkte Reisefreiheit aller Bürger«, was der Überwindung der Mauer gleichkam; daneben forderten sie die Beendung der Einschränkung »elementarer Menschenrechte« durch das Strafgesetzbuch und die Rechtsprechung. Ebenso wichtig war ihnen »die Aufstellung unabhängiger Kandidaten zu Kommunal- und Volkskammerwahlen« sowie die Aufhebung aller Restriktionen der »Versammlungs-, Kundgebungs- und Vereinigungsfreiheit«. Dieses Programm der Demokratisierung des Sozialismus lief auf die Wiederherstellung einer funktionsfähigen Zivilgesellschaft hinaus.[85]

Statt auf das Ende der Repression zu warten, bemühten sich die oppositionellen Gruppen um die sofortige Herstellung einer Gegenöffentlichkeit. Dabei halfen die nach der Helsinki-Erklärung im Osten vorhandenen westlichen Journalisten, denn ihre Berichterstattung von Gewaltanwendung dokumentierte staatliche Menschenrechtsverletzungen und ihre Wiedergabe von Dissidentenaufrufen informierte nicht nur die Bundesrepublik, sondern auch die DDR.[86] Begrenzt auf die Innenwirkung war aber die Entwicklung eines ostdeutschen Samisdats aus den hektographierten Veröffentlichungen, die »für den innerkirchlichen Gebrauch« keiner offiziellen Genehmigungspflicht unterlagen. Aus aktuellen Flugblättern und Gemeindemitteilungen entstanden anspruchsvolle Zeitschriften wie »Grenzfall« der IFM oder »Umweltblätter« der Umweltbibliothek, die, mit satirischen Zeichnungen versehen, Informationen aus der Außenwelt wiedergaben, aber auch organisatorische Nachrichten verbreiteten und eine immer schärfere DDR-Kritik artikulierten.[87] Trotz sofortiger Repression versuchten Protestgruppen auch mit gewaltfreien Methoden wie Spruchbändern, Schweigemärschen und Sitzstreiks die Aufmerksamkeit einer breiteren Öffentlichkeit zu erregen.[88]

Aufgrund sozialer Redifferenzierung wuchs innerhalb der SED-Diktatur daher langsam eine Opposition heran, die sich selbstbewusst zur »Gegnerschaft zur praktizierten Politik« der SED bekannte. Sie rekrutierte sich teilweise aus antiautoritären Jugendlichen, teils aus einer literarisch-künstlerischen »Gegenkultur«, teils aus sozialistischen Dissidenten, teils aus protestantischen Friedensfreunden. Gegen Ende der achtziger Jahre bestand die oppositionelle Szene aus über zweihundert Gruppen mit einigen Tausend Mitgliedern, die auch die Frauendiskriminierung und die Ausbeutung der Dritten Welt diskutierten. Im Gegensatz zur Vorstellung der Stasi von einer außengelenkten »Diversion« des Klassenfeindes war sie ein eigenständiges Gewächs, das zwar von der Bürgerbewegung im Westen, den Oppositionsbewegungen in den sozialistischen Nachbarländern und Gorbatschows Perestroika beeinflusst, aber ideologisch durchaus selbständig war. Allerdings hatten die Gruppen eine fluide, dezentrale Struktur und waren nur ganz locker etwa über Freundschaften und Treffen auf Kirchentagen als »Kirche von unten« vernetzt. Trotzdem fanden sie zu einigen gemeinsamen Aktionen zusammen – am spektakulärsten zur Beobachtung der Kommunalwahlen im Mai 1989, wo sie Beobachter stellten, die mit einer eigenen Broschüre »Wahlfall« die Manipulation der SED dokumentierten.[89]

Die SED beobachtete die Rekonstituierung von Elementen einer Zivilgesellschaft mit wachsender »Ratlosigkeit bei den ideologischen Vordenkern«. Einerseits war die zersplitterte Opposition so klein, dass man durchaus einige Manifestationen wie den Olof-Palme-Friedensmarsch dulden konnte. Andererseits verlangte der Totalitätsanspruch der Diktatur, dass die Organe »weiter hart gegen unabhängige Gruppen« vorgingen. Aber Maßnahmen wie die Durchsuchung der Umweltbibliothek und die Ausbürgerung von »Provokateuren« wie Freya Klier und Stephan Krawczyk nach der Liebknecht-Demonstration verschlechterten das Außenbild der DDR.[90] Da schien es schon besser, das Heranwachsen einer »typischen revolutionären Klasse« durch Ausbau des Stasi-Apparates zu bekämpfen, dessen IMs aus allen oppositionellen Gruppen berichteten. Allerdings konnten sich auch in der SED Intellektuelle wie Jürgen Kuczynski nun auf das Beispiel von Michail Gorbatschow berufen. Die Bildung einer Gruppenszene blieb so lange für die mit eindrucksvollen Machtmitteln ausgestattete Partei ungefährlich, wie sich die Mehrheit der Bevölkerung aufgrund ihrer wirtschaftlichen Enttäuschung und ihrem Wunsch nach Reisefreiheit nicht hinter die Forderungen der Opposition stellte.[91]

Zivilgesellschaftlicher Aufbruch

Nach vier Jahrzehnten weitgehender Sprachlosigkeit meldeten sich im Herbst 1989 die ostdeutschen Bürger plötzlich wieder zu Wort. Explosionsartig entluden sich Frustrationen über die Schäbigkeit der DDR, verlor sich die Angst vor der allgegenwärtigen Stasi und äußerte sich die Enttäuschung über den realen Sozialismus der SED. In zahlreichen Versammlungen, in Demonstrationen, mit Plakaten überwand die »schweigende Mehrheit« ihre Resignation und drückte ihre kritische Meinung offen aus. Unerwartet fanden führende Dissidenten wie Bärbel Bohley nun Resonanz für ihre Forderungen nach einem »legalen Raum des Widerstands und der Auseinandersetzung«, kurzum nach »Anerkennung als Staatsbürger dieses Landes« durch Einhaltung der Verfassungsrechte. Hinter diesem dramatischen Prozess der »Selbstbefreiung« stand jedoch auch eine Wiederherstellung der Zivilgesellschaft, die teils stillgelegte ältere Institutionen reaktivierte, teils neue Formen kollektiver Aktion stiftete.[92] Wie verlief der demokratische Aufbruch, an welche Grenzen stieß die Selbstorganisation der Gesellschaft und welche Schwächen hinterließ die SED-Diktatur?

Der erste Akt sozialer Selbstbestimmung war die Durchsetzung des Rechts auf öffentliche Demonstrationen. Immer wieder versuchten Ausreisewillige durch gemeinsames Auftreten ihrer Forderung »Wir wollen raus« Nachdruck zu verleihen, wofür sie regelmäßig bestraft wurden. Gefährlicher für die SED war dagegen die Kritik von Demonstranten am »Wahlbetrug« und der blutigen Repression in China sowie das Insistieren auf »Versammlungsfreiheit« und Bürgerrechten innerhalb der DDR. Wegen der gewaltlosen Protestmethoden wie »stummer Mahnwachen«, Flugblätter wie »China ist nicht fern«, Transparente wie »Für ein offenes Land mit freien Menschen« und Sprechchören wie »Wir bleiben hier« hatte das brutale Einschreiten der Sicherheitskräfte den entgegengesetzten Effekt einer Solidarisierung mit den Verhafteten, so dass die Teilnehmerzahlen von Hunderten im August zu Hunderttausenden im November anschwollen.[93] Mittelpunkt der Demonstrationen war zwar die Nikolaikirche in Leipzig, weil sich dort eine Dissidentenszene gebildet hatte, aber die Proteste strahlten bald in die gesamte Republik aus.

Der entscheidende Durchbruch erfolgte am 9. Oktober, als sich die lokale SED-Führung aufgrund fehlender Berliner Anweisungen zum Gewaltverzicht durchrang und dadurch den Weg für einen gesellschaftlichen Dialog freimachte.[94]

Der nächste Schritt war die Überführung der informellen Gruppen in feste, öffentlich agierende Organisationen. Am erfolgreichsten war das »Neue Forum«, das am 9. September mit einem Aufruf zum »Aufbruch 89« an die Öffentlichkeit trat, in dem es die »gestörte gesellschaftliche Kommunikation« beklagte und sich selbst als »politische Plattform für die ganze DDR« anbot, um einen »demokratischen Dialog« über die notwendigen Reformen zu initiieren. Die Gründer waren etwa dreißig Intellektuelle aus Friedens-, Menschenrechts- und Umweltgruppen, darunter Bärbel Bohley, Katja Havemann, Rolf Henrich, Jens Reich und Reinhard Schult. Aufgrund des Artikels 29 der DDR-Verfassung versuchten sie das Neue Forum registrieren zu lassen, was aber sofort vom Innenministerium mit dem Vorwurf einer »staatsfeindlichen Plattform« verboten wurde. Da auf Demonstrationen der Ruf »Neues Forum zulassen« erscholl und in kürzester Zeit Tausende von Unterschriften gesammelt wurden, war die diffuse oppositionelle Sammlungsbewegung nicht mehr zu stoppen.[95] Konzeptionell profilierter war die wenig später gegründete Gruppierung »Demokratie Jetzt«, die eine »demokratische Umgestaltung in der DDR« durch Bürgerrechte, Wirtschaftsreform und Umweltbewusstsein propagierte.[96]

Gleichzeitig fand eine erstaunliche Liberalisierung der Medien statt, die eine eigenständige DDR-Öffentlichkeit konstituierte. Während von der »ideologischen Waffe der Partei« gelangweilte Bürger noch das Westfernsehen einschalteten, forderten Künstler eine »neue Medienpolitik«, um »ein umfassendes öffentliches Gespräch« in Gang zu setzen. Das Angebot eines »Dialogs zwischen Volk und Regierung« und das Eingeständnis, »dass die Medien eine besondere Rolle im Prozess der Erneuerung spielen«, versuchten zwar eine indirekte Lenkung aufrechtzuerhalten, konnten den Dammbruch aber nicht mehr verhindern.[97] Journalisten, die ihre Gängelung satt hatten, fingen an, ausführlich über Tabuthemen wie Demonstrationen zu berichten, unterschiedliche Meinungen wiederzugeben und kritische Kommentare zu senden. Eine Flut von Leserbriefen ergoss sich über die Zeitungen, um zurückgehaltene Beschwerden zu ventilieren. Bei der Nachrichtensendung »Aktuelle Kamera« schnellten die Einschaltquoten von etwa zehn Prozent bis zur Hälfte der Haushalte in die Höhe. Der antiwestliche »Schwarze Kanal« von Karl Eduard von Schnitzler wurde abgeschaltet. Ein Flüchtling kommentierte sarkastisch: »Echt, was die zur Zeit bringen, grenzt fast an Pressefreiheit.«[98]

Ein noch wichtigerer Aspekt des Aufbruchs war die Gründung von politischen Parteien, da sie »den Führungsanspruch der SED ganz massiv« in Frage stellten. Den längsten Vorlauf hatte die Sozialdemokratische Partei, die in einem Aufruf am 24. Juli angekündigt und am 26. August der Öffentlichkeit vorgestellt wurde, denn sie konstituierte sich am 7. Oktober im Pfarrhaus von Schwante. Diese sozialethische Demokratiebewegung entstand aus Friedens- und Menschenrechtsgruppen der protestantischen Kirche, wie ihre Gründung durch Pfarrer wie Markus Meckel, Steffen Reiche und Martin Gutzeit andeutet. In scharfem Kontrast zum bürokratischen Sozialismus sah sich die SDP als Partei der »ökologisch orientierten sozialen Demokratie«, die bewusst an die Traditionen der SPD anknüpfen wollte.[99] Etwas konservativer in der Grundtendenz, obwohl auch aus dem evangelischen Milieu stammend, war der Mitte September etablierte »Demokratische Aufbruch« (DA), der sich ebenso als bürgerrechtliche Sammlungsbewegung verstand. Pastoren wie Edelbert Richter, Rainer Eppelmann und Friedrich Schorlemmer wollten die gesamte Opposition politisch zusammenschließen, gerieten aber durch ihre Kontakte mit der westdeutschen CDU und Aufnahme ostdeutscher Vereinigungswünsche in ein eher bürgerliches Fahrwasser.[100]

Eine unerwartete Folge der sozialen Gärung war auch die Wiederbelebung des ostdeutschen Parlamentarismus, der zwar in der Verfassung, aber nicht in der Realität existierte. Zunächst war es der Leiter der Liberalen der LDPD, Manfred Gerlach, der in ungewohnt offenen Interviews »Irrtümer und Illusionen« zugab und für gemäßigte Reformen im Sozialismus plädierte. Dann war es eine kritische Gruppe junger Christen der CDU, die in einem Eisenacher Brief solche unerhörten Rechte wie Reisefreiheit, Meinungsvielfalt und Demokratisierung der Parteiarbeit forderte. Als Resultat des Sturzes der alten Führung und der Wahl von unbelasteten Politikern wie Lothar de Maizière kündigten die Blockparteien die Zusammenarbeit mit der SED auf, so dass der »nationale Block« zerfiel.[101] Dadurch wurde die Regierung gezwungen, beim Wechsel von Honecker zu Krenz und zu Modrow ein kohärentes Programm in der Volkskammer vorzulegen und sich gegenüber kritischen Fragen zu rechtfertigen. So erwachte das ostdeutsche Parlament schon vor den Neuwahlen zu neuer Aktivität, denn die Bürger erwarteten offene Diskussionen und tatkräftige Abhilfe ihrer Probleme.[102]

Der demokratische Aufbruch kulminierte in der Einrichtung des Runden Tisches, der die Reformdiskussion außerhalb der unglaubwürdigen Instanzen institutionalisieren sollte. Nach der Maueröffnung sorgten sich loyale Kritiker des Systems wie Christa Wolf um das Ausbluten der DDR und mahnten daher energischere Reformen an. Runde Tische waren ein Ausdruck des gesellschaftlichen Patts, in dem die SED und ihre Massenorganisationen bis zu den Betriebskampfgruppen alle Machtmittel kontrollierte, die in rivalisierende Organisationen und neue Parteien zersplitterte Opposition aber die Glaubwürdigkeit und dadurch auch die Unterstützung der Bevölkerung besaß. Unter der Vermittlung der Kirchen bot der zentrale Runde Tisch einen neutralen Ort, an dem sich die diversen Initiativen wie Neues Forum und SDP mit der Regierung, den Massenorganisationen und den Blockparteien treffen konnten, um die Zukunft des Landes zu diskutieren. Dahinter stand ein Grundkonsens, der beide Seiten zu Kompromissen beflügelte: »Es ist die demokratisch-sozialistische Idee einer reformierbaren DDR.«[103] Die auf allen Ebenen aus dem Boden schießenden Runden Tische waren ein Versuch der Institutionalisierung der Zivilgesellschaft, weil ihre Vertreter dadurch den sozialen Reformprozess mitbestimmen konnten.

In der Auseinandersetzung um die Macht und die Zukunft der DDR befanden sich die oppositionellen Gruppen jedoch bald im Nachteil. Zwar konnten Bürgerrechtler die Rekonsolidierung der SED/PDS durch den Sturm auf die Stasi-Zentrale an der Normannenstrasse verhindern, aber im Wahlkampf waren sie als Polit-Amateure deutlich überfordert.[104] Westliche Parteien gingen schneller und professioneller vor, druckten massenhaft Plakate und Broschüren, stellten geübte Redner zur Verfügung und erkundeten durch Umfragen wechselnde Stimmungen. Die östliche Opposition wie das

Neue Forum kämpfte dagegen mit »äußerst ungleichen Startbedingungen«, witzigen, aber nur hektographierten Handzetteln und medienscheuen Kandidaten, die »einen Selbstfindungsprozess« verfolgten. Daher war eine Fusion der mehr politisch agierenden Gruppierungen mit stärkeren westlichen »Schwestern« unausweichlich. Anfangs genossen die vereinigten Sozialdemokraten einen Vorsprung, dann aber holten die aus der CDU-Blockpartei und dem DA geschmiedete »Allianz für Deutschland« sowie die Liberalen auf.[105] Wegen der offenen Grenze zur Bundesrepublik gelang es zivilgesellschaftlichen Gruppen wie Bündnis 90 nicht, ohne Verwandlung in Parteien direkt Politik zu machen.

Der überraschende Wahlsieg der »Allianz für Deutschland« mit 48 Prozent im März 1990 beschleunigte die Kanalisierung der bürgerrechtlichen Zivilgesellschaft in traditionelle parlamentarische Formen. Im Stimmungswechsel der Ostdeutschen gab der »demokratische Wahlkampf« den Ausschlag, denn es war der Einsatz von Kanzler Kohl, der die neugeschaffene Formation bekannt und populär machte. Inhaltlich war es vor allem »ein Votum für die Einheit«, und zwar für den von der CDU versprochenen »schnellen Weg« des Beitritts statt die langsamere und sozial besser abgefederte Gangart der SPD. Gleichzeitig war es gewissermaßen »eine Gegenentscheidung... gegen alles, was bisher hier die Politik bestimmt hat«, also gegen den realen Sozialismus, auch wenn Werte wie das Recht auf Arbeit weiter in der Bevölkerung verankert blieben. Schließlich ging es auch um die Verbesserung der materiellen Lebenschancen durch eine baldige Wirtschafts- und Währungsunion, die von Westintellektuellen als Bananenreflex verspottet wurde. Ironischerweise fanden sich die überraschend überlebende PDS und die kleine Minderheit der Bürgerbewegten auf derselben Seite der Verteidiger eines Dritten Weges der Fortführung eines reformierten Sozialismus in einer eigenständigen DDR.[106]

Nach ihrer Wahlniederlage versuchten Bürgerrechtler ihr zivilgesellschaftliches Vermächtnis als Verfassungsentwurf des Runden Tisches zu perpetuieren. Mit der Bildung der Vereinigungskoalition in Ostberlin verlor der sorgfältig ausgearbeitete Text zwar seinen praktischen Zweck, aber seine Autoren hofften, eine »gesamtdeutsche Verfassungsdebatte« anzustoßen. Der Entwurf war darin innovativ, dass er die Verfassung nicht als »autoritative Satzung des Souveräns, sondern als ein wechselseitiges Versprechen von Bürgern« konzipierte, »die sich dadurch zur ›Zivilgesellschaft‹ konstituieren«. Inhaltlich neu war die ausdrückliche Berücksichtigung von Bürgerbewegungen, die Parteifinanzierung über den Bürgerbonus, Elemente direkter Bürgerbeteiligung und soziale Grundrechte wie ein Recht auf Arbeit, Umweltschutz und Abtreibung. Kein Wunder, dass konservative Juristen ein so linksliberales Dokument, das als Vorbild für westliche Verfassungsreformen dienen konnte, als »Dritten Weg zum zweiten Fall« kritisierten und das Grundgesetz, weil »hervorragend bewährt«, als überlegenes Angebot für eine gesamtdeutsche Verfassung darstellten: »Es enthält in seinen Prinzipien diejenigen Ideale, für die die Revolution der DDR gestritten hat.«[107]

Der ostdeutsche Staatsbankrott im Frühjahr 1990 machte weitere Selbstbestimmungsversuche irrelevant, denn er erzwang eine schnelle Wirtschafts- und Währungsunion mit der Bundesrepublik. Kanzler Kohl griff die Anregung des Neuen Forums Anfang Februar auf, weil er die Massenübersiedlung in den Westen stoppen, aber auch die Modrow-Regierung nicht endlos subventionieren wollte. Während die Linke vor sozialen Gefahren warnte und die SPD daher eine »Sozialunion« forderte, hoffte die Bevölkerungsmehrheit mit der Kaufkraft der D-Mark lang gehegte Konsumwünsche erfüllen zu können. Die Sicherung der Realeinkommen und der Ersparnisse verlangte einen Umtausch von 1:1, während die »Stabilität der Mark« sowie die internationale Wettbewerbsfähigkeit einen höheren Kurs notwendig machten. Auch die Ökonomen im Westen rätselten darüber, welche Folgen »die Umstrukturierung der Wirtschaft in der DDR hin zur sozialen Marktwirtschaft« für die Betriebe haben würde. Während Kritiker die Einführung der D-Mark als »Kapitulation nach verlorenem Krieg« und als Schocktherapie ablehnten, betonte Ministerpräsident de Maizière die Chancen der sozialen Marktwirtschaft, indem er »Gründergeist und neuen Mut« forderte.[108]

Der Einigungsvertrag goss den Beitritt der neuen Länder in eine rechtliche Form und überführte eine entstehende ostdeutsche in die etablierte westdeutsche Zivilgesellschaft. Das Procedere machte die unterschiedlichen Machtverhältnisse deutlich, weil ausgefeilte westliche Vorlagen sich meist gegen östliche Wünsche durchsetzten, die

Verhandlungen daher den Angleichungsprozess an ein bestehendes System moderierten, statt gemeinsam etwas Neues zu schaffen. Der Vorteil einer vertraglichen Gestaltung des Übergangs war die Schaffung einer »großen Rechtssicherheit« für die DDR-Bevölkerung durch Festlegung der Bedingungen wie der Anerkennung der ostdeutschen Bildungsabschlüsse. Der Austritt der Ost-SPD aus der Koalitionsregierung erzwang eine Reihe von inhaltlichen Kompromissen wie die Klärung von Eigentumsfragen, regionale Wirtschaftsförderung, Aufnahme in die sozialen Sicherungssysteme und den Bestandsschutz für die Abtreibung, die ostdeutsche Interessen auf »Einheitlichkeit der Lebensverhältnisse« wahrten und dadurch das psychologische Ankommen in der Einheit erleichterten. Während Kritiker den Staatsvertrag als »Liquidationsvertrag« der DDR denunzierten, feierten seine gesamtdeutschen Autoren ihn als »Erfolg für die Demokratie«.[109]

Obwohl die DDR-Bürger allen Grund hatten, »erhobenen Hauptes, selbstbewusst in die Einheit zu gehen«, wurden ihre hohen Erwartungen nur zum Teil erfüllt.[110] Auch aus zivilgesellschaftlicher Perspektive ist der Befund des Vereinigungsprozesses ambivalent. In seinem Verlauf hatte sich die Bürgerbewegung so stark programmatisch ausdifferenziert und organisatorisch zersplittert, dass sie durch Zusammenarbeit mit westdeutschen Partnern ihre Eigenständigkeit verlor. Bei ihren Akteuren konnte sich einerseits eine in den Parteien engagierte oder berufliche Chancen nutzende Mehrheit durchsetzen. Andererseits zog sich eine Minderheit der Vertreter von Sammlungsbewegungen wie des Neuen Forums enttäuscht über das Ende »der schönen Revolution« wieder zurück, in Bärbel Bohleys Worten: »Wir haben für Gerechtigkeit gekämpft, doch was wir erhalten haben, war der Rechtsstaat.« Stattdessen wurde die Transformation der neuen Bundesländer ein Tummelplatz der Mitglieder von Blockparteien und gewendeten Postkommunisten sowie westlichen »Entwicklungshelfern«. Kein Wunder, dass die politische Hochstimmung der mit den schwierigen Umbruchsfolgen kämpfenden Bevölkerung bald zurückging und neuen Zukunftssorgen Platz machte.[111]

Unter den Organisationen entwickelte sich bald eine größere Vielfalt, die allerdings oft vom Westen dominiert wurde und daher die Artikulation eigener Interessen nur partiell zuließ. Einerseits konnten Sportvereine nun ihre Betriebsbindung und sozialistischen Namen wie »Lokomotive« abstreifen, an ältere Traditionen anknüpfen und wieder auf Freiwilligkeit bauen. Auch brachen bei postkommunistischen Gruppen wie der »Gesellschaft für Deutsch-Sowjetische Freundschaft« die Mitgliedszahlen so drastisch ein, dass von über zwei Millionen nur einige Zehntausend übrig blieben. Obwohl ihre dortige Mitgliedschaft meist aus früheren SED-Mitläufern bestand, breiteten sich andererseits bei den Parteien, Gewerkschaften und Wohlfahrtsverbänden westliche Großorganisationen nach Osten aus, um so eine gesamtdeutsche Machtbasis für die Durchsetzung ihrer Ziele zu schaffen. Auch wenn ostdeutsche Funktionäre damit auf Bundesebene mehr Einfluss zu gewinnen hofften, landeten sie dadurch strukturell in einer dauerhaften Minderheitsposition, aus der sie nur selten ausbrechen konnten, um ihre besonderen Wünsche anzumelden, geschweige denn durchzusetzen. Quantitative Indikatoren weisen daher auf ein erhebliches Partizipationsdefizit im Osten hin.[112]

Auch der Zusammenbruch der ostdeutschen Wirtschaft machte die Wiederbelebung eines zivilgesellschaftlichen Engagements in öffentlichen Angelegenheiten nicht gerade leichter. Der zu hoch angesetzte Umtauschkurs von insgesamt etwa 1:1,5 deckte brutal die Strukturschwäche der Billiglohnplanwirtschaft auf, die dem doppelten Übergang in den marktwirtschaftlichen Wettbewerb und die postindustrielle Produktionsform nicht gewachsen war. Die gewinnorientierte Praxis der Treuhandprivatisierung erzwang das Zerschlagen der maroden Kombinate und die Übernahme durch starke Westpartner, so dass nur einige Reste den Umbruch überlebten. Die enormen Finanztransfers aus dem Westen sanierten zwar die materielle Infrastruktur und federten die sozialen Folgen ab, gingen aber zu wenig in Investitionen für neue produktive Betriebe, so dass die Arbeitslosigkeit trotz aller Arbeitsbeschaffungsmaßnahmen und Umschulungen vor allem für Frauen erschreckende Ausmaße annahm und die Westwanderung nicht gestoppt wurde. Weil ein neuer Mittelstand nur langsam auf die Beine kam, weniger Vermögen vorhanden war und Dispute über Eigentumsfragen die Initiative lähmten, blieben die Voraussetzungen für eine bürgerliche Selbsttätigkeit bescheiden.[113]

Der eindrucksvolle Aufbruch der ostdeutschen Öffentlichkeit endete ebenso im Widerspruch zwischen bunter Neuheit und indirekter

Abhängigkeit. Zweifellos war der Informationsgehalt der Printmedien, bis auf die notorische *Super-Illu*, wesentlich höher als in der DDR, so dass Bürger politische Ereignisse besser verfolgen konnten. Auch die stärkere internationale Einbindung verbesserte das Unterhaltungsangebot von Film und Fernsehen, während der freie Zugang zu den Produkten der globalen Populärkultur eine Verwestlichung beförderte. Aber der harte Wettbewerb führte schnell zum Scheitern von ostdeutschen Neugründungen aus der Wendezeit, zur Übernahme der meisten Zeitungen durch Westverlage und zur Westbesetzung der Vorstandsetagen der reformierten Fernseh- und Radioanstalten. Obwohl sich ein regional abgeschotteter Medienmarkt gebildet hat, beschwerten sich eine Reihe von ostdeutschen Intellektuellen von Daniela Dahn bis Hans-Jürgen Misselwitz über kulturelle Kolonialisierung, um ihre unterschiedlichen Ansichten zu Gehör zu bringen. Aber gerade ihre Selbstbehauptung in eigenen Zeitschriften wie *Wochenpost* und *Berliner Debatte Initial* erleichterte langfristig ihre Eingliederung in die gesamtdeutsche Medienkultur.[114]

In den subjektiven Ansichten der Ostdeutschen ist schließlich die Schwäche der Zivilgesellschaft ebenso evident. Die unterschiedlichen Reaktionen auf die Vereinigung, die von Befreiungsfreude über Neugier auf Chancen oder Verunsicherung durch Fremdheit bis zu sozialistischem Phantomschmerz reichen, sind mehr und mehr von Erfahrungen nach der Wende bestimmt. Obwohl die Rentner generell mit ihren Pensionen zufrieden sind, machen sich Frauen und Jugendliche über die Zukunft Sorgen. In Umfragen bezeichnet sich etwa ein Drittel als Einheitsgewinner, während sich ein Fünftel als Verlierer des Umbruchs versteht. Die schlechten Erinnerungen an den realen Sozialismus und die enormen Anforderungen des Umbruchs haben zu einem verbreiteten Rückzug in die Privatheit geführt, der jedes soziale Engagement scheut. Ebenso unterscheiden sich Ost und West in zahlreichen Umfragen in der jeweiligen Priorität, die sie sozialer Sicherheit gegenüber individueller Freiheit zumessen. Auch wenn die Vereinigung positiv gesehen wird, hat die fehlende Achtung ostdeutscher Leistungen eine verbreitete Demokratieskepsis genährt, die erst durch positive Erfahrungen mit eigenem Engagement in der gesamtdeutschen Gesellschaft zu überwinden sein wird.[115]

Verlust der Utopie

Der Bruch mit dem Sozialismus war letztlich unausweichlich, weil dieser die Herausbildung der Zivilgesellschaft in Ostdeutschland systematisch verhindert hatte. Auch wenn man dem Politikerlob des »Bürgerengagements« in »Ehrenamt, Freiwilligenarbeit und... Selbsthilfe« misstrauen mag, ist das »soziale Kapital« der freien Assoziation von verantwortlichen Individuen eine Stärke der demokratischen Regierungsform, da es durch öffentliche Diskussion eine plurale politische Willensbildung befördert.[116] Trotz seiner Appelle an humanistische Traditionen setzte die Utopie des Marxismus dagegen zur Erreichung künftiger Gerechtigkeit prinzipiell auf den Kollektivismus des Proletariats, in der leninistischen Form auf eine konspirative Kaderpartei und in der stalinistischen Version auf bürokratische Repression. Während im Westen zivilgesellschaftliche Konflikte eine Einübung in die Demokratie boten, forderten antibürgerliche Zwangsmethoden im Osten eine tägliche Anpassung an die Diktatur. Erst die oppositionelle »Erfahrung von Zivilcourage und Widerstand« durchbrach diese passive Hörigkeit und ermöglichte die spektakuläre Selbstbefreiung der Zivilgesellschaft im Herbst 1989.[117]

Wegen der Bestrafung von öffentlicher Systemkritik war die Erosion des sozialistischen Leitbildes ein schleichender Prozess, der sich seit Mitte der siebziger Jahre intensivierte. Zwar konnte die SED die Startschwierigkeiten der sowjetischen Besetzung, der wirtschaftlichen Ausplünderung und der Minderheitssituation durch Vereinigung mit der SPD, Widerstandsrhetorik und Aufbauerfolge überwinden. Aber auf die Dauer verlor der Antifaschismus durch seine Ritualisierung an Glaubwürdigkeit und Zensurmaßnahmen gegenüber jugendlicher Rockmusik sowie literarischen Experimenten erzeugten Ressentiments gegen die Kleinbürgerlichkeit der SED. Vor allem aber die militärischen Repressionen des Volksaufstandes von 1953 sowie der Demokratisierungsversuche in Ungarn, Polen und der Tschechoslowakei raubten der Ideologie den Nimbus der Gerechtigkeit, weil sie den Kommunismus als Minderheitsdiktatur entlarvten. Schließlich machte auch die demonstrative Niederlage im materiellen Wettbewerb mit der inklusiven Mittelstandsgesellschaft der Bundesrepublik die Bevölkerungsmehrheit skeptisch gegenüber den Verheißungen des Sozialismus. Mehr und mehr DDR-Bürger distanzierten sich daher vom SED-System und fühlten sich »fremd im eigenen Land«.[118]

Beim Sturz des Sozialismus spielte die Zivilgesellschaft daher eine Schlüsselrolle, denn sie gab gleichzeitig normative Ziele vor und stellte Wege zur Veränderung bereit. Erstens bereitete die Entstehung von Dissidentengruppen durch Einklagung von Bürgerrechten, Formulierung von öffentlicher Kritik und Vernetzung in gemeinsamen Aktionen die Unterminierung der SED-Diktatur von innen vor. Zweitens beschleunigte das unerwartete Auftreten einer Opposition die Wiedergewinnung des Demonstrationsrechts, die Wiederherstellung einer pluralen Öffentlichkeit und die Artikulation von alternativen Konzepten, die das Politikmonopol der SED aufbrachen. Die massive Wortmeldung der Bürger erzwang Modernisierungsversuche in der SED, gesellschaftliche Reformdebatten und eine Machtteilung am Runden Tisch, die durch Abhaltung von freien Wahlen die Systemtransformation gewaltfrei kanalisierte. Drittens wurde in der folgenden Konsolidierungsphase die entstehende ostdeutsche jedoch von der etablierten westdeutschen Zivilgesellschaft – aufgrund ihrer überlegenen Wirtschaftspotenz und ihres erprobten Grundgesetzes – überlagert, so dass die soziale Mobilisierung zunächst wieder drastisch zurückging.[119]

Die Form der postsozialistischen Zivilkultur in Ostdeutschland bleibt aufgrund unterschiedlicher Erwartungen der Beobachter weiterhin kontrovers. Zwar sind westliche Klischeebilder der vulgären »Ossis« von enttäuschten Arztgattinnen leicht als postkoloniale Überzeichnungen zu ironisieren.[120] Aber auch seriösere Sozialwissenschaftler sprechen davon, dass in zentralen Wertvorstellungen wie der Teilhabe an der Politik »der Osten stärker auf den Westen als der Westen auf den Osten zukommen sollte«. Aus der Perspektive des Bürgertums »erscheint die Transformation der ostdeutschen Eliten und der ostdeutschen Wirtschaft, Kultur und Gesellschaft als Verbürgerlichungsprozess«, auch wenn sozialistische Wertorientierungen vor allem in der Arbeiterschaft nachklingen.[121] Obwohl westliche Kritiker das Aufkommen einer spezifischen Form von ostdeutscher Identität meist als Nachwirkung sozialistischer Sozialisation beklagen, könnte es die umgekehrte Funktion eines »Vehikels für eine Aggregation von Interessen« haben, die den Übergang in eine fremde Wettbewerbswelt erleichtert. Anzeichen von östlicher Eigenwilligkeit und Selbstorganisation sollten daher eher als Indikatoren von beginnender Selbstbehauptung in einer gesamtdeutschen Konfliktgesellschaft gelten.[122]

Die verblassenden Erinnerungen an den Sozialismus in der DDR sind durchaus widersprüchlicher Natur. Frühere Anhänger des SED-Regimes und manche Linksintellektuelle leiden immer noch an einem gewissen Utopieverlust, der den emanzipatorischen Anspruch betont, die realsozialistische Praxis jedoch übergeht. Ehemalige Stasi-Opfer gedenken dagegen der massiven Repression des »Unrechtsstaats«, um Kompensation für ihre Leiden in der zweiten deutschen Diktatur zu erhalten. Die Mehrheit der Ostdeutschen kultiviert mittlerweile, auch aus Trotz gegen die Enttäuschungen der »Vereinigungskrise«, eine gewisse Nostalgie, die sich oft an materiellen Produkten festmacht, um damit ein verlorenes Leben zu evozieren.[123] »Weil es verhängnisvoll sein würde, wenn wir alle statt unserer Vergangenheit eine Illusion von ihr wahrnehmen würden«, sollte dabei der dramatische Moment des demokratischen Aufbruchs nicht in Vergessenheit geraten, denn der Sturz des Kommunismus war einer der wenigen wirklichen Erfolge der Demokratie in Deutschland. Bei aller Anerkennung günstiger internationaler Rahmenbedingungen wird dieser Akt der Selbstbefreiung auch in der Zukunft eine beispielhafte Bedeutung für die gemeinsame Zivilgesellschaft behalten.[124]

8. Kapitel
Suche nach Normalität

Das Klopfen der »Mauerspechte« signalisierte die physische Überwindung der Spaltung Berlins und damit auch der deutschen Teilung im Winter 1989/90. Mit Schraubenziehern, Meißeln und Spitzhacken hämmerten trotz der Kälte Hunderte von Leuten auf das »vordere Sperrelement« ein, um die verhasste Betonbarriere zwischen Ost und West mit eigener Hand zu beseitigen. Während findige Händler Werkzeuge an Touristen vermieteten, die ein Mauerstückchen als Souvenir ergattern wollten, versuchten ostdeutsche Grenzpolizisten vergebens, die Zerstörung ihres »antifaschistischen Schutzwalls« aufzuhalten. Bald taten sich erste Löcher auf, die überraschende Durchblicke gestatteten, auch wenn verbleibende Stahlstreben das Durchschlüpfen auf die andere Seite weiterhin verhinderten. Erst dem Einsatz von Bulldozern und Baukränen gelang es, die etwa 160 Kilometer lange Absperrung mit ihren 190 Wachtürmen abzureißen, und zwar so gründlich, dass anderthalb Jahrzehnte danach kaum noch eine Spur davon übrig geblieben ist.[125] Motiviert wurde diese rigorose Beseitigung von einem verständlichen Wunsch nach Wiederherstellung von Normalität – ohne allerdings genau sagen zu können, was nach all den Geschichtsbrüchen wirklich normal wäre.

Auch die Alliierten hatten in der Endphase des Zweite Weltkriegs große Schwierigkeiten, zu definieren, was sie nach ihrem Siege noch als »Deutschland« betrachten wollten. Die Tradition territorialer Zersplitterung und die Aggressivität des Bismarckschen Nationalstaats legten zunächst nahe, eigene Sicherheitsbedürfnisse durch Aufteilung in mehrere deutschsprachige Staaten befriedigen zu wollen. In der Potsdamer Konferenz bestand Einigkeit über die *desannexion* Hitlerscher Eroberungen wie Österreich, Sudetenland und Elsass-Lothringen und über die provisorische Abtrennung von Ostpreußen, Pommern und Schlesien, aber wirtschaftlich sollte der Rest Deutschlands zum Zwecke von Reparationen weiterhin als Einheit behandelt werden.[126] Trotz der gemeinsamen Präsenz in der zerstörten Reichshauptstadt Berlin stärkte aber die Einrichtung von vier separaten Besatzungszonen zentrifugale Tendenzen, da jede Siegermacht auf ihrem eigenen Territorium die gemeinsamen Beschlüsse nach eigenem Ermessen umsetzte. Schließlich brach im Zuge des Kalten Krieges die Zusammenarbeit im Alliierten Kontrollrat völlig zusammen, so dass langsam die Teilung in zwei ideologisch verfeindete Nachfolgestaaten zur neuen Normalität wurde.

Das scheinbar eindeutige Verlangen nach »Normalisierung« besaß in der Nachkriegszeit daher höchst unterschiedliche Bedeutungen. In der Zusammenbruchsgesellschaft verband sich damit zunächst die Suche nach einem Leben ohne Krieg, Wirtschaftskrise oder Zonengrenzen. Während der Ostpolitik suggerierte der Begriff dagegen die Herstellung von normalen Beziehungen zwischen der Bundesrepublik und der DDR, den Versuch »über ein geregeltes Nebeneinander zu einem Miteinander zu kommen«, also die Akzeptanz der Teilung.[127] Der Kollaps des Kommunismus bot daraufhin eine Chance, die deutsche Spaltung zu überwinden und wieder ein normaler Nationalstaat in Europa zu werden. »Nach einer langen Irrfahrt ist das Land zu sich selbst zurückgekehrt.« Neokonservative Ideologen gingen noch einen Schritt weiter und propagierten nun eine explizite »Renationalisierung«, die nicht nur die Vergangenheit entsorgen, sondern auch die Gegenwart durch selbstbewussteres Auftreten verändern sollte. Zur Verteidigung der mühsam errungenen Zivilisierungsfortschritte brandmarkten linke Kritiker wie Jürgen Habermas deshalb Versuche einer solchen Normalisierung als »die zweite Lebenslüge der Bundesrepublik«.[128]

Die historische Forschung hat die durch die Rückkehr des Nationalstaats ausgelösten Veränderungen der Normalitätsvorstellungen bisher nur kursorisch behandelt. Die Dokumenteneditionen und Studien zur Vereinigung konzentrieren sich hauptsächlich auf die Rekonstruktion der innenpolitischen Machtkämpfe und der außenpolitischen Entscheidungsprozesse, ohne die kulturellen Dimensionen dieser Vorgänge auszuloten.[129] Bei den von moderaten Wissenschaftlern geschriebenen, langfristig angelegten Gesamtdarstellungen überwiegt die Genugtuung über die erfolgreiche Komplementarität der Adenauerschen Westbindung und der Brandtschen Ostpolitik, die schließlich zur Wiederherstellung des Nationalstaats, allerdings in einer postklassischen Einbettung in europäische Bezüge, geführt hat.[130] Dagegen kritisiert der Wissenschaftshistoriker Mitchell Ash den Normalisierungsdiskurs als Rechtfertigung für westliche Modernisierungs-, Systemtransfer- und Umerziehungsversuche des Ostens und schlägt stattdessen »ein neutraleres Vokabular von Rekonstruktion und Erneuerung« vor. Da »das Normale« von Intellektuellen oft als proto-totalitär perhorresziert wird, steht eine differenzierte Analyse der Implikationen des Wunschs, wieder »ein normales Volk« zu werden, noch aus.[131]

Hinter diesen Auseinandersetzungen um den schillernden Begriff der Normalität verbirgt sich die Grundsatzfrage des Verhältnisses von Nationalstaat zu Zivilgesellschaft. Wegen des Menetekels von Auschwitz hielten Intellektuelle wie Günter Grass beide für unvereinbar und begnügten sich daher mit dem Weiterleben einer deutschen »Kulturnation«.[132] Andere Kommentatoren wie der Theologe Richard Schröder bemühten sich dennoch um die Versöhnung von nationalstaatlicher Verfassung und demokratischer Bürgergesellschaft als Annäherung an den westeuropäischen Normalfall.[133] Diese oft normativ geführte Diskussion verlangt geradezu nach einer historischen Einordnung, die nicht in Kategorien eines fixierten Nationalcharakters argumentiert, sondern Entwürfe des staatlichen und gesellschaftlichen Zusammenlebens als veränderlich analysiert. Eine in dieser Weise problematisierte Normalitätsperspektive stellt neue Fragen nach Ursachen, Abläufen und Folgen des Vereinigungsprozesses: Implizierte die Normalisierung der achtziger Jahre eine Akzeptanz der Teilung oder bereitete sich die Einheit schon vor 1989/90 vor? Welche Vorstellungen von innerer und äußerer Normalität kollidierten im Ringen um die Vereinigung? War der Beitritt der neuen Länder eine Rückkehr zum normalen Nationalstaat oder gefährdete er die Zivilisierungserfolge der Bundesrepublik?

Akzeptanz der Teilung

Mit jedem Jahrzehnt seit der Gründung der beiden deutschen Staaten wuchs die Gewöhnung an die anormale Normalität der Teilung. Der Fehlschlag der gegenseitigen Destabilisierungsversuche der Ausbreitung des Sozialismus nach Westen oder Zurückrollung des Kommunismus nach Osten hinterließ ein Patt, das durch die Brandt-

Scheelsche Formel von »zwei Staaten in einer Nation« elegant umschrieben wurde, in der Praxis aber eine endlose Kette von Widersprüchen produzierte.[134] Zur Sicherung seines eigenen Überlebens bestand das SED-Regime auf einer internen Abgrenzung gegenüber westlichen Einflüssen und auf einer internationalen Anerkennung seiner Eigenstaatlichkeit. Gleichzeitig betonte die sozialliberale Bundesregierung die weiterbestehende Verflechtung der Deutschen und setzte auf eine Strategie des »Wandels durch Annäherung«. Das gemeinsame Interesse an der Fortsetzung von Entspannung während des zweiten Kalten Krieges zwischen den Supermächten erleichterte den mühsamen Versuch der Aushandlung von praktischen Kompromissen zwischen Ost und West zur Ermöglichung von »menschlichen Erleichterungen«.[135] Würde sich die Teilung durch Konzessionen an die DDR langfristig vertiefen oder doch noch überwinden lassen?

Die Deutschlandpolitik der Bundesregierung hielt an dem langfristigen Ziel der staatlichen Vereinigung fest, suchte aber nach kurzfristigen Schritten zur »Normalisierung in den Beziehungen beider deutscher Staaten«. Der dem deutsch-sowjetischen Vertrag von 1970 beigegebene »Brief zur deutschen Einheit« bestätigte das Ziel »eines Friedens in Europa ... in dem das deutsche Volk in freier Selbstbestimmung seine Einheit wiedererlangt«. Auch unterstrich die Entscheidung des Bundesverfassungsgerichts von 1973 das Wiedervereinigungsgebot noch einmal, wenngleich diese Rechtsposition auf Skeptiker anachronistisch wirkte. Ebenso rief der Feiertag des 17. Juni in Festreden den Volksaufstand der »Brüder und Schwestern im Osten« ins Gedächtnis, obwohl er mehr und mehr zum frühsommerlichen Tag für Familienausflüge degenerierte.[136] Schließlich legte das Kabinett im jährlichen »Bericht zur Lage der Nation« seine Einschätzung zum Stand der deutsch-deutschen Beziehungen vor, die im Bundestag meist kontrovers diskutiert wurde. Dennoch lief die Praxis der Verhandlungen mit Ostberlin auf den Abschluss von gegenseitigen Vereinbarungen über Reiseerleichterungen und wirtschaftliche Unterstützung hinaus, die zunächst die Hand der SED stärkten.[137]

Zur Überwindung dieses Dilemmas plädierten mehr und mehr Intellektuelle Anfang der achtziger Jahre für die Verabschiedung von einer Wiedervereinigung der Nation. Kritikern wie Günter Grass schien die Teilung eine berechtigte Strafe für die Nazi-Verbrechen zu sein, deren moralisches Verdikt nicht mehr rückgängig gemacht werden könne. Andere Kommentatoren argumentierten wie Peter Bender »Freiheit geht vor Einheit« und befürworteten eine Europäisierung der deutschen Frage, um dadurch neue Bewegungsfreiheit zu gewinnen. Aus dem Eindruck, dass »sich die Mehrheit der Bürger mit der Teilung Deutschlands praktisch abgefunden« habe, folgerte der Leiter der ständigen Vertretung der Bundesrepublik in Ost-Berlin, Günter Gaus, eine »Entstaatlichung des Nationsbegriffs«. Im Dienste einer »Politik des Friedens für Deutschland« müsse man sich »darauf einstellen, dass es auf alle vorhersehbare Zeit … keine Wiedervereinigung geben« werde. Dem widersprachen moderate Beobachter wie Hermann Rudolph: »Bei alledem besteht kein Anlass, darauf zu verzichten … dass die Deutschen eine Nation sein und bleiben wollen.«[138] Da in den Umfragen die Hoffnung auf die Einheit schwand, sprach sich eine wachsende Anzahl der Stimmen für die Akzeptanz zweier Staaten aus.

Die DDR-Führung begrüßte diese Entwicklung, weil sie ihre Politik der Abschottung und Eigenstaatlichkeit erleichterte. Grundmotiv blieb nach dem Trauma des 17. Juni 1953 die »Angst vor dem Volk«, das nach dem »Zusammenbruch der sozialistischen Ideologie« nur noch konditionell loyal war. Als Reaktion auf die Gefahren der Ostpolitik entwickelte die SED ein ausgeklügeltes System der inneren Abgrenzung, das besonders Parteimitglieder und andere Hoheitsträger von Westkontakten fernhalten sollte und das Reiseprivileg ins nicht-sozialistische Ausland auf ausgewählte Kader beschränkte. Dazu kam aus östlicher Richtung noch die Ausbreitung des »polnischen Bazillus« unabhängiger Gewerkschaften, der durch Aufhebung des freien Grenzverkehrs mit dem Nachbarland begegnet wurde. Gleichzeitig verfolgte die SED etwa den Ausbau der internationalen Anerkennung durch Kulturaustausch und sportliche Erfolge. Zur Zementierung der Zweistaatlichkeit forderte Honecker daher in Gera 1980 die Umwandlung der ständigen Vertretungen in reguläre Botschaften, die Akzeptanz der DDR-Staatsbürgerschaft, die Regelung des Grenzverlaufs an der Elbe und die striktere Einhaltung des Transitabkommens.[139]

Neben der gemeinsamen Sorge für den Frieden war es vor allem die schlechte wirtschaftliche Lage, die die SED zu Konzessionen gegenüber der Bundesregierung zwang. Die von Honecker proklamierte »Einheit von Wirtschafts- und Sozialpolitik«, die auf einen Konsumkommunismus hinzielte, überstieg die ökonomischen Ressourcen der DDR deutlich. Gleichzeitig untergrub die Einschränkung und Preiserhöhung der Ölimporte sowie anderer Rohstofflieferungen aus der Sowjetunion die Basis für die Erwirtschaftung westlicher Devisen durch weitere Veredelung in der Chemieindustrie. Die SED reagierte mit Erhöhungen des Mindestumtauschs, der Transitpauschale und des Preises der Freikäufe, die wiederum den westlichen Partner irritierten. Vor allem der innerdeutsche Handel brauchte neue Großkredite, um weiterzulaufen. Trotz der im *Neuen Deutschland* betonten Abrüstungspolitik ging es beim Besuch von Bundeskanzler Schmidt in Hubertusstock 1981 daher im Kern um die Verbesserung der Wirtschaftsbeziehungen, in der ostdeutschen Hoffnung: »Hauptsache wir halten unseren Lebensstandard.« Das »Geflecht von Verträgen und Übereinkommen zwischen unseren beiden Staaten« sollte »ein Stückchen Normalität« bringen.[140]

Für Flüchtlinge blieb die Grenze zwar weiterhin tödlich, aber Reiseerleichterungen begannen, diese Furcht erregende Barriere langsam zu durchlöchern. Von Westberlin aus reisten im Jahre 1979 3,1 Millionen Menschen in den Ostteil der Stadt, von Westdeutschland aus kamen 3,6 Millionen in die DDR und weitere 416000 zu Tagesaufenthalten ins grenznahe Gebiet. Umgekehrt konnten 1982 1,55 Millionen Rentner sowie 46000 DDR-Bürger aus familiären Gründen in den Westen reisen. Auch der Transitverkehr von und nach Westberlin stieg 1982 auf 19,5 Millionen, da sich die Anbindung per Eisenbahn und Autobahn stetig verbesserte. Obwohl beide Seiten so taten, »als wäre es das Normalste der Welt«, schufen diese Begegnungen manche peinlichen Situationen, da die gern gesehenen Westgäste mit einem »Samaritergefühl« anreisten, das die Minderwertigkeitskomplexe der östlichen Gastgeber schürte. Ebenso malten die Westerzählungen der zurückgekehrten Rentner ein zu positives Bild der Bundesrepublik als »Milch- und Honigland« mit unbegrenzten Konsum- und Reisemöglichkeiten.[141] Aber trotz allen aus der jahrzehntelangen Trennung resultierenden Missverständnissen hielten solche Kontakte im Gegensatz zu der fast totalen Abschottung in Korea ein gewisses Zusammengehörigkeitsgefühl aufrecht.

Auch der Wechsel zum konservativeren Kabinett Kohl-Genscher im Herbst 1982 änderte wenig an der Praxis der deutsch-deutschen Sonderbeziehungen. Zwar betonte die schwarz-gelbe Koalition auf Druck der CSU rhetorisch die Rechtsposition des Vereinigungsgebots, prangerte den Schießbefehl an und verlangte deutlichere Gegenleistungen; aber in ihren Handlungen bemühte sie sich eher um Vertragstreue, schon um die erreichten »menschlichen Erleichterungen« in der Reisefreiheit für DDR-Bürger nicht zu gefährden. Die Differenz zur SPD war mehr geschichtsphilosophisch, denn diese war bei aller Betonung der »Gefühls-, Sprach-, Kultur- und Geschichtsgemeinschaft« eher bereit, »eine Wiedervereinigung im Sinne der Wiederherstellung des Gewesenen« aufzugeben, während Kohls Bericht zur Lage der Nation behauptete: »Wir finden uns nicht damit ab, dass deutschen Landsleuten das Recht auf Selbstbestimmung vorenthalten« wird.[142] Trotz massiver Unterstützung für die westdeutsche Friedensbewegung in der Nachrüstungsdebatte entschied sich auch die SED letztlich für die Fortsetzung einer »pragmatischen Haltung« aufgrund ihrer ökonomischen Zwangslage. Dramatischer Ausdruck der deutschlandpolitischen Kontinuität war die Gewährung des von Franz Josef Strauß verhandelten Milliardenkredits – sogar ohne explizite »Gegenleistung«.[143]

Trotz der Intensivierung innerdeutscher Beziehungen wuchsen in den achtziger Jahren die Tendenzen zur Selbstanerkennung der Bundesrepublik, die sich vom Provisorium zu einer dauerhaften Lösung entwickelt hatte. Als Resultat des Auseinanderlebens wurde bei Sportveranstaltungen, in Fernsehkommentaren oder Reiseführern immer öfter von »Deutschland« gesprochen, auch wenn nur der Westen gemeint wurde. Vielen Reisenden erschien die DDR als nahes Ausland, zwar noch irgendwie verwandt, aber doch durch die kommunistische Prägung grundlegend fremd. Während im Jahr 1979 78 Prozent aller westdeutschen Erwachsenen eine Wiedervereinigung als wünschenswert bezeichneten, hielten nur noch 59 Prozent der Jugendlichen an diesem Ziel fest. Außerdem schienen für 64 Prozent der Befragten die realen Chancen der Wiederkehr deutscher Einheit eher gering. Weil Auseinandersetzungen über die Nationalgeschichte an Interesse verloren, baute sich die Bundesrepublik ein eigenes Museum, das Haus der Geschichte in Bonn. Das Plädoyer der Burschenschaften für die »Einheit der Nation« mutete daher unzeitgemäß an, während akademische Bemühungen, »die deutsche Frage lebendig zu erhalten«, ein eher »düsteres Bild« ergaben.[144]

Auch in der DDR entstand ein eigenes »Wir-Gefühl«, das aber nicht unbedingt mit der SED-Parole der »sozialistischen Nation« übereinstimmte. Offiziell hatte sich die DDR mit ihrer Verfassung von 1974 von der deutschen Nation verabschiedet und ihr Staatswesen ganz auf die Basis der Klassenzugehörigkeit gestellt: »Die DDR ist ein sozialistischer Staat der Arbeiter und Bauern.« Trotz aller Ablehnung der Wiedervereinigung und des Bestehens auf Anerkennung der separaten Staatsbürgerschaft hatte sich die Frage der Nationalität damit aber noch nicht erledigt, denn die Mehrheit der Bevölkerung fühlte sich weiterhin als »deutsch«. Die Hinwendung der SED zu »Erbe und Tradition« war deshalb ein Versuch, dem ideologisch orientierten Staatswesen eine breitere, regionale geschichtliche Basis zu geben, die über die Heroen der Arbeiterbewegung hinausgehen sollte.[145] Statt eines sozialistischen Nationalismus bildete sich jedoch langsam eine gewisse Gruppenidentität heraus, die aus einer widersprüchlichen Mischung aus gemeinsamen Leidenserfahrungen und Stolz auf eigene materielle und sportliche Erfolge bestand. Trotzdem blieben die isolierten Ostdeutschen meist stärker als die kosmopolitischeren Westdeutschen auf ihr Deutschsein fixiert.[146]

Wegen der deutschlandpolitischen Stagnation begann Mitte der achtziger Jahre der Konsens zwischen den Bundestagsparteien zu zerbröckeln. So gaben die Grünen der »Friedensfrage« Priorität über die Einheit und liebäugelten mit Neutralitätsvorstellungen. Auch in der SPD schlugen die Vordenker Egon Bahr und Jürgen Schmude vor, die Erfassungsstelle für DDR-Verbrechen in Salzgitter zu schließen und die ostdeutsche Staatsangehörigkeit anzuerkennen. Als Absage an nationalen Revisionismus formulierte ein Grundsatzpapier der SPD eindeutig: »Einheit der Nation heißt nicht Wiedervereinigung.«[147] Die CDU hielt in den Worten des Kanzlerberaters Horst Teltschik dagegen, »die deutsche Frage muss offen bleiben«, während die CSU die Menschenrechtsverletzungen der SED kritisierte und eine Erleichterung der Übersiedlungen in den Westen forderte. Der Sowjetologe Wolfgang Leonhard wies auf die Möglichkeit von »großen Wandlungen« im Ostblock hin, während der Jurist Rupert

Scholz argumentierte: »Der Weg zur Einheit über den Nationalstaat ist nicht verboten.«[148] Trotz direkter Gespräche zwischen SED und SPD über eine »Sicherheitspartnerschaft« lehnten jedoch auch die meisten Sozialdemokraten die Aufgabe des Wiedervereinigungsgebots ab.[149]

Das Grundparadox der Normalisierung der innerdeutschen Beziehungen wurde in dem lang erwarteten Staatsbesuch Erich Honeckers 1987 in Bonn besonders deutlich. Während der SED-Generalsekretär die noch von Leonid Breschnew verbotene Reise als »die Besiegelung der deutschen Teilung« interpretierte, sah Bundeskanzler Kohl das Treffen als Manifestation der Einheit. Die protokollarischen Ehren mit Becher-Hymne und Hammer-und-Zirkel-Flagge signalisierten zweifellos eine Anerkennung der DDR-Souveränität, aber die Begrüßung Honeckers durch Bundespräsident Richard von Weizsäcker als »Deutscher unter Deutschen« verdeutlichte die Ungewöhnlichkeit der Situation.[150] Das gemeinsame Kommuniqué stand ganz im Zeichen »weiterer Entwicklung gutnachbarlicher Beziehungen« durch Reiseerleichterungen, Jugendaustausch, Städtepartnerschaften, Intensivierung wissenschaftlicher Beziehungen und unterstrich, trotz unterschiedlicher gesellschaftlicher Ordnungen, den Willen zur »Sicherung des Friedens«. Bei so verschiedenen Ausgangspositionen musste es »ein Besuch [werden], der vieles offen lässt«, denn er konnte nur die gegenseitigen Verbindungen stärken, ohne die Gegensätze zu überspringen. Auch danach blieben Bonn und Ostberlin daher »gemeinsam getrennt«.[151]

In den Nachbarstaaten rief die deutsche Annäherung verhaltene Nervosität hervor, da sie die Stabilität der Nachkriegsordnung in Frage zu stellen schien. Zwar behauptete Honecker, dass »sich Kapitalismus und Sozialismus wie Feuer und Wasser zueinander verhielten«, aber Kohl hatte nicht Unrecht, wenn er von einem »Durchbruch in der Deutschlandpolitik« sprach. Obwohl der Sowjetunion eine gewisse Entspannung im »europäischen Haus« willkommen sein konnte, solange die Wand zwischen den deutschen Zimmern nicht einbrach, lebten die Satellitenregime von der Furcht einer deutschen Vereinigung. Die Westeuropäer hatten zwar unzählige Male ihre Unterstützung der Einheit vertraglich bekundet, aber mit dem deutlichen Hintergedanken, dass sie dieses Versprechen nie einzulösen hätten.[152] Jedoch gab es auch überraschende Zustimmung zur innerdeutschen Entspannung, die zukunftsweisenden Charakter haben sollte. So erklärte US-Präsident Ronald Reagan unverblümt: »Wir wollen, dass die Berliner Mauer fällt, so dass die Wiedervereinigung aller vier Sektoren der Stadt … eine Realität wird.« Auch osteuropäische Dissidenten wie Vaclav Havel unterstützten die Vereinigung als Voraussetzung des Zusammenwachsens eines befriedeten Europas.[153]

Trotz mancher Erfolge blieb das »Management der Folgen der Teilung« irgendwie unbefriedigend, weil es die Frage der langfristigen Zukunft weiterhin unentschieden ließ. Zweifellos waren Geschäfte im Wartesaal zur Einheit möglich, auch wenn der innerdeutsche Handel aufgrund der Exportschwäche der DDR-Produkte schrumpfte. Ebenso konnte man die zehn Millionen innerdeutsche Reisen als »ein kleines Wunder für die Deutschen« betrachten, da sie die menschlichen Begegnungen vervielfältigten.[154] Aber »ein neuer Patriotismus« blieb »auf der Suche nach Formen der Einheit«, während die Linke mit Joschka Fischer argumentierte, man müsse »die Teilung nicht als Fluch begreifen« und eher auf nichtstaatliche Formen von Zusammenarbeit hinwirken. Ein Beitrag dazu sollte das gemeinsame Papier von SPD und SED zur Friedenspolitik sein, das Entspannung durch ideologischen Wettstreit zwischen demokratischem und diktatorischem Sozialismus voranbringen wollte. Auch wenn Kritiker wie Egon Bahr das »CDU-Bekenntnis zur Wiedervereinigung Heuchelei« nannten, konstatierten andere Beobachter wie Hans Otto Bräutigam gleichzeitig: Der »Zusammenhalt der Deutschen [ist] stärker geworden«.[155]

Keine Partei hatte letztlich ein Rezept für die Überwindung der Teilung, da niemand die Normalisierung der Beziehungen zur DDR aufs Spiel setzen wollte. Die CDU verfolgte zwar ernsthaft die Beendung der »widernatürlichen« Spaltung, fand aber keine praktische Methode dazu, weshalb ihr liberaler Flügel mit Heiner Geißler »die Wiedervereinigung jetzt nicht [für] erreichbar« hielt. Die CSU klammerte sich an einen strikten Antikommunismus, der jedoch nur sterile Konfrontationen provozierte. Die FDP unter Genscher propagierte weitere Abrüstungsversuche im Zusammenhang mit der KSZE, wollte aber dadurch die Nachkriegsordnung nicht wirklich verändern.[156] Die SPD hatte dagegen ein praktisches Konzept des »Wandels durch Annäherung«, verlor aber immer mehr das Endziel der Wiedervereinigung aus den Augen, da sie sich vor allem auf die Zusammenarbeit mit der SED konzentriert hatte. Ebenso blieb die DDR-Führung in dem Dilemma zwischen dem »Streben nach gutem Verhältnis« und der gleichzeitigen »Pflege alter Feindbilder« gefangen. Nur die Grünen unterhielten engere Beziehungen zur entstehenden ostdeutschen Opposition, aber diese wiederum wollte den Sozialismus reformieren, statt eine Wiedervereinigung anzustreben.[157]

Vereinigung als Normalitätsbruch

Im Sommer 1989 stellte der demokratische Aufbruch in Ostmitteleuropa die Normalität der Spaltung des Kontinents und damit auch der deutschen Teilung in Frage. Die Entspannungsbemühungen des sowjetischen Generalsekretärs Gorbatschow und des US-Präsidenten Bush hatten die Frontstellungen so weit aufgeweicht, dass nicht nur nukleare Abrüstung, sondern sogar eine Überwindung der innereuropäischen Grenze denkbar zu sein schien. Auch war durch die Tolerierung der unabhängigen Gewerkschaft Solidarnosc in Polen und der Erinnerungsbewegung an den Aufstand von 1956 in Ungarn eine Aufhebung der Breschnew-Doktrin deutlich geworden, die größere Freiheit für innere Reformen versprach. Schließlich hatte die Bonner Ostpolitik genügend Vertrauen gestiftet, um traditionelle Ängste vor einem deutschen Revanchismus abzubauen. Diese in Gesprächen zwischen Bundeskanzler Kohl und Generalsekretär Gorbatschow angesprochenen Entwicklungen belebten auch die »lange im Schatten ›politischer Realitäten‹ dahinschlummernde« Frage der Wiedervereinigung wieder. Wie würden die Deutschen, wie würden ihre Nachbarn auf diese neuen Chancen reagieren?[158]

Die erste Reaktion war ein scharfer Meinungsstreit, der das Ausmaß der Gewöhnung an die Teilung verdeutlichte. Der DDR-Experte Staatssekretär Walter Priesnitz rechnete im Juni fest »mit Honeckers Verbleiben im Amt über 1990 hinaus« und der SED-Generalsekretär selbst hoffte, »dass die Perspektive in der Entwicklung gutnachbarlicher Beziehungen bestehen wird«. Auch die Jusos befürworteten

»statt der Lebenslüge Wiedervereinigung [eine] transnationale Kooperation« und Linksintellektuelle wie Gerhard Zwerenz kritisierten den Begriff »Wiedervereinigung« als »eine nationalistische Floskel, die im Grundgesetz gar nicht vorkommt«.[159] Dagegen mehrten sich Stimmen wie die des Dramatikers Rolf Hochhuth: »Die deutsche Uhr zeigt Einheit an«, und die des CDU-Politikers Ottfried Hennig, der aufgrund der Liberalisierung der Sowjetunion voraussagte: »Die Mauer wird fallen.« Ebenso begannen ausländische Beobachter wie der französische Historiker Joseph Rovan und der ehemalige italienische Botschafter Luigi Ferraris, »die Möglichkeit einer Wiedervereinigung des seit 1945 gespaltenen Kontinents« in Betracht zu ziehen. Auch wenn die Bundesregierung keine »Politik der Destabilisierung« verfolgte, verdeutlichten diese Meinungsverschiedenheiten: »Man diskutiert wieder die deutsche Frage.«[160]

Das durch den Massenexodus angezeigte Ende der Stabilität löste in Bonn zunächst Ratlosigkeit über die Zukunft der Deutschlandpolitik aus. Der elementare Drang zur Ausreise stürzte die »Politik der kleinen Schritte« in eine Krise, denn der übliche Tausch von Wirtschaftshilfe für menschliche Erleichterungen konnte mit der neuen Dimension des Problems nicht fertig werden. Sollte die operative Politik auch in dieser Situation »einfach Kurs halten« und ihre bewährte Zusammenarbeit mit der SED fortsetzen oder war die Ausreisewelle ein Signal von »verbreiteter Unzufriedenheit«, das einen Richtungswechsel hin zur demokratischen Selbstbestimmung der Bevölkerung notwendig machte?[161] Während Linke wie Gerhard Schröder die Wiedervereinigung weiterhin für einen »untauglichen Begriff« hielten, forderten Konservative wie der Journalist Karl Friedrich Fromme nun eine aktive Politik der Einheit. Nach langen Diskussionen einigten sich Kanzler Kohl und der SPD-Vorsitzende Hans-Jochen Vogel schließlich darauf, der DDR »für den Fall der Einleitung von politischen und wirtschaftlichen Reformen eine breit angelegte Zusammenarbeit anzubieten«. Aufgrund der Unterschätzung der DDR-Opposition war die tastende Antwort eine Intensivierung der bewährten Ostpolitik.[162]

»Die sich überstürzende Entwicklung in Ostberlin« erzwang jedoch einen Prozess des Umdenkens, der schließlich die Normalität der Teilung sprengte. Die von Leipzig ausgehende, anschwellende

Demonstrationsbewegung verlangte die Einhaltung von Menschenrechten, während der Sturz Honeckers einen Generationswechsel der erstarrten SED-Führung signalisierte. Entscheidend war jedoch die halb gewollte, halb erzwungene Maueröffnung am 9. November, die eine spontane Vereinigung von unten in dem geteilten Berlin ermöglichte: »Die Deutschen feiern ihr Wiedersehen.« Die Bonner Politik unterstützte diesen demokratischen Aufbruch mit weiteren Reformappellen, Kontakten mit den neu entstandenen Oppositionsgruppen und Forderungen nach »freien Wahlen in der DDR« als Bedingung für eine »ganz neue Dimension wirtschaftlichen Beistands«.[163] Zwar hielt die SED daran fest, dass die Wiedervereinigung »nicht auf der Tagesordnung« stehe, und Oppositionelle riefen zu Aktionen »wider die Vereinigung« auf. Aber in internationalen Kommentaren hob »die schlafende Löwin der Einheit« ihr Haupt, und die westdeutsche Bevölkerung hielt die Wiedergewinnung staatlicher Einheit nicht nur für wünschbar, sondern plötzlich auch für machbar.[164]

Erst Helmut Kohls »Zehn-Punkte-Plan« ging einen entscheidenden Schritt weiter, indem er die Wiedervereinigung zum Ziel »der operativen Tagespolitik« erklärte. Auch wenn missverstandene Äußerungen des sowjetischen Diplomaten Nikolai Portugalow den Anstoß gaben, hatte Horst Teltschik den zündenden Einfall, dass der Kanzler mit dieser Initiative die Meinungsführerschaft zurückgewinnen könne. Ausgearbeitet wurde der Text im engsten Umkreis des Kanzleramts, ohne Konsultationen mit Außenminister Genscher und den Verbündeten, um ihn nicht zu verwässern.[165] Inhaltlich war der Plan eher eine evolutionäre Fortentwicklung früherer Politik, da er neben Soforthilfe die Fortsetzung der »Zusammenarbeit mit der DDR« ankündigte, allerdings die Ausweitung der Unterstützung an die Bedingung knüpfte, dass »ein Wandel des politischen und wirtschaftlichen Systems der DDR verbindlich beschlossen und unumkehrbar in Gang gesetzt wird«. Brisanter war dagegen das Aufgreifen des Vorschlags einer Vertragsgemeinschaft von Hans Modrow und seine Ausgestaltung durch die Entwicklung von »konföderativen Strukturen zwischen beiden Staaten in Deutschland« mit dem deutlichen Ziel »einer bundesstaatlichen Ordnung«. Trotz weiterer Anspielungen auf den gesamteuropäischen Prozess und die KSZE war dies die eigentliche Provokation.[166]

Kein Wunder, dass das Echo auf Kohls unerwarteten Vorstoß durchaus gemischt ausfiel. Konservative Kreise waren hocherfreut, denn sie glaubten: »Wir haben uns die Einheit verdient.« Auch die SPD rang sich aufgrund von Willy Brandts Insistieren, dass »wieder zusammenwächst, was zusammengehört«, gegenüber der Skepsis des Saarländers Oskar Lafontaine, zur Zustimmung durch. Dagegen sahen die Grünen »keinen Grund, von unserer Position der Zweistaatlichkeit abzuweichen«, polemisierten westdeutsche Intellektuelle »gegen die schweißige Arroganz von Oggersheim« und demonstrierten Berliner Linke »vereint gegen die Kohl-Plantage«.[167] Auch Verbündete und Nachbarn Deutschlands waren wenig begeistert von Kohls Coup, teils weil sie sich überfahren fühlten, teils weil sie inhaltliche Bedenken hatten. Am freundlichsten blieb US-Präsident George Bush, der die Initiative grundsätzlich befürwortete, aber das Verbleiben in der NATO zur Bedingung machte. Der französische Präsident François Mitterrand hatte ambivalente Gefühle über einen potentiellen deutschen Machtzuwachs, während die britische Premierministerin Margaret Thatcher die Vereinigung rundweg ablehnte. Am stärksten verärgert war Michail Gorbatschow, der seine Entspannungspolitik nicht als Plazet der Einheit verstand und deswegen Genscher eine Standpauke mit Anspielungen auf das Vorgehen Hitlers hielt.[168]

Wieder war es die ostdeutsche Bevölkerung, die mit ihrem offenen Bekenntnis zur Einheit zögerliche Politiker zum Handeln zwang. In der zweiten Novemberhälfte veränderten sich die Sprechchöre der Montagsdemonstrationen in Leipzig von »Wir sind *das* Volk« in »Wir sind *ein* Volk« sowie in »Deutschland, einig Vaterland«. Während sozialistische Intellektuelle noch auf einen eigenständigen »Dritten Weg« der DDR hofften, forderten immer mehr Oppositionsgruppen die Wiedervereinigung.[169] Der aus konservativen Kirchenkreisen rekrutierte »Demokratische Aufbruch« verlangte zuerst die Wiederherstellung der nationalen Einheit, die SPD hoffte auf »ein demokratisches und blockfreies Deutschland in einem europäischen Haus«, und die Bürgerrechtsgruppe »Demokratie Jetzt« legte einen Stufenplan für eine »gegenseitige Annäherung« durch politische und soziale Reformen beider deutscher Staaten vor. Die schweigende Mehrheit der Ostdeutschen drückte ihre Hoffnungen in dem triumphalen

Empfang Kohls vor Weihnachten in Dresden aus, in dem »Helmut-Helmut-Rufe« und ein Meer von schwarz-rot-goldenen Fahnen der Teilung endgültig eine Absage erteilten. Mit solchem eindeutigen Rückenwind entschied sich die Bundesregierung gegen eine Fortsetzung der Unterstützung ostdeutscher Staatlichkeit und für eine Forcierung der Vereinigung.[170]

Der wachsende Druck der »Einheit von unten« löste eine intensive innenpolitische wie transnationale Debatte über die Legitimität eines deutschen Nationalstaats aus. Viele externe Kommentare wie die der *New York Times* befürchteten, »diese Entwicklung [sei] unvermeidlich«, obwohl »kaum jemand dafür ist«. Dagegen sahen die meisten internen Beobachter in dem »Zusammenwachsen der beiden Staaten in Deutschland den einzigen Ausweg aus der wirtschaftlichen, gesellschaftlichen, politischen und moralischen Krise der DDR«.[171] Beide Reaktionen waren emotional, weil die Wiederkehr eines deutschen Nationalstaats an ein doppeltes Tabu rührte: Einerseits basierte die gesamte Nachkriegsordnung Europas auf der deutschen Teilung, andererseits beruhte die Identität der deutschen Intellektuellen auf einem »postnationalen« Holocaust-Selbstverständnis.[172] Daher suchten im Winter 1989/90 die Staatskanzleien wie Kommentatoren hektisch nach vergangenen Vorbildern für Lösungen, die dem Streben etwas nachgeben würden, ohne eine Rückkehr zu problematischen Formen zuzulassen. Dabei spielten positive oder negative Normalitätsvorstellungen eine Schlüsselrolle, denn ihre konkurrierenden Schlagworte bestimmten die jeweiligen Handlungsempfehlungen.

Aus Angst vor einem »Vierten Reich« bestanden die Vereinigungsgegner auf der Fortsetzung der Teilung, da sie die Mehrstaatlichkeit für den Normalzustand deutscher Vergangenheit hielten. Die quasihistorischen »Argumente gegen eine Wiedervereinigung« waren vielfältig: Ein deutscher Nationalstaat sei unmoralisch, weil durch Auschwitz diskreditiert; antisemitisch, da der Rassismus weiterlebe; »reaktionär und aggressiv«, weil er sich auf die Grenzen von 1937 beziehe; »schlichtweg unmöglich«, da er auf einen Anschluss der DDR hinauslaufe; und schließlich »illusionär«, weil sich der Lebensstandard nicht so schnell angleichen ließe.[173] Diese negativ-vereinfachte Erinnerung bewegte vor allem die früheren Opfer des Nationalsozialismus in Israel, den USA, der UdSSR und Polen, die ihr

Leiden unausweichlich mit dem Namen »Deutschland« verbanden. Ironischerweise waren es aber auch deutsche Intellektuelle wie Günter Grass, die in einer Art von nachholendem Antifaschismus jeden Rückfall in die Schrecken des Dritten Reichs vermeiden wollten und daher auf alte Ängste fixiert blieben.[174] Auf die Dauer war diese Verweigerung jedoch nicht durchzuhalten, denn sie ignorierte die fundamentalen Veränderungen während anderthalb Generationen seit 1945.

In der Hoffnung auf einen »Dritten Weg« favorisierten Reformsozialisten dagegen die Idee der »Vertragsgemeinschaft«, weil sie die Möglichkeit einer »sozialistischen Alternative zur BRD« erlaubte. Diese rechtliche Lösung, die vom Kanzleramt als ein detaillierter Vertragsentwurf ausgearbeitet wurde, beruhte auf weiter bestehender Unabhängigkeit, die durch enge Verbindungen in allen Bereichen von der Wirtschaft bis zur Kultur zu einer Art Doppelstaat ausgebaut werden sollte. Träger des ostdeutschen Versuchs, eine eigene »solidarische Gesellschaft zu entwickeln«, waren meist die als PDS teilerneuerte SED, aber auch Teile der Bürgerbewegung des Runden Tischs sowie westdeutsche Linkssozialisten, die von dem Projekt der Demokratisierung des Sozialismus nicht lassen wollten.[175] Anfangs setzte auch Gorbatschow auf die Erneuerung der DDR durch innere Reformen und manche westliche Intellektuelle sowie Gewerkschaftler sympathisierten mit dem Projekt des »besseren Deutschlands«. Auf die Dauer entzogen das evidente Scheitern des realen Sozialismus und das Einheitsverlangen der ostdeutschen Bevölkerung dem Konzept einer nur lockeren Vertragsgemeinschaft zwischen dem selbstreformierenden Osten und dem finanzierenden Westen den Boden.[176]

Als langsamer Weg zu einer künftigen Einheit bot sich der Kompromissvorschlag einer »Konföderation« an, da er den Vereinigungswünschen entgegenkam, ohne die Eigenständigkeit der DDR sofort aufzugeben. Inhaltlich war er ein Rückgriff auf den »Deutschen Bund«, weil er eine Vereinbarkeit des Unvereinbaren, also größere Gemeinsamkeit bei gleichzeitiger Bewahrung von Souveränität, suggerierte. Zur Abwehr von »freien Wahlen« hatte die SED diesen Vorschlag in den fünfziger Jahren gemacht, um die »Errungenschaften des Sozialismus« durch Gleichberechtigung festzuschreiben. Propagiert wurden Konföderationspläne vor allem von der PDS, linken

Strömungen in der SPD sowie den Grünen, die zähneknirschend die Einheit akzeptiert hatten, aber keine völlige Fusion wollten.[177] Auch sahen einige der Nachbarstaaten in einer solchen Lösung das kleinere, eben noch tolerierbare Übel. Aber die Diskreditierung Modrows durch die Aufdeckung der Regierungskorruption, der weiteren Stasi-Unterstützung und des Wirtschaftsbankrotts machte eine partielle Rettung der Zweistaatlichkeit obsolet. Als ihr die DDR wegbrach, rang sich auch die sowjetische Regierung in scharfen Kontroversen zur »Notwendigkeit« der Vereinigung durch, die Anfang Februar durch Pressekonferenzen von Modrow und Kohl in Moskau öffentlich bekannt wurde.[178]

Einheitsbefürworter verlangten dagegen einen »Beitritt« zur Bundesrepublik, der vom Grundgesetz vorgesehen und vom Saarland 1956 bereits praktiziert worden war. Für einen geordneten Übergang kam entweder ein gemeinsamer Verfassungskonvent nach Artikel 146 oder ein schneller Beitritt neuer Länder gemäß Artikel 23 in Frage, der »lange Abenteuer« vermied. Argumente für das »gegebene Verfahren« waren die Lernprozesse der Demokratisierung, der Ruf des Grundgesetzes als »friedlichste und freiheitlichste politische Ordnung« sowie die Einbindung in Europa und das westliche Bündnis. Ein geschrumpfter Nationalstaat würde als ein in anerkannten Grenzen existierendes Deutschland keine Anomalie in der Staatengemeinschaft mehr darstellen. Befürworter des Beitritts waren vor allem die Regierungsparteien sowie die SPD, die evangelischen Kirchen, die den Zusammenhalt bewahrt hatten – und eine wachsende Mehrheit der ostdeutschen Bevölkerung![179] Ebenso wichtig war die eindeutige Unterstützung der amerikanischen Regierung sowie der ostmitteleuropäischen Dissidenten, weil ihre Schützenhilfe die außenpolitischen Widerstände verringerte. Das Kernproblem dieser Alternative war nämlich die Klärung und Durchsetzung umstrittener Positionen wie der Anerkennung der polnischen Westgrenze sowie der NATO-Mitgliedschaft.[180]

Die letzte Variante der Herstellung einer »europäischen Friedensordnung« betonte dagegen die Interdependenz von deutscher Einheit und europäischer Integration. Vor allem Außenminister Genscher wies auf die Notwendigkeit einer europäischen Einbettung hin, um durch »die volle Achtung der geschlossenen Verträge«, die »Unverletzlichkeit der Grenzen« sowie die »Errichtung von Strukturen kooperativer Sicherheit« die Zustimmung der Nachbarn zu gewinnen. Aber auch Bundeskanzler Kohl stand »ohne Wenn und Aber zur europäischen Verantwortung«, da er die deutsche Einheit und die europäische Integration »nicht [als] konkurrierende, sondern zusammengehörende Aufträge des Grundgesetzes« verstand. Unterstützt wurde diese Position von der SPD, den Grünen und den Einheitsskeptikern unter den ostdeutschen Bürgerrechtlern.[181] Natürlich war die Europäisierung auch bei den Nachbarstaaten populär, denn sie erlaubte dem schwankenden Mitterrand, die Einheit unter Bedingungen weiterer Integration zu unterstützen, und öffnete den Ostmitteleuropäern den Weg zurück nach Europa. Allerdings blieb höchst umstritten, ob damit die Aufhebung des Nationalstaats und die Neutralisierung in der KSZE oder seine Einfügung in die EU und die NATO gemeint waren.[182]

Entschieden wurde der Disput über die »Wege nach Deutschland« nicht von einer akademischen Jury, sondern der Bevölkerung der DDR in den ersten freien Wahlen vom März 1990. Der unerwartete Sieg der »Allianz für Deutschland« mit über 48 Prozent, dazu das enttäuschende Ergebnis der SPD mit fast 22 Prozent und das Abschneiden der Liberalen mit über fünf Prozent ergaben eine Drei-Viertel-Mehrheit für eine baldige Vereinigung. Zwar wollte die auf dieser Koalition aufbauende Regierung de Maizière »eigenständige Akzente setzen«, aber sie war ein willigerer Partner bei Verhandlungen mit Bonn als ihre PDS-dominierte Vorgängerin.[183] Die Wirkung dieses klaren »Bekenntnisses zur Einheit« auf Form und Tempo des Prozesses war unbestreitbar: Einerseits war das Resultat ein Signal an die zögerlichen Intellektuellen, die der Vereinigung aufgrund einer missverstandenen Lektion der Geschichte skeptisch gegenüberstanden, sowie an die westdeutsche Bevölkerung, die davon »materielle Nachteile« befürchtete.[184] Andererseits stärkte das klare Ergebnis die Hand derjenigen Mächte wie der USA, die »für schnelle Vereinigung« eintraten und auf der NATO-Mitgliedschaft bestanden. Danach war es »die Aufgabe, diese Einheit in entsprechenden Schritten zu gestalten«.[185]

Die erste Herausforderung war die Realisierung des Selbstbestimmungsrechts der Deutschen innerhalb der internationalen Ordnung, ohne dadurch Europa zu destabilisieren. Unter den betroffenen Ländern löste die Umsetzung dieses Wunsches verständliche Ängste aus, denn sie fürchteten, »die Büchse der Pandora ist weiterhin offen«. Deshalb schlugen Gespräche zwischen amerikanischen, russischen und deutschen Staatsmännern als Mechanismus »Zwei-Plus-Vier-Verhandlungen« vor, um einerseits auf die Wünsche der beiden deutschen Staaten einzugehen, andererseits aber auch die residualen Siegerrechte des Zweiten Weltkrieges zu berücksichtigen.[186] Trotz der Proteste der übergangenen kleineren Nachbarn erwies sich diese Formel als günstig, denn die beiden deutschen Staaten konnten sich über die Akzentunterschiede zwischen dem Neutralismus Markus Meckels und Hans-Dietrich Genschers Multilateralismus meist schnell einigen. Gleichzeitig gelang es dank der deutlichen Unterstützung der Einheit durch die USA, die auf dem Verlust ihres Sonderstatus beruhenden Ressentiments von Margaret Thatcher zu überwinden und den schwankenden François Mitterrand bei der Stange zu halten. Die Schlüsselrolle fiel jedoch der von Gorbatschow geführten Sowjetunion zu, da von ihr die Vereinigung eine Aufgabe ihres ostdeutschen Satelliten verlangte.[187]

In dramatischen Verhandlungen entstand weder eine neutrale Konföderation noch eine europäische Friedensordnung, sondern eine erweiterte, aber in den Westen eingebundene Bundesrepublik.[188] Der am 12. September abgeschlossene Zwei-Plus-Vier-Vertrag regelte erstens: »Das vereinte Deutschland wird die Gebiete der BRD, der DDR und ganz Berlins umfassen.« Diese Absage an die Grenzen von 1937 erkannte die Oder-Neiße-Linie als polnische Westgrenze an, auch wenn aus Rücksicht auf die Vertriebenen die Zustimmung dazu schwer fiel.[189] Zweitens bestätigte er die Bonner Friedenspolitik und damit den »Verzicht auf Herstellung und Besitz von und auf Verfügungsgewalt über ABC-Waffen«. Dazu gehörte auch eine Abrüstung der Bundeswehr nach Eingliederung der NVA auf 370000 Soldaten, um neue Aggressionen zu verhindern. Drittens versprach die Sowjetunion, bis Ende 1994 ihre Truppen aus Ostdeutschland zurückzuziehen, solange der Abzug finanziell unterstützt und dort nur konventionelle deutsche Streitkräfte stationiert würden. Viertens, und dies war die schwierigste Konzession für Moskau, blieb Deutschland in der Wahl seiner Bündnisse frei, konnte also als Ganzes weiterhin der

NATO angehören. Fünftens versprachen die vier Siegermächte »hiermit ihre Rechte und Verantwortlichkeiten« aufzulösen: »Das vereinte Deutschland hat demgemäß volle Souveränität über seine inneren und äußeren Angelegenheiten.« Der Abschluss war »eine historische Stunde für Europa und eine glückliche Stunde für die Deutschen«.[190]

Die zweite Aufgabe war die Regelung der innerdeutschen Aspekte der Vereinigung, die wegen des Konkurses der DDR auf die Übertragung des westlichen Systems hinauslief. Obwohl sich viele vom Tempo »überfahren« fühlten, plädierte die »Wirtschaft für schnelle Vereinigung« um das »Ausbluten der DDR« durch die »Abwanderung von Hunderttausenden« zu stoppen. Mit dem an den Zollverein erinnernden Vorschlag einer »Wirtschafts- und Währungsunion« wollte Kanzler Kohl deshalb eine »Perspektive für die Zukunft, also Mut und Zuversicht zum Bleiben geben«. Die Bundesrepublik setzte »ihren stärksten wirtschaftlichen Aktivposten, die D-Mark« ein, um »die krisenhafte Zuspitzung« zu überwinden.[191] Statt ein »Zusammenwachsen so langsam wie möglich« verlangte dieses Angebot einen abrupten, fundamentalen Systemwechsel durch »Schaffung der rechtlichen Voraussetzungen für die Einführung der Marktwirtschaft«. Da in der Frage des Umtauschkurses die Interessen der Ost- und der Westdeutschen direkt aufeinander prallten, wurde schließlich ein Kompromiss von etwa 1:1,5 ausgehandelt. Allerdings erforderte die finanzielle Umstellung Milliardensummen, die durch einen Fonds für deutsche Einheit auf dem Kapitalmarkt beschafft werden sollten. Trotz linker Unkenrufe war die Unterzeichnung des Staatsvertrags ein »entscheidender Schritt zur Einheit«, denn die Ostdeutschen »vertrauen auf einen wirtschaftlichen Aufschwung«.[192]

In ähnlicher Weise war der Vereinigungsvertrag ein notwendiger Versuch, die Eingliederung Ostdeutschlands in die Bundesrepublik in Paragraphen zu gießen. Trotz wachsender Sorgen vor sozialem Abstieg und finanziellen Opfern hielten große Mehrheiten an einer Übernahme des westlichen Modells fest.[193] Zwar gab es Wünsche nach Modifizierung des Grundgesetzes durch ein »Recht auf Arbeit«, aber wegen der »Unsicherheiten« einer langwierigen Verfassungsdiskussion nach Artikel 146 bestanden beide Regierungen auf einem Beitritt nach Artikel 23 mit »schonenden Übergängen«.[194]

Lothar de Maizières Absicht, diesen Moment »so schnell wie möglich und so geordnet wie nötig« herbeizuführen, scheiterte an dem Kollaps der Staatsfinanzen, der einen »Notanschluss unvermeidlich« machte, weshalb der Beitrittstermin nach langem »Gerangel« schon auf den 3. Oktober 1990 festgesetzt wurde.[195] Der Inhalt des voluminösen Vereinigungsvertrags war ein Versuch, das Chaos des Übergangs einigermaßen ordentlich zu regeln. Am einfachsten war die politische Anpassung durch Neugründung der fünf Bundesländer, die bis 1952 bestanden hatten. Schwieriger war schon die Anerkennung der östlichen Bildungsabschlüsse und die Eingliederung in das westliche Sozialsystem ohne vorherige Beitragszahlungen. Am kontroversesten erwiesen sich Fragen der Eigentumsrechte, die Legalität der Abtreibung sowie des Zugangs zu den Stasi-Akten. Hinter allem stand das Gebot von Bundespräsident Richard von Weizsäcker: »Einander annehmen«.[196]

Die Feier der Vereinigung am 3. Oktober 1990 symbolisierte den Übergang »von der Normalisierung zur Normalität«, von dem Management der Teilung zur Wiederherstellung der Einheit. »Unter großem Jubel von Zehntausenden ist vor dem Reichstag in Berlin um Mitternacht ... eine riesige schwarz-rot-goldene Fahne der BRD gehisst worden zum Zeichen, dass der Beitritt der DDR zur BRD vollzogen war.« Auf der Ehrentribüne lauschten Kanzler Kohl und Premier de Maizière sowie andere Politiker den Klängen der Freiheitsglocke vom Schöneberger Rathaus und sangen die von einem Chor intonierte Nationalhymne mit. »Ein kurzer Moment der Ergriffenheit« verging mit dem »unbestimmten Gefühl, einem historischen Moment beizuwohnen.« Sektkorken knallten, ein Feuerwerk stieg in den Abendhimmel, »eine fröhliche Feststimmung« machte sich breit. Die Feier war bewusst schlicht gehalten worden, um keinen »patriotischen Überschwang« zu produzieren, der schlimme Erinnerungen wachrufen könnte. Die vereinigte Bundesrepublik wollte inländischen Kritikern und ausländischen Skeptikern, die auf der Meinung »Nie wieder Deutschland!« beharrten, ihre Ängste nehmen, indem sie ihre weiterbestehende Zivilität bewies.[197]

Unsicherheiten neuer Normalität

Die elementare Freude über die unverhoffte Einheit wich jedoch bald einer tiefen Verunsicherung über die Konsequenzen aus der Rückkehr zur Normalität. Die von dem SPD-Politiker Klaus von Dohnanyi im Sommer 1991 gestellte Frage: »Deutschland – ein normales Land?« wurde von vielen Intellektuellen emphatisch beantwortet, »nach Auschwitz könne es keine politische Normalität für Deutschland geben«. Für traditionsbewusste Kommentatoren wie Kurt Sontheimer war die Rückkehr des Nationalstaats jedoch »ein Wunder der Geschichte«, das, wie der neo-konservative Rainer Zitelmann hoffte, die quälende Vergangenheitsdiskussion beenden sowie ein selbstbewussteres Auftreten nach außen mit sich bringen würde.[198] Für kritische Denker wie Jürgen Habermas, denen der ostdeutsche »DM-Nationalismus« ein Gräuel war, galt es vor allem an den zivilisatorischen, auf Anerkennung der NS-Verbrechen basierenden Lernprozessen der Nachkriegszeit festzuhalten und die Entwicklung zu einer postnationalen internationalen Gemeinschaft voranzutreiben. Mit Verwunderung konstatierten ausländische Beobachter daher bei den Deutschen eine gewisse »Furcht, wieder normal zu werden«.[199]

Erste Priorität hatte der Versuch einer möglichst raschen und gründlichen Tilgung aller Teilungsspuren. Dazu gehörte vor allem die Schleifung der berüchtigten Mauer samt Wachttürmen, Todesstreifen und Schäferhunden sowie die Beseitigung des breiten Grenzstreifens, der über tausend Kilometer lang das Land wie eine Wunde durchzog. Überall wurden mit Hilfe des »Fonds deutsche Einheit« gesperrte Straßen geöffnet, gesprengte Brücken aufgebaut, Schienenstränge verbunden, weitere Telefonverbindungen geschaltet, Hochspannungsleitungen verknüpft sowie Gas- und Ölleitungen gelegt. Vor allem in grenznahen Orten konnten lang unterbrochene Bekanntschaften wieder aufgefrischt werden und neue Begegnungen stattfinden, um menschliche Beziehungen zu reaktivieren. In entfernteren Gebieten mussten Busfahrten in die jeweils unbekannten Landesteile organisiert werden, bei denen vor allem die jüngere Generation ihr Neugier befriedigen und Kontakte anknüpfen konnte. Bei aller Euphorie zeigte schon das erste Aufeinandertreffen, wie sehr sich die Deutschen in vier Jahrzehnten im Alltag auseinandergelebt hatten. Deshalb sollte das Abtragen »der Mauer in den Köpfen« wesentlich länger als die Sanierung der Infrastruktur dauern.[200]

Ein zweiter Aspekt war die rapide Westernisierung des Erscheinungsbilds der ostdeutschen Städte, Straßen und Menschen. Während nach dem 3. Oktober im Westen alles beim Alten blieb, war die Veränderung im Osten während der ersten Jahre drastisch. Überall schwärmten westliche Automarken aus, schossen Tankstellen, Geschäfte und Einkaufszentren aus dem Boden, wurden Häuser gestrichen und vertrieb grelle Reklame das bislang nur von roten Spruchbändern unterbrochene Grau. Mit der harten Westwährung in der Hand verlangten Kunden anfangs nur noch Westware statt ihrer bekannten, aber langweiligen Eigenprodukte, so dass Kirschen aus Werder verfaulten, während Obst aus der amerikanischen Westküste eingeflogen wurde! Von den Briefmarken bis zu Versicherungsformularen und Steuerbescheiden stürmte eine ungewohnte Regelwelt des Westens auf die neuen Bürger ein, die erst mühsam lernen mussten, mit ihren andersartigen Anforderungen fertig zu werden. Manchmal boten westliche Entwicklungshelfer ihre Unterstützung an – nicht immer aus selbstlosen Motiven. Letztlich gab es aber gegen diese allzu sichtbare »Dominanz des Westens« kaum eine Alternative, wenn die Ostdeutschen schnell vollgültige Staatsbürger werden wollten.[201]

Eine unerwartete Begleiterscheinung des Aufbruchs war drittens der Abbruch von vielen DDR-Einrichtungen, teils aus Notwendigkeit, teils aus Unverständnis. Durch die stillgelegten Kombinate entstand eine erschreckende Industriebrache, die ganze Landstriche mit verrosteten Ruinen aus nicht mehr wettbewerbsfähigen Fabriken und verwaisten LPGs überzog. Nach Abzug der Roten Armee häuften sich daneben die leeren Kasernen und verlassenen Truppenübungsplätze, oft durch Öl und Munition verseucht. Auch verfielen durch die Stasi-Auflösung viele MfS-»Objekte«, die keinen privaten Gewinn versprachen. Schließlich verkamen ebenso viele Kitas, Kulturhäuser und andere soziale Einrichtungen, die nicht mehr finanziert werden konnten. Die von Helmut Kohl im Wahlkampf versprochenen »blühenden Landschaften« vor allem des subventionierten Konsums kontrastierten daher mit den hässlichen Ruinen des

SED-Regimes, zu deren Sanierung oft das Geld fehlte. Kein Wunder, dass sich Wut und Enttäuschung über das »Plattmachen« und den »Ausverkauf« des Ostens breit machten. Wenn der eigene Arbeitsplatz verloren ging, half es wenig, dass sich nicht nur im Chemiedreieck die Luft verbesserte und das Wasser sauberer wurde.[202]

Der verständliche »Schock der Vereinigung« verwandelte sich daher bald in die Sorge um eine tiefgehende »Vereinigungskrise«, da die schlechten Nachrichten nicht abrissen. Brachen nicht wegen der rigorosen marktwirtschaftlichen Privatisierungspolitik der Treuhandgesellschaft überall renommierte Industriebetriebe wie das Kamerawerk Pentacon zusammen? Stiegen wegen der Lohnforderungen der gesamtdeutschen Gewerkschaften nicht andauernd die Arbeitslosenzahlen, bis sie im Osten etwa die doppelte Höhe derer im Westen erreicht hatten? Ging die Abwanderung der Arbeitskräfte, vor allem der jungen Leute, nicht trotz aller Umschulungsmaßnahmen ungebremst weiter?[203] Die verspätete Reaktion der Politik auf den Kollaps der planwirtschaftlichen Strukturen war eine erstaunliche Kraftanstrengung, die durch den Solidaritätszuschlag zu der Einkommenssteuer Hunderte von Milliarden D-Mark zur Sanierung der Infrastruktur und zur Finanzierung der Sozialkosten transferierte. Leider ging davon aber nur ein Bruchteil in eigentlich produktive, neue Investitionen. Viele Ostdeutsche fühlten sich deshalb als »Fremde in der Heimat, Fremde in der neuen Zeit«, während ungeduldige »Besserwessis« über die undankbaren »Jammerossis« schimpften.[204]

Aus den realen Schwierigkeiten und politischen Fehlern entstand ein veritables »Psychodrama um die politische Einheit«, das zum Lieblingsthema der Feuilletons avancierte. Meinungsumfragen stellten zunächst eine wachsende Entfremdung zwischen Ost und West fest, die durch die Asymmetrie der Einkommen und des Medienzugangs verstärkt wurde. Die systematische Delegitimierung der DDR durch die Enquete-Kommission des Bundestags und die Skandalisierung der Stasi-Mitarbeit durch die Medien löste »tiefe Depression im Osten und Gleichgültigkeit im Westen« aus, die in Einzelfällen zu »Distanz, Enttäuschung, Hass« führte.[205] Die Arroganz mancher westlicher Berater, der Verlust der vertrauten ostdeutschen Warenwelt sowie die ständige Überforderung durch die raschen Veränderungen nährten bald ein Gefühl, dass Ostdeutsche nur »Bürger zweiter Klasse seien«. Mit wachsender Distanz von der Schäbigkeit und Repressivität des realen Sozialismus entstand daher, geschürt von der Wahlpropaganda der PDS, »doch so etwas wie eine eigene kulturelle Identität«, ein »verklärter Rückblick auf den Staat DDR«, der sich als (N-)Ostalgie äußerte.[206] Den zahlreichen Initiativen zu einem »neuen Miteinander« gelang es erst langsam, diese gefühlsmäßigen Gräben zu überbrücken.[207]

Auch außenpolitisch bedeutete die Vereinigung als »zentraler Bestandteil« der »europäischen Neuordnung im Großen« eine Zäsur, da sie die Frage nach »der künftigen Rolle Deutschlands in der europäischen und in der Weltpolitik« aufwarf. Nach der erhofften Eingliederung der neuen Länder schien durch den Gewinn an Bevölkerung, die Vergrößerung des Wirtschaftspotentials sowie die Erweiterung des Territoriums ein Zuwachs an Macht wahrscheinlich. Obwohl damit erhöhte Erwartungen an die Übernahme von Verantwortung verbunden waren, knüpften sich gerade daran bei den Nachbarn verständliche historische Ängste, und auch im Inneren gab es unter den Intellektuellen manche Befürchtungen vor einer hemdsärmeligen Hegemonie. Dabei standen sich in der Öffentlichkeit zwei Lager gegenüber: Die Linke hielt mit Oskar Lafontaine den »Nationalstaat für überholt« und hoffte, »eines nicht mehr fernen Tages« werde das vereinigte Deutschland »in einem größeren Europa« aufgehen. Konservative Kommentatoren wie Arnulf Baring forderten demgegenüber eine Neubestimmung der internationalen Rolle, um eigene Interessen zu definieren und die alte Mittlerfunktion, modifiziert durch zivilisierte westdeutsche Zutaten, wieder aufzunehmen.[208]

Die erweiterte Bundesrepublik bestand den Test der neuen Verantwortung im ersten Golfkrieg gegen den Irak nicht gerade mit Bravour. Hinter dem Slogan »Kein Blut für Öl« sammelte sich schnell eine Massenbewegung, welche die Befreiung Kuweits, so Peter Glotz, für einen »ungerechten Krieg« hielt. Während im Westen die Tradition der zivilen Enthaltsamkeit fortwirkte, war es im Osten eher die Nachwirkung des antiamerikanischen Misstrauens der Vergangenheit, die die Stimmung gegen den Krieg anheizte. Erst als Hans Magnus Enzensberger den Diktator Saddam Hussein als »Hitlers Wiedergänger« bezeichnete und Wolf Biermann die Gefährdung Israels durch die Scud-Raketen betonte, setzte eine gewisse Ernüchterung ein.[209] Auf massiven US-Druck hin rang sich die Regierung Kohl-Genscher zu einem Kurswechsel durch und entsandte neben Milliarden von D-Mark deutsche Hilfstruppen in die Türkei und das Mittelmeer sowie militärisches Gerät nach Israel. Nicht nur Washington war tief enttäuscht von dem Versuch der Deutschen, »gerne politische Zwerge zu bleiben«. In Bonn dämmerte deswegen langsam die Erkenntnis, »dass auch wir unser Teil an politischer Verantwortung für die schwieriger werdenden Weltläufe zu übernehmen haben«.[210]

Die nächste Bewährungsprobe bei der Auflösung Jugoslawiens verlief nicht viel besser, da dort eine aktivere deutsche Außenpolitik alte alliierte Vorurteile weckte. Zwar war es Slobodan Milosevic, der den Nationalitätenkonflikt im südslawischen Mehrvölkerstaat verschärft hatte, um aus der Konkursmasse des Titoismus »wenigstens den großserbischen Traum« zu retten, aber die Westmächte und Russland wollten als Taufpaten der Konstituierung Jugoslawiens so lange wie möglich den föderalen Gesamtstaat aufrechterhalten. Gleichzeitig war der Balkan durch die Erinnerung an die deutsch-österreichische Besatzung im Ersten und die nationalsozialistischen Verbrechen im Zweiten Weltkrieg hochgradig emotional vermint, da die Kroaten zum Beispiel mit den Ustaschi treue Verbündete der Deutschen gewesen waren. Die von Genscher im Namen des Selbstbestimmungsrechts der Völker durchgesetzte schnelle Anerkennung der Unabhängigkeit von Slowenien und Kroatien löste nicht nur einen militärischen Gegenschlag der Serben, sondern auch Verärgerung in den anderen Hauptstädten über das »große und arrogante« Deutschland aus. Es schien, als ob auch der Versuch, eine regionale Führungsrolle zu übernehmen, nur »alt-neue Ressentiments« auslösen würde.[211]

Die interne Durchsetzung von Militäreinsätzen zur Friedenssicherung war ein ebenso kontroverser Prozess, der ein grundsätzliches Umdenken verlangte. Dabei mussten Hindernisse wie die verfassungsmäßige Beschränkung auf Verteidigung des eigenen Landes, die Ausrichtung der Bundeswehr auf Konflikte mit dem Warschauer Pakt und die von der Friedensbewegung geforderte »Kultur der Zurückhaltung« überwunden werden. Der erste Auslandseinsatz im Rahmen der UNO in Somalia blieb daher weitgehend auf Logistik beschränkt. Erst die »allabendlichen Fernsehbilder der Balkan-Gräuel« erzwangen die Erkenntnis, dass Nichteingreifen auch ein moralisches Versagen sein könnte und die Erfahrung des Holocausts eher eine aktive Bekämpfung des Unrechts lehrte. Die Entscheidung des Bundesverfassungsgerichts aus dem Jahr 1994 machte schließlich den Weg für Friedenssicherung mit Zustimmung des Bundestags im Rahmen der UNO oder NATO frei. Im Kosovokrieg kam es dann zum ersten Kampfeinsatz deutscher Soldaten der Luftwaffe und der Bereitstellung von Bodentruppen. Trotz historischer Ängste wurde diese schrittweise Übernahme von militärischer Verantwortung international als eine notwendige Normalisierung begrüßt.[212]

Dagegen war das Engagement für die europäische Integration weniger umstritten, da »die deutsche und europäische Einheit unauflöslich miteinander verbunden« zu sein schienen. Parteiübergreifend befürwortete die politische Klasse die Fortführung des europäischen Einigungsprozesses, auch als eine Art von Versicherung gegen etwaige nationalistische Rückfälle in der Zukunft. Aufgrund seiner persönlichen Überzeugung war Kanzler Kohl bereit, im Vertrag von Maastricht das Symbol des wirtschaftlichen Wiederaufstiegs, die D-Mark, zu opfern und die Einführung des Euro zu akzeptieren, wenn die neue Europäische Zentralbank in Frankfurt am Main ihren Platz finden würde. Bei der NATO-Osterweiterung hielt sich die Bundesrepublik eher zurück und überließ die Initiative den Amerikanern, aber sie legte der Aufnahme von ehemaligen Feindstaaten keine Steine in den Weg, da dadurch auch ihre eigene Sicherheit gegen Osten wuchs. Trotz populärer Ängste vor Billiglohnkonkurrenz und Überflutung des Arbeitsmarkts engagierte sich die Bundesregierung bei der Ausdehnung der EU nach Ostmitteleuropa dagegen stärker, weil sich die Industrie Vorteile versprach und das eigene Land damit in eine zentrale geographische Position gelangen würde.[213]

Der außenpolitische Kurs des vereinigten Deutschlands entwickelte sich aus der Kontinuität der alten Bundesrepublik, gewann aber dennoch langsam eigene Konturen. Zweifellos blieb das grundlegende Koordinatensystem der Bindung an die NATO und die europäische Integration sowie der gleichzeitigen Freundschaft mit den USA und zu Frankreich unverändert erhalten. Aber sensible Beobachter wie der polnische Historiker Adam Krzeminski entdeckten einige leichte

Akzentverschiebungen wie »die Lust an einer aktiven Politik im Osten und Südosten Europas«. Dazu gehörte auch eine intensivere Beziehung zu Russland, die sich in erheblichen Investitionen und einer neuen Vermittlerrolle äußerte, wenn Spannungen zwischen Moskau und Washington auftraten. Auch gab es einige Anzeichen einer deutlicheren Artikulation der eigenen deutschen Interessen innerhalb der multilateralen Geflechte, wie zum Beispiel eine Eingrenzung der Agrarausgaben in der EU und eine Aufnahme der neuen Bundesländer in die Brüsseler Regionalförderung. Diese Neuansätze waren, ausländischen Warnungen zum Trotz, keine Rückkehr zum wilhelminischen Weltmachtgehabe, sondern Versuche, das gewachsene Gewicht einer »Mittelmacht« vorsichtig einzusetzen.[214]

Die geistige Verarbeitung der »Rückkehr zur Normalität« erwies sich als noch schwieriger, da die Mehrheit der Intellektuellen darauf völlig unvorbereitet war. Wegen einer verbreiteten »Abneigung wahrzunehmen, was die Neugründung des Nationalstaats an Aufgaben und Verantwortung mit sich bringt« beklagte Wolf Lepenies »die Folgenlosigkeit einer unerhörten Begebenheit«. Die linke Mehrheit, die sich längst von der Nation verabschiedet hatte, jammerte mit Habermas über »die Entwertung unserer besten und schwächsten intellektuellen Traditionen« und stilisierte das Scheitern des realen Staatsozialismus zur »Zerstörung der Vernunft«. Die rechte Minderheit dagegen sah mit Karl-Heinz Bohrer die Einheit als Chance, auf das »Defizit eines sublimierend wirkenden selbstverständlichen Nationalgefühls« hinzuweisen, das die »Halbnation West« provinzialisiert habe. Aus der Aufgabe der Identitätsfindung entwickelte sich bald ein ideologischer Machtkampf um die Deutungshoheit der wiederhergestellten Nation. Der ostdeutsche Theologe Richard Schröder kommentierte daher sarkastisch: »Die Einigung hat jede Partei… als Chance betrachtet, etwas von dem durchzusetzen, was ihr in der Bundesrepublik bisher nicht gelungen war – auf unserem Rücken.«[215]

Ein erster Streitpunkt war die künftige Ausrichtung der Republik Deutschland – sollte die alte Bundesrepublik fortgesetzt oder eine neue Mischform mit mehr ostdeutschen Zügen geschaffen werden? Stolz auf den Sturz der SED-Diktatur hatte Lothar de Maizière versprochen, das vereinigte Land werde »östlicher, protestantischer und sozialer« werden. Jedoch hielten westliche Kommentatoren wie Kurt

Sontheimer »kein[en] Abschied von der Bundesrepublik« für notwendig, denn es sei »ja nichts grundsätzlich Neues im Entstehen«. In seinem Nachruf ironisierte der Soziologe Niklas Luhmann die plötzlich von der Linken entdeckte Qualität der Zivilgesellschaft des vorher kritisierten Bonner Staates als das Paradox von »Dabeisein und Dagegensein«.[216] Dagegen wollten konservative Kulturkritiker diese »Republik der politischen Schwächlinge und der intellektuellen Schwätzer« hinter sich lassen, indem sie an das Nationalgefühl der neuen Länder appellierten. Ostdeutsche Intellektuelle fanden es schwer zu definieren, welche positiven Elemente sie außer Polikliniken aus der Konkursmasse des Sozialismus retten wollten, wiesen aber auf die Einheit als »die Mitgift der DDR« hin.[217]

Ein weiterer ideologischer Kampfplatz der Intellektuellen war die Vergangenheitsbewältigung, deren Aufgabe sich durch den Kollaps der zweiten Diktatur verdoppelt hatte. Die von Martin Walser in seiner Friedenspreisrede geäußerte ketzerische Hoffnung, »die Deutschen seien jetzt ein normales Volk, eine gewöhnliche Gesellschaft« musste am Einspruch der rivalisierenden Diktaturopfer scheitern.[218] Einerseits forderten die von SED-Repressionen geschädigten Ostdeutschen sowie die konservativen westlichen Kalten Krieger eine retrospektive Delegitimierung der DDR als »Unrechtsstaat«, die einen forschen Antikommunismus bestätigen sollte. Andererseits bestanden die Überlebenden der NS-Verbrechen sowie die schuldbewussten Linksintellektuellen in beiden Teilen des Landes auf einer rigorosen Aufarbeitung des Holocausts, um einen retrospektiven Antifaschismus zu rechtfertigen. Obwohl die Frontlinien eher spiegelverkehrt verliefen, waren beide Debatten eng miteinander verknüpft, denn es ging um die Prioritäten innerhalb eines übergreifenden Antitotalitarismus als Legitimationsideologie der erweiterten Bundesrepublik. Erst langsam dämmerte die Erkenntnis, dass beide Themen keine Instrumentalisierung, sondern eine differenzierte Analyse verlangten.[219]

Der brisanteste Streit entwickelte sich jedoch um die Implikationen der Wiederherstellung des Nationalstaats, da die »intellektuelle Rechte« eine dezidierte »Renationalisierung« forderte. Mit seinem sibyllinischen Essay »Anschwellender Bocksgesang« lancierte der Dichter Botho Strauß eine Philippika gegen die Seichtigkeit der

Achtundsechziger-Intelligenz und forderte zu einem »tief greifenden, unter Gefahren geborenen Wechsel der Mentalität« auf. Brigitte Seebacher-Brandt erweiterte die Kritik des »deutschen Selbsthasses« zu einer Ablehnung der gesamtdeutschen Vaterlandsverweigerung: »Normalität heißt, sein wie andere sind, andere Demokratien, die auf je eigene Weise Normalität haben finden müssen.« Als Voraussetzung für eine unabhängigere nationale Politik stellte der Publizist Rainer Zitelmann sodann die Westbindung in Frage, um mit der »fast mythischen Verklärung des Westens aufzuräumen«. In Zurückweisung deutscher »Schuldmetaphysik« forderte der Göttinger Studienrat Karlheinz Weißmann eine Rückbesinnung auf nationalstaatliche Traditionen. Diese Strömungen kulminierten in dem Versuch, die neu zu schaffende Normalität der Einheit zur Rückkehr zu einer »selbstbewussten Nation« zu benutzen.[220]

Linke »Verfassungspatrioten«, die dem Nationsbegriff skeptisch gegenüberstanden, reagierten mit einem Anflug von Hysterie auf solche neo-nationalen Angriffe auf ihre Diskurshoheit. So kritisierte Günter Grass das »Zusammenwuchern« im »hässlichen Prozess zur Einheit« und malte düstere Folgen einer »ungehemmten Profitgier« für die Nachbarn in Ostmitteleuropa aus. Um die Zivilisationsgewinne der alten Bundesrepublik zu verteidigen, warnte der sozialdemokratische Vordenker Peter Glotz vor den »deutschen Gefahren« wie der Entstehung einer neuen »nationalen Intelligenzija«, die unter dem Banner der »Normalisierung« in überholte nationalstaatliche Muster zurückfallen wollte. Ähnlich geißelte der Bielefelder Historiker Hans-Ulrich Wehler die »neuen Träume der Intellektuellen« eines »mystifizierten Nationalismus«. Noch deutlicher wandte sich Jürgen Habermas gegen jene Intellektuellen, »die sich nach einer neuen ›nationalstaatlichen Normalität‹ sehnen«, und kanzelte ihre Ideen als einen »dritten Aufguss« von jungkonservativen Ideen ab.[221] Diese reflexartige Zurückweisung war rhetorisch eindrucksvoll, ging aber kaum auf die neuen Herausforderungen nach der Vereinigung ein.

Zwischen diesen Fronten versuchten gemäßigte Intellektuelle einen demokratischen Patriotismus zu entwickeln, der auf den Lernprozessen der Nachkriegszeit aufbaute, aber trotzdem die Aufgabe der Identitätsbildung annahm. So plädierte der Althistoriker Christian

Meier für »die Notwendigkeit einer Nations(neu)bildung«, während der Zeithistoriker Heinrich August Winkler die »Neubildung einer deutschen Nation« mit europäischer Ausrichtung und westlichen Werten forderte. Auch der ostdeutsche Theologe Richard Schröder begründete, »warum wir uns als Nation oder Volk verstehen müssen« mit den Lasten der Geschichte und den Aufgaben des Vereinigungsprozesses: »Nationen ohne Staat und geteilte Nationen schaffen Probleme, sich und anderen. Diese sind wir nun glücklich los.« Schließlich verlangte der CDU-Politiker Wolfgang Schäuble eine emotionale Bindung durch »Liebe zur Heimat, Patriotismus, Nationalgefühl«, damit »die nationale Gemeinschaft als eine Schutzgemeinschaft für Frieden und Freiheit« bestehen könne.[222] Gerade um Rückfälle in einen gefährlichen Nationalismus zu verhindern, propagierten diese Kommentatoren einen postklassischen, westernisierten Nationalstaat mit Einbettung in Europa.

Trotz aller ungelösten Probleme schlugen Rückblicke auf die Vereinigung nach den ersten fünf Jahren einen bemerkenswert positiven Grundton an. So konstatierte der sächsische Ministerpräsident Kurt Biedenkopf (CDU) etwas vorschnell, »die deutsche Einheit ist gelungen«. Zwar blieben »viele Wünsche der DDR-Wender« unerfüllt und gravierende Fehler wie das Prinzip »Rückgabe vor Entschädigung« erschwerten das Zusammenwachsen, aber der beginnende Neuaufbau sei »eine eindrucksvolle Gemeinschaftsleistung aller Deutschen«.[223] »Gelungen ist das Internationale«, resümierte der französische Deutschlandkenner Alfred Grosser und fügte hinzu: »Seien Sie doch Optimisten!« Als schwierigste Aufgabe stellte sich die mentale Annäherung heraus, denn manche Beobachter wie Christoph Dieckmann glaubten, »Ost und West driften wieder auseinander«, weil östliche Stimmen im Einheitsdeutschland nur wenig Gehör fanden. Vielleicht lag das auch an den zu hohen Erwartungen eines »falschen Gemeinschaftsmythos« von völliger Übereinstimmung. Hans-Joachim Veen argumentierte daher nicht zu Unrecht, dass nach dem Kriterium der Zustimmung zu den »Legitimationsgrundlagen der Bundesrepublik« die innere Einheit eigentlich schon da sei.[224]

Zivilgesellschaft und Nation

Angesichts der mehrfachen Umbrüche war die Suche nach Normalität ein verständliches »Sehnsuchtsziel« der Deutschen im zwanzigsten Jahrhundert. Zunächst meinte dieser schillernde Begriff ein planbares bürgerliches Leben ohne politische Aufregungen, militärische Gewalt, ökonomische Krisen und kulturelle Verunsicherungen. Über Tendenz und Inhalt einer normalen Existenz wurde jedoch endlos gestritten, da Parteien, Kirchen und Gewerkschaften jeweils eigene, meist inkompatible Vorstellungen verwirklichen wollten. So konnte »Normalisierung« in den achtziger Jahren entweder eine von den Linken favorisierte Anerkennung der Teilung oder eine von den Rechten im Historikerstreit propagierte Entsorgung der Vergangenheit bedeuten. Nach der Vereinigung entspann sich ein ähnlicher Streit zwischen Pessimisten, die vor einer »unmerklichen Verwandlung der Deutschen« in Richtung einer »falschen Normalisierung« warnten, und Optimisten, die »die Republik auf dem Wege zur Normalität« sahen. Hinter solchen Debatten stand das Trauma der Nation, das »die Bewährung der Bundesrepublik als demokratisches und stabiles Staatswesen« erschwerte.[225]

In der deutschen Rezeption des politischen Modeworts »Zivilgesellschaft« taucht das Problem ihrer Kompatibilität mit dem Nationalstaat nur selten auf. Das ist wenig verwunderlich, da *civil society* zunächst als Hinweis auf den »dritten Sektor« zwischen Politik und Wirtschaft verstanden wurde, also eine Sphäre von unabhängigem Bürgerengagement in der Gesellschaft bezeichnete, das den ganzen Bogen von lokalen bis zu globalen Problemen betreffen konnte.[226] Bei den empirischen Untersuchungen von »realen Zivilgesellschaften« stellte sich aber unvermeidlich die Frage nach den politischen Rahmenbedingungen, die einen solchen Einsatz begünstigten oder behinderten. Die historische Analyse des deutschen Falls suggerierte darüber hinaus, dass bestimmte Regime wie der Wilhelminismus, die Präsidialkabinette und nationalsozialistische und kommunistische Diktaturen nicht gerade förderlich für ein selbstbestimmtes Handeln von Staatsbürgern gewesen sind. Gerade weil autoritäre Traditionen und überzogener Nationalismus die Zivilgesellschaft wiederholt unterdrückt haben, legt der deutsche Sonderweg jedoch den Umkehrschluss nahe, dass sich eine Bürgergesellschaft ohne verfassungsrechtliche Garantien und staatliche Einheit nur schwer entfalten kann.[227]

Ist die erweiterte Bundesrepublik nun »auf dem Wege zur Zivilgesellschaft« oder drohen ihr nach der Metapher des »Zweikomponentengifts« Rückfälle in Repression und Aggression? Auch wenn man Beurteilungen der Vereinigung als »eine deutsche Erfolgsgeschichte« misstrauen mag, so überzeugt der linke Pessimismus, der eine Art von Wiederholungszwang zur Katastrophe konstruiert, noch weniger.[228] Im ersten Jahrzehnt nach der Vereinigung sind die langwierigen Lernprozesse, die nach 1945 die politische Kultur positiv verändert haben, zwar von einigen Übertreibungen gereinigt, aber in ihrer Richtung nicht grundsätzlich in Frage gestellt worden. Auch die begrenzte Zustimmung zu multilateralen Militäreinsätzen hat die Entmilitarisierung der Mentalitäten ebenso wenig rückgängig gemacht wie das Aufkommen eines demokratischen Patriotismus die prinzipielle Abwendung vom Nationalismus. Der Neoliberalismus geht sogar noch weiter mit seiner Forderung, die Strukturen eines sozialstaatlichen Korporatismus aufzubrechen. Die Wiederentdeckung Ostmitteleuropas hat die Westernisierung nicht erschüttert, auch die neuen Bundesbürger stehen zur Demokratie und Protestbewegungen wie gegen den Irak-Krieg scheinen weiter zu florieren.[229]

Solche positiven Befunde bedeuteten nicht, dass damit schon alle Probleme im Gefolge der Vereinigung vom Tisch wären. Der Zusammenbruch der ostdeutschen Planwirtschaft hatte so tief greifende Folgen durch Entindustrialisierung, Arbeitslosigkeit und Abwanderung, dass auch enorme westliche Transfers nur in einigen besonders günstigen Fällen Kerne eines neuen Aufschwungs bilden konnten. Auch waren Missverständnisse zwischen Landsleuten mit so unterschiedlichen Erfahrungen und Erwartungen unvermeidbar, denn beide Seiten wussten viel zu wenig von den jeweiligen andersartigen Lebensläufen. Dazu kamen neue Frustrationen über westliche Bevormundung und Kolonialisierung sowie Ressentiments gegenüber der Undankbarkeit und Störrigkeit des Ostens. Erst langsam konnten »gemeinsame Erfahrungen auf dünnem Eis« diese Gegensätze überwinden und die Konflikte in den »Szenen einer schwierigen Ehe« als Bereicherung empfinden.[230] Aber gerade die intensive Beschäftigung mit der Vereinigungskrise hat jenes Auftrumpfen mit neuer Macht verhindert, das die internen Gegner und externen Skeptiker vorhergesagt hatten.

Die eigentliche Herausforderung ist daher nicht die Verweigerung der Vereinigung, wozu es ohnehin zu spät ist, sondern die Zivilisierung des Nationalstaats in einem europäischen und globalen Kontext. Zu diesem Zweck war der Beitritt zur alten Bundesrepublik nicht unbedingt ein falscher Schritt, auch wenn dadurch eine gleichberechtigte Fusion von Ost und West verhindert wurde. Innenpolitisch übertrug er ein in vier Jahrzehnten entwickeltes und erprobtes Modell auf die neuen Länder; außenpolitisch bettete er das erstarkte Deutschland in das westliche Bündnissystem sowie den europäischen Integrationsprozess ein. Zweifellos wären eine intelligentere Investitionspolitik, eine Aufnahme von funktionierenden Lösungen wie der Polikliniken und ein größerer Respekt für die Andersartigkeit ostdeutscher Biographien zu wünschen gewesen.[231] Auch hätte etwas mehr Mut bei der Diskussion um die Reform des Grundgesetzes nichts geschadet. Aber es bleibt zu hoffen, dass die Einbettung der Vereinigung in die Überwindung der Trennung Europas ihr die nationalistische Virulenz genommen hat und somit das Zusammenwachsen des gesamten Kontinents erleichtert. Letztlich kommt es daher darauf an, welchen Charakter der neue Nationalstaat annehmen wird.

9. Kapitel
Verunsicherung durch Fremdheit

Die Flammen brennender Asylantenheime waren ein Fanal der wachsenden Fremdenfeindlichkeit in der vergrößerten Bundesrepublik. Mit der Parole »Ausländer raus« stürmten Anfang der neunziger Jahre jugendliche Mobs die Asylantenunterkünfte in den ostdeutschen Städten Hoyerswerda und Rostock, um unter dem Beifall von erwachsenen Zuschauern die Abschiebung der Bewohner zu erzwingen. Bald zündeten rechtsradikale Skinheads auch die Wohnungen von türkischen Familien in den westdeutschen Städten Mölln und Solingen an, wobei mehrere Menschen verbrannten.[232] Von den täglichen Horrormeldungen der »Gewalt gegen Ausländer« überraschte Politiker standen hilflos vor der unerwarteten Welle der Fremdenfeindlichkeit, die einige von ihnen selbst durch ihre Kritik am »Asylmissbrauch« geschürt hatten. Dagegen riefen Bürger in Kirchen, Gewerkschaften und Verbänden zu einer »gemeinsamen Front gegen Fremdenhass« auf und mobilisierten Hunderttausende zu Lichterketten für Toleranz. Hinter diesem Konflikt zwischen xenophobischem Rassismus und multikultureller Weltoffenheit stand die Grundfrage: »Wie zivil ist das vereinigte Deutschland?«[233]

Eigentlich hatten bereits die als Strafe für die Nazi-Verbrechen getroffenen Entscheidungen der Alliierten ein ethnisch homogenes Restdeutschland geschaffen. Obwohl Hitler durch den Holocaust an Juden und Genozid an Slawen den Prozess des *ethnic cleansing* begonnen hatte, zerstörten die zur Verhinderung künftiger Angriffe unternommenen Maßnahmen der Potsdamer Konferenz die jahrhundertealte Mischsiedlung in Ostmitteleuropa vollends. Die Rückgängigmachung von NS-Eroberungen wie des Sudetenlandes gab umstrittene Gebiete an die Nachbarländer zurück, während die Westverschiebung Polens und der Verlust Ostpreußens weitere vorher durchmischte Territorien abtrennten. Der »geordnete und humane« Transfer machte daher aus der spontanen Flucht der Rache fürchtenden Deutschen eine staatlich sanktionierte Vertreibung von etwa 12,5 Millionen Menschen. Schließlich wurden mehrere Millionen *Displaced Persons* wieder in ihre Heimatländer zurückgebracht oder nach Übersee überführt.[234] Bis auf eine kleine dänische Minderheit war die zwischen Rhein und Oder verbleibende Bevölkerung deshalb einheitlicher deutsch als je zuvor.

Bei ihrem Umgang mit Fremden stand die Bundesrepublik in einer zutiefst ambivalenten Tradition. Unter dem Eindruck der Auswanderung baute einerseits das Staatsbürgerrecht des *jus sanguinis* von 1913 auf dem Prinzip kultureller Herkunft auf, um die Diaspora in Ostmitteleuropa und Übersee weiterhin an das deutsche Reich zu binden. Im Gegensatz zur französischen und amerikanischen Praxis des *jus soli* diskriminierte eine solche Bevorzugung eigenen Volkstums aber Fremde, die sich im Land niedergelassen hatten und wie die osteuropäischen Juden die deutsche Staatsbürgerschaft erlangen wollten. Daher wurden auch die immer wieder notwendigen ausländischen Arbeitskräfte als temporäre Aushilfe statt als dauerhafte Einwanderer behandelt.[235] Andererseits legte die Erfahrung des NS-Exils den Vätern des Grundgesetzes eine prinzipielle Offenheit gegenüber allen Schutzsuchenden nahe, die zu dem außerordentlich liberalen Versprechen »Politisch Verfolgte genießen Asylrecht« führte.[236] Während des Kalten Krieges konnten beide Ziele der Aufnahme volksdeutscher Übersiedler und politischer Asylanten noch konfliktlos nebeneinander bestehen, da sie im Fall der DDR-Flüchtlinge weitgehend identisch waren.

Wegen ihrer Segmentierung ist die wissenschaftliche Literatur zur Erklärung der Verbindung von Einwanderung und Fremdenfeindlichkeit nur begrenzt hilfreich. Die eindrucksvolle Migrationsforschung konzentriert sich eher auf die deutsche Auswanderung als auf die Untersuchung der Transformation von Deutschland zum Einwandererland, die erst in den letzten Jahren zu einem brisanten Thema geworden ist.[237] Dagegen ist die Literatur über den Rechtsradikalismus hauptsächlich auf marginale Parteien und die jugendliche Subkultur der Skinheads fokussiert, erklärt also das Phänomen hauptsächlich aus innenpolitischem Protest oder aus Generationsspannungen.[238] Die rechtsgeschichtlichen Untersuchungen zur Entwicklung der Staatsbürgerschaft hingegen sind eher an den Veränderungen der Zulassungs- und Einbürgerungsregularien interessiert, während soziologische Studien der Assimilationsprobleme meist den historischen Hintergrund vernachlässigen.[239] Da das Aufkommen der Fremdenfeindlichkeit so kurz nach der Vereinigung kaum ein Zufall sein kann, ist ein integrativer, kulturhistorischer Ansatz notwendig, um die psychologischen Zusammenhänge zwischen Einwanderung und Xenophobie zu verdeutlichen.

Der Grad von Toleranz des Fremden ist ein Schlüsselindikator für die Reife und Vitalität einer Zivilgesellschaft. Kritische Kommentatoren sahen die Gewaltausbrüche daher als Anschläge gegen den liberalen Rechtsstaat: »Die widerwärtigen pogromartigen Vorfälle im sächsischen Hoyerswerda und die west-östlichen Nachahmer markieren den *casus belli* der zivilen Gesellschaft.«[240] Solch massive Fremdenfeindlichkeit verletzte zentrale Aspekte einer historischen Definition von Zivilgesellschaft, wie die Ausrichtung auf »Konflikt, Kompromiss und Verständigung«, die »Anerkennung von Pluralität, Differenz und Spannung« sowie die Notwendigkeit, dass »sie gewaltfrei, friedlich verfährt«. Allerdings könnte man gegen eine solche Idealisierung von *civil society* einwenden, dass die »›unzivilen‹ Tendenzen« wie Rechtsradikalismus und Fremdenfeindlichkeit auch ein Teil moderner Gesellschaften seien, also eine negative Seite von freiwilligen, aber intoleranten Zusammenschlüssen bedeuten.[241] Daher muss sich eine Reflexion über das Ausmaß der deutschen Veränderungen seit 1945 abschließend noch der Frage stellen: »Zu welcher Gesellschaft wird sich die neue Republik entwickeln?«

Instrumentelle Öffnung

In der durcheinander gewirbelten Zusammenbruchsgesellschaft von 1945 hatten zunächst die ethnische Entmischung und Konsolidierung eindeutigen Vorrang. »Überall sieht man Familienkarawanen mit Handwagen – Flüchtlinge aus Berlins Umgebung, die heimzustreben.« Jenseits der Grenzen verschickte Kinder wollten zu ihren Eltern zurück, evakuierte Erwachsene drängten nach Hause in die zerstörten Städte, gefangene Soldaten hofften auf baldige Entlassung in die Heimat. Gleichzeitig forderten überlebende Fremdarbeiter die baldige Rückkehr in ihre Herkunftsländer, während staatenlos gewordene NS-Opfer und Kollaborateure in Lagern auf Auswanderung nach Amerika oder Australien warteten. Zu dieser Auflösung der NS-Rassenhierarchien kamen aber auch neue Fremde, die Besatzungssoldaten – nun nicht mehr in der Rolle der Unterlegenen, sondern als Herren, die wegen ihrer Übergriffe besonders im Osten von der Bevölkerung abgeschottet lebten.[242] Solidarität galt den engsten Bezugspersonen, bestenfalls noch den eigenen »Volksgenossen«, aber nicht den Fremden, deren spontane Racheakte manchmal zu Recht gefürchtet wurden.[243]

Die größte Herausforderung war die Aufnahme von Heimatvertriebenen, die einzeln, in Trecks oder Zügen hereinströmten. »Der Tscheche nimmt den Deutschen an der Grenze das Hemd ab und schlägt sie mit der Hundepeitsche«, berichtete ein Mann, aber seine Frau entgegnete: »Wir dürfen nicht klagen. Wir haben's ja selbst so gewollt.« Aus den ehemaligen Ostgebieten, der Tschechoslowakei, der Sowjetunion, Ungarn, Rumänien und Jugoslawien kamen bis 1949 7,945 Millionen nach Westdeutschland, 4,070 Millionen in die SBZ und nach Berlin, sowie 475 000 Menschen nach Österreich.[244] In den zertrümmerten Städten war Unterbringung nur durch Einquartierung möglich; Ernährung gelang lediglich durch Lebensmittelkarten; und Arbeit war allenfalls beim Wiederaufbau vorhanden. Trotz Ressentiments war für die Aufnahme entscheidend, dass sich Vertriebene selbst als Deutsche betrachteten und daher von besser gestellten Landsleuten Hilfe verlangen konnten. Während die DDR Anfang der fünfziger Jahre die Eingliederung für abgeschlossen erklärte, konnten sich die Vertriebenen im Westen freier organisieren und dadurch einen Lastenausgleich für ihre Verluste und ein Vertriebenengesetz erreichen, das Deutschstämmigen weiterhin die Einwanderung ermöglichte.[245]

Ebenso unerwartet war die Übersiedlung von ostdeutschen Flüchtlingen, die sich wegen der Nichtanerkennung der DDR ebenso auf ihre deutsche Staatsbürgerschaft berufen konnten. Als dem Studenten Hans Herzog die Lebensmittelkarte entzogen wurde, war es klar, »ich musste Freundin und Freunde verlassen und sofort das Weite suchen. ›Schwarz‹, also ohne offizielle Transitbescheinigung, musste ich über die Zonengrenze in den Westen«. Vor 1949 flohen schon etwa 730 000 Personen, dann folgten aus wirtschaftlichen und politischen Gründen 3,8 Millionen bis zum Mauerbau 1961. Dagegen wanderte nur etwa eine halbe Million in die umgekehrte Richtung nach Osten.[246] Obwohl sie diesen Zuzug anfangs bremsen wollten, erkannten Westpolitiker bald seinen Vorteil als Delegitimierung der DDR und als Quelle billiger Arbeitskräfte für das Wirtschaftswunder. Deshalb förderten sie die Übersiedler mit Eingliederungshilfen wie Entschädigungen für verlorenes Eigentum, Anerkennung von Rentenansprüchen, Wohnraumzuweisung und Haushaltszuschüsse. Auch wenn manche Einheimische auf die Flüchtlinge herabsahen, waren sie doch bald so von deren Kompetenz und Arbeitswilligkeit beeindruckt, dass sie ihre Zuwanderung mehrheitlich begrüßten.[247]

Trotz des massiven Ausmaßes solcher Zuwanderung verstand sich die deutsche Gesellschaft weiterhin als bodenständige, ethnisch homogene Einheit und nicht als Einwanderungsland. Eine erste Ursache dafür war die Fortsetzung des traditionellen Musters der Auswanderung nach Übersee, da zwischen 1954 und 1973 etwa 1,6 Millionen Deutsche, teils als Weiterwanderung, teils zur Verbesserung der Lebensumstände emigrierten. Ein weiterer Grund war der begrenzte Zustrom nichtdeutscher Asylbewerber, die als Opfer des Kommunismus mit besonderer Sympathie rechnen konnten. Da die Zerstörung Deutschland unattraktiv machte und bei Krisen des Kalten Krieges wie dem Ungarnaufstand 1956 und dem Prager Frühling der Eiserne Vorhang das Land schützte, meldeten sich zwischen 1954 und 1978 jährlich nur etwa 7100 Asylsuchende.[248] Ein letzter Umstand war zweifellos auch die Tatsache, dass die verschiedenen Flüchtlinge aus dem Osten trotz unterschiedlicher Dialekte sich auf ihre deutsche Herkunft und ihre ethnische Diskriminierung infolge des Krieges berufen konnten. Wegen ihrer langfristig meist erfolgreichen Eingliederung wurden sie daher nicht wirklich als Fremde wahrgenommen.[249]

Der Mauerbau stoppte jedoch die ethnische Zuwanderung und erzwang die Anwerbung von ausländischen Arbeitskräften, vor allem aus dem Mittelmeerraum. Wegen der Engpässe in einigen Branchen hatte die Bundesrepublik bereits Rekrutierungsabkommen mit Italien (1955), Spanien und Griechenland (1960) geschlossen, nun aber kamen die Türkei (1961), Portugal (1964) und Jugoslawien (1968) hinzu. Um die offenen Stellen vor allem bei schwerer physischer Arbeit zu füllen, wurden so genannte »Gastarbeiter« angeworben, die in Fortsetzung der Tradition der Saisonarbeit zeitweilig in die

Bundesrepublik kommen, nach Verrichtung ihrer Aufgaben aber wieder in ihre Heimatländer zurückkehren sollten. Schon 1964 konnte der Portugiese Armando Rodriguez als der millionste Gastarbeiter gefeiert und mit einem Moped beschenkt werden. Bis 1973 wuchs die Anzahl der ausländischen Arbeiter auf 2,6 Millionen, die zwölf Prozent der unselbständig Beschäftigten ausmachten. Etwa 605000 Arbeitsmigranten stammten aus der Türkei, 535000 aus Jugoslawien und 450000 aus Italien. Im Gegensatz zu NS-Zwangsarbeitern kamen sie freiwillig, mussten zwar Drecksarbeit verrichten und in Sammelunterkünften wohnen, wurden aber besser entlohnt.[250]

Da sich temporäre Präsenz langsam in Sesshaftigkeit verwandelte, entwickelten sich viele Gastarbeiter in unvorhergesehene Einwanderer. Obwohl anfangs auch die Herkunftsländer auf baldige Rückkehr ihrer Staatsbürger drängten, entschieden sich mehr und mehr Arbeitsmigranten, zumindest mittelfristig in Deutschland weiterzuarbeiten. Da die Industrie daran Interesse hatte, ihre teils qualifizierten, teils angelernten Kräfte nicht immer durch neue ersetzen zu müssen, sah sich die Bundesregierung gezwungen, die zeitlich begrenzte Aufenthaltserlaubnis auszudehnen und rechtlich zu verfestigen.[251] Auch wenn ein erheblicher Teil nach einigen Jahren wieder in die Heimat zurückkehrte und die Rezession von 1967 das Wanderungssaldo negativ machte, wurde durch das Hierbleiben des Rests die Funktion als Konjunkturpuffer zur Makulatur. Die auf 3,97 Millionen im Jahre 1973 angestiegene Anzahl von Ausländern machte Teile des Ausländerrechts obsolet und zwang zur widerwilligen Wahrnehmung: »Die Bundesrepublik ist ›Einwanderungsland‹.« Obwohl Bayern darauf bestand, »Spanier sollen nicht zu Deutschen werden«, rang sich die sozialliberale Regierung zur zwiespältigen Erkenntnis durch: »Integration ja – Einwanderung nein.«[252]

Die Ölschocks von 1973 beschleunigten den Versuch der Eindämmung der Zuwanderung, der aber wegen des durch Restriktionen ausgelösten Familiennachzugs letztlich scheiterte. Als die Zahl der Gastarbeiter auf 2,595 Millionen stieg, erhöhte die Regierung die Gebühren der Arbeitgeber, denn »die Aufnahmefähigkeit der Bundesrepublik ist erreicht«. Im Oktober sprach sie einen offiziellen »Anwerbestopp« aus und verschärfte die Abschiebungspraxis, um eine Rückkehr in die Herkunftsländer zu erzwingen. Effektiver jedoch waren die Folgen der Rezession von 1974/75, die durch die ersten »Gast-Arbeitslosen« den Zuzug von seinem Höhepunkt um eine Millionen im Jahr 1970 auf etwa dreihunderttausend verringerte und eine erhöhte Abwanderung auslöste, die die Gesamtzahl der Ausländer wieder unter vier Millionen drückte.[253] Mit der Erholung der Konjunktur wuchs trotz weiterer Bremsversuche die Anzahl der Ausländer jedoch bis 1980 wieder auf 4,5 Millionen, da die langfristig in der BRD lebenden Arbeiter nun ihre Frauen und Kinder im Rahmen der Familienzusammenführung nachholten, sich dadurch also noch tiefer einwurzelten. Der paradoxe Versuch einer integrierenden Nichteinwanderungspolitik hatte sich so selbst ad absurdum geführt.[254]

Das Resultat dieser realitätsfernen Politik der »Gäste auf Zeit« war die Ansammlung von Minderheiten in Ballungsräumen mit allen daraus resultierenden Problemen der Ghettobildung. Im Jahre 1981 kamen auf eintausend Deutsche in Frankfurt schon 232 Ausländer, in Stuttgart 183, in München 173. Mangelhafte Sprachkenntnisse zwangen zur Konzentration auf bestimmte Stadtviertel, schlechte und überfüllte Wohnungen schufen familiären Konfliktstoff, schulische Misserfolge der Ausländerkinder erschwerten ihre Integration. Sympathisierende Beobachter folgerten daraus: »Das Leben im Ghetto ist ihnen aufgezwungen worden«, aber Kritiker betonten den »sozialen Sprengstoff« der Konflikte mit den deutschen Einwohnern und der Ausländerkriminalität.[255] Viele Berliner fühlten sich in »Klein-Istanbul« fremd, da sie weder die Sprache noch die Gewohnheiten verstanden, und an der »›Frontstraße‹ von Hüttenheim« am Rande des Ruhrgebiets entzündeten sich immer wieder Konfrontationen mit einheimischen Jugendlichen. Während Italiener und Jugoslawen trotz einiger Vorurteile weitgehend individuell von der Bevölkerung akzeptiert wurden, galten die an ihrem muslimischen Lebensstil festhaltenden Türken oft als »unfähig zur Integration«.[256]

Als Reaktion auf »irrationale Ängste« vor einer »drohenden Überfremdung« wuchs besonders in schwachen Schichten eine hässliche Fremdenfeindlichkeit, die schlummernde NS-Vorurteile reaktivierte. Sensationsmeldungen über den »Bruderkampf« zwischen Serben und Kroaten, den »Menschenschmuggel« von Schlepperbanden, Gewalttaten von »ausländischen Extremisten« und häufige »Ausländerkriminalität« schufen eine xenophobische Stimmung an den Stammtischen.[257] Die rechtsradikale NPD polemisierte gegen den »ungeheuerlichen Anschlag auf unser Volkstum« und organisierte eine »Bürgerinitiative Ausländerstopp«, um eine Gesetzesinitiative zur Rückführung herbeizuführen. In verklausulierterer Sprache, aber unmissverständlicher Tendenz predigte die CSU ebenso gegen den »Irrweg der ›Eindeutschung‹« durch Erleichterung der Einbürgerung. Mit deutlichem Rückgriff auf völkische Phrasen forderte eine Gruppe von Hochschullehrern in einem Heidelberger Manifest rigorose Maßnahmen gegen die »Unterwanderung des deutschen Volkes durch Ausländer«. Kein Wunder, dass nach solcher Agitation vier Fünftel der Bundesbürger meinten, »dass heute zu viele Ausländer unter uns leben«, und eine stärkere Beschränkung des Zuzugs forderten.[258]

Die Erkenntnis »Man hat Arbeitskräfte gerufen, aber es kamen Menschen« motivierte liberalere Kreise dagegen zum dezidierten Eintreten für Toleranz, vor allem wegen der »heiklen Situation« der Ausländerkinder. Infolge schlechter Sprachkenntnisse waren sie oft »von der Schule an den Rand gedrängt«, so dass zwei Drittel ihre Ausbildung ohne Abschluss abbrachen. Der dadurch verbaute Berufszugang war eine »soziale Zeitbombe«, denn er konnte unter den mehr als einer Millionen Jugendlichen, die »eingewandert, [aber] ausgeschlossen« waren, nur Ressentiments gegen die Mehrheitsgesellschaft schüren.[259] Als eine SPD-Kommission »vor einem neuen rassischen Hochmut« warnte, sah sich die Bundesregierung gezwungen, 1980 ein »Integrationsprogramm für junge Ausländer« aufzulegen, um ihre »Chancengleichheit« endlich zu verbessern.[260] Da die »neue soziale Frage« der ausländischen »Mitbürger« enorme Probleme aufwarf, ernannte die Regierung den früheren NRW-Ministerpräsidenten Heinz Kühn zum »Ausländerbeauftragten« und zur Vertretung ihrer Interessen. Kritiker verstanden die Ausländerfrage als einen Beweis der Zivilität: »Erst im Alltag zeigt sich, ob wir den Idealen Freiheit, Gleichheit, Brüderlichkeit auch gegenüber unseren Gastarbeitern genügen.«[261]

Anfang der achtziger Jahre schürten die stockende Konjunktur, der andauernde Familiennachzug und die wachsenden Asylantenzahlen eine neue Welle der Fremdenfeindlichkeit. Obwohl die ausländische

Arbeitsbevölkerung stagnierte, kamen weiterhin Familienmitglieder dazu und stiegen die Asylbewerbungen auf 108000 an. Unter dem Druck konservativer Politiker und um Arbeitsplätze fürchtender Gewerkschaftler beschloss die sozialliberale Regierung Sofortmaßnahmen »gegen den Missbrauch des Asylrechts« und »Beschränkungen für Familienzugehörige«.[262] Mit dem Regierungswechsel zu Kanzler Kohl wurde das Klima noch rauer, da das konservative Kabinett der Angstparole »Das Boot ist voll« mehr Gehör schenkte und arbeitslosen Ausländern Rückkehrprämien von 10500 D-Mark pro Person anbot. Zwar ließen sich 140000 Gastarbeiter ihre Rentenbeiträge auszahlen, so dass die ausländische Wohnbevölkerung geringfügig zurückging, aber das danach wiedereinsetzende Wirtschaftswachstum beraubte die Maßnahme bald ihrer Wirkung. Weitergehende Versuche des CSU-Innenministers Friedrich Zimmermann, über eine Verschärfung der Ausländergesetzgebung die Ausweisung zu erleichtern, scheiterten jedoch am energischen Widerspruch von FDP und Opposition.[263]

Dagegen kämpfte eine informelle Koalition von humanitären Gruppen weiter für eine Akzeptanz des »multikulturellen Miteinanders«. Zunächst proklamierten die Bischöfe beider Kirchen einen »Tag für ausländische Mitbürger« und warben um Verständnis für ihre Probleme. Ebenso überwanden selbstkritische Gewerkschaftsvertreter ihre Ängste und plädierten für gegenseitigen Respekt zwischen deutschen und ausländischen Arbeitnehmern. Auch linke Sozialdemokraten forderten mehr Rechte für Ausländer, denn »die Bundesrepublik ist ein Einwanderungsland«. Sogar die Industrie wies auf die ökonomischen Vorteile der Ausländerbeschäftigung wegen eines Mangels an Facharbeitern hin: »Ausländer werden gebraucht.«[264] Intellektuelle plädierten dagegen für die Akzeptanz der Andersartigkeit: »Warum sollen Türken nicht Türken sein?« Menschenrechtler forderten ebenso: »Es gilt, eine Gesellschaft zu schaffen, in der alle Menschen, gleichgültig ob sie deutscher oder nichtdeutscher Herkunft sind, als gleichberechtigte Bürger leben können.« Der Journalist Günter Wallraff dramatisierte schließlich die alltägliche Diskriminierung der Türken in einem Bestseller, indem er sich selbst als ein Leiharbeiter »Ali« in einer Stahlfabrik ausgab.[265]

Erstaunlicherweise wurden die Erfahrungen der Ausländer selbst in der Diskussion kaum beachtet, da es ihnen an anerkannten Vertretern und Publikationsmöglichkeiten fehlte. »Die Türken haben es am schwersten«, da sie die größte Gruppe (1,6 Millionen) mit der stärksten kulturellen Distanz waren. Dabei war die Situation am Arbeitsplatz oft noch relativ positiv: »Ich kann mich etwas auf Deutsch verständigen; ich arbeite fleißig; deshalb mögen mich alle und ich liebe alle.« Die Konflikte entstanden eher in den überfüllten Wohnungen, wegen der andersartigen Essgewohnheiten und aufgrund der ungewohnten religiösen Praktiken. Besonders »Türkinnen fühlen sich ausgestoßen«, weil die meisten Analphabetinnen waren, kein Deutsch konnten und an ihrem traditionellen Kopftuch festhielten.[266] In den Schulen waren die Spannungen noch stärker, denn wegen fehlender Deutschkenntnisse konnten fremde Schüler »nicht mal sagen, was wir fühlen«. Da die Lehrer kein Türkisch verstanden, entstanden endlose Disziplinprobleme und blieben die Leistungen enttäuschend. Im Umgang mit den Behörden erfuhren Ausländer immer wieder Willkür und Unwillen, so dass sie auf ihre Behandlung als »Menschen zweiter Klasse« mit »Angst und Entsetzen« reagierten. Nur wenige versuchten sich zu organisieren und manche Jugendliche »lernen Karate«.[267]

Gegen Ende der achtziger Jahre bildete sich dennoch ein gewisser Modus Vivendi in der Bundesrepublik als »Nichteinwanderungsland mit Einwanderern« heraus. Einerseits hatten immer mehr Mitglieder der zweiten Generation bei der Ausbildung und Arbeit Erfolg, wodurch die Hybridisierung Fortschritte machte, so dass sich erste Anzeichen einer deutsch-türkischen Mischkultur entwickelten. Obwohl ein erheblicher Anteil der Neuankömmlinge an seinem Lebensstil festhielt, gewöhnten sich vor allem jüngere Deutsche an ihre ausländischen Nachbarn und gingen selbstverständlich beim »Italiener« essen oder kauften beim »Türken« Lebensmittel.[268] Auch die Demoskopen registrierten »eher freundliche« Erfahrungen bei persönlichen Kontakten mit Ausländern, was eine wachsende Gelassenheit im gegenseitigen Umgang suggerierte. Der weiterwirkende »alltägliche Fremdenhass« war daher eher die Sache einer jugendliche Minderheit, die zum »durch Worte und Alkohol aufgeheizte[en] Gewaltaktionismus« neigte. Wegen des fehlenden gesellschaftlichen Konsenses war die entstehende »multikulturelle Gesellschaft« jedoch brüchig und von jedem Ansteigen der Asylantenzahlen bedroht.[269]

Das Ausländerproblem blieb in der alten Bundesrepublik letztlich ungelöst, weil sich die Gesellschaft nicht über ihre Haltung zur Einwanderung einigen konnte. Da das Thema hochgradig emotional besetzt war, fehlten sogar die einfachsten Sachinformationen über die wirklichen Konsequenzen der Ausländerbeschäftigung, so dass negative Mythen von »Sozialausbeutung« ins Kraut schossen. Genauere Untersuchungen ergaben jedoch, dass Ausländer als Puffer des Arbeitsmarkts fungierten »und vor allem Tätigkeiten ausübten, die von deutschen Arbeitskräften kaum angenommen werden«.[270] Unterschwellige Konkurrenzängste und ethnische Vorurteile wurden oftmals von den Rechtsparteien populistisch ausgeschlachtet, indem zum Beispiel Franz Josef Strauß noch 1984 entgegen allen Fakten behauptete: »Wir sind kein Einwanderungsland.« Linke Moralappelle für Toleranz gegenüber anderen Lebensformen aus »Sorge um Weltoffenheit« gingen ebenso an der Realität vorbei, weil sie oft die Notwendigkeit der Respektierung von Rechten und Pflichten der Gastgesellschaft ignorierten.[271] Dieses gesellschaftliche Patt behinderte auch die Steuerungsbemühungen der Bundesregierung, die mehr auf die Befriedigung der Wähler als auf die Lösung von Problemen abzielten.

In der DDR war die Situation der Ausländer eher noch schwieriger, weil das Land durch sein repressives Grenzregime stärker von internationalen Kontakten abgeschnitten war. Zwar gab es eine slawische Minderheit der Sorben, die als Domowina von der SED gehätschelt wurde, aber schon der Umgang mit den Resten der jüdischen Gemeinde zeigte eine staatlich sanktionierte Intoleranz.[272] Nach der Devise des »sozialistischen Internationalismus« betrieb die DDR ebenso eine antiimperialistische Asylpolitik, die Bürgerkriegsflüchtlinge aus Griechenland, Chile und diversen afrikanischen Konfliktländern als privilegierte Fremde aufnahm. Aber die Erfahrung der Vertragsarbeiter aus den sozialistischen Nachbarländern und schließlich vor allem aus Vietnam war alles andere als erfreulich, da sie kaserniert leben mussten, wenig verdienten und vom Kontakt mit der lokalen Bevölkerung systematisch ferngehalten wurden. Durch die restriktive Reisepolitik hatten viel weniger Ostdeutsche die Gelegenheit dazu, sich durch Kennenlernen fremder Länder ein größeres Verständnis für andere Kulturen zu erwerben. Zwar war die Anzahl von 191000 vergleichsweise klein, aber dafür saßen die Vorurteile gegen »die Ausländer« in der Bevölkerung umso tiefer.[273]

Unerwartete Überfremdungskrise

Die Unterlassungssünden einer illusionären Migrationspolitik sollten sich bitter rächen, als Ende der achtziger Jahre die ethnische und fremde Zuwanderung explosionsartig zunahm. Solange der Eiserne Vorhang den Zustrom von volksdeutschen Aussiedlern und von DDR-Übersiedlern auf jeweils etwa 25000 pro Jahr begrenzte, funktionierten die Integrationsprogramme noch. Solange der Wanderungssaldo der Gastarbeiter mittelfristig ausgeglichen war und die Asylbewerberzahlen einhunderttausend pro Jahr nicht überstiegen, blieb die Zahl der Ausländer in der Bundesrepublik bei etwa 4,5 Millionen konstant.[274] CDU/CSU-Politiker durften weiterhin die ethnische Rückwanderung begrüßen und »nationale Interessen« vertreten, während grüne Sprecher den völkischen Zuzug ablehnen und eine multikulturelle »offene Republik« für Flüchtlinge aus aller Welt verlangen konnten. Als allerdings mit dem Zusammenbruch des Kommunismus und dem Ausbruch von Bürgerkriegen die Zahlen von DDR-Flüchtlingen, ethnischen Rückkehrern, Asylanten und nachziehenden Familienangehörigen gleichzeitig anstiegen, setzte eine neue Wanderungswelle ein, die alle Abwehrmaßnahmen überwältigte und eine akute Krise auslöste.[275]

Den Anfang machte der Massenexodus aus der DDR, dessen elementarer Druck schließlich die Systemgrenze des Kalten Krieges überwand. Obwohl die SED 1984 etwa vierzigtausend Bürger ausreisen ließ, nahmen die Anträge derer, die aus ökonomischen und politischen Gründen in den Westen übersiedeln wollten, nach 1987 drastisch zu. Die DDR versuchte teils durch Diskriminierung, teils durch Überredung die Antragsteller zum Bleiben zu bewegen, was den Ausreisewunsch aber eher verstärkte.[276] Die Öffnung des Eisernen Vorhangs in Ungarn führte zur ersten Massenflucht im Sommer 1989, die Versuche zur Unterbindung weiterer Ausreise inspirierten die Botschaftsbesetzungen und ihre humanitären Folgeprobleme erzwangen die Ausreisezüge. Die durch Massenflucht ausgelöste Torschlusspanik machte die Ausarbeitung einer neuen Reiseverordnung von Seiten der SED notwendig, deren vorschnelle Ankündigung die Maueröffnung bewirkte. Dieser Flüchtlingsstrom brachte zwischen Juli 1989 und Juni 1990 518000 offiziell gezählte DDR-Bürger nach Westdeutschland.[277] Zwar gab es anfangs »Luftballons für die Landsleute von drüben«, aber da ihre Eingliederung viel Geld kostete, braute sich eine gefährliche Mischung aus »Missgunst und Existenzangst zusammen«.[278]

Fortgesetzt wurde der Ansturm durch den dramatischen Anstieg der Aussiedlerzahlen wegen der Aufhebung administrativer Reisebeschränkungen im Ostblock. Eine ältere Russlanddeutsche konstatierte: »Nur der Politik von Gorbatschow haben wir unsere Ausreise zu verdanken.« Mit dem Kollaps des Kommunismus schwanden gegen Ende der achtziger Jahre die Migrationsbarrieren in denjenigen Ländern Ostmitteleuropas, die noch erhebliche deutsche Minderheiten beherbergten. Zwar hatte die Ostpolitik schon in der zweiten Hälfte der siebziger Jahre einen jährlichen Zuzug von etwa fünfzigtausend Aussiedlern vor allem aus Polen und Rumänien ermöglicht, aber 1988 schwoll der Strom auf 203000 an, und im Krisenjahr von 1989 verdoppelte er sich noch einmal auf 397000, da er nun auch Russlanddeutsche erfasste. Der lang gehegte Wunsch, endlich in Sicherheit mit anderen Deutschen zu leben, fegte alle Bedenken hinweg: »Wir wären auch zu Fuß gegangen.« Jedoch verursachte der Anspruch dieser ethnischen Remigranten auf schnelle Einbürgerung erhebliche Kosten, da die Kinder kaum noch Deutsch sprachen und die aus ländlichen Gebieten stammenden Aussiedler unterstützt werden mussten, bevor sie eine entsprechende industrielle Arbeit fanden.[279]

Besonders unter den selbst mit Schwierigkeiten kämpfenden Einheimischen kippte die Stimmung aufgrund der zahlreichen Eingliederungshilfen für DDR-Flüchtlinge und Aussiedler. Notwendige Überbrückungsgelder, Wohnungsdarlehen und Arbeitslosenhilfen weckten Sozialneid: »Die deutschen Stammtische sind sich weitgehend einig: Diese Menschen nehmen uns unsere Arbeitsplätze, unsere Wohnungen, unsere Rente, unser Geld.« Da die »Angst vor neuen

Konkurrenten« zwei Drittel der Bevölkerung erfasste, halfen auch keine wohlgemeinten Appelle der Regierung für »höhere Akzeptanz für Aussiedler«.[280] Vor allem linke Politiker wie Oskar Lafontaine schürten solche Ressentiments und verlangten eine Reduzierung des Zuzugs und eine Verringerung der Sozialleistungen. Obwohl die liberalkonservative Regierung die ethnische Remigration begrüßte, sah sie sich gezwungen, durch administrative Maßnahmen wie die bessere Verteilung der Aussiedler und die Kürzung von Eingliederungshilfen die Aussiedlung weniger attraktiv zu machen. Um dem Andrang irgendwie Herr zu werden, verlangte sie durch ein neues Aussiedleraufnahmegesetz von 1990 die Beantragung der Einreise im Herkunftsland, wodurch sich die Zahl im folgenden Jahr auf 221 000 halbierte.[281]

Seinen Höhepunkt erreichte der Andrang durch steigende Bewerbungen der Asylanten, die teils der politischen Verfolgung in ihrer Heimat entkommen, teils ein besseres Leben in Deutschland anfangen wollten. Die Unterdrückung der Tamilen in Sri Lanka, die Repression der Kurden in der Türkei und den Nachbarländern, die ethnischen Säuberungen im ehemaligen Jugoslawien lösten jeweils neue Flüchtlingsströme aus. Während frühere Zuzüge noch durch Einführung der Visumpflicht verringert werden konnten, stiegen die Bewerberzahlen zwischen 1983 und 1992 um mehr als das Zehnfache von zwanzigtausend auf 438 000 pro Jahr an! Auch mit einer drastischen Senkung der anfangs vier Fünftel betragenden Anerkennungsquote auf unter ein Drittel konnten die überforderten Behörden diesem Ansturm nicht standhalten. Vor allem rechte Politiker wie Alfred Dregger wetterten gegen die »Scheinasylanten« und den »Asylmissbrauch« von »Wirtschaftsflüchtlingen«, denen vor der Aufenthaltentscheidung die Arbeit verboten war. Die Lager schwollen an, weil die Bearbeitung der Anträge immer mehr Zeit verlangte, abgelehnte Bewerber Rechtsmittel einlegten und nach endgültiger Absage weiter geduldet wurden, so dass die Abschiebungsquote nur etwa ein Fünftel der Fälle erreichte.[282]

Weil auch der Nachzug der Familienangehörigen der bereits in Deutschland lebenden Ausländer weiter wuchs, überlagerten sich diese unterschiedlichen Menschenströme zu einer großen Migrationswelle, die verbreitet Panik auslöste. Zeitungen schürten die Angst mit Meldungen wie »Deutschland nahm 1989 die meisten Ausländer auf« und »In diesem Jahr 800000 Menschen in die Bundesrepublik«. Die Zahl der Zuzüge der als Ausländer Ausgewiesenen erreichte im Jahre 1992 erstaunliche 1,558 Millionen, so dass trotz erheblicher Abgänge ein positiver Wanderungssaldo von 822000 Neuankömmlingen im Lande verblieb.[283] Für die betroffenen Kommunen war dies eine mittlere Katastrophe, denn trotz einiger Bundesprogramme blieben die meisten Kosten für ethnische Aussiedler wie fremde Asylanten auf ihrer Sozialhilfe hängen. Weil Großstädte, Stadtstaaten und stark industrialisierte Bundesländer die höchste Rate an Ausländern aufwiesen, bestanden sie auf einer breiteren Verteilung in die Flächenländer, wodurch anders aussehende und nicht-deutschsprachige Ausländer in Kleinstädte verlagert wurden, die keinerlei Erfahrung im Umgang mit Fremden hatten. Auch länger Ansässige bemerkten eine Verschlechterung des Klimas: »Man spürt stärker, dass man unerwünscht ist.«[284]

Die Regierung reagierte auf die Alarmmeldungen mit einer widersprüchlichen Novellierung des Ausländergesetzes, die von Innenminister Wolfgang Schäuble im Frühjahr 1990 durchgesetzt wurde. Ziel des Entwurfs war einerseits die Eindämmung des Zuzugs durch »eine Verschärfung des Asylrechts«, andererseits die Förderung der Eingliederung von Ausländern durch die Umwandlung der konditionellen »Aufenthaltsgenehmigung« in eine sicherere »Aufenthaltsberechtigung«. Während die CSU Einschränkungen der Aufenthaltserlaubnis und des Familiennachzugs forderte, verlangten Kirchen, Gewerkschaften und Wohlfahrtsverbände eine Ausweitung der Rechtssicherheit für Ausländer und eine Liberalisierung der Zuzugsregelungen. Zum ersten Male protestierten vor allem türkische Ausländer, bei denen die Vereinigung einen »Bewusstseinsschub« ausgelöst hatte, in bundesweiten Aktionen selbst gegen Verschlechterungen ihrer Aufenthaltsbedingungen.[285] Das neue Ausländergesetz vom April 1990 war daher ein paradoxer Kompromiss, der zwar kleine Fortschritte bei der Aufenthaltsverfestigung und Einbürgerung brachte, aber weiterhin darauf ausgerichtet war, »den Zuzug von Ausländern zu begrenzen, weil es Grenzen der Integrationsfähigkeit gebe«.[286]

In einer sich dennoch allein gelassen fühlenden Minderheit der Bevölkerung verbreitete sich indessen eine hässliche Fremdenfeindlichkeit, die sich in nationalistischen Hetzparolen äußerte. Eine Umfrage des Leipziger Instituts für Jugendforschung im Sommer 1991 entdeckte einen »Abgrund von Fremdenhass« in Ostdeutschland, da sie bei fünfzehn bis zwanzig Prozent der Befragten eine »geschlossene autoritär-nationalistische Einstellung« feststellte. So stimmten vor allen bei Lehrlingen 46 Prozent der Forderung »Ausländer raus« zu, 54 Prozent lehnten die Türken ab, und siebzig Prozent glaubten, »es gebe zu viele Ausländer«. Ebenso erschreckend war das Ergebnis einer Befragung der Berliner, bei der sich zwar die Mehrheit als tolerant erwies, von denen aber ein Drittel in Ost und West »die Gefahr einer Überfremdung« beklagte. Dabei spielten ostdeutsche Orientierungslosigkeit und Unterlegenheitsgefühle eine Rolle, jedoch die »stille Duldung« nationalistischer Exzesse war im Westen ebenso verbreitet. Eine weitere Repräsentativumfrage vom September 1992 fand eine »immer breitere Zustimmung« ausländerfeindlicher Ansichten. Jeder vierte Bundesbürger befürwortete die Parole »Ausländer raus« und über die Hälfte stimmte der Devise »Deutschland den Deutschen« zu.[287]

Die grassierende Xenophobie führte bald zu Ausbrüchen von Gewalt, deren Eskalation eine tödliche Dynamik entwickelte. Relativ harmlos noch waren die nächtlichen Schmierereien von Hetzparolen wie »Deutschland-Power« und von Hakenkreuzen an Häuserwänden. Hässlicher waren dagegen die alltäglichen Pöbeleien und »verbalen Beschimpfungen« von leicht identifizierbaren farbigen Ausländern, da sie vor allem in der Dunkelheit deren Bewegungsfreiheit einschränkten. Noch schlimmer waren die sich daraus entwickelnden tätlichen Angriffe auf einzelne Fremde, die rauschartigen Hetzjagden des »Neger-Aufklatschens«, die oft über »eine solide Tracht Prügel« hinausgingen und bleibende Behinderungen bei ihren Opfern hinterließen. Am gefährlichsten waren die organisierten Überfälle auf Ausländerwohnungen und Asylantenheime, bei denen nicht nur mit Steinen die Fensterscheiben zertrümmert, sondern auch mit Molotow-Cocktails die Gebäude in Brand gesteckt wurden. Wenn die Sicherheitskräfte tatsächlich anrückten oder sich Ausländer selbst kollektiv zur Wehr setzten, brachen regelrechte Straßenschlachten aus, wobei »sympathisierende Zuschauer« oft die Wiederherstellung der Ordnung behinderten.[288]

Jugendliche Täter, die mit ihren Gewaltakten ihre Wut abreagierten, konnten kaum die Gründe artikulieren, weshalb sie die Ausländer verfolgen wollten. Ihre dumpfen Ressentiments äußerten sich in Parolen wie »Scheiß Ausländer, Scheiß Türken« und in Drohungen wie »Euch dreckige Ausländer kriegen wir schon klein«. Sie fühlten einen generalisierenden »Hass auf Juden, Ausländer, Homosexuelle. ›Auf allet‹«, was ihnen irgendwie fremd oder anders erschien. Es war daher eher eine durch Hetzparolen und Alkoholkonsum aufgeheizte Gewaltbereitschaft, die sie zum »Schwulenklatschen« oder Werfen von »Mollis« animierte, also der Adrenalinschub von Männergemeinschaft, erlebtem Abenteuer und Macht über Schwächere. Dahinter stand ein von erwachsenen Rechtsradikalen propagiertes xenophobisches Weltbild deutscher Überlegenheit, das in den brutalen Songs von Rockbands zur Gewalt einlud: »Sie fressen ständig Knoblauch/ und stinken wie ne Sau./Sie kommen hier nach Deutschland/und leben hier für lau./Sie bauen hier ne Scheiße/und machen hier nur Dreck./Man muss sie einfach töten/alles andere hat keinen Zweck.« Da die Angeklagten in Prozessen wenig Erhellendes aussagten, rätselten Kommentatoren über »die Banalität des Bösen«.[289]

Dagegen fühlten sich die ausländischen Opfer immer mehr »unverstanden, benachteiligt [und] ausgeschlossen«. Die Schikanierung durch Behörden, die Isolierung am Arbeitsplatz und die Diskriminierung bei der Wohnungssuche waren schon schlimm genug, denn gegen die »alltägliche Fremdenfeindlichkeit« konnte man sich mit Geduld wappnen. Aber mit der Gewaltwelle wuchs ein neues »Gefühl der Bedrohung«, des Ausgesetztseins ohne rechtlichen Schutz, da die Polizei meist erst eingriff, wenn es schon zu spät war. Die Beschimpfungen und Tätlichkeiten signalisierten »eine schleichende Vergiftung der Gesellschaft«, welche die Beziehungen zwischen den Einheimischen und den Fremden belastete. »Wir sind in ständiger Angst«, bekannte eine Afrikanerin aus Magdeburg im Herbst 1992. »Wenn es dunkel wird, bin ich froh, wenn ich in meiner Wohnung bin. Fast alle von uns fragen sich, ob wir noch weiter hier leben können. Wenn ich den Hass gegen die Ausländer sehe, sehe ich für uns hier keine Zukunft mehr.« Dagegen halfen weder die Selbstverteidigung von Jugendbanden noch eine gut gemeinte Verbrüderung im Sport.[290]

Eifrige Erklärungsversuche der Ausschreitungen von intellektuellen Kommentatoren muteten dagegen merkwürdig hilflos an, da sie eine ihnen fremde Welt analysieren sollten. Anfangs wurde Hoyerswerda vor allem als anonyme und seelenlose »sozialistische Stadt« angesehen, deren Einwohner »letzte Rache an der DDR« übten, indem sie zur faschistischen Gewalt griffen. »Vom alten System verraten, vom neuen verkauft« bliebe den perspektivlosen Jugendlichen nichts als dumpfe Wut auf eine nicht verstandene Welt.[291] Als dann aber der »Terror gegen die Ausländer« auch auf Mölln und Solingen übergriff, mussten Beobachter zugeben, dass es sich dabei eher um ein gesamtdeutsches Problem handelte, und nach Gründen für das Anwachsen einer westdeutschen Skinhead-Subkultur suchen. Gab es nicht Anzeichen eines übergreifenden Gewalttourismus und wurden die jugendlichen Neo-Nazis nicht von den xenophobischen Parolen erwachsener rechtsradikalen Politiker der NPD bis ins bürgerliche Lager hinein angefeuert? Führende Psychoanalytiker folgerten deshalb, dass der jähe Ausbruch von Hass und Gewalt »durch die tief greifenden politischen Veränderungen der jüngsten Zeit ausgelöst wurde«, die Fremde zum Sündenbock machten.[292]

Auch die von der Gewalt überraschten Parteien waren nicht in der Lage, ihre ideologischen »Konzepte mit der Realität in Einklang [zu] bringen«. Während die CDU ethnische Aussiedler »ohne Einschränkung« aufnehmen, jedoch fremdstämmige Asylbewerber sofort abschieben wollte, verlangte die SPD das Gegenteil. Da sich Kanzler Kohl bedeckt hielt, musste Innenminister Schäuble »sich voller Scham über die Gewaltakte« zeigen und Angela Merkel durch Intensivierung der ostdeutschen Jugendförderung die »Gewalt gegen Ausländer bremsen«.[293] Während die Ausländerbeauftragte Liselotte Funcke aus Frust über fehlende Unterstützung ihr Amt niederlegte, forderten ihre Kollegen in den Ländern ein klares »Bekenntnis zum Einwanderungsland«, um dadurch der Fremdenfeindlichkeit die Spitze zu brechen. Ihre Nachfolgerin Cornelia Schmalz-Jacobsen behauptete daher, »Deutschland [ist] längst eine multikulturelle Gesellschaft« und plädierte für eine Gesetzesinitiative zur Doppelstaatsbürgerschaft. Bundespräsident von Weizsäcker sah die Gewalt nicht als »Anzeichen der Wiedergeburt rassistischer oder nationalistischer Ideologien«, sprach aber von einer »Krise der menschlichen Verständigung«.[294]

Deswegen bemühten sich liberale Persönlichkeiten, der Öffentlichkeit die praktischen und moralischen Gründe für Toleranz eindringlich darzulegen. Bundestagspräsidentin Rita Süssmuth tadelte die Gewalt als »Verletzung elementarster Menschenrechte« und Willy Brandt argumentierte: »Wer sich öffnet, erzielt menschlichen Gewinn.« Deutlich wies auch der Präsident des Deutschen Industrie- und Handelstages Hans Peter Stihl darauf hin, dass sich der Fremdenhass im Ausland »negativ auf die Wirtschaftsentwicklung« auszuwirken beginne, während die Handwerkskammer betonte: »Handwerk ist in Berlin ohne Ausländer nicht vorstellbar.«[295] Auch der DGB und die Kirchen proklamierten zehn Thesen gegen rechte Vorurteile, die in der Provokation kulminierten: »Deutsch sein, heißt multikulturell sein.« Aufgrund dieser eindrucksvollen Appelle bildete sich aus Kirchen, Gewerkschaften, Unternehmerverbänden, Sportbünden und Jugendringen ein »Bündnis gegen Ausländerhass« zur Koordinierung der Toleranzkampagne unter dem Motto »Ohne Fremde sind wir allein«. Der ostdeutsche SPD-Politiker Wolfgang Thierse machte unmissverständlich klar, was auf dem Spiel stand: »Unsere Demokratie ist gefährdet durch beides: durch rechtsradikale Gewalt und die Zustimmung zu ihr.«[296]

Da Scham über »das Schandmal des Fremdenhasses« nicht genügte, fragten sich entsetzte Bürger: »Was [können wir] tun gegen den Hass?« Eine Methode setzte auf Mobilisierung des Gewissens durch Appelle wie »Gegen Gewalt und Fremdenhass«, der »über den Ausbruch von deutschem Rassismus und die weitverbreitete Billigung der Übergriffe auf Fremde« entsetzt war. »Eine zivilisierte, menschliche Gesellschaft stellen wir uns anders vor.« Ein weiterer, von 28 Organisationen unterschriebener Aufruf »Fremde brauchen Freunde« plädierte für »Menschenwürde und Weltoffenheit«.[297] Noch effektiver waren »Demonstrationen gegen Ausländerhass«, die 1991 zögerlich begannen, im folgenden Jahr aber den Charakter von »Massenprotesten« annahmen. Die von Gruppen wie Pro Asyl organisierten Großkundgebungen fanden ihre eindrucksvolle Form in Lichterketten von Hunderttausenden Menschen, die sich in Hamburg, München und anderen Großstädten friedlich versammelten und mit Kerzen und Lampions signalisierten: »Mein Freund ist Ausländer.« Micha Brumlik folgerte daraus: »Die Lichterketten haben das zivilisatorische Minimum beglaubigt, dass Menschen nicht einfach totgeschlagen werden dürfen, weil sie fremd wirken.«[298]

Erst durch den steilen Anstieg der Gewalttaten und den Massenprotest der Gesellschaft sahen sich die Politiker der Rechtsparteien dazu gezwungen, sich eindeutig von der Fremdenfeindlichkeit zu distanzieren. Obwohl die Polizei erst langsam anfing, genaue Statistiken zu führen, war der Zuwachs an fremdenfeindlichen Straftaten von 2426 im Jahre 1991 auf 6636 im Jahre 1992 durchaus eindeutig, vor allem, da dabei auch siebzehn Menschen zu Tode kamen.[299] Bundespräsident Richard von Weizsäcker warnte auf einer Berliner Kundgebung daher dezidiert vor weiterem Wegsehen: »Es ist hohe Zeit, sich zur Wehr zu setzen. Wir alle sind zum Handeln aufgerufen.« In der auf den Anschlag von Mölln folgenden Bundestagsdebatte griff SPD-Fraktionsvorsitzender Hans-Ulrich Klose scharf die Regierung an, »denn die Art und Weise der Auseinandersetzung über Asyl habe mit dazu beigetragen, das politische Klima zu vergiften«. Dagegen nahm Bundeskanzler Kohl Ausschreitungen von Autonomen für die Forderung zum Anlass, gleichzeitig »Terror von Rechts und Links [zu] bekämpfen«. Zwar ergab die Debatte eine »einhellige Verurteilung von Fremdenfeindlichkeit und Gewalt« und den gemeinsamen Willen, geltendes Recht entschiedener anzuwenden, sie erbrachte aber keine Lösung für den doppelten Migrationsdruck.[300]

Als Notlösung bot sich eine Verschärfung des Asylrechts an, die den Missbrauch durch Wirtschaftsflüchtlinge verhindern sollte, ohne politisch Verfolgte auszusperren. Das Problem war deswegen so kompliziert, weil dazu die Asylgarantie im Grundgesetz geändert werden musste, was eine parlamentarische Zwei-Drittel-Mehrheit verlangte. Innenminister Rudolf Seiters wollte deswegen »ein Verfahren entwickeln, das diejenigen von einem aufwendigen Asylverfahren ausschließt, die unseres Schutzes nicht bedürfen, weil sie aus einem sicheren Drittstaat kommen oder aus einem verfolgungsfreien Herkunftsland stammen«. Während für Bürgerkriegsflüchtlinge eine Quotenregelung beibehalten wurde, sollten über die EU-Länder und die post-kommunistischen Staaten Einreisende automatisch abgeschoben werden, während Anträge aus friedlichen Herkunftsländern pauschal abgelehnt würden, um den Rest genauer prüfen zu können. Vor allem die SPD stand in dieser Diskussion »unter großem Druck«, weil sie sich entscheiden musste, entweder in Erinnerung an ihre eigene Emigration die Tür offen zu halten oder sie auf Wunsch vieler Mitglieder doch zu schließen. Die Grünen, die PDS und die Kirchen lehnten jede Verschlechterung prinzipiell ab.[301]

Der nach langem Ringen ausgehandelte Asylkompromiss war ein grundlegender Kurswechsel der Ausländerpolitik, indem er den Zuzug reduzierte, die Zuflucht aber nicht ganz verhinderte. Streitpunkte waren vor allem die Beibehaltung der Rechtssicherheit durch die Gewährung eines individuellen Verfahrens, ohne die Gerichte dadurch permanent zu blockieren. Die Beurteilung verfolgungsfreier Herkunftsländer war ebenso strittig, weil von der Einschätzung des inneren Zustands entfernter Staaten die Zulässigkeit der Beantragung abhing. Auch verlagerte die Abschiebung in sichere Drittstaaten die Kontrolle an die Außengrenzen der EU und osteuropäische Nachbarn, was ohne ihre Zustimmung nicht möglich war.[302] Trotz lauter Proteste der Parteilinken stimmte die Mehrheit der SPD mit der CDU und FDP Ende Mai 1993 für diese »Asylrechtsreform«, nicht zur »Abschottung«, sondern um den »bisherigen Asylrechtsmissbrauch« einzuschränken. Während die Linke diese »unheilige Allianz« beklagte, war die »Mehrheit der Bürger mit dem tiefen Schnitt in Artikel 16 einverstanden«. Die Rechte feierte »den großen Durchbruch in die andere Richtung« dagegen als längst überfälliges »Ende der Selbstblockade«.[303]

Der »fragwürdige Kompromiss« mochte die Überfremdungsängste durch Verschärfung des Asylrechts verringern, aber eine wirkliche Lösung für Probleme der Zuwanderung und des multikulturellen Zusammenlebens brachte er nicht. In einer brillanten Analyse verlangte der Soziologe Claus Leggewie daher, die Deutschen müssten »sich auf die völlig neue Qualität der Flüchtlingsproblematik einstellen«, die durch Abschottung allein nicht mehr zu bewältigen sei. Die Armutsmigration aus Afrika, die post-kommunistische Abwanderung aus Osteuropa und die Bürgerkriegsflüchtlinge aus dem ehemaligen Jugoslawien verlangten flexiblere Reaktionen. Gleichzeitig müsse »vor allem der ausreichende Schutz ethnischer, kultureller und religiöser Minderheiten« garantiert und die Fremdenfeindlichkeit abgebaut werden. Statt halb ohnmächtig auf den Migrationsdruck von außen und die Xenophobie von innen zu reagieren, sei ein bewusster »staatlicher Steuerungsprozess« der Migration notwendig, um durch ein Einwanderungsgesetz eine eindeutige Rechtslage und einen institutionellen Unterbau für die Immigration zu schaffen.[304] Würde die zwischen Abschottung und Weltoffenheit gespaltene Gesellschaft sich dazu durchringen können?

Streit um Einwanderung

Die Antwort auf die Toleranzfrage war »eine neue fremdenfeindliche Untat« wenige Tage nach dem Asylkompromiss. Zu Pfingsten 1993 kamen in Solingen durch einen Brandanschlag auf ein Wohnhaus zwei junge türkische Frauen und drei Mädchen ums Leben. Darauf demonstrierten Hunderte von Jugendlichen mit dem Ruf »Nazis raus!« und verwüsteten Teile der Innenstadt. Erschütterte Erwachsene reagierten mit »Fassungslosigkeit, Wut und Trauer« auf den erneuten fremdenfeindlichen Exzess. Obwohl Kanzler Kohl sich bei der türkischen Regierung wegen des »heimtückischen Verbrechens« entschuldigte, pfiffen Solinger Bürger herbeigeeilte Politiker aus: »Tut endlich was! Ihr Biedermänner seid die Brandstifter.«[305] Nach dem feigen Mord fürchteten viele verbitterte Türken um ihr Leben und folgerten: »Jetzt weiß ich, das ich hier keine wahren Freunde habe.« Linke Politiker und Ausländersprecher forderten »eine radikale Umkehr in der Ausländer- und Asylpolitik« durch schärferes Einschreiten gegenüber dem Rechtsradikalismus und Gewährung von Bürgerrechten für die Einwanderer. In einer bewegenden Trauerrede mahnte Bundespräsident von Weizsäcker: »Für die Zivilisation, zu der wir uns bekennen, galt schon immer die Gastfreundschaft als Symbol.«[306]

Als Resultat des Fanals von Solingen setzte ein deutlicher Meinungsumschwung ein, indem sich die Bevölkerung nun mehrheitlich von der Fremdenfeindlichkeit distanzierte. In seiner Regierungserklärung verurteilte Helmut Kohl das »unfassbare Maß sittlicher Verrohung«, während führende Wirtschaftsvertreter »um ein positives Deutschlandbild« besorgt waren. Untersuchungen des Bundeskriminalamts und des Familienministeriums belegten, dass die Anschläge auf Ausländer »aus der Mitte der Gesellschaft« kamen, also offenbar auf »Gefühle und Vorstellungen einer generellen Bedrohung und Benachteiligung der Deutschen gegenüber ›den Ausländern‹« zurückgingen.[307] Plädoyers für Toleranz von Bundestagspräsidentin Rita Süssmuth, »Die Fremden sind nicht die Ursache der Gewalt«, und des Frankfurter Ausländerdezernenten Daniel Cohn-Bendit, »Es sind keine Gäste, die man einladen und wieder ausladen kann«, zeigten langsam Wirkung. Demoskopen konstatierten daher einen »sprunghaften Wechsel der Einstellungen«, der zu einem »positiveren Verhältnis zu Ausländern als 1982« führte. Während negative Ansichten seltener wurden, wuchs die Zustimmung zum Ausländerwahlrecht und der doppelten Staatsbürgerschaft eindeutig.[308]

Trotz der »Absage Bonns an Gewalt und Extremismus« ging die Zahl der fremdenfeindlichen Anschläge Mitte der neunziger Jahre nur langsam zurück. Zwar diskutierte eine Expertenrunde im Herbst 1993 Maßnahmen gegen Fremdenfeindlichkeit, aber ihre Umsetzung erwies sich als schwierig. Einerseits sympathisierte die Polizei manchmal mit der Ausländerfeindlichkeit, so dass die Behörden, wie in den Ausschreitungen von Eberswalde, tatenlos zusahen. Andererseits erreichten wohlmeinende Appelle von Politikern für einen »humanen Umgang mit Zuwanderern« und rationale Argumente von wirtschaftlichen Vorteilen und demographischen Notwendigkeiten der Zuwanderung nicht die gewaltbereiten Jugendlichen.[309] Auch die juristische Ahndung der Gewaltverbrechen erwies sich als enttäuschend, da die Angeklagten »fast harmlos« erschienen und daher »Nachsicht mit den Tätern« herrschte. Erst als die Gewalt immer neue Opfer wie in Mölln forderte, wurden Höchststrafen verhängt, um Nachahmer abzuschrecken. Tatsächlich erreichten die »Angriffe auf Ausländer« mit 6721 Straftaten 1993 einen schrecklichen Höhepunkt, gingen aber danach auf ein Drittel zurück.[310]

Gleichzeitig zielte die Umsetzung des verschärften Asylrechts auf eine Reduzierung des Andrangs durch pauschale Abweisung, schnellere Entscheidung und Verschlechterung der Bedingungen. Da die Haupteinreisewege der meist aus dem Ostblock stammenden Asylbewerber über Tschechien, Österreich und Polen (89 Prozent im Jahr 1993) führten, schob die Regierung durch Abmachungen mit den Nachbarn die Bewerber dorthin ab.[311] Mit einer Verdoppelung der Zahl von »Entscheidern« wurde sodann die Bearbeitungszeit drastisch verkürzt, um den Überhang von etwa vierhunderttausend Anträgen abzuarbeiten. Weil nicht wirtschaftliche Not, sondern politische Verfolgung als Anerkennungskriterium galt, hatte die Neuregelung die Wirkung: »Nur selten hat einer noch eine Chance.« Die Entscheidungsstellen an den Flughäfen hatten neben Übersetzungsschwierigkeiten vor allem mit der Verleugnung der Herkunftsangaben zu kämpfen, so dass sie im Zweifelsfalle die Anträge eher ablehnten. In den überfüllten Abschiebelagern herrschten deswegen Chaos und Depression: »Die Menschlichkeit bleibt oft auf der Strecke.«[312] Obwohl Amnesty International die deutsche Asylpolitik scharf kritisierte, werteten CDU und FDP das »neue Asylrecht als Erfolg«, denn die Verschärfung hatte eine abschreckende Wirkung.[313]

Die Politik der Kohl-Regierung war daher eine Mischung von »Zuzugsbegrenzung und Integration« mit deutlicher Präferenz für die Abschirmung. Zwar drängten FDP, Ausländerbeauftragte und Opposition auf eine Erleichterung der Einbürgerung für die jüngere Generation. Aber die Regierungsparteien hielten an dem Schlagwort der »Überfremdung« fest und forderten »eine härtere Gangart gegen Ausländer«.[314] Im Frühjahr 1994 nahm der Kanzler die Autobahnblockaden von kurdischen Extremisten zum Anlass, um »die gewalttätigen Aktionen als unerträglichen Missbrauch des deutschen Gastrechts« zu beklagen. Nach erneuten Zwischenfällen verabschiedete der Bundestag ein Gesetz, wodurch »die Verurteilung eines Ausländers wegen schweren Landfriedensbruchs zu einer Haftstrafe von mindestens drei Jahren zwangsweise zu dessen Ausweisung führt«. Eine weitere Verschärfung war die Einführung einer Visumpflicht für Ausländer unter sechzehn Jahren, um dadurch den Kindernachzug einzudämmen.[315] Dagegen fielen Detailverbesserungen wie ein eigenständiges Aufenthaltsrecht für Ehefrauen weniger ins Gewicht. Da sich die Koalition nicht über eine »Einbürgerungsgarantie für Ausländerkinder« einigen konnte, trat ihre Ausländerpolitik auf der Stelle.[316]

Obwohl der Andrang von Migranten aufgrund der Restriktionen kontinuierlich zurückging, wuchs während der neunziger Jahre die Zahl der Ausländer in Deutschland erheblich. So erschwerte die Einführung einer Sprachprüfung im Jahr 1993 die Antragstellung für Aussiedler, während die schärfere Bekämpfung von Schlepperbanden die illegale Einreise von Asylbewerbern verringerte. Zwar erreichte der Wanderungsüberschuss 1992 einen absoluten Höhepunkt mit über 800000, aber auch wegen der Verschlechterung der Wirtschaftslage wurde die Bilanz 1998 mit 54000 erstmalig wieder negativ.[317] Auch wenn gezielte Horrormeldungen wie »Über dreizehn Millionen Menschen ziehen in diesem Jahrzehnt nach Deutschland« weit übertrieben waren, stabilisierte sich die Zahl der Ausländer mit 7,3 Millionen im Jahre 1996, also bei etwa neun Prozent der Bevölkerung insgesamt. Fast die Hälfte von ihnen lebte schon mehr als zehn Jahre in Deutschland, daher konnten sie nicht mehr als temporäre Arbeitsmigranten betrachtet werden. Obwohl ein Viertel aus anderen Staaten der EU stammte, bildeten die über zwei Millionen Türken mit etwa dreißig Prozent der Ausländer eine separate Subkultur.[318] Die Herausforderung an die Integrationsfähigkeit der Gesellschaft wuchs daher in den neunziger Jahren weiter.

Für die in Deutschland lebenden Ausländer, vor allem die Türken, wurde das »Leben in zwei Welten« durch die Erfahrung von Vorurteilen und Diskriminierung nicht leichter. Viele zogen sich enttäuscht in eine türkischsprachige Welt von eigenen Zeitungen und Kabelfernsehen zurück, koppelten sich also von der umgebenden Gesellschaft ab. Aus Frust wandte sich eine erhebliche Minderheit auch einem muslimischen Fundamentalismus zu, der ein anti-modernes Weltbild von männlicher Überlegenheit und ethnischer Differenz propagierte. »Das Türkentum ist unser Körper, unsere Seele ist der Islam.« Die Ghettoisierung der Wohnsituation tat ein Übriges zur Entstehung einer »muslimischen Parallelgesellschaft.«[319] Allerdings gab es auch zahlreiche Anzeichen einer steigenden Integration, besonders in der zweiten und dritten Generation. Der »Bildungsstand bei Ausländern wächst«, da etwa ein Drittel eine fortbildende Schule erreichten; etwa 45000 Kleinunternehmern gelang es, sich wirtschaftlich selbständig zu machen; Türken übertrafen Deutsche sogar in der Anschaffung von Konsumgütern; und schließlich blieben »immer mehr ältere Migranten… auch im Ruhestand hier«.[320] Um dem Identitätskonflikt zwischen Herkunft und Lebenssituation zu entkommen, wählten gebildete junge Türken oft eine Doppelidentität, um sich »an kein Land [zu] binden«.[321]

Nur bei der jüdischen Einwanderung machte die liberalkonservative Koalition eine Ausnahme von ihrer restriktiven Haltung, als eine

Art von nachholender Wiedergutmachung. Mit dem Zusammenbruch der Sowjetunion in den Jahren 1991/92 meldeten sich plötzlich nicht nur deutschstämmige Remigranten, sondern auch eine steigende Zahl von Juden, die weder nach Israel noch in die Vereinigten Staaten zogen, weil sie in einer Russland näheren europäischen Gesellschaft leben wollten. Die Bundesregierung reagierte großzügig auf diese Wünsche, indem sie eine unbürokratische Antragstellung erlaubte, solange die jüdische Herkunft nachgewiesen werden konnte. Zur Überraschung der Jewish Agency wanderten während der neunziger Jahre über achtzigtausend russische Juden nach Deutschland ein, im Jahre 2002 waren es mit neunzehntausend sogar mehr, als nach Israel gingen. Nach anfänglicher Überforderung kümmerten sich die etwa dreißigtausend bereits ansässigen Juden um ihre Glaubensgenossen, weshalb ihre Integration auch bessere Zukunftschancen besaß. Trotz einiger rechtsradikaler Ressentiments entstand durch diese unvorhergesehene Zuwanderung wieder eine lebendige jüdische Gemeinde in Deutschland.[322]

Erst die Bildung einer rot-grünen Bundesregierung im Herbst 1998 bot die Chance, »den jahrzehntelangen ›Reformstau‹ aufzulösen« und eine moderne Migrationspolitik zu initiieren. Während die CDU noch im Wahlkampf an der Linie der Zuzugsbegrenzung festhielt, hatten die Linksparteien nun die Möglichkeit, neue Konzepte der Öffnung und Integration umzusetzen. Darin wurden sie von Kirchen, Gewerkschaften, Ausländergruppen und Wissenschaftlern unterstützt, die hofften, endlich »eine Anerkenntnis der realen Zuwanderung« und ein humaneres, auf »Eingliederung statt Ausgrenzung« zielendes Ausländerrecht durchsetzen zu können.[323] Aufgrund von vier Millionen Arbeitslosen und der totalen Überlastung kommunaler Finanzen überraschte jedoch Innenminister Otto Schily die Öffentlichkeit mit der Feststellung: »Mehr Zuwanderung ist nicht verkraftbar.« Die Enttäuschung der Grünen und der Ausländerorganisationen war groß, als sich Bundeskanzler Schröder ebenso für ein behutsames Vorgehen aussprach. Deshalb konzentrierten sich die Reformbefürworter auf eine Erleichterung der Einbürgerung unter bestimmten Bedingungen, wenn es sein musste sogar durch Hinnahme einer »doppelten Staatsbürgerschaft«.[324]

Der Rechtsanspruch auf Einbürgerung wirkte wie ein rotes Tuch für die Unionsparteien, die dadurch »Deutsche zum Nulltarif« befürchteten. Um die überraschende Wahlniederlage auf Bundesebene wettzumachen, schlug der CSU-Vorsitzende Edmund Stoiber eine Unterschriftensammlung gegen den »Doppelpass« vor. Der hessische Spitzenkandidat Roland Koch schloss sich der Initiative an, um damit »ein zündendes Thema« für seinen Landeswahlkampf zu gewinnen.[325] Gegen diese Instrumentalisierung der Fremdenfeindlichkeit brach ein Sturm der Entrüstung los. Nicht nur die Regierung, sondern auch die Kirchen, der Zentralrat der Juden, Intellektuelle und Vertreter der Ausländer sprachen sich für eine Beendigung des Status der »Bürger zweiter Klasse« durch eine rechtliche Integration aus.[326] Trotz solcher Warnungen war der Zulauf zu den Unterschriftslisten überraschend groß: »Wer Deutscher werden wolle, der müsse sich entscheiden, für einen Pass« meinte ein aufgebrachter Bürger, und eine alte Frau fügte aus diffuser Fremdenangst hinzu: »Das ist hier mein Land.« Anscheinend traf die Aktion einen Nerv, denn zwei Drittel lehnten den Doppelpass ab, so dass Koch mit dieser demagogischen Kampagne knapp seine Wahl gewann.[327]

Nach dem Hessendebakel rückte die SPD vom Doppelpass ab und suchte nach einer kompromissfähigen Form der Einbürgerungserleichterung. Da sie im Bundesrat ohnehin auf die Zustimmung des Pfälzer FDP-Koalitionspartners angewiesen war, wandte sie sich dem liberalen Optionsmodell zu, das eine doppelte Staatsbürgerschaft nur bis zum 23. Lebensjahr vorsah und verlangte, dass sich Einwandererkinder danach für die eine oder andere Staatsangehörigkeit entscheiden müssten. Irritiert von diesem Teilrückzug pochten die Grünen weiter auf einer »zügigen Einbürgerung«, während die Union aufgrund des populistischen Rückenwinds jeden Kompromiss ablehnte.[328] Nach intensiven Verhandlungen mit der FDP und den Grünen entstand ein tragfähiger Kompromiss: Für Jugendliche sollte ein altersgebundenes Optionsmodell gelten; für Erwachsene wurde die Frist für einen Einbürgerungsantrag auf acht Jahre verkürzt und die Genehmigung an »ausreichende Sprachkenntnisse«, ein »Bekenntnis zum Grundgesetz«, Straffreiheit und Unterhaltsfähigkeit geknüpft. Während Konservative über einen »faulen Kompromiss« schimpften, lobte Innenminister Schily die Reform als »ein Zeichen für ein modernes und weltoffenes Deutschland«.[329]

Die politische Kontroverse überschattete zunächst eine angemessene Würdigung des Einbürgerungsgesetzes, konnte seine langfristige Wirkung aber kaum beeinträchtigen. Die Kommentare waren merkwürdig verhalten, indem sie die »zweitbeste Lösung« als »mangelhaft, aber trotzdem gut« titulierten. Dabei war die Reform ein längst überfälliger Bruch mit der 1913 etablierten Tradition des *jus sanguinis* und ein Übergang zum in anderen westlichen Staaten gängigen *jus soli*, also von der Abstammungsregel zum Territorialprinzip. Damit wurde endlich der Ethnozentrismus des deutschen Staatsbürgerrechts überwunden und eine Bresche für »die Realität des Lebens« geschlagen, die Einwanderern eine sichere Integrationsmöglichkeit bot.[330] Trotz der Beschränkung des Doppelpasses, bürokratischer Handhabung und zahlreicher Kann-Bestimmungen hatte dadurch etwa die Hälfte der in Deutschland lebenden Ausländer die Möglichkeit, nun vollgültige Bürger zu werden. Obwohl die engstirnige Auslegung manche Antragsteller abschreckte, nahm die Zahl der Einbürgerungen schnell zu. Während 1994 nur 61700 Ausländer eingebürgert wurden, waren es fünf Jahre später schon 143300! Es war unbestreitbar: »Der deutsche Pass kommt in Mode.«[331]

Dagegen blieb das Problem der Einwanderung wegen des gesellschaftlichen Patts weiterhin politisch kontrovers. Im Frühjahr 2000 überraschte Bundeskanzler Schröder die Öffentlichkeit mit dem Vorschlag einer begrenzten Rekrutierung ausländischer Fachleute der Informationstechnologie, um das auf 75000 Spezialisten geschätzte Defizit in dieser Branche zu beheben. Diese nach dem US-Vorbild »Green Card« genannte fünfjährige Arbeitserlaubnis für bis zu zwanzigtausend Bewerber sollte einen durch fehlende deutsche Ausbildung entstandenen Engpass in einer Schlüsseltechnologie überwinden und gleichzeitig dadurch die Notwendigkeit von hoch qualifizierter Einwanderung demonstrieren. Vorbedingungen waren ein Universitätsabschluss oder ein Gehalt von mindestens fünfzigtausend Euro im Jahr.[332] Trotz der engen Begrenzung des Vorschlags versuchte der CDU-Spitzenkandidat in Nordrhein-Westfalen Jürgen Rüttgers mit einer populistischen Kampagne unter dem Schlagwort »Kinder statt Inder« die Überfremdungsangst zu instrumentalisieren – was aber seine Wahlniederlage nicht verhindern konnte. Daher trat die Green Card trotz mancher Vorbehalte im Sommer 2000 in

Kraft und in den ersten beiden Jahren machten etwa fünfzehntausend IT-Fachleute davon Gebrauch.[333]

Mit seiner couragierten »Berliner Rede« rief Bundespräsident Rau im Mai 2000 dazu auf, »Unsicherheit und Angst [zu] überwinden« und die Einwanderungsfrage endlich zu lösen. Einerseits sei Einwanderung aus demographischen, wirtschaftlichen und kulturellen Gründen »in unserem aufgeklärten Eigeninteresse«, andererseits seien verstärkte Anstrengungen zur Integration notwendig. Um die gegenseitige Blockade der Parteien zu überwinden, setzte Innenminister Schily eine Expertenkommission ein, die von der CDU-Politikerin Rita Süssmuth geleitet wurde und alle Interessen von den Befürwortern in den Kirchen, Gewerkschaften und bei den Grünen über neutrale Vertreter aus Wissenschaft, Wirtschaft und Gemeinden bis zu Gegnern unter den bürgerlichen Parteien umfasste.[334] Der »parteiübergreifende und gesellschaftliche Konsens«, der dort in hartem Ringen erarbeitet wurde, lief auf eine Steuerung der Einwanderung nach dem Bedarf des Arbeitsmarkts durch die Festsetzung einer jährlichen Quote (um fünfzigtausend) und die gleichzeitige Intensivierung der Bemühungen um die Integration der bereits vorhandenen Migranten hinaus. Dadurch sollten linke Wünsche nach mehr Offenheit ebenso wie rechte Ängste vor Überflutung berücksichtigt werden.[335]

Als Alternative zu einem multikulturellen »Mischmasch« machte die Union gleichzeitig die »deutsche Leitkultur« zur Bedingung der Integration von Ausländern. Die CSU forderte eindeutig, »wer dauerhaft hier leben wolle, müsste stärker bereit sein, sich in die deutsche Kultur- und Werteordnung einzufügen«. In der Tat bildeten mangelhafte Sprachkenntnisse vor allem für türkische Jugendliche eine große Barriere auf dem Arbeitsmarkt. Ein weiterer Streitpunkt war die Abkapselung in einer fundamentalistischen Form des Islam, die die Dominanz der Männer über ihre teils aus der Heimat geholten Frauen aufrechterhalten sollte, indem sie ihnen Grundrechte verweigerte.[336] Die Kontroverse verschärfte sich, als am 19. Oktober 2000 der CDU-Fraktionsvorsitzende Friedrich Merz im Bundestag den Begriff »Leitkultur von Deutschland« in die Debatte warf. Dagegen bestand die Regierung weiterhin auf dem Ziel einer »multikulturellen Gesellschaft« und war allenfalls willens, noch den Begriff des »Verfassungspatriotismus« dazuzusetzen. Hinter dieser ideologischen

Auseinandersetzung stand die Grundfrage: »Wie viel Unterschied verträgt Deutschland wirklich?« Wenigstens waren sich alle Parteien über die Verbesserung des Spracherwerbs einig.[337]

Das aus diesen Kämpfen hervorgegangene Zuwanderungsgesetz vom Juni 2004 war ein Versuch der umfassenden Regelung, die gleichzeitig auf Steuerung und Integration zielte. Der erste Kompromissversuch mit beschleunigtem Asylverfahren, heruntergesetzter Altersgrenze des Kindernachzugs und partieller Öffnung der Arbeitsmigration sowie forcierter Integration war im Sommer 2002 noch am Widerstand der CDU/CSU im Bundesrat gescheitert, da das Bundesverfassungsgericht das gespaltene Brandenburger Votum für ungültig erklärte.[338] Dennoch gelang es Innenminister Schily in zähen Verhandlungen zwei Jahre später, die konträren Standpunkte der CDU/CSU und der Grünen soweit anzunähern, dass ein »Gesetz zur Begrenzung und Steuerung der Zuwanderung und zur Regelung des Aufenthalts und der Integration von Unionsbürgern und Ausländern« verabschiedet werden konnte. Schon der komplizierte Titel zeigte eine widersprüchliche Mischung aus »Schutz und Chancen«: Die Arbeitsmigration wurde bis auf Ausnahmefälle für Hochqualifizierte, Studienabsolventen und Selbständige begrenzt; die Sicherheit durch erleichterte Abschiebung Terrorverdächtiger aufgrund einer »tatsachengestützten Gefahrenprognose« erhöht; die Integration der Neuzuwanderer durch eine dahingehende Verpflichtung gefördert; und schließlich humanitäre Erleichterungen für nichtstaatliche Verfolgung und eine Härtefallkommission eingeführt. Während Schily die Regelung als »eine historische Wende« begrüßte, waren die Vertreter einer weiteren Öffnung wie Pro Asyl eher enttäuscht darüber, dass nicht mehr erreicht werden konnte.[339]

Prüfstein der Zivilität

Auf dem Höhepunkt der Fremdenfeindlichkeit warnte Bundespräsident von Weizsäcker, dass der Umgang mit Ausländern ein »Prüfstein für unsere ganze demokratische Ordnung« sei. Zwar konnte man theoretisch argumentieren, »die Zivilgesellschaft integriert *und* diskriminiert den Fremden gleichermaßen«, da der freiwillige Zusammenschluss Gleichgesinnter auch jeweils eine Grenzziehung gegenüber Nichtmitgliedern implizierte. Aber es war ebenso klar, dass »eine zivile Republik« an der universellen Einhaltung von Menschenrechten gemessen werden musste, die nicht nur auf ihre eigenen Mitglieder, sondern auch auf Außenstehende, die ins Land drängten, anzuwenden seien. Für diejenigen Ausländer, die schon in der eigenen Gesellschaft präsent waren, würde es dagegen vor allem »auf zivilisierte Formen der Konfliktbewältigung« ankommen, um fremdenfeindliche Gewalt zu verhindern. Obwohl Rechtspopulismus, Xenophobie und Gewaltausbrüche in anderen europäischen Gesellschaften sogar noch häufiger waren, stand Deutschland aufgrund seiner NS-Vergangenheit stärker am Pranger.[340] Wie hat die Bundesrepublik in der Vergangenheit diesen doppelten Test bestanden und wie muss sie in Zukunft mit dieser Herausforderung umgehen?

Während sich Politiker darüber stritten, ob Deutschland »ein weltoffenes Land« sei, war seine numerische Aufnahmeleistung in der zweiten Hälfte des 20. Jahrhunderts erstaunlich. Wenn man die Remigration der Vertriebenen, DDR-Flüchtlinge und Spätaussiedler berücksichtigt, »so zeigt sich, dass etwa ein Drittel der Wohnbevölkerung der Bundesrepublik des Jahres 1989 seit 1945 zugewandert war«. Auch wenn man sich auf die »Ausländer« im politischen Sinne beschränkt, so zählte das statistische Bundesamt zwischen 1959 und 1999 etwa dreißig Millionen Zu- und 21 Millionen Abwanderer, was einen Wanderungsgewinn von neun Millionen ausmachte. Die unterschiedlichen Ströme der Gastarbeiter mit ihren Familien, unter Kontingenten zugelassenen Bürgerkriegsflüchtlinge, Wellen von Asylbewerbern und Arbeitsmigranten innerhalb der EU addierten sich um das Jahr 2000 zu fast neun Prozent der Wohnbevölkerung der Bundesrepublik. Im internationalen Vergleich bestand das spezifisch deutsche Problem dieser Migration daher in der Mischung massiver ethnischer und fremder Zuwanderung. Aber eine von Eigeninteresse geleitete Steuerung erwies sich als unmöglich, solange weite Teile der Öffentlichkeit die Frage »Sind wir Einwanderungsland?« weiterhin verneinten.[341]

Der Umgang mit den Folgen der »Immigration ohne Immigrationspolitik« war daher von erheblicher Unsicherheit und Ambivalenz geprägt. Die Begrüßung ethnischer Zuwanderer unterschlug ihre Fremdheit in der Hoffnung auf eine baldige Integration durch ähnliche Kultur, dagegen setzte die Aversion vor den Fremden deren Unveränderlichkeit voraus und beruhte auf Klischees von Kriminalität und Sozialbetrug. Die ausländerfeindlichen Gewaltanschläge, die aus einer »Familienkultur der Intoleranz und des Hasses« entstanden, rächten sich an einem verzerrten Feindbild des anderen, um die eigene Unterlegenheit zu kompensieren.[342] Aber auch die linke »Schwärmerei über die multikulturelle Gesellschaft verhindert[e] die Integration«, weil sie die Andersartigkeit des Fremden glorifizierte, ohne die Respektierung von Grundregeln der Demokratie zu verlangen. Unkritische Toleranz von fundamentalistischer Differenz führte zur ethnischen Abkapselung und zu einer integrationsfeindlichen Ghettoisierung – besonders bei starker Anzahl und Nachwanderung wie bei den Türken. Auch die gut gemeinte Institution der Ausländerbeauftragten konnte nicht zwischen den Kulturen vermitteln, solange der Wille zu sprachlicher und rechtlicher Integration fehlte.[343]

Voraussetzung für eine rationale Steuerung der Einwanderung ist das klare Eingeständnis »Wir brauchen Zuwanderung« wegen ihrer unbestreitbaren Vorteile. Demographen wie Rainer Münz warnen eindringlich vor einer »Vergreisung« der deutschen Gesellschaft, die wegen der weit unter dem Reproduktionsniveau von 2,1 liegenden Geburtenrate von 1,4 ohne Zuzug in Zukunft deutlich schrumpfen würde. Auch führende Vertreter der Wirtschaft weisen trotz hoher Arbeitslosigkeit wegen der Exportabhängigkeit auf die »Zuwanderung von ausländischen Spezialisten« hin, um Ausbildungsengpässe in Innovationsbranchen zu umgehen. Schriftsteller und Intellektuelle betonen dagegen die kulturelle Bereicherung der Einwanderung durch andersartige Gewohnheiten und Lebensformen.[344] Immigration ist aber keine Patentlösung, da ihre Realität enorme Probleme der Einpassung in andere Arbeitswelten, Sozialsysteme und Kulturen mit sich bringt. Deswegen ist es notwendig, diesen Prozess nicht dem Zufall der Abstammungsnachweise, nicht Wirtschaftskrisen oder Bürgerkriegen zu überlassen, sondern ihn bewusst nach Kriterien des Fachkräftebedarfs und der Aufnahmefähigkeit zu steuern. Erst dadurch kann er für beide Seiten einigermaßen human gestaltet werden.[345]

Als »moderne Zivilisation« benötigt die Bundesrepublik ebenso Toleranz für kulturelle Differenz wie eine konsequente Politik der Eingliederung. Wenn sie nicht auf eine einseitige Assimilation hinauslaufen soll, verlangt eine »Integration Anstrengung für Deutsche und Nichtdeutsche«. Erstere werden sich in der Begegnung mit den Migranten öffnen müssen, um deren unterschiedliche religiöse Bindungen und soziale Verhaltensweisen verstehen zu lernen. Letztere werden sich aus dem Schutz ihrer »ethnischen Subkultur« herausbewegen und die Regeln der Gastgesellschaft genügend verinnerlichen müssen, um dort neue Wurzeln zu schlagen.[346] Der türkische Schriftsteller Zafer Senocak folgert, »ein Zuwanderungskonzept für die Zukunft stellt neben der Arbeitsmarktpolitik vor allem die Bildungs- und Kulturpolitik vor Herausforderungen«, die bisher verschlafen wurden. Während einerseits »ein Sonderprogramm zur Bekämpfung von Rassismus und Fremdenfeindlichkeit« einheimische Vorurteile abbauen sollte, müssen gleichzeitig der Spracherwerb und das Verständnis der deutschen Kultur bei Ausländern systematisch gefördert werden. Bei solcher Vermittlung können vor allem bikulturelle Politiker wie Cem Özdemir oder Intellektuelle wie Feridun Zaimoglu gute Dienste leisten.[347]

Implikationen des Umbruchs

Anderthalb Jahrzehnte nach 1989/90 bleibt die Bedeutung dieser Zäsur in der Öffentlichkeit wie der Wissenschaft umstritten. Die Unsicherheit in der Beurteilung liegt nicht nur an der geringen zeitlichen Distanz, der Asymmetrie ihrer Konsequenzen für Osten und Westen und den habituellen Selbstzweifeln der Intellektuellen, sondern auch an der Komplexität der Ereignisse selbst. Schon die Bezeichnung des Umbruchs ist ungewiss. War der Sturz der Gerontokraten nur eine »Wende« der SED-Politik, ein Zusammenbruch des kommunistischen Systems oder eine wirkliche Revolution?[348] Auch die Ursachen der Veränderungen werden disputiert: Kam der Anstoß von innen, aus den langfristigen Strukturproblemen sowie der kurzfristigen Krise der DDR oder war der Auslöser eher die internationale Entwicklung, die Detente zwischen den Großmächten sowie die Dissidentenbewegung in den östlichen Nachbarstaaten?[349] Schließlich sind die Implikationen der Vereinigung für die Entwicklung der deutschen Zivilgesellschaft kontrovers: Ist die Rückkehr des Nationalstaats eine echte Bedrohung für die zwischenzeitlichen Zivilisationsfortschritte oder bedeutet sie dagegen ein Ende des langen antiwestlichen Sonderweges?[350]

Beim demokratischen Aufbruch scheint die Antwort weitgehend positiv zu sein, denn bei Vorbereitung, Verlauf und Auswirkung spielte die Wiederbelebung der Zivilgesellschaft eine zentrale Rolle. Die in kleinen Gruppen, informellen Netzen und zaghaften öffentlichen Aktionen entstehende Oppositionsbewegung der DDR verstand sich in Übernahme dieses Begriffs von den östlichen Nachbarn als zivilgesellschaftliche Herausforderung für die SED-Diktatur. Auch wenn der Massenexodus relativ spontan verlief, waren die Großdemonstrationen des Herbsts 1989 von konkurrierenden Gruppierungen einer Bürgerbewegung dominiert, die ein klassisches Beispiel für gesellschaftliche Selbstorganisation gegen ein repressives Regierungssystem bieten.[351] Ihren Höhepunkt erreichte diese eindrucksvolle Mobilisierung unzufriedener Bürger in der Erzwingung einer Machtteilung am Runden Tisch. Allerdings leitete die Volkskammerwahl vom 18. März 1990 eine Kanalisierung des Protests in parlamentarische Formen ein, die der Euphorie revolutionärer Basisaktionen durch Übertragung des westdeutschen Systems ein Ende machte. Die individuelle Meisterung des dadurch ausgelösten Systemwandels absorbierte dann alle Energien, so dass für die Beteiligung der Bürger nach 1990 nur wenig Raum übrig blieb.[352]

Bei der Vereinigung ist das Bild schon widersprüchlicher, da der Beitritt zur Bundesrepublik notwendigerweise einen gewissen Verlust ostdeutscher Selbstbestimmung mit sich brachte. Die nachrevolutionäre Tristesse der Bürgerrechtler unterschlägt jedoch, dass der Einheitswunsch aus dem Osten kam, bevor er von der Kohl-Regierung akzeptiert und international durchgesetzt wurde. Auch gewannen die Neubürger mit dem Grundgesetz eine Rechtsordnung, die gesellschaftliche Selbstorganisation ausdrücklich befürwortet, obwohl sie mehr auf eine repräsentative Demokratie als auf direkte Bürgerbeteiligung hinzielt. Zwar ist die Enttäuschung der Bürgerbewegung verständlich, da nach dem Kollaps der SED-Massenorganisationen nicht ihre Neugründungen, sondern etablierte westdeutsche Organisationen wie die Gewerkschaften neue ostdeutsche Mitglieder gewannen.[353] Aber durch die Assoziationsfreiheit konnten die Ostdeutschen wieder an eigene verschüttete Traditionen anknüpfen, was in der Rückbenennung von Sportvereinen deutlich wurde. Obwohl der Westen manchmal übermächtig erscheint, hat die Vereinigung auch neue Möglichkeiten der Selbstbestimmung für den Osten geschaffen, die noch zu wenig genutzt werden.

Beim Umgang der Deutschen mit den Ausländern ist dagegen der Eindruck überwiegend negativ, denn fremdenfeindliche Gewaltausbrüche widerlegen selbstgefällige Behauptungen von multikultureller Zivilität. Zwar hat die deutsche Gesellschaft gegenüber Millionen von ostdeutschen Flüchtlingen, Spätaussiedlern, Asylanten und Bürgerkriegsflüchtlingen eine enorme Aufnahmeleistung vollbracht. Aber der verbreitete Fremdenhass zeigt die negative Seite der Abgrenzungsbemühungen von sozial schwachen Kreisen, die durch Parolen rechtsradikaler Parteien, konservativer Politiker und neonazistischer Jugendlicher verunsichert werden. Trotzdem sind auch in diesem Bereich einige positive zivilgesellschaftliche Entwicklungen zu konstatieren: Einerseits sind Lichterketten für Toleranz, Bündnisse gegen

Fremdenfeindlichkeit und Gruppen wie Pro Asyl ein Ausdruck von gesellschaftlicher Mobilisierung für Weltoffenheit. Andererseits zeigt auch die steigende Organisierung der türkischen Subkultur die Möglichkeiten von Selbstartikulation diskriminierter Minderheiten. Das unter großen Mühen doch noch zustande gekommene Einwanderungsgesetz ist daher ein widersprüchlicher Kompromiss zwischen Verteidigung innerer Interessen und äußerer Offenheit, in Rita Süssmuths Urteil: »Wir öffnen die Tür einen Spalt«.[354]

In gewisser Weise hat der Umbruch von 1989/90, wie Timothy Garton Ash bemerkt hat, einige Grundprobleme, die schon in der Revolution von 1848 diskutiert wurden, neu aufgeworfen.[355] Der Kollaps des Kommunismus hat wieder die Frage der Vereinigung von bürgerlicher Freiheit mit einer adäquaten sozialen Absicherung gestellt, die allerdings, nach den Ergebnissen von Umfragen zu urteilen, im Westen eher in ersterer und im Osten eher in letzterer Richtung beantwortet wird. Das Ende der Teilung hat das Problem der Neukonstituierung eines demokratischen Nationalstaats für ein geteiltes Volk geschaffen, ohne dadurch die Schrecken eines überzogenen Nationalismus wiederzubeleben. Die unerwartete Verwandlung der Bundesrepublik in ein Einwanderungsland hat die Gesellschaft mit der Aufgabe eines zivilen Umgangs mit den Fremden konfrontiert, ohne damit eine »feindselige Normalität« der Verachtung von Differenz zu begründen.[356] Nach dem Versagen der Weimarer Republik hat die erweiterte Bundesrepublik nun gleichsam eine »zweite Chance« erhalten, für solche Dauerprobleme eine überzeugende, von der Mehrheit der Bevölkerung und ihrer Nachbarn akzeptierte Lösung zu finden.[357]

Bei der Meisterung dieser Schwierigkeiten können die Deutschen jedoch auf eine Reihe positiver Erfahrungen, die durch die Umwälzung von 1989/90 bestätigt wurden, zurückgreifen. Auch wenn sie in manchen ostdeutschen Kreisen noch nicht vollständig ist, so hat doch die Entzauberung der sozialistischen Utopie durch die realsozialistische Praxis einen grundlegenden Bruch mit dem Kollektivismus bewirkt, der das Verständnis für individuelle Menschenrechte vertiefen müsste.[358] Gleichzeitig hat das auf der Teilung beruhende postnationale Selbstverständnis der alten Bundesrepublik die Voraussetzungen für die Etablierung eines »postklassischen« Nationalstaats geschaffen, der gefährliche Rückfälle in einen aggressiven Nationalismus verhindern sollte.[359] Schließlich hat die Furcht vor der Vergreisung aufgrund des Geburtendefizits zu einem realistischeren Umgang mit dem Problem der Einwanderung geführt, das positive Erlebnisse mit Fremden als eine kulturelle Bereicherung empfinden könnte.[360] Die zentrale Herausforderung, die sich aus der »unverhofften Einheit« ergibt, ist daher die zivilisatorische Zähmung des wiedergewonnenen Nationalstaats nach westlichem Vorbild.

Konturen einer Berliner Republik: Schlussbetrachtungen

Die Hauptstadtdebatte um den künftigen Regierungssitz offenbarte einen grundlegenden Konflikt um die Identität des vereinigten Deutschlands. Für Kritiker symbolisierte Berlin die »preußisch-deutsche Mystik«, die Verbrechen des Dritten Reichs und die Tendenz zum Zentralismus, kurzum die Gefahr eines Rückfalls in die Anmaßung. Dagegen stand Bonn als Chiffre für den demokratischen Neubeginn, »unseren Föderalismus und unsere Bindung an den Westen«, das heißt für die zivilisatorischen Fortschritte der Nachkriegszeit. Die Gegner des rheinischen Provisoriums monierten jedoch dessen Provinzialität und die Klüngelwirtschaft und beriefen sich auf vergangene Versprechungen, zuletzt im Einigungsvertrag, und auf die Urbanität der Metropole sowie ihre Auswirkung auf den Einigungsprozess. Da auch die öffentliche Meinung zutiefst gespalten war, fiel die Entscheidung in einer emotionalen Bundestagsdebatte am 21. Juni 1991 mit nur siebzehn Stimmen Mehrheit zugunsten Berlins. Die siegreiche Resolution war ein Kompromiss zwischen der Übertragung von »Kernbereichen der Regierungsfunktion« in die traditionelle Hauptstadt und einer »fairen Arbeitsteilung« mit Bonn.[1] Obwohl umstritten, markierte das Resultat gleichzeitig eine Rückkehr und einen Neuanfang.

Das Schlagwort, das alle Befürchtungen und Hoffnungen, die sich an den Regierungsumzug knüpften, auf den Punkt brachte, war »die Berliner Republik«. Obwohl der Begriff als Kürzel für die Erweiterung der Bundesrepublik schon Anfang der neunziger Jahre durch die Feuilletons geisterte, war es vor allem der Publizist Johannes Gross, der mit einem fulminanten Plädoyer für »die Begründung einer Berliner Republik« im Jahre 1996 eine neue Kontroverse auslöste. Da er die Bonner Regierungspraxis als nicht »allzu ernsthaft und darum ernst zu nehmend« empfand, hoffte er, »die Bundeshauptstadt Berlin wird einen politischen Stil hervorbringen, der von Grund auf anders ist«. Der Regierungsumzug müsse Flair, Weltoffenheit und Intellektualität in die Politik bringen.[2] Scharfe Attacken von Skeptikern, die eine »Verostung«, einen neuen Nationalismus oder eine Verdrängung der NS-Vergangenheit fürchteten, machten das Schlagwort zu einem politischen »Kampfbegriff«, der als Projektionsfläche für konkurrierende Befindlichkeiten und widersprüchliche Zeitdiagnosen diente. Durch das Rauschen im Blätterwald wurde der Diskurs über die »Berliner Republik« selbst zu einem Phänomen des Jahrzehnts nach der Vereinigung.[3]

Hinter den feuilletonistischen Auseinandersetzungen standen unterschiedliche Einschätzungen der Tiefe der Epochenzäsur, der Kontinuität und des Wandels nach 1989/90. Für Kurt Sontheimer suggerierten der Beitritt der neuen Bundesländer, die quasi unveränderte Geltung des Grundgesetzes und die Stabilität der Institutionen, dass »die von Berlin aus zu regierende Bundesrepublik im Wesentlichen keine andere Republik sein« könne als ihre Vorgängerin in Bonn. Dennoch würden die Vergrößerung der Bevölkerung, die Verlagerung der Grenzen nach Osten und die rapide Transformation der Gesellschaft die Berliner Republik vor ganz andere Probleme stellen, die nicht ohne Auswirkungen auf die politische Kultur bleiben könnten. Eine weitere Veränderung sollte das in etwa mit dem Regierungsumzug zusammenfallende Ende der langen CDU-Hegemonie durch den Regierungswechsel zu Rot-Grün bringen, der die Generation der Achtundsechziger an die Macht brachte und die Tendenz zur symbolischen Medienpolitik verstärkte. Auch wenn es noch zu früh ist, ein abschließendes Urteil darüber zu fällen, ob sich eher die Erwartungen an oder Ängste vor Berlin erfüllen werden, so nehmen doch langsam einige Konturen der neuen Konstellation Gestalt an.[4]

Die Schlüsselfrage war dabei, auf welchem historischen Erbe das »neue Selbstverständnis der Berliner Republik« aufbauen würde. Weite Kreise des Auslands, linke Politiker und pessimistische Intellektuelle fürchteten, dass sich mit der Vereinigung das gefährliche Muster der ersten Hälfte des 20. Jahrhunderts wiederholen würde, also Deutschland in hegemoniale, aggressive und ausbeuterische Verhaltensweisen zurückfallen würde. Eine Minderheit der internationalen Beobachter, eher konservative Parteien und optimistischere Kommentatoren hofften dagegen, dass die historischen Lernprozesse der zweiten Hälfte des Jahrhunderts weiterhin greifen würden, die erweiterte Bundesrepublik sich also multilateral, pazifistisch und kooperativ verhalten würde. Während Kritiker der Einheit eher in unveränderlichen negativen Nationalstereotypen argumentierten, betonten Verteidiger der Vereinigung dagegen die positiven Möglichkeiten kollektiven Lernens aus der Geschichte. Diese unter den Beratern der englischen Premierministerin Margaret Thatcher exemplarisch geführte Debatte kreiste um die Frage, welche der Lektionen aus der deutschen Vergangenheit für die Zukunft weiterhin maßgeblich sein würden.[5]

Da aus der Geschichte oft destruktive Lehren abgeleitet werden, bleibt im Rückblick auf das 20. Jahrhundert zu klären, weshalb nach der zweiten, noch vernichtenderen Niederlage konstruktivere Konsequenzen gezogen wurden.[6] Aus dem verlorenen Ersten Weltkrieg schlossen antirepublikanische Nationalisten, dass ein weiterer, noch radikalerer Versuch notwendig sei, um die Vorherrschaft in Europa zu erringen. Warum lernten die meisten Deutschen aus dem Kollaps der NS-Diktatur und dem Verlust des Zweiten Weltkriegs, dem Krieg in Zukunft zu entsagen, dem Radikalnationalismus abzuschwören und keine weiteren Sonderwege der Modernisierung zu suchen?[7] Aber auch positive Lernprozesse können, wenn sie verabsolutiert werden, in veränderten Umständen durchaus negative Folgen haben. Auf welche Weise wirkten sich die Lehren der Vergangenheit auf den Umgang mit den neuen Herausforderungen der Globalisierung aus? Schließlich ist aufgrund postkolonialer Kritik das Ziel der Veränderung, ob es nun Westernisierung, Liberalisierung oder Zivilisierung genannt wird, nicht mehr unumstritten. Inwiefern waren die sukzessiven Wandlungen wirklich ein Gewinn?

Zivilisatorische Lernprozesse

Die Konjunktur der Begriffsfamilie, die sich um das lateinische Wort *civis* entwickelt hat, ist selbst ein Indiz für die Veränderungstendenz der politischen Kultur in den Jahrzehnten nach 1945. Immer häufiger tauchten in den Lexika Mischbegriffe mit dem Adjektiv »zivil« auf, das laut Brockhaus »bürgerlich« im Gegensatz zu militärisch bedeutet. Auch der um die Jahrhundertwende noch vorherrschende pejorative Gegensatz zwischen verinnerlichter deutscher »Kultur« und oberflächlicher westlicher »Zivilisation« (Thomas Mann) schwächte sich in der Nachkriegszeit ab, da im Zuge des Kalten Krieges *Western civilization* selbst zum Kampfbegriff gegen die Bedrohung des Kommunismus wurde. Dagegen nahm die von Norbert Elias betonte Bedeutung eines »Prozesses der fortschreitenden Trieb- und Affektregulierung, des Abbaus der Gewaltbereitschaft und der Verfeinerung der Sitten und Umgangsformen« zu, so dass Zivilisation dadurch einen positiven Orientierungswert gewann. Schließlich wurde auch das angloamerikanische Konzept der »Zivilgesellschaft« als »Gegenbegriff zum Staat« und intermediäre Sphäre gesellschaftlicher Selbstorganisation über die Wissenschaft hinaus populär. Nur in den entsprechenden DDR-Handbüchern fehlten diese Begriffe völlig.[8]

Als Charakterisierung des vom Schock der NS-Verbrechen ausgehenden Lernens könnte man daher von einem *Prozess der Rezivilisierung* sprechen, der den eigentlichen Kern des »langen Wegs nach Westen« ausmacht. Jürgen Habermas hat die These aufgestellt, »dass sich die Bundesrepublik erst in dem Maße politisch zivilisiert hat, wie sich unsere Wahrnehmungssperren gegen einen bis dahin undenkbar gewesenen Zivilisationsbruch gelockert haben«. Diese Perspektive setzt an dem paradoxalen Versagen eines gebildeten Volkes an, die unmenschliche Politik des Völkermordes zu verhindern: »Dass sich in einer kulturell hoch zivilisierten Gesellschaft wie der deutschen eine liberale politische Kultur erst *nach* Auschwitz hat herausbilden können, ist eine schwer zu fassende Wahrheit.« Im Zentrum der durch die vom Holocaust erzwungenen Lernprozesse stand deshalb die Wahrnehmung der grundlegenden Bedeutung von Menschenrechten und Demokratie, »nämlich die einfache Erwartung, niemanden aus der politischen Gemeinschaft auszuschließen und die Integrität eines jeden in seiner Andersheit gleichermaßen zu achten«.[9] Die Verinnerlichung dieser Lehren manifestierte sich weniger in unbefriedigender Vergangenheitsbewältigung als in tätiger Reue des Neubeginns.

Diese umstrittenen und unvollständigen Lernprozesse vollzogen sich vor allem in drei Schüben – den Jahren nach 1945, um 1968 und während 1989/90. Den Anfang machten die »Programme der Zivilisierung oder Rezivilisierung Deutschlands unter dem Protektorat der Siegermächte«, die anfangs nur von einer Minderheit der Besiegten mitgetragen wurden. Schon während des Krieges diskutierten vor allem die Amerikaner eine grundlegende Veränderung der deutschen politischen Kultur, die weit über die Entmachtung der Nationalsozialisten hinausging und künftige Kriege durch Beseitigung ihrer Ursachen verhindern wollte. Auch Exilpolitiker und Widerstandsgruppen forderten angesichts der totalen Niederlage: »Wenn wir nicht im Abgrund des Nichts versinken wollen, müssen wir die sittlichen Werte der abendländischen Welt wieder anerkennen und zur Geltung bringen.«[10] Das Potsdamer Programm der Entmilitarisierung, Entnazifizierung und Entkartellierung sollte die Voraussetzungen für einen zweiten Anlauf zur Demokratisierung schaffen. Das langfristige Resultat dieser erzwungenen Neuorientierung war eine Hinwendung zur Friedfertigkeit, zum Postnationalismus und zur Marktwirtschaft, die die alte Bundesrepublik in einen zivilen Staat verwandelte.

Die Entwicklung einer westlichen Form von Zivilgesellschaft benötigte jedoch eine ganze Generation, da sie einen tiefergehenden Wandel von sozialen Strukturen und kulturellen Leitbildern verlangte. Auch wenn die These von der »Neugründung der Bundesrepublik« den Machtwechsel zur sozialliberalen Koalition etwas überbewertet, so signalisiert doch die Kontroverse um den kon- oder destruktiven Charakter der Kulturrevolution von 1968 ihren Stellenwert als zweitem Schritt im Rezivilisierungsprozess.[11] Dieses aufgeladene Datum sollte jedoch eher als Chiffre für eine Reihe von nachholenden Modernisierungsprozessen verstanden werden, die durch Entwicklung von Massenkonsum und Populärkultur die westdeutsche Gesellschaft verwestlichten. Sie erleichterten auch die kulturelle Akzeptanz der »geschenkten Demokratie«, die erst durch Gewöhnung und Vorweisen von Leistungen langsam eine emotionale Anziehungskraft gewinnen konnte.[12] Schließlich waren die durch den Versuch der Ausweitung von Partizipation verursachten Konflikte der Generationsrevolte eine schwierige Prüfung demokratischer Zivilität. Das Produkt dieser Veränderungen waren die Westernisierung, innere Demokratisierung und soziale Mobilisierung, die die soziale Distanz zur DDR vertieften.

Erst der Kollaps des Kommunismus ermöglichte die Ausdehnung dieser Veränderungen auf Ostdeutschland, obwohl nicht alle neuen Bundesbürger von der Übertragung der Strukturen des »zivilisierten Westens« gleichermaßen begeistert waren. Der demokratische Aufbruch im Herbst 1989 wurde zweifellos durch die Bildung einer eigenen Zivilgesellschaft vorangetrieben, jedoch lähmten der Beitritt der neuen Bundesländer und die Vereinigungskrise danach die freiwillige Initiative ostdeutscher Bürger.[13] Auch demonstrierte die von der Vereinigung ausgehende Normalisierungsdebatte die verbliebene Unsicherheit des Verhältnisses zwischen einem deutschen Nationalstaat und einem auf Menschenrechte gegründeten Zivilisationsbegriff. Dieses Problem manifestierte sich besonders in den hässlichen Ausbrüchen von fremdenfeindlicher Gewalt, die als Reaktion auf Überfremdungsängste deutliche Grenzen der Toleranz zeigten.[14] Die wichtigsten Ergebnisse dieser dritten Welle von Veränderungen waren ein größeres Verständnis für Menschenrechte, für nationale Solidarität und für kulturelle Differenz. Obwohl die Grundtendenz dieser Prozesse mehrheitlich akzeptiert wurde, waren doch einzelne Aspekte weiterhin umstritten.

Einerseits blieben bei jeder Dimension der zivilisatorischen Wandlung erhebliche Lerndefizite zurück, die ihren Erfolg deutlich relativierten. So hielten sich trotz aller aufklärerischen Bemühungen in der jugendlichen Skinhead-Szene und bei rechtsradikalen Erwachsenen eine Faszination des Kriegs und ein ungebrochener Nationalismus.[15] Auch konnten sich Markt und Wettbewerb des Erhardschen Neoliberalismus nicht dauerhaft durchsetzen, denn der rheinische Kapitalismus entwickelte mit der Zeit neo-korporative Züge, die sich negativ auswirken sollten.[16] Zwar ging die kulturpessimistische Kritik an der Oberflächlichkeit von Importen der US-Populärkultur deutlich zurück, aber es gab immer wieder Anzeichen von Politikmüdigkeit, Demokratieskepsis und Parteiverdrossenheit.[17] Ebenso verherrlichten Teile des linksradikalen Milieus auch nach der Niederlage der RAF weiterhin die revolutionäre Gewalt und blieb trotz der Diskreditierung des realen Sozialismus ein Phantomschmerz des Utopieverlusts.[18] Dagegen leistete der von der Rechten unternommene Versuch der aggressiven Renationalisierung der Fremdenfeindlichkeit Vorschub.[19] So wirkten von der Mehrheit konstruktiv verarbeitete Probleme bei einer Minderheit dennoch ungelöst weiter und führten zu neuen Konflikten.

Andererseits schufen aber auch die Lernüberschüsse nicht unerhebliche Schwierigkeiten in entgegengesetzter Richtung, die sich ebenso als Hypothek für das vereinigte Deutschland erwiesen. So erschwerte der prinzipielle Pazifismus der Semisouveränität die Übernahme von internationaler Verantwortung durch multilaterale Militäreinsätze; ähnlich verhinderte ein ethischer Postnationalismus die emotionale Bindung an den eigenen Staat in Form eines demokratischen Patriotismus.[20] Dagegen war ein radikaler Wirtschaftsliberalismus nur bei einer Minderheit von FDP-nahen Unternehmern populär. Zwar widerlegte sich Überanpassung an westliche Lebensstile meist selbst durch unfreiwillige Komik, aber Visionen von partizipatorischer Basisdemokratie trieben vor allem bei den Grünen Blüten und der Vulgärmarxismus der Studentenbewegung lenkte eine ganze Intellektuellengeneration in eine vereinfachende, materialistische Richtung.[21] Wenig hilfreich erwiesen sich ebenso der nachholende Antikommunismus nach 1990, das Festhalten an einem deutschen Exzeptionalismus und ein naiver Multikulturalismus, der vor Menschenrechtsverletzungen des Fundamentalismus die Augen verschloss.[22] Überzogene, vereinfachte Lehren aus der Geschichte bringen daher ironischerweise ebenso viele Probleme mit sich wie eine sture Verweigerungshaltung.

Ein drastisches Beispiel der Schwierigkeiten eines angemessenen Lernens aus den Verbrechen der NS-Diktatur ist die Entwicklung der Vergangenheitsbewältigung. Aufgrund der erheblichen Literatur können dazu einige Stichworte genügen. Der von den alliierten Siegern und dem deutschen Widerstand formulierte Imperativ der schonungslosen Konfrontation mit Krieg und Völkermord löste nach anfänglichem Schock eine Abwehr der kollektiven Schuldzumutung aus, die eine beschweigende Vergangenheitspolitik legitimierte.[23] Der Systemwettbewerb des Kalten Kriegs führte zu einer strukturellen Vereinfachung der Verantwortung im Osten wie einer antitotalitären Gleichsetzung der Diktaturen im Westen. Erst durch NS-Prozesse, schonungslose literarische Darstellungen, dokumentarische Fernsehserien und neue Lehrpläne entstand langsam ein selbstkritisches Geschichtsbild.[24] Die vor allem aus den USA kommende Betonung des Judenmordes durchbrach die Selbststilisierung der Deutschen als NS-Opfer und bewirkte eine stärkere Anerkennung eigener Mittäterschaft. Allerdings verflachte das öffentliche Gedenken wiederum durch die Verbreitung von Ritualen einer moralisierenden Holocaustbetroffenheit.[25] In diesen Vergangenheitsdebatten waren Verweigerung, Einsicht und Beflissenheit untrennbar miteinander verquickt.

Vor allem am Anfang wurden die Lernprozesse von außen durch eine Mischung von Eingriffen und Anreizen forciert, die den Besiegten wenig Wahl ließen. Die Aufhebung der Souveränität und die militärische Besatzung schufen Grundbedingungen für die Durchsetzung des Potsdamer Programms, denen sich niemand entziehen konnte. Obwohl der Kalte Krieg die Teilung der Zonen vertiefte, bewirkte der Systemkonflikt gleichzeitig einen Umschwung der Deutschlandpolitik in Richtung Rehabilitierung, der den Wiederaufbau beschleunigte. Die positive Lösung des Ruhrproblems durch die europäische Integration verstärkte die durch den militärischen Schutz der NATO entstehende Westbindung, während die Ostorientierung durch Warschauer Pakt und COMECON keine vergleichbare Ausstrahlung entwickelte. Der große Erfolg des mit dem Marshall-Plan verbundenen wirtschaftlichen Aufschwungs begünstigte die Konsolidierung der neuen demokratischen Ordnung und die Stabilisierung des gesellschaftlichen Friedens durch eine expansive Sozialpolitik. Mit der Erlangung der Teilsouveränität Mitte der fünfziger Jahre nahmen die direkten Interventionen ab und verwandelte sich der Außeneinfluss in eine indirekte Kommentierung durch die Weltöffentlichkeit.[26]

Das kollektive Lernen wurde aber danach in wachsendem Maße durch eigene Einsichten vorangetrieben, die sich aus den schrecklichen Folgen der NS-Diktatur und den sich verbessernden Umständen der Bundesrepublik ergaben. Dabei spielte zunächst die Vollständigkeit der Niederlage eine wichtige Rolle, da sie etwaige Revanchegelüste ins Reich der Illusionen verwies. Gleichzeitig bestärkte die Erkenntnis, dass die Deutschen »sich durch ein einzigartiges Verbrechen selbst aus der zivilisierten Menschheit ausgeschlossen« hatten, den Willen zu einer überzeugenden Läuterung, um wieder in die internationale Gemeinschaft aufgenommen zu werden.[27] Die Verhinderung potentieller Rückfälle in die Nazi-Barbarei wurde daher zu einem zentralen Ziel in der Gestaltung des Grundgesetzes und der Diskussion über die Vergangenheitsbewältigung. Ebenso halfen die außenpolitische Anerkennung und die innenpolitische Stabilität bei der Festigung der Demokratie, während die Attraktivität der westlichen Lebensform die Akzeptanz eines normativen Zivilisationsbegriffs erleichterte. Trotz aller Schuldverdrängung und Opferstilisierung setzte sich langfristig ein kritisches Selbstverständnis durch, das einen grundlegenden Sinneswandel ermöglichte.

Die Wirkung des Zivilisierungsprozesses war in der Bundesrepublik letztlich größer als in der DDR, weil sich nur dort eine freiheitliche Gesellschaft entwickeln konnte. In der Sowjetischen Besatzungszone propagierten die im Widerstand überlebenden und aus dem Exil zurückgekehrten Politiker zweifellos einen radikaleren Antifaschismus als Gründungsethos eines »besseren Deutschlands«, das Intellektuelle wie Bertolt Brecht und Victor Klemperer anzog. Aber da das »sozialistische Experiment« nur von einer Minderheit gewollt wurde, lief es zwangsläufig in die Falle der Etablierung einer neuen Diktatur.[28] Die verbliebenen Weimarer Demokraten und durch die Niederlage nachdenklich gewordenen früheren Nazis, die in den Westzonen versuchten, eine Demokratie von unten aufzubauen, gingen deshalb weniger radikal vor, so dass die Entnazifizierung allzu oft zur einer Persilscheinfabrik verkam. Dennoch erwies sich die Bundesrepublik langfristig als lernfähiger, weil sich dort eine kritische Öffentlichkeit entwickeln konnte, die durch die Methode der Skandalisierung immer wieder Reformen erreichte. Auch war dort die Wirkung des internationalen Drucks stärker, weil Westdeutschland selbst zur westlichen Zivilisation gehören wollte.[29]

Aus der Perspektive des Potsdamer Umerziehungsprogramms sieht die Nachkriegsentwicklung daher wie eine weitgehende, aber unvollständige Erfolgsgeschichte aus. Zweifellos haben die Deutschen keinen dritten Weltkrieg ausgelöst, ist also die Befriedung gelungen. Auch hat sich die Demokratie im Westen so verwurzelt, dass ihre Ausstrahlung sogar zum Sturz der SED-Diktatur beitrug. Schließlich hat die soziale Marktwirtschaft den Systemwettbewerb mit der sozialistischen Planwirtschaft gewonnen. Dabei hat sich eine lebendige Zivilgesellschaft entwickelt, die durch kritische Öffentlichkeit bürokratische Reglementierung verhindert und Bürgerbeteiligung durchgesetzt hat. Dennoch erwiesen sich Minderheiten als erstaunlich resistent gegen diese Liberalisierung, so dass Fortschritte wie die Anerkennung des Widerstands nur durch scharfe Kämpfe erreicht werden konnten.[30] Auch die Überschüsse an Lernbereitschaft haben die Etablierung einer zivilisatorischen Gelassenheit erschwert und gegenüber den Leiden der Deutschen in Bombenkrieg, Vergewaltigung und Vertreibung neue Tabus errichtet.[31] Nicht das schnelle Erreichen, sondern das lange Ringen um die noch immer nicht vollständige Verinnerlichung von Zivilisierungsstandards ist daher das historische Fundament der Berliner Republik.

Globale Herausforderungen

Noch während der Aufarbeitung der Konsequenzen des Zweiten Weltkriegs haben jedoch postindustrielle Entwicklungen einen weiteren Wechsel zum Zeitalter der Globalisierung eingeleitet. Der weltweite Übergang zu elektronischer Hochtechnologie schuf neue Wachstumskerne jenseits der klassischen Industrieproduktion von Stahl, Chemikalien und Automobilen; die Verlagerung der Fertigung in die asiatischen Tiger-Staaten führte zu einer rapiden Entindustrialisierung; und die Struktur der Beschäftigung verschob sich in den führenden Ländern von Industriearbeit zu Dienstleistungen. Gleichzeitig demonstrierten die Ölschocks von 1973 und 1979 die Grenzen des ungebremsten Wirtschaftswachstums und die Gefahren des Energieverbrauchs für die Umwelt. In seinem Rückblick auf das »kurze 20. Jahrhundert« behandelt der Britische Historiker Eric Hobsbawm den Anfang der siebziger Jahre als eine Zäsur, um die goldene Nachkriegszeit von einer neuen Periode der Unsicherheit zu trennen. Aus deutscher Sicht setzt der Politikwissenschaftler Hans-Peter Schwarz den Einschnitt zwar erst 1989/90 an, spricht aber dann auch von der »neuesten Zeitgeschichte«.[32] Wie haben die zivilisatorischen Lernprozesse die Berliner Republik auf diese neuen Herausforderungen vorbereitet?

Wenn man die zentralen Bereiche der deutschen Wandlungen überprüft, fällt die Antwort durchaus gemischt aus. In der Außen- und Sicherheitspolitik haben die multilaterale Bündniseinbindung, die Präferenz für Verhandlungen, der Einsatz wirtschaftlicher Anreize und das Bekenntnis zu Europa zweifellos gute Dienste geleistet. Aber der prinzipielle Gewaltverzicht, ein Produkt des sowjetisch-amerikanischen Protektorats im Kalten Krieg, konnte der gewachsenen Bedeutung der vergrößerten Bundesrepublik nicht gerecht werden. In schwierigen Auseinandersetzungen musste sich die deutsche Regierung daher zunächst zur Beteiligung an Friedenseinsätzen und dann durch den Schock des jugoslawischen Bürgerkrieges zur Teilnahme an militärischen Kampfhandlungen durchringen. Ähnlich konnte die zu Recht gerühmte »Kultur der Zurückhaltung« auf die Dauer nicht aufrechterhalten werden, da die Bevölkerung die Durchsetzung eigener Interessen und die Partner eine deutlichere Führungsrolle erwarteten.[33] Als das Schröder-Fischer-Kabinett dann im Wahlkampf 2002 wirklich versuchte, eine unabhängige Politik zur Verhinderung des präventiven Irak-Krieges durchzusetzen, war der Eklat da, denn manche Kritiker beschworen das Ende der Atlantischen Gemeinschaft!

Ähnlich ambivalent ist die Frage des emotionalen und symbolischen Umgangs mit dem wiederhergestellten Nationalstaat zu beurteilen. Die alte Bundesrepublik hatte guten Grund, auf die Überwindung des Nationalismus stolz zu sein, die bei den Intellektuellen den Begriff des Verfassungspatriotismus hervorgebracht hatte, so dass manche Kommentatoren von einem »postnationalen« Nationalstaat sprechen konnten.[34] Mit dem Rückenwind der Vereinigung versuchten daher rechtspopulistische Intellektuelle wie Rainer Zitelmann eine »Renationalisierung« zu propagieren, um die Nation als Wertmaßstab und emotionale Bindung zu rehabilitieren. Der von außen geforderten Schuldbekenntnisse und Demutsbezeugungen überdrüssig, wollten sie den Stolz auf das eigene Land wiederbeleben. Eine verunsicherte Linke antwortete auf diese Kampagne mit der Flucht in einen Multikulturalismus oder die Europäische Integration, um unter allen Umständen die historisch kontaminierte Kategorie der Nation zu vermeiden. Gemäßigte Stimmen wie der Berliner Theologe Richard Schröder hatten deswegen große Schwierigkeiten, einen »demokratischen Patriotismus« wie in anderen westlichen Ländern als vernünftigen Kompromiss plausibel zu machen.[35]

Im Bereich des Wirtschaftsverhaltens scheinen die Probleme statt von übertriebenem eher von unvollständigem Lernen aus der Vergangenheit herzurühren. Während Markt und Wettbewerb neben dem Ausbau des Sozialstaats maßgeblich am Wirtschaftswunder beteiligt waren, kehrte schon mit der ersten Rezession Mitte der sechziger Jahre die Regulierung zurück und entwickelte sich danach durch vielfältige Absprachen von Unternehmern und Gewerkschaften eine Art von »koordiniertem Kapitalismus«. Obwohl dieses »deutsche Modell« gegenseitiger Konsultationen jahrzehntelang einen außergewöhnlichen Arbeitsfrieden garantiert hatte, erwies es sich im Wettbewerbsdruck der Globalisierung wegen seiner Überregulierung, hoher Lohnnebenkosten und erheblicher Steuern als zu starr und teuer. Eine vom angloamerikanischen Beispiel inspirierte Kampagne der Unternehmer und neoliberalen Ökonomen setzte daher eine systematische Entflechtung von Kartellen, die Privatisierung öffentlicher Unternehmen (Post, Telekom) und die Rationalisierung durch Verminderung der Belegschaften durch, um mehr Freiheit für Wettbewerb zu schaffen.[36] Ein stärkeres Festhalten an den marktwirtschaftlichen Maximen von Erhard hätte diese Korrektur von vornherein überflüssig gemacht.

Die Westernisierung der Deutschen ist dagegen ein eher positiver Aspekt, der trotz antiamerikanischer Ressentiments nicht grundsätzlich in Frage gestellt wird. Der Massenexodus im Sommer 1989 und die Märzwahl von 1990 demonstrierten, dass die Ostdeutschen kollektiv in »den Westen« gelangen wollten, der für sie mit Wohlstand und Freiheit verbunden war. Die Sorgen der Kritiker vor einer »Verostung« waren daher völlig unbegründet, denn die innere Einheit krankt nicht an ostdeutscher Dominanz, sondern an der Schwäche der Stimmen aus dem Osten.[37] Die Frage, ob Deutschland in seine historische Schaukelrolle zurückfallen würde, stellt sich deswegen eher im Kontext des Zusammenwachsens von Europa. Da die ostmitteleuropäischen Dissidenten eine wesentliche Voraussetzung für den Sturz der SED-Diktatur waren, hat sich die deutsche Politik aus Dankbarkeit und wirtschaftlichem wie sicherheitspolitischem Interesse dezidiert für die NATO-Expansion wie die EU-Erweiterung nach Osten eingesetzt. Obwohl sich unter den Belastungen der Geschichte die Normalisierung der Beziehungen zu Polen und Tschechien in der Praxis als schwierig erweist, fungieren die Deutschen nun selbst als Vermittler der Verwestlichung an ihre östlichen Nachbarn.[38]

Die Beurteilung der Demokratie ist dagegen etwas kontroverser, denn die Praxis des Parlamentarismus scheint oft hinter der Norm von »zivilisierter Konfliktaustragung, gewaltloser Machterringung und friedlichem Machtwechsel« zurückzubleiben. Kritiker monieren die Entwicklung einer »Zuschauerdemokratie« in einer Mediengesellschaft, ohne direkte Beteiligung und Verantwortung. Als Remedur schlagen sie mehr Direktdemokratie vor, also Möglichkeiten zu Volksentscheiden, Bürgerbegehren und zur Abwahl von Volksvertretern, die sich eher auf kommunaler Ebene, teilweise auch in einzelnen Ländern, aber bisher nicht im Bund durchgesetzt haben.[39] In Ostdeutschland hat die Enttäuschung über die Vereinigungskrise auch die Verwurzelung demokratischer Werte erschwert, so dass zwar die Institutionen formal funktionieren, aber eine von Performanz unabhängige Bindung noch aussteht. Da sich der postsozialistische Transformationsprozess in den ostmitteleuropäischen Nachbarstaaten ähnlich kompliziert gestaltet, stellt sich die Frage nach der Transferierbarkeit der deutschen Nachkriegserfahrungen. Die Debatte über das »Demokratiedefizit« betont schließlich auch einen erheblichen Nachholbedarf der populären Verankerung der Europäischen Union.[40]

Ähnlich kontrovers bleibt die nach 1968 etablierte Protestkultur, die durch die Bekämpfung des internationalen Terrorismus auf eine harte Probe gestellt wurde. Wie die zahlreichen friedlichen Kundgebungen zeigten, hatte sich das Demonstrationsrecht durch die Bürgerbewegungen positiv entwickelt und auch die Gerichte schritten nur bei erheblicher Sachbeschädigung und Gewalt ein.[41] Durch die Duldung ausländischer Extremisten, solange sie die deutsche innere Sicherheit nicht aktiv gefährdeten, hatte sich jedoch ein »Ruhe- und Rückzugsraum« gebildet, in dem eine Hamburger Zelle der El-Kaida das New Yorker Attentat vom 11. September 2001 vorbereiten konnte. Die Bundesregierung verschärfte mit zwei Sicherheitspaketen deswegen die Rechtsvorschriften, indem sie durch Änderungen des Vereinsrechts religiös getarnte Vereinigungen verbot, die Überprüfung des Flughafenpersonals verschärfte und die Ermittlungskompetenzen des BKA in Bezug auf elektronische Überwachung erweiterte. Diese Neuregelung rief sofort Kritiker auf den Plan, die die »Grundfesten des Rechtsstaats« in Gefahr und »alle Bürger unter Generalverdacht« gestellt sahen.[42] Obwohl diese Einschnitte bedenklich waren, wurden dadurch die Bürgerrechte wesentlich weniger als in den USA beschnitten.

Auch die Debatte um den Sozialstaat zeigt eine Diskrepanz zwischen der ideologischen Diskreditierung des Sozialismus und dem Festhalten an staatlicher Unterstützung. Der deutsche Mittelweg zwischen freiem Wettbewerb und völliger Absicherung hatte sich lange als außerordentlich erfolgreich erwiesen, weil die Preise stabil blieben, Streiks selten waren und Leistungen bis zur Pflegeversicherung weiter ausgebaut wurden. Erst der Doppeldruck der Globalisierung, die wegen hoher Lohnkosten zu schwindendem Wachstum und hoher Arbeitslosigkeit führte, und der Vereinigung, die die Sicherungssysteme durch die Aufnahme von Nicht-Beitragszahlern überlastete, brachte den Transferstaat in eine akute Krise. Dennoch erwies sich die notwendige, in europäischen Nachbarländern bereits durchgeführte Verschlankung als ungemein schwierig, da die Volksparteien dabei die Privilegien ihrer eigenen Klientel beschneiden mussten. Die neoliberale Wende unter dem Schlagwort der »Wettbewerbsfähigkeit« verdeutlichte zwar die Notwendigkeit von Einschnitten, aber die stockende Umsetzung der in Experten-Kommissionen von Peter Hartz, Bert Rürup und anderen erarbeiteten Vorschläge illustriert, dass der Sicherheitsreflex immer noch die individuelle Risikobereitschaft überwiegt.[43]

Die frustrierenden Diskussionen über das Thema der Normalisierung demonstrieren ebenso die Probleme der Identitätsfindung für die erweiterte Bundesrepublik. Statt nur wie gewohnt an der Last der NS-Vergangenheit zu tragen, musste sich die Öffentlichkeit mit der Erbschaft der zweiten Diktatur unter umgekehrten Vorzeichen auseinandersetzen, verdoppelte sich also diese Aufgabe.[44] Statt über die Spaltung der Nation klagten Kritiker nun über den mangelnden Fortschritt der »inneren Einheit«, indem sie abwechselnd über eine »Ostalgie«, die die DDR nachträglich glorifiziert oder eine »Westalgie«, die an den Gewohnheiten der Bonner Republik festhält, schimpften.[45] Zwar sind die wirtschaftpolitischen Fehler der Treuhandprivatisierung durch eine enorme Transferanstrengung aufgefangen worden, aber ein selbsttragender Aufschwung im Osten ist immer noch nicht in Sicht. Auch hat die Übertragung des westlichen Systems auf die neuen Bundesländer die notwendige Reformdebatte in wichtigen Bereichen wie der Schul- und Hochschulpolitik um ein Jahrzehnt verschleppt.[46] Ebenso bleibt die Rolle der Deutschen in der EU weiterhin widersprüchlich, da die Neubestimmung des eigenen Nationalstaats und die weitere Integration sich gegenseitig behindern.[47]

Der lange Kampf um die Gestaltung eines Einwanderungsgesetzes suggeriert, dass schließlich die praktische Umsetzung von Weltoffenheit immer noch politisch kontrovers ist. Das wachsende demographische Defizit der Bundesrepublik lässt auch Konservativen keine Wahl als eine Einwanderung, wenn die Renten weiterhin sicher bleiben sollen, da eine schrumpfende Bevölkerung diese nicht aufbringen kann. Ebenso hat sich in linken Kreisen langsam die Erkenntnis durchgesetzt, dass eine gesellschaftliche Integration der Ausländer von ihnen auch eine Anpassung an die Grundwerte der Verfassung und eine Grundkenntnis von Sprache und Kultur verlangt. Unter den Gewerkschaften wie Arbeitgeberverbänden, den Kirchen sowie den politischen Parteien von PDS bis FDP hat sich daher ein breiter Konsens für eine gesteuerte Einwanderung gebildet, die gezielt notwendige Spezialisten anwerben kann, ohne deswegen die Arbeitslosigkeit zu verschlimmern. Aber in der breiten Bevölkerung grassieren weiter Ängste vor Überfremdung und Sozialneid. Um dieses Wählerreservoir nicht zu verstimmen, hat die CDU/CSU lange Zeit einen durchaus möglichen Kompromiss verhindert.[48] Erst die praktische Umsetzung der neuen Regelungen wird zeigen, ob das neue Zuwanderungsgesetz wirklich eine Lösung des Problems gefunden hat.

Für die Meisterung der globalen Herausforderungen sind die zivilisatorischen Lernprozesse daher eine notwendige Voraussetzung, aber kein hinreichender Wegweiser. Zweifellos bilden Westernisierung der Wertvorstellungen, Demokratisierung der politischen Entscheidungen und Mobilisierung von Bürgerbeteiligung ein begrüßenswertes Fundament für die Politik der Berliner Republik am Anfang des 21. Jahrhunderts. Aber die Entwicklung der Entmilitarisierung musste schon korrigiert werden und auch die Entnationalisierung ist durch die Vereinigung wenigstens teilweise überholt worden. Dagegen gingen die Entflechtung der Wirtschaft, wie die gegenwärtigen Wettbewerbsschwierigkeiten zeigen, der Abschied vom Kommunismus, wie die Sozialstaatsdebatte demonstriert, die innere Vereinigung, wie die Spannungen zwischen Ost- und Westdeutschen illustrieren, und schließlich die Öffnung zur Toleranz, wie die Blockierung von Einwanderung belegt, nicht weit genug, um mit den neuen Problemen fertig zu werden.[49] Die aus dem Lernen von den Fehlern der Vergangenheit hervorgegangene Liberalisierung der politischen Kultur ist eine eindrucksvolle Errungenschaft – aber sie kann nicht alle Antworten für neuartige Fragen bereithalten.

Diese Überlegungen werfen die Frage auf, ob die Konzentration auf die Vermeidung einer Wiederholung der Katastrophen des 20. Jahrhunderts nicht sogar die Wahrnehmung der neuartigen Herausforderungen des 21. Jahrhunderts blockieren könnte. Für Klaus Naumann suggerieren Probleme wie »das Altern von Institutionen, das Verschleißen von Arrangements und die Erosion von Parlamentsstrukturen« eine gewisse »Abnutzungsgeschichte« der Bundesrepublik. »Die respektable Generationserfahrung aus Krieg, Nachkrieg und Demokratiegründung ... droht mittlerweile in einen Immobilismus umzuschlagen, an dem die Herausforderungen einer Berliner Republik schon deshalb abprallen, weil sie mit normativen und institutionellen Kontinuitätsversicherungen neutralisiert werden.« Sind, in anderen Worten, die Lernfortschritte der Vergangenheit für die gegenwärtige Krise des »Modells Deutschland« mit verantwortlich? Besonders bei der Beeinträchtigung von internationaler Wettbewerbsfähigkeit durch ausufernde Staatsschulden und Überziehung des Sozialstaats, aber auch bei anderen Problemen ist eine solche Warnung nicht ganz ohne Berechtigung.[50] Ohne Relativierung der doppelten Diktaturerfahrung scheint es daher an der Zeit zu sein, die andersartige Genealogie der Globalisierungsprobleme der Gegenwart stärker zu reflektieren.[51]

Zivilisierung als Aufgabe

Das von historischen Brüchen gezeichnete Antlitz der neuen Bundeshauptstadt ist selbst ein Spiegel für den Fortschritt der zivilisatorischen Wandlungsprozesse. Der Einzug des Bundestags hat das hässliche wilhelminische Reichstagsgebäude mit seinen ungetilgten Spuren sowjetischer Eroberung in ein lebendiges Zentrum zeitgenössischer Demokratie verwandelt. Die Fertigstellung des lichten Kanzleramts und der Bürogebäude im »Band des Bundes« hat die Mauerbrache in ein repräsentatives Regierungsviertel umgestaltet, das sich gleichzeitig offen und bürgernah darstellt. Die modernen Hochhäuser am Potsdamer Platz dagegen zielen auf eine urbane Medien- und Konsumgesellschaft, die dynamische Weltoffenheit ausstrahlt und das Westberliner Kulturforum an die Innenstadt anbindet. Der Bau des Holocaustmahnmals in der Nähe des Brandenburger Tores und die mögliche Schlossrekonstruktion als Abschluss des Lindenboulevards suggerieren eine Akzeptanz schmerzlicher wie positiver Aspekte der Vergangenheit. Gerade aus diesen Kontrasten zwischen den sichtbaren Kriegsschäden oder Diktaturspuren und den postmodernen Neubauten gewinnt die Hauptstadt und damit auch die Berliner Republik eine eigene, spannungsgeladene Identität.[52]

Im internationalen Vergleich kann sich das Ausmaß der positiven Veränderungen in der deutschen politischen Kultur nach der Katastrophe durchaus sehen lassen. Trotz aller Einsicht von mutigen Intellektuellen scheint in Japan die Selbstkritik über den eigenen Imperialismus, die Verantwortung für den Krieg im Pazifik und die damit verbundenen Gräueltaten noch weniger ausgeprägt zu sein.[53] In Italien hat der geglückte Seitenwechsel im Sommer 1943 die Einreihung in die Front der Sieger ermöglicht und durch Verbreitung des *resistenza*-Mythos eine ernsthafte Auseinandersetzung mit dem Faschismus erschwert.[54] In Österreich war das alliierte Angebot der Opferrolle so verlockend, dass die Vergangenheitsbewältigung erst durch den Waldheim-Skandal in der breiteren Öffentlichkeit langsam in Gang kam.[55] Auch unter den befreiten Siegern wie in Frankreich war es lange schwierig, das Thema der Kollaboration und der halblegalen *épuration* der Nachkriegszeit wegen des »Vichy-Syndroms« öffentlich anzusprechen.[56] Internationaler Druck und intellektuelle Kritik verhinderten in der Bundesrepublik eine vergleichbare Mythenbildung, so dass die Notwendigkeit einer grundlegenden Transformation schließlich auch von den Eliten akzeptiert wurde.

Allerdings ist die von der Bush-Regierung als Rechtfertigung des Irak-Kriegs aufgestellte These von der Übertragbarkeit des deutschen Erfolges eher skeptisch zu beurteilen. Zur Entlastung ihrer Kriegsentscheidung haben Sicherheitsberaterin Condoleezza Rice und Verteidigungsminister Donald Rumsfeld behauptet, dass das Muster der deutschen Demokratisierung in anderen Ländern wiederholbar sei.[57] Aber schon eine kurze Überlegung zeigt, dass die Konstellationen der

Nachkriegszeit ebenso einmalig wie die vorausgegangenen NS-Verbrechen waren. Erstens bestand, da die Niederlage der Wehrmacht schon die zweite innerhalb eines Menschenalters war, nicht der geringste Zweifel daran, dass das deutsche Militär wirklich geschlagen war. Zweitens war die Nazi-Diktatur durch die Leiden der Soldaten und Zivilbevölkerung sowie die Vertreibung aus dem Osten so diskreditiert, dass nur Starrköpfe an ihrem tödlichen Radikalnationalismus festhalten wollten. Drittens waren die im deutschen Namen verübten Verbrechen so schrecklich, dass sie zwar zeitweilig verharmlost, aber nicht wirklich geleugnet werden konnten. Gerade die Tiefe des eingetretenen Zivilisationsbruchs ließ nach 1945 keine Alternative als eine fundamentale Umkehr zu.[58]

Jedoch hat die postkoloniale Kritik von Intellektuellen aus der Dritten Welt mittlerweile das Ziel einer Zivilisierung selbst in Frage gestellt, weil es die Hegemonie des Weißen Mannes fortschreibe. Vielfältige negative Erfahrungen mit dem Imperialismus Europas und Amerikas haben das Vorbild einer westlichen »Zivilisation« durch die Praxis des ubiquitären Rassismus, der wirtschaftlichen Ausbeutung und der Geschlechterdiskriminierung entwertet.[59] Trotzdem ist eine postmoderne Relativierung, die aus Rücksicht auf konfligierende Wertvorstellungen anderer Kulturen einen übergreifenden Standard für unmöglich erklärt, ebenso irreführend, weil sie dadurch Gewalt und Unterdrückung als kulturelle Differenz rechtfertigt. Nicht Menschenrechte sind als solche zurückzuweisen, sondern ihre unvollständige Umsetzung gegenüber nicht-weißen Rassen, Unterschichten und Frauen ist zu beklagen![60] Denn ohne einen universellen Maßstab des menschlichen Verhaltens, wie er nach dem Zweiten Weltkrieg in der »Allgemeinen Erklärung der Menschenrechte« der UNO formuliert wurde, kann es kein friedliches und gerechtes Zusammenleben auf der Welt geben. Die große Stärke des Zivilisationsbegriffs, auf dem die Demokratie aufbaut, ist daher seine Korrekturfähigkeit gegenüber etwaigem Missbrauch.[61]

Eine als Achtung der Menschenrechte definierte Zivilisierung sollte daher nicht als feste Errungenschaft, sondern eher als eine zur Zukunft hin offene Aufgabe betrachtet werden. Im Vergleich zu 1945 ist die positive Veränderung der Deutschen eindrucksvoll, da diese Werte in der Verfassung festgeschrieben sind und in der politischen Praxis weitgehend beachtet werden. Besonders in zivilgesellschaftlichen Nichtregierungsorganisationen, die in dem »Forum Menschenrechte« zusammenarbeiten, spielen Menschenrechte eine zentrale Rolle als Bewertungsmaßstab und Handlungsrichtschnur. Dennoch besteht zur Selbstzufriedenheit kein Anlass, da einerseits innerhalb der parlamentarischen Demokratie immer wieder neue Gefährdungen der Grundrechte durch Politikverdrossenheit, Korruption, Medienmissbrauch und Überwachung drohen. Andererseits bieten die aus dem Holocaust gewonnenen Einsichten nur eine begrenzte Anleitung für die neuen Herausforderungen der Globalisierung, da sie zwar die Schrecken von ethnischen Säuberungen, nicht aber die Probleme der Entindustrialisierung erhellen. Gerade die Schwierigkeiten historischer Lernprozesse deuten darauf hin, dass Zivilisierung von Politik nur als ein immer wieder neu zu erstrebendes Ziel zu verstehen ist.[62]

Dank

Der Abschluss eines größeren Vorhabens ist nur durch die praktische Unterstützung und intellektuelle Anregung vieler Kollegen möglich, von denen nur wenige erwähnt werden können. Für den Zugang zu seiner reichen Sammlung von Autobiographien möchte ich Walter Kempowski und für die Bereitstellung umfangreicher Mappen von Presseausschnitten Marianne Kerkhoff herzlich danken. Ebenso bin ich Christa Schneider, Inge Schmöker und Katja Stender für ihre Hilfe bei der Herstellung des Manuskripts dankbar. Für ihre selbstlose Lektüre des Entwurfs und weiterführende Kritik bin ich vor allem Michael Geyer, Rüdiger Hohls, Jan-Holger Kirsch, Christoph Kleßmann und Helga Welsh zu Dank verpflichtet. Schließlich möchte ich meinen besonderen Dank auch den Mitarbeitern des Zentrums für Zeithistorische Forschung, allen voran Hans-Hermann Hertle, Peter Hübner, Michael Lemke, Thomas Lindenberger und Martin Sabrow, aussprechen, welche die Arbeit der letzten Jahre in eine Art Graduiertenkolleg für ihren Direktor verwandelt haben.

Anhang

Verzeichnis der Abkürzungen

AfS	Archiv für Sozialgeschichte
AHR	American Historical Review
APuZ	Aus Politik und Zeitgeschichte (Beilage zu »Das Parlament«)
BDI	Berliner Debatte Initial
BfdiP	Blätter für deutsche und internationale Politik
BK	Bayern-Kurier
BZ	Berliner Zeitung
CEH	Central European History
DA	Deutschland-Archiv
DAS	Deutsches Allgemeines Sonntagsblatt
DUD	Deutschland Union Dienst
DZ	Deutsche Zeitung
DzD	Dokumente zur Deutschlandpolitik
FAZ	Frankfurter Allgemeine Zeitung
FJNSB	Forschungsjournal Neue Soziale Bewegungen
FR	Frankfurter Rundschau
GG	Geschichte und Gesellschaft
GK	Globus Kartendienst
GSR	German Studies Review
HAZ	Hannoversche Allgemeine Zeitung
HB	Handelsblatt
HZ	Historische Zeitschrift
JMH	Journal of Modern History
KA	Kempowski Archiv
ND	Neues Deutschland
NRZ	Neue Rhein Zeitung
NYT	New York Times
NZ	Neue Zeitung
NZZ	Neue Zürcher Zeitung
PNN	Potsdamer Neueste Nachrichten
RhM	Rheinischer Merkur
RP	Rheinische Post

SBZArch	SBZ-Archiv
SZ	Süddeutsche Zeitung
taz	tageszeitung
TR	Tägliche Rundschau
TSp	Der Tagesspiegel
VfZ	Vierteljahrshefte für Zeitgeschichte
VSWG	Vierteljahrschrift für Sozial- und Wirtschaftsgeschichte
WaS	Welt am Sonntag
WdA	Welt der Arbeit
WZB	Wissenschaftszentrum Berlin für Sozialforschung

Bibliografie

Werner Abelshauser, Wirtschaft in Westdeutschland 1945–1948. Rekonstruktion und Wachstumsbedingungen in der amerikanischen und britischen Zone, Stuttgart 1975.

ders., Wirtschaftsgeschichte der Bundesrepublik Deutschland 1945–1980, Frankfurt 1983.

Donald Abenheim, Bundeswehr und Tradition. Die Suche nach dem gültigen Erbe des deutschen Soldaten, München 1989.

Willi Paul Adams und Knut Krakau, Hg., Deutschland und Amerika. Perzeption und historische Realität, Berlin 1985.

Konrad Adenauer, Erinnerungen, 4 Bde., Stuttgart 1965–68.

Theodor W. Adorno, Studien zum autoritären Charakter, Frankfurt 1973.

Günter Agde, Hg., Kahlschlag. Das 11. Plenum des ZK der SED 1965. Studien und Dokumente, Berlin 1991.

Johannes Agnoli und Peter Brückner, Die Transformation der Demokratie, Berlin 1967.

Edda Ahrberg, Hans-Herrmann Hertle, Tobias Hollitzer, Die Toten des Volksaufstandes vom 17. Juni 1953, Münster 2004.

Hanns D. Ahrens, Demontage. Nachkriegspolitik der Alliierten, München 1982.

Karl Albrecht, Das Menschliche hinter dem Wunder. 25 Jahre Mitwirkung am deutschen Wirtschaftsaufbau, Düsseldorf 1970.

Fritz René Allemann, Bonn ist nicht Weimar, hg. v. Xenia von Bahder, Neuausg. Frankfurt 2000.

Klaus R. Allerbeck, Soziologie radikaler Studentenbewegungen. Eine vergleichende Untersuchung in der Bundesrepublik Deutschland und den Vereinigten Staaten, München 1973.

Gabriel A. Almond und Sidney Verba, The Civic Culture. Political Attitudes and Democracy in Five Nations, Princeton 1963.

Anonyma, Eine Frau in Berlin. Tagebuchaufzeichnungen vom 20. April bis 22. Juni 1945, Frankfurt 2003.

Timothy Garton Ash, Im Namen Europas. Deutschland und der geteilte Kontinent, München 1993.

ders., The Magic Lantern. The Revolution of '89 Witnessed in Warsaw, Budapest, Berlin, and Prague, New York 1990.

Aleida Assmann und Ute Frevert, Geschichtsvergessenheit – Geschichtsversessenheit. Vom Umgang mit deutschen Vergangenheiten nach 1945, Stuttgart 1999.

Rudolf Augstein und Günter Grass, Deutschland, einig Vaterland? Ein Streitgespräch, Göttingen 1990.

Jörg Baberowski et al., Geschichte ist immer Gegenwart. Vier Thesen zur Zeitgeschichte, München 2001.

Klaus J. Bade, Ausländer, Aussiedler, Asyl in der Bundesrepublik Deutschland, 3., neu bearb. u. akt. Aufl. Hannover 1994.
ders., Europa in Bewegung. Migration vom späten 18. Jahrhundert bis zur Gegenwart, München 2000.
ders., Vom Auswanderungsland zum Einwanderungsland? Deutschland 1880–1980, Berlin 1983.
ders., Hg., Deutsche im Ausland – Fremde in Deutschland. Migration in Geschichte und Gegenwart, München 1992.
ders., Hg., Neue Heimat im Westen. Vertriebene, Flüchtlinge, Aussiedler, Münster 1990.
ders. und Rainer Münz, Hg., Migrationsreport 2000. Fakten, Analysen, Perspektiven, Frankfurt 2000.
Rolf Badstübner, Vom »Reich« zum doppelten Deutschland. Gesellschaft und Politik im Umbruch, Berlin 1999.
ders. et al., Die antifaschistisch-demokratische Umwälzung, der Kampf gegen die Spaltung Deutschlands und die Entstehung der DDR, Berlin 1989.
Egon Bahr, Zu meiner Zeit, München 1996.
Rudolf Bahro, Die Alternative. Zur Kritik des real existierenden Sozialismus, Köln 1977.
Detlef Bald, Militär und Gesellschaft 1945–1990. Die Bundeswehr der Bonner Republik, Baden-Baden 1994.
Friedrich-Martin Balzer, »Es wechseln die Zeiten…« Reden, Aufsätze, Vorträge, Briefe eines 68ers aus vier Jahrzehnten (1958–1998), Bonn 1998.
Simone Barck, Antifa-Geschichte(n). Eine literarische Spurensuche in der DDR der 1950er und 1960er Jahre, Köln 2003.
dies. et al., Hg., Zwischen »Mosaik« und »Einheit«. Zeitschriften in der DDR, Berlin 1999.
David E. Barclay und Elisabeth Glaser-Schmidt, Hg., Transatlantic Images and Perceptions. Germany and America since 1776, Cambridge 1997.
Arnulf Baring, Deutschland, was nun? Ein Gespräch mit Dirk Rumberg und Wolf Jobst Siedler, Berlin 1991.
ders., Machtwechsel. Die Ära Brandt-Scheel, Stuttgart 1982.
Dennis L. Bark und David R. Gress, A History of West Germany, 2 Bde., Oxford 1989.
Harry Elmer Barnes, The History of Western Civilization, New York 1935.
David Bathrick, The Powers of Speech. The Politics of Culture in the GDR, Lincoln 1995.
Arnd Bauerkämper, Ländliche Gesellschaft in der kommunistischen Diktatur. Zwangsmodernisierung und Tradition in Brandenburg 1945–1963, Köln 2002.
ders. Hg., Die Praxis der Zivilgesellschaft. Akteure, Handeln und Strukturen im internationalen Vergleich, Frankfurt 2003.
ders. et al., Hg., Doppelte Zeitgeschichte. Deutsch-deutsche Beziehungen 1945–1990, Bonn 1998.
ders. et al., Hg., Der 8. Mai 1945 als historische Zäsur. Strukturen, Erfahrungen, Deutungen. Potsdam 1995.

ders., Konrad H. Jarausch und Markus Payk, Hg., Demokratiewunder? Die Vereinigten Staaten und die Demokratisierung Westdeutschlands 1945–1965, erscheint 2005.
Zygmunt Bauman, Dialektik der Ordnung. Die Moderne und der Holocaust, Hamburg 1992.
Bommi Baumann, Terror or Love? Bommi Baumann's Own Story of His Life as a West German Urban Guerilla, New York 1978.
Hermann Bausinger, Typisch deutsch. Wie deutsch sind die Deutschen?, München 2000.
Ulrich Beck et al., Reflexive Modernisierung. Eine Kontroverse, Frankfurt 1996.
Jillian Becker, Hitler's Children. The Story of the Baader-Meinhof Terrorist Gang, Philadelphia 1977.
Winfried Becker und Rudolf Morsey, Hg., Christliche Demokratie in Europa. Grundlagen und Entwicklungen seit dem 19. Jahrhundert, Köln 1988.
Jan C. Behrends et al., Hg., Fremde und Fremd-Sein in der DDR. Zu historischen Ursachen der Fremdenfeindlichkeit in Ostdeutschland, Berlin 2003.
Peter Bender, Episode oder Epoche? Zur Geschichte des geteilten Deutschland, München 1996.
Wolfgang Benz, Hg., Deutschland unter alliierter Besatzung 1945–1949/55, Berlin 1999.
Stefan Berger, The Search for Normality. National Identity and Historical Consciousness in Germany Since 1800, Providence 1997.
Thomas U. Berger, Cultures of Antimilitarism. National Security in Germany and Japan, Baltimore 1998.
Volker Berghahn, America and the Intellectual Cold Wars in Europe. Shepard Stone Between Philanthropy, Academy, and Diplomacy, Princeton 2001.
ders., Unternehmer und Politik in der Bundesrepublik, Frankfurt 1985.
Richard Bessel und Ralph Jessen, Hg., Die Grenzen der Diktatur. Staat und Gesellschaft in der DDR, Göttingen 1996.
Frank Biess, »The Protracted War. Returning POWs and the Making of East and West German Citizens 1945–1955«, Diss., Providence 2000.
Ernst Birke und Rudolf Neumann, Hg., Die Sowjetisierung Ost-Mitteleuropas. Untersuchungen zu ihrem Ablauf in den einzelnen Ländern, Frankfurt 1959.
Klaus Bittermann, Gemeinsam sind wir unausstehlich. Die Wiedervereinigung und ihre Folgen, Berlin 1990.
David Blackbourn und Geoff Eley, Mythen deutscher Geschichtsschreibung. Die gescheiterte bürgerliche Revolution von 1848, Frankfurt 1980.
Gustav H. Blanke, Vom Nazismus zur Demokratisierung Deutschlands. Erinnerungen und Erfahrungen 1933 bis 1955, Hamburg 1999.
Bärbel Bohley, et al., 40 Jahre DDR … und die Bürger melden sich zu Wort, Frankfurt 1989.
Helmut Bohn, Die Aufrüstung der sowjetischen Besatzungszone Deutschlands, Bonn 1960.
Angela Borgwardt, Im Umgang mit der Macht. Herrschaft und Selbstbehauptung in einem autoritären politischen System, Wiesbaden 2002.

R. J. B. Bosworth, Explaining Auschwitz and Hiroshima. History Writing and the Second World War 1945–1990, London 1993.

Gerhard Botz und Gerald Sprengnagel, Hg., Kontroversen um Österreichs Zeitgeschichte. Verdrängte Vergangenheit, Österreich-Identität, Waldheim und die Historiker, Frankfurt 1994.

Margaret Bourke-White, Deutschland April 1945, München 1979.

Margret Boveri, Amerika-Fibel für erwachsene Deutsche. Ein Versuch, Unverstandenes zu erklären, Freiburg 1946.

dies., Tage des Überlebens. Berlin 1945, Frankfurt 1996.

Karl Dietrich Bracher, Wendezeiten der Geschichte. Historisch-politische Essays 1987–1992, Stuttgart 1992.

Harm-Hinrich Brandt und Matthias Stickler, Hg., »Der Burschen Herrlichkeit«. Geschichte und Gegenwart des studentischen Korporationswesens, Würzburg 1998.

Peter Brandt, Schwieriges Vaterland. Deutsche Einheit, nationales Selbstverständnis, soziale Emanzipation. Texte von 1980 bis heute, 2., korr. Aufl. Berlin 2001.

Willy Brandt, Erinnerungen, Frankfurt 1989.

Juliane Freifrau von Bredow, Leben in einer Zeitwende, Selbstverlag o. J.

Jan Herman Brinks, Die DDR-Geschichtswissenschaft auf dem Weg zur deutschen Einheit. Luther, Friedrich II. und Bismarck als Paradigmen politischen Wandels, Frankfurt 1992.

Brockhaus Enzyklopädie, 20 Bde., Wiesbaden 1974.

Martin Broszat et al., Hg., Deutschlands Weg in die Diktatur, Berlin 1983.

Rogers Brubaker, Staats-Bürger. Deutschland und Frankreich im historischen Vergleich, Hamburg 1994.

Heinz Bude, Das Altern einer Generation. Die Jahrgänge 1938 bis 1948, Frankfurt 1995.

ders. und Bernd Greiner, Hg., Westbindungen. Amerika in der Bundesrepublik, Hamburg 1999, 16–54.

Inga Buhmann, Ich habe mir eine Geschichte geschrieben, 2., neu durchges. u. korr. Aufl. Frankfurt 1987.

Bundesarchiv und Institut für Zeitgeschichte, Hg., Akten zur Vorgeschichte der Bundesrepublik Deutschland 1945–1949, 5 Bde., München 1976–83.

Bundesminister des Inneren, Hg., Dokumente zur Deutschlandpolitik.

Otto Büsch und Peter Furth, Rechtsradikalismus im Nachkriegsdeutschland. Studien über die »Sozialistische Reichspartei« (SRP), Köln 1967.

Jürgen Büschenfeld et al., Hg., Wissenschaftsgeschichte heute. Festschrift für Peter Lundgreen, Bielefeld 2001.

Erica Carter, How German Is She? Postwar West German Reconstruction and the Consuming Women, Ann Arbor 1997.

Burghard Ciesla, Hg., »Freiheit wollen wir!« Der 17. Juni 1953 in Brandenburg. Eine Dokumentation, Berlin 2003.

ders. et al., Hg., Sterben für Berlin? Die Berliner Krisen 1948 und 1958, Berlin 2000.

Lucius D. Clay, Decision in Germany, Melbourne 1950.

Daniel Cohn-Bendit und Thomas Schmid, Heimat Babylon. Das Wagnis der multikulturellen Demokratie, 2. Aufl. Hamburg 1993.
Columbia College, Hg., Chapters in Western Civilization, New York 1948.
Sebastian Conrad, Auf der Suche nach der verlorenen Nation. Geschichtsschreibung in Westdeutschland und Japan, 1945–1960, Göttingen 1999.
Daniele Conversi, German-Bashing and the Breakup of Yugoslavia, Seattle 1998.
Eckart Conze und Gabriele Metzler, Hg., 50 Jahre Bundesrepublik Deutschland. Daten und Diskussionen, Stuttgart 1999.
Werner Conze et al., Hg., Bildungsbürgertum im 19. Jahrhundert, 4 Bde., Stuttgart 1985–92.
Vanessa Conze, »Das Europa der Deutschen. Ideen von Europa in Deutschland zwischen Reichstradition und Westorientierung (1920–1970)«, Diss., Tübingen 2001.
Gordon A. Craig, From Bismarck to Adenauer. Aspects of German Statecraft, Baltimore 1958.
Roland Czada und Hellmut Wollmann, Hg., Von der Bonner zur Berliner Republik. 10 Jahre Deutsche Einheit, Wiesbaden 2000.
Daniela Dahn, Westwärts und nicht vergessen. Vom Unbehagen an der Einheit, Berlin 1996.
Horst Dähn, Hg., Die Rolle der Kirchen in der DDR. Eine erste Bilanz, München 1993.
Ralf Dahrendorf, Gesellschaft und Demokratie in Deutschland, München 1965.
Das Potsdamer Abkommen, Offenbach 2001.
Klaus-Heinrich Dedring, Adenauer, Erhard, Kiesinger. Die CDU als Regierungspartei 1961–1969, Pfaffenweiler 1989.
Jan W. van Deth et al., Hg., Die Republik auf dem Weg zur Normalität? Wahlverhalten und politische Einstellungen, Opladen 2000.
Dieter Dettke, Hg., The Spirit of the Berlin Republic, New York 2003.
Deutscher Bundestag, Hg., Materialien der Enquete-Kommission »Aufarbeitung von Geschichte und Folgen der SED-Diktatur in Deutschland«, 9 Bde, Frankfurt 1995.
Torsten Diedrich und Hans-Hermann Hertle, Hg., Alarmstufe ›Hornisse‹. Die geheimen Chef-Berichte der Volkspolizei über den 17. Juni 1953, Berlin 2003.
James Diehl, The Thanks of the Fatherland. German Veterans After the Second World War, Chapel Hill 1993.
Dan Diner, Hg., Zivilisationsbruch. Denken nach Auschwitz, Frankfurt 1988.
Olaf Dinné et al., Hg., 68 in Bremen. anno dunnemals, Bremen 1998.
Walter Dirks, Die zweite Republik, Frankfurt 1947.
Anselm Doering-Manteuffel, Wie westlich sind die Deutschen? Amerikanisierung und Westernisierung im 20. Jahrhundert, Göttingen 1999.
Marion Gräfin Dönhoff, Im Wartesaal der Geschichte. Vom Kalten Krieg zur Wiedervereinigung. Beiträge und Kommentare aus fünf Jahrzehnten, Stuttgart 1993.
Walter L. Dorn, Inspektionsreisen in der US-Zone. Notizen, Denkschriften und Erinnerungen aus dem Nachlaß, hg. v. Lutz Niethammer, Stuttgart 1973.

Dieter Dowe, Hg., Die Ost- und Deutschlandpolitik der SPD in der Opposition 1982–1989. Papiere eines Kongresses der Friedrich-Ebert-Stiftung am 14. und 15. September 1993 in Bonn, Bonn 1993.

Gretchen Dutschke, Rudi Dutschke. Wir hatten ein barbarisches, schönes Leben. Eine Biographie, Köln 1996.

Rudi Dutschke, Jeder hat sein Leben ganz zu leben. Die Tagebücher 1963–1979, hg. v. Gretchen Dutschke, Köln 2003.

Rainer Eckert und Bernd Faulenbach, Hg., Halbherziger Revisionismus. Zum postkommunistischen Geschichtsbild, München 1996.

Heinrich Graf von Einsiedel, Tagebuch der Versuchung 1942–1959, Frankfurt 1985.

Geoff Eley, Forging Democracy. The History of the Left in Europe, 1850–2000, Oxford 2002.

Norbert Elias, Über den Prozeß der Zivilisation. Soziogenetische und psychogenetische Untersuchungen, 2 Bde., Frankfurt 1976.

Günter Endruweit und Gisela Trommsdorff, Hg., Wörterbuch der Soziologie, 2., neu bearb. u. erw. Aufl. Stuttgart 2002.

Barbara Engels, Gebrauchsanstieg der lexikalischen und semantischen Amerikanismen in zwei Jahrgängen der Welt 1954 und 1964, Frankfurt 1976.

Wolfgang Engler, Die zivilisatorische Lücke. Versuche über den Staatssozialismus, Frankfurt 1992.

Klaus Erdmann, Der gescheiterte Nationalstaat. Die Interdependenz von Nations- und Geschichtsverständnis im politischen Bedingungsgefüge der DDR, Frankfurt 1996.

Ludwig Erhard, Gedanken aus fünf Jahrzehnten. Reden und Schriften, hg. v. Karl Hohmann, Düsseldorf 1988.

Fritz Erler, Demokratie in Deutschland, Stuttgart 1965.

Hans Erler et al., Hg., »Meinetwegen ist die Welt erschaffen«. Das intellektuelle Vermächtnis des deutschsprachigen Judentums, Frankfurt 1997.

Theodor Eschenburg, Letzten Endes meine ich doch. Erinnerungen 1933–1999, Berlin 2000.

Evangelischer Arbeitskreis der CDU, Hg., Unsere Demokratie zwischen gestern und morgen, Bonn 1969.

Bernd Faulenbach, Ideologie des deutschen Weges. Die deutsche Geschichte in der Historiographie zwischen Kaiserreich und Nationalsozialismus, München 1980.

ders. und Heinrich Potthoff, Hg., Die deutsche Sozialdemokratie und die Umwälzung 1989/90, Essen 2001.

Werner Faulstich, Hg., Die Kultur der fünfziger Jahre, Paderborn 2002.

ders., Hg., Die Kultur der sechziger Jahre, Paderborn 2003.

Heide Fehrenbach, Cinema in Democratizing Germany. Reconstructing National Identity after Hitler, Chapel Hill 1995.

Iring Fetscher, Hg., Rechtsradikalismus, Frankfurt 1967.

Lewis S. Feuer, The Conflict of Generations. The Character and Significance of Student Movements, New York 1969.

Tilman Fichter und Siegward Lönnendonker, Macht und Ohnmacht der Studenten. Kleine Geschichte des SDS, Hamburg 1998.

Ragnhild Fiebig von Hase und Ursula Lehmkuhl, Hg., Enemy Images in American History, Providence 1997.
Carole Fink et al., Hg., 1968. The World Transformed, Cambridge 1998.
Sean Forner, »Catastrophe and Democratic Renewal: German Left-Intellectuals between East and West, 1945–1960«, Diss. Chicago 2005.
Ronald Fraser, 1968. A Student Generation in Revolt. An International Oral History, New York 1988.
Norbert Frei, Vergangenheitspolitik. Die Anfänge der Bundesrepublik und die NS-Vergangenheit, München 1996.
Matthias Frese et al., Hg., Demokratisierung und gesellschaftlicher Aufbruch. Die sechziger Jahre als Wendezeit der Bundesrepublik, Paderborn 2003.
Ute Frevert, Eurovisionen. Ansichten guter Europäer im 19. und 20. Jahrhundert, Frankfurt 2003.
Eric Frey, Schwarzbuch USA, Frankfurt 2004.
Karl Wilhelm Fricke, Opposition und Widerstand in der DDR. Ein politischer Report, Köln 1984.
Marilyn Friedman, Hg., Political Correctness. For and Against, Lanham/MD 1995.
Jörg Friedrich, Der Brand. Deutschland im Bombenkrieg 1940–1945, Berlin 2002.
Renata Fritsch-Bournazel, Europa und die deutsche Einheit, Stuttgart 1990.
Fritz-Bauer-Institut, Hg., Überlebt und unterwegs. Jüdische Displaced Persons im Nachkriegsdeutschland, Frankfurt 1997.
Claudia Fröhlich und Michael Kohlstruck, Hg., Engagierte Demokraten. Vergangenheitspolitik in kritischer Absicht, Münster 1999.
Werner Fuchs-Heinritz et al., Hg., Lexikon zur Soziologie, 3., neu bearb. u. erw. Aufl. Opladen 1995.
Hajo Funke, Paranoia und Politik. Rechtsextremismus in der Berliner Republik, Berlin 2002.
Karl-Heinz Füssl, Die Umerziehung der Deutschen. Jugend und Schule unter den Siegermächten des Zweiten Weltkriegs 1945–1955, 2., unv. Aufl. Paderborn 1995.
Hans-Dietrich Genscher, Erinnerungen, Berlin 1995.
Robert A. Garson und Stuart S. Kidd, Hg., The Roosevelt Years. New Perspectives on American History 1933–1945, Edinburgh 1999.
Philipp Gassert, Amerika im Dritten Reich. Ideologie, Propaganda und Volksmeinung 1933–1945, Stuttgart 1997.
ders. und Pavel A. Richter, Hg., 1968 in West Germany. A Guide to Sources and Literature of the Extra-Parliamentarian Opposition, Washington 1998.
Günter Gaus, Wo Deutschland liegt. Eine Ortsbestimmung, Hamburg 1983.
Uta Gerhardt und Ekkehard Mochmann, Hg., Gesellschaftlicher Umbruch 1945–1990. Re-Demokratisierung und Lebensverhältnisse, München 1992.
Geschichte der deutschen Einheit, 4 Bde., Stuttgart 1998.
Michael Geyer, Hg., The Power of Intellectuals in Contemporary Germany, Chicago 2001.
Jessica C. E. Gienow-Hecht, Transmission Impossible. American Journalism as Cultural Diplomacy in Postwar Germany, 1945–1955, Baton Rouge 1999.

Bernhard Giesen, Die Intellektuellen und die Nation, 2 Bde., Frankfurt 1993/99.
Ingrid Gilcher-Holtey, Die 68er Bewegung. Deutschland, Westeuropa, USA. München 2001.
dies., Hg., 1968 – Vom Ereignis zum Gegenstand der Geschichtswissenschaft, Göttingen 1998,
Geoffrey J. Giles, Hg., Stunde Null. The End and the Beginning Fifty Years Ago, Washington 1997.
John Gimbel, Amerikanische Besatzungspolitik in Deutschland 1945–1949, Frankfurt 1971.
Ralph Giordano, Die zweite Schuld oder Von der Last, Deutscher zu sein, Köln 2000.
Gert-Joachim Glaeßner und Michal Reiman, Hg., Systemwechsel und Demokratisierung. Russland und Mittel-Osteuropa nach dem Zerfall der Sowjetunion, Opladen 1997.
Hermann Glaser, Deutsche Kultur. Ein historischer Überblick von 1945 bis zur Gegenwart, 3., erw. Aufl. Bonn 2003.
Peter Glotz, Die falsche Normalisierung. Die unmerkliche Verwandlung der Deutschen 1989 bis 1994. Essays, Frankfurt 1994.
Petra Goedde, GIs and Germans. Culture, Gender, and Foreign Relations, 1945–1949, New Haven 2003.
Dieter Gosewinkel, Einbürgern und Ausschließen. Die Nationalisierung der Staatsangehörigkeit vom Deutschen Bund bis zur Bundesrepublik Deutschland, Göttingen 2001.
Manfred Görtemaker, Geschichte der Bundesrepublik Deutschland. Von der Gründung bis zur Gegenwart, München 1999.
Wilfried Gottschalch, Parlamentarismus und Rätedemokratie, Berlin 1968.
Ronald J. Granieri, The Ambivalent Alliance. Konrad Adenauer, the CDU/CSU, and the West 1949–1966, New York 2003.
Volker Gransow und Konrad H. Jarausch, Die deutsche Vereinigung. Dokumente zu Bürgerbewegung, Annäherung und Beitritt, Köln 1991.
Rolf Grawert et al., Hg., Offene Staatlichkeit. Festschrift für Ernst-Wolfgang Böckenförde zum 65. Geburtstag, Berlin 1995.
Helga Grebing, Der »deutsche Sonderweg« in Europa 1806–1945, Stuttgart 1986.
Martin und Sylvia Greiffenhagen, Ein schwieriges Vaterland. Zur politischen Kultur im vereinigten Deutschland, München 1993.
Johannes Gross, Begründung der Berliner Republik. Deutschland am Ende des 20. Jahrhunderts, Stuttgart 1995
Dieter Grosser, Das Wagnis der Währungs-, Wirtschafts- und Sozialunion. Politische Zwänge im Konflikt mit ökonomischen Regeln, Stuttgart 1998.
Grundgesetz für die Bundesrepublik Deutschland vom 23. Mai 1949, erl. v. Friedrich Giese, 9., neu bearb. Aufl. Frankfurt 1976.
Petra Gruner, Die Neulehrer – ein Schlüsselsymbol der DDR-Gesellschaft. Biographische Konstruktionen von Lehrern zwischen Erfahrungen und gesellschaftlichen Erwartungen, Weinheim 2000.

Gregor Gysi, Wir brauchen einen dritten Weg. Selbstverständnis und Programm der PDS, Hamburg 1990.

Jürgen Habermas, Die nachholende Revolution. Kleine politische Schriften VII, Frankfurt 1990.

ders., Die Normalität einer Berliner Republik. Kleine politische Schriften VIII, Frankfurt 1995.

ders., Die postnationale Konstellation. Politische Essays, Frankfurt 1998.

ders., Eine Art Schadensabwicklung. Kleine politische Schriften VI, Frankfurt 1987.

ders., Strukturwandel der Öffentlichkeit. Untersuchungen zu einer Kategorie der bürgerlichen Gesellschaft, Neuwied 1962.

Christian Hacke, Weltmacht wider Willen. Die Außenpolitik der Bundesrepublik Deutschland, akt. u. erw. Neuausg. Frankfurt 1993.

Jens Hacker, Deutsche Irrtümer. Schönfärber und Helfershelfer der SED-Diktatur im Westen, 3. Aufl. Berlin 1992.

David A. Hackett, Hg., Der Buchenwald-Report. Bericht über das Konzentrationslager Buchenwald bei Weimar, München 1996.

Helga Haftendorn, Sicherheit und Entspannung. Zur Außenpolitik der Bundesrepublik Deutschland 1955–1982, 2., rev. Aufl. Baden-Baden 1986.

dies., Sicherheit und Stabilität. Außenbeziehungen der Bundesrepublik zwischen Ölkrise und NATO-Doppelbeschluß, München 1986.

Hamburger Institut für Sozialforschung, Hg., Verbrechen der Wehrmacht. Dimensionen des Vernichtungskrieges 1941–1944, Ausst.-Kat., Hamburg 2002.

Katja Havemann und Joachim Widmann, Robert Havemann oder wie die DDR sich erledigte, München 2003.

Michael Hayse, Recasting West German Elites. Higher Civil Servants, Business Leaders and Physicians in Hessen between Nazism and Democracy, 1945–1955, New York 2003.

Hubert Heinelt und Anne Lohmann, Immigranten im Wohlfahrtsstaat am Beispiel der Rechtspositionen und Lebensverhältnisse von Aussiedlern, Opladen 1992.

Elizabeth D. Heineman, What Difference Does a Husband Make? Women and Marital Status in Nazi and Postwar Germany, Berkeley 1999.

Gustav W. Heinemann, Einspruch. Ermutigung für entschiedene Demokraten, hg. v. Diether Koch, Bonn 1999.

Manfred Heinemann, Hg., Umerziehung und Wiederaufbau. Die Bildungspolitik der Besatzungsmächte in Deutschland und Österreich, Stuttgart 1981.

Klaus-Dietmar Henke, Die amerikanische Besetzung Deutschlands, München 1995.

Günter Henle, Weggenosse des Jahrhunderts. Günter Henle als Diplomat, Industrieller, Politiker und Freund der Musik, Stuttgart 1968.

Friedrich-Wilhelm Henning, Das industrialisierte Deutschland 1914 bis 1992, 8., durchges. u. wesentl. erw. Aufl. Paderborn 1993.

Wilhelm Hennis, Demokratisierung. Zur Problematik eines Begriffs, Köln 1970.

Volker Hentschel, Ludwig Erhard. Ein Politikerleben, München 1996.

Felicitas Hentschke, Demokratisierung als Ziel der amerikanischen Besatzungspolitik in Deutschland und Japan, 1943–1947, Münster 2001.
Ulrich Herbert, Geschichte der Ausländerpolitik in Deutschland. Saisonarbeiter, Zwangsarbeiter, Gastarbeiter, Flüchtlinge, München 2001.
ders., Hg., Wandlungsprozesse in Westdeutschland. Belastung. Integration, Liberalisierung 1945–1980, Göttingen 2002.
Andreas Herbst et al., Hg., Die SED. Geschichte, Organisation, Politik. Ein Handbuch, Berlin 1997.
Jeffrey Herf, Reactionary Modernism. Technology, Culture, and Politics in Weimar and the Third Reich, Cambridge 1984.
ders., War By Other Means. Soviet Power, West German Resistance and the Battle of the Euromissiles, New York 1991.
Hans-Hermann Hertle, Der Fall der Mauer. Die unbeabsichtigte Selbstauflösung des SED-Staates, Opladen 1996.
Erhard Hexelschneider und Erhard John, Kultur als einigendes Band? Eine Auseinandersetzung mit der These von der »einheitlichen deutschen Kulturnation«, Berlin 1984.
Stefan Heym und Werner Heiduczek, Hg., Die sanfte Revolution. Prosa, Lyrik, Protokolle, Erlebnisberichte, Reden, Leipzig 1990.
Manfred Hildermeier et al., Hg., Europäische Zivilgesellschaft in Ost und West. Begriff, Geschichte, Chancen, Frankfurt 2000.
Jörg Hillmann und John Zimmermann, Hg., Kriegsende 1945 in Deutschland, München 2002.
Gerhard Hirscher, Hg., Aufstieg und Fall von Regierungen. Machterwerb und Machterosionen in westlichen Demokratien, München 2001.
Eric Hobsbawm, Das Zeitalter der Extreme. Weltgeschichte des 20. Jahrhunderts, 5. Aufl. München 2002.
Hans Günter Hockerts, Hg., Drei Wege deutscher Sozialstaatlichkeit. NS-Diktatur, Bundesrepublik und DDR im Vergleich, München 1998.
ders., Hg., Koordinaten der deutschen Geschichte in der Periode des Ost-West-Konflikts, München 2004.
Dierk Hoffmann, Die DDR unter Ulbricht. Gewaltsame Neuordnung und gescheiterte Modernisierung, Zürich 2003.
Helmut Hoffmann, Hg., Nachbelichtet, Dresden 1997.
Maria Höhn, GIs and Fräuleins. The German-American Encounter in 1950s West Germany, Chapel Hill 2002.
Michaela Hönicke, »›Know Your Enemy‹. American Interpretations of National Socialism 1933–1945«, Diss., Chapel Hill 1998.
Peter Hübner, Konsens, Konflikt und Kompromiß. Soziale Arbeiterinteressen und Sozialpolitik in der SBZ/DDR 1945–1970, Berlin 1995.
ders., Hg., Eliten im Sozialismus. Beiträge zur Sozialgeschichte der DDR, Köln 1999.
Michael L. Hughes, Shouldering the Burden of Defeat. West Germany and the Reconstruction of Social Justice, Chapel Hill 1999.
Renate Hürtgen und Thomas Reichel, Hg., Der Schein der Stabilität. DDR-Betriebsalltag in der Ära Honecker, Berlin 2001.

Harold Hurwitz, Demokratie und Antikommunismus in Berlin nach 1945, 3 Bde., Köln 1983.
Georg G. Iggers et al., Hg., Die DDR-Geschichtswissenschaft als Forschungsproblem, München 1998.
Ronald Inglehart, Kultureller Umbruch. Wertewandel in der westlichen Welt, Frankfurt 1995.
ders., The Silent Revolution. Changing Values and Political Styles among Western Publics, Princeton 1977.
Institut für deutsche Sprache, Bibliographie zu Anglizismen, Mannheim 2002.
Institut für Wirtschaftsgeschichte der Akademie der Wissenschaft der DDR, Hg., Handbuch für Wirtschaftsgeschichte, 2 Bde., Berlin 1981.
Wolfgang Jäger, Die Überwindung der Teilung. Der innerdeutsche Prozeß der Vereinigung 1989/90, Stuttgart 1998.
Harold James, A German Identity. 1770–1990, New York 1990.
ders. und Marla Stone, Hg., When the Wall Came Down. Reactions to German Unification, New York 1992.
Konrad H. Jarausch, Die unverhoffte Einheit 1989–1990, Frankfurt 1995.
ders., The Unfree Professions. German Lawyers, Teachers and Engineers, 1900–1950, New York 1990.
ders., Hg., After Unity. Reconfiguring German Identities, Providence 1997.
ders., Hg., Dictatorship as Experience. Towards a Socio-Cultural History of the GDR, New York 1999.
ders. und Michael Geyer, Shattered Past. Reconstructing German Histories, Princeton 2003.
ders. und Martin Sabrow, Hg., Die historische Meistererzählung. Deutungslinien der deutschen Nationalgeschichte nach 1945, Göttingen 2002.
ders. und Martin Sabrow, Hg., Verletztes Gedächtnis. Erinnerungskultur und Zeitgeschichte im Konflikt, Frankfurt 2002.
ders. und Martin Sabrow, Hg., Weg in den Untergang. Der innere Zerfall der DDR, Göttingen 1999.
ders. und Hannes Siegrist, Hg., Amerikanisierung und Sowjetisierung in Deutschland 1945–1970, Frankfurt 1997.
Karl Jaspers, Wohin treibt die Bundesrepublik? Tatsachen, Gefahren, Chancen, München 1966.
Martin Jay, Dialektische Phantasie. Die Geschichte der Frankfurter Schule und des Instituts für Sozialforschung 1923–1950, Frankfurt 1976.
Michael Jeismann, Auf Wiedersehen Gestern. Die deutsche Vergangenheit und die Politik von morgen, Stuttgart 2001.
Karl Jering, Überleben und Neubeginn. Aufzeichnungen eines Deutschen aus den Jahren 1945/46, München 1979.
Eckhard Jesse, Die Demokratie der Bundesrepublik Deutschland, 8., akt. u. erw. Aufl. Baden-Baden 1997.
ders., Hg., Totalitarismus im 20. Jahrhundert. Eine Bilanz der internationalen Forschung, 2., erw. u. akt. Aufl. Baden-Baden 1999.

Ralph Jessen, Akademische Elite und kommunistische Diktatur. Die ostdeutsche Hochschullehrerschaft in der Ulbricht-Ära, Göttingen 1999.
Max Kaase und Günther Schmid, Hg., Eine lernende Demokratie. 50 Jahre Bundesrepublik Deutschland, Berlin 1999.
Hartmut Kaelble, Wege zur Demokratie. Von der Französischen Revolution zur Europäischen Union, Stuttgart 2001.
ders. und Hartmut Zwahr, Hg., Sozialgeschichte der DDR, Stuttgart 1994.
Monika Kaiser, Machtwechsel von Ulbricht zu Honecker. Funktionsmechanismen der SED-Diktatur in Konfliktsituationen 1962 bis 1972, Berlin 1997.
Hellmuth Kalus, Wirtschaftszahlen aus der SBZ. Eine Zusammenstellung statistischer Daten zur wirtschaftlichen Entwicklung in der Sowjetischen Besatzungszone und in Ost-Berlin, 2., erw. u. erg. Aufl. Bonn 1960.
Olaf Kappelt, Die Entnazifizierung in der SBZ sowie die Rolle und der Einfluß ehemaliger Nationalsozialisten in der DDR als ein soziologisches Phänomen, Hamburg 1997.
Rainer Karlsch und Jochen Laufer, Hg., Sowjetische Demontagen in Deutschland 1944–1949. Hintergründe, Ziele und Wirkungen, Berlin 2002.
Michael H. Kater, The Nazi Party. A Social Profile of Members and Leaders 1919–1945, Cambridge/MA 1983.
John Keane, Democracy and Civil Society. On the Predicaments of European Socialism, the Prospects for Democracy, and the Problem of Controlling Social and Political Power, London 1988.
Robert M. W. Kempner, Ankläger einer Epoche. Lebenserinnerungen, Frankfurt 1983.
Manfred Kern, Konzertierte Aktion als Versuch einer Verhaltensabstimmung zwischen Regierung und Interessenverbänden, Köln 1973.
Mario Keßler, Exil und Nach-Exil. Vertriebene Intellektuelle im 20. Jahrhundert, Hamburg 2002.
Peter Graf Kielmansegg, Nach der Katastrophe. Eine Geschichte des geteilten Deutschland, Berlin 2000.
Wolther von Kieseritzky und Klaus-Peter Sick, Hg., Demokratie in Deutschland. Chancen und Gefährdungen im 19. und 20. Jahrhundert. Historische Essays, München 1999.
Kurt Georg Kiesinger, Dunkle und helle Jahre. Erinnerungen 1904–1958, Stuttgart 1989.
Richard Kiessler und Frank Elbe, Ein runder Tisch mit scharfen Ecken. Der diplomatische Weg zur deutschen Einheit, Baden-Baden 1993.
Ansgar Klein, Der Diskurs der Zivilgesellschaft. Politische Kontexte und demokratietheoretische Bezüge der neueren Begriffsverwendung, Opladen 2001.
Fritz Klein, Drinnen und draußen. Ein Historiker in der DDR, Frankfurt 2000.
Thomas Klein, »Für die Einheit und Reinheit der Partei«. Die innerparteilichen Kontrollorgane der SED in der Ära Ulbricht, Köln 2002.
ders. et al., Visionen. Repression und Opposition in der SED (1949–1989), Frankfurt/O 1996.
Kleines Politisches Wörterbuch, 3., überarb. Aufl. Berlin 1978.
Paul Kleinewefers, Jahrgang 1905. Ein Bericht, Stuttgart 1977.

Christian Kleinschmidt, Der produktive Blick. Wahrnehmung amerikanischer und japanischer Management- und Produktionsmethoden durch deutsche Unternehmer 1950–1985, Berlin 2002.
Victor Klemperer, So sitze ich denn zwischen allen Stühlen. Tagebücher 1945–1949, 2 Bde., hg. v. Walter Nowojski, Berlin 1999.
Christoph Kleßmann, Befreiung durch Zerstörung. Das Jahr 1945 in der deutschen Geschichte, Hannover 1995.
ders., Die doppelte Staatsgründung. Deutsche Geschichte 1945–1955, 5., überarb. u. erw. Aufl. Göttingen 1991.
ders., Zwei Staaten, eine Nation. Deutsche Geschichte 1955–1970, 2., überarb. u. erw. Aufl. Bonn 1997.
ders. und Bernd Stöver, Hg., 1953 – Krisenjahr des Kalten Krieges in Europa, Köln 1999.
ders. et al., Hg., Deutsche Vergangenheiten – eine gemeinsame Herausforderung. Der schwierige Umgang mit der doppelten Nachkriegsgeschichte, Berlin 1999.
Hubertus Knabe, Der diskrete Charme der DDR. Stasi und Westmedien, 3. Aufl. Berlin 2001.
ders., Die unterwanderte Republik. Stasi im Westen, Berlin 1999.
ders., Hg., Aufbruch in eine andere DDR. Reformer und Oppositionelle zur Zukunft ihres Landes, Reinbek 1989.
Sebastian Knauer, Lieben wir die USA? Was die Deutschen über die Amerikaner denken, Hamburg 1987.
Jürgen Kocka, Consequences of Unification. German Society and Politics in a Changing International Framework, Washington 1995.
ders., Vereinigungskrise. Zur Geschichte der Gegenwart, Göttingen 1995.
ders., Hg., Bürgertum im 19. Jahrhundert. Deutschland im europäischen Vergleich, 3 Bde., Göttingen 1995.
ders., Hg., Historische DDR-Forschung. Aufsätze und Studien, Berlin 1993.
Eugen Kogon, Die unvollendete Erneuerung. Deutschland im Kräftefeld 1945–1963. Politische und gesellschaftspolitische Aufsätze aus zwei Jahrzehnten, hg. v. Hubert Habicht, Frankfurt 1964.
Helmut Kohl, Deutschlands Zukunft in Europa. Reden und Beiträge des Bundeskanzlers, Herford 1990.
ders., Erinnerungen 1930–1982, München 2004.
Jeffrey Kopstein, The Politics of Economic Decline in East Germany, 1945–1989, Chapel Hill 1997.
Karl-Rudolf Korte, Deutschlandpolitik in Helmut Kohls Kanzlerschaft. Regierungsstil und Entscheidungen 1982–1989, Stuttgart 1998.
Rudy Koshar, German Travel Cultures, Oxford 2000.
Ilko-Sascha Kowalczuk, Hg., Freiheit und Öffentlichkeit. Politischer Samisdat in der DDR 1985–1989. Eine Dokumentation, Berlin 2002.
ders. und Stefan Wolle, Roter Stern über Deutschland. Sowjetische Truppen in der DDR, Berlin 2001.
Arnold Krammer, Nazi Prisoners of War in America, New York 1979.
Wolfgang Kraushaar, 1968 als Mythos, Chiffre und Zäsur, Hamburg 2000.

ders., 1968. Das Jahr, das alles verändert hat, München 1998.
ders., Die Protest-Chronik 1949–1959. Eine illustrierte Geschichte von Bewegung, Widerstand und Utopie, 4 Bde., Hamburg 1996.
Leo Kreuz, Das Kuratorium Unteilbares Deutschland. Aufbau, Programmatik. Wirkung, Opladen 1980.
Erich Kuby, Mein ärgerliches Vaterland, Berlin 1990.
Rita Kuczynski, Mauerblume. Ein Leben auf der Grenze, München 1999.
Ludger Kühnhardt, Atlantik Brücke – Fünfzig Jahre deutsch-amerikanische Freundschaft, Berlin 2002.
ders., Die Universalität der Menschenrechte, 2., überarb. u. erw. Aufl. Bonn 1991.
Eugene M. Kulischer, Europe on the Move. War and Population Changes, 1917–47, New York 1948.
Dieter Kunzelmann, Leisten Sie keinen Widerstand! Bilder aus meinem Leben, Berlin 1998.
Wolfgang Küttler et al., Hg., Geschichtsdiskurs, 5 Bde., Frankfurt 1993–1999.
Heinz J. Kuzdas, Berliner MauerKunst, Berlin 1990.
Dieter Langewiesche, Nation, Nationalismus, Nationalstaat in Deutschland und Europa, München 2000.
David Clay Large, Germans to the Front. West German Rearmament in the Adenauer Era, Chapel Hill 1996.
Mark Lehmstedt und Siegfried Lokatis, Hg., Das Loch in der Mauer. Der innerdeutsche Literaturaustausch, Wiesbaden 1997.
Detlef Lehnert, Sozialdemokratie zwischen Protestbewegung und Regierungspartei 1848 bis 1983, Frankfurt 1983.
Hans Lemberg, Hg., Sowjetisches Modell und nationale Prägung, Kontinuität und Wandel in Ostmitteleuropa nach dem Zweiten Weltkrieg, Marburg 1991.
Michael Lemke, Einheit oder Sozialismus? Die Deutschlandpolitik der SED 1949–1961, Köln 2001.
ders., Hg., Sowjetisierung und Eigenständigkeit in der SBZ/DDR (1945–1953), Köln 1999.
Jörn Leonhard und Lothar Funk, Hg., Ten Years of German Unification. Transfer, Transformation, Incorporation?, Birmingham 2002.
Wolfgang Leonhard, Die Revolution entläßt ihre Kinder, 21. Aufl. Köln 2003.
Wolf Lepenies, Folgen einer unerhörten Begebenheit. Die Deutschen nach der Vereinigung, Berlin 1992.
Cyril Levitt et al., Hg., Mistaken Identities. The Second Wave of Controversy Over »Political Corectness«, New York 1999.
Thomas Lindenberger, Volkspolizei. Herrschaftspraxis und öffentliche Ordnung im SED-Staat 1952–1968, Köln 2003.
ders., Hg. Herrschaft und Eigen-Sinn in der Diktatur. Studien zur Gesellschaftsgeschichte der DDR, Köln 1999.
ders., Hg., Massenmedien im Kalten Krieg, Köln 2004.
Juan José Linz, Totalitäre und autoritäre Regime, hg. v. Raimund Krämer, Berlin 2000.

Seymour Martin Lipset und Philip Altbach, Why Students Revolt, Boston 1969.
Erich Loest, Es geht seinen Gang oder Mühen in unserer Ebene. Roman, München 1998.
Siegward Lönnendonker, Hg., Linksintellektueller Aufbruch zwischen »Kulturrevolution« und »kultureller Zerstörung«. Der Sozialistische Deutsche Studentenbund (SDS) in der Nachkriegsgeschichte (1946–1969). Dokumentation eines Symposiums, Opladen 1998.
Wilfried Loth, Der Weg nach Europa. Geschichte der europäischen Integration 1939–1957, 3., durchges. Aufl. Göttingen 1996.
ders., Stalins ungeliebtes Kind. Warum Moskau die DDR nicht wollte, Berlin 1994.
ders. und Bernd-A. Rusinek, Hg., Verwandlungspolitik. NS-Eliten in der westdeutschen Nachkriegsgesellschaft, Frankfurt 1998.
ders. et al., Hg., Walter Hallstein. Der vergessene Europäer?, Bonn 1995.
Richard Löwenthal, Gesellschaftswandel und Kulturkrise. Zukunftsprobleme der westlichen Demokratien, Frankfurt 1979.
ders. und Hans-Peter Schwarz, Hg., Die zweite Republik. 25 Jahre Bundesrepublik Deutschland – eine Bilanz, Stuttgart 1974.
Hermann Lübbe, Endstation Terror. Rückblick auf lange Märsche, Stuttgart 1978.
Alf Lüdtke und Peter Becker, Hg., Akten, Eingaben, Schaufenster. Die DDR und ihre Texte. Erkundungen zu Herrschaft und Alltag, Berlin 1997.
Kaspar Maase, BRAVO Amerika. Erkundungen zur Jugendkultur der Bundesrepublik in den fünfziger Jahren, Hamburg 1992.
Robert Franklin Maddox, The War Within World War II. The United States and International Cartels, Westport 2001.
Ulrich Mählert, Kleine Geschichte der DDR, München 1998.
ders., Hg., Vademekum DDR-Forschung. Ein Leitfaden zu Archiven, Forschungsinstituten, Bibliotheken, Einrichtungen der politischen Bildung, Vereinen, Museen und Gedenkstätten, Berlin 2002.
ders. und Gerd-Rüdiger Stephan, Blaue Hemden – Rote Fahnen. Die Geschichte der Freien Deutschen Jugend, Opladen 1996.
Charles S. Maier, Der Umbruch der DDR und der Untergang des Kommunismus, Frankfurt 1999.
ders., Dissolution. The Crisis of Communism and the End of East Germany, Princeton 1997.
Hans Maier und Michael Zöller, Hg., Bund Freiheit der Wissenschaft. Der Gründungskongreß in Bad Godesberg 1970, Köln 1970.
Jürgen Maier, Politikverdrossenheit in der Bundesrepublik Deutschland. Dimensionen, Determinanten, Konsequenzen, Opladen 2000.
Andreas Malycha, Hg., Auf dem Weg zur SED. Die Sozialdemokratie und die Bildung einer Einheitspartei in den Ländern der SBZ, Bonn 1995.
Thomas Mann, Betrachtungen eines Unpolitischen, Berlin 1918.
ders., Deutschland und die Deutschen 1945, Hamburg 1992.
Herbert Marcuse, Der eindimensionale Mensch. Studien zur Ideologie der fortgeschrittenen Industriegesellschaft, Neuwied 1967.

Andrei S. Markovits und Philip S. Gorski, Grün schlägt rot. Die deutsche Linke nach 1945, Hamburg 1997.
ders. und Simon Reich, Das deutsche Dilemma. Die Berliner Republik zwischen Macht und Machtverzicht, Berlin 1998.
Arthur Marwick, The Sixties. Cultural Revolution in Britain, France, Italy, and the United States c. 1958–1974, Oxford 1998.
Vojtech Mastny, The Cold War and Soviet Insecurity. The Stalin Years, New York 1996.
Materialien zur gewerkschaftlichen Bildungsarbeit, Bonn 1990.
Leo L. Matthias, Die Entdeckung Amerikas Anno 1953 oder das geordnete Chaos, Hamburg 1953.
Hans Mayer, Der Turm von Babel. Erinnerungen an eine Deutsche Demokratische Republik, Frankfurt 1991.
Tilman Mayer, Prinzip Nation. Dimensionen der nationalen Frage, dargestellt am Beispiel Deutschlands, 2., durchges. Aufl. Opladen 1987.
Christian Meier, Die Nation, die keine sein will, München 1991.
Helmut Meier und Walter Schmidt, Hg., Erbe und Tradition in der DDR. Die Diskussion der Historiker, Köln 1989.
Reinhard Meier, Die Normalisierung Deutschlands. Bonner Protokolle und Reportagen aus der DDR, Zürich 1986.
Damian van Melis, Entnazifizierung in Mecklenburg-Vorpommern. Herrschaft und Verwaltung 1945–1948, München 1999.
Ina Merkel, Utopie und Bedürfnis. Die Geschichte der Konsumkultur in der DDR, Köln 1999.
Wolfgang Merkel, Hg., Systemwechsel. Theorien, Ansätze und Konzeptionen, 5 Bde., Opladen 1994–2000.
Peter H. Merkl, Hg., The Federal Republic of Germany at Fifty. The End of a Century of Turmoil, Houndmills 1999.
Anna J. Merritt und Richard L. Merritt, Public Opinion in Occupied Germany. The OMGUS Surveys, 1945–49, Urbana 1970.
dies., Public Opinion in Semisovereign Germany. The HICOG Surveys, 1949–1955, Urbana 1980.
Peter Merseburger, Willy Brandt 1913–1992. Visionär und Realist, Stuttgart 2002.
Barbara Mettler, Demokratisierung und Kalter Krieg. Zur amerikanischen Informations- und Rundfunkpolitik in Westdeutschland 1945–1949, Berlin 1975.
Gabriele Metzler, Der deutsche Sozialstaat. Vom bismarckschen Erfolgsmodell zum Pflegefall, München 2003.
Sigrid Meuschel, Legitimation und Parteiherrschaft. Zum Paradox von Stabilität und Revolution in der DDR, 1945–1989, Frankfurt 1992.
Jürgen Miermeister und Jochen Staadt, Hg., Provokationen. Die Studenten- und Jugendrevolte in ihren Flugblättern 1965–1971, Darmstadt 1980.
Militärgeschichtliches Forschungsamt, Hg., Anfänge westdeutscher Sicherheitspolitik 1945–1956, 4 Bde., München 1990.
dass., Hg., Entmilitarisierung und Aufrüstung in Mitteleuropa 1945–1956, Herford 1983.

Hans-Jürgen Misselwitz, Nicht länger mit dem Gesicht nach Westen. Das neue Selbstbewußtsein der Ostdeutschen, Bonn 1996.
Armin Mitter und Stefan Wolle, Ich liebe Euch doch alle! Befehle und Lageberichte des MfS, Januar-November 1989, Berlin 1990.
dies., Untergang auf Raten. Unbekannte Kapitel der DDR-Geschichte, München 1993.
Hans Modrow, Ich wollte ein neues Deutschland, Berlin 1998.
Robert G. Moeller, Geschützte Mütter. Frauen und Familien in der westdeutschen Nachkriegspolitik, München 1997.
ders., War Stories. The Search for a Usable Past in the Federal Republic of Germany, Berkeley 2001.
Rudolf Morsey und Hans-Peter Schwarz, Hg., Adenauer. Teegespräche 1961–1963, Berlin 1992.
Peter Mosler, Was wir wollten, was wir wurden. Studentenrevolte – 10 Jahre danach, Reinbek 1977.
George L. Mosse, Gefallen für das Vaterland. Nationales Heldentum und namenloses Sterben, Stuttgart 1993.
Jan-Werner Müller, Another Country. German Intellectuals, Unification and National Identity, New Haven 2000.
Manfred Müller, Die USA in Potsdam 1945. Die Deutschlandpolitik der USA auf der Potsdamer Konferenz der Großen Drei, Berlin 1996.
Alfred Müller-Armack, Wirtschaftslenkung und Marktwirtschaft, Sonderausg. München 1990.
Dietrich Müller-Römer, Die neue Verfassung der DDR, Köln 1974.
Rainer Münz et al., Zuwanderung nach Deutschland. Strukturen, Wirkungen, Perspektiven, 2., erw. Aufl. Frankfurt 1999.
Joyce M. Mushaben, From Post-War to Post-Wall Generations. Changing Attitudes toward the National Question and NATO in the Federal Republic of Germany, Boulder 1998.
Norman M. Naimark, The Russians in Germany. A History of the Soviet Zone of Occupation, 1945–1949, Cambridge/MA 1995.
Klaus Naumann, Der Krieg als Text. Das Jahr 1945 im kulturellen Gedächtnis der Presse, Hamburg 1998.
ders., Hg., Nachkrieg in Deutschland, Hamburg 2001.
Oskar Negt, Achtundsechzig. Politische Intellektuelle und die Macht, Göttingen 1995.
Erhart Neubert, Geschichte der Opposition in der DDR 1949–1989, Berlin 1997.
Anthony J. Nicholls, Freedom with Responsibility. The Social Market Economy in Germany 1918–1963, Oxford 1994.
Heinz Niemann, Meinungsforschung in der DDR. Die geheimen Berichte des Instituts für Meinungsforschung an das Politbüro der SED, Köln 1993.
Lutz Niethammer, Angepaßter Faschismus. Politische Praxis der NPD, Frankfurt 1969.
ders., Die Mitläuferfabrik. Die Entnazifizierung am Beispiel Bayerns, 2. Aufl. Berlin 1982.

ders. et al., Hg., Arbeiterinitiative 1945. Antifaschistische Ausschüsse und Reorganisation der Arbeiterbewegung in Deutschland, Wuppertal 1976.

Paul Noack, Deutschland, deine Intellektuellen. Die Kunst, sich ins Abseits zu stellen, Stuttgart 1991.

Elisabeth Noelle-Neumann und Renate Köcher, Die verletzte Nation. Über den Versuch der Deutschen, ihren Charakter zu ändern, Stuttgart 1987.

Georg Nolte und Hans-Ludwig Schreiber, Hg., Der Mensch und seine Rechte. Grundlagen und Brennpunkte der Menschenrechte zu Beginn des 21. Jahrhunderts, Göttingen 2004.

Paul Nolte, Generation Reform. Jenseits der blockierten Republik, München 2004.

Karl-Dieter Opp und Peter Voß, Die volkseigene Revolution, Stuttgart 1993.

Max Otte, A Rising Middle Power? German Foreign Policy in Transformation, 1989–1999, New York 2000.

Saul K. Padover, Experiment in Germany. The Story of an American Intelligence Officer, New York 1946.

Robert O. Paxton, Vichy France. Old Guard and New Order, 1940–1944, New York 1972.

Edward N. Peterson, The American Occupation of Germany. Retreat to Victory, Detroit 1978.

Doug Peifer, »Origins of the East and West German Navies«, Diss., Chapel Hill 1996.

Elisabeth Peifer, »1968 in German Political Culture, 1967–1993. From Experience to Myth«, Diss., Chapel Hill 1997.

Richard H. Pells, Not Like Us. How Europeans Have Loved, Hated and Transformed American Culture Since World War II, New York 1997.

Joachim Perels, Wider die ›Normalisierung‹ des Nationalsozialismus. Intervention gegen die Verdrängung, Hannover 1996.

Detlef Julio K. Peukert, Die Edelweißpiraten. Protestbewegungen jugendlicher Arbeiter im »Dritten Reich«. Eine Dokumentation, 3., erw. Aufl. Köln 1988.

Georg Picht, Die deutsche Bildungskatastrophe. Analyse und Dokumentation, Olten 1964.

David Pike, Deutsche Schriftsteller im sowjetischen Exil 1933–1945, Frankfurt 1981.

ders., The Politics of Culture in Soviet Occupied Germany, 1945–1949, Stanford 1992.

Alexander von Plato, Die Vereinigung Deutschlands – ein weltpolitisches Machtspiel. Bush, Kohl, Gorbatschow und die geheimen Moskauer Protokolle, Berlin 2002.

ders. und Almut Leh, »Ein unglaublicher Frühling«. Erfahrene Geschichte im Nachkriegsdeutschland 1945–1948, Bonn 1997.

Fritz Pleitgen, Hg., Die Ausbürgerung. Anfang vom Ende der DDR, Berlin 2001.

Hans Pohl, Hg., Kartelle und Kartellgesetzgebung in Praxis und Rechtsprechung vom 19. Jahrhundert bis zur Gegenwart, Stuttgart 1985.

Friedrich Pohlmann, Deutschland im Zeitalter des Totalitarismus. Politische Identitäten in Deutschland zwischen 1918 und 1989, München 2001.

Uta G. Poiger, Jazz, Rock and Rebels. Cold War Politics and American Culture in a Divided Germany, Berkeley 2000.

Detlef Pollack und Dieter Rink, Hg., Zwischen Verweigerung und Opposition. Politischer Protest in der DDR 1970–1989, Frankfurt 1997.

James K. Pollock, Besatzung und Staatsaufbau nach 1945. Occupation Diary and Private Correspondence 1945–1948, hg. v. Ingrid Krüger-Bulcke, München 1994.

Heinrich Potthoff, Hg., Die »Koalition der Vernunft«. Deutschlandpolitik in den 80er Jahren, München 1995.

Astrid Proll, Baader Meinhof. Pictures on the Run 1966–77, Zürich 1998.

Karl Hugo Pruys, Helmut Kohl. Eine Biographie, Berlin 1995.

Brian Puaca, »Drafting Democracy. Education Reform in American-Occupied Germany, 1945–1949«, Magisterarbeit, Chapel Hill 2001.

Anson Rabinbach, In the Shadow of Catastrophe: German Intellectuals between Apocalypse and Enlightenment, Berkeley 1997.

Marie-Luise Recker, Hg., Bilanz. 50 Jahre Bundesrepublik Deutschland, St. Ingbert 2001.

Kimberly Redding, »›We Wanted to Be Young‹. Hitler's Youth in Postwar Berlin«, Diss., Chapel Hill 2000.

Peter Reichel, Politik mit der Erinnerung. Gedächtnisorte im Streit um die nationalsozialistische Vergangenheit, München 1995.

ders., Vergangenheitsbewältigung in Deutschland. Die Auseinandersetzung mit der NS-Diktatur von 1945 bis heute, München 2001.

Ruth Reimann-Möller, Die Berichterstatterin von Burg. Schule – mein Leben, Norderstedt 2000.

Gerhard Rein, Die protestantische Revolution 1987–1990. Ein deutsches Lesebuch, Berlin 1990.

Jürgen Reinhold, Erinnerungen, Essen 2000.

Stefan Reisner, Hg., Briefe an Rudi D., Frankfurt 1968.

Gerhard Ritter, Geschichte als Bildungsmacht. Ein Beitrag zur historisch-politischen Neubesinnung, Stuttgart 1946.

ders. und Susanne Miller, Hg., Die deutsche Revolution 1918–19. Dokumente, Frankfurt 1968.

Andreas Rödder, Die Bundesrepublik Deutschland 1969–1990, München 2003.

Daniel E. Rogers, Politics After Hitler. The Western Allies and the German Party System, Houndmills 1995.

Walter Rohland, Bewegte Zeiten. Erinnerungen eines Eisenhüttenmannes, Stuttgart 1976.

Wilhelm Röpke, Die deutsche Frage, 3., veränd. u. erw. Aufl. Erlenbach-Zürich 1948.

Jay Julian Rosellini, Literary Skinheads? Writing from the Right in Reunified Germany, West Lafayette 2000.

Mark Roseman, Hg., Generations in Conflict. Youth Revolt and Generation Formation in Germany 1770–1968, Cambridge 1995.

Corey Ross, The East German Dictatorship. Problems and Perspectives in the Interpretation of the GDR, London 2002.

Ruth-Kristin Rößler, Hg., Die Entnazifizierungspolitik der KPD/SED 1945–1948. Dokumente und Materialien, Goldbach 1994.
Theodore Roszak, The Making of a Counter Culture. Reflections on the Technocratic Society and its Youthful Opposition, Garden City 1969.
Rainer A. Roth und Walter Seifert, Hg., Die zweite deutsche Demokratie. Ursprünge, Probleme, Perspektiven, Köln 1990.
Henry Rousso, Vichy. L'événement, la mémoire, l'histoire, Paris 2001.
Dieter Rucht et al., Hg., Acts of Dissent. New Developments in the Study of Protest, Berlin 1998.
ders., Hg., Protest in der Bundesrepublik. Strukturen und Entwicklungen, Frankfurt 2001.
Wolfgang Rüddenklau, Störenfried. DDR-Opposition 1986–1989. Mit Texten aus den »Umweltblättern«, Berlin 1992.
Michael Ruetz, 1968. Ein Zeitalter wird besichtigt, Frankfurt 1997.
Klaus-Jörg Ruhl, Hg., Neubeginn und Restauration. Dokumente zur Vorgeschichte der Bundesrepublik Deutschland 1945–1949, 3. Aufl. München 1989.
Hermann-Josef Rupieper, Die Wurzeln der westdeutschen Nachkriegsdemokratie. Der amerikanische Beitrag 1945–1952, Opladen 1993.
Reinhard Rürup, Probleme der Revolution in Deutschland 1918/19, Wiesbaden 1968.
ders., The Problem of Revolution in Germany, 1789–1989, Oxford 2000.
Martin Sabrow, Das Diktat des Konsenses. Geschichtswissenschaft in der DDR 1949–1969, München 2001.
Ernst von Salomon, Der Fragebogen, Hamburg 1951.
Hans Sarkowicz, Hg., Aufstände, Unruhen, Revolutionen. Zur Geschichte der Demokratie in Deutschland, Frankfurt 1998.
Fritz Schenk, Das rote Wirtschaftswunder. Die zentrale Planwirtschaft als Machtmittel der SED–Politik, Stuttgart 1969.
Axel Schildt, Ankunft im Westen. Ein Essay zur Erfolgsgeschichte der Bundesrepublik, Frankfurt 1999.
ders., Moderne Zeiten. Freizeit, Massenmedien und ›Zeitgeist‹ in der Bundesrepublik der 50er Jahre, Hamburg 1995.
ders., Zwischen Abendland und Amerika. Studien zur westdeutschen Ideenlandschaft der 50er Jahre, München 1999.
ders. und Arnold Sywottek, Hg., Modernisierung im Wiederaufbau. Die westdeutsche Gesellschaft der 50er Jahre, ungek., durchges. u. akt. Studienausg. Bonn 1998.
ders. et al., Hg., Dynamische Zeiten. Die 60er Jahre in den beiden deutschen Gesellschaften, Hamburg 2000.
Karl Schiller, Der Ökonom und die Gesellschaft. Das freiheitliche und soziale Element in der modernen Wirtschaftspolitik, Stuttgart 1964.
Hanna Schissler, Hg., The Miracle Years. A Cultural History of West Germany, 1945–1968, Princeton 2001.
Wolfgang Schivelbusch, Die Kultur der Niederlage. Der amerikanische Süden 1865, Frankreich 1871, Deutschland 1918, Berlin 2001.

Wolfgang Schmale, Geschichte Europas, Wien 2000.

Eberhard Schmidt, Die verhinderte Neuordnung 1945–1952. Zur Auseinandersetzung um die Demokratisierung der Wirtschaft in den westlichen Besatzungszonen und in der Bundesrepublik Deutschland, Frankfurt 1970.

Helmut Schmidt, Menschen und Mächte, Berlin 1987.

Oliver M. A. Schmidt, »A Civil Empire by Co-optation. German-American Exchange Programs as Cultural Diplomacy, 1945–1961«, Diss., Boston 1999.

Michael Schneider, Demokratie in Gefahr? Der Konflikt um die Notstandsgesetze. Sozialdemokratie, Gewerkschaften und intellektueller Protest (1958–1968), Bonn 1986.

Peter Schneider, Lenz. Eine Erzählung, Berlin 1973.

David Schoenbaum, Die Affäre um den »Spiegel«, Wien 1968.

Eckart Schremmer, Hg., Wirtschaftliche und soziale Integration in historischer Sicht. Arbeitstagung der Gesellschaft für Sozial- und Wirtschaftsgeschichte in Marburg 1995, Stuttgart 1996.

Caspar von Schrenck-Notzing, Die Politik der amerikanischen Umerziehung, Frankfurt 1994.

Hans Joachim Schröder, Die gestohlenen Jahre. Erzählgeschichten und Geschichtserzählung im Interview. Der Zweite Weltkrieg aus der Sicht ehemaliger Mannschaftssoldaten, Tübingen 1992.

Richard Schröder, Deutschland schwierig Vaterland. Für eine neue politische Kultur, Freiburg 1993.

Klaus Schroeder, Der SED-Staat. Partei, Staat und Gesellschaft 1949–1990, München 1998.

Lutz Schulenburg, Hg., Das Leben ändern, die Welt verändern! 1968. Dokumente und Berichte, Hamburg 1998.

Armin Schuster, Die Entnazifizierung in Hessen 1945–1954. Vergangenheitspolitik in der Nachkriegszeit, Wiesbaden 1999.

Klaus Schwabe und Rolf Reichardt, Hg., Gerhard Ritter. Ein politischer Historiker in seinen Briefen, Boppard 1984.

Thomas A. Schwartz, Die Atlantik-Brücke. John McCloy und das Nachkriegsdeutschland, Frankfurt 1992.

Hans-Peter Schwarz, Adenauer, 2 Bde., Stuttgart 1986/91.

ders., Der Ort der Bundesrepublik in der deutschen Geschichte, Opladen 1996.

ders., Die Ära Adenauer, 2 Bde., Stuttgart 1981/83.

Gebhard Schweigler, Nationalbewußtsein in der BRD und der DDR, 2. Aufl. Düsseldorf 1974.

Carl-Christoph Schweitzer et al., Hg., Politics and Government in the Federal Republic of Germany. Basic Documents, Leamington Spa 1984.

Heimo Schwilk und Ulrich Schacht, Hg., Die selbstbewußte Nation. »Anschwellender Bocksgesang« und weitere Beiträge zu einer deutschen Debatte, Berlin 1994.

Sebastian Simsch, Blinde Ohnmacht. Der Freie Deutsche Gewerkschaftsbund zwischen Diktatur und Gesellschaft in der DDR 1945 bis 1963, Aachen 2002.

Jean Edward Smith, Hg., The Papers of General Lucius D. Clay. Germany 1945–1949, 2 Bde., Bloomington 1974.
Alfons Söllner et al., Hg., Totalitarismus. Eine Ideengeschichte des 20. Jahrhunderts, Berlin 1997.
Werner Sombart, Händler und Helden. Patriotische Besinnungen, München 1915.
Kurt Sontheimer, Grundzüge des politischen Systems der Bundesrepublik Deutschland, Neuausg. Bonn 2000.
ders., So war Deutschland nie. Anmerkungen zur politischen Kultur der Bundesrepublik, München 1999.
Uwe Soukup, Ich bin nun mal Deutscher. Sebastian Haffner. Eine Biographie, Berlin 2001.
Edmund Spevack, Allied Control and German Freedom. American Political and Ideological Influences on the Framing of the West German Basic Law, Münster 2001.
Theodor Spitta, Neuanfang auf Trümmern. Die Tagebücher des Bremer Bürgermeisters Theodor Spitta 1945–1947, hg. v. Ursula Büttner und Angelika Voß-Louis, München 1992.
Staatskanzlei des Landes Sachsen-Anhalt, Hg., Fragen zur deutschen Einheit. Reinhard Höppner im Gespräch mit Daniela Dahn, Egon Bahr, Hans Otto Bräutigam, Erhard Eppler, Günter Gaus, Regine Hildebrandt, Günter Grass, Halle 1999.
Heiner Stahl, »Hausherren von Morgen. Die Jugend- und Medienpolitik der SED und ihre Umsetzung bei Jugendstudio DT64 im Zeitraum von 1964 bis 1971«, Magisterarbeit, Potsdam 2002.
André Steiner, Die DDR-Wirtschaftsreform der sechziger Jahre. Konflikt zwischen Effizienz- und Machtkalkül, Berlin 1999.
Ders., Von Plan zu Plan. Eine Wirtschaftsgeschichte der DDR, München 2004.
Rolf Steininger, Eine vertane Chance. Die Stalin-Note vom 10. März 1952 und die Wiedervereinigung. Eine Studie auf der Grundlage unveröffentlichter britischer und amerikanischer Akten, Berlin 1985.
Frank Stern, Im Anfang war Auschwitz. Antisemitismus und Philosemitismus im deutschen Nachkrieg, Gerlingen 1991.
Fritz Stern, Verspielte Größe. Essays zur deutschen Geschichte, München 1996.
Dolf Sternberger, Verfassungspatriotismus, Frankfurt 1990.
Wilhelm von Sternburg, Hg., Für eine zivile Republik. Ansichten über die bedrohte Demokratie in Deutschland, Frankfurt 1992.
Matthias Stoffregen, Kämpfen für ein demokratisches Deutschland. Emigranten zwischen Politik und Politikwissenschaft, Opladen 2002.
Gale Stokes, The Walls Came Tumbling Down. The Collapse of Communism in Eastern Europe, New York 1993.
Gustav Stolper, Die deutsche Wirklichkeit. Ein Beitrag zum künftigen Frieden Europas, Hamburg 1949.
Bernd Stöver, Die Befreiung vom Kommunismus. Amerikanische Liberation Policy im Kalten Krieg 1947–1991, Köln 2002.
Franz Josef Strauß, Die Erinnerungen, Berlin 1989.

Willy Strzelewicz, Industrialisierung und Demokratisierung in der modernen Gesellschaft, überarb. Neuaufl. Hannover 1971.
Walter Süß, Staatssicherheit am Ende. Warum es den Mächtigen nicht gelang, 1989 eine Revolution zu verhindern, Berlin 1999.
Alan J. P. Taylor, The Course of German History. A Survey of the Development of German History since 1815, London 1945.
Telford Taylor, Die Nürnberger Prozesse. Hintergründe, Analysen und Erkenntnisse aus heutiger Sicht, München 1994.
Horst Teltschik, 329 Tage. Innenansichten der Einigung, Berlin 1991.
James F. Tent, Hg., Academic Proconsul. Harvard Sociologist Edward Y. Hartshorne and the Reopening of German Universities 1945–1946, Trier 1998.
Winfried Thaa, Die Wiedergeburt des Politischen. Zivilgesellschaft und Legitimitätskonflikt in den Revolutionen von 1989, Opladen, 1996.
Uwe Thaysen, Der Runde Tisch oder Wo blieb das Volk? Der Weg der DDR in die Demokratie, Opladen 1990.
Jürgen Thorwald, Die große Flucht. Es begann an der Weichsel. Das Ende an der Elbe, Stuttgart o. J.
Uwe Timm, Heißer Sommer. Roman, München 1974.
Heiner Timmermann, Hg., Nationalismus in Europa nach 1945, Berlin 2001.
Frank Trentmann, Hg., Paradoxes of Civil Society. New Perspectives on Modern German and British History, New York 2000.
Heidemarie Uhl, Hg., Zivilisationsbruch und Gedächtniskultur. Das 20. Jahrhundert in der Erinnerung des beginnenden 21. Jahrhunderts, Innsbruck 2003.
US Departement of State, Occupation of Germany. Policy and Progress 1945–46, Washington 1947.
Alfred Vagts, A History of Militarism. Romance and Realities of a Profession, New York 1937.
Hans-Joachim Veen, Hg., Nach der Diktatur. Demokratische Umbrüche in Europa – zwölf Jahre später, Köln 2003.
Bernward Vesper, Die Reise. Romanessay, Frankfurt 1977.
Fritz Vilmar, Strategien der Demokratisierung, 2 Bde., Darmstadt 1973.
Clemens Vollnhals, Der Fall Havemann. Ein Lehrstück politischer Justiz, Berlin 1998.
ders., Hg., Entnazifizierung. Politische Säuberung und Rehabilitierung in den vier Besatzungszonen 1945–1949, München 1991.
Klaus Voy et al., Hg., Marktwirtschaft und politische Regulierung, Marburg 1991.
Reinhold Wagnleitner, Coca-Colonization and the Cold War. The Cultural Mission of the United States in Austria after the Second World War, Chapel Hill 1994.
Jeffrey N. Wasserstrom, Lynn Hunt und Marilyn B. Young, Hg., Human Rights and Revolutions, Lanham/MD 2000.
Hermann Weber, Die DDR 1945–1990, 3., überarb. u. erw. Aufl. München 2000.
Hans-Ulrich Wehler, Deutsche Gesellschaftsgeschichte, 4 Bde., München 1987–2003.
ders., Modernisierungstheorie und Geschichte, Göttingen 1975.
ders., Hg., Aus der Geschichte lernen. Essays, München 1988.

Werner Weidenfeld, Außenpolitik für die deutsche Einheit. Die Entscheidungsjahre 1989/90, Stuttgart 1998.

ders. und Hartmut Zimmermann, Hg., Deutschland-Handbuch. Eine doppelte Bilanz 1949–1989, Bonn 1989.

Peter R. Weilemann et al., Hg., Macht und Zeitkritik. Festschrift für Hans-Peter Schwarz zum 65. Geburtstag, Paderborn 1999.

Gerhard L. Weinberg, Eine Welt in Waffen. Die globale Geschichte des Zweiten Weltkriegs, Stuttgart 1995.

Annette Weinke, Die Verfolgung von NS-Tätern im geteilten Deutschland. Vergangenheitsbewältigungen 1949–1969 oder: Eine deutsch-deutsche Beziehungsgeschichte im Kalten Krieg, Paderborn 2002.

Karlheinz Weißmann, Rückruf in die Geschichte. Die deutsche Herausforderung, Berlin 1992.

Eric D. Weitz, Creating German Communism 1890–1990. From Popular Protests to Socialist State, Princeton 1997.

Helga Welsh, Revolutionärer Wandel auf Befehl? Entnazifizierungs- und Personalpolitik in Thüringen und Sachsen (1945–1948), München 1989.

Udo Wengst, Hg., Historiker betrachten Deutschland. Beiträge zum Vereinigungsprozeß und zur Hauptstadtdiskussion (Februar 1990–Juni 1991), Bonn 1992.

Gerhard Wettig, Entmilitarisierung und Wiederbewaffnung in Deutschland 1943–1955, München 1967.

Dorothee Wierling, Geboren im Jahr Eins. Der Jahrgang 1949 in der DDR und seine historischen Erfahrungen. Versuch einer Kollektivbiographie, Berlin 2002.

Michael Wildt, Am Beginn der »Konsumgesellschaft«. Mangelerfahrung, Lebenshaltung, Wohlstandshoffnung in Westdeutschland in den fünfziger Jahren, Hamburg 1994.

Frank Roy Willis, France, Germany and the New Europe, 1945–1967, überarb. u. erw. Aufl. London 1968.

Willy-Brandt-Kreis, Hg., Zur Lage der Nation. Leitgedanken für eine Politik der Berliner Republik, Berlin 2001.

Beate Winkler, Hg., Zukunftsangst Einwanderung, 3., akt. Aufl. München 1993.

Heinrich August Winkler, Der lange Weg nach Westen, 2 Bde., München 2000.

ders., Hg., Politische Weichenstellungen im Nachkriegsdeutschland 1945–1953, Göttingen 1979.

ders. und Hartmut Kaelble, Hg., Nationalismus – Nationalitäten – Supranationalität, Stuttgart 1993.

Rolf Winter, Ami go home. Plädoyer für den Abschied von einem gewalttätigen Land, Frankfurt 1989.

Josef Wirth et al., Hg., Das demokratische Deutschland. Grundsätze und Richtlinien für den deutschen Wiederaufbau im demokratischen, republikanischen, föderalistischen und genossenschaftlichen Sinne, Bern 1945.

Edgar Wolfrum, Französische Besatzungspolitik und deutsche Sozialdemokratie. Politische Neuansätze in der »vergessenen Zone« bis zur Bildung des Südweststaates 1945–1952, Düsseldorf 1991.

ders., Geschichtspolitik in der Bundesrepublik Deutschland. Der Weg zur bundesrepublikanischen Erinnerung 1948–1990, Darmstadt 1999.

Stefan Wolle, Die heile Welt der Diktatur. Alltag und Herrschaft in der DDR 1971–1989, Berlin 1998.

Henric L. Wuermeling, Die weiße Liste. Umbruch der politischen Kultur in Deutschland 1945, Frankfurt 1981.

Wolfgang Zapf und Roland Habich, Hg., Wohlfahrtsentwicklung im vereinten Deutschland. Sozialstruktur, sozialer Wandel und Lebensqualität, Berlin 1996.

Philip Zelikow und Condoleezza Rice, Germany Unified and Europe Transformed. A Study in Statecraft, Cambridge 1995.

Earl F. Ziemke, The U.S. Army in the Occupation of Germany 1944–1946, Washington 1975.

Dieter E. Zimmer, Deutsch und anders. Die Sprache im Modernisierungsfieber, Reinbek 1997.

Rainer Zitelmann, Demokraten für Deutschland. Adenauers Gegner – Streiter für Deutschland, Frankfurt 1993.

ders., Wohin treibt unsere Republik?, 2., erw. Aufl. Frankfurt 1995.

ders. et al., Hg., Westbindung. Chancen und Risiken für Deutschland, Frankfurt 1993.

Moshe Zuckermann, Gedenken und Kulturindustrie. Ein Essay zur neuen deutschen Normalität, Berlin 1999.

Zuwanderung gestalten – Integration fördern. Bericht der Unabhängigen Kommission »Zuwanderung«, Berlin 2001.

Hartmut Zwahr, Ende einer Selbstzerstörung. Leipzig und die Revolution in der DDR, Göttingen 1993.

Anmerkungen

Anmerkungen für die Einleitung

1 Alexander von Plato und Almut Leh, »Ein unglaublicher Frühling«. Erfahrene Geschichte im Nachkriegsdeutschland 1945–1948, Bonn 1997. Vgl. Anonyma, Eine Frau in Berlin. Tagebuchaufzeichnungen vom 20. April bis 22. Juni 1945, Frankfurt 2003, 186.

2 Margret Boveri, Tage des Überlebens, Berlin 1945, Frankfurt 1996, 91 ff. und Anonyma, Eine Frau in Berlin, 62 ff.

3 Arnd Bauerkämper et al., Hg., Der 8. Mai 1945 als historische Zäsur. Strukturen, Erfahrungen, Deutungen, Potsdam 1995. Vgl. Jörg Hillmann und John Zimmermann, Hg., Kriegsende in Deutschland, München 2002.

4 Margaret Bourke-White, Deutschland April 1945, München 1979. Der Text beschreibt die Situationen, in denen die Bilder entstanden sind.

5 Diese Grundfragen stellt auch die brillante Synthese von Peter Graf Kielmansegg, Nach der Katastrophe. Eine Geschichte des geteilten Deutschland, Berlin 2000, 10, 81. Zitat aus SHAEF-Direktive vom 30. 3. 1945, in: Klaus-Dietmar Henke, Die amerikanische Besetzung Deutschlands, München 1995, 187.

6 Der Artikel »5,000,000 Reported Slain at Oswiecim«, NYT, 11. 4. 1945. Auch die Berichte über die Befreiung von Majdanek im Sommer 1944 fanden im Westen wenig Glauben.

7 »Germans Forced to Bury Victims« und »More Tell of Horror March«, NYT, 15. 4. 1945. Norbert Frei, »›Wir waren blind, ungläubig und langsam‹. Buchenwald, Dachau und die amerikanischen Medien im Frühjahr 1945«, VfZ 35, 1987, 385 ff.

8 Harold Denny, »Despair Blankets Buchenwald Camp«, NYT, 20. 4. 1945 und Bourke-White, Deutschland April 1945, 90–96. Vgl. Frank Stern, Im Anfang war Auschwitz. Antisemitismus und Philosemitismus im deutschen Nachkrieg, Gerlingen 1991, 59–64.

9 Gene Currivan, »Nazi Death Factory Shocks Germans on a Forced Tour«, NYT, 18. 4. 1945. Vgl. auch »Richmond Sargeant Writes Dr. Curt Bondy of Mass Burial of Internees in Germany«, Richmond Times Dispatch, 3. 6. 1945.

10 Alexander Dicke, »Mit ›Vorwärts, vorwärts‹ war es nicht getan... Erinnerungen von 1931 bis 1950«, MS, 1991, KA 3228, 127. Vgl. Karl Jering, Überleben und Neubeginn. Aufzeichnungen eines Deutschen aus den Jahren 1945/46, München 1979, 18; Heinz Döll, »Skizzen und Daten 1919/1949«, MS, o. J., KA 5940/3, 255 und Wolfgang Prüfer, »Berlin – Rädnitz und dreimal zurück, 1939–1949«, als MS gedruckt, 1995, KA 4379, 185, 214 f.

11 »Todeslager Sachsenhausen«, TR, 26. 5. 1945; »Buchenwald«, Editorial, NYT, 19. 4. 1945. »Atrocity Report Issued by Army«, ebd., 29. 4. 1945. Vgl.

David A. Hackett, Hg., Der Buchenwald-Report. Bericht über das Konzentrationslager Buchenwald bei Weimar, München 1996 und Henke, Die amerikanische Besetzung, 862 ff.

12 »Congressmen and Army Chiefs Get a Firsthand View of Nazi Horror Camps«, NYT, 21. 4. 1945 und »American War Chiefs See Concentration Camp Atrocities in Germany«, ebd., 24. 4. 1945.

13 »Soviet War Writer Rebuked by Chief«, NYT, 15. 4. 1945 und Michaela Hönicke, »›Prevent World War III‹. An Historiographical Appraisal of Morgenthau's Programme for Germany«, in: Robert A. Garson und Stuart S. Kidd, Hg., The Roosevelt Years. New Perspectives on American History 1933–1945, Edinburgh 1999, 155–172. Vgl. Henke, Die amerikanische Besetzung, 67 ff.

14 Henke, Die amerikanische Besetzung, 108–109. Vgl. Michaela Hönicke, »›Know Your Enemy‹. American Interpretations of National Socialism 1933–1945«, Diss., Chapel Hill 1998. Vgl. auch dies., »Wartime Images of the Enemy and German-American Encounters at ›Zero Hour‹«, Borderlines 2, 1995, 166–194.

15 »Anti-Nazi Feeling Rises, Says Army«, NYT, 8. 6. 1945. Vgl. Jering, Überleben und Neubeginn, 18 ff.

16 Agathe Matthiesen, »Tagebuch«, KA 5958/1, 8.

17 Thomas Mann, »Die deutschen KZ«, TR, 5. 9. 1945. Vgl. auch ders., Deutschland und die Deutschen 1945, Hamburg 1992, 32, 36.

18 Lutz Niethammer et al., Hg., Arbeiterinitiative 1945. Antifaschistische Ausschüsse und Reorganisation der Arbeiterbewegung in Deutschland, Wuppertal 1976. Vgl. auch Jering, Überleben und Neubeginn, 21 ff.

19 »Four Allies Take Control of Reich, Impose '37 Borders, Stern Terms«, NYT, 5. 6. 1945; G. Hill, »Running Germany Harder Than Expected«, ebd., 10. 6. 1945. Vgl. Bundesminister des Innern, Hg., Dokumente zur Deutschlandpolitik, 2. Reihe, Bd. 1: Die Konferenz von Potsdam, 3 Teilbde., Neuwied 1992, 3: 2101 ff.

20 »Germany Stripped of Industry by Big Three. Five Powers to Plan Peace«, NYT, 3. 8. 1945; Leitartikel »The Potsdam Decisions«, ebd. und Raymond Daniell, »Big Three Dealt Boldly With Great Problems«, ebd., 5. 8. 1945. Vgl. »Geschichtliche Entscheidung«, TR, 5. 8. 1945.

21 »Germans Warned, Fate is their Own«, NYT, 7. 8. 1945. Boveri, Tage des Überlebens, 299 f. Vgl. auch Victor Klemperer, So sitze ich denn zwischen allen Stühlen, 2 Bde., hg. v. Walter Nowojski, Berlin 1999, 1: 64 f.

22 Gerhard Ritter, Geschichte als Bildungsmacht. Ein Beitrag zur historischpolitischen Neubesinnung, Stuttgart 1946, sowie Klaus Schwabe und Rolf Reichardt, Hg., Gerhard Ritter. Ein politischer Historiker in seinen Briefen, Boppard 1984.

23 »Big Four Indict 24 Top Nazis for Plotting Against Peace. Atrocities in War charged«, NYT, 19. 10. 1945; Leitartikel »The Nazi Regime Indicted«, ebd., sowie Auszüge aus der Anklageschrift. Telford Taylor, Die Nürnberger Prozesse. Hintergründe, Analysen und Erkenntnisse aus heutiger Sicht, München 1994, 36–61.

24 Jering, Überleben und Neubeginn, 166. Robert M. W. Kempner, Ankläger einer Epoche. Lebenserinnerungen, Frankfurt 1983 und Prüfer, »Berlin«, 216, 268 f. Vgl. Peter Reichel, Vergangenheitsbewältigung in Deutschland. Die Auseinandersetzung mit der NS-Diktatur von 1945 bis heute, München 2001, 42 ff.

25 G. Hill, »Running Germany Harder Than Expected«, NYT, 10. 6. 1945; Drew Middleton, »Extremists Lead German Politics«, ebd., 8. 8. 1945 und ders., »Germans Unready for Political Life«, ebd., 19. 8. 1945.

26 Christoph Kleßmann, Befreiung durch Zerstörung. Das Jahr 1945 in der deutschen Geschichte, Hannover 1995 und Konrad H. Jarausch, »1945 and the Continuities of German History. Reflections on Memory, Historiography and Politics«, in: Geoffrey J. Giles, Hg., Stunde Null. The End and the Beginning Fifty Years Ago, Washington 1997, 9–24.

27 Saul K. Padover, Experiment in Germany. The Story of an American Intelligence Officer, New York 1946, 18, 34, 36, 42, 60. Vgl. auch die Kritik von Henke, Die amerikanische Besetzung, 284 ff.

28 Kathleen McLaughlin, »Reich Democracy Tested in Munich«, NYT, 3. 8. 1945.

29 Jering, Überleben und Neubeginn, 158. Vgl. Stern, Im Anfang war Auschwitz, 65 ff.

30 Harry Elmer Barnes, The History of Western Civilization, New York 1935 und Columbia College (später Columbia University), Hg., Chapters in Western Civilization, New York 1948. Vgl. Werner Sombart, Händler und Helden. Patriotische Besinnungen, München 1915 und Thomas Mann, Betrachtungen eines Unpolitischen, Berlin 1918.

31 Stuart Wolf, »Europa und seine Historiker«, Comparativ 14 (2004), Heft 4. Vgl. auch Alan J. P. Taylor, The Course of German History. A Survey of the Development of German History since 1815, London 1945. Dieses Buch wurde zur Information britischer Besatzungstruppen geschrieben, aber wegen seiner antideutschen Tendenz nicht ausgeliefert.

32 Trotz der Pionierstudie von Norman M. Naimark, Die Russen in Deutschland. Die sowjetische Besatzungszone 1945 bis 1949, Berlin 1997, ist die sowjetische Deutschlandpolitik noch vergleichsweise wenig erforscht. Da der Zivilisationsbegriff eher von westlichen Anschauungen geprägt wurde, gehen die folgenden Überlegungen mehr von dieser Perspektive aus, ohne aber die russische Sicht völlig zu vernachlässigen.

33 »Die Toten mahnen die Lebenden«, TR, 11. 9. 1945. Vgl. Fritz Klein, Drinnen und draußen. Ein Historiker in der DDR, Frankfurt 2000, 101 ff. und Georg G. Iggers et al., Hg., Die DDR-Geschichtswissenschaft als Forschungsproblem, München 1998.

34 Bernd Faulenbach, Ideologie des deutschen Weges. Die deutsche Geschichte in der Historiographie zwischen Kaiserreich und Nationalsozialismus, München 1980, sowie Helga Grebing, Der »deutsche Sonderweg« in Europa 1806–1945, Stuttgart 1986.

35 David Blackbourn und Geoff Eley, Mythen deutscher Geschichtsschreibung. Die gescheiterte bürgerliche Revolution von 1848, Frankfurt 1980.

36 Heinrich August Winkler, Der lange Weg nach Westen, 2 Bde., München 2000.
37 Vgl. die Auseinandersetzungen um »political correctness« in den USA. Als Einstieg siehe Marilyn Friedman, Hg., Political Correctness. For and Against, Lanham/MD 1995, sowie Cyril Levitt et al., Hg., Mistaken Identities. The Second Wave of Controversy Over »Political Corectness«, New York 1999.
38 Dan Diner, »Vorwort des Herausgebers«, in: ders., Hg., Zivilisationsbruch. Denken nach Auschwitz, Frankfurt 1988, 7–13. Vgl. auch ders., »Zivilisationsbruch, Gegenrationalität, ›Gestaute Zeit‹. Drei interpretationsleitende Begriffe zum Thema Holocaust«, in: Hans Erler et al., Hg., »Meinetwegen ist die Welt erschaffen«. Das intellektuelle Vermächtnis des deutschsprachigen Judentums, Frankfurt 1997.
39 Ian Kershaw, »Trauma der Deutschen«, Der Spiegel 55, 2001, Nr. 19, 62 ff. Eine Internetsuche zeigte Hunderte von Nennungen des Begriffs von Wolfgang Thierses Rede zum Holocaust-Gedenktag am 27. 1. 2000 bis zu Hanno Loewys Überlegungen zu »Auschwitz als Metapher« vom 30. 4. 2001.
40 Norbert Elias, Über den Prozeß der Zivilisation. Soziogenetische und psychogenetische Untersuchungen, 2 Bde., Frankfurt 1976.
41 Zygmunt Bauman, Dialektik der Ordnung. Die Moderne und der Holocaust, Hamburg 1992, 26 ff.
42 Dan Diner, »Den Zivilisationsbruch erinnern. Über Entstehung und Geltung eines Begriffs«, in: Heidemarie Uhl, Hg., Zivilisationsbruch und Gedächtniskultur. Das 20. Jahrhundert in der Erinnerung des beginnenden 21. Jahrhunderts, Innsbruck 2003, 17–34. Vgl. Michael Geyer, »War, Genocide and Annihilation. A Reflection on the Holocaust«, in: Konrad H. Jarausch und Michael Geyer, Shattered Past. Reconstructing German Histories, Princeton 2003.
43 Als Einstieg in die riesige Literatur vgl. John Keane, Democracy and Civil Society. On the Predicaments of European Socialism, the Prospects for Democracy, and the Problem of Controlling Social and Political Power, London 1988, 31–68.
44 Jürgen Kocka, »Zivilgesellschaft als historisches Problem und Versprechen«, in: Manfred Hildermeier et al., Hg., Europäische Zivilgesellschaft in Ost und West. Begriff, Geschichte, Chancen, Frankfurt 2000, 13–39.
45 Frank Trentmann, Hg., Paradoxes of Civil Society. New Perspectives on Modern German and British History, New York 2000, 3–46.
46 Jürgen Kocka, »Das europäische Muster und der deutsche Fall«, in: ders., Hg., Bürgertum im 19. Jahrhundert. Deutschland im europäischen Vergleich, 3 Bde., Göttingen 1995, 1: 9–84. Vgl. auch Gerhard Schröder, »Die zivile Bürgergesellschaft«, Die Neue Gesellschaft. Frankfurter Hefte 47, 2000, 200–207.
47 Kielmansegg, Nach der Katastrophe, 10.
48 Hans-Peter Schwarz, Die Ära Adenauer, 2 Bde., Stuttgart 1981/83 versus Axel Schildt et al., Hg., Dynamische Zeiten. Die 60er Jahre in den beiden deutschen Gesellschaften, Hamburg 2000. Vgl. Rolf Badstübner et al., Die

antifaschistisch-demokratische Umwälzung, der Kampf gegen die Spaltung Deutschlands und die Entstehung der DDR von 1945 bis 1949, Berlin 1989.

49 Jering, Überleben und Neubeginn, 27. Vgl. Peter Graf Kielmansegg, »Lernen aus der Geschichte – Lernen in der Geschichte. Deutsche Erfahrungen im 20. Jahrhundert«, in: Peter R. Weilemann et al., Hg., Macht und Zeitkritik. Festschrift für Hans-Peter Schwarz zum 65. Geburtstag, Paderborn 1999, 3–16.

50 Anonyma, Eine Frau in Berlin, 278; Karl Heinrich Knappstein, »Die versäumte Revolution«, Die Wandlung 2, 1947, 677. Vgl. Walter L. Dorn, Inspektionsreisen in der US-Zone. Notizen, Denkschriften und Erinnerungen aus dem Nachlaß, hg. v. Lutz Niethammer, Stuttgart 1973.

51 Konrad H. Jarausch, »Towards a Social History of Experience. Some Reflections on Theory and Interdisciplinarity«, CEH 22, 1989, 427–443. Vgl. Martin Sabrow, Das Diktat des Konsenses. Geschichtswissenschaft in der DDR 1949–1969, München 2001.

52 Ralph Giordano, Die zweite Schuld oder Von der Last, Deutscher zu sein, Köln 2000 versus Hermann Lübbe, »Der Nationalsozialismus im politischen Bewußtsein der Gegenwart«, in: Martin Broszat et al., Hg., Deutschlands Weg in die Diktatur, Berlin 1983, 329–49.

53 Norbert Frei, Vergangenheitspolitik. Die Anfänge der Bundesrepublik und die NS-Vergangenheit, München 1996. Vgl. jedoch ders., »Deutsche Lernprozesse. NS-Vergangenheit und Generationenfolge seit 1945«, in: Uhl, Zivilisationsbruch und Gedächtniskultur, 87–102.

54 Aleida Assmann und Ute Frevert, Geschichtsvergessenheit – Geschichtsversessenheit. Vom Umgang mit deutschen Vergangenheiten nach 1945, Stuttgart 1999. Reichel, Vergangenheitsbewältigung, 199 ff. geht wenigstens auf die juristischen Folgen ein.

55 Manfred Görtemaker, Geschichte der Bundesrepublik Deutschland. Von der Gründung bis zur Gegenwart, München 1999 und Ulrich Mählert, Kleine Geschichte der DDR, München 1998.

56 Winkler, Der lange Weg, Bd. 2 versus Christoph Kleßmann, Die doppelte Staatsgründung. Deutsche Geschichte 1945–1955, 5., überarb. u. erw. Aufl. Göttingen 1991 und ders., Zwei Staaten, eine Nation. Deutsche Geschichte 1955–1970, 2., überarb. u. erw. Aufl. Bonn 1997.

57 Peter Bender, Episode oder Epoche? Zur Geschichte des geteilten Deutschland, München 1996. Vgl. Arnd Bauerkämper et al., Hg., Doppelte Zeitgeschichte. Deutsch-deutsche Beziehungen 1945–1990, Bonn 1998 und Christoph Kleßmann et al., Hg., Deutsche Vergangenheiten – eine gemeinsame Herausforderung. Der schwierige Umgang mit der doppelten Nachkriegsgeschichte, Berlin 1999.

58 Protokoll einer Podiumsdiskussion des Geschichtsforums, Potsdamer Bulletin für Zeithistorische Studien Nr. 15, 1999 passim und Konrad H. Jarausch, »›Die Teile als Ganzes erkennen‹. Zur Integration der beiden deutschen Nachkriegsgeschichten«, Zeithistorische Forschungen 1, 2004, 10–30.

59 DzD. Die Konferenz von Potsdam, 3: 2101 ff. Vgl. auch die Diskussion über die JCS-Direktive 1067, in: Henke, Die amerikanische Besetzung, 112 ff. und Udo Wengst, »Kontinuität und Wandel in Deutschland während der Besatzungszeit«, ZZF-Vortrag, 3. 5. 2001.

60 Schildt, Dynamische Zeiten, Einleitung. Vgl. auch die Konferenz über »Coming to Terms with the Past in West Germany. The 1960s« in Lincoln/NE, 19.-21. 4. 2001 und Ulrich Herbert, »Liberalisierung und Radikalisierung. Die BRD auf dem Weg nach Westen«, Centre-Marc-Bloch-Vortrag am 21. 5. 2001.

61 Konrad H. Jarausch, Die unverhoffte Einheit 1989-1990, Frankfurt 1995 und Charles S. Maier, Der Umbruch der DDR und der Untergang des Kommunismus, Frankfurt 1999.

62 Konrad H. Jarausch, Hg., After Unity. Reconfiguring German Identities, Providence 1997 und Klaus J. Bade, Europa in Bewegung. Migration vom späten 18. Jahrhundert bis zur Gegenwart, München 2002.

63 Padover, Experiment, 399 f. und Klemperer, So sitze ich denn zwischen allen Stühlen, 2: 6 ff.

64 Kielmansegg, Nach der Katastrophe, 661 ff. Vgl. auch Andrei S. Markovits und Simon Reich, Das deutsche Dilemma. Die Berliner Republik zwischen Macht und Machtverzicht, Berlin 1998.

Anmerkungen für Teil I

1 Gerhard L. Weinberg, Eine Welt in Waffen. Die globale Geschichte des Zweiten Weltkriegs, Stuttgart 1995.

2 Programmatische Richtlinien der Association of Free Germans vom Oktober 1942, in: Clemens Vollnhals, Hg., Entnazifizierung. Politische Säuberung und Rehabilitierung in den vier Besatzungszonen 1945–1949, München 1991, 74 f. und Sigrid Undset, »Die Umerziehung der Deutschen«, NZ, 25. 10. 1945.

3 Text in: Foreign Relations of the United States, 1945, Washington 1960, II: 1502–1505. Vgl. Manfred Müller, Die USA in Potsdam 1945. Die Deutschlandpolitik der USA auf der Potsdamer Konferenz der Großen Drei, Berlin 1996.

4 Alliierte Militärbehörde, Hg., »Merkblatt für zur Landarbeit entlassene deutsche Kriegsgefangene«, abgedruckt in: Heinz Döll, »Skizzen und Daten 1919/1949«, MS, o. J., KA 5940/3.

5 Der amerikanische Begriff der reeducation (»Americans Facing Shifts in Germany: Emphasis Now Being Placed in Re-education but Economic Crisis Makes This Hard«, NYT, 24. 6. 1946) ging wesentlich über die Schule hinaus und umfasste die gesamte politische Kultur.

6 »Der Anfang« und »Der ›Neuen Rheinischen‹ zum Geleit«, NRZ, 15. 7. 1945. Vgl. auch K. Hofmann, »Der Weg zum Wiederaufleben Deutschlands«, TR, 25. 5. 1945 und Alexander Dicke, »Mit ›Vorwärts, vorwärts‹ war es nicht getan… Erinnerungen von 1931 bis 1950«, MS, 1991, KA 3228.

7 Karl Jaspers, »Antwort an Sigrid Undset«, NZ, 4. 11. 1945. Vgl. sein »Geleitwort« zu der von ihm, Werner Krauss, Alfred Weber und Dolf Sternberger herausgegebenen Zeitschrift Die Wandlung 1, 1945, 3–6.

8 Text des Buchenwalder Manifests, in: Vollnhals, Entnazifizierung, 81 ff. Vgl. Klemperer, So sitze ich denn zwischen allen Stühlen, 1: 57 ff.

9 Hönicke, »›Know Your Enemy‹«. Demokratisierung war in Potsdam eher noch ein Fernziel, für das die anderen drei »d's« die Bedingungen schaffen sollten. Vgl. unten Kapitel 5.

10 Peter Graf Kielmansegg, »Konzeptionelle Überlegungen zur Geschichte des geteilten Deutschlands«, Potsdamer Bulletin für Zeithistorische Studien Nr. 23/24, 2001, 7–15 und Konrad H. Jarausch, »Geschichte der Deutschen ›diesseits der Katastrophe‹. Anmerkungen zu einem großen Werk«, ebd., 16–18.

Anmerkungen für Kapitel 1

11 Alexander Dicke, »Mit ›Vorwärts, vorwärts‹, war es nicht getan… Erinnerungen von 1931 bis 1950«, MS, 1991, KA 3228; Erwin Schmidt, »Vom Eisernen Vorhang zum Golden Gate«, KA 4595 und Jering, Überleben und Neubeginn, 16 ff. Vgl. Michael Geyer, »Der Untergang«, TSp, 29. 2. 2004.

12 Armin Nolzen, Tagungsbericht »Das Kriegsende 1945 in Deutschland«, Potsdam 17.–19. 11. 2000, H-Soz-u-Kult, 23. 1. 2001.

13 »Kapitulationsforderungen an Deutschland«, NRZ, 29. 9. 1945. Vgl. auch Earl F. Ziemke, The U.S. Army in the Occupation of Germany 1944–1946, Washington 1975, 291 ff.

14 John Gimbel, Amerikanische Besatzungspolitik in Deutschland 1945–1949, Frankfurt 1971. Vgl. Edward N. Peterson, The American Occupation of Germany. Retreat to Victory, Detroit 1978.

15 Gerhard Wettig, Entmilitarisierung und Wiederbewaffnung in Deutschland 1943–1955, München 1967 und die vom Militärgeschichtlichen Forschungsamt herausgegebenen Bände über die Anfänge westdeutscher Sicherheitspolitik 1945–1956, 4 Bde., München 1990.

16 Hans-Erich Volkmann, »Die innenpolitische Dimension Adenauerscher Sicherheitspolitik in der EVG-Phase«, in: Militärgeschichtliches Forschungsamt, Anfänge westdeutscher Sicherheitspolitik, 2: 235–604. Vgl. auch als rühmliche Ausnahme Klaus Naumann, Hg., Nachkrieg in Deutschland, Hamburg 2001, 9–26, sowie Thomas U. Berger, Cultures of Antimilitarism. National Security in Germany and Japan, Baltimore 1998.

17 So zum Beispiel Robert G. Moeller, War Stories. The Search for a Usable Past in the Federal Republic of Germany, Berkeley 2001.

18 Als Einstieg David Clay Large, Germans to the Front. West German Rearmament in the Adenauer Era, Chapel Hill 1996.

19 »The War in Europe is Ended. Surrender is Unconditional« und »Germany's Act of Military Surrender«, sowie die Beschreibung in »Germans Played for Time in Reims«, NYT, 9. 5. 1945.

20 »Appendix ›A‹ Draft Directive to the US UK USSR Commander-in-Chief, Elimination and Prohibition of Military Training in Germany«, 19. 9. 1944, National Archives, RG 260, OMGUS Records, Control Council, Box 11, zitiert in: Kathryn Nawyn, »Striking at the Roots of German Militarism«, MS, Chapel Hill 2001. Vgl. Wettig, Entmilitarisierung, 28–74.

21 Drew Middleton, »Reich's Staff Seen as Uncurbed Peril«, NYT, 10. 5. 1945 und ders., »Germans Start to Disband Army«, ebd., 12. 5. 1945. Für die Entstehung des Begriffs siehe die einflussreiche Studie des Emigranten Alfred Vagts, A History of Militarism. Romance and Realities of a Profession, New York 1937, 15 und »Zur Geschichte des deutschen Militarismus«, TR, 11. 10. 1945.

22 »Surrender of Criminals Required« und »Oswiecim Killings Placed at 4,000,000«, NYT, 8. 5. 1945. Vgl. »Wehrmacht unterstützte Massenermordungen«, TR, 4. 1. 1946.

23 »US Soldiers Bitter at Brutality, Enemy Plainly Well Treated«, NYT, 14. 5. 1945 und »Urges Executions of 1,500,00 Nazis«, ebd., 23. 5. 1945.

24 »Boehme Says Troops Were Unbeaten«, NYT, 8. 5. 1945; »Germans Yielding to Russian Army« und »Contacts Made with U-Boats Expected to Yield in US Ports«, ebd., 12. 5. 1945. Vgl. auch »Latvia Fighting Goes On«, ebd., 9. 5. 1945.

25 Für einen Beschönigungsversuch siehe »Für Deutschland wurden sie gefangen«, TR, 13. 8. 1945. Vgl. Arnold Krammer, Nazi Prisoners of War in America, New York 1979.

26 OMGUS, »Report of the Military Governor« Nr. 1, August 1945, Anhang zu »Demobilization«. Vgl. »Nazi Prisoners Work in France«, NYT, 18. 5. 1945 und »British to Free 1,500,00 Germans«, ebd., 31. 5. 1945.

27 Dicke, »Erinnerungen«, 120; OMGUS, »Report of the Military Governor« Nr. 1, August 1945, Anlagen zu »Disarmament«, »Demobilization of German Air Force« und »Naval Disarmament and Demobilization«. Vgl. »Germans Start to Disband Army«, NYT, 12. 5. 1945 und »Befehl Nr. 3«, TR, 18. 6. 1945.

28 »War Crime Trials Near, Wright Says«, NYT, 1. 6. 1945; »German Staff to be Kept in Exile«, ebd., 22. 6. 1945; »US Counts Link Germans in a Conspiracy Against the Laws of Civilization«, ebd., 19. 10. 1945.

29 »Allies to Reject Doenitz Regime«, NYT, 18. 5. 1945 und »Allies Take Control of Reich, Impose '37 Borders, Stern Terms«, ebd., 6. 6. 1945. Vgl. auch »Unterzeichnung der Deklaration über die Niederlage Deutschlands«, TR, 5. 6. 1945 und OMGUS, »Report of the Military Governor« Nr. 1, August 1945, Einleitung.

30 Leopold Schwarzschild, »Occupy Germany for Fifty Years«, NYT, 8. 7. 1945; »General Eisenhower an die NZ«, NZ, 18. 10. 1945. Für die soziokulturelle Entmilitarisierung vgl. auch die in der Entstehung begriffene Dissertation zu diesem Thema von Kathryn Nawyn.

31 »Big Four Issue Code to Bar German Rise«, NYT, 26. 9. 1945 und Schwarzschild, »Occupy Germany for Fifty Years«. Vgl. Wettig, Entmilitarisierung, 102 ff.

32 »Befehl Nr. 12«, TR, 26. 7. 1945; »Verbot von Uniformen und Abzeichen«, NRZ, 15. 9. 1945; »Keine militärische Kleidung mehr«, ebd., 6. 4. 1946. Vgl. auch Dicke, »Erinnerungen«, 148, 150.

33 Für eine detaillierte Darstellung der Vorbereitung einzelner Verbote siehe Nawyn, »Striking at the Roots« und Wettig, Entmilitarisierung, 104 ff.

34 »Berlin Council Ends Militaristic Schools«, NYT, 21. 8. 1945; »Entmilitarisierung des Sports«, NZ , 21. 12. 1945; »Militaristischer Sport«, ebd., 16. 9. 1946. Vgl. James Diehl, The Thanks of the Fatherland. German Veterans After the Second World War, Chapel Hill 1993, 6 ff.

35 Wettig, Entmilitarisierung, 104 ff.

36 »Grundsätze der Schulerziehung«, NRZ, 15. 8. 1945; Richard Hartmann, »Entmilitarisierte Begriffe«, NZ, 30. 11. 1945; »Welche Literatur ist verboten?«, ebd., 31. 5. 1945 und »Allies to Wipe Out All Pro-Nazi Books«, NYT, 14. 5. 1946. Vgl. Wettig, Entmilitarisierung, 105 ff.

37 »Ein Abrüstungsvertrag für Deutschland«, RP, 1. 5. 1946 und »Prüfung der deutschen Rüstung beschlossen«, ebd., 15. 5. 1945. Vgl. auch »Erklärung Achesons zur deutschen Abrüstung«, NZ, 30. 8. 1946.

38 »Vier-Mächte Kontrolle der Abrüstung«, NZ, 4. 10. 1945; »Entmilitarisierung wird geprüft«, ebd., 6. 1. 1947 und »Sicherheitsamt für Westdeutschland«, ebd., 20. 1. 1949. Vgl auch Wettig, Entmilitarisierung, 153 ff. Da die wirtschaftliche Dimension der Entmilitarisierung eng mit der Entkartellisierung verknüpft ist, wird sie zusammen mit letzterer im dritten Kapitel behandelt.

39 »Entmilitarisierung in der britischen Zone«, NZ, 17. 6. 1946. Für eine ähnliche Beurteilung von Lucius D. Clay im Jahre 1948 siehe Jean Edward Smith, Hg., The Papers of General Lucius D. Clay. Germany 1945–1949, 2 Bde., Bloomington 1974, 2: 966.

40 »U-Boat Commander Says His Men Should be Treated Like ›Brothers‹«, NYT, 18. 5. 1945; »Surly Germans Still View Allies Victor as ›Fluke‹«, ebd., 26. 5. 1945; »Germans Hail Own Army«, ebd., 28. 5. 1945 und »›Conquest‹ Meaning Dawns on Germans«, ebd., 15. 5. 1945.

41 Egon Schönmeier, »Der gestorbene Idealismus – Erinnerungen eines ehemaligen Ordensjunkers«, KA 6235, 47–50. Vgl. auch Ernst von Salomon, Der Fragebogen, Hamburg 1951, 409 ff.

42 Schönmeier, »Der gestorbene Idealismus«, 54 ff.; Friedrich Hermann Jung, Mein Jahrhundert, MS, 1996, KA 6352/1, 89 ff.; Jürgen Reinhold, Erinnerungen, Essen 2000, 215 ff.; Kurt Wrubel, »So war's! Erinnerungen«, MS 1996, KA 5573, 80 ff.; Manfred Clausen, »Lebenserinnerungen«, KA 6451, 21 f.

43 Hans Herzog, »Eine bewegte Zeit«, KA 6368, 64, 108 und Jering, Überleben und Neubeginn, 26 ff.

44 »Fraternizing Irks Reich's Ex-Soldier«, NYT, 23. 8. 1945; Anonyma, Eine Frau in Berlin, 51. Vgl. Elizabeth D. Heineman, What Difference Does a Husband Make? Women and Marital Status in Nazi and Postwar Germany, Berkeley 1999 und Maria Höhn, GIs and Fräuleins. The German-American Encounter in 1950s West Germany, Chapel Hill 2002.

45 Zitate aus Hans Joachim Schröder, Die gestohlenen Jahre. Erzählgeschichten und Geschichtserzählung im Interview. Der Zweite Weltkrieg aus der Sicht ehemaliger Mannschaftssoldaten, Tübingen 1992, 284 ff. Vgl. auch Robert G. Moeller, »War Stories. The Search for a Usable Past in the Federal Republic of Germany«, AHR 101, 1996, 1008–48 und Andreas Austilat, »Das Schweigen der Männer«, TSp, 28. 2. 2004.

46 Helmut Kohl, Erinnerungen 1930–1982, München 2004, 45; »Als letzter Deutscher in Schlesien«, RP, 3. 1. 1948 und »Im Herzen deutsch geblieben. Wiedersehen mit Ostpreußen«, ebd., 4. 8. 1948. Vgl. Moeller, War Stories, 51 ff. und Jörg Friedrich, Der Brand. Deutschland im Bombenkrieg 1940–1945, Berlin 2002.

47 Harro Müller, »Stalingrad und kein Ende. Zur Präsentation des Zweiten Weltkriegs in drei historischen Romanen«, in: Wolfgang Küttler et al., Hg., Geschichtsdiskurs, 5 Bde., Frankfurt 1993–1999, 5: 297–313.

48 Jürgen Thorwald, Die große Flucht. Es begann an der Weichsel. Das Ende an der Elbe, Stuttgart o. J. Vgl. auch Peter Fritzsche, »Volkstümliche Erinnerung und deutsche Identität nach dem Zweiten Weltkrieg«, in: Konrad H. Jarausch und Martin Sabrow, Hg., Verletztes Gedächtnis. Erinnerungskultur und Zeitgeschichte im Konflikt, Frankfurt 2002, 75–97.

49 Heide Fehrenbach, Cinema in Democratizing Germany. Reconstructing National Identity after Hitler, Chapel Hill 1995 und Moeller, War Stories, 123 ff. Vgl auch Reinhold Wagnleitner, Coca-Colonization and the Cold War. The Cultural Mission of the United States in Austria after the Second World War, Chapel Hill 1994, 222 ff.

50 »Wo ruhen unsere Kriegsgefallenen?«, RP, 11. 10. 1949. Vgl. George L. Mosse, Gefallen für das Vaterland. Nationales Heldentum und namenloses Sterben, Stuttgart 1993 und Jörg Echternkamp, »Von Opfern, Helden und Verbrechern – Anmerkungen zur Bedeutung des Zweiten Weltkriegs in den Erinnerungskulturen der Deutschen 1945–1955«, in: Hillmann, Kriegsende in Deutschland, 301–316.

51 Otto Schulz an das amerikanische Nachrichtenkontrollamt Regensburg, 22. 8. 1947, KA 4707. Vgl. Thomas Kühne, »Zwischen Vernichtungskrieg und Freizeitgesellschaft. Die Veteranenkultur der Bundesrepublik 1945–1995«, in: Naumann, Nachkrieg, 90–113.

52 »Soldaten vor Gericht«, NZ, 7. 12. 1945; »Das OKW auf der Anklagebank«, ebd., 7. 1. 1946; »Soldatische Ehrbegriffe«, ebd., 8. 4. 1946; »Das Fazit von Nürnberg«, ebd., 21. 10. 1946. Vgl. auch »Das Urteil des hohen Gerichts«, RP, 2. 10. 1946.

53 Das Weiterleben von militaristischem Gedankengut ist noch wenig erforscht. Vgl. Donald Abenheim, Bundeswehr und Tradition. Die Suche nach dem gültigen Erbe des deutschen Soldaten, München 1989.

54 Jering, Überleben und Neubeginn, 26, 38.

55 »Zufriedenstellende Fortschritte in der Entwaffnung«, RP, 15. 6. 1946 und Schmidt, »Vom Eisernen Vorhang«, 31 ff.

56 »Gefährliche Denkmäler und Straßennamen«, RP, 21. 2. 1948; Wolfgang Prüfer, »Berlin – Rädnitz und dreimal zurück, 1939–1949«, als MS gedruckt, 1995, KA 4379, 238. Die andere Option war die französische Fremdenlegion, die in den ersten Nachkriegsjahren viele der nicht ins Zivilleben zurückwollenden deutschen Soldaten aufnahm.
57 So zum Beispiel Schönmeier, »Der gestorbene Idealismus«.
58 »Die Reorganisation der deutschen Polizei«, RP, 30. 10. 1945 und »Polizei – Diener des Volkes«, ebd., 20. 4. 1946. Vgl. »US-Zonenpolizei – eine neue Sicherheitstruppe«, NZ 1. 7. 1946 und Thomas Lindenberger, Volkspolizei, Herrschaftspraxis und öffentliche Ordnung im SED-Staat 1952–1968, Köln 2003.
59 »Monatlich 15.000 Heimkehrer«, RP, 14. 9. 1946; »Das Gefangenenlager als Akademie«, ebd., 13. 11. 1946; »Die USA fordern Freilassung deutscher Kriegsgefangener in Westeuropa«, ebd., 7. 12. 1946; »Heimkehrer aus Afrika und aus Rußland«, ebd., 22. 10. 1947; »Wie leben sie hinter Stacheldraht?«, ebd., 14. 1. 1948; »Wo blieben die zwei Millionen?«, ebd., 15. 1. 1949; »Gebt die Kriegsgefangenen frei«, ebd., 23. 12. 1949.
60 Dicke, »Erinnerungen«, 140 und Frank Biess, »The Protracted War. Returning POWs and the Making of East and West German Citizens 1945–1955«, Diss., Providence 2000.
61 »Das Problem der Kriegsinvaliden«, NZ, 5. 11. 1946; »Kriegsbeschädigten muss geholfen werden«, RP, 10. 8. 1949. Vgl. Herzog, »Eine bewegte Zeit« und Diehl, The Thanks, 227 ff.
62 Heinz Medelind, »Bonn unterscheidet sich von Weimar«, NZ, 28. 10. 1948; Theodor Steltzer, »Laßt uns einen neuen Anfang finden!«, ebd., 24. 12. 1948; Observer, »Das Recht auf Sicherheit«, ebd., 22. 2. 1949 und »Besetzte Gebiete durch Pakt geschützt«, ebd., 15. 3. 1949.
63 »Dienst am Frieden Deutschlands und der Welt«, RP, 8. 9. 1949. Carl-Christoph Schweitzer et al., Hg., Politics and Government in the Federal Republic of Germany. Basic Documents, Leamington Spa 1984, 314 ff. und Wettig, Entmilitarisierung, 221 ff., 238 ff.
64 »Deutsche Miliz ohne deutsches Wissen?«, RP, 27. 11. 1949; »Remilitarisierung – eine Theorie«, NZ, 14. 12. 1948 und »Wir brauchen keinen Krieg«, ebd., 12. 1. 1949. Vgl. Norbert Wiggershaus, »Die Überlegungen für einen westdeutschen Verteidigungsbeitrag von 1948 bis 1950«, in: Militärgeschichtliches Forschungsamt, Hg., Entmilitarisierung und Aufrüstung in Mitteleuropa 1945–1956, Herford 1983, 93–115.
65 »Widerstand gegen jeden Angriff«, RP, 19. 3. 1949; »Nicht unter deutschem Befehl«, ebd., 29. 11. 1949; »Keine deutsche Wehrmacht«, ebd., 5. 12. 1949; »Diskussion unzweckmäßig«, ebd., 7. 12. 1949; »Bundestag gegen Aufrüstung«, ebd., 17. 12. 1949.
66 »Bedenkliche deutsche ›Wiederaufrüstung‹«, RP, 4. 11. 1949; »Militärischer ›Werkschutz‹ in der Ostzone«, ebd., 16. 3. 1949; »Deutsches Kanonenfutter in Griechenland«, ebd., 18. 5. 1949; »Volkspolizei soll Deutschland erobern«, ebd., 7. 6. 1949. Vgl. Helmut Bohn, Die Aufrüstung der sowjetischen Besatzungszone Deutschlands, Bonn 1960.

67 Konrad Adenauer, Erinnerungen, 4 Bde., Stuttgart 1965–68, Bd. 1 und 2. Vgl. Large, Germans to the Front, 31 ff.
68 Umfragedaten von Anna J. Merritt und Richard L. Merritt, Public Opinion in Occupied Germany. The OMGUS Surveys, 1945–1949, Urbana 1970, sowie dies., Public Opinion in Semisovereign Germany. The HICOG Surveys, 1949–1955, Urbana 1980. Vgl. Hans-Erich Volkmann, »Die innenpolitische Dimension Adenauerscher Sicherheitspolitik in der EVG-Phase«, in: Militärgeschichtliches Forschungsamt, Anfänge westdeutscher Sicherheitpolitik, 2: 235–601.
69 »OKW-Urteil wird verkündet«, NZ, 28. 10. 1948.
70 Georg Meyer, »Zur inneren Entwicklung der Bundeswehr bis 1960/61«, in: Militärgeschichtliches Forschungsamt, Anfänge westdeutscher Sicherheitspolitik, 3: 851–1162. Vgl. Doug Peifer, »Origins of the East and West German Navies«, Diss., Chapel Hill 1996.
71 Michael Geyer, »The Place of the Second World War in German Memory and History«, New German Critique Nr. 71, 1997, 5–40.
72 Diese Dimension ist noch wenig erforscht.
73 »Der ideale Deutsche«, RP, 24. 11. 1949. Vgl. Large, Germans to the Front, 265 ff.
74 Helga Haftendorn und Lothar Wilker, »Die Sicherheitspolitik der beiden deutschen Staaten«, in: Werner Weidenfeld und Hartmut Zimmermann, Hg., Deutschland-Handbuch. Eine doppelte Bilanz 1949–1989, Bonn 1989, 605–620.
75 Helga Haftendorn, Sicherheit und Entspannung. Zur Außenpolitik der Bundesrepublik Deutschland 1955–1982, 2., rev. Aufl. Baden-Baden 1986, sowie Dennis L. Bark und David R. Gress, A History of West Germany, 2 Bde., Oxford 1989, 1: 366 ff., 386 ff., 399 ff.
76 »Einsatz im Machtspiel«, Der Spiegel 55, 2001, Nr. 46, 34 ff. Kanzler Helmut Kohl ließ den Bundessicherheitsrat 1982 sogar beschließen, dass ein Einsatz der Bundeswehr außerhalb des NATO-Gebietes verfassungswidrig sei.
77 Willy Brandt, Erinnerungen, Frankfurt 1989, 239 ff. Werner Link, »Die Außenpolitik und internationale Einordnung der Bundesrepublik Deutschland«, in: Weidenfeld und Zimmermann, Deutschland-Handbuch, 578 ff.
78 Helmut Hoffmann, Hg., Nachbelichtet, Dresden 1997, 135 ff.
79 Helmut Schmidt, Menschen und Mächte, Berlin 1987. Vgl. Helga Haftendorn, Sicherheit und Stabilität. Außenbeziehungen der Bundesrepublik zwischen Ölkrise und NATO-Doppelbeschluß, München 1986 und Jeffrey Herf, War By Other Means. Soviet Power, West German Resistance and the Battle of the Euromissiles, New York 1991.
80 Detlef Bald, Militär und Gesellschaft 1945–1990. Die Bundeswehr der Bonner Republik, Baden-Baden 1994, 89 ff., 113 ff. Zur SED-Durchdringung in sensationalistischer Form Hubertus Knabe, Die unterwanderte Republik. Stasi im Westen, Berlin 1999.
81 Konrad H. Jarausch, »Nation ohne Staat. Von der Zweistaatlichkeit zur Vereinigung«, Praxis Geschichte 13, 2000, Heft 3, 6–12.

82 Erhart Neubert, Geschichte der Opposition in der DDR 1949–1989, Berlin 1997.

83 Christian Hacke, Weltmacht wider Willen. Die Außenpolitik der Bundesrepublik Deutschland, akt. u. erw. Neuausg. Frankfurt 1993.

84 »Abmarsch in die Realität«, Der Spiegel 55, 2001, Nr. 46, 22 ff. (siehe auch Titelbild mit einer Montage eines Birkenkreuzes mit Helm als Vergegenwärtigung der Gefallenenbilder vom Frühjahr 1945)

85 US Departement of State, Occupation of Germany. Policy and Progress 1945–46, Washington 1947, 2 und Harper an den stellvertretenden Militärgouverneur, 16. 10. 1945, OMGUS, Records of Executive Office, Box 96, National Archives.

86 Leserbrief an die FR vom 21. 9. 1950; Schröder, Die gestohlenen Jahre, 911–920; Jering, Überleben und Neubeginn, 62, und Otto Nickel, »Der totale – der total zwecklose Krieg«, Die Wandlung 2, 1947, 116–123. Vgl. Lars Jockheck, Tagungsbericht »Inszenierte Wahrheit«, Hamburg 12.–13. 10. 2001, H-Soz-u-Kult, 26. 10. 2001.

87 Joyce M. Mushaben, From Post-War to Post-Wall Generations. Changing Attitudes toward the National Question and NATO in the Federal Republic of Germany, Boulder 1998, 171 ff.

88 Hamburger Institut für Sozialforschung, Hg., Verbrechen der Wehrmacht. Dimensionen des Vernichtungskrieges 1941–1944, Ausst.-Kat., Hamburg 2002, 3 ff. Vgl. Henryk M. Broder, »Die Arroganz der Demut«, Der Spiegel 55, 2001, Nr. 47, 42 ff. und Klaus Naumann, Der Krieg als Text. Das Jahr 1945 im kulturellen Gedächtnis der Presse, Hamburg 1998.

Anmerkungen für Kapitel 2

89 Günter Esdor »›Haben Sie das gehört: es ist Krieg!!!‹ Die Geschichte meiner ersten 23 Lebensjahre in einer bewegten Zeit von 1933 bis 1955«, MS, Bremen 1998, KA 6479. Vgl. auch Stadtarchiv Karlsruhe, »Das Tagebuch der Marianne Kiefer«, KA 6515/3.

90 Ruth-Kristin Rößler, Hg., Die Entnazifizierungspolitik der KPD/SED 1945–1948. Dokumente und Materialien, Goldbach 1994; »Mission and Objectives of the US Occupation«, US-Army-Flugblatt von 1947, abgedruckt in: von Plato und Leh, »Ein unglaublicher Frühling«, 98.

91 Geplante Rundfunkansprache Carl Goerdelers vom 20. 7. 1944, sowie Programmatische Richtlinien der Association of Free Germans aus dem Jahre 1943, in: Vollnhals, Entnazifizierung, 67 ff., 74 ff.

92 Hönicke, »›Know Your Enemy‹«, 159 ff.

93 dies., »›Know Your Enemy‹. American Wartime Images of Germany 1942–1943«, in: Ragnhild Fiebig von Hase und Ursula Lehmkuhl, Hg., Enemy Images in American History, Providence 1997, 231–278.

94 »Genosse Ehrenburg vereinfacht«, TR, 15. 5. 1945; Raymond Daniell, »To Wipe out the Mark of the Beast«, NYT Magazine, 13. 5. 1945. Vgl. Mi-

chaela Hönicke, »›Prevent World War III‹. An Historiographical Appraisal of Morgenthau's Programme for Germany«, in: Garson und Kidd, The Roosevelt Years, 155 ff.

95 Lutz Niethammer, Die Mitläuferfabrik. Die Entnazifizierung am Beispiel Bayerns, 2. Aufl. Berlin 1982, 653–666 und Armin Schuster, Die Entnazifizierung in Hessen 1945–1954. Vergangenheitspolitik in der Nachkriegszeit, Wiesbaden 1999. Vgl. Michael Hayse, »Recasting German Elites. Higher Civil Servants, Businessmen and Physicians in Hessen, 1945–1955«, Diss., Chapel Hill 1994.

96 Helga Welsh, Revolutionärer Wandel auf Befehl? Entnazifizierungs- und Personalpolitik in Thüringen und Sachsen (1945–1948), München 1989, sowie Olaf Kappelt, Die Entnazifizierung in der SBZ sowie die Rolle und der Einfluß ehemaliger Nationalsozialisten in der DDR als ein soziologisches Phänomen, Hamburg 1997.

97 Karl-Heinz Füssl, Die Umerziehung der Deutschen. Jugend und Schule unter den Siegermächten des Zweiten Weltkriegs 1945–1955, 2., unv. Aufl. Paderborn 1995 und Caspar von Schrenck-Notzing, Die Politik der amerikanischen Umerziehung, Frankfurt 1994. Vgl. auch die in Entstehung begriffene Dissertation von Brian Puaca zu der »Reform vor der Reform«.

98 Michael Lemke, Einheit oder Sozialismus? Die Deutschlandpolitik der SED 1949–1961, Köln 2001 und Peter Brandt, Schwieriges Vaterland. Deutsche Einheit, nationales Selbstverständnis, soziale Emanzipation. Texte von 1980 bis heute, 2., korr. Aufl. Berlin 2001.

99 Konrad H. Jarausch, »Die Postnationale Nation. Zum Identitätswandel der Deutschen 1945–1995«, Historicum 14, 1995, Frühling, 30–35. Dieter Langewiesche, Nation, Nationalismus, Nationalstaat in Deutschland und Europa, München 2000, 228 ff. geht auf die Nachkriegszeit kaum ein.

100 Alexander Dicke, »Mit ›Vorwärts, vorwärts‹ war es nicht getan... Erinnerungen von 1931 bis 1950«, MS, 1991. KA 3228, 146–7.

101 »Hard Policy Fixed for Ruling Reich«, NYT, 17. 5. 1945. Vgl. den Wortlaut von JCS 1067 in: Vollnhals, Entnazifizierung, 98 ff.

102 Für eine Beschreibung siehe von Salomon, Der Fragebogen, 535–633. Vgl. auch Niethammer, Mitläuferfabrik, 663.

103 Zahlen unter »Entnazifizierung im Ersten«, in: OMGUS, »Report of the Military Governor« Nr. 1, August 1945. Vgl. auch Jering, Überleben und Neubeginn, 29, 36.

104 »Namen unter Abfallpapier. Wie die NS-Parteikartei gefunden wurde«, NZ, 28. 10. 1945. Für den Schäffer-Patton-Skandal als Krise der Entnazifizierung vgl. Niethammer, Mitläuferfabrik, 159 ff.

105 OMGUS, »Report of the Military Governor«, September 1945 und Heinz Döll, »Skizzen und Daten 1919/1949«, MS, o. J., KA 5940/3, 275.

106 »Frontbericht der Säuberung«, NZ, 8. 11. 1945; »Deutsche Pläne zur Säuberung«, ebd., 20. 12. 1945; »›Entlastete‹ – ein neuer Begriff«, ebd., 17. 1. 1946 und »Das Gesetz zur politischen Säuberung«, ebd., 8. 3. 1946. Vgl. auch »Entnazifizierung«, TR, 10. 3. 1946 und Vollnhals, Entnazifizierung, 16 ff.

107 Heinrich Schmitt, »Die Reinigung«, NZ, 3. 3. 1946; »Die Durchführung des Säuberungsgesetzes«, ebd., 11. 4. 1946; »Probleme um das Säuberungsgesetz«, ebd., 19. 5. 1946; »Ernste Worte zum Säuberungsgesetz«, ebd., 13. 6. 1946 und »Spruchkammer IV in München aufgelöst«, ebd., 28. 7. 1946.

108 Spruchkammerbescheid vom 1. 10. 1946; »Military Government of Germany. Fragebogen« vom 18. 3. 1946; »40jähriges Betriebsjubiläum«, Heimatnachrichten aus Neustadt, 11. 8. 1969, KA 3760 und Nedebock an Hüttenbach, 30. 5. 1948, KA 6457/1. Vgl. auch Michael H. Kater, The Nazi Party. A Social Profile of Members and Leaders 1919–1945, Cambridge/MA 1983.

109 Britisches Kontrollamt, »Einreihungsbescheid« vom 6. 8. 1947; Military Government of Germany, Fragebogen, o. D; Brief an den Beratenden Ausschuß für Theater vom 8. 4. 1947; verschiedene eidesstattliche Erklärungen, sowie *clearing certificate* vom 1. 9. 1947, KA 6349. Vgl. auch Juliane Freifrau von Bredow, Leben in einer Zeitwende, Selbstverlag o. J., 53 ff.; den Entwurf eines Persilscheins von Dr. Ing. A. H. vom 28. 6. 1946, KA 1099 und Jering, Überleben und Neubeginn, 200 ff.

110 »Säuberungsgesetz unverändert«, NZ, 26. 5. 1946; »Reserviert für Nazis« ebd., 2. 9. 1946; »Krise der politischen Säuberung«, ebd., 7. 11. 1946. Vgl. »Gedanken zum Entnazifizierungsgesetz«, Abschrift aus: Die Tat, Anfang September 1946, KA 662; Hermann Freiherr von Lünigk an den Deutschen Entnazifizierungsvorstand Rhein-Berg. Kreis, 1. 10. 1946 und Predigt von Dr. H. Thielecke am Karfreitag 1947, KA 4707.

111 von Salomon, Der Fragebogen, 8 ff.

112 »Krise der politischen Säuberung«, NZ, 7. 11. 1946; »Kontrolle der Säuberung verschärft«, ebd., 2. 12. 1946; »Eine Millionen amnestiert«, ebd., 29. 12. 1946. Vgl. Vollnhals, Entnazifizierung, 20 ff.

113 »Für Revision des Säuberungsgesetzes«, NZ, 3. 8. 1947; »Keine Einigkeit über Säuberung«, ebd., 25. 9. 1947; »Bizonaler Postdirektor verteidigt Pgs«, ebd., 20. 10. 1947; »Neue Entlassungen von Internierten«, ebd., 12. 2. 1948 und »Säuberung vor dem Abschluß«, ebd., 6. 5. 1948.

114 »Nazi-Säuberung in den Verwaltungsstellen«, NRZ, 3. 10. 1945; »Stand und Ergebnisse der Nazisäuberung«, ebd., 24. 11. 1945; »Säuberung der Wirtschaft und Verwaltung«, ebd., 20. 3. 1946; »Ein Jahr Entnazifizierung«, ebd., 15. 4. 1947.

115 »Reform der Entnazifizierung«, RP, 6. 12. 1947; »Politische Säuberung verhindert«, ebd. 11. 2. 1948; »Neues Entnazifizierungsgesetz«, ebd., 30. 4. 1948; und Vollnhals, Entnazifizierung, 24 ff.

116 Edgar Wolfrum, Französische Besatzungspolitik und deutsche Sozialdemokratie. Politische Neuansätze in der »vergessenen Zone« bis zur Bildung des Südweststaates 1945–1952, Düsseldorf 1991.

117 Dokumente in: Vollnhals, Entnazifizierung, 168 ff. und Rößler, Die Entnazifizierungspolitik, 64 ff. Vgl. Welsh, Revolutionärer Wandel, 18 ff., 167 ff. und Damian van Melis, Entnazifizierung in Mecklenburg-Vorpommern. Herrschaft und Verwaltung 1945–1948, München 1999, 321 ff.

118 »Achtung, getarnte Nazis«, ND, 10. 5. 1946; »Eingliederung in den demokratischen Neuaufbau«, ebd., 6. 9. 1946; Wilhelm Pieck, »Der Sinn der Entnazifizierung«, ebd., 21. 2. 1947; »Gerechte Entnazifizierung«, ebd. 27. 8. 1947. Vgl. »Entnazifizierung in der Ostzone«, NZ, 21. 8. 1947.
119 »Säuberung, nicht Entkapitalisierung«, NZ, 21. 2. 1947 versus »Nazi-Eldorado in Bayern«, ND, 20. 8. 1946. Für die Problematik der Zahlen siehe Vollnhals, Entnazifizierung, 224 ff., 332 ff.
120 Vollnhals, Entnazifizierung, 333 und Rolf Badstübner, Vom »Reich« zum doppelten Deutschland. Gesellschaft und Politik im Umbruch, Berlin 1999, 254.
121 »Schlußstrich unter die NSDAP«, NRZ, 17. 10. 1945; »Weiteres Nazikomplott zerschlagen«, ebd., 29. 3. 1947; »Liste Prominenter in Verwaltung und Industrie des Westens«, ND, 3. 12. 1946.
122 Vollnhals, Entnazifizierung, 55 ff.
123 von Salomon, Der Fragebogen, passim zu Badstübner, Vom »Reich« zum doppelten Deutschland, 245 ff. und Niethammer, Mitläuferfabrik, v ff.
124 Diese Interpretation ist näher an Kielmansegg, Nach der Katastrophe, 110 ff.
125 Sigrid Undset, »Die Umerziehung der Deutschen«, NZ, 25. 10. 1945 und Dolf Sternberger, »Der Begriff des Vaterlands«, Die Wandlung 2, 1947, 494–511. Vgl. auch »Der lange Weg«, NRZ, 29. 12. 1945.
126 Dicke, »Erinnerungen«, 124.
127 »Four Allies Take Control of Reich«, NYT, 5. 6. 1945; Agathe Mathiesen, »Tagebuch«, KA 5859/1, 10 ff. und Jering, Überleben und Neubeginn.
128 »Die Auflösung Preußens«, ND, 15. 2. 1947. Dicke, »Erinnerungen«, 120; Agathe Matthiesen, »Tagebuch«, KA 5958/1, 10 ff.; »Deutschlandlied 1949« von Hanns Doerry, KA 6349.
129 »Die Zeitung der Roten Armee in Berlin«, TR, 13. 5. 1945; Heinrich Graf von Einsiedel, Tagebuch der Versuchung, Frankfurt 1985. »Der Anfang«, NRZ, 15. 7. 1945; Dwight D. Eisenhower, »Zum Geleit«, NZ, 18. 10. 1945. Vgl. auch Boveri, Tage des Überlebens, 223 ff.
130 Wolfgang Prüfer, »Berlin – Rädnitz und dreimal zurück, 1939–1949«, als MS gedruckt, 1995, KA 4379, 208, 214; Ruth Reimann-Möller, Die Berichterstatterin von Burg. Schule – mein Leben, Norderstedt 2000, 2 ff., 216 ff. und Hans Herzog, »Eine bewegte Zeit«, KA 6368, 80.
131 Alfred Döblin, »Die beiden deutschen Literaturen«, NZ, 5. 2. 1946; »Gründung des Kulturbundes zur demokratischen Erneuerung Deutschlands«, Sonntag, 3. 7. 1960; Prüfer, »Berlin«, 230 ff. und Dicke, »Erinnerungen«, 149. Vgl. auch Konrad H. Jarausch und Hannes Siegrist, Hg., Amerikanisierung und Sowjetisierung in Deutschland 1945–1970, Frankfurt 1997.
132 Dicke, »Erinnerungen«, 121; Matthiesen, »Tagebuch«, 8; Döll, »Skizzen und Daten«, 255.
133 Jering, Überleben und Neubeginn, 28 f.; Dicke, »Erinnerungen«, 145.
134 Dicke, »Erinnerungen«, 126 ff.; Matthiesen, »Tagebuch«, 10 f. und Reimann-Möller, Die Berichterstatterin, 221 ff. Vgl. auch Bernhard Recker, »Die Geschichte der Familie Zita und Bernhard Recker«, KA 6406, 13: »In den Augen der Sieger waren eben alle Deutschen mitschuldig.«

135 »Wortlaut der umstrittenen Rede«, NZ, 21. 2. 1946 und Zitat aus einem Gedicht von einem Herrn Hildebrandt mit dem Titel »Hammerschlag!«, in: Matthiesen, »Tagebuch«, 14 f.
136 Julius Ebbinghaus, »Patrioten und Nationalisten«, NZ, 22. 4. 1946; Veit Valentin, »Antisemitismus und Nationalsozialismus«, ebd., 17. 1. 1947 und Walter Goetz, »Nationalsozialistische Geschichtsfälschungen«, ebd., 14. 2. 1947.
137 Paul Merker, »Der Irrweg einer Nation«, ND, 7. 9. 1946; »Aussprache über die Friedensfrage«, NZ, 14. 2. 1947 und Wilfried Loth, Der Weg nach Europa. Geschichte der europäischen Integration 1939–1957, 3., durchges. Aufl. Göttingen 1996.
138 Jering, Überleben und Neubeginn, 37; Empfehlungsschreiben von Heinrich Döll, August 1946, in: Döll, »Skizzen und Daten«, 275 ff. Vgl. auch Erwin Schmidt, »Vom Eisernen Vorhang zum Golden Gate«, KA 4595.
139 Johannes Dieter Steinert, »Drehscheibe Westdeutschland. Wanderungspolitik im Nachkriegsjahrzehnt«, in: Klaus J. Bade, Hg., Deutsche im Ausland – Fremde in Deutschland. Migration in Geschichte und Gegenwart, München 1992, 386–92. Fritz-Bauer-Institut, Hg., Überlebt und unterwegs. Jüdische Displaced Persons im Nachkriegsdeutschland, Frankfurt 1997 und Burghard Ciesla, »Das ›Project Paperclip‹. Deutsche Wissenschaftler und Techniker in den USA (1946 bis 1952)«, in: Jürgen Kocka, Hg., Historische DDR-Forschung. Aufsätze und Studien, Berlin 1993, 287–301.
140 Reinhold, Erinnerungen, 222 und Bericht von Dr. August Wolfgang Koberg über seine Vertreibung aus der Tschechoslowakei, o. D., sowie Otto Schulz an Trix-Günter Stövhase, 25. 8. 1947, KA 4707. Vgl. auch Elizabeth Heineman, »The Hour of the Woman. Memories of Germany's ›Crisis Years‹ and West German National Identity«, AHR 101, 1996, 354–95.
141 Dicke, »Erinnerungen«, 155 ff. und Herbert Puin, »Eine Familiengeschichte«, KA 6175, 56 ff. Vgl. auch Herzog, »Eine bewegte Zeit«, 91 ff.
142 Michael L. Hughes, Shouldering the Burden of Defeat. West Germany and the Reconstruction of Social Justice, Chapel Hill 1999. Vgl. auch Hans Günter Hockerts, Hg., Drei Wege deutscher Sozialstaatlichkeit. NS-Diktatur, Bundesrepublik und DDR im Vergleich, München 1998.
143 Jering, Überleben und Neubeginn, 32 ff.; Boveri, Tage des Überlebens, 279 ff.; »Düsseldorfs Bekenntnis zur Reichseinheit«, NRZ, 3. 7. 1946; »Es gibt nur einen Staat: Deutschland«, ebd., 10. 7. 1946; »Die Einheit der Arbeiterklasse ist die Einheit Deutschlands«, ND, 23. 4. 1946; »Für die Wirtschaftseinheit Deutschlands«, ebd., 12. 5. 1946.
144 »Die deutschen Länder untrennbar verbunden«, RP, 7. 6. 1947; »Protest gegen Gebietsabtretung«, ebd., 15. 11. 1947; »Nationalismus«, ebd., 30. 4. 1948; »Grenzberichtigungen?«, ebd., 12. 2. 1948. Vgl. Kohl, Erinnerungen, 94 ff.
145 Schweitzer, Politics and Government, 373 ff.
146 Elisabeth Noelle-Neumann und Renate Köcher, Die verletzte Nation. Über den Versuch der Deutschen, ihren Charakter zu ändern, Stuttgart 1987 ver-

sus Karl Dietrich Bracher, Wendezeiten der Geschichte. Historisch-politische Essays 1987–1992, Stuttgart 1992, 272–296 und Konrad H. Jarausch, »Die Postnationale Nation. Zum Identitätswandel der Deutschen 1945–1990«, Historicum 14, 1995, Frühling, 30–35.

147 Siehe zum Beispiel Kurt Georg Kiesinger, Dunkle und helle Jahre. Erinnerungen 1904–1958, Stuttgart 1989, 331. Vgl. auch Rainer Zitelmann et al., Hg., Westbindung. Chancen und Risiken für Deutschland, Frankfurt 1993.

148 Rainer Zitelmann, Demokraten für Deutschland. Adenauers Gegner – Streiter für Deutschland, Frankfurt 1993; Leo Kreuz, Das Kuratorium Unteilbares Deutschland. Aufbau, Programmatik. Wirkung, Opladen 1980.

149 Siehe die Kontroverse um Wilfried Loth, Stalins ungeliebtes Kind. Warum Moskau die DDR nicht wollte, Berlin 1994. Vgl. Lemke, Einheit oder Sozialismus?

150 Als Einstieg Jarausch und Siegrist, Amerikanisierung und Sowjetisierung. Vgl. auch Volker Berghahn, Unternehmer und Politik in der Bundesrepublik, Frankfurt 1985 und Uta G. Poiger, Jazz, Rock and Rebels. Cold War Politics and American Culture in a Divided Germany, Berkeley 2000.

151 Klemperer, So sitze ich denn zwischen allen Stühlen und Michael Lemke, Hg., Sowjetisierung und Eigenständigkeit in der SBZ/DDR (1945–1953), Köln 1999.

152 Loth, Der Weg nach Europa, passim und Wolfgang Schmale, Geschichte Europas, Wien 2000.

153 Jürgen Habermas, Die nachholende Revolution. Kleine politische Schriften VII, Frankfurt 1990, 205–224. Vgl. auch Harold James, A German Identity. 1770–1990, New York 1990.

154 Konrad H. Jarausch, »Die Krise des deutschen Bildungsbürgertums im ersten Drittel des 20. Jahrhunderts«, in: Werner Conze et al., Hg., Bildungsbürgertum im 19. Jahrhundert, Stuttgart 1989–92, 4: 180–205. Vgl. Paul Noack, Deutschland, deine Intellektuellen. Die Kunst, sich ins Abseits zu stellen, Stuttgart 1991, 16 ff.

155 Dirk van Laak, »Der Platz des Holocaust im deutschen Geschichtsbild«, in: Konrad H. Jarausch und Martin Sabrow, Hg., Die historische Meistererzählung. Deutungslinien der deutschen Nationalgeschichte nach 1945, Göttingen 2002, 163–193. Vgl. Bernhard Giesen, Kollektive Identität, Frankfurt 1999.

156 Ronald Inglehart, Kultureller Umbruch. Wertewandel in der westlichen Welt, Frankfurt 1995.

157 Konrad H. Jarausch, »1968 and 1989: Caesuras, Comparisons, and Connections«, in: Carole Fink et al., Hg., 1968. The World Transformed, Cambridge 1998, 461–477; Wolfgang Kraushaar, 1968. Das Jahr, das alles verändert hat, München 1998.

158 Diverse Texte in: Dolf Sternberger, Verfassungspatriotismus, Frankfurt 1990, 11–38. Jürgen Habermas, Eine Art Schadensabwicklung. Kleine politische Schriften VI, Frankfurt 1987, 161–178.

159 Hans Mommsen, »Aus Eins mach Zwei. Die Bi-Nationalisierung Rest-Deutschlands«, Die Zeit, 6. 2. 1981. Vgl. Winkler, Der lange Weg, 2: 435 ff.

Als Kritik dazu Jens Hacker, Deutsche Irrtümer. Schönfärber und Helfershelfer der SED-Diktatur im Westen, 3. Aufl. Berlin 1992.

160 Noelle-Neumann, Die verletzte Nation, passim; Heinz Niemann, Meinungsforschung in der DDR. Die geheimen Berichte des Instituts für Meinungsforschung an das Politbüro der SED, Köln 1993, 30 ff. und Peter Förster, »Die deutsche Frage im Bewußtsein der Bevölkerung in beiden Teilen Deutschlands. Das Zusammengehörigkeitsgefühl der Deutschen. Einstellungen junger Menschen in der DDR«, in: Deutscher Bundestag, Hg., Materialien der Enquete-Kommission »Aufarbeitung von Geschichte und Folgen der SED-Diktatur in Deutschland«, Bd. 5: Deutschlandpolitik, innerdeutsche Beziehungen und internationale Rahmenbedingungen, 3 Teilbde., Frankfurt 1995, 2: 1212–1380.

161 Edgar Wolfrum, »Nationalstaat und Nationalfeiertag. Gedächtnis und Geschichtspolitik in Deutschland (und Österreich) 1871–1990«, Historicum 14, 1995, Frühling, 26–29, sowie ders., Geschichtspolitik in der Bundesrepublik Deutschland. Der Weg zur bundesrepublikanischen Erinnerung 1948–1990, Darmstadt 1999.

162 Timothy Garton Ash, Im Namen Europas. Deutschland und der geteilte Kontinent, München 1993; Heinrich Potthoff, Hg., Die »Koalition der Vernunft«. Deutschlandpolitik in den 80er Jahren, München 1995 und Konrad H. Jarausch, »Nation ohne Staat. Von der Zweistaatlichkeit zur Vereinigung«, Praxis Geschichte 13, 2000, Heft 3, 6–11.

163 Heiner Best, »Nationale Verbundenheit und Entfremdung im zweistaatlichen Deutschland«, Kölner Zeitschrift für Soziologie und Sozialpsychologie 42, 1990, 1 ff.

164 Erhard Hexelschneider und Erhard John, Kultur als einigendes Band? Eine Auseinandersetzung mit der These von der »einheitlichen deutschen Kulturnation«, Berlin 1984.

165 Mark Lehmstedt und Siegfried Lokatis, Hg., Das Loch in der Mauer. Der innerdeutsche Literaturaustausch, Wiesbaden 1997.

166 Jan Herman Brinks, Die DDR-Geschichtswissenschaft auf dem Weg zur deutschen Einheit. Luther, Friedrich II. und Bismarck als Paradigmen politischen Wandels, Frankfurt 1992; Dieter Dowe, Hg., Die Ost- und Deutschlandpolitik der SPD in der Opposition 1982–1989. Papiere eines Kongresses der Friedrich-Ebert-Stiftung am 14. und 15. September 1993 in Bonn, Bonn 1993.

167 Gerhard Herdegen, »Perspektiven und Begrenzungen. Eine Bestandsaufnahme der öffentlichen Meinung zur deutschen Frage«, DA 20, 1987, 1259–1272 und 21, 1987, 391–401.

168 Stefan Wolle, Die heile Welt der Diktatur. Alltag und Herrschaft in der DDR 1971–1989, Berlin 1998, 63 ff.

169 Dazu auch Gebhard Schweigler, Nationalbewußtsein in der BRD und der DDR, 2. Aufl. Düsseldorf 1974 versus Tilman Mayer, Prinzip Nation. Dimensionen der nationalen Frage, dargestellt am Beispiel Deutschlands, 2., durchges. Aufl. Opladen 1987.

170 Klaus Harpprecht, »D-Formation der Geschichte«, SZ, 29. 9. 2000 und Klaus Hettling, »Ein Picknick für die Freiheit«, FAZ, 16. 6. 2001.
171 Eric J. Hobsbawm, »Eine gespaltene Welt geht ins 21. Jahrhundert«, FR, 4. 12. 1999 versus Carsten Dippel, »Renaissance des Nationalstaates?«, PNN, 8. 2. 1999.
172 Fritz René Allemann, Bonn ist nicht Weimar, hg. v. Xenia von Bahder, Neuausg. Frankfurt 2000, 115 f. Theodor Spitta, Neuanfang auf Trümmern. Die Tagebücher des Bremer Bürgermeisters Theodor Spitta 1945–1947, hg. v. Ursula Büttner und Angelika Voß-Louis, München 1992, 100 ff.
173 Ricarda Huch, »Loslösung vom Nationalgefühl?« TR, 13. 4. 1946. Heinrich August Winkler, »Nationalismus, Nationalstaat und nationale Frage in Deutschland seit 1945«, in: ders. und Hartmut Kaelble, Hg., Nationalismus – Nationalitäten – Supranationalität, Stuttgart 1993, 12–33. Vgl. Heiner Timmermann, Hg., Nationalismus in Europa nach 1945, Berlin 2001, 41 ff., 361 ff.
174 European Commission, Hg., »The First Year of the New European Union«, Report on Standard Eurobarometer 42, 1995, 66 ff. Vgl. Klaus Wagenbach, »Distanz zum nationalen Erbe?«, Freitag, 3. 10. 1997.
175 Richard Schröder, Deutschland, schwierig Vaterland. Für eine neue politische Kultur, Freiburg 1993; »Man muss nicht stolz sein, aber man darf«, TSp, 21. 3. 2001. Vgl. Heinrich August Winkler, »Abschied von der Abweichung«, Die Zeit, 14. 12. 2000.

Anmerkungen für Kapitel 3

176 Spitta, Neuanfang auf Trümmern, 72 ff. Vgl. auch Walter Rohland, Bewegte Zeiten. Erinnerungen eines Eisenhüttenmannes, Stuttgart 1976, 107 ff.
177 »Aufruf der Kommunistischen Partei Deutschlands«, TR, 14. 6. 1945. Vgl. Fritz Schenk, Das rote Wirtschaftswunder. Die zentrale Planwirtschaft als Machtmittel der SED-Politik, Stuttgart 1969.
178 »Baruch Urges Plan for Foe in Defeat«, NYT, 1. 6. 1945; Drew Middleton, »US to Push Curb on Reich Industry«, ebd., 1. 7. 1945; C. P. Trussell, »Reich War Power Declared Strong«, ebd., 10. 7. 1945.
179 Howard S. Ellis, Leserbrief, NYT, 9. 6. 1945; Hanson W. Baldwin, »Occupation and Peace«, ebd. 11. 7. 1945; European Reconstruction«, ebd., 12. 7. 1945.
180 Gimbel, Amerikanische Besatzungspolitik.
181 Eberhard Schmidt, Die verhinderte Neuordnung 1945–1952. Zur Auseinandersetzung um die Demokratisierung der Wirtschaft in den westlichen Besatzungszonen und in der Bundesrepublik Deutschland, Frankfurt 1970.
182 Werner Abelshauser, Wirtschaftsgeschichte der Bundesrepublik Deutschland 1945–1980, Frankfurt 1983.
183 Peter Hübner, Hg., Eliten im Sozialismus. Beiträge zur Sozialgeschichte der DDR, Köln 1999.

184 Jürgen Kocka, »Was heißt ›Zivilgesellschaft‹?«, TSp, 25. 3. 2002 und Helmut Fehr, »Die Macht der Symbole. Osteuropäische Einwirkungen auf den revolutionären Umbruch in der DDR«, in: Konrad H. Jarausch und Martin Sabrow, Hg., Weg in den Untergang. Der innere Zerfall der DDR, Göttingen 1999, 213–238.

185 Für erste Antworten siehe Berghahn, Unternehmer und Politik und Anthony J. Nicholls, Freedom with Responsibility. The Social Market Economy in Germany 1918–1963, Oxford 1994.

186 Joseph Borkin und Charles A. Welsh, Germany's Master Plan, New York 1943; »Disarmed Germany Urged by Crowley. Bombed and Defeated Country Has Power to Rebuild War Machine, Says FEA Chief«, NYT, 27. 6. 1945 und »Reich War Power Declared Strong«, ebd., 10. 7. 1945.

187 Verhandlungsprotokoll der Konferenz von Potsdam vom 2. 8. 1945. »Die deutsche Regelung«, The Economist, 11. 8. 1945. Vgl. auch »Germany Stripped of Industry By Big Three. Economy Mapped«, NYT, 3. 8. 1945.

188 »Die Wiederaufnahme der Industrie«, TR, 5. 8. 1945; Rainer Karlsch und Jochen Laufer, Hg., Sowjetische Demontagen in Deutschland 1944–1949. Hintergründe, Ziele und Wirkungen, Berlin 2002, 19–78.

189 Bericht des US Militärgouverneurs »Control of IG Farben«, September 1945. Vgl. »Hitlers Geldgeber und Brandstifter des Krieges«, TR, 21. 7. 1945 und Rohland, Bewegte Zeiten, 115 ff.

190 Drew Middleton, »US to Push Curb on Reich Industry«, NYT, 1. 7. 1945; ders., »US Seizes Farben Plants to Bar Reich Arms Output«, ebd., 6. 7. 1945; »Forty Industrialists in Ruhr Arrested«, ebd., 7. 9. 1945; »British Seize Ruhr Industrialists as Allies Investigate Six Trusts«, ebd., 2. 12. 1945 und »Ruhr Trusteeship Urged as War Curb«, ebd., 21. 12. 1945. Vgl. Günter Henle, Weggenosse des Jahrhunderts. Günter Henle als Diplomat, Industrieller, Politiker und Freund der Musik, Stuttgart 1968, 75 ff.

191 Gladwyn Hill, »Allies' Delay Bars Recovery in Ruhr«, NYT, 6. 8. 1945 und Military Government of Germany, »Monthly Report of Military Governor US Zone 20. August 1945«, Abteilung »German Industry and Utilities«. Vgl. auch die Schilderungen von Spitta, Neuanfang auf Trümmern, 94 ff.

192 Drew Middleton, »German Industry's Fate Studied«, NYT, 15. 7. 1945; ders., »More German Factories Will Run in US Zone Than First Implied«, ebd., 21. 7. 1945; »Reduction of Germany to Agrarian State Branded Economic Absurdity by Experts«, ebd., 29. 8. 1945; »Engineers Offer Plan for Germany«, ebd., 27. 9. 1945. Für weitere Warnungen vgl. Harley M. Kilgore, »Germany is Not Yet Defeated«, NYT Magazine, 12. 8. 1945.

193 Raymond Daniell, »US Experts Urge Reich Export Rise. Russia Suspicious«, NYT, 8. 10. 1945; Anthony H. Leviero, »Smash IG Farben Empire, Eisenhower Advises Allies«, ebd., 21. 10. 1945; Raymond Daniell, »US Agents Clash on Reich Cartels«, ebd., 18. 11. 1945.

194 »12 Punkte für Deutschland«, NZ, 14. 12. 1945; »Stahlproduktion und Zukunft«, ebd., 28. 1. 1946; »Neuplanung der deutschen Industrie«, ebd., 1. 4. 1946. Vgl. »Plan für Reparationen und den Nachkriegsstand der deutschen

Wirtschaft entsprechend den Beschlüssen der Berliner Konferenz«, TR, 28. 3. 1946.

195 »Der Nürnberger Prozeß«, NZ, 15. 11. 1945; »Erster Tag des Flick-Prozesses«, ebd., 20. 4. 1947; »24 IG Direktoren vor Gericht«, ebd., 5. 5. 1947; »Der dritte Industrieprozeß«, ebd., 18. 8. 1947; »IG-Farben Urteil verkündet«, ebd., 31. 7. 1948. Vgl. Rohland, Bewegte Zeiten, 134 ff. und Berghahn, Unternehmer und Politik, 40 ff.

196 Siehe den detaillierten Bericht des OMGUS über die »Activities of the Directorate of Economics, Allied Control Authority 1945–1949« vom August 1949, Teil 1 und Werner Plumpe, »Desintegration und Reintegration. Anpassungszwänge und Handlungsstrategien der Schwerindustrie des Ruhrgebietes in der Nachkriegszeit«, in: Eckart Schremmer, Hg., Wirtschaftliche und soziale Integration in historischer Sicht. Arbeitstagung der Gesellschaft für Sozial- und Wirtschaftsgeschichte in Marburg 1995, Stuttgart 1996, 290–303.

197 »Die Mitschuld der deutschen Bankwelt«, NZ, 7. 11. 1946; »Erster Schritt zur Konzernentflechtung«, ebd., 27. 7. 1947; Dr. Bauer, »Entflechtung der Stahlindustrie«, ebd., 18. 7. 1947; »Auswirkungen der Entflechtung«, ebd., 30. 10. 1948; »IG Farben Entflechtung steht bevor«, ebd., 16. 12. 1948. Vgl. Rohland, Bewegte Zeiten, 154 ff. und Günther Schulz, »Die Entflechtungsmaßnahmen und ihre wirtschaftliche Bedeutung«, in: Hans Pohl, Hg., Kartelle und Kartellgesetzgebung in Praxis und Rechtsprechung vom 19. Jahrhundert bis zur Gegenwart, Stuttgart 1985, 210–228.

198 »Einzelheiten des Antitrustgesetzes«, NZ, 21. 2. 1947; »Neues 12-Punktememorandum der USA zur Entkartellierung veröffentlicht« ebd., 1. 7. 1949. Vgl. H. G. Schröter, »Kartellierung und Dekartellierung 1890–1990«, VSWG 81, 1994, 457–493 und Robert Franklin Maddox, The War Within World War II. The United States and International Cartels, Westport 2001.

199 »Die Demontagen und ihr Echo«, NZ, 20. 10. 1947; »Demontage-Echo wird ruhiger«, ebd., 24. 10. 1945. Berghahn, Unternehmer und Politik, 69 ff und Nicholls, Freedom with Responsibility, 122 ff. unterschätzen die politischen Auswirkungen der Demontageproteste.

200 »USA gegen Demontage-Einstellung«, NZ 12. 2. 1948; »Demontagestopp für 18 deutsche Werke«, RP, 25. 11. 1949 und »Kein Zutritt für Demonteure«, ebd., 26. 11. 1949. Vgl. Gustav Stolper, Die deutsche Wirklichkeit. Ein Beitrag zum künftigen Frieden Europas, Hamburg 1949, 159 ff. Ziemlich einseitig ist Hanns D. Ahrens, Demontage. Nachkriegspolitik der Alliierten, München 1982.

201 »Die Rolle des Grundbesitzes in Deutschland«, TR, 14. 9. 1945; »Die deutschen Industriemagnaten müssen bestraft werden«, ebd., 20. 10. 1945; »Der Volksentscheid ist Sache jedes friedliebenden Menschens«, ND, 14. 6. 1946; »Der Sieg des Volksentscheids«, ebd., 2. 7. 1946; »Wirtschaft des Friedens!«, ebd., 8. 8. 1946. Vgl. Badstübner, Vom »Reich« zum doppelten Deutschland, 153 ff.

202 »Bodenreform-Zwischenbilanz in den Westzonen«, NZ, 15. 7. 1946; »Die umstrittene Bodenreform«, ebd., 14. 3. 1947.

203 Burghard Ciesla, »Das ›Project Paperclip‹. Deutsche Naturwissenschaftler und Techniker in den USA (1946 bis 1952)«, in: Kocka, Historische DDR-Forschung, 287–301.

204 »Die Hungersnot im Westen«, ND, 22. 11. 1946; »Das Entkartellisierungsgesetz«, ebd., 12. 2. 1947; »Entflechtung?«, ebd., 25. 2. 1947 versus »Die Parteien vor ernsten Entscheidungen«, NZ, 24. 6. 1946.

205 »Zwei-Zonen-Pakt unterzeichnet«, NZ, 6. 12. 1946; »Der neue Industrieplan«, ebd., 1. 9. 1947; »12-Punkteplan für den Ruhrbergbau«, ebd., 12. 9. 1947.

206 Karl Albrecht, Das Menschliche hinter dem Wunder. 25 Jahre Mitwirkung am deutschen Wirtschaftsaufbau, Düsseldorf 1970, 16 f.; Rohland, Bewegte Zeiten, 143 ff. Vgl. Wilhelm Röpke, Die deutsche Frage, 3., veränd. u. erw. Aufl. Erlenbach-Zürich 1948, 251 ff.

207 Spitta, Neuanfang auf Trümmern, 120 ff. Vgl. auch Jering, Überleben und Neubeginn, 33 ff.

208 Alexander Dicke, »Mit ›Vorwärts, vorwärts‹ war es nicht getan... Erinnerungen von 1931 bis 1950«, MS, 1991, KA 3228, 122–144, 161. Siehe ebenso die eindrucksvollen Beschreibungen des Tagebuchs von Agathe Matthiesen, KA 5958/1, 15 ff; Heinz Döll, »Skizzen und Daten 1919/1949«, MS, o. J., KA 5940/3, 265ff; Kurt Wrubel, »So war's! Erinnerungen«, MS, 1996, KA 5573, 87 ff.; Hans Herzog, »Eine bewegte Zeit«, KA 6368, 87 ff. usw.

209 Ebd., 131–156.

210 Ebd., 130– 159. Vgl. auch Erwin Schmidt, »Vom Eisernen Vorhang zum Golden Gate«, KA 4595, 28 ff.

211 Diese ex-post-Perspektive wird vor allem von Wirtschaftshistorikern betont. Vgl. Werner Abelshauser, Wirtschaft in Westdeutschland 1945–1948. Rekonstruktion und Wachstumsbedingungen in der amerikanischen und britischen Zone, Stuttgart 1975, 167 ff.

212 »Wiederaufbau einer Großstadt«, RP, 23. 3. 1946; »Wirtschaftsfragen der Eisenverarbeitung«, ebd., 17. 10. 1945; »Kohle genug – aber keine Waggons«, ebd., 21. 11. 1945; »Gedanken und Anregungen zur Ernährungslage«, ebd., 3. 4. 1946; »Deutsche Industrieproduktion 50–55 Prozent von 1938«, ebd., 30. 3. 1946. Vgl. auch Paul Kleinewefers, Jahrgang 1905. Ein Bericht, Stuttgart 1977.

213 »Der Anfang des deutschen Wiederaufstiegs«, NZ, 30. 1. 1947. »Weitere Demontage der Untergang Deutschlands«, RP, 11. 12. 1946; »Kohle als Schlüssel zum Erfolg oder Mißerfolg«, ebd., 25. 1. 1947.

214 »Feierlicher Auftakt in Frankfurt«, NZ, 27. 6. 1947; »Positive amerikanische Politik in Deutschland«, ebd., 18. 7. 1947; »Dr. Semler seines Amtes enthoben«, RP, 28. 1. 1948. Vgl. Theodor Eschenburg, Letzten Endes meine ich doch. Erinnerungen 1933–1999, Berlin 2000, 74 ff; Henle, Weggenosse des Jahrhunderts, 85 ff.; Volker Hentschel, Ludwig Erhard. Ein Politikerleben, München 1996.

215 Ludwig Erhard, Gedanken aus fünf Jahrzehnten. Reden und Schriften, hg. v. Karl Hohmann, Düsseldorf 1988, 55 ff., 69 ff., 95 ff. Vgl. Albrecht, Das Menschliche, 34 ff.; Nicholls, Freedom with Responsibility, 151 ff.

216 »Für ehrliche Arbeit wieder ehrliches Geld!«, RP, 19. 6. 1948; »Erste positive Wirkungen der Geldreform«, NZ, 20. 6. 1948. Vgl. auch Erhard, Gedanken aus fünf Jahrzehnten, 120 ff., Albrecht, Das Menschliche, 78 ff. und Nicholls, Freedom with Responsibility, 178 ff.

217 Dicke, »Erinnerungen«, 163 ff. und Herzog, »Eine bewegte Zeit«, 111 f. Vgl. auch Wrubel, »So war's!«, 90. »Bankkonten werden 1:10 abgewertet« und »Eine Woche neues Geld«, NZ, 27. 6. 1948 und »Die Stadt mit den zwei Währungen«, RP, 26. 6. 1948.

218 Döll, »Skizzen und Daten«, 277; Wrubel, »So war's!«, 90 f; Reinhold, Erinnerungen, Teil VI; Herzog, »Eine bewegte Zeit«, 111 ff.

219 Dicke, »Erinnerungen«, 164 f.; »Wie man mit der D-Mark lebt«, NZ, 4. 8. 1958; Eschenburg, Erinnerungen, 125 ff.; Nicholls, Freedom with Responsibility, 216 ff.

220 »Sieben Monate Wirtschaftsaufbau«, TR, 4. 1. 1946; »Manifest an das deutsche Volk«, ND, 23. 4. 1946; »Wirtschafts-Chaos abgewendet«, ebd., 2. 7. 1946; »Enteignung statt Entflechtung«, ebd., 23. 3. 1947; Walter Ulbricht, »Der Weg zum wirtschaftlichen Aufstieg«, ebd., 23. 5. 1947 und A. Ackermann, »Kann es für unser Volk wieder besser werden?«, ebd., 12. 7. 1947. Vgl. André Steiner, »Zwischen Länderpartikularismus und Zentralismus. Zur Wirtschaftslenkung in der SBZ bis zur Bildung der Deutschen Wirtschaftskommission im Juni 1947«, APuZ B 49–50, 1993, 32–39.

221 R. Reutter, »Erhöhung des Lebensstandards«, ND, 12. 2. 1947. Vgl. auch »Die Hungersnot im Westen«, ebd. 22. 11. 1946; »Liste prominenter Nazis in Verwaltung und Industrie des Westens«, ebd. 3. 12. 1946; »Ostzone vorbildlich gegen Trusts«, ebd., 2. 2. 1947 usw.

222 Entschließung des 1. Hessischen Gewerkschaftskongresses am 25. 8. 1946, in: Klaus-Jörg Ruhl, Hg., Neubeginn und Restauration. Dokumente zur Vorgeschichte der Bundesrepublik Deutschland 1945–1949, 3. Aufl. München 1989, 425–426; Rede von Viktor Agartz auf dem 1. Parteitag der SPD im Mai 1946, ebd., 411–421 und Ahlener Wirtschaftsprogramm der CDU für Nordrhein-Westfalen 3. 2. 1947, ebd., 428–430. Vgl. »CDU fordert Gemeinwirtschaft«, RP, 3. 2. 1947.

223 »Die Berliner fordern Übereignung der Kriegsverbrecherbetriebe«, ND 19. 9. 1946; »Mehrheit in Großhessen«, ebd., 3. 12. 1946; »Mißachtung des Volkswillens«, ebd., 2. 3. 1947. Ansprache von General Robertson im Zonenbeirat, 14./15. 8. 1946, in: Bundesarchiv und Institut für Zeitgeschichte, Hg., Akten zur Vorgeschichte der Bundesrepublik Deutschland 1945–1949, 5 Bde., München 1976–83, 1: 661 ff., sowie Rede von Clay auf der Tagung des Länderrats der US-Zone, 8./9. 9. 1947, ebd., 3: 402 ff. Vgl. Wolfgang Rudzio, »Die ausgebliebene Sozialisierung an Rhein und Ruhr. Zur Sozialisierungspolitik von Labour-Regierung und SPD 1945–1948«, AfS 18, 1978, 1–39.

224 »Die Stadt mit den zwei Währungen«, RP, 26. 6. 1948; »Nur noch Luftbrücke nach Berlin offen«, NZ, 1. 7. 1948; »Berliner behalten die Ruhe«, ebd., 3. 7. 1948. Vgl. auch Wolfgang Prüfer, »Berlin – Rädnitz und dreimal zurück, 1939–1949«, als MS gedruckt, 1995, KA 4379, 310 ff.
225 »Berlin wählte trotz Terror die Freiheit«, NZ, 7. 12. 1948; »Überraschendes Echo der Berliner Wahl«, RP, 8. 12. 1948; Burghard Ciesla et al., Hg., Sterben für Berlin? Die Berliner Krisen 1948 und 1958, Berlin 2000.
226 Horst Heffle, »Leben in Deutschland – ein Jahr nach dem Währungstausch«, NZ, 18. 6. 1949; »Dollarmilliarden aus Onkel Sams Tasche«, ebd., 7. 7. 1949. Vgl. Nicholls, Freedom with Responsibility, 167 ff.
227 Alfred Müller-Armack, Wirtschaftslenkung und Marktwirtschaft, Sonderausg. München 1990, 6 ff. »Die völlige Ausschaltung der Marktwirtschaft muß als die tiefste Ursache unserer gegenwärtigen Schwierigkeiten gelten.«
228 »Vertrauen für Dr. Erhard«, RP, 18. 8. 1948; »Geburtstag der D-Mark«, ebd., 20. 6. 1949; »Soziale Marktwirtschaft«, ebd., 18. 7. 1949.
229 »Zur Kritik an der neuen Ordnung«, 6. 8. 1948 und »Marktwirtschaft im Streit der Meinungen«, 28. 8. 1948 usw., in: Erhard, Gedanken aus fünf Jahrzehnten, 127 ff., 134 ff.
230 Ebd., 217 ff., 346 ff., 393 ff., 450 ff. Gerold Ambrosius »Die Entwicklung des Wettbewerbs als wirtschaftspolitisch relevante Norm und Ordnungsprinzip in Deutschland seit dem Ende des 19. Jahrhunderts«, Jahrbuch für Sozialwissenschaft 32, 1981, 154–201.
231 Horst Satzky, »Grundsätze, Entstehung und Novellierungen des Gesetzes gegen Wettbewerbsbeschränkungen«, in: Pohl, Kartelle und Kartellgesetzgebung, 229–243 und Berghahn, Unternehmer und Politik, 152 ff.
232 Erhard, Gedanken aus fünf Jahrzehnten, 249 ff., 252 ff., 478 ff. Vgl. auch Werner Plumpe, »›Wir sind wieder wer!‹. Konzept und Praxis der Sozialen Marktwirtschaft in der Rekonstruktionphase der westdeutschen Wirtschaft nach dem Zweiten Weltkrieg«, in: Marie-Luise Recker, Hg., Bilanz. 50 Jahre Bundesrepublik Deutschland, St. Ingbert 2001, 242 ff. und Nicholls, Freedom with Responsibility, 322 ff.
233 Döll, »Skizzen und Daten«, 265 ff.; Bernhard Recker, »Die Geschichte der Familie Zita und Bernhard Recker«, KA 6406, 34 ff.
234 Herbert Puin, »Eine Familiengeschichte«, KA 6175, 61 ff.; Reinhold, Erinnerungen, 291 ff.
235 Zahlen aus: Plumpe, »Wir sind wieder wer!«, 240 ff.
236 Wrubel, »So war's!«, 90 ff.; Dicke, »Erinnerungen«, 169 f.
237 Albrecht, Das Menschliche, 109 ff.; Plumpe, »Wir sind wieder wer!«, 270 ff. Vgl. Abelshauser, Wirtschaftsgeschichte der Bundesrepublik, 32 ff.; Nicholls, Freedom with Responsibility, 390–397.
238 »Anteil der Eigentumsformen am Aufkommen des gesellschaftlichen Gesamtprodukts«, Statistisches Jahrbuch der DDR, 1973, 39; »Daten zum ersten Fünfjahrplan«, in: Hellmuth Kalus, Wirtschaftszahlen aus der SBZ. Eine Zusammenstellung statistischer Daten zur wirtschaftlichen Entwicklung

in der Sowjetischen Besatzungszone und in Ost-Berlin, 2., erw. u. erg. Aufl. Bonn 1960, 120.

239 Prüfer, »Berlin«, 316 ff.; Vgl. Jeffrey Kopstein, The Politics of Economic Decline in East Germany, 1945–1989, Chapel Hill 1997.

240 Albrecht Ritschl, »Aufstieg und Niedergang der Wirtschaft der DDR. Ein Zahlenbild 1945–1989«, Jahrbuch für Wirtschaftsgeschichte Heft 2, 1995, 11–46.

241 Friedrich-Wilhelm Henning, Das industrialisierte Deutschland 1914 bis 1992, 8., durchges. u. wesentl. erw. Aufl. Paderborn 1993, 194 ff.

242 Erhard, Gedanken aus fünf Jahrzehnten, 915 ff., 940 ff., 978 ff., 1021 ff. Vgl. Eschenburg, Erinnerungen, 172 ff.; Nicholls, Freedom with Responsiblility, 364 ff.

243 Karl Schiller, Der Ökonom und die Gesellschaft. Das freiheitliche und soziale Element in der modernen Wirtschaftspolitik, Stuttgart 1964. Vgl. Manfred Kern, Konzertierte Aktion als Versuch einer Verhaltensabstimmung zwischen Regierung und Interessenverbänden, Köln 1973 und Abelshauser, Wirtschaftsgeschichte der Bundesrepublik, 111 ff.

244 André Steiner, Die DDR-Wirtschaftsreform der sechziger Jahre. Konflikt zwischen Effizienz- und Machtkalkül, Berlin 1999; Monika Kaiser, Machtwechsel von Ulbricht zu Honecker. Funktionsmechanismen der SED-Diktatur in Konfliktsituationen 1962 bis 1972, Berlin 1997.

245 Henning, Das industrialisierte Deutschland, 238 ff.; Abelshauser, Wirtschaftsgeschichte der Bundesrepublik, 87 ff.

246 Schmidt, Menschen und Mächte. Vgl. Henning, Das industrialisierte Deutschland, 254 ff. und Abelshauser, Wirtschaftsgeschichte der Bundesrepublik, 116 ff.

247 André Steiner, »Zwischen Konsumversprechen und Innovationszwang. Zum wirtschaftlichen Niedergang der DDR«, in: Jarausch und Sabrow, Weg in den Untergang, 153–192.

248 Henning, Das industrialisierte Deutschland, 268 ff.

249 Röpke, Die deutsche Frage, passim; Erhard, Gedanken aus fünf Jahrzehnten, 55 ff.

250 Berghahn, Unternehmer und Politik, 9 ff.

251 Institut für Wirtschaftsgeschichte der Akademie der Wissenschaft der DDR, Hg., Handbuch für Wirtschaftsgeschichte, 2 Bde., Berlin 1981, 2: 862 ff. Vgl. André Steiner, Von Plan zu Plan. Eine Wirtschaftsgeschichte der DDR, München 2004, 7 ff.

252 Charles S. Maier, Dissolution. The Crisis of Communism and the End of East Germany, Princeton 1997.

253 Oskar Schwarzer, »Der Lebensstandard in der SBZ/DDR 1945–1989«, Jahrbuch für Wirtschaftsgeschichte Heft 2, 1995, 119–146. Vgl. auch Ina Merkel, Utopie und Bedürfnis. Die Geschichte der Konsumkultur in der DDR, Köln 1999.

254 Kielmansegg, Nach der Katastrophe, 456 ff. gegenüber Werner Polster und Klaus Voy, »Von der politischen Regulierung zur Selbstregulierung der

Märkte. Die Entwicklung von Wirtschafts- und Ordnungspolitik in der Bundesrepublik«, in: Klaus Voy et al., Hg., Marktwirtschaft und politische Regulierung, Marburg 1991, 169–226.

255 Gabriele Metzler, »Von Wundern und Krisen. Wirtschaft und Gesellschaft der Bundesrepublik seit 1949«, in: Eckart Conze und Gabriele Metzler, Hg., 50 Jahre Bundesrepublik Deutschland. Daten und Diskussionen, Stuttgart 1999, 167 ff. Vgl. Konrad H. Jarausch und Michael Geyer, Shattered Past. Reconstructing German Histories, Princeton 2003, 269 ff..

Anmerkungen für Schluss von Teil I

256 Sidney Shalett, »General Defends Rule of Germany«, NYT, 15. 2. 1946; Stefan Heym, »But the Hitler Legend Isn't Dead«, NYT Magazine, 20. 1. 1946; Edwin L. Sibert, »The German Mind: Our Greatest Problem«, ebd., 17. 2. 1946.

257 »Grundlagen für den Wiederaufbau«, TR, 13. 8. 1945; Tania Long, »US Teaching Plan in Germany Fails«, NYT, 23. 2. 1946 und Raymond Daniell, »McNarney Report and Aides Differ«, ebd., 1. 3. 1946.

258 Drew Middleton, »Pan-Germanism, Militarism Goals of Ex-Soldier Students at Erlangen«, NYT, 18. 2. 1946; ders., »Germans Return to Nationalism«, ebd., 25. 2. 1946 versus Paul Herzog, »Cholm – Schädelstätte«, Die Wandlung 1, 1946, 143–147, sowie Marie Louise Kaschnitz, »Von der Schuld«, ebd., 431–448. Vgl. Wolfgang Schivelbusch, Die Kultur der Niederlage. Der amerikanische Süden 1865, Frankreich 1871, Deutschland 1918, Berlin 2001, 9–49.

259 Drew Middleton, »Germans Unready for Political Life«, NYT, 19. 8. 1945; Raymond Daniell, »Germans to Regain County, City Rule«, ebd., 9. 10. 1945; Drew Middleton, »Rebirth of Nazism Called Possibility«, ebd., 14. 1. 1946; C. L. Sulzberger, »US Psychology Fails in Germany«, ebd., 26. 3. 1946.

260 Dana Adams Schmidt, »Land of Questions Without Answers«, NYT Magazine, 26. 5. 1946. Vgl. auch Manuel Borutta und Nina Verheyen, Tagungsbericht »Akteure der Zivilgesellschaft. Individuelle Ressourcen, soziale Basis, Vergesellschaftung«, Berlin 18.-20. 4. 2002, H-Soz-u-Kult, 18. 7. 2002.

261 »Das Wollen der antifaschistischen Einheitsfront«, TR, 14. 8. 1945 und »Antifaschistische Parteien und Deutschlands Zukunft«, ebd., 15. 8. 1945.

262 Das Thema der formalen Demokratisierung bleibt hier ausgespart, da es schon oft anderweitig behandelt worden ist. Vgl. als Einstieg Winkler, Der lange Weg, Band 2.

Anmerkungen für Teil II

1 Axel Schildt und Arnold Sywottek, Hg., Modernisierung im Wiederaufbau. Die westdeutsche Gesellschaft der 50er Jahre, ungek., durchges. u. akt. Studienaufl. Bonn 1998.
2 Claus Leggewie, »1968 ist Geschichte«, APuZ B 22–23, 2001, 3–6. Als Einstieg vgl. Detlef Siegfried, »Forschungsbericht 1968«, H-Soz-u-Kult, 12. 12. 2002.
3 Schildt, Dynamische Zeiten, 13 ff. Vgl. Stefan Wolle, »Die versäumte Revolte. Die DDR und das Jahr 1968«, APuZ B 22–23, 2001, 37 ff.
4 Schildt, Dynamische Zeiten, 16 ff. Vgl. auch den Ausblick von Hanna Schissler, Hg., The Miracle Years. A Cultural History of West Germany, 1945–1968, Princeton 2001 und Matthias Frese u. a., Hg., Demokratisierung und gesellschaftlicher Aufbruch. Die sechziger Jahre als Wendezeit der Bundesrepublik, Paderborn 2003.
5 Elisabeth Peifer, »1968 in German Political Culture, 1967–1993. From Experience to Myth«, Diss., Chapel Hill 1997 und Fink, 1968.
6 Ingrid Gilcher-Holtey, Die 68er Bewegung. Deutschland, Westeuropa, USA, München 2001. Vgl. auch Edgar Wolfrum, »›1968‹ in der gegenwärtigen deutschen Geschichtspolitik«, APuZ B 22–23, 2001, 28 ff.
7 Thomas Welskopp, »Identität ex negativo. Der ›deutsche Sonderweg‹ als Metaerzählung in der bundesdeutschen Geschichtswissenschaft der siebziger und achtziger Jahre«, in: Jarausch und Sabrow, Die historische Meistererzählung, 109.
8 Axel Schildt, »Materieller Wohlstand, pragmatische Politik, kulturelle Umbrüche. Die 60er Jahre in der Bundesrepublik«, in: ders., Dynamische Zeiten, 21–53. Vgl. auch Michael Geyer, »In Pursuit of Happiness. Consumption, Mass Culture and Consumerism«, in: Jarausch und Geyer, Shattered Past, 269 ff.
9 Jarausch und Siegrist, Amerikanisierung und Sowjetisierung.
10 Ronald Inglehart, The Silent Revolution. Changing Values and Political Styles among Western Publics, Princeton 1977 und Andreas Rödder, »Postmoderne als historische Kategorie? Konzeptionelle Überlegungen zur Gesellschafts- und Kulturgeschichte der Bundesrepublik Deutschland 1965–1990«, MS Stuttgart 2004.
11 Anselm Doering-Manteuffel, Wie westlich sind die Deutschen? Amerikanisierung und Westernisierung im 20. Jahrhundert, Göttingen 1999. Vgl. auch Ulrich Herbert, Hg., Wandlungsprozesse in Westdeutschland. Belastung, Integration, Liberalisierung 1945–1980, Wallstein 2002, 7 ff.
12 Leggewie, »1968 ist Geschichte«, 3; Görtemaker, Geschichte der Bundesrepublik, 475 ff.
13 Arnd Bauerkämper, Konrad H. Jarausch und Markus Payk, Hg., Demokratiewunder? Die Vereinigten Staaten und die Demokratisierung Westdeutschlands 1945–1965, wird 2005 erscheinen.
14 Axel Schildt, »Vor der Revolte. Die sechziger Jahre«, APuZ B 22–23, 2001, 7–13.

15 Dieter Rucht, Hg., Protest in der Bundesrepublik. Strukturen und Entwicklungen, Frankfurt 2001.

Anmerkungen für Kapitel 4

16 Margret Boveri, Amerika-Fibel für erwachsene Deutsche. Ein Versuch, Unverstandenes zu erklären, Freiburg 1946. Vgl. Michaela Hönicke, »›Americanism‹ in the German Transition from Dictatorship to Democracy. A Case Study of Three Journalists – Margret Boveri, Giselher Wirsing and Wilhelm Emanuel Süskind«, MS, Chapel Hill 2002.

17 Jering, Überleben und Neubeginn, 161. Vgl. Axel Schildt, Zwischen Abendland und Amerika. Studien zur westdeutschen Ideenlandschaft der 50er Jahre, München 1999.

18 Jering, Überleben und Neubeginn, 161. Jessica C. E. Gienow-Hecht, »Shame on U.S.? Academics, Cultural Transfer, and the Cold War. A Critical Review«, Diplomatic History 24, 2000, 465–494 und dies., Transmission Impossible. American Journalism as Cultural Diplomacy in Postwar Germany, 1945–1955, Baton Rouge 1999.

19 Jarausch und Siegrist, Amerikanisierung und Sowjetisierung. Für eine Verteidigung des Begriffs vgl. Richard Kuisel, »Commentary: Americanization for Historians«, Diplomatic History 24, 2000, 509–515.

20 Axel Schildt, »Sind die Westdeutschen amerikanisiert worden? Zur zeitgeschichtlichen Erforschung kulturellen Transfers und seiner gesellschaftlichen Folgen nach dem Zweiten Weltkrieg«, APuZ B 50, 2000, 3–10 und Bernd Greiner, »›Test the West‹. Über die ›Amerikanisierung‹ der Bundesrepublik Deutschland«, in: Heinz Bude und Bernd Greiner, Hg., Westbindungen. Amerika in der Bundesrepublik, Hamburg 1999, 16–54.

21 Doering-Manteuffel, Wie westlich sind die Deutschen? Vgl. Axel Schildt, Ankunft im Westen. Ein Essay zur Erfolgsgeschichte der Bundesrepublik, Frankfurt 1999.

22 Ernst Birke und Rudolf Neumann, Hg., Die Sowjetisierung Ost-Mitteleuropas. Untersuchungen zu ihrem Ablauf in den einzelnen Ländern, Frankfurt 1959; Hans Lemberg, Hg., Sowjetisches Modell und nationale Prägung, Kontinuität und Wandel in Ostmitteleuropa nach dem Zweiten Weltkrieg, Marburg 1991.

23 Lemke, Sowjetisierung und Eigenständigkeit.

24 Schmale, Geschichte Europas und Philipp Gassert, »Die Bundesrepublik, Europa und der Westen«, in: Jörg Baberowski et al., Geschichte ist immer Gegenwart. Vier Thesen zur Zeitgeschichte, München 2001, 67–89.

25 Siehe Blackbourn und Eley, Mythen deutscher Geschichtsschreibung, sowie Gienow-Hecht, »Shame on U.S.«, 489 ff.

26 Matthias Middell, »Europäische Geschichte oder *global history – master narratives* oder Fragmentierung? Fragen an die Leittexte der Zukunft«, in: Jarausch und Sabrow, Die historische Meistererzählung, 214 ff.

27 Winkler, Der lange Weg und Wagnleitner, Coca-Colonization, xii ff.
28 Ronald J. Granieri, The Ambivalent Alliance. Konrad Adenauer, the CDU/CSU, and the West 1949–1966, New York 2003.
29 Kaspar Maase, BRAVO Amerika. Erkundungen zur Jugendkultur der Bundesrepublik in den fünfziger Jahren, Hamburg 1992.
30 Wolfgang Prüfer, »Berlin – Rädnitz und dreimal zurück, 1939–1949«, als MS gedruckt, 1995, KA 4379, 195 ff.
31 Egon Schönmeier, »Der gestorbene Idealismus – Erinnerungen eines ehemaligen Ordensjunkers«, KA 6235; Philipp Gassert, Amerika im Dritten Reich. Ideologie, Propaganda und Volksmeinung 1933–1945, Stuttgart 1997.
32 Boveri, Tage des Überlebens, 99 ff. Vgl. Naimark, Die Russen in Deutschland.
33 Stadtarchiv Karlsruhe, »Das Tagebuch der Marianne Kiefer«, KA 6515/3, 2.
34 Manfred Clausen, »Lebenserinnerung«, KA 6451, 22.
35 »Tagebuch der Marianne Kiefer«, 3; Hans Herzog, »Eine bewegte Zeit«, KA 6368, 133. Vgl. Henke, Die amerikanische Besetzung, 187.
36 »Dicke Luft in Kaiserslautern«, SZ, 2. 7. 1952; Günter Esdor, »›Haben Sie das gehört: Es ist Krieg!!!‹ Die Geschichte meiner ersten 23 Lebensjahre in einer bewegten Zeit von 1933 bis 1955«, MS, Bremen 1998, KA 6479, 208, 228 ff. Prüfer, »Berlin«, 242 ff. Vgl. auch Höhn, GIs and Fräuleins.
37 Esdor, »Haben Sie das gehört«, 196 f., 208 f., 228 ff.
38 Ebd., 195 f., 221, 227, 239. Vgl. Petra Goedde, GIs and Germans. Culture, Gender, and Foreign Relations, 1945–1949, New Haven 2003.
39 »Das Ludwigsburger Experiment«, RhM, 30. 9. 1951; Hermann-Josef Rupieper, Die Wurzeln der westdeutschen Nachkriegsdemokratie. Der amerikanische Beitrag 1945–1952, Opladen 1993, 156 ff.; Höhn, GIs and Fräuleins, 60 ff. Vgl. Ilko-Sascha Kowalczuk und Stefan Wolle, Roter Stern über Deutschland. Sowjetische Truppen in der DDR, Berlin 2001.
40 Theodor Bäuerle, »Deutsche Erzieher in den USA«, NZ, 7. 12. 1948; »Deutsche Studenten erleben internationale Verständigung« und »Deutsche Gewerkschaftler und ihre amerikanischen Kollegen«, ebd., 12. 5. 1949, sowie Walter Hallstein, »Ein aufgeschlagenes Buch von Jahrmillionen Erdgeschichte«, ebd., 4. 7. 1949. Vgl. Oliver M. A. Schmidt, »A Civil Empire by Co-optation. German-American Exchange Programs as Cultural Diplomacy, 1945–1961«, Diss., Boston 1999.
41 Annette Puckhaber, »German Student Exchange Programs in the United States 1946–1952«, GHI-Washington Bulletin Nr. 30, 2002, 123–141. Vgl. Richard H. Pells, Not Like Us. How Europeans Have Loved, Hated and Transformed American Culture Since World War II, New York 1997 und Rupieper, Wurzeln, 390 ff.
42 Alfons Söllner, »Normative Verwestlichung. Der Einfluß der Remigranten auf die politische Kultur der frühen Bundesrepublik«, in: Bude und Greiner, Westbindungen, 72–92. Vgl. auch David Pike, Deutsche Schriftsteller im sowjetischen Exil 1933–1945, Frankfurt 1981.
43 Alfred Kantorowicz, »Mein Platz ist in Deutschland«, NZ, 14. 2. 1947 und

Hans Mayer, Der Turm von Babel. Erinnerungen an eine Deutsche Demokratische Republik, Frankfurt 1991, 16 ff. Vgl. auch Mario Keßler, Exil und Nach-Exil. Vertriebene Intellektuelle im 20. Jahrhundert, Hamburg 2002, 33 ff.

44 Volker Berghahn, America and the Intellectual Cold Wars in Europe. Shepard Stone Between Philanthropy, Academy, and Diplomacy, Princeton 2001; Uwe Soukup, Ich bin nun mal Deutscher. Sebastian Haffner. Eine Biographie, Berlin 2001, 156 ff.

45 Manfred Heinemann, Hg., Umerziehung und Wiederaufbau. Die Bildungspolitik der Besatzungsmächte in Deutschland und Österreich, Stuttgart 1981 und David Pike, The Politics of Culture in Soviet Occupied Germany, 1945–1949, Stanford 1992.

46 Smith, The Papers; Thomas A. Schwartz, Die Atlantik-Brücke. John McCloy und das Nachkriegsdeutschland, Frankfurt 1992.

47 Höhn, GIs and Fräuleins, 52 ff.; Jan C. Behrends, »Gesellschaft für Deutsch-Sowjetische Freundschaft«, in: Wolfgang Benz, Hg., Deutschland unter alliierter Besatzung 1945–1949/55, Berlin 1999, 266 f. und Ludger Kühnhardt, Atlantik-Brücke – Fünfzig Jahre deutsch-amerikanische Freundschaft, Berlin 2002.

48 Henle, Weggenosse des Jahrhunderts. Vgl. Christian Kleinschmidt, Der produktive Blick. Wahrnehmung amerikanischer und japanischer Management- und Produktionsmethoden durch deutsche Unternehmer 1950–1985, Berlin 2002.

49 Schülerinnenfahrten nach Freijus organisiert von der Mutter des Autors.

50 »Auf die zweite germanische Invasion«, Der Spiegel 8, 1954, Nr. 18, 10; »Unsere deutschen Helden«, ebd. Nr. 30, 16 ff. Vgl. Rudy Koshar, German Travel Cultures, Oxford 2000.

51 Evemarie Badstübner-Peters, »Ostdeutsche Sowjetunionerfahrungen. Ansichten über Eigenes und Fremdes in der Alltagsgeschichte der DDR«, in: Jarausch und Siegrist, Amerikanisierung und Sowjetisierung, 291–311.

52 Axel Schildt, Moderne Zeiten. Freizeit, Massenmedien und ›Zeitgeist‹ in der Bundesrepublik der 50er Jahre, Hamburg 1995, 398 ff. Vgl. Greiner, »Test the West«, 21.

53 »Wesen und Verantwortung der Demokratie«, sowie »Dr. Schumacher sprach in Düsseldorf«, RP, 27. 3. 1946. Vgl. »Es lebe der 28. Jahrestag der großen sowjetischen Oktoberrevolution« und Max Fechner, »Offener Brief an Dr. Schumacher«, TR, 7. 11. 1945 und 23. 3. 1946.

54 Adenauer, Erinnerungen, 1: 40 f.; Richard Löwenthal, Gesellschaftswandel und Kulturkrise. Zukunftsprobleme der westlichen Demokratien, Frankfurt 1979, 274. Vgl. Kurt Sontheimer, So war Deutschland nie. Anmerkungen zur politischen Kultur der Bundesrepublik, München 1999, 34 ff.

55 Kohl, Erinnerungen, 56. Vgl. Schildt, Zwischen Abendland, 24–38; Vanessa Conze, »Das Europa der Deutschen. Ideen von Europa in Deutschland zwischen Reichstradition und Westorientierung (1920–1970)«, Diss., Tübingen 2001.

56 Carl Misch, »Wie die Amerikaner zu Deutschland stehen«, NZ, 23. 12. 1946.

57 Adenauer, Erinnerungen, 1: 96 f.; Schildt, Zwischen Abendland, 167–195.

58 Klemperer, So sitze ich denn zwischen allen Stühlen, 1: 57 f., 146 f. »Das Wollen der antifaschistischen Einheitsfront«, TR, 14. 8. 1945.

59 »Deutschland – ein politisches Vakuum«, RP, 16. 7. 1947; von Salomon, Der Fragebogen.

60 »Tor der Hoffnung«, NZ, 13. 9. 1946; »Europa berät Marshall Plan«, ebd., 20. 6. 1947; »Berliner behalten die Ruhe«, ebd., 3. 7. 1948. Vgl. Franz Josef Strauß, Die Erinnerungen, Berlin 1989, 65, 80 ff.

61 »Hitler – der Mörder der deutschen Arbeiterschaft«, TR, 1. 6. 1945; »Generalissimus der Sowjetunion«, ebd., 29. 6. 1945; »Grundlagen für den Wiederaufbau«, ebd., 13. 8. 1945. Vgl. Prüfer, »Berlin«, 221 f., Anonyma, Eine Frau in Berlin, 164 ff. und Naimark, Die Russen in Deutschland, 91 ff.

62 Erwin Schmidt, »Vom Eisernen Vorhang zum Golden Gate«, KA 4595, 13 f. und Herzog, »Eine bewegte Zeit«, 89.

63 »Das Memorandum der Gouverneure«, Die Welt, 5. 3. 1949; Edmund Spevack, »Amerikanische Einflüsse auf das Grundgesetz. Die Mitglieder des Parlamentarischen Rates und ihre Beziehungen zu den USA«, in: Bude und Greiner, Westbindungen, 55–71.

64 »Aufruf der Kommunistischen Partei Deutschlands«, TR, 14. 6. 1945; »Manifest an das Deutsche Volk«, ND, 23. 4. 1946; »Deutsche Einheit als nationale Aufgabe. Warum Verfassungsentwurf?«, ND, 16. 11. 1946.

65 »Volksentscheid für die Einheit Deutschlands«, ND, 2. 3. 1946; Otto Grotewohl, »Das ganze Deutschland muss es sein«, ebd., 8. 6. 1947; »Der Volkskongress tagt«, ebd., 7. 12. 1947.

66 »Die Bestimmungen des Besatzungsstatuts«, Telegraf, 12. 4. 1949; »Kommuniqué der Außenminister – Schnelle Aufnahme in die Europa-Gemeinschaft«, Der Tag, 8. 5. 1950; »Ende und Anfang«, DUD, 6. 3. 1951.

67 »Deutschland und der Westen«, Englische Rundschau, 14. 9. 1951; »Kernfrage Souveränität«, DUD, 22. 5. 9. 1951; »Schlusspunkt hinter Washingtoner Konferenz«, DUD, 22. 11. 1951; »Versailles ist tot!«, DUD, 23. 11. 1951 und »Adenauer erreicht Gleichberechtigung«, Der Tag, 23. 11. 1951.

68 Paul Sehte, »Die europäische Lösung«, Die Zeit, 29. 3. 1951; Bundesregierung, »Mitteilung an die Presse«, 9. 5. 1950; SPD-Vorstand, »Was weißt Du vom Schumanplan?«, Hannover 1951.

69 »Bergarbeiter organisieren Kampf gegen Schuman-Plan«, TR, 20. 1. 1952; Walter Hallstein, »Wandlung und Entwicklung des Schuman-Planes«, Die Zeit, 29. 3. 1951; »Alles oder nichts?«, DUD, 28. 6. 1951; »Die Annahme des Schuman-Plans«, Das Parlament, 16. 1. 1952; »Die Erklärung der Bundesregierung«, NZZ, 11. 1. 1952.

70 »Die verzögerte Antwort«, Deutsche Politik, 28. 12. 1950; »Klare Fragen an Moskau«, DUD, 26. 2. 1952; »Was will Rußland?«, DUD, 7. 3. 1952. Vgl. Adenauer, Erinnerungen, 2: 63 ff.

71 »Es gibt kein Gegenargument mehr«, National-Zeitung, 14. 3. 1952; »Die

Antwort der Westalliierten«, DUD, 26. 3. 1952; »Einheit nur mit Hilfe des Westens«, Der Tag, 4. 4. 1952; »Jetzt muß das deutsche Volk seinen Willen bekunden!«, TR, 22. 5. 1952; »Zuallererst die Wiedervereinigung«, FAZ, 7. 8. 1952. Vgl. Rolf Steininger, Eine vertane Chance. Die Stalin-Note vom 10. März 1952 und die Wiedervereinigung. Eine Studie auf der Grundlage unveröffentlichter britischer und amerikanischer Akten, Berlin 1985.

72 »Demonstrationen in Ostberlin«, DUD, 17. 6. 1953; »Ostberlin im Aufruhr gegen SED-Regime«, NZ, 17. 6. 1953; »Niederlage«, FAZ, 17. 6. 1953; »Der Volksaufstand in der deutschen Sowjetzone«, NZZ, 18. 6. 1953.

73 »Schüsse in Ostberlin«, DUD, 18. 6. 1953; »Der Zusammenbruch des faschistischen Abenteuers«, ND, 19. 6. 1953; Herbert Wehner, »Die Unterdrückten siegen«, Berliner Stimmen, 20. 6. 1953; »Panzer zerstören ›Arbeiterpartei‹-Mythos«, NZ, 22. 6. 1953. Vgl. Christoph Kleßmann und Bernd Stöver, Hg., 1953 – Krisenjahr des Kalten Krieges in Europa, Köln 1999.

74 »Volle Übereinstimmung mit Bonn«, DUD, 6. 2. 1953; Rundfunkansprache des Bundeskanzlers im Wortlaut«, Deutsche Kommentare, 11. 9. 1954; »L'admission de l'Allemagne à l'OTAN est la solution la plus rapide et la plus simple«, Le Monde, 12. 9. 1954. Adenauer, Erinnerungen, 2: 270 ff.

75 »Deutschlands Schicksal steht auf dem Spiel«, Vorwärts, 21. 1. 1955; »Die westdeutsche Opposition gegen die Pariser Abkommen«, NZZ, 31. 1. 1955; »Integrität des Grundgesetzes«, DUD, 3. 2. 1955 und »Verantwortungsbewusstes Ja«, 7. 2. 1955, sowie Wilhelm Pieck, »Pariser Verträge ablehnen«, TR, 24. 2. 1955.

76 »Das Ja des Bundestages«, DUD, 27. 2. 1955; »Die Schlussdebatte im Bundestag«, FAZ, 27. 2. 1955; »Bewegte Ratifikationsdebatte in Bonn«, NZZ, 27. 2. 1955 und Hans Baumgarten »Mit dem Westen zum Osten«, FAZ, 28. 2. 1955. Adenauer, Erinnerungen, 2: 384 ff. und Strauß, Erinnerungen, 261 ff.

77 »Neue europäische Phase«, DUD, 7. 6. 1955; »Hoher Kaufpreis für Europa«, DZ, o. D.; »Sechs europäische Länder als einheitliches Zollgebiet«, Das Parlament, 2. 3. 1957; »Die Debatte über den Gemeinsamen Markt in Bonn«, NZZ, 22. 3. 1957. Wilfried Loth et al., Hg., Walter Hallstein. Der vergessene Europäer?, Bonn 1995.

78 »Ollenhauer vor dem Parteitag: Absage an überholte Doktrin«, Die Welt, 14. 11. 1959; »Programmrevision der deutschen Sozialdemokratie«, NZZ, 14. 11. 1959; Harri Crepuck, »Schwarz und kein Rot«, ND, 16. 11. 1959; »Leben in Freiheit ohne Ausbeutung«, Die Welt, 19. 11. 1959. Vgl. auch Detlef Lehnert, Sozialdemokratie zwischen Protestbewegung und Regierungspartei 1848 bis 1983, Frankfurt 1983, 184 ff.

79 Granieri, The Ambivalent Alliance, passim und Bernd Stöver, Die Befreiung vom Kommunismus. Amerikanische Liberation Policy im Kalten Krieg 1947–1991, Köln 2002.

80 Maurice Couve de Murville, »Deutschland und Frankreich seit 1945«, Deutsche Rundschau, Juni 1958. Vgl. auch die in Entstehung begriffene Dissertation von Elana Passmann zum deutsch-französischen Rapprochement.

81 »Adenauer bei de Gaulle«, NZZ, 15. 9. 1958; »Paris spricht von vollem Erfolg in Kreuznach«, FAZ, 27. 11. 1958. Vgl. Rudolf Morsey und Hans-Peter Schwarz, Hg., Adenauer. Teegespräche 1961–1963, Berlin 1992.

82 Frank Roy Willis, France, Germany and the New Europe, 1945–1967, 2., überarb. u. erw. Aufl. London 1968.

83 Strauß, Erinnerungen, 415 ff. und Granieri, Ambivalent Alliance, passim.

84 Aktionskomitee gegen die fünfte Kolonne, Stalins Agenten als ›Friedenskämpfer‹, o. O. 1950 und »Warnliste Nr. 3«; »Kommunistisch gesteuert und finanziert«, RP, 28. 6. 1952; »Zweierlei Reaktion«, DUD, 23. 3. 1953; Carola Stern, »Ferngesteuerte Apparatschiks«, SBZArch 4, 1953, 251–252.

85 Untersuchungsausschuss Freiheitlicher Juristen, Kommunistische Infiltration und ihre Abwehr, 4. 6. 1956; »Menschliche Offensive gegen die Sowjetisierung«, WdA, 7. 4. 1955; »Vor einem Hungersommer«, Ost-Ausgabe von ebd., Mai 1953; »Alarmzeichen für Schwerhörige«, DUD, 27. 12. 1955.

86 Plakatausstellung des Goethe-Hauses zu ostdeutschen antiwestlichen Aufrufen; Flugblatt »Der Ami-Käfer fliegt in den kalten Krieg!« von 1950; Robert Havemann, »Der Mörder ist Adenauer!«, TR, 14. 5. 1952; »Polizeistaat Westdeutschland«, ebd., 21. 7. 1954.

87 »Wochenbericht des Arbeitskreises für deutsche Verständigung«, 7. 1. 1952; »Die ganze Welt horcht auf!«, ebd., 22. 3. 1952; »Deutsche Verständigung für gerechten Friedensvertrag«, ebd. 14. 7. 1952.

88 »Der Unrechtsstaat«, ND, 27. 5. 1956; Franz Thedieck, »Kommunistische Infiltration – Maßnahmen zu ihrer Bekämpfung«, Bulletin des Presse- und Informationsamtes der Bundesregierung, August 1956; Kampfgruppe gegen die Unmenschlichkeit, »Anziehungskraft des Westens und Ostens«, März 1955.

89 Kaspar Maase, »›Amerikanisierung der Gesellschaft‹. Nationalisierende Deutung von Globalisierungsprozessen?«, in: Jarausch und Siegrist, Amerikanisierung und Sowjetisierung, 219–241.

90 F. Panter, »Die Kriegsgeneration ist nicht verloren«, Neuer Vorwärts, 24. 12. 1953. Maase, BRAVO Amerika, 73 ff.

91 »Amerika«, NZ, 21. 10. 1946 und »Den Frieden noch gewinnen! Der amerikanische Militärgouverneuer zum zweiten Jahrestag des alliierten Sieges«, ebd., 9. 5. 1947.

92 Jering, Überleben und Neubeginn, 162. Wagnleitner, Coca-Colonization, 128 ff., 166 ff.; Schildt, Zwischen Abendland, 167 ff.

93 Eschenburg, Erinnerungen, 189 ff. und Sontheimer, So war Deutschland nie, 67–86. Vgl. Matthias Stoffregen, Kämpfen für ein demokratisches Deutschland. Emigranten zwischen Politik und Politikwissenschaft, Opladen 2002.

94 Als Einstieg siehe Willi Paul Adams und Knut Krakau, Hg., Deutschland und Amerika. Perzeption und historische Realität, Berlin 1985.

95 »Das Problem der jungen Generation«, DUD, 26. 7. 1956. Vgl. auch die Mecki-Figuren der Hörzu.

96 Detlef Julio K. Peukert, Die Edelweißpiraten. Protestbewegungen jugendlicher Arbeiter im »Dritten Reich«. Eine Dokumentation, 3., erw. Aufl. Köln 1988.

97 »Das Problem der jungen Generation«, DUD, 26. 7. 1956; »Eine Jugend, die sich langweilt«, DZ, 15. 9. 1956; »Deutsche Jugend in Ost und West«, Das ganze Deutschland, 17. 7. 1954. Vgl. auch Poiger, Jazz, Rock and Rebels.

98 Prüfer, »Berlin«, 230. Vgl. Fehrenbach, Cinema in Democratizing Germany und Wagnleitner, Coca-Colonization, 222 ff.

99 Ludwig Kroll, »Erweiterter Jugendschutz beim Film«, DUD, 2. 11. 1956; Elisabetz Pitz, »Sinnvoller Jugendschutz«, DUD, 17. 12. 1956 versus »DGB-Jugend fordert mehr demokratische Aktivität«, DGB Nachrichten, 9. 5. 1959.

100 Esdor, »Haben Sie das gehört«, 196 f, 241. Vgl. Höhn, GIs and Fräuleins, 109 ff.

101 Uta G. Poiger, »Rock 'n' Roll, Kalter Krieg und deutsche Identität«, in: Jarausch und Siegrist, Amerikanisierung und Sowjetisierung, 275–289. Vgl. Michael Geyer, »In Pursuit of Happiness. Consumption, Mass Culture and Consumerism«, in: Jarausch und Geyer, Shattered Past, 269 ff.

102 Michael Wildt, »Amerika auf Raten. Konsum und Teilzahlungskredit im Westdeutschland der fünfziger Jahre«, in: Bude und Greiner, Westbindungen, 202–230. Vgl. Schildt, Dynamische Zeiten.

103 Michael Wildt, Am Beginn der »Konsumgesellschaft«. Mangelerfahrung, Lebenshaltung, Wohlstandshoffnung in Westdeutschland in den fünfziger Jahren, Hamburg 1994 und Erica Carter, How German Is She? Postwar West German Reconstruction and the Consuming Woman, Ann Arbor 1997.

104 Wolfgang Kraushaar, »Transatlantische Protestkultur. Der zivile Ungehorsam als amerikanisches Exempel und bundesdeutsche Adaptation«, in: Bude und Greiner, Westbindungen, 257–284; Uwe Timm, Heißer Sommer. Roman, München 1974.

105 »Kultur des Sowjetlandes«, TR, 27. 5. 1945. Vgl. Simone Barck, »Die fremden Freunde. Historische Wahrnehmungsweisen deutsch-sowjetischer Kulturbeziehungen in der SBZ in den Jahren 1948 und 1949«, in: Jarausch und Siegrist, Amerikanisierung und Sowjetisierung, 335–359.

106 Stephan Merl, »Sowjetisierung in der Welt des Konsums«, in: Jarausch und Siegrist, Amerikanisierung und Sowjetisierung, 167–194, sowie Heiner Stahl, »Hausherren von morgen. Die Jugend- und Medienpolitik der SED und ihre Umsetzung bei Jugendstudio DT64 im Zeitraum von 1964 bis 1971«, Magisterarbeit, Potsdam 2002.

107 Barbara Engels, Gebrauchsanstieg der lexikalischen und semantischen Amerikanismen in zwei Jahrgängen der Welt 1954 und 1964, Frankfurt 1976. Vgl. auch die Bibliographie zu Anglizismen des Instituts für deutsche Sprache, Mannheim 2002.

108 Verein Deutsche Sprache e. V., Die VDS-Anglizismenliste, Internet 2002 und Gerlinde Ulm Sanford, »Amerikanismen in der deutschen Sprache der Gegenwart«, TRANS. Internetzeitschrift für Kulturwissenschaften Nr. 3, 1998. Vgl. Dieter E. Zimmer, Deutsch und anders. Die Sprache im Modernisierungsfieber, Reinbek 1997.

109 DDR Informationsamt, Ami go home!, Berlin 1950; Otto Schulz an Trix-Günter Stövhase, 25. 8. 1947, KA 4707. Vgl. Konrad H. Jarausch, »Miß-

verständnis Amerika. Antiamerikanismus als Projektion?«, erscheint in Bauerkämper et al., Demokratiewunder?

110 Sebastian Knauer, Lieben wir die USA? Was die Deutschen über die Amerikaner denken, Hamburg 1987, 15–31, 51 ff., 81 ff., 128 ff., 148 ff.

111 Hermann Bausinger, Typisch deutsch. Wie deutsch sind die Deutschen?, München 2000.

112 Maase, BRAVO Amerika, 14 f.; »›Die Sonderwege sind zu Ende‹«, Der Spiegel 54, 2000, Nr. 40, 85 ff.

113 Leo L. Matthias, Die Entdeckung Amerikas Anno 1953 oder das geordnete Chaos, Hamburg 1953 und Rolf Winter, Ami go home. Plädoyer für den Abschied von einem gewalttätigen Land, Frankfurt 1989.

114 Frei, Vergangenheitspolitik.

115 Axel Schildt, »Überlegungen zur Historisierung der Bundesrepublik«, in: Jarausch und Sabrow, Verletztes Gedächtnis, 253–272.

116 Gassert, »Die Bundesrepublik, Europa und der Westen«, passim.

117 Alfons Söllner, »Ernst Fraenkel und die Verwestlichung der politischen Kultur in der Bundesrepublik Deutschland«, Leviathan 39, 2002, besonders 151–154. Vgl. auch die weiteren Texte in: Bauerkämper, Demokratiewunder?

Anmerkungen für Kapitel 5

118 OMGUS, »Report of the Military Governor« Nr. 1, August 1945, »Political Situation«, 1 f. Allemann, Bonn ist nicht Weimar, 101 ff.

119 Walter Dirks, Die zweite Republik, Frankfurt 1947, 10, 23 ff., 112 ff.

120 Das Potsdamer Abkommen, Offenbach 2001; »Germans Warned Fate is their Own« und »Statements by Eisenhower and Montgomery«, NYT, 7. 8. 1945. Vgl. Felicitas Hentschke, Demokratisierung als Ziel der amerikanischen Besatzungspolitik in Deutschland und Japan, 1943–1947, Münster 2001, 10 ff.

121 Dazu zuletzt Wolther von Kieseritzky und Klaus-Peter Sick, Hg., Demokratie in Deutschland. Chancen und Gefährdungen im 19. und 20. Jahrhundert. Historische Essays, München 1999.

122 Josef Wirth et al., Hg., Das demokratische Deutschland. Grundsätze und Richtlinien für den deutschen Wiederaufbau im demokratischen, republikanischen, föderalistischen und genossenschaftlichen Sinne, Bern 1945. Hans Mommsen, »Von Weimar nach Bonn. Zum Demokratieverständnis der Deutschen«, in: Modernisierung im Wiederaufbau, 745–758. Vgl. Winfried Becker und Rudolf Morsey, Hg., Christliche Demokratie in Europa. Grundlagen und Entwicklungen seit dem 19. Jahrhundert, Köln 1988, 189 ff.

123 Rudolf Agricola, »Ist Demokratie in Deutschland möglich?«, NZ, 11. 11. 1945; »Wesen und Verantwortung der Demokratie«, RP, 17. 3. 1946; Kurt Schumacher, »Deutschland und die Demokratie«, NZ, 27. 3. 1946.

124 Webseite des »Haus der Geschichte der Bundesrepublik Deutschland« in Bonn, www.hdg.de. Vgl. auch Diethelm Prowe, »Demokratisierung nach 1945. Neubeginn, Amerikanisierung, konservative Integration«, Potsdamer Bulletin für Zeithistorische Studien Nr. 16, 1999, 5–13.

125 Richard Löwenthal und Hans-Peter Schwarz, Hg., Die zweite Republik. 25 Jahre Bundesrepublik Deutschland – eine Bilanz, Stuttgart 1974, 9 ff. Vgl. auch Peter H. Merkl, Hg., The Federal Republic of Germany at Fifty. The End of a Century of Turmoil, Houndmills 1999.

126 Hans-Peter Schwarz, Der Ort der Bundesrepublik in der deutschen Geschichte, Opladen 1996 versus Rainer A. Roth und Walter Seifert, Hg., Die zweite deutsche Demokratie. Ursprünge, Probleme, Perspektiven, Köln 1990, 23 ff. und Ulrich Herbert, »Liberalisierung als Lernprozeß. Die Bundesrepublik in der deutschen Geschichte – eine Skizze«, in: ders., Wandlungsprozesse, 7 ff.

127 Klaus Schroeder, Der SED-Staat. Partei, Staat und Gesellschaft 1949–1990, München 1998 versus Mählert, Kleine Geschichte.

128 Sigrid Meuschel, Legitimation und Parteiherrschaft. Zum Paradox von Stabilität und Revolution in der DDR, 1945–1989, Frankfurt 1992, 23. Vgl. Gert-Joachim Glaeßner und Michal Reiman, Hg., Systemwechsel und Demokratisierung. Russland und Mittel-Osteuropa nach dem Zerfall der Sowjetunion, Opladen 1997.

129 »Die Demokratie im Werden«, TR, 16. 6. 1945; »Das Wollen der antifaschistischen Einheitsfront«, ebd., 14. 8. 1945.

130 »Aufruf der Kommunistischen Partei Deutschlands«, TR, 14. 6. 1945; Erklärung von Wilhelm Pieck, ebd., 1. 11. 1945.

131 Theodor Schulze, »Ohne geeinigte Arbeiterschaft keine Demokratie«, TR, 11. 1. 1946 und Max Kreuziger, »Ehrliche Demokratie – ehrliche Einheit«, ebd., 25. 1. 1946.

132 Kornejew, »Über die Demokratie«, TR, 7. 2. 1946 und 10. 2. 1946; Walden, »Die künftige deutsche Demokratie«, ebd., 10. 3. 1946.

133 Drew Middleton, »Germans Unready for Political Life«, NYT, 19. 8. 1945. Jering, Überleben und Neubeginn, 44, 183; Lucius D. Clay, Decision in Germany, Westport 1950, 84 ff.; James K. Pollock, Besatzung und Staatsaufbau nach 1945. Occupation Diary and Private Correspondance 1945–1948, hg. v. Ingrid Krüger-Bulcke, München 1994, 50 ff., 60 ff., 80 ff.

134 Dolf Sternberger, »Herrschaft der Freiheit«, Die Wandlung 1, 1946, 556–571; ders., »Über die Wahl, das Wählen und das Wahlverfahren«, ebd., 923–942; Hans Habe, »Mißverstandene Demokratie«, NZ, 6. 3. 1946 und Jering, Überleben und Neubeginn, 127.

135 Hans Modrow, Ich wollte ein neues Deutschland, Berlin 1998.

136 Gustav H. Blanke, Vom Nazismus zur Demokratisierung Deutschlands. Erinnerungen und Erfahrungen 1933 bis 1955, Hamburg 1999, 121–197. Vgl. auch Friedrich Hermann Jung, »Mein Jahrhundert«, MS, 1996, KA 6352/1, 98.

137 Paul Wandel, »Die Demokratisierung der deutschen Schule – eine nationale Forderung«, TR, 24. 10. 1945. Vgl. Ruth Reimann-Möller, »Die Bericht-

erstatterin von Burg. Zwischen den Schatten von Königin Luise und Hermann Matern«, KA 6122, 211 ff., 229 ff.

138 Tania Long, »US Teaching Plan in Germany Fails«, NYT, 24. 2. 1946. »Bekenntnisschule als Probefall«, RP, 20. 4. 1946 und »Der christliche Volkslehrer«, ebd., 20. 11. 1946. Siehe die in Entstehung begriffene Dissertation von Brian Puaca zu diesem Thema.

139 Alexander Dicke, »Mit ›Vorwärts, vorwärts‹ war es nicht getan… Erinnerungen von 1931 bis 1950«, MS, 1991, KA 3228, 161 und Einsiedel, Tagebuch, 231 ff.

140 Christina von Hodenberg, »Die Journalisten und der Aufbruch zur kritischen Öffentlichkeit«, in: Herbert, Wandlungsprozesse, 278–311. Vgl. auch die Forschungsprojekte von Markus Payk und Michaela Hönicke-Moore zu diesem Thema.

141 Raymond Daniell, »Germans to Regain County, City Rule«, NYT, 9. 10. 1945; Jering, Überleben und Neubeginn, 86 und Spitta, Neuanfang auf Trümmern.

142 Arthur Werner, »Unsere Stadt im ersten halben Jahr der antifaschistischen Ära«, TR, 18. 11. 1945; »Militärgouverneur erläutert neues Verwaltungssystem«, RP, 4. 12. 1945; »Probefeld für demokratische Praxis«, FAZ, 1. 1. 1953. In der SBZ übernahmen antifaschistische Komitees die Verteilung von Nahrungsmitteln und Wohnraum. Vgl. die in Entstehung begriffene Dissertation über Halle von Robert Steinfeld.

143 »Eisenhower Bars Nazis from Polls«, NYT, 13. 10. 1945. Daniel E. Rogers, Politics After Hitler. The Western Allies and the German Party System, Houndmills 1995; Andreas Malycha, Hg., Auf dem Weg zur SED. Die Sozialdemokratie und die Bildung einer Einheitspartei in den Ländern der SBZ, Bonn 1995.

144 »Wege zum demokratischen Staat«, NZ, 14. 12. 1945; »Die Selbstverwaltung auf einer neuen Stufe«, TR, 5. 7. 1945.

145 Kathleen McLaughlin, »Schaeffer is Ousted by Patton. Pro-Nazi Leaders Seized in Raid«, NYT, 30. 9. 1945. Henric L. Wuermeling, Die weiße Liste. Umbruch der politischen Kultur in Deutschland 1945, Frankfurt 1981.

146 »Forderungen für föderalistische Staatsform werden formuliert«, NZ, 23. 4. 1948; »Arbeit auf Herrnchiemsee beendet«, ebd., 22. 8. 1948; »Väter der Verfassung«, ebd., 25. 9. 1948. Vgl. Edmund Spevack, Allied Control and German Freedom. American Political and Ideological Influences on the Framing of the West German Basic Law, Münster 2001.

147 »Deutschlands Weg zum neuen Staat«, NZ, 7. 5. 1949; »Bonner Werk auf fester Basis«, ebd., 10. 5. 1949. Heinrich Oberreuter, »Die Demokratiebegründung im westlichen Deutschland als Verpflichtung für die Zukunft«, in: Roth und Seifert, Die zweite deutsche Demokratie, 231–254.

148 SED, »Manifest an das deutsche Volk«, ND, 23. 4. 1946 und Fred Oelßner, »Was ist Demokratie?«, ebd., 11. 7. 1946.

149 »Die SED die weitaus stärkste Partei«, ND, 2. 9. 1946; »Absolute Mehrheit der sozialistischen Einheitspartei«, ebd., 9. 9. 1946. In Sachsen kam

die Mehrheit dadurch zustande, dass 212.000 Stimmen für ungültig erklärt wurden.

150 »Entwurf der Verfassung«, ND, 15. 11. 1946; Otto Grothewohl, »Warum Verfassungsentwurf«, ebd., 16. 11. 1946.

151 Karl Dietrich Bracher, »Die Kanzlerdemokratie«, in: Löwenthal und Schwarz, Die zweite Republik, 179–202. Vgl. auch Hans-Peter Schwarz, Adenauer, 2 Bde., Stuttgart 1986/91 und Gordon A. Craig, From Bismarck to Adenauer. Aspects of German Statecraft, Baltimore 1958.

152 Wolfgang Leonhard, Die Revolution entläßt ihre Kinder, 21. Aufl. Köln 2003; Thomas Klein, »Für die Einheit und Reinheit der Partei«. Die innerparteilichen Kontrollorgane der SED in der Ära Ulbricht, Köln 2002.

153 Kurt Rabl, »Die Durchführung der Demokratisierungsbestimmungen des Potsdamer Protokolls in der SBZ Deutschlands und später in der DDR«, Zeitschrift für Politik 17, 1970, 246 ff. Vgl. auch die Desillusionierung von Klemperer, So sitze ich denn zwischen allen Stühlen.

154 Barbara Mettler, Demokratisierung und Kalter Krieg. Zur amerikanischen Informations- und Rundfunkpolitik in Westdeutschland 1945–1949, Berlin 1975. Vgl. Berghahn, America and the Intellectual Cold Wars.

155 Vgl. Sean Forner, »Catastrophe and Democratic Renewal: German Left Intellectuals between East and West, 1945–1960«, Diss. Chicago 2005.

156 Otto Schulz an das amerikanische Nachrichtenkontrollamt, 22. 8. 1947, KA 4707; Egon Schönmeier, »Der gestorbene Idealismus – Erinnerungen eines ehemaligen Ordensjunkers«, KA 6235, 53; Juliane Freiin von Bredow, Leben in einer Zeitenwende, Selbstverlag o. D., 67 ff; Reinhold, Erinnerungen, 227 f. und Kohl, Erinnerungen, 70 f.

157 Eugen Kogon, Die unvollendete Erneuerung. Deutschland im Kräftefeld 1945–1963. Politische und gesellschaftspolitische Aufsätze aus zwei Jahrzehnten, hg. v. Hubert Habicht, Frankfurt 1964; Allemann, Bonn ist nicht Weimar, 106 ff. Vgl. auch Arnold Sywottek, »Wege in die 50er Jahre«, in: Schildt und Sywottek, Modernisierung im Wiederaufbau, 13–39.

158 James B. Conant, »The Foundations of a Democratic Future for Germany«, Department of State Bulletin, 17. 5. 1954.

159 Pressespiegel zum Thema »Die deutsche Demokratie zwischen innerer Lähmung und äußerer Hemmung«, Informationsdienst Presse und Rundfunk, Bonn, 25. 4. 1950.

160 Gabriel A. Almond und Sidney Verba, The Civic Culture. Political Attitudes and Democracy in Five Nations, Princeton 1963.

161 Kiesinger, Dunkle und helle Jahre und Strauß, Erinnerungen. Vgl. Wilfried Loth, »Verschweigen und Überwinden. Versuch einer Bilanz«, in: ders. und Bernd-A. Rusinek, Hg., Verwandlungspolitik. NS-Eliten in der westdeutschen Nachkriegsgesellschaft, Frankfurt 1998, 353–360.

162 Martin Niemöller, »Der Wortlaut der umstrittenen Rede«, NZ, 21. 2. 1946; Gösta von Uexküll, »Drei Tage Demokratie zwischen Klostermauern«, Die Welt, 30. 6. 1969; Gustav W. Heinemann, Einspruch. Ermutigung für entschiedene Demokraten, hg. v. Diether Koch, Bonn 1999, 58 ff., 65 ff.

163 Vgl. Anm. 43. Vgl. auch das Projekt von Klaus Große Kracht zum Laienkatholizismus in der Nachkriegszeit.
164 Jering, Überleben und Neubeginn, 172 f.
165 Richard Löwenthal, »Bonn und Weimar. Zwei deutsche Demokratien«, in: Heinrich August Winkler, Hg., Politische Weichenstellungen im Nachkriegsdeutschland 1945–1953, Göttingen 1979, 9–25. Weil die Eingliederung der SPD selbstverständlich zu sein scheint, wird ihre spannungsgeladene Beziehung zur frühen Bundesrepublik kaum reflektiert.
166 Otto Büsch und Peter Furth, Rechtsradikalismus im Nachkriegsdeutschland. Studien über die »Sozialistische Reichspartei« (SRP), 2. Aufl. Köln 1967.
167 Spitta, Neuanfang auf Trümmern, 128.
168 Schroeder, Der SED-Staat.
169 Heinz Liepmann, »Politik? Um Himmels willen…«, Die Welt, 2. 7. 1960; Henle, Weggenosse des Jahrhunderts, 137 ff. Vgl. Merritt und Merritt, Public Opinion in Occupied Germany, 103 ff., 167 f., 191 f., 210 ff., 294 ff. und dies., Public Opinion in Semisovereign Germany, 65, 78, 85.
170 Aus der großen Anzahl der Umfragen siehe nur dies., Public Opinion in Occupied Germany, 87, 134, 139, 163, 172, 205, 218, 221, 241 usw. Vgl. auch dies., Public Opinion in Semisovereign Germany, 68, 79 ff., 103, 113, 144, 153, 167, 203, 213, 255.
171 Dies., Public Opinion in Occupied Germany, 286 ff., 294, 307, 314 ff.; dies., Public Opinion in Semisovereign Germany, 57, 71, 75, 116, 123 f., 147, 150, 154 usw.
172 Wolfgang Prüfer, »Berlin – Rädnitz und dreimal zurück, 1939–1949«, als MS gedruckt, 1995, KA 4379, 317. Vgl. das Forschungsprojekt von Michael Lemke über die beiden Teile Berlins als »Schaufenster« ihres politischen Systems.
173 Sebastian Haffner, »Rückfall in Schrecken und Willkür«, Der Spiegel 16, 1962, Nr. 46, 53. Vgl. Hodenberg, »Die Journalisten und der Aufbruch zur kritischen Öffentlichkeit«, 278 ff.
174 Hermann Glaser, Deutsche Kultur. Ein historischer Überblick von 1945 bis zur Gegenwart, 2. Aufl. Bonn 2000.
175 Konrad H. Jarausch, »Critical Memory and Civil Society. The Impact of the Sixties on German Debates about the Past«, erscheint in einem von Philipp Gassert und Alan Steinweis herausgegebenen Band über die sechziger Jahre.
176 Jürgen Habermas, Strukturwandel der Öffentlichkeit. Untersuchungen zu einer Kategorie der bürgerlichen Gesellschaft, Neuwied 1962, 8 f., 268 ff.
177 Ralf Dahrendorf, Gesellschaft und Demokratie in Deutschland, München 1965, 23 ff., 480.
178 So auch Fritz Erler, Demokratie in Deutschland, Stuttgart 1965. Vgl. Moritz Scheibe, »Auf der Suche nach der demokratischen Gesellschaft«, in: Herbert, Wandlungsprozesse, 245–277.
179 Willy Strzelewicz, Industrialisierung und Demokratisierung in der modernen Gesellschaft, überarb. Neuaufl. Hannover 1971, 45 ff., 51 ff., 73 ff.
180 Fritz Vilmar, Strategien der Demokratisierung, 2 Bde., Darmstadt 1973, 1:

32 f. Vgl. auch den überzogenen Alarmruf von Karl Jaspers, Wohin treibt die Bundesrepublik? Tatsachen, Gefahren, Chancen, München 1966, 127 ff., 257 ff.

181 Bruno Heck, »Demokraten oder Demokratisierte? Eine notwendige Auseinandersetzung«, Die Politische Meinung Nr. 128, 1969. Vgl. auch Evangelischer Arbeitskreis der CDU, Hg., Unsere Demokratie zwischen gestern und morgen, Bonn 1969.

182 Wilhelm Hennis, Demokratisierung. Zur Problematik eines Begriffs, Köln 1970, 12 f., 32 ff., 39. Vgl. auch Scheibe, »Auf der Suche«, 265 ff.

183 Erwin K. Scheuch, »Der Umbruch nach 1945 im Spiegel der Umfragen«, in: Uta Gerhardt und Ekkehard Mochmann, Hg., Gesellschaftlicher Umbruch 1945–1990. Re-Demokratisierung und Lebensverhältnisse, München 1992, 9–25 und Harold Hurwitz, Demokratie und Antikommunismus in Berlin nach 1945, 3 Bde., Köln 1983, 1: 139 ff.

184 Merritt und Merritt, Public Opinion in Occupied Germany, 39 ff., 178 f. und dies., Public Opinion in Semisovereign Germany, 43 ff., 61 ff.

185 Ebd., 107, 114, 118 f., 125, 135, 141, 148, 154, 158, 163, 189, 214, 219.

186 Ebd., 14, 16 ff., 138, 186 ff., 199, 223 ff., 242 ff.

187 Dirk Moses, »Das Pathos der Nüchternheit. Die Rolle der 45er-Generation im Prozess der Liberalisierung der Bundesrepublik«, FR, 2. 7. 2002. Vgl. Mushaben, From Post-War to Post-Wall.

188 Schönmeier, »Der gestorbene Idealismus«, 53 f.; von Bredow, Leben in einer Zeitenwende, 67; Jung, Mein Jahrhundert, 157 f.

189 Konrad H. Jarausch, »Deutsche Einsichten und Amerikanische Einflüsse. Kulturelle Aspekte der Demokratisierung Westdeutschlands«, in: Bauerkämper, Demokratiewunder?

190 Margrit Gerste, »Der Freiheit treu. Hildegard Hamm-Brücher wird 80«, Die Zeit, 18. 5. 2001.

191 Rüdiger Altmann, »Seht – welch ein Staat!«, Der Spiegel 16, 1962, Nr. 46, 50; »CDU und FDP wollen in Bonn wieder gemeinsam regieren«, Die Welt, 8. 12. 1962; Georg Schröder, »Kanzler für zehn Monate«, ebd. und Alfred Rapp, »Keine Rückkehr nach Weimar«, FAZ, 15. 12. 1962; Pressemitteilung des Jahresberichts 1963 der Bundesregierung vom 13. 4. 1964. Vgl. auch Karl-Rudolf Korte, »Der Anfang vom Ende. Machtwechsel in Deutschland, in: Gerhard Hirscher und ders., Hg., Aufstieg und Fall von Regierungen. Machterwerb und Machterosionen in westlichen Demokratien, München 2001, 23–64.

192 »Wachsende Kritik am Regierungsstil«, Die Welt, 9. 4. 1966; Immanuel Birnbaum, »Wechsel gehört zur Demokratie«, SZ, 3. 11. 1966; Georg Schröder, »CDU sucht eine neue Politik unter einem anderen Kanzler«, Die Welt, 1. 11. 1966; »Erhard – glücklos und verlassen«, Die Zeit, 19. 8. 1966. Vgl. Klaus-Heinrich Dedring, Adenauer, Erhard, Kiesinger. Die CDU als Regierungspartei 1961–1969, Pfaffenweiler 1989.

193 Theo Sommer, »Große Koalition oder nicht?«, Die Zeit, 25. 11. 1966; Hans Schuster, »Das Wagnis der großen Koalition«, SZ, 29. 11. 1966; »Studenten demonstrieren gegen die SPD«, Die Welt, 29. 11. 1966; »Kartell der Angst«,

Der Spiegel 20, 1966, Nr. 50, 29 ff. und Golo Mann, »Was die Deutschen suchen«, Die Zeit, 10. 12. 1966.

194 »Brandt ergreift Initiative zum Regierungsbündnis«, FR, 30. 9. 1969; Hans Schuster, »Das legitime Bündnis«, SZ, 3. 10. 1969; Karl-Hermann Flack, »Spannende Demokratie«, FR, 6. 10. 1969; Jürgen Tern, »Der Bundeskanzler Willy Brandt« und »Brandts Stichwort: Erneuerung«, FAZ, 22. 10. 1969 und 29. 10. 1969. Vgl. Arnulf Baring, Machtwechsel. Die Ära Brandt-Scheel, Stuttgart 1982.

195 Text der Regierungserklärung vom 29. 10. 1969; Brandt-Interview, »Für Bildungs- und Wissenschaftsreform«, SZ, 22. 10. 1969; Brandt, »Wir wollen mehr Demokratie wagen«, FAZ, 29. 10. 1969 und Rolf Zundek, »Ohne Schwüre, ohne Schnörkel«, Die Zeit, 31. 10. 1969.

196 Bruno Deschamps, »Zurück zur Normalität«, FAZ, 21. 11. 1972; »Bewährung im Alltag«, SZ, 20. 1. 1973; Eduard Neumaier, »Noch einmal setzt die SPD auf Brandt«, Die Zeit, 15. 3. 1974; »Reformansprüche zu hoch gesetzt«, FAZ, 8. 5. 1974; Wolfgang Wagner, »Kanzlerwechsel in Bonn«, DA 29, 1974, 345 ff. Vgl. auch Peter Merseburger, Willy Brandt 1913–1992. Visionär und Realist, Stuttgart 2002.

197 Bruno Deschamps, »Kanzlerwechsel – Klimawechsel«, FAZ, 9. 5. 1974; Hans Schuster, »Unter Helmut Schmidts Regie«, SZ, 11. 5. 1974; Gerd Kübler, »Kanzler der Konzentration«, FR, 13. 5. 1974; Hans Schuster, »Nicht nur eine Schönwetter-Demokratie«, SZ, 5. 1. 1974.

198 Rücktrittserklärung von Ulbricht und erste Erklärung von Honecker, ND, 5. 5. 1971; »Ein ungewohnter Führungswechsel«, TSp, 5. 5. 1971; Hans Schuster, »Ulbrichts Erbe«, SZ, 5. 5. 1971; Walter Osten, »Wechsel ohne Wandel«, Die Welt, 6. 5. 1971 und Dettmar Cramer, »Von Ulbricht zu Honecker«, DA, 4, 1971, 449 f. Vgl. Kaiser, Machtwechsel von Ulbricht zu Honecker.

199 Bericht über »Innere Sicherheit«, Bonn, 9. 2. 1967; Bericht über »Innere Sicherheit«, Bonn, 2. 4. 1968. Vgl. Lutz Niethammer, Angepaßter Faschismus. Politische Praxis der NPD, Frankfurt 1969.

200 »Korrekturen an der Demokratie«, TSp, 8. 10. 1967; Marion Dönhoff, »Krise der Demokratie? Resümee einer Diskussion«, Die Zeit, 2. 10. 1968; Gerhard Willke und Helmut Willke, »Die Forderung nach Demokratisierung von Staat und Gesellschaft«, APuZ 7, 1970, 33–62.

201 Michael Freund, »Ist der Mehrheit alles erlaubt? Über Fug und Unfug der Demokratisierung«, Die Welt, 7. 2. 1970; Dieter Grosser, »Linksradikale Demokratiekritik und politische Bildung«, APuZ 22, 1970, 3 ff.; Richard Löwenthal, »Demokratie und Leistung«, Berliner Stimme, 26. 2. 1972.

202 »Mehr linke als rechte Radikale«, SZ, 16. 4. 1971; »Die Demokratie muß verteidigt werden«, Das Parlament, 24. 7. 1972; Hans Buchheim, »Zum Terror von links sind Fragen nicht erlaubt«, FAZ, 23. 6. 1972 und Peter Glotz, »Systemüberwindende Reformen?«, Berliner Stimme, 15. 4. 1972.

203 »Radikalismus und Demokratie«, Das Parlament, 1. 7. 1972; Hermann Rudolph, »Nach dem Radikalismus-Potential gefragt«, FAZ, 18. 7. 1976;

Gustav Heinemann, »Freiheitliche Gesellschaft ist Gesellschaft in Bewegung«, WdA, 16. 7. 1976; Robert Leicht, »Freiheit, die sie nicht meinen«, SZ, 22. 7. 1976.

204 Fritz Ulrich Fack, »Wie jeder andere Prolli«, FAZ, 1. 9. 1977; Ludolf Herrmann, »Die Republik hat sich verändert«, DZ, 16. 9. 1977; Kurt Reumann, »Spiel mit den Spielregeln«, FAZ, 13. 9. 1977; Jürgen Heinrichsbauer, »So schließt sich der Kreis«, Der Arbeitgeber, 10. 11. 1977.

205 Theo Sommer, »Vom Staate, den wir wollen«, Die Zeit, 23. 9. 1977; Christian von Krockow, »Stabilisierung nach rückwärts?«, ebd., 30. 9. 1977; »Briefe zur Verteidigung der Republik«, FR, 11. 10. 1977; Walter Jens, »Der liberale Staat hat Millionen von Verteidigern«, Vorwärts, 6. 10. 1977.

206 Ursula von Kardorff, »Mit rotem Punkt und schwarzen Fahnen«, SZ, 31. 12. 1971; Hanno Beth, »Bürgerinitiativen«, FR, 20. 4. 1972; »Heinemann ermutigt den Bürger«, SZ, 12. 2. 1973; Carl Gustav Ströhm, »Mißverständnis um den ›mündigen Bürger‹«, Die Welt, 13. 2. 1973. Vgl. auch Peter Cornelius Mayer-Tasch, »Bürgerprotest im demokratischen Rechtsstaat«, in: Hans Sarkowicz, Hg., Aufstände, Unruhen, Revolutionen. Zur Geschichte der Demokratie in Deutschland, Frankfurt 1998, 179–196.

207 »Polizei vertreibt die Umweltschützer von Wyhl«, FAZ, 21. 2. 1975; »Reigen und Revolution«, Die Zeit, 7. 3. 1975; »Ein Coup reizt zur Wut«, SZ, 2. 11. 1976; »Der Einsatz der Polizei war beeindruckend«, FR, 21. 12. 1976.

208 Hans-Jochen Vogel, »Absage an die Gewalt«, SPD-Pressedienst, 18. 2. 1977; Gerhard Schröder, »Plädoyer für einen anderen Umgang mit staatlicher Gewalt«, ebd., 25. 2. 1977; »Erleichterung über den gewaltlosen Verlauf der Demonstrationen«, FAZ, 21. 2. 1977.

209 Rainer Klose, »Die Grünen fühlen sich als Sieger von Hamburg«, SZ, 25. 2. 1977; »Frage der Bundespartei droht ›die Grünen‹ zu spalten«, TSp, 11. 4. 1978; »SPD kritisiert Parteienbürokratie«, SZ, 9. 1. 1980; Helmut Kerscher, »Der Bürger soll am Entscheidungsprozeß teilnehmen können«, SZ, 12. 6. 1982. Vgl. Andrei S. Markovits und Philip S. Gorski, Grün schlägt rot. Die deutsche Linke nach 1945, Hamburg 1997.

210 »Probleme und Aufgaben der Friedensbewegung«, links, Juni 1981; »Pazifismus '81: ›Selig sind die Friedfertigen‹«, Der Spiegel 35, 1981, Nr. 25, 24 ff.; »Friedensbewegung – Beispiele aus diesen Tagen«, Unsere Zeit, 28. 8. 1981; Alfred Grosser, »›Diese Krise ist die schwerste‹«, Der Spiegel 35, 1981, Nr. 43, 32 ff.

211 »Veranstalter der Bonner ›Friedens‹-Kundgebung versichern: Wir fangen erst an«, FAZ, 12. 10. 1981; »Demonstration der 250.000«, Flugblatt, Oktober 1981; »Einäugig für Frieden und Abrüstung«, NZZ, 13. 10. 1981; »Der Zug der Aussteiger aus der Geschichte«, RhM, 16. 10, 1981; »Das Bonner Schattenboxen und die wirkliche Politik«, links, November 1981; »Die Sehnsucht nach Opposition setzt sich durch«, Morgenpost, 11. 10. 1981.

212 »Koalitionsnöte in Bonn«, NZZ, 4. 4. 1982; Theo Sommer, »Besser ein Ende mit Schrecken«, Die Zeit, 18. 6. 1982; »Aus eine Parteikrise wird eine Staatskrise«, Deutsche Wochenzeitung, 6. 8. 1981.

213 »Ich denke nicht an Rücktritt«, SZ, 10. 9. 1982; »Ich persönlich will mich nicht länger demontieren lassen«, FR, 18. 9. 1982; »Die Bonner Koalition ist zerbrochen«, FAZ, 18. 9. 1982; Peter Gillies, »Die Woche, in der die Koalition zerbrach«, Die Welt, 18. 9. 1982.

214 »Wenn die Parteien auseinanderstreben, ist die Politik stärker als das Grundgesetz«, FAZ, 28. 6. 1982; Wilfried Hertz-Eichenrode, »Kohls Regierungsprogramm«, Die Welt, 18. 9. 1982; Claus Genrich, »Ein Wechsel – zur Kontinuität«, FAZ, 13. 9. 1982; »Kohl: Bonns Politik bleibt berechenbar«, FR, 5. 10. 1982. Vgl. auch Karl Hugo Pruys, Helmut Kohl. Eine Biographie, Berlin 1995.

215 Bruno Heck, »Autorität der Freiheit wegen«, RhM, 26. 8. 1983; »Leben wir in einer anderen Republik?«, Der Spiegel 39, 1985, Nr. 32, 30 ff.; Gunter Hofmann, »Weniger Demokratie wagen«, Die Zeit, 2. 3. 1984; Kurt H. Biedenkopf, »Der Volkssouverän überfordert den Staat«, RhM, 11. 5. 1985.

216 Hans Heigert, »Erschöpfte Utopien«, SZ, 4. 8. 1985; Wolfgang Bergsdorf, »Zehn Gründe für neue Zuversicht«, RhM, 1. 3. 1986 versus Rudolf Wassermann, »Parteienfinanzierung und Karrieren der Politiker in der ›Zuschauer-Demokratie‹«, TSp, 23. 2. 1986; »Ein Riß geht durch das Land«, links, Januar 1982.

217 »Dahrendorf beklagt ›gewisse Verrottung‹ der Politik«, SZ, 10. 9. 1984; Theo Sommer, »Kaufen und sich kaufen lassen«, Die Zeit, 26. 10. 1984.

218 »Wallmann: Ich bitte um Verzeihung«, FAZ, 3. 12. 1987; »Jenninger ruft zur Überwindung der ›Vertrauens- und Glaubwürdigkeitskrise‹ auf«, ebd., 2. 1. 1988; »Grass: Eine Republik der Skandale«, Die Welt, 8. 2. 1988; Ulrich von Alemann, »Affären und Skandale sind kein Privileg von Politik und Parteien«, FR, 20. 8. 1988.

219 Hans Schuster, »Nicht nur Schönwetter-Demokratie«, SZ, 5. 1. 1974; Rörich, »Am Anfang war Adenauer«, FR, 27. 8. 1983.

220 Anton Böhm, »Grundwerte und was nun?«, RhM, 4. 4. 1980; »Auf Freiheit, Gerechtigkeit und Solidarität berufen sich alle«, FR, 28. 2. 1979.

221 »Hat der Bürger Anlaß zur Verdrossenheit?« und »Die politische Rolle der Bürgerinitiativen«, SZ, 25. 10. 1978; Hartmut von Hentig, »Die entmutigte Republik«, ebd., 8. 5. 1980.

222 Eckhard Jesse, »Zerrbilder von einem demokratischen Land«, FAZ, 7. 10. 1980; »Die bayerische Bevölkerung ist am zufriedensten«, ebd., 4. 9. 1987.

223 »Ein Plädoyer für die Bonner Demokratie«, NZZ, 15. 2. 1978; Hans Heigert, »Die Republik kommt in die Jahre«, FAZ, 26. 5. 1979; »Ein Porträt der Bundesrepublik Deutschland«, NZZ, 26. 5. 1989. Vgl. auch Max Kaase und Günther Schmid, Hg., Eine lernende Demokratie. 50 Jahre Bundesrepublik Deutschland, Berlin 1999.

224 Theodor Adorno, »Was ist deutsch?«, FAZ, 2. 4. 1966 und Berghahn, America and the Intellectual Cold Wars, passim. Siehe den Workshop über »The United States and the Democratization of West Germany. Transfers, Reactions, Adoptions from 1945 to the Mid-Sixties«, Berlin, 12./13. 12. 2003.

225 Claudia Fröhlich und Michael Kohlstruck, Hg., Engagierte Demokraten. Vergangenheitspolitik in kritischer Absicht, Münster 1999, 7–30. Als Beispiel vgl. Sarkowicz, Aufstände, Unruhen, Revolutionen.
226 Eckhard Jesse, Die Demokratie der Bundesrepublik Deutschland, 8., akt. u. erw. Aufl. Baden-Baden 1997, 49 ff.
227 Ralf Dahrendorf, »Wanken die Fundamente unseres Staates?«, Die Zeit, 12. 8. 1977; Peter Graf Kielmansegg, »Ist streitbare Demokratie möglich?«, FAZ, 2. 7. 1979; J. Kurt Klein, »Vergangenheit darf uns nicht unfähig machen für Aufgaben der Zukunft«, Die Welt, 8. 4. 1988. Vgl. Kurt Sontheimer, Grundzüge des politischen Systems der Bundesrepublik Deutschland, Neuausg. Bonn 2000.
228 Ernst Köhler, »Einige zaghafte Einwände gegen linken Pessimismus«, Die Zeit, 31. 8. 1979; Heinz Eyrich, »Wohin führt der Weg der Bürgerinitiativen?«, DUD, 27. 7. 1977. Vgl. auch Grosser, »Linksradikale Demokratiekritik«, 9 ff.; Hermann Rudolph, »Wissen wir, wer wir sind?«, FAZ, 23. 6. 1979; Rolf Zundel, »Bonn kann nicht Weimar werden«, Die Zeit, 31. 12. 1982.

Anmerkungen für Kapitel 6

229 Eschenburg, Erinnerungen, 24.
230 Resolution der FU-Studenten vom 22./23. Juni 1966 in: Jürgen Miermeister und Jochen Staadt, Hg., Provokationen. Die Studenten- und Jugendrevolte in ihren Flugblättern 1965–1971, Darmstadt 1980, 45.
231 Sontheimer, So war Deutschland nie, 107 ff.
232 Knabe, Die unterwanderte Republik und ders., Der diskrete Charme der DDR. Stasi und Westmedien, 3. Aufl. Berlin 2001.
233 Hermann Lübbe, Endstation Terror. Rückblick auf lange Märsche, Stuttgart 1978, 7–13.
234 So Theo Pinkus in: Siegward Lönnendonker, Hg., Linksintellektueller Aufbruch zwischen »Kulturrevolution« und »kultureller Zerstörung«. Der Sozialistische Deutsche Studentenbund (SDS) in der Nachkriegsgeschichte (1946–1969). Dokumentation eines Symposiums, Opladen 1998, 160 f. und Interview mit Jürgen Habermas in der FR, 11. 3. 1988.
235 Friedrich-Martin Balzer, »Es wechseln die Zeiten…« Reden, Aufsätze, Vorträge, Briefe eines 68ers aus vier Jahrzehnten (1958–1998), Bonn 1998; und Inga Buhmann, Ich habe mir eine Geschichte geschrieben, 2., neu durchges. u. korr. Aufl. Frankfurt 1987.
236 Claus Leggewie, »1968 ist Geschichte«, APuZ B 22–23, 2001, 3–6.
237 Wolfgang Kraushaar, 1968 als Mythos, Chiffre und Zäsur, Hamburg 2000, 7 ff., 253 ff.
238 Ingrid Gilcher-Holtey, Hg., 1968 – Vom Ereignis zum Gegenstand der Geschichtswissenschaft, Göttingen 1998. Vgl. Olaf Dinné et al., Hg., 68 in Bremen. anno dunnemals, Bremen 1998.
239 Peifer, »1968 in German Political Culture«.

240 Gilcher-Holtey, Die 68er Bewegung, 10, 111 ff. Vgl. auch Klaus Schönhoven, »Aufbruch in die sozialliberale Ära. Zur Bedeutung der 60er Jahre in der Geschichte der Bundesrepublik«, GG 25, 1999, 123–145.

241 Axel Schildt, »Vor der Revolte. Die sechziger Jahre«, APuZ B 22–23, 2001, 7–13. Vgl. auch ders., Dynamische Zeiten.

242 Für eine allgemeine Einführung in die Literatur vgl. Philipp Gassert und Pavel A. Richter, Hg., 1968 in West Germany. A Guide to Sources and Literature of the Extra-Parliamentarian Opposition, Washington 1998.

243 »Der lange Weg«, NRZ, 29. 12. 1945. Vgl. Hannes Siegrist, »Wie bürgerlich war die Bundesrepublik, wie antibürgerlich die DDR? Verbürgerlichung und Antibürgerlichkeit in historischer Perspektive«, in: Hans Günter Hockerts, Hg., Koordinaten der deutschen Geschichte in der Periode des Ost-West-Konflikts, München 2003.

244 K. Hofmann, »Der Weg zum Wiederaufleben Deutschlands«, TR, 25. 5. 1945; »Dr. Adenauer auf einer Kundgebung der CDU an der Kölner Universität« versus »Schumacher sprach in Düsseldorf«, RP, 17. 3. 1946.

245 »Familie durch die ›NZ‹ gefunden. Kriegsgefangener entdeckt auf einem Bild seine vermissten Kinder«, NZ, 9. 11. 1945; »Zentrales DRK geplant. Suchdienst und Flüchtlingsproblem im Vordergrund«, ebd., 18. 1. 1946.

246 Robert G. Moeller, Geschützte Mütter. Frauen und Familien in der westdeutschen Nachkriegspolitik, München 1997 und Heineman, What Difference.

247 Kimberly Redding, »›We Wanted to Be Young‹. Hitler's Youth in Postwar Berlin«, Diss., Chapel Hill 2000.

248 Katholische Männerorganisationen, »Vorschläge zur Reform des Familienrechts« versus Evangelische Frauenschaft an Deutschen Bundestag, 13. 1. 1953; DUD, 12. 1. 1954 und Elisabeth Selbert, »Patriarchat im Familienrecht in Ewigkeit?«. Vgl. Uta C. Schmidt, »›Das Problem heißt Schlüsselkind!‹ Die Schlüsselkinderzählung als geschlechterpolitische Inszenierung im Kalten Krieg«, in: Thomas Lindenberger, Hg., Massenmedien im Kalten Krieg, Köln 2004.

249 Friedhelm Golücke, »Die bundesdeutsche Nachkriegszeit«, in: Harm-Hinrich Brandt und Matthias Stickler, Hg., »Der Burschen Herrlichkeit«. Geschichte und Gegenwart des studentischen Korporationswesens, Würzburg 1998, 145–171.

250 »Gewerkschaftskongress in Bayern«, NZ, 17. 6. 1946; »7 Millionen stehen ›draussen‹, Flüchtlinge versuchen, sich politisch zu organisieren«, ebd., 9. 1. 1948.

251 »Das hohe Ziel des Kulturbundes«, TR, 19. 2. 1946.

252 Brian Puaca, »Drafting Democracy. Education Reform in American-Occupied Germany, 1945–1949«, Magisterarbeit, Chapel Hill 2001. Vgl. James F. Tent, Hg., Academic Proconsul. Harvard Sociologist Edward Y. Hartshorne and the Reopening of German Universities 1945–1946, Trier 1998.

253 Petra Gruner, Die Neulehrer – ein Schlüsselsymbol der DDR-Gesellschaft. Biographische Konstruktionen von Lehrern zwischen Erfahrungen und gesellschaftlichen Erwartungen, Weinheim 2000.

254 »Vor der Eröffnung der Hochschulen«, TR, 9. 10. 1945; »Die Demokratisierung der deutschen Schule – eine nationale Forderung«, ebd., 24. 10. 1945; »Neueröffnung der Berliner Universität«, ebd., 30. 1. 1946. Vgl. auch »Andrang zu den Universitäten«, NZ, 14. 12. 1945.

255 Spitta, Neuanfang auf Trümmern, 113 ff., 124 ff., 142 ff., 152 ff. Vgl. auch »Wege zum demokratischen Staat. Zivilverwaltung geht in deutsche Hände zurück«, NZ, 14. 12. 1945.

256 Spitta, Neuanfang auf Trümmern, 145 ff., 170 ff.; »Zeitung der Roten Armee in Berlin«, TR, 13. 5. 1945, Anonyma, Eine Frau in Berlin, 125, 259 ff.

257 »Das Wollen der antifaschistischen Einheitsfront«, TR, 14. 8. 1945; »Reich Democracy Tested in Munich«, NYT, 3. 8. 1945; »Förderung demokratischer Einrichtungen«, RP, 15. 9. 1945. Vgl. auch Rogers, Politics after Hitler.

258 Konrad H. Jarausch, The Unfree Professions. German Lawyers, Teachers and Engineers, 1900–1950, New York 1990, 202 ff. Vgl. Ulrich Herbert, »Liberalisierung als Lernprozess. Die Bundesrepublik in der deutschen Geschichte«, in: ders., Wandlungsprozesse, 35 ff. und Siegrist, »Wie bürgerlich war die Bundesrepublik?«.

259 Konrad H. Jarausch, »Die gescheiterte Gegengesellschaft. Überlegungen zu einer Sozialgeschichte der DDR«, AfS 39, 1999, 1–17.

260 Schissler, The Miracle Years, passim, sowie Werner Faulstich, Hg., Die Kultur der fünfziger Jahre, München 2002, 8.

261 Siehe Hans-Peter Schwarz, Geschichte der Bundesrepublik Deutschland, Stuttgart 1981 ff., Bde. 2 und 3 versus Wolfgang Kraushaar, Die Protest-Chronik 1949–1959. Eine illustrierte Geschichte von Bewegung, Widerstand und Utopie, 4 Bde., Hamburg 1996.

262 »Richters Richtfest«, Der Spiegel 16, 1962, Nr. 43, 91 ff. Vgl. Forner, »Catastrophe and Democratic Renewal«.

263 »Die goldenen Sessel«, Der Spiegel 6, 1952, Nr. 20, 7 ff. Vgl. Kraushaar, Protest-Chronik, 1: 600 ff.

264 Als Einstieg in eine endlose Literatur siehe nur Armin Mitter und Stefan Wolle, Untergang auf Raten. Unbekannte Kapitel der DDR-Geschichte, München 1993, 27 ff. und Kleßmann und Stöver, 1953. Vgl. Edda Ahrberg, Hans-Hermann Hertle und Tobias Hollitzer, Hg., Die Toten des Volksaufstandes vom 17. Juni 1953, Münster 2004.

265 Jens Daniel, »Atomschreck Bundesrepublik?«, Der Spiegel 11, 1957, Nr. 16, 8 und ablehnende Leserbriefe, ebd. Nr. 19, 1957, 3. f. Zahlen aus Kraushaar, Protest-Chronik, Bd. 4: 2508 ff.

266 »Das Ansehen der Staatsführung steht auf dem Spiel«, Der Spiegel 16, 1962, Nr. 45, 22 ff.; »Sie kamen in der Nacht«, ebd. 55 ff. David Schoenbaum, Die Affäre um den »Spiegel«, Wien 1968; Bark und Gress, A History of West Germany, 1: 490–509 und »›Dummheiten des Staates‹«, Der Spiegel 56, 2002, Nr. 43, 62 ff.

267 »Neue Linke. Kuh und Klasse«, ebd. 18, 1964, Nr. 46, 54 f. Vgl. Anson Rabinbach, In the Shadow of Catastrophe: German Intellectuals between Apocalypse and Enlightenment, Berkeley 1997.

268 Für den internationalen Kontext (»Port Huron Statement«) siehe Gilcher-Holtey, Die 68er Bewegung, 11 ff.

269 »Blick zurück«, Der Spiegel 18, 1964, Nr. 34, 28 f.; »Heißer Sommer«, ebd. 19, 1965, Nr. 21, 76 ff. Vgl. Tilman Fichter und Siegward Lönnendonker, Macht und Ohnmacht der Studenten. Kleine Geschichte des SDS, Hamburg 1998.

270 »Anstoß gesucht«, Der Spiegel 18, 1964, Nr. 3, 42 f. Vgl. Dieter Kunzelmann, Leisten Sie keinen Widerstand! Bilder aus meinem Leben, Berlin 1998, 25 ff. Vgl. auch Buhmann, Ich habe mir eine Geschichte geschrieben, 24 ff., 51 ff., 85 ff.

271 Rede von Ernst Bloch, in: Miermeister und Staadt, Provokationen, 150 ff. Vgl. auch Karl A. Otto, »Thesen zur Rolle des SDS in der Antinotstandsbewegung«, in: Lönnendonker, Linksintellektueller Aufbruch, 153 ff.

272 Michael Schneider, Demokratie in Gefahr? Der Konflikt um die Notstandsgesetze. Sozialdemokratie, Gewerkschaften und intellektueller Protest (1958–1968), Bonn 1986.

273 Schildt, Dynamische Zeiten, 13 ff.

274 Neubert, Geschichte der Opposition und Thomas Klein et al., Visionen. Repression und Opposition in der SED (1949–1989), Frankfurt/O 1996.

275 Siehe die Diskussionen im Jahre 1985, dokumentiert von Lönnendonker, Linksintellektueller Aufbruch, passim. Vgl. Kraushaar, 1968 als Mythos, 254 ff.

276 Lewis S. Feuer, The Conflict of Generations. The Character and Significance of Student Movements, New York 1969; Seymour Martin Lipset und Philip Altbach, Why Students Revolt, Boston 1969 und Mark Roseman, Hg., Generations in Conflict. Youth Revolt and Generation Formation in Germany 1770–1968, Cambridge 1995.

277 Klaus R. Allerbeck, Soziologie radikaler Studentenbewegungen. Eine vergleichende Untersuchung in der Bundesrepublik Deutschland und den Vereinigten Staaten, München 1973; Theodore Roszak, The Making of a Counter Culture. Reflections on the Technocratic Society and its Youthful Opposition, Garden City 1969 und Dieter Rucht et al., Hg., Acts of Dissent. New Developments in the Study of Protest, Berlin 1998.

278 Kunzelmann, Leisten Sie keinen Widerstand, 12 ff. Buhmann, Ich habe mir eine Geschichte geschrieben, 24 ff.; Gretchen Dutschke, Rudi Dutschke. Wir hatten ein barbarisches, schönes Leben. Eine Biographie, Köln 1996, 20 ff.; Balzer, »Es wechseln die Zeiten…«, 25 f.

279 Kunzelmann, Leisten Sie keinen Widerstand, 15 ff.; Buhmann, Ich habe mir eine Geschichte geschrieben, 43–220; Dutschke, Rudi Dutschke, 27 ff.; Balzer, »Es wechseln die Zeiten«, 25 f.

280 Marion Gräfin Dönhoff, Im Wartesaal der Geschichte. Vom Kalten Krieg zur Wiedervereinigung. Beiträge und Kommentare aus fünf Jahrzehnten, Stuttgart 1993, 189 ff.; Eschenburg, Erinnerungen, 242 ff.; Sontheimer, So war Deutschland nie, 97 ff.

281 Jörg Streese, »Das Schweigen. Die Sprache. Der Aufbruch«, in: Dinné, 68 in Bremen, 45 ff. Mushaben, From Post-War to Post-Wall; Dirk Moses,

»Conservatism and the 45er Generation of Intellectuals in West Germany«, Vortrag auf der German Studies Association-Konferenz in San Diego am 5. 10. 2002.

282 Poiger, Jazz, Rock and Rebels und Kraushaar, Protest-Chronik, 4: 2504 ff.

283 Fink, 1968 und Gilcher-Holtey, Die 68er Bewegung, 25 ff.

284 Georg Picht, Die deutsche Bildungskatastrophe. Analyse und Dokumentation, Olten 1964; »Heißer Sommer«, Der Spiegel 19, 1965, Nr. 21, 76 f.

285 Zitate aus Auditorium, Peter Schneiders Gedenkrede, Flugblatt zur Kritischen Universität, usw. in: Miermeister und Staadt, Provokationen, 41 ff.

286 Dutschke, Rudi Dutschke, 84 ff. Vgl. Chester J. Pach, »Tet on TV. US Nightly News Reporting and Presidential Policy Making«, in: Fink, 1968, 55 ff.

287 Intellektuellenerklärung über den Krieg in Vietnam, Flugblatt »Erhard und die Bonner Parteien unterstützen MORD«, Marcuse-Rede auf dem Frankfurter Vietnam-Kongress, in: Miermeister und Staadt, Provokationen, 73 ff.

288 Flugblatt »Studenten, Lahmärsche, Karrieremacher!« und Kommune I, »Wann brennen die Berliner Kaufhäuser?«, in: ebd., 25, 28.

289 »Offene Erklärung vor dem Urteil der zweiten Instanz im SPUR-Prozess«, in: Kunzelmann, Leisten Sie keinen Widerstand, 31; SPUR-Flugblatt, in: Miermeister und Staadt, Provokationen, 11.

290 Harald-Gerd Brandt, »Diese Schule ist eine Kadettenanstalt«, in: Dinné, 68 in Bremen, 71 ff.; »Blick zurück«, Der Spiegel 18, 1964, Nr. 34, 28 f.; Flugblatt »Organisieren wir den Ungehorsam«, in: Miermeister und Staadt, Provokationen, 54.

291 Dorothee Wierling, Geboren im Jahr Eins. Der Jahrgang 1949 in der DDR und seine historischen Erfahrungen. Versuch einer Kollektivbiographie, Berlin 2002, 215 ff.

292 Anonymes Gedicht, veröffentlicht in: linkeck, 29. 2. 1968, wiederabgedruckt in: Miermeister und Staadt, Provokationen, 37. Vgl. Streese, »Das Schweigen«, 52 ff.

293 Wolfgang Kraushaar, »Denkmodelle der 68er-Bewegung«, APuZ B 22–23, 2001, 14–27. Weil viele der Formulierungen von ihren Autoren selbst wieder zurückgenommen wurden, musste auch der Versuch einer theoretischen Standortbestimmung im Nachhinein scheitern. Vgl. Lönnendonker, Linksintellektueller Aufbruch, 33–57.

294 Dutschke, Rudi Dutschke, 37 ff., 61 ff., 66 ff. Vgl. auch Rudi Dutschke, Jeder hat sein Leben ganz zu leben. Die Tagebücher 1963–1979, hg. v. Gretchen Dutschke, Köln 2003, 39 ff., 51 ff.

295 Theodor W. Adorno, Studien zum autoritären Charakter, Frankfurt 1973; Herbert Marcuse, Der eindimensionale Mensch. Studien zur Ideologie der fortgeschrittenen Industriegesellschaft, Neuwied 1967. Vgl. auch Martin Jay, Dialektische Phantasie. Die Geschichte der Frankfurter Schule und des Instituts für Sozialforschung 1923–1950, Frankfurt 1976.

296 Johannes Agnoli und Peter Brückner, Die Transformation der Demokratie, Berlin 1967, 13 ff.

297 Reinhard Rürup, Probleme der Revolution in Deutschland 1918/19, Wies-

baden 1968; Gerhard Ritter und Susanne Miller, Hg., Die deutsche Revolution 1918–19. Dokumente, Frankfurt 1968, sowie Wilfried Gottschalch, Parlamentarismus und Rätedemokratie, Berlin 1968.

298 Dutschke, Jeder hat sein Leben, 41; Ulrich Preuß in: Lönnendonker, Linksintellektueller Aufbruch, 252–301.

299 Dutschke, Jeder hat sein Leben, 57 ff. Für den Suchprozess siehe Hans-Jürgen Krahl, »Angaben zur Person«, in: Lutz Schulenburg, Hg., Das Leben ändern, die Welt verändern! 1968. Dokumente und Berichte, Hamburg 1998, 351 ff., 389 ff.; Kraushaar, Denkmodelle, 25 ff.

300 Gilcher-Holtey, Die 68er Bewegung, 62 ff. für die internationale Transmission der Ideen.

301 Siehe die kontrastierenden Bilder in: Michael Ruetz, 1968. Ein Zeitalter wird besichtigt, Frankfurt 1997. Schah-Plakat und SS-Werner-Plakat in: Miermeister und Staadt, Provokationen, 96, 111.

302 Ruetz, 1968, 43 ff., 69 ff., 95 ff., 102 ff.; Kunzelmann, Leisten Sie keinen Widerstand, 83 ff.

303 Ruetz, 1968, 38 f., 82 ff., 122 ff.; Dutschke, Jeder hat sein Leben, 48 ff.

304 Heinrich Hannover, »Landgraf, werde hart!«, in: Dinné, 68 in Bremen, 59 ff.; Dutschke, Rudi Dutschke 67 ff., 130 ff. und Miermeister und Staadt, Provokationen, 177 ff.

305 BILD-Aktion vom 26. 6. 1967, SDS-Aktionsprogramm, SDS-Grundsatzerklärung usw. in: Miermeister und Staadt, Provokationen, 139 ff. Vgl. Peifer, »1968 in German Political Culture«, passim.

306 Ruetz, 1968, 52 f., 98 f., versus 79 ff., 91 ff. oder 308 ff., 315 ff.

307 »Die Stimmung war oft so, als stünde die Revolution dicht vor der Tür«, Buhmann, Ich habe mir eine Geschichte geschrieben, 301; Dutschke, Jeder hat sein Leben, 53 ff.

308 Helmut Reinicke, »Wanderlust«; Internationale Befreiungsfront, »Mord«; Provo Amsterdam, »Was ist das Provotariat?«, in: Schulenburg, Das Leben ändern, 15 ff., 20 ff., 29 ff.

309 »Von diesem Gespräch haben wir nichts zu erwarten«; »Studenten, Lahmärsche und Karrieremacher«; »Befragung zur Person Langhans und Teufel«, ebd., 30 ff., 36 ff., 43 ff.

310 Dutschke, Rudi Dutschke, 87 ff. »Empfang für Humphrey« in: Miermeister und Staadt, Provokationen, 87 ff.

311 Christian Geissler, »Hamburg, 2. Juni 1967«; SDS-Erklärung, »Niederlage oder Erfolg der Protestaktion«; AUSS, »Es gibt Schüler, die machen jetzt nicht mehr mit«; Reinicke, »Wanderlust«, in: Schulenburg, Das Leben ändern, 50 ff., 54 ff., 60 ff., 64 ff.

312 Hans-Peter Ernst, »Die Provos sind tot«; SDS-Hamburg, »Stürzt die Ordinarien«; Michael Buselmeier, »Rotlackierter Frühling«, ebd., 72 ff., 96 ff., 115 f.

313 Dutschke, Rudi Dutschke, 184 ff.; SDS-München, »Vietnam: Das totale Kunstwerk!«; »Schlußerklärung der internationalen Vietnamkonferenz«, in: Schulenburg, Das Leben ändern, 125 ff.

314 Dutschke, Rudi Dutschke, 197 ff.; Detlev Albers, »Ostern 1968. Verlauf der Aktionen in Hamburg«; SDS-Frankfurt, »Liebe Ostermarschierer, Genossinnen und Genossen!«, in: Schulenburg, Das Leben ändern, 141 ff.; Buhmann, Ich habe mir eine Geschichte geschrieben, 288 ff. Vgl. auch Stefan Reisner, Hg., Briefe an Rudi D., Frankfurt 1968, 91 f.

315 Buhmann, Ich habe mir eine Geschichte geschrieben, 291 ff.

316 Gilcher-Holtey, Die 68er Bewegung, 91 ff.

317 Dutschke, Jeder hat sein Leben, 58 ff., 68. Lönnendonker, Linksintellektueller Aufbruch, 302 ff.

318 Olaf Dinné, »Olafs Kryptokarriere«, in: Dinné, 68 in Bremen, 123 ff.; Dutschke, Rudi Dutschke, 190 ff.; SDS-Hamburg, »Presseerklärung«, in: Schulenburg, Das Leben ändern, 299 ff.

319 Dutschke, Rudi Dutschke, 230 ff.; Buhmann, Ich habe mir eine Geschichte geschrieben, 314 ff. Zentralrat der umherschweifenden Haschrebellen, »Die APO ist tot«, in: Schulenburg, Das Leben ändern, 436.

320 »Schmeißt das gesamte Notstandsgesindel in die Außenalster«; »Wir besetzen am 27. Mai das Germanische Seminar auf unbefristete Zeit«; Reinicke, »Wanderlust«, in: Schulenburg, Das Leben ändern, 176 ff., 186 ff., 219 ff.

321 Begriff von Rudi Dutschke, in: Dutschke, Rudi Dutschke, 177 ff.; Reinicke, »Wanderlust«, in: Schulenburg, Das Leben ändern, 218 ff.

322 Kunzelmann, Leisten Sie keinen Widerstand, 59 ff.; Buhmann, Ich habe mir eine Geschichte geschrieben, 259. Vgl. auch Bernward Vesper, Die Reise. Romanessay, Frankfurt 1977.

323 Kunzelmann, Leisten Sie keinen Widerstand, 126 ff.

324 Willi Hoss, »Aufbruch«; Peter Schuldt, »Springerblockade und Solidarität mit Rockwell-Arbeitern«; »Eins teilt sich in zwei« in: Schulenburg, Das Leben ändern, 168 f., 191 ff., 296 ff.

325 Bommi Baumann, Terror or Love? Bommi Baumann's Own Story of His Life as a West German Urban Guerilla, New York 1978, 49 ff. Vgl. auch die eindrucksvollen Fotos von Astrid Proll, Baader Meinhof. Pictures on the Run 1966–77, Zürich 1998.

326 Jillian Becker, Hitler's Children. The Story of the Baader-Meinhof Terrorist Gang, Philadelphia 1977, 179 ff.

327 Balzer, »Es wechseln die Zeiten«, 63 ff., 67 ff. und Michael Filzen-Salinas, »Fünfundsechzig, sechsundsechzig, siebenundsechzig, achtundsechzig«, in: Dinné, 68 in Bremen, 77 ff.

328 Vgl. Kunzelmann, Leisten Sie keinen Widerstand, 21, 64 f., 71, 89 ff., 104 f., 127.

329 Michael Schultz, »Vanity fair auf politisch«, in: Dinné, 68 in Bremen, 101 ff.

330 Buhmann, Ich habe mir eine Geschichte geschrieben, 292 ff.; Hartmut Sander, »Das Schicksal einer schönen Frau«; »Rede des ›Aktionsrates zur Befreiung der Frau‹«, in: Schulenburg, Das Leben ändern, 291 ff., 339 ff.

331 Frank Wendler, »Die Partei hat nicht mehr recht«, in: Dinné, 68 in Bremen, 97 ff. und Peter Schneider, Lenz. Eine Erzählung, Berlin 1973.

332 Becker, Hitler's Children, 280 ff. Vgl. die Projekte von Jonathan Wiesen und Karin Hanshew über den deutschen Herbst 1977.

333 Hans Maier und Michael Zöller, Hg., Bund Freiheit der Wissenschaft. Der Gründungskongreß in Bad Godesberg 1970, Köln 1970, 7 ff., 76 ff.

334 Als Beispiele siehe Peter Mosler, Was wir wollten, was wir wurden. Studentenrevolte – 10 Jahre danach, Reinbek 1977, 233 ff. und Oskar Negt, Achtundsechzig. Politische Intellektuelle und die Macht, Göttingen 1995 oder Heinz Bude, Das Altern einer Generation. Die Jahrgänge 1938 bis 1948, Frankfurt 1995.

335 Franz-Werner Kersting, »Entzauberung des Mythos? Ausgangsbedingungen und Tendenzen einer gesellschaftsgeschichtlichen Standortbestimmung der westdeutschen ›68er‹-Bewegung«, Westfälische Forschungen 48, 1998, 1–19.

336 Ingrid Gilcher-Holtey, Hg., 1968 – Vom Ereignis zum Gegenstand der Geschichtswissenschaft, Göttingen 1998, 7 ff.

337 Ronald Fraser, 1968. A Student Generation in Revolt. An International Oral History, New York 1988 und Arthur Marwick, The Sixties: Cultural Revolution in Britain, France, Italy, and the United States c. 1958–1974, Oxford 1998.

338 Christoph Köhler, »1968 – Höhenflug und Absturz«, in: Dinné, 68 in Bremen, 111 ff. Vgl. Geoff Eley, Forging Democracy. The History of the Left in Europe, 1850–2000, Oxford 2002, 342 ff.

339 So Heinz Gollwitzer in: Lönnendonker, Linksintellektueller Aufbruch, 205. Vgl. Peter Kuckuk, »Annäherungen an 1968 – eine persönliche Bilanz«, in: Dinné, 68 in Bremen, 149 ff.

340 Wolfgang Schieches, »Bruder Schieches' Weg zu Gott«, in: ebd., 143 ff. Konrad H. Jarausch, »1968 and 1989. Caesuras, Comparisons, and Connections«, in: Fink, 1968, 461–477.

Anmerkungen für Schluss von Teil II

341 Hans-Ulrich Wehler, Deutsche Gesellschaftsgeschichte, 4 Bde., München 1987–2003, Bde. 1–3 und Jeffrey Herf, Reactionary Modernism. Technology, Culture, and Politics in Weimar and the Third Reich, Cambridge 1984.

342 Schildt und Sywottek, Modernisierung im Wiederaufbau.

343 Hans-Ulrich Wehler, Modernisierungstheorie und Geschichte, Göttingen 1975; Jürgen Kocka, »The GDR. A Special Kind of Modern Dictatorship«, in: Konrad H. Jarausch, Hg., Dictatorship as Experience. Towards a Socio-Cultural History of the GDR, New York 1999, 17 ff.

344 Jarausch und Siegrist, Amerikanisierung und Sowjetisierung und Michael Geyer, »In Pursuit of Happiness. Consumption, Mass Culture and Consumerism«, in: Jarausch und Geyer, Shattered Past, 269 ff.

345 Detlef Pollack, »Wie modern war die DDR?«, Diskussionspapier 4, 2001, des Frankfurter Instituts für Transformationsstudien. Vgl. Dierk Hoffmann, Die DDR unter Ulbricht. Gewaltsame Neuordnung und gescheiterte Modernisierung, Zürich 2003, 196 ff.

346 Merkl, The Federal Republic of Germany.

347 Terminus von Konrad H. Jarausch, »Realer Sozialismus als Fürsorgediktatur. Zur begrifflichen Einordnung der DDR«, APuZ B 20, 1998, 33–46. Vgl. Sebastian Simsch, Blinde Ohnmacht. Der Freie Deutsche Gewerkschaftsbund zwischen Diktatur und Gesellschaft in der DDR 1945 bis 1963, Aachen 2002.

348 Martin und Sylvia Greiffenhagen, Ein schwieriges Vaterland. Zur politischen Kultur im vereinigten Deutschland, München 1993. Vgl. Werner Faulstich, Hg., Die Kultur der sechziger Jahre, München 2003, 7 ff.

349 Stefan Wolle, Die heile Welt der Diktatur. Alltag und Herrschaft in der DDR 1971–1989, Berlin 1998, 82 ff.

350 Als Kritiker der westdeutschen Entwicklung siehe Erich Kuby, Mein ärgerliches Vaterland, Berlin 1990.

351 Bernd Faulenbach, »›Modernisierung‹ in der Bundesrepublik und in der DDR während der 60er Jahre«, Zeitgeschichte 25, 1998, 282–94. Vgl. Schildt, Ankunft im Westen.

352 Rainer Geißler, »Modernisierung«, Informationen zur politischen Bildung Nr. 269; Ulrich Beck et al., Reflexive Modernisierung. Eine Kontroverse, Frankfurt 1996. Vgl. auch Norbert Bolz, »Der Bundesphilosoph«, TSp, 3. 5. 2003.

Anmerkungen für Teil III

1 Volker Gransow und Konrad H. Jarausch, Die deutsche Vereinigung. Dokumente zu Bürgerbewegung, Annäherung und Beitritt, Köln 1991.

2 Begriff von Jürgen Kocka, Vereinigungskrise. Zur Geschichte der Gegenwart, Göttingen 1995. Vgl. Rita Kuczynski, Mauerblume. Ein Leben auf der Grenze, München 1999, 261 ff.

3 Jarausch, Die unverhoffte Einheit.

4 Rainer Eckert und Bernd Faulenbach, Hg., Halbherziger Revisionismus. Zum postkommunistischen Geschichtsbild, München 1996.

5 Ash, Im Namen Europas und Gale Stokes, The Walls Came Tumbling Down. The Collapse of Communism in Eastern Europe, New York 1993.

6 Wolfgang Merkel, Hg., Systemwechsel. Theorien, Ansätze und Konzeptionen, 5 Bde., Opladen 1994–2000, 5: 9–49. Vgl. auch Winfried Thaa, Die Wiedergeburt des Politischen. Zivilgesellschaft und Legitimitätskonflikt in den Revolutionen von 1989, Opladen 1996, 18 ff.

7 Friedrich Pohlmann, Deutschland im Zeitalter des Totalitarismus. Politische Identitäten in Deutschland zwischen 1918 und 1989, München 2001.

8 Richard Bessel und Ralph Jessen, Hg., Die Grenzen der Diktatur. Staat und Gesellschaft in der DDR, Göttingen 1996 und Thomas Lindenberger, Hg., Herrschaft und Eigen-Sinn in der Diktatur. Studien zur Gesellschaftsgeschichte der DDR, Köln 1999.

9 Neubert, Geschichte der Opposition und Wolle, Die heile Welt der Diktatur.

10 Konrad H. Jarausch, »Normalisierung oder Re-Nationalisierung? Zur Umdeutung der deutschen Vergangenheit«, GG 21, 1995, 571–584.

11 Markovits und Reich, Das deutsche Dilemma.
12 Dieter Gosewinkel, Einbürgern und Ausschließen. Die Nationalisierung der Staatsangehörigkeit vom Deutschen Bund bis zur Bundesrepublik Deutschland, Göttingen 2001.
13 Bade, Europa in Bewegung.
14 Merkel, Systemwechsel, 5: 37.
15 Klaus von Beyme, »Zivilgesellschaft – von der vorbürgerlichen zur nachbürgerlichen Gesellschaft?«, in: Merkel, Systemwechsel, 5: 51–70. Vgl. Nina Verheyen und Ute Hasenöhrl, Tagungsbericht »Zivilgesellschaft: Historische Forschungsperspektiven«, Berlin 6.-7. 12. 2002, H-Soz-u-Kult, 4. 5. 2003.

Anmerkungen für Kapitel 7

16 Matthias Geis und Petra Bornhöft, »Jubelfeier im ›volkspolizeilichen Handlungsraum‹«, taz, 9. 10. 1989. Für weiteres Material vgl. taz, Hg., DDR-Journal zur Novemberrevolution, Berlin 1989, 41 f.
17 »Tausende demonstrierten in der Ost-Berliner Innenstadt« und »Zuversicht trotz ungewisser Zukunft«, TSp, 8. 10. 1989; Karl-Heinz Baum, »Unser Forum ist der Alexanderplatz«, FR, 9. 10. 1989.
18 Vojtech Mastny, The Cold War and Soviet Insecurity. The Stalin Years, New York 1996.
19 »Zwei Perspektiven für 1948«, ND, 1. 1. 1948; »Gruß und Glückwunsch J. W. Stalin – dem Genius unserer Epoche«, ebd., 20. 12. 1949. Vgl. den Workshop über »alltäglichen Stalinismus« im ZZF 2001.
20 Wilhelm Pieck, »Die SU als Besatzungsmacht«, ND, 7. 11. 1948 und Rudolf Herrnstadt, »Über ›die Russen‹ und über uns«, ebd., 19. 11. 1948. Vgl. Lemke, Sowjetisierung und Eigenständigkeit.
21 »Unsterblicher Geist des 18. März«, ND, 18. 3. 1948; Wilhelm Pieck, »30 Jahre KPD«, ebd., 1. 1. 1949. Vgl. Eric D. Weitz, Creating German Communism 1890–1990. From Popular Protests to Socialist State, Princeton 1997.
22 Klein, Für die Einheit und Reinheit.
23 Klemperer, So sitze ich denn zwischen allen Stühlen; Mayer, Der Turm von Babel.
24 Ulrich Mählert, Hg., Vademekum DDR-Forschung. Ein Leitfaden zu Archiven, Forschungsinstituten, Bibliotheken, Einrichtungen der politischen Bildung, Vereinen, Museen und Gedenkstätten, Berlin 2002. Vgl. Corey Ross, The East German Dictatorship. Problems and Perspectives in the Interpretation of the GDR, London 2002.
25 Eckhard Jesse, Hg., Totalitarismus im 20. Jahrhundert. Eine Bilanz der internationalen Forschung, 2., erw. u. akt. Aufl. Baden-Baden 1999; Alfons Söllner et al., Hg., Totalitarismus. Eine Ideengeschichte des 20. Jahrhunderts, Berlin 1997.
26 Eckert und Faulenbach, Halbherziger Revisionismus.
27 Jarausch, Dictatorship as Experience, 3–14.

28 Thaa, Die Wiedergeburt des Politischen, 158 ff.; Arnd Bauerkämper, Hg., Die Praxis der Zivilgesellschaft. Akteure, Handeln und Strukturen im internationalen Vergleich, Frankfurt 2003, 7–30.

29 »Aufruf der KPD«, TR, 14. 6. 1945; »Das Wollen der antifaschistischen Einheitsfront«, ebd., 14. 8. 1945; Gründungsaufruf der SED, »Manifest an das deutsche Volk«, ND, 23. 4. 1946. Vgl. Meuschel, Legitimation und Parteiherrschaft.

30 »Gibt es in der SBZ Klassenkampf?«, ND, 7. 10. 1948. Vgl. Konrad H. Jarausch, »Die gescheiterte Gegengesellschaft. Überlegungen zu einer Sozialgeschichte der DDR«, AfS 39, 1999, 1–17.

31 »Am Beginn des demokratischen Aufbaus«, ND, 12. 6. 1946; »Grosser Wahlsieg der SED in der Zone«, ebd., 22. 10. 1946; »Blockpolitik erneut bestätigt«, ebd., 6. 8. 1948. Vgl. Hermann Weber, Die DDR 1945–1990, 3., überarb. u. erw. Aufl. München 2000.

32 »Sieben Monate Wirtschaftsaufbau«, TR, 4. 1. 1946; »Ergebnisse der Bodenreform in der SBZ«, ebd., 14. 4. 1946; »Eine demokratische Wirtschaft entsteht«, ND, 18. 3. 1948; »Ein deutscher Zweijahresplan«, ebd., 30. 6. 1948; »Volksbetriebe als Rückgrat der Friedenswirtschaft«, ebd., 7. 7. 1948.

33 »Erste Gewerkschaftskonferenz für die gesamte SBZ«, TR, 12. 2. 1946; Herbert Warnke, »Sozialisten und Gewerkschaften«, ND, 19. 11. 1948. Vgl. Simsch, Blinde Ohnmacht.

34 »Die Freie Deutsche Jugend Sachsens«, TR, 11. 4. 1946; »Deutsche Jugend für Fortschritt«, ebd., 15. 8. 1948. Vgl. Ulrich Mählert und Gerd-Rüdiger Stephan, Blaue Hemden – Rote Fahnen. Die Geschichte der Freien Deutschen Jugend, Opladen 1996.

35 »Das hohe Ziel des Kulturbundes«, TR, 19. 2. 1946; »Kulturbund im Kontrollrat«, ND, 3. 2. 1948.

36 »Demokratischer Frauenbund gegründet«, ND, 7. 3. 1948. Vgl. Donna Harsch, »Approach/Avoidance. Communists and Women in East Germany, 1945–9«, Social History 25, 2000, 156–182.

37 »SED und Christentum«, ND, 30. 8. 1946; »Landespastor Schwartze an Dr. Dibelius«, ebd., 23. 6. 1949; »Es bleibt dabei: Eure Rede aber sei ja, ja, nein, nein«, ebd., 17. 6. 1949. Vgl. Dähn, Die Rolle der Kirchen.

38 Walter Ulbricht, »Die Rolle der Partei«, ND, 22. 8. 1948; Franz Dahlem, »Zur Frage der Partei neuen Typus«, ebd., 16. 12. 1948 und Wolfgang Hager, »Was heißt innerparteiliche Demokratie?«, ebd., 13. 9. 1949.

39 Wilhelm Pieck, »Die nationale Front«, ND, 24. 7. 1948; Gerhard Heidenreich, »Von Brandenburg nach Leipzig«, ebd., 2. 6. 1949; »Jugendparlament nimmt FDJ-Verfassung an«, ebd., 5. 6. 1949.

40 »Die westdeutschen Wahlen«, ND, 23. 8. 1949; »Tag der nationalen Schande«, ebd., 7. 9. 1949; »Zustimmungserklärung der Millionen«, ebd., 18. 5. 1949; »Manifest des deutschen Volksrats«, ebd., 8. 10. 1949.

41 »Volkskontrolle auch in der Justiz«, ND, 20. 9. 1949; »Eine Bande von Verbrechern am Volkseigentum gefaßt«, ebd., 23. 11. 1949.

42 Friedrich Noppert, »Mit Steuerschraube und Kautschukparagraphen«, NZ, 14. 8. 1952; »Plauener Spitzen und die SED«, TSp, 23. 3. 1960; »Wer den Karren aus dem Dreck zieht…« Die Welt, 11. 6. 1960 und Karl Pernutz, »Offensive gegen die Privatwirtschaft«, SBZArch 11, 1960, 101–107.

43 »Die Kampfgruppe gegen Unmenschlichkeit«, TSp, 10. 12. 1949; O. E. H. Becker, »Jugend im Widerstand«, SBZArch 2, 1951, Juliheft; Karl Wilhelm Fricke, Opposition und Widerstand in der DDR. Ein politischer Report, Köln 1984.

44 »Volksaufstand im Sowjetsektor von Berlin«, NZZ, 17. 6. 1953; »Der Zusammenbruch des faschistischen Abenteuers«, ND, 19. 6. 1953; Werner Zimmermann, »Die Träger des Widerstandes«, SBZArch 4, 1953, 306–309. Vgl. Torsten Diedrich und Hans-Hermann Hertle, Hg., Alarmstufe ›Hornisse‹. Die geheimen Chef-Berichte der Volkspolizei über den 17. Juni 1953, Berlin 2003.

45 »Sowjetzonen-Arbeiter verlassen FDGB«, NZ, 4. 7. 1953; »Die Gewerkschaften und der neue Kurs«, TR, 19. 8. 1953. Thomas Lindenberger, Volkspolizei. Herrschaftspraxis und öffentliche Ordnung im SED-Staat 1952–1968, Köln 2003; Burghard Ciesla, Hg., »Freiheit wollen wir!« Der 17. Juni 1953 in Brandenburg. Eine Dokumentation, Berlin 2003.

46 »Die SED und die Intellektuellen«, ND, 9. 1. 1949; Jürgen Kuczynski, »Die Freiheit der Wissenschaft in der bürgerlichen und in der sozialistischen Gesellschaft«, ebd., 13. 2. 1949. Vgl. Ralph Jessen, Akademische Elite und kommunistische Diktatur. Die ostdeutsche Hochschullehrerschaft in der Ulbricht-Ära, Göttingen 1999.

47 »Die Stellung der Intellektuellen in der Sowjetzone Deutschlands«, NZ, 3. 10. 1954; »Funktionäre am Telefon«, DZ, 25. 6. 1955; »SED gibt Widerstand der Intelligenz zu«, Die Welt, 14. 7. 1958. Renate Hürtgen und Thomas Reichel, Hg., Der Schein der Stabilität. DDR-Betriebsalltag in der Ära Honecker, Berlin 2001.

48 »1,8 Millionen Menschen bekamen das Junkerland«, TR, 4. 9. 1949; »Dorfleben in der Sowjetischen Zone«, FAZ, 9. 8. 1952; »Verzuckerte Kollektive«, NZ, 13. 8. 1952; »In der Landwirtschaft bricht sich der Sozialismus Bahn«, TR, 28. 2. 1953.

49 Ernest J. Salter, »Auf dem Wege zum totalitären Dorf«, NZ, 15. 7. 1954; »Maschinendörfer für die Sowjetzone«, Die Zeit, 11. 2. 1954. Vgl. Arnd Bauerkämper, Ländliche Gesellschaft in der kommunistischen Diktatur. Zwangsmodernisierung und Tradition in Brandenburg 1945–1963, Köln 2002, 493 ff.

50 Wolfgang Weinert, »So verlor der Bauer Wilhelm Niemann seinen Hof«, Die Welt, 6. 10. 1959; »Bauern vor Ulbrichts Pflug«, FAZ, 7. 11. 1959; »Wer auf die Partei hört, der geht den richtigen Weg«, ND, 6. 3. 1960; Siegfried Göllner, »Das Bauernlegen in Mitteldeutschland«, SBZArch 11, 1960, 97–101.

51 »Razzien gegen die evangelische Jugend«, NZ, 16. 1. 1953; »Atheistische Kampagne der ostdeutschen Regierung«, NZZ, 29. 12. 1954; Helmut Bunke, »Jugendweihe und Konfirmation«, Die Andere Zeitung, 1. 3. 1956.

52 »SED leitet Kampagne zum Austritt aus der Kirche ein«, Die Welt, 2. 12. 1957; »Scharfe Rede Grotewohls gegen die Kirchen«, FAZ, 31. 3. 1959; »Stillhalte-Abkommen mit der Kirche der Zone«, ebd., 24. 7. 1958 und Ansgar Skriver, »Die Evangelische Kirche und der SED-Staat«, SBZArch 11, 1960, 210–213.

53 Begriff von Jürgen Kocka, »Eine durchherrschte Gesellschaft«, in: Hartmut Kaelble und Hartmut Zwahr, Hg., Sozialgeschichte der DDR, Stuttgart 1994, 547–53.

54 Christoph Kleßmann, »Relikte des Bürgertums in der DDR«, in: Kaelble und Zwahr, Sozialgeschichte der DDR, 254–70. Vgl. auch Hannes Siegrist, »Wie bürgerlich war die Bundesrepublik, wie entbürgerlicht die DDR? Verbürgerlichung und Antibürgerlichkeit in historischer Perspektive«, in: Hans Günter Hockerts, Hg., Koordinaten deutscher Geschichte in der Epoche des Ost-West-Konflikts, München 2003.

55 Albert Norden, »Unsere Presse – kollektiver Organisator der sozialistischen Umgestaltung«, ND, 21. 4. 1959; »Der Sowjetstaat nach zehn Jahren«, NZZ, 25. 9. 1959. Vgl. Simone Barck et al., Hg., Zwischen »Mosaik« und »Einheit«. Zeitschriften in der DDR, Berlin 1999.

56 Klaus von Beyme, »Stalinismus und Poststalinismus im osteuropäischen Vergleich«, Potsdamer Bulletin für Zeithistorische Studien Nr. 13, 1998, 8–23; Juan José Linz, Totalitäre und autoritäre Regime, hg. v. Raimund Krämer, Berlin 2000.

57 Neubert, Geschichte der Opposition; Detlef Pollack und Dieter Rink, Hg., Zwischen Verweigerung und Opposition. Politischer Protest in der DDR 1970–1989, Frankfurt 1997; Christoph Kleßmann, »Opposition und Resistenz in zwei Diktaturen in Deutschland«, HZ Bd. 262, 1996, 453–479.

58 Bessel und Jessen, Die Grenzen der Diktatur; Lindenberger, Herrschaft und Eigen-Sinn.

59 Detlef Pollack, »Die konstitutive Widersprüchlichkeit der DDR. Oder: War die DDR-Gesellschaft homogen?«, GG 24, 1998, 110–131, sowie ders., »Die offene Gesellschaft und ihre Freunde«, ebd. 26, 2000, 184–196.

60 Karl Wilhelm Fricke und Günther Zehm, »Opposition im Ulbricht-Staat?«, SBZArch 12, 1961, 46–47 und 144–146. Vgl. auch »Zuchthausstrafen gegen Ost-Berliner«, TSp, 29. 8. 1961; »Anschlag auf Güterzug in der Zone«, TSp, 7. 9. 1961; »SED fahndet nach Parteifeinden«, DZ, 27. 9. 1961.

61 Hendrik Bussiek, »Die Flucht ins Private hält an«, Vorwärts, 7. 7. 1977; Thomas Ammer, »Die Köpfe der Hydra wachsen immer nach«, DZ, 3. 2. 1978. Günter Gaus, Wo Deutschland liegt. Eine Ortsbestimmung, Hamburg 1983 und Rita Kuczynski, Mauerblume, 70 ff.

62 »Widerstand in der Zone wächst«, DZ, 30. 8. 1961; »›Polit-Information‹ vor dem Unterricht«, Die Welt, 3. 11. 1961; »Bevölkerung fordert offene Grenzen«, ebd., 27. 2. 1963; »Widerstand in Dresden und Jena«, ebd., 20. 5. 1964. Vgl. Peter Hübner, Konsens, Konflikt und Kompromiß. Soziale Arbeiterinteressen und Sozialpolitik in der SBZ/DDR 1945–1970, Berlin 1995.

63 »Ulbricht soll Rechenschaft geben«, TSp, 21. 6. 1961; »SED-Funktionäre

in Henningsdorf ausgelacht und niedergesungen«, Die Welt, 6. 7. 1961; »Offener Brief an Ulbricht«, Blätter für Politik und internationale Beziehungen, 17. 5. 1962. Alf Lüdtke und Peter Becker, Hg., Akten, Eingaben, Schaufenster. Die DDR und ihre Texte. Erkundungen zu Herrschaft und Alltag, Berlin 1997.

64 Wolfgang Engler, Die zivilisatorische Lücke. Versuche über den Staatssozialismus, Frankfurt 1992.

65 »Gegen die dekadente Amüsierkunst«, ND, 23. 6. 1949; »Musikkunst«, ebd., 6. 6. 1963; »Schlagerparade im neuen SED-Rhythmus«, SZ, 10. 8. 1965; Hermann Meyer, »Probleme der Beatmusik«, ND, 23. 6. 1966. Vgl. Dorothee Wierling, Geboren im Jahr Eins. Der Jahrgang 1949 in der DDR und seine historischen Erfahrungen. Versuch einer Kollektivbiographie, Berlin 2002, 215 ff.

66 »Musikopas in der DDR«, Berliner Stimme, 27. 5. 1972; »Kraftvoll erklang das Lied des antiimperialistischen Kampfes«, ND, 9. 2. 1987; »Der King vom Prenzlauer Berg kriegt die ideologische Kurve«, Die Welt, 20. 1. 1979. Poiger, Jazz, Rock and Rebels.

67 »Zusammenstöße mit der DDR-Polizei«, FR, 10. 10. 1977; »Die Kritik der Jugend am SED-Regime wird lauter«, Die Welt, 11. 10. 1977; »Brennende Uniform«, Der Spiegel 31, 1977, Nr. 47, 65 f. Lindenberger, Volkspolizei, 367 ff.

68 Peter Thomas Krüger, »Die Rocknacht auf der anderen Seite«, FR, 9. 6. 1987; Peter Jochen Winters, »Der Ruf ›Die Mauer muß weg‹ wird der SED noch lange in den Ohren klingen«, FAZ, 10. 6. 1987; Robert Leicht, »Wut an der Mauer«, Die Zeit, 25. 6. 1987. Vgl. Erich Loest, Es geht seinen Gang oder Mühen in unserer Ebene. Roman, München 1998.

69 Alfred Kurella, »Wir schaffen die sozialistische Kultur für die ganze Nation«, ND, 18. 10. 1982; »Lockerung der Kulturpolitik in der DDR«, NZZ, 5. 3. 1964; »Die SED hält am ›sozialistischen Realismus‹ fest«, FAZ, 27. 4. 1964. Vgl. Angela Borgwardt, Im Umgang mit der Macht. Herrschaft und Selbstbehauptung in einem autoritären politischen System, Wiesbaden 2002.

70 »Das große Reim-und-ich-freß-dich«, FAZ, 22. 12. 1965; »Unbeirrbar«, ND, 13. 1. 1966; »Fruchtlose Kulturpolitik Pankows«, NZZ, 17. 8. 1966; Walter Ulbricht, »Die sozialistische Nationalkultur ist unser gemeinsames Werk«, ND, 9. 10. 1968. Vgl. Günter Agde, Hg., Kahlschlag. Das 11. Plenum des ZK der SED 1965. Studien und Dokumente, Berlin 1991.

71 »Saubere Kunst im sauberen Staat«, SZ, 8. 5. 1971; »Neue Tendenzen in der Kulturpolitik der DDR«, DW Dokumentation, 27. 6. 1972; »Nicht mehr so dogmatisch«, Die Zeit, 20. 4. 1973; »Wechsel in den Führungspositionen der DDR-Kulturpolitik«, NZZ, 29. 4. 1973.

72 »Der sozialistische Realismus als Prinzip«, FAZ, 28. 5. 1975; »Aufhebung des Toleranzedikts«, SZ, 30. 8. 1977; »Honeckers Maulkorb-Edikt«, ebd., 27. 6. 1979; »Geist und Macht vereint«, FR, 15. 4. 1981.

73 Walter Leo, »Eine neue Chance für Biermann«, Vorwärts, 18. 3. 1974; Irene Böhme, »Zuckerbrot und Peitsche«, FR, 18. 9. 1982; Manfred Jäger, »Spiel-

raum für Beherzte«, DAS, 31. 3. 1989. Vgl. David Bathrick, The Powers of Speech. The Politics of Culture in the GDR, Lincoln 1995.

74 Robert Havemann, »Zehn Thesen zum 30. Jahrestag der DDR«, europäische ideen, 1980, Nr. 48, 33–36. Vgl. Katja Havemann und Joachim Widmann, Robert Havemann oder wie die DDR sich erledigte, München 2003, 35 ff. und Clemens Vollnhals, Der Fall Havemann. Ein Lehrstück politischer Justiz, Berlin 1998.

75 »Havemann wünscht in der DDR Opposition und kritische Presse«, SZ, 9. 8. 1976; »Weil viele noch hoffen, harrt Robert Havemann aus«, Die Welt, 2. 6. 1978; »›Das ist die Tragödie der DDR‹«, Der Spiegel 32, 1978, Nr. 40, 68 ff.; »500 Personen nahmen an der Beisetzung Havemanns teil«, TSp, 18. 4. 1982.

76 »Biermann bleibt in der Schußlinie«, Die Welt, 16. 3. 1966; »Biermanns Rauswurf«, SZ, 17. 11. 1976; »Rummel um Biermann«, ND 17. 11. 1976; Lothar Romain, »Sozialismus oder Barbarei«, Vorwärts, 17. 11. 1976. Vgl. Fritz Pleitgen, Hg., Die Ausbürgerung. Anfang vom Ende der DDR, Berlin 2001.

77 »Offener Protest von DDR-Autoren gegen Ausbürgerung Biermanns«, TSp, 19. 11. 1976; »DDR-Intellektuelle distanzieren sich in Erklärungen von Biermann«, ebd., 21. 11. 1976; »Fall Biermann: Honecker im Teufelskreis«, Der Spiegel 30, 1976, Nr. 48, 30 ff.; Joachim Nawrocki, »Es knistert im Gebälk der DDR«, Die Zeit, 26. 11. 1976.

78 Rudolf Bahro, Die Alternative. Zur Kritik des real existierenden Sozialismus, Köln 1977. Vgl. »›Das trifft den Parteiapparat ins Herz‹«, Der Spiegel 31, 1977, Nr. 35, 30 ff.

79 »Ostdeutscher System-Kritiker Rudolf Bahro festgenommen«, SZ, 25. 8. 1977; »Der Dissident, das künstliche Produkt«, FR, 1. 7. 1977; »Proteste gegen die Verurteilung Bahros«, NZZ, 3. 7. 1978. Bahro kam Mitte der achtziger Jahre frei und wurde in den Westen abgeschoben, wo er die Grünen unterstützte.

80 »Als ihre Kritik zu laut wurde, mußten die Dissidenten in Haft«, Die Welt, 29. 8. 1977; Angela Nacken »Immer mehr wagen den Kampf mit den DDR-Behörden«, FAZ, 21. 8. 1976; Rainer Hildebrandt, »Menschenrechtserklärung wörtlich genommen«, TSp, 7. 11. 1976; »DDR: Die Bürger werden aufsässig«, Der Spiegel 31, 1977, Nr. 43, 46 ff.

81 »›DDR‹ schiebt fünf prominente Kritiker in den Westen ab«, Die Welt, 29, 8. 1977; »Mauer auf, Gefängnistor zu«, DZ, 2. 9. 1977; »Ein fremdes nahes Land«, RhM, 12. 1. 1979.

82 »Ost-Berlin spricht der versuchten Selbstverbrennung moralische und politische Bedeutung ab«, FAZ, 23. 8. 1976; »Du sollst nicht falsch' Zeugnis reden«, UZ, 1. 9. 1976 (aus dem ND); »Ich beuge mich dem System nicht«, Die Welt, 31. 3. 1978.

83 Klaus Wolschner, »Jena – Vorbote eines Neuen Deutschland?«, Die Zeit, 17. 6. 1983; Marlies Menge, »Eine Art Mahnwache«, ebd., 9. 9. 1983. Vgl. Johann Gildemeister, »Friedenspolitische Konzepte und Praxis der Kirchen«, in: Horst Dähn, Hg., Die Rolle der Kirchen in der DDR. Eine erste Bilanz, München 1993, 159–73.

84 »Nackt durchs Dorf«, Der Spiegel 37, 1983, Nr. 39, 44 ff.; Otto Jörg Weis, »Ein paar Graswurzeln ringen täglich mit der Erdkruste«, FR, 8. 2. 1984; »...wächst der Druck zu einem militärischen Präventivschlag«, ebd., 20. 6. 1986.

85 Gründungspapier der IFM, Januar 1986, in: Wolfgang Rüddenklau, Störenfried. DDR-Opposition 1986–1989. Mit Texten aus den »Umweltblättern«, Berlin 1992, 56 ff.; »Die Reisefreiheit aller Bürger ist nötig«, Der Spiegel 40, 1986, Nr. 10, 78 ff.; »Demokratie und Sozialismus«, FR, 21. 5. 1986; »Damit Vertrauen wächst«, ebd., 11. 8. 1986.

86 Als Beispiele siehe Albrecht Hinze, »Hart zugreifen, schnell loslassen«, SZ, 12. 10. 1988 und »Die SED muß ihre Politik jetzt ändern«, Die Welt, 30. 7. 1988. Vgl. auch Havemann und Widmann, Robert Havemann, 71 ff.

87 Ulrich Schacht, »Bückware des Geistes aus dunklen Hinterzimmern«, Die Welt, 17. 9. 1986. Vgl. Rüddenklau, Störenfried, 81–359 und Ilko-Sascha Kowalczuk, Hg., Freiheit und Öffentlichkeit. Politischer Samisdat in der DDR 1985–1989. Eine Dokumentation, Berlin 2002.

88 Helmut Lohlhöffel, »Der Stumme Kreis von Jena«, SZ, 19. 7. 1983; Peter Bolm, »SED unter Druck«, Die Welt, 22. 12. 1983; Sabine Katzke, »Die Haft kam prompt, als sie im Betrieb die Arbeit verweigerten«, FR, 3. 3. 1984; Peter Jochen Winters, »Jegliche ›Zusammenrottung‹ wird von der Polizei observiert«, FAZ, 23. 10. 1986.

89 »DDR-Opposition: SED behandelt ihre Kritiker als Feinde«, TSp, 19. 5. 1989; »Demokratisierung gefordert« SZ, 19. 12. 1988; »Erneut Festnahmen in Leipzig«, TSp, 10. 5. 1989. Vgl. Armin Mitter und Stefan Wolle, Ich liebe euch doch alle! Befehle und Lageberichte des MfS, Januar-November 1989, Berlin 1990.

90 Dieter Dose und Hans-Rüdiger Karutz, »Symptome der Ratlosigkeit bei den ideologischen Vordenkern«, Die Welt, 29. 1. 1988; »Auch das innere Feindbild schwindet«, Vorwärts, 26. 9. 1987; »DDR-Organe gehen weiter hart gegen unabhängige Gruppen vor«, FAZ, 28. 11. 1987. Vgl. Gerhard Rein, Die protestantische Revolution 1987–1990. Ein deutsches Lesebuch, Berlin 1990, 42–86.

91 Günter Zehm, »Das große Zittern«, Die Welt, 16. 2. 1988; »Kritiker der DDR-Verhältnisse berufen sich auf Gorbatschow«, TSp, 3. 9. 1988 und »Opposition in Ost-Berlin fordert von Honecker Verzicht auf Mauer«, TSp, 28. 1. 1989. Walter Süß, Staatssicherheit am Ende. Warum es den Mächtigen nicht gelang, 1989 eine Revolution zu verhindern, Berlin 1999.

92 Bärbel Bohley, »Vierzig Jahre warten«, in: dies. et al., 40 Jahre DDR ...und die Bürger melden sich zu Wort, Frankfurt 1989, 5–11. Vgl. Helmut Dubiel, Günter Frankenberg und Ulrich Rödel, »›Wir sind das Volk‹. Die Geburt der Zivilgesellschaft in der demokratischen Revolution«, FR, 2. 1. 1990 und Hartmut Zwahr, Ende einer Selbstzerstörung. Leipzig und die Revolution in der DDR, Göttingen 1993.

93 »Hunderte demonstrierten in Leipzig für Ausreise aus der DDR«, TSp, 14. 3. 1989; »Heute in China – morgen in der DDR?«, ebd., 5. 8. 1989; »Ausreiser

und Bleiber marschieren getrennt«, taz, 9. 9. 1989; »Sicherheitskräfte hielten sich bei Demonstrationen in Leipzig zurück«, TSp, 27. 9. 1989.

94 »Festnahmen und Verletzte bei Massendemonstration in Leipzig«, TSp, 4. 10. 1989; Karl-Heinz Baum, »SED wechselt die Signale auf Dialog«, FR, 11. 10. 1989. Karl-Dieter Opp und Peter Voß, Die volkseigene Revolution, Stuttgart 1993.

95 »Oppositionsgruppe in der DDR gegründet«, TSp, 12. 9. 1989; »Neues Forum ist staatsfeindlich«, Kieler Nachrichten, 22. 9. 1989; »Wir werden immer mehr«, Der Spiegel 43, 1989, Nr. 40, 25 f. Vgl. »Das Neue Forum. Selbstportrait einer Bürgerbewegung«, in: Materialien zur gewerkschaftlichen Bildungsarbeit, Bonn 1990, 4 ff.

96 Hans-Jürgen Fischbeck, Ludwig Mehlhorn, Wolfgang Ullmann und Konrad Weiss, »Aufruf zur Einmischung«, taz, 12. 9. 1989. Vgl. Ulrike Poppe, »Bürgerbewegung ›Demokratie Jetzt‹«, in: Hubertus Knabe, Hg., Aufbruch in eine andere DDR. Reformer und Oppositionelle zur Zukunft ihres Landes, Reinbek 1989, 160–62.

97 »Künstler der DDR rufen nach einer neuen Medienpolitik«, SZ, 13. 10. 1989; Peter J. Winters, »Angelika Unterlauf darf unerhörte Dinge sagen«, FAZ, 14. 10. 1989; Günter Schabowski, »Mündige Bürger und mündige Journalisten brauchen einander«, ND, 11. 11. 1989.

98 Hans B. Karutz, »Nachdenkliche Stimmen in den Medien der DDR«, Die Welt, 12. 10. 1989; Walter Hömbert, »Klassenfeind mitten im Wohnzimmer«, RhM, 20. 10. 1989; »Seit Montag guckt Schnitzler in die Röhre«, FR, 1. 11. 1989; »Immer mehr Zuschauer sehen Aktuelle Kamera«, FAZ, 13. 11. 1989.

99 »Parteigründung in der DDR«, FR, 9. 10. 1989; »Trügerische Hoffnungen«, Vorwärts, 1. 11. 1989; »Wir werden nach dem 6. Mai mit am Regierungstisch sitzen«, Augsburger Allgemeine, 22. 12. 1989. Vgl. Konrad H. Jarausch, »›Die notwendige Demokratisierung unseres Landes‹. Zur Rolle der SDP im Herbst 1989«, in: Bernd Faulenbach und Heinrich Potthoff, Hg., Die deutsche Sozialdemokratie und die Umwälzung 1989/90, Essen 2001, 52–68.

100 »In dieser Lage wird's ungeheuer spannend«, Die Welt, 16. 9. 1989; »Das wird sehr bunt sein müssen«, taz, 3. 10. 1989; Christian Wernicke, »Eine neue Partei mit Bonner Bügelfalten«, Die Zeit, 22. 12. 1989.

101 »Manfred Gerlach«, Stuttgarter Zeitung, 7. 10. 1989; »CDU-Mitglieder in der DDR fordern zu Reformvorschlägen auf«, FAZ, 18. 9. 1989; Heinrich Jämecke, »Preuße, Christ und Demokrat«, Der Stern, 7. 12. 1989 und »Der Block ist zerbrochen«, ND, 7. 12. 1989.

102 Gero Neugebauer, »Von der SED zur PDS 1989 bis 1990«, in: Andreas Herbst et al., Hg., Die SED. Geschichte, Organisation, Politik. Ein Handbuch, Berlin 1997, 100–16.

103 »Oppositionsgruppen fordern Gespräche am Runden Tisch«, TSp, 15. 11. 1989; »Alte Hasen aus dem Untergrund«, SZ, 2. 12. 1989 und »Rauhe Zeiten«, Der Spiegel 43, 1989, Nr. 52, 23 f. Vgl. Uwe Thaysen, Der Runde Tisch oder Wo blieb das Volk? Der Weg der DDR in die Demokratie, Opladen 1990.

104 »Sturm auf Stasi-Zentrale ist die Folge der Verschleierungspolitik«, Die Welt, 17. 1. 1990. Vgl. Süß, Staatssicherheit, 723 ff.

105 Pressemitteilung der Grünen vom 9. 1. 1990; Interview mit Bärbel Bohley, Schweizer TZ, 10. 2. 1990; Joachim Nawrocki, »Betäubt vom Tempo der Profis«, Die Zeit, 9. 2. 1990; Klaus-Dieter Frankenberger, »Beim Stichwort Canvassing sind einige Leute ratlos«, FAZ, 24. 2. 1990; »Kinder der Demokratie«, Der Spiegel 44, 1990, Nr. 7.

106 Wahlkommentare der Politiker vom 18. 3. 1990 im ARD; Infas, »›Revolutionäre‹ rücken in den Hintergrund«, SZ, 21. 3. 1990; Elisabeth Noelle-Neumann, »Ein demokratischer Wahlkampf gab den Ausschlag«, FAZ, 23. 3. 1990 und Manfred Berger, Wolfgang Gibowski und Diether Roth, »Ein Votum für die Einheit«, Die Zeit, 23. 3. 1990.

107 »Gesamtdeutsche Verfassungsdebatte statt Wahlkampf«, taz, 3. 3. 1990; Ulrich K. Preuss, »Auf der Suche nach der Zivilgesellschaft«, FAZ, 28. 4. 1990; Gerd Roellecke, »Dritter Weg zum zweiten Fall«, ebd., 12. 6. 1990; »Deutscher Einigungsprozeß: Nicht die Zeit für Verfassungsexperimente«, CDU-Pressedienst, 28. 6. 1990.

108 »Wirtschafts- und Währungsunion«, taz, 30. 1. 1990; »Akzeptabel ist nur eine Sozialunion«, Presse, 9. 4. 1990; »Die wichtigste soziale Aufgabe für jeden ist die Stabilität der Mark«, Die Welt, 30. 4. 1990; »Das gleicht Kapitulation nach verlorenem Krieg«, ND, 6. 5. 1990; »Schocktherapie statt Besinnung«, taz, 23. 5. 1990; Lothar de Maizière, »Gründergeist und neuer Mut«, FAZ, 28. 5. 1990.

109 Interview mit Günther Krause, Deutscher Fernsehfunk, 25. 8. 1990; Lothar de Maizière, »Dieser Vertrag regelt den Beitritt in ausgewogener Balance«, HAZ, 1. 9. 1990; »Hans-Jochen Vogels politischer Bericht vor der Fraktion«, SPD-Pressedienst, 4. 9. 1990; Ulrich K. Preuss, »Der Liquidationsvertrag«, taz, 14. 9. 1990.

110 »Erhobenen Hauptes in die Einheit gehen«, Kölner Stadt-Anzeiger, 18. 8. 1990; »DDR-Identität?«, ND, 29. 9. 1990. Thomas Bulmahn, »Zur Entwicklung der Lebensqualität im vereinigten Deutschland«, APuZ B 40, 2000, 30–38.

111 Rainer Schedlinski, »die phase der schönen revolution ist vorbei«, in: Stefan Heym und Werner Heiduczek, Hg., Die sanfte Revolution. Prosa, Lyrik, Protokolle, Erlebnisberichte, Reden, Leipzig 1990, 339–345. Vgl. Jan Wielgohs, »Auflösung und Transformation der ostdeutschen Bürgerbewegung«, DA 26, 1993, 426–434; Detlef Pollack, »Was ist aus den Bürgerbewegungen und Oppositionsgruppen der DDR geworden?«, APuZ B 40–41, 1995, 34–45.

112 Eckhard Priller, »Veränderungen in der politischen und sozialen Beteiligung in Ostdeutschland«, in: Wolfgang Zapf und Roland Habich, Hg., Wohlfahrtsentwicklung im vereinten Deutschland. Sozialstruktur, sozialer Wandel und Lebensqualität, Berlin 1996, 285 ff.

113 Jörn Ewaldt et al., »Zwischenbilanz der Wirtschaftsentwicklung in Ostdeutschland«, DA 31, 1998, 371–383; Klaus-Peter Schwitzer, »Ältere und alte Menschen in den neuen Bundesländern im zehnten Jahr nach der Wen-

de. Eine sozialwissenschaftliche Bilanz«, APuZ B 43–44, 1999, 32–39. Vgl. Rainer Geißler, »Nachholende Modernisierung mit Widersprüchen. Eine Vereinigungsbilanz aus modernisierungstheoretischer Perspektive«, ebd., B 40, 2000, 22–29.

114 Karin Rohnstock, »Mentalität ist eine Haut«, FAZ, 10. 7. 1999; Laurence McFalls, »Die kulturelle Vereinigung Deutschlands. Ostdeutsche politische und Alltagskultur vom real existierenden Sozialismus zur postmodernen kapitalistischen Konsumkultur«, APuZ B 11, 2001, 23–29 und Dietrich Mühlberg, »Beobachtete Tendenzen zur Ausbildung einer ostdeutschen Teilkultur«, ebd., 30–38. Vgl. Daniela Dahn, Westwärts und nicht vergessen. Vom Unbehagen an der Einheit, Berlin 1996, sowie Hans-Jürgen Misselwitz, Nicht mehr mit dem Gesicht nach Westen. Das neue Selbstbewußtsein der Ostdeutschen, Bonn 1996.

115 Peter Förster, »›Es war nicht alles falsch, was wir früher über den Kapitalismus gelernt haben‹. Empirische Ergebnisse einer Längsschnittstudie zum Weg junger Ostdeutscher vom DDR-Bürger zum Bundesbürger«, DA 34, 2001, 197–218; Detlef Pollack, »Wirtschaftlicher, sozialer und mentaler Wandel in Ostdeutschland. Eine Bilanz nach zehn Jahren«, APuZ B 40, 2000, 13–21.

116 Karin Kortmann, »Mit mehr Verantwortung zu einer aktiveren Gesellschaft in Deutschland«, Das Parlament, 16. 4. 2003. Vgl. Ansgar Klein, Der Diskurs der Zivilgesellschaft. Politische Kontexte und demokratietheoretische Bezüge der neueren Begriffsverwendung, Opladen 2001.

117 Lutz Rathenow, »Mit Befürchtungen, aber ohne Angst«, Bonner Generalanzeiger, 29. 9. 1990. Vgl. Bauerkämper, Ländliche Gesellschaft, 494.

118 »Abkehr von dem Sozialismus«, Die Zeit, 19. 3. 1982; Anette Simon, »Fremd im eigenen Land«, ebd., 17. 6. 1999; Rita Kuczynski, Mauerblume, 80 ff. Corey Ross, »Grundmerkmal oder Randerscheinung. Überlegungen zu Dissens und Opposition in der DDR«, DA 35, 2002, 747–760.

119 Wolfgang Merkel und Hans-Joachim Lauth, »Systemwechsel und Zivilgesellschaft. Welche Zivilgesellschaft braucht die Demokratie?«, APuZ B 6–7, 1998, 3–12. Thaa, Die Wiedergeburt des Politischen, 357 ff. spart den ostdeutschen Fall aus.

120 Thomas Ahbe, »Hohnarbeit und Kapital. Westdeutsche Bilder vom Osten«, DA 33, 2000, 84–89; ders., »Nicht demokratisierbar. Westdeutsche Bilder vom Osten (II)«, ebd. 35, 2002, 112–118; Rita Kuczynski, »Von der Wupper an die Oder«, SZ, 22. 3. 2000.

121 Heiner Meulemann, »Aufholtendenzen und Systemeffekte. Eine Übersicht über Wertunterschiede zwischen Ost- und Westdeutschland«, APuZ B 40–41, 1995, 21–33; Albrecht Göschel, »Kulturelle und politische Generationen in Ost und West. Zum Gegensatz von wesenhafter und distinktiver Identität«, BDI 10, 1999, Heft 2, 29–40 und Siegrist, »Wie bürgerlich war die Bundesrepublik?«

122 Dietrich Mühlberg, »Schwierigkeiten kultureller Assimilation. Freuden und Mühen der Ostdeutschen beim Eingewöhnen in neue Standards des Alltags-

lebens«, APuZ B 17, 2002, 3–11; Joyce M. Mushaben, »Democratization as a Political-Cultural Process. Social Capital and Citizen Competence in the East German Länder«, MS, St. Louis 1998.

123 Kocka, Vereinigungskrise; Thomas Ahbe, »Ostalgie als Laienpraxis. Einordnung, Bedingungen, Funktion«, BDI 10, 1999, Heft 3, 87–97; Paul Betts, »The Twilight of the Idols. East German Memory and Material Culture«, JMH 72, 2000, 731–765.

124 Günter de Bruyn, »Deutsche Zustände«, TSp, 8.8. 1999. Zuletzt Alexander von Plato, Die Vereinigung Deutschlands – ein weltpolitisches Machtspiel. Bush, Kohl, Gorbatschow und die geheimen Moskauer Protokolle, Berlin 2002.

Anmerkungen für Kapitel 8

125 www.Mauerspechte.de, www.ddr-im-www.de und andere Webseiten. Vgl. Heinz J. Kuzdas, Berliner MauerKunst, Berlin 1990, 77 ff.

126 Müller, Die USA in Potsdam. Vgl. Görtemaker, Geschichte der Bundesrepublik.

127 »Über die Frage, wie die Deutschen die Spaltung betrieben haben«, Die Neue, 18. 6. 1982; »Bonn hält an Bemühungen um innerdeutsche Normalisierung fest«, TSp, 30. 7. 1982.

128 Hans-Peter Schwarz, »Das Ende der Identitätsneurose«, RhM, 7. 9. 1990; Rainer Zitelmann, Wohin treibt unsere Republik?, 2., erw. Aufl. Frankfurt 1995; Jürgen Habermas, »Wir sind wieder ›normal‹ geworden«, Die Zeit, 18. 12. 1992. Vgl. Konrad H. Jarausch, »Normalisierung oder Re-Nationalisierung? Zur Umdeutung der deutschen Vergangenheit«, GG 21, 1995, 571–584.

129 Geschichte der deutschen Einheit, 4 Bde., Stuttgart 1998 und von Plato, Die Vereinigung.

130 Winkler, Der lange Weg, Bd. 2; Kielmansegg, Nach der Katastrophe.

131 Mitchell Ash, »Becoming Normal, Modern, and German (Again?)«, in: Michael Geyer, Hg., The Power of Intellectuals in Contemporary Germany, Chicago 2001, 298–313; Moshe Zuckermann, Gedenken und Kulturindustrie. Ein Essay zur neuen deutschen Normalität, Berlin 1999, 21 ff. Für eine alarmistische Sicht vgl. Stefan Berger, The Search for Normality. National Identity and Historical Consciousness in Germany Since 1800, Providence 1997.

132 Rudolf Augstein und Günter Grass, Deutschland, einig Vaterland? Ein Streitgespräch, Göttingen 1990.

133 Schröder, Deutschland schwierig Vaterland.

134 Stöver, Befreiung vom Kommunismus; Kleßmann, Zwei Staaten.

135 Egon Bahr, Zu meiner Zeit, München 1996, 284 ff. und Strauß, Erinnerungen.

136 Wolfrum, Geschichtspolitik in der Bundesrepublik.

137 Hendrik Bussiek, »Visionen in Ost und West«, Vorwärts, 28. 8. 1980; Jürgen Engert, »Dilemma der Halbstarken«, RhM, 21. 11. 1980; »Schmidt: Rückschläge, aber kein Ende unserer Politik der Minderung von Spannungen«, FAZ, 12. 4. 1981.

138 Robert Leicht, »Turbulenz um den Begriff«, SZ, 3. 4. 1981; Peter Bender, »Geisterkampf um die Nation«, Der Spiegel 35, 1981, Nr. 9, 48 f.; Günter Gaus, »Politik des Friedens für Deutschland«, Berliner Liberale Zeitung, 27. 11. 1981; Hermann Rudolph, »Zwischen Trennen und Verbundensein«, Die Zeit, 17. 4. 1981.

139 Hans Heigert, »Die Angst vor dem Volk«, SZ, 18. 10 1980; »Die DDR schottet sich ab«, Berliner Stimme, 1. 11. 1980 und »Honecker richtet Forderungskatalog an Bonn«, TSp, 14. 10. 1980. Vgl. Wolle, Die heile Welt der Diktatur.

140 Hendrik Bussiek, »Hoffen, dass es nicht schlechter wird«, Vorwärts, 10. 12. 1981; »Treffen am Werbellinsee ist von großer Bedeutung für Frieden, Abrüstung und Zusammenarbeit der Völker«, ND, 16. 12. 1981; Helmut Schmidt, »Ein aktiver Beitrag zum Dialog über Sicherheit«, ebd., 14. 12. 1981 und Peter Kutschke, »Bonn – Ostberlin: Wieder Hoffnung für die Deutschen«, Vorwärts, 17. 12. 1981.

141 »Es begann in Erfurt«, Das Parlament, 6. 6. 1983; Irene Böhme, »Als wäre es das Normalste der Welt«, FR, 24. 12. 1981; »Normales als Zugeständnis teuer erkauft«, BK, 20. 2. 1982; Karl-Heinz Baum, »Schielen nach dem Milch- und Honigland«, FR, 2. 10. 1982.

142 Eduard Lintner, »Rechtspositionen sind kein ›Formelkram‹«, BK, 13. 11. 1982; Hendrik Bussiek, »DDR-Bürger: Um Gottes willen, was habt ihr vor?«, Vorwärts, 5. 5. 1983; Hans-Jochen Vogel zur Deutschlandpolitik, SPD-Pressedienst, 29./30. 11. 1982; »Kohl: Wir wollen die Teilung erträglich machen«, FAZ, 24. 6. 1983.

143 »Die Beziehung zur Regierung Kohl«, NZZ, 19. 11. 1982; Dettmar Cramer, »Kontinuität in der Deutschlandpolitik«, Vorwärts, 7. 7. 1983. Vgl. Karl-Rudolf Korte, Deutschlandpolitik in Helmut Kohls Kanzlerschaft. Regierungsstil und Entscheidungen 1982–1989, Stuttgart 1998.

144 »Jugend zur Wiedervereinigung«, Die Welt, 4. 8. 1983; Eberhard Straub, »Die langwierige deutsche Frage«, FAZ, 12. 10. 1981; »Burschenschaften für Einheit der Nation«, ebd., 31. 5. 1983; »Die deutsche Frage lebendig erhalten«, Das Parlament, 31. 10. 1981.

145 Dietrich Müller-Römer, Die neue Verfassung der DDR, Köln 1974, 78 ff.; Helmut Meier und Walter Schmidt, Hg., Erbe und Tradition in der DDR. Die Diskussion der Historiker, Köln 1989; Brinks, Die DDR-Geschichtswissenschaft.

146 Klaus Erdmann, Der gescheiterte Nationalstaat. Die Interdependenz von Nations- und Geschichtsverständnis im politischen Bedingungsgefüge der DDR, Frankfurt 1996.

147 »Heftiger Disput über den Fortbestand der Nation«, Die Welt, 12. 3. 1984; »Zur Deutschlandpolitik«, SPD-Pressedienst, 20. 3. 1984; »Bahr: Drei DDR-

Forderungen zu erfüllen«, SZ, 17. 9. 1984; »Einheit der Nation heißt nicht Wiedervereinigung«, Vorwärts, 10. 11. 1984.

148 »Deutsche Frage muß offenbleiben«, Die Welt, 9. 11. 1984; »Wünschbares und Machbares«, BK, 9. 3. 1985; »Warnung vor Kurzatmigkeit in der deutschen Frage«, Die Welt, 26. 11. 1984; »Der Weg zur Einheit über den Nationalstaat ist nicht verboten«, FAZ, 16. 10. 1985.

149 »Politisches Feld mit Tretminen«, Vorwärts, 22. 12. 1984; »Neue Aufregung um die deutsche Frage«, NZZ, 21. 5. 1985; »Ostpolitik nur unter dem Dach der Präambel«, Die Welt, 26. 2. 1986.

150 »Von Normalität weit entfernt«, FR, 16. 3. 1984; Horst Stein und Eberhard Nitschke, »Ein Arbeitsbesuch mit 16 Fahnen«, Die Welt, 8. 9. 1987; Thomas Oppermann, »Beim Klang der Hymnen hatte ich das Gefühl, das war die Besiegelung der deutschen Teilung«, ebd., 12. 9. 1987.

151 »Das gemeinsame Kommuniqué«, TSp, 9. 9. 1987; »Honecker sagt Kohl weitere Erleichterungen im innerdeutschen Reiseverkehr zu«, SZ, 9. 9. 1987; Klaus Dreher, »Ein Besuch, der vieles offen läßt«, ebd., 9. 9. 1984; Hans-Herbert Gaebel, »Gemeinsam getrennt«, FR, 9. 9. 1987.

152 Karl-Christian Kaiser, »Viele Wahrheiten, kein Augenzwinkern«, Die Zeit, 19. 9. 1987; »Kohl spricht von Durchbruch in der Deutschlandpolitik«, TSp, 16. 10. 1987; »Honecker nennt Wiedervereinigung Träumerei«, FAZ, 30. 9. 1987; »Kampagne der SED gegen innere Aufweichung«, NZZ, 16. 9. 1987. von Plato, Die Vereinigung, 52 ff.

153 »Reagan: Die Berliner Mauer soll fallen«, SZ, 4. 6. 1987; »›Prager Aufruf‹ tritt für deutsche Einheit ein«, Die Welt, 13. 3. 1985. Vgl. Ash, Im Namen Europas.

154 »Deutschlandpolitik der Regierung – Management der Teilungsfolgen«, FAZ, 10. 8. 1987; Karl-Christian Kaiser, »Ein kleines Wunder für die Deutschen«, Die Zeit, 1. 2. 1988; »Ungebrochener Schrumpfkurs«, Vorwärts, 24. 9. 1988.

155 Axel Schützsack, »Ein neuer Patriotismus auf der Suche nach Formen der Einheit«, Die Welt, 20. 8. 1986; Kurt Sagatz, »Teilung nicht als Fluch begreifen«, TSp, 24. 11. 1987; Marion Dönhoff, »Als ob endlich die Zukunft beginnt!«, Die Zeit, 14. 9. 1987; »Bahr nennt CDU-Bekenntnis zur Wiedervereinigung Heuchelei«, FAZ, 20. 7. 1988; »Bräutigam: Zusammenhalt der Deutschen stärker geworden«, SZ, 20. 12. 1988.

156 Eduard Schnitzler, »Kohl und die Widernatürlichkeit«, ND, 27. 10. 1988; »CDU: Wiedervereinigung jetzt nicht erreichbar«, SZ, 19. 2. 1989; »Im Bundestag erstmals offener Streit über das Fernziel Wiedervereinigung«, FAZ, 2. 12. 1988. Hans-Dietrich Genscher, Erinnerungen, Berlin 1995.

157 »›Wir haben einen Modus vivendi‹«, Der Spiegel 39, 1985, Nr. 4, 26 ff.; Carl-Christian Kaiser, »Das Geflecht wird enger«, Die Zeit, 7. 4. 1989; »Zweigleisige Politik Ostberlins gegenüber Bonn«, NZZ, 25. 12. 1988.

158 »Pro und Contra: Ist die Wiedervereinigung eine dringliche Zukunftsaufgabe für Deutschland?«, Die Welt, 13. 5. 1989. Vgl. Günter Gaus, »Zwei deutsche Staaten – und welcher Zukunft zugewandt?«, Die Zeit, 20. 1. 1989.

Vgl. Bundesministerium des Innern, Hg., Dokumente zur Deutschlandpolitik. Deutsche Einheit. Sonderedition aus den Akten des Bundeskanzleramtes 1989/90, München 1998, 276 ff.

159 D. Dose und H. Karutz, »Bundesregierung rechnet mit Honeckers Verbleiben im Amt über 1990 hinaus«, Die Welt, 27. 6. 1989; »Honecker wünscht gute Beziehungen zu Bonn«, FAZ, 8. 9. 1989; Leserbrief von Ingo Arend, »Statt der Lebenslüge Wiedervereinigung transnationale Kooperation«, ebd., 3. 7. 1989; Gerhard Zwerenz, »Romantische Geister gibt es hüben wie drüben«, Die Welt, 13. 5. 1989.

160 Rolf Hochhuth, »Die deutsche Uhr zeigt Einheit an«, Die Welt, 13. 5. 1989; »Mit Europa zur deutschen Wiedervereinigung«, FAZ, 8. 5. 1989; »Freiheit und Einheit als Aufgabe«, Die Welt, 22. 5. 1989; »Deutsche Fragen«, TSp, 3. 7. 1989. Vgl. DzD. Deutsche Einheit, 283 f.

161 Walter Bajohr, »Hinter den Ritualen Angst vor der deutschen Frage«, RhM, 8. 9. 1989; »Ratlosigkeit in Ost und West«, Der Spiegel 43, 1989, Nr. 38, 14 ff.; »Deutschlandpolitik nach der Flüchtlingswelle«, NZZ, 24. 9. 1989; »›Wir müssen Kurs halten‹«, Der Spiegel 43, 1989, Nr. 39, 16 ff. Vgl. DzD. Deutsche Einheit, 323 ff., 393 ff., 413 ff.

162 »Wiedervereinigung ein untauglicher Begriff«, FAZ, 28. 9. 1989; Karl Friedrich Fromme, »Flüchtlinge und deutsche Frage«, FAZ, 26. 9. 1989; »Kohl und Vogel über Haltung zur DDR-Führung einig«, TSp, 7. 10. 1989.

163 »Forderung Bonns nach freien Wahlen in der DDR«, NZZ, 10. 11. 1989; »Die Deutschen feiern ihr Wiedersehen. Berlins Herz beginnt wieder zu schlagen«, Die Welt, 13. 11. 1989. Vgl. DzD. Deutsche Einheit, 425 ff., 455 ff., 504–19; Hans-Hermann Hertle, Der Fall der Mauer. Die unbeabsichtigte Selbstauflösung des SED-Staates, Opladen 1996.

164 Gerd Prokop, »Nicht auf der Tagesordnung«, ND, 14. 11. 1989; »Wider die Vereinigung«, taz, 15. 11. 1989; Wolfgang Bergsdorf, »Staunen vor offenen Türen«, RhM, 27. 10. 1989; Rudolf Augstein, »Eine Löwin namens Einheit«, Der Spiegel 43, 1989, Nr. 38, 15.

165 »Der Bonner Stufenplan«, FR, 29. 11. 1989; DzD. Deutsche Einheit, 567 ff.; Horst Teltschik, 329 Tage. Innenansichten der Einigung, Berlin 1991, 42–86; Werner Weidenfeld, Außenpolitik für die deutsche Einheit. Die Entscheidungsjahre 1989/90, Stuttgart 1998, 97 ff.; von Plato, Die Vereinigung, 113 ff.

166 »Zehn-Punkte-Plan« zur Deutschlandpolitik, BfdiP, Januar 1990, 119 ff. Vgl. »Zehn Punkte Kohls für einen deutsch-deutschen Weg«, FAZ, 29. 11. 1989 und Karl Feldmeyer, »Kohl nutzt die Stunde«, ebd., 30. 11. 1989; »Ein Staatenbund? Ein Bundesstaat?«, Der Spiegel 43, 1989, Nr. 49, 24 ff.

167 Thomas Kielinger »Wir haben uns die Einheit verdient«, RhM, 8. 12. 1989; »SPD stimmt Plänen Kohls für deutsche Konföderation zu«, TSp, 29. 11. 1989; »Die Grünen sind gegen die Wiedervereinigung«, FAZ, 22. 9. 1989; »Wiedervereinigung«, taz, 23. 11. 1989; »Vereint gegen die Kohl-Plantage«, ebd., 11. 12. 1989.

168 Eduard Neumaier, »Der Plan, die Einheit und die Freunde«, RhM, 1. 12. 1989; »Weitgehende Übereinstimmung zwischen Mitterrand und Gorbat-

schow«, FAZ, 8. 12. 1989. Vgl. DzD. Deutsche Einheit, 546 ff., 574 ff.; Philip Zelikow und Condoleezza Rice, Germany Unified and Europe Transformed. A Study in Statecraft, Cambridge 1995, 102 ff., sowie von Plato, Die Vereinigung, 125 ff.

169 »›Deutschland, einig Vaterland‹ – Die Stimmung in Leipzig kippt«, taz, 29. 12. 1989; »In der DDR wird der Ruf nach Verhandlungen über Kohls zehn Punkte lauter«, FAZ, 5. 12. 1989; »Eine Doppelseite zur Einheit Deutschlands«, ebd., 11. 12. 1989. Vgl. DzD. Deutsche Einheit, 590 ff., 621 ff.

170 Georg Reißmüller, »Drüben wollen viele die Einheit«, FAZ, 15. 12. 1989; »Deutscher Bund ohne Waffen«, FR, 16. 12. 1989; »Recht auf Einheit gefordert«, FAZ, 18. 12. 1989; »Auf dem Weg zu einer Vertragsgemeinschaft«, ND, 20. 12. 1989; »Brandenburger Tor wird geöffnet«, Die Welt, 20. 12. 1989. Vgl. DzD. Deutsche Einheit, 663 ff.

171 »Für Brandt ist die Einheit der Deutschen eine Frage der Zeit«, TSp, 19. 12. 1989; Leitartikel der NYT, 19. 11. 1989; Peter Jochen Winters, »Deutsche Weihnachten«, FAZ, 21. 12. 1989. Vgl. Harold James und Marla Stone, Hg., When the Wall Came Down. Reactions to German Unification, New York 1992. Vgl. DzD. Deutsche Einheit, 636 ff., 645 ff.

172 »Deutsche Fragen, alliierte Antworten«, taz, 25. 9. 1989. Vgl. Bernhard Giesen, Die Intellektuellen und die Nation, 2 Bde., Frankfurt 1993/99, Bd. 2.

173 Conor Cruise O'Brien, »Beware the Reich is Reviving«, London Times, 31. 10. 1989; »›Viertes Reich‹ mit starken Muskeln«, taz, 3. 2. 1990; »Argumente gegen die Wiedervereinigung«, ND, 22. 12. 1989 und »›Anderer Alltag‹ in der DDR – mühsame Schwimmzüge gegen den Strom«, Vorwärts, 10. 2. 1990.

174 Yonah Cohen, »The Unification of the Germanys – a World Disaster«, Ha'-Zafeh, 17. 11. 1989; Günter Grass, »Don't Reunify Germany«, NYT, 7. 1. 1990. Vgl. DzD. Deutsche Einheit, 676 ff. und Renata Fritsch-Bournazel, Europa und die deutsche Einheit, Stuttgart 1990.

175 »Die Einheit liegt bei den Deutschen drüben«, FAZ, 17. 11. 1989; »Aufruf ›Für unser Land‹ vom 26. November 1989«, in: Gransow und Jarausch, Die deutsche Vereinigung, 100 f.; Jörg Bremer, »Dritter Weg und süße Träume«, FAZ, 11. 12. 1989; Gregor Gysi, Wir brauchen einen dritten Weg. Selbstverständnis und Programm der PDS, Hamburg 1990.

176 »Modrows Entscheidung findet die Zustimmung der Bundesregierung«, FAZ, 12. 1. 1990; »Geschichte entscheidet über Wiedervereinigung«, taz, 13. 12. 1989; Tilman Fichter, »Chancen für einen dritten Weg?«, ebd., 23. 1. 1990. Vgl. DzD. Deutsche Einheit, 695 ff., 707 ff., 713 ff.

177 »Genugtuung Bonns über Modrows Konzessionen«, NZZ, 17. 1. 1990; »Wirtschafts- und Währungsunion vorrangig«, FAZ, 24. 1. 1990; »Grüne geben Prinzip der Zweistaatlichkeit auf«, SZ, 8. 2. 1990; Jochen Dankert, »Die bessere Variante ist Rechtsgleichheit der Partner«, ND, 3. 3. 1990.

178 »Vorschläge Modrows für ein ›einig Vaterland‹«, FAZ, 2. 2. 1990; »›Einheit in diesem Jahr‹«, Der Spiegel 44, 1990, Nr. 6, 14 ff.; Peter Bender, »Ein Magnet, stärker als die Macht«, Die Zeit, 9. 2. 1990; »Kohl und Modrow verab-

reden Schritte zur Währungsunion«, Die Welt, 14. 2. 1990; »Kohl: Chance für Einheit entschlossen wahrnehmen«, SZ, 16. 2. 1990. Vgl. DzD. Deutsche Einheit, 722 ff., 795–813; von Plato, Die Vereinigung, 164 ff.

179 Otto B. Roegele, »Beitritt und kein langes Abenteuer«, RhM, 9. 3. 1990; »Koalitionsparteien und SPD bekennen sich zum Ziel der deutschen Einheit«, FAZ, 13. 1. 1990; »SPD rechnet mit DDR-Beitritt«, SZ, 7. 2. 1990; »Jugend in der DDR für vereintes Deutschland«, Die Welt, 27. 12. 1989; »Die ›Allianz‹ will die Wiedervereinigung so schnell wie möglich«, FAZ, 2. 3. 1990. Vgl. DzD. Deutsche Einheit, 727 ff., 749 ff., 759 ff., 879 ff.

180 Interview von Präsident George Bush, NYT, 25. 10. 1989; »Bush und Mitterrand für nur langsame Schritte in Richtung Wiedervereinigung«, TSp, 19. 12. 1989; »Wiedervereinigung in Polens Interesse«, FAZ, 19. 9. 1989. Vgl. Konrad H. Jarausch, »American Policy Towards German Reunification. Images and Interests«, in: David E. Barclay und Elisabeth Glaser-Schmidt, Hg., Transatlantic Images and Perceptions. Germany and America since 1776, Cambridge 1997, 333 ff.

181 »Deutsche Einheit nur im Rahmen einer europäischen Friedensordnung«, Die Welt, 28. 9. 1989; »Bonn steht ohne Wenn und Aber zur europäischen Verantwortung«, FAZ, 18. 1. 1990; »Deutsche Einheit und europäische Integration sind kein Gegensatz«, ebd., 12. 3. 1990. Vgl. DzD. Deutsche Einheit, 596 ff., 771 ff., 1005 ff.

182 »Mitterrand vollzieht eine Wende«, Die Welt, 31. 12. 1989; »Polen und Ungarn unterstützen deutschen Wunsch nach Einheit«, TSp, 6. 2. 1990; Bernd Conrad, »Militärisch neutral?«, Die Welt, 3. 2. 1990; »Genscher erläutert in Washington Vorteile des KSZE-Prozesses für die deutsche Einigung«, FAZ, 5. 2. 1990.

183 Detlev Ahlers, »Wege nach Deutschland«, Die Welt, 17. 3. 1990; »DDR-Regierung will bei Vereinigung eigenständige Akzente setzen«, SZ, 14. 4. 1990; Eghard Mörbitz, »Jetzt beginnt die Arbeit«, FR, 19. 3. 1990. Vgl. DzD. Deutsche Einheit, 961 ff., 1018 ff.; Jarausch, Die unverhoffte Einheit, 178 ff.

184 Hellmuth Karasek, »Mit Kanonen auf Bananen?«, Der Spiegel 44, 1990, Nr. 13, 56 f.; »Mit gemischten Gefühlen zur Einheit«, SZ, 20. 2. 1990; Theo Sommer, »Die Geschichte wechselt ihr Tempo«, Die Zeit, 13. 4. 1990. Vgl. Konrad H. Jarausch, »The Double Disappointment. Revolution, Unification, and German Intellectuals«, in: Geyer, The Power of Intellectuals, 276–294.

185 »USA für schnelle Vereinigung«, SZ, 21. 3. 1990; »›Anschluß ist ein falscher Begriff‹«, Der Spiegel 44, 1990, Nr. 12, 48 ff.; »Der Beitritt über Artikel 23 ist der richtige Weg zur deutschen Einheit«, Die Welt, 28. 3. 1990; DzD. Deutsche Einheit, 1126 ff., 1191.

186 »Genscher: Einheit trägt zur Stabilität in Europa bei«, SZ, 14. 2. 1990; »Baker: Die Nachbarn werden einbezogen«, SZ, 24. 2. 1990; »Die Büchse der Pandora ist weiterhin offen«, FR, 27. 3. 1990; Henryk M. Broder, »Ja zur Vereinigung«, taz, 29. 3. 1990. Vgl. DzD. Deutsche Einheit, 860 ff., 950 ff., 1074 ff.; Zelikow und Rice, Germany Unified, 149 ff.

187 »Was haben wir von der Vereinigung?«, taz, 19. 3. 1990; »Bonn stimmt sich vor der Zwei-Plus-Vier-Konferenz mit Washington ab«, FAZ, 5. 4. 1990; »Plädoyers und Entwürfe für die deutsche Einheit«, NZZ, 8. 4. 1990. Vgl. DzD. Deutsche Einheit, 857 ff., 921 ff., 970 ff.; von Plato, Die Vereinigung, 207 ff.

188 »Erstes 2+4 Gespräch in Bonn eröffnet den Weg zur Vereinigung Deutschlands«, SZ, 7. 5. 1990; »›Alle werden sehen: Es geht‹«, Der Spiegel 44, 1990, Nr. 24, 18 ff.; »Genscher sieht Erfolg bei den 2+4 Verhandlungen«, SZ, 25. 6. 1990; »Bekenntnis Kohls zur Einheit Europas«, NZZ, 19. 7. 1990. Richard Kiessler und Frank Elbe, Ein runder Tisch mit scharfen Ecken. Der diplomatische Weg zur deutschen Einheit, Baden-Baden 1993, 106 ff.

189 »Bundestag bestätigt Garantie für Polens Westgrenze«, SZ, 9. 3. 1990 und »Polen mit Grenzvertrag nach der Vereinigung einverstanden«, ebd., 18. 7. 1990. In dieser Frage musste Kohl erst durch internationalen Druck zu Zugeständnissen gezwungen werden. Vgl. DzD. Deutsche Einheit, 937 ff., 1063 ff., 1147 ff., 1185 ff.

190 »›Zwei-Plus-Vier‹-Vertrag über Deutschland vom 12. September 1990«, in: Gransow und Jarausch, Die deutsche Vereinigung, 224–6. Vgl. Michael Stürmer, »Entscheidung in der Mitte«, FAZ, 21. 6. 1990; »Ein souveränes Deutschland in Europa«, NZZ, 24. 7. 1990; Johannes Leithäuser, »Nach der Unterzeichnung nehmen die Minister die Füllfederhalter mit«, FAZ, 13. 9. 1990; DzD. Deutsche Einheit, 1090 ff., 1249 ff., 1261 ff., 1340 ff., 1531 ff.; von Plato, Die Vereinigung, 394 ff.

191 Roderich Reifenrath, »Die Deutschen haben alles – nur keine Zeit«, FR, 3. 2. 1990; Günter Nonnenmacher, »Die Einheit – zu schnell?«, FAZ, 10. 3. 1990; »Wirtschaft für schnelle Vereinigung«, SZ, 13. 3. 1990; »Kohl und Modrow verabreden Schritte zur Währungsunion«, Die Welt, 14. 2. 1990. Vgl. DzD. Deutsche Einheit, 768 ff., 948 ff., 1024 ff., 1108 ff.

192 »Kohl: Chance der Einheit entschlossen wahrnehmen«, SZ, 16. 2. 1990; »1:1 entzweit die Deutschen«, Der Spiegel 44, 1990, Nr. 17, 100 ff.; »Entscheidender Schritt zur Einheit«, TSp, 19. 5. 1990; »Die Deutschen in der DDR vertrauen auf einen wirtschaftlichen Aufschwung«, FAZ, 19. 7. 1990. Vgl. Dieter Grosser, Das Wagnis der Währungs-, Wirtschafts- und Sozialunion. Politische Zwänge im Konflikt mit ökonomischen Regeln, Stuttgart 1998, 277 ff.

193 »Große Mehrheit für die Einheit«, FAZ, 22. 7. 1990; »Allianz der Ängste«, ebd., 7. 6. 1990; Bischöfe, »Für eine gemeinsame Zukunft«, ebd., 27. 6. 1990; »Trend zur Einheit hat sich stabilisiert«, TSp, 16. 8. 1990.

194 Ulrich Everling, »Der Weg nach Deutschland ist langwierig«, FAZ, 15. 3. 1990; Erklärung von hundert Staatsrechtsprofessoren, »Der Beitritt über Artikel 23 ist der richtige Weg zur deutschen Einheit«, Die Welt, 28. 3. 1990. Vgl. »Ruf nach neuem Einigungsvertrag«, SZ, 7. 8. 1990. DzD. Deutsche Einheit, 1151 ff., 1214 ff., 1265 ff., 1324 ff., 1379 ff., 1425 ff.

195 »De Maizière will den Beitritt ›so schnell wie möglich und so geordnet wie nötig‹«, FAZ, 21. 7. 1990; »›Notanschluß unvermeidlich‹«, Der Spiegel 44,

1990, Nr. 34, 16 ff.; »Nächtliche Jubelszenen in der Volkskammer«, TSp, 24. 8. 1990; Friedrich Karl Fromme, »Der 3. Oktober«, FAZ, 24. 8. 1990.

196 Richard von Weizsäcker, »Einander annehmen«, Die Welt, 2. 7. 1990; »Eine große Mehrheit der Deutschen in Ost und West befürwortet die Einheit«, FAZ, 28. 8. 1990; Friedrich Karl Fromme, »Spätfolge des Krieges«, ebd., 31. 8. 1990. Vgl. DzD. Deutsche Einheit, 1464 ff., 1490 ff., 1508 ff.; Wolfgang Jäger, Die Überwindung der Teilung. Der innerdeutsche Prozeß der Vereinigung 1989/90, Stuttgart 1998, 478 ff.

197 Helmut Kohl, »Die Erfüllung eines geschichtlichen Auftrags«, FAZ, 2. 10. 1990; »Vollendung der Einheit Deutschlands«, NZZ, 4. 10. 1990 und »Die deutsche Einheit als Volksfest«, ebd., 5. 10. 1990. Vgl. Elke Schmitter, »Nach Toresschluß«, FAZ, 12. 8. 1990, sowie »Nie wieder Deutschland!«, TSp, 28. 6. 1990.

198 Klaus von Dohnanyi, »Deutschland – ein normales Land?«, Die Zeit, 16. 8. 1991; Kurt Sontheimer, »Die Einheit ist kein Kuckucksei«, RhM, 30. 11. 1990. Wesentlich radikaler: Rainer Zitelmann, »Das deutsche Zimmer vor dem europäischen Haus herrichten?«, TSp, 27. 9. 1990 und »Unbequeme Fragen«, Die Welt, 13. 10. 1990.

199 Jürgen Habermas, »Der DM-Nationalismus«, Die Zeit, 30. 3. 1990; ders., Die Normalität einer Berliner Republik. Kleine politische Schriften VIII, Frankfurt 1995, 167 ff.; Manfred Seiler, »Die Furcht, wieder normal zu werden«, RhM, 14. 12. 1990.

200 Klaus Brill, »Die neuen Nachbarn aus der fremden Welt«, SZ, 13. 11. 1990; Thomas Aders, »Keine Gefühle von gegenseitiger Fremdheit«, ebd., 14. 9. 1991; »Wie dick ist die Mauer in den Köpfen?«, FAZ, 23. 4. 1994.

201 »Vom Ausweis über die Briefmarken bis zum Hausarbeitstag«, SZ, 29. 9. 1990; Hans-Peter Schwarz, »Stimmungsdemokratie 91«, Die Welt, 28. 3. 1991; Karl Hondrich, »Das Recht des Erfolgreichen« versus Peter Bender, »Die Schwäche des Starken«, TSp, 22. 9. 1991.

202 Friedrich Schorlemmer, »Vom Aufbruch zum Ausverkauf«, Die Zeit, 9. 11. 1990; »›Plattmachen‹ heißt die Devise«, taz, 7. 10. 1991; »›Sabotage an der Einheit‹«, Der Spiegel 46, 1992, Nr. 13, 22 ff. und Wilhelm Bittorf, »Das Glitzern in der Wüste«, ebd., 47, 1993, Nr. 39, 42 f.

203 Martin und Sylvia Greiffenhagen, »Der Schock der Vereinigung«, Spiegel Dokument, 1994, Nr. 2, 4–9; Kerstin Ullrich, »Demokratie als vernünftige Lebensform«, FAZ, 8. 9. 1995; Kocka, Vereinigungskrise.

204 »Hoffen und Bangen im anderen Deutschland«, NZZ, 9. 9. 1990; Gregor Gysi, »Die ungewollten Verwandten«, Der Spiegel 45, 1991, Nr. 24, 34 ff.; »Nur noch so beliebt wie die Russen«, ebd., Nr. 30, 24 ff.; »Fremde in der Heimat, Fremde in der neuen Zeit«, FR, 2. 10. 1995.

205 Jens Reich, »Das Psychodrama um die politische Einheit«, ebd., 12. 8. 1994; Elisabeth Noelle-Neumann, »Aufarbeitung der Vergangenheit im Schatten der Stasi«, FAZ, 6. 8. 1992; »›Distanz, Enttäuschung, Haß‹«, Der Spiegel 46, 1992, Nr. 34, 30 ff. und »›Ein schmerzhafter Prozeß‹«, ebd. 47, 1993, Nr. 34, 24 ff.

206 Konrad Weiß, »Verlorene Hoffnung der Einheit«, Der Spiegel 47, 1993, Nr. 46, 41 ff.; »Wie erst jetzt die DDR entsteht«, Die Welt, 21. 1. 1995; »Sehnsucht nach F6 und Rotkäppchen-Sekt«, FAZ, 14. 8. 1995; Dieter Schröder, »Ein Staat – zwei Nationen?«, SZ, 30. 9. 1995.

207 »Einheit, von zwei Seiten betrachtet«, SZ, 27. 3. 1992; Richard Schröder, »Neues Miteinander braucht das Land«, TSp, 28. 3. 1993; Richard Hilmer und Rita Müller-Hilmer, »Es wächst zusammen«, Die Zeit, 1. 10. 1993; »Ost-West wächst zusammen«, Die Welt, 17. 1. 1995.

208 »Deutschlands Vereinigung im Blickfeld Europas«, NZZ, 30. 9. 1990; »Alle Fäden in der Hand«, Der Spiegel 44, 1990, Nr. 40, 18 ff.; »Lafontaine: Nationalstaat überholt«, SZ, 18. 9. 1990; Arnulf Baring, Deutschland, was nun? Ein Gespräch mit Dirk Rumberg und Wolf Jobst Siedler, Berlin 1991.

209 Peter Glotz, »Der ungerechte Krieg«, Der Spiegel 45, 1991, Nr. 9, 38 f. versus Hans Magnus Enzensberger, »Hitlers Wiedergänger«, ebd. Nr. 6, 26 ff.; Wolf Biermann, »Ich bin für diesen Krieg«, Die Zeit, 8. 2. 1991. Vgl. Theo Sommer, »Nur die Logik des Krieges?« versus Helmut Schmidt, »Jammern allein hilft nicht«, ebd., 1. 2. 1991.

210 »Germans are Told of Gulf-War Role«, NYT, 31. 1. 1991; »›Die Deutschen an die Front‹«, Der Spiegel 45, 1991, Nr. 6, 18 ff.; Marion Dönhoff, »Die bittere Bilanz des Golfkrieges«, Die Zeit, 19. 4. 1991; Arnulf Baring, »Schluss mit der Behaglichkeit«, Die Welt, 2. 10. 1991; Sven Papke, »Deutschland auf der Suche nach politischem Profil«, Das Parlament, 27. 9. 1991.

211 Michael Schwelien, »Ein Staat zerbirst«, Die Zeit, 16. 8. 1991; »Groß und arrogant«, Der Spiegel 46, 1992, Nr. 2, 22; Jürgen Habermas, »Gelähmte Politik«, ebd. 47, 1993, Nr. 28, 50 ff. Vgl. Genscher, Erinnerungen, 899 ff.; Daniele Conversi, German-Bashing and the Breakup of Yugoslavia, Seattle 1998 in: Donald W. Treadgold Papers in Russian, East European and Central Asian Studies.

212 Olaf Ihlau, »Nato, Bonn und Bihac«, Der Spiegel 48, 1994, Nr. 49, 21 versus Rudolf Augstein, »Vater aller Dinge«, ebd., Nr. 50, 23; »Einsatz im Machtspiel«, ebd., 55, 2001, Nr. 46, 34 ff. Max Otte, A Rising Middle Power? German Foreign Policy in Transformation, 1989–1999, New York 2000.

213 Helmut Kohl, Deutschlands Zukunft in Europa. Reden und Beiträge des Bundeskanzlers, Herford 1990, 163–180. Vgl. Volker Berghahn, Gregory Flynn und Paul Michael Lützeler, »Germany and Europe. Finding an International Role«, in: Jarausch, After Unity, 173–99.

214 Adam Krzeminski, »Das neue Deutschland hat sich geändert, TSp, 3. 10. 1991; »Planetarische Visionen«, Der Spiegel 53, 1999, Nr. 45, 30 ff. Vgl. Jürgen Kocka, Consequences of Unification. German Society and Politics in a Changing International Framework, Washington 1995.

215 Friedrich Dieckmann, »Unsere oder eine andere Geschichte?«, TSp, 31. 7. 1991; Richard Schröder, »Die Einheit macht noch wenig Freude«, Die Zeit, 17. 3. 1995; Wolf Lepenies, Folgen einer unerhörten Begebenheit. Die Deut-

schen nach der Vereinigung, Berlin 1992. Vgl. Jan-Werner Müller, Another Country. German Intellectuals, Unification and National Identity, New Haven 2000.

216 Lothar de Maizière, Regierungserklärung vom 19. 4. 1990, DA 23, 1990, 795–809; Kurt Sontheimer, »Kein Abschied von der Bundesrepublik«, Die Welt, 1. 10. 1990; Niklas Luhmann, »Dabeisein und Dagegensein«, FAZ, 22. 8. 1990; Katharina Belwe, »Innere Einheit schwieriger als erwartet«, Das Parlament, 28. 11. 1991.

217 Andreas Kuhlmann, »Blick zurück im Zorn«, FR, 16. 1. 1993; Friedrich Karl Fromme, »Das Selbstbewußtsein wächst langsam«, FAZ, 2. 10. 1991; Monika Zimmermann, »Die Mitgift der DDR: Einheit«, TSp, 2. 10. 1995; Gerd Henghüber, »Umdenken im neuen Deutschland«, BZ, 4. 10. 1994.

218 Martin Walser, »Die Banalität des Guten«, FAZ, 12. 12. 1998. Jan Holger Kirsch, »Identität durch Normalität. Der Konflikt um Martin Walsers Friedenspreisrede«, Leviathan 27, 1999, 309–354.

219 Iggers, DDR-Geschichtswissenschaft; A. D. Moses, »Structure and Agency in the Holocaust. Daniel J. Goldhagen and His Critics«, History and Theory 37, 1998, 194–219; Konrad H. Jarausch, »A Double Burden. The Politics of the Past and German Identity«, in: Jörn Leonhard und Lothar Funk, Hg., Ten Years of German Unification. Transfer, Transformation, Incorporation?, Birmingham 2002, 98–114.

220 Texte in: Heimo Schwilk und Ulrich Schacht, Hg., Die selbstbewußte Nation. »Anschwellender Bocksgesang« und weitere Beiträge zu einer deutschen Debatte, Berlin 1994; Zitelmann, Westbindung; Karlheinz Weißmann, Rückruf in die Geschichte. Die deutsche Herausforderung, Berlin 1992; Stefan Berger, »Der Dogmatismus des Normalen«, FR, 16. 4. 1996.

221 Günter Grass, »Kleine Nestbeschmutzerrede«, taz, 28. 9. 1990; Peter Glotz, »Wider den Feuilleton-Nationalismus«, Die Zeit, 27. 4. 1991; ders. »Deutsche Gefahren«, Der Spiegel 48, 1994, Nr. 17, 30 f.; Hans-Ulrich Wehler, »Gurus und Irrlichter. Die neuen Träume der Intellektuellen«, FAZ, 6. 4. 1994 und Jürgen Habermas, »Gelähmte Politik«, Der Spiegel 47, 1993, Nr. 28, 50 ff. Vgl. Klaus Hartung »Wider das alte Denken«, Die Zeit, 17. 5. 1991.

222 Christian Meier, Die Nation, die keine sein will, München 1991, 28 f.; Heinrich August Winkler, »Nationalismus, Nationalstaat und nationale Frage in Deutschland seit 1945«, APuZ B 40, 1991, 12–24.; Richard Schröder, »Warum sollen wir eine Nation sein?«, Die Zeit, 2. 5. 1997; »Schäuble: Nationalbewußtsein stärken«, FAZ, 16. 4. 1994.

223 »Biedenkopf: Die deutsche Einheit ist gelungen«, SZ, 6. 10. 1995; »Träume von ›Narren, Illusionisten und Abgewickelten‹«, FR, 2. 11. 1994; »Die Folgen eines ›Wunders der Geschichte‹«, BZ, 10. 11. 1994 und »Fünf Jahre deutsche Einheit«, TSp, 4. 10. 1995.

224 »Frau Süssmuth und Rau würdigen die Gemeinschaftleistung aller Deutschen«, FAZ, 4. 10. 1995; Alfred Grosser, »Es hätte schlimmer kommen können«, TSp, 9. 11. 1994; Christoph Dieckmann, »Das schweigende Land«,

Die Zeit, 20. 6. 1997; Hans-Joachim Veen, »Die Einheit ist schon da«, FAZ, 22. 6. 1997.

225 Günter Kunert, »Ein Sehnsuchtsziel«, Die Welt, 11. 10. 1994; Reinhard Meier, Die Normalisierung Deutschlands. Bonner Protokolle und Reportagen aus der DDR, Zürich 1986, 7–30. Vgl. Joachim Perels, Wider die ›Normalisierung‹ des Nationalsozialismus. Intervention gegen die Verdrängung, Hannover 1996; Jan W. van Deth et al., Hg., Die Republik auf dem Weg zur Normalität? Wahlverhalten und politische Einstellungen, Opladen 2000 und Peter Glotz, Die falsche Normalisierung. Die unmerkliche Verwandlung der Deutschen 1989 bis 1994. Essays, Frankfurt 1994.

226 »Zivilgesellschaft«, info-blatt der servicestelle politische bildung, Juni 2002; »Perspektiven der Zivilgesellschaft« und »Die Zivilgesellschaft in Deutschland«, Deutschland 5, 2000 (auch unter www.magazine-deutschland.de).

227 Siehe »Konturen einer Zivilgesellschaft. Zur Profilierung eines Begriffs«, FJNSB 16, 2003, Heft 2. Vgl. auch die Arbeitsgruppe »Zivilgesellschaft: historisch-sozialwissenschaftliche Perspektiven« des WZB.

228 »Eine deutsche Erfolgsgeschichte«, NZZ, 30. 9. 1995 versus Klaus Bittermann, Gemeinsam sind wir unausstehlich. Die Wiedervereinigung und ihre Folgen, Berlin 1990.

229 Martin und Sylvia Greiffenhagen, »Deutschland und die Zivilgesellschaft«, Der Bürger im Staat 49, 1999, Heft 3, 148 ff.

230 »Gemeinsame Erfahrungen auf dünnem Eis«, TSp, 5. 10. 1995; Jürgen Engert, »Szenen einer schwierigen Ehe«, RhM, 23. 12. 1994; »Umgang mit der Einheit spaltet das Parlament«, FR, 13. 10. 1995.

231 »Zwei Arten deutscher Gefühlshygiene«, FR, 27. 10. 1993; Rudolf von Thadden, »Ein 80–Millionen-Staat ohne klare Konturen?«, TSp, 3. 10. 1993 und »Ein Experiment für die Zukunft«, Der Spiegel 53, 1999, Nr. 45, 40 ff.

Anmerkungen für Kapitel 9

232 Matthias Matussek, »Jagdzeit in Sachsen«, Der Spiegel 45, 1991, Nr. 40, 41 ff; »Schwere ausländerfeindliche Ausschreitungen in Rostock«, TSp, 24. 8. 1992; »Meine Kinder, die verbrennen!«, SZ, 24. 11. 1992.

233 Walter Bajohr, »Die Scherben von Hoyerswerda«, RhM, 27. 9. 1991; »Gemeinsame Front gegen den Fremdenhaß«, SZ, 10. 10. 1991; »Lichterkette und Rockkonzert«, Die Welt, 14. 12. 1992; Norbert Kostede, »Eine Erleuchtung für die Politik«, Die Zeit, 29. 1. 1993 und Reinhard Mohr, »Der Casus belli«, taz, 2. 10. 1991.

234 »Die dänische Minderheit will in den Bundestag«, Die Welt, 18. 7. 1961. Vgl. Eugene M. Kulischer, Europe on the Move. War and Population Changes, 1917–47, New York 1948.

235 Rogers Brubaker, Staats-Bürger. Deutschland und Frankreich im historischen Vergleich, Hamburg 1994 und Dieter Gosewinkel, »Die Staatsangehörigkeit als Institution des Nationalstaats. Zur Entstehung des Reichs- und Staats-

angehörigkeitsgesetzes von 1913«, in: Rolf Grawert et al., Hg., Offene Staatlichkeit. Festschrift für Ernst-Wolfgang Böckenförde zum 65. Geburtstag, Berlin 1995, 359–378.

236 Grundgesetz für die Bundesrepublik Deutschland vom 23. Mai 1949, erl. v. Friedrich Giese, 9., neu bearb. Aufl. Frankfurt 1976.

237 Bade, Deutsche im Ausland. Vgl. Ulrich Herbert, Geschichte der Ausländerpolitik in Deutschland. Saisonarbeiter, Zwangsarbeiter, Gastarbeiter, Flüchtlinge, München 2001.

238 Iring Fetscher, Hg., Rechtsradikalismus, Frankfurt 1967 und Peter Longerich, Der neue alte Rechtsradikalismus, hg. v. Ulrich Wank, München 1993.

239 Wie Anm. 235, dazu noch: Rainer Münz et al., Zuwanderung nach Deutschland. Strukturen, Wirkungen, Perspektiven, 2., erw. Aufl. Frankfurt 1999.

240 Reinhard Mohr, »Casus belli«, taz, 2. 10. 1991; Robert Leicht, »Hoyerswerda in den Köpfen«, Die Zeit, 26. 9. 1991; Beate Winkler, Hg., Zukunftsangst Einwanderung, 3., akt. Aufl. München 1993.

241 Jürgen Kocka, »Zivilgesellschaft in historischer Perspektive«, FJNSB 16, 2003, Heft 2, 29–37 versus Roland Roth, »Die dunklen Seiten der Zivilgesellschaft«, ebd., 59–73.

242 Anonyma, Eine Frau in Berlin, 253 f. Vgl. Höhn, GIs and Fräuleins.

243 »Schleswig-Holsteins Flüchtlingslager sind geräumt«, DZ, 4. 1. 1964.

244 Anonyma, Eine Frau in Berlin, 275 f. Vgl. Münz, Zuwanderung, 28 ff. und Klaus J. Bade, Hg., Neue Heimat im Westen. Vertriebene, Flüchtlinge, Aussiedler, Münster 1990.

245 Hubert Heinelt und Anne Lohmann, Immigranten im Wohlfahrtsstaat am Beispiel der Rechtspositionen und Lebensverhältnisse von Aussiedlern, Opladen 1992.

246 Münz, Zuwanderung, 36 ff. Vgl. auch das Forschungsprojekt von Bernd Stöver über die West-Ostwanderung.

247 Für zwei Einzelschicksale siehe Hans Herzog, »Eine bewegte Zeit«, KA 6368, 107 ff. und Ruth Reimann-Möller, »Die Berichterstatterin von Burg. Zwischen den Schatten von Königin Luise und Hermann Matern«, KA 6122, 286 ff.

248 »Bonn's Expulsion of Refugees Is Criticized as Too Inflexible«, NYT, 10. 11. 1965. Vgl. Münz, Zuwanderung, 40 ff., 53 ff. Vgl. auch das vergleichende Asylprojekt von Patrice Poutrus.

249 Klaus J. Bade, Vom Auswanderungsland zum Einwanderungsland? Deutschland 1880–1980, Berlin 1983.

250 Herbert, Geschichte der Ausländerpolitik, 202 ff.

251 Ernst Müller-Meiningen, »Das Ausländergesetz in Theorie und Praxis«, SZ, 16. 9. 1972; Heinz Guradze, »Etwas weniger gleich als andere«, FAZ, 8. 6. 1974; »Aufenthaltsrecht für Ausländer verbessert«, HB, 12. 7. 1978. Vgl. Herbert, Geschichte der Ausländerpolitik, 211 f.

252 »Spanier sollen nicht zu Deutschen werden«, SZ, 12. 12. 1972; »Bundesrepublik ist ›Einwanderungsland‹«, FAZ, 14. 6. 1972 und »Integration ja – Einwanderung nein«, ebd., 27. 4. 1973; »Um soziale Integration der Ausländerkinder kümmern«, SPD-Pressedienst, 26. 1. 1978.

253 Ernst Müller-Meiningen, »Wende in der Ausländerpolitik?«, SZ, 10. 10. 1972; Manfred Nitschke, »Ausländergesetz wird resoluter angewandt«, Die Welt, 16. 10. 1972; Michael Müller, »Die Disziplinierung der Ausländer«, Die Neue Gesellschaft, Mai 1973, 378 ff. Vgl. Münz, Zuwanderung, 48 ff.

254 »Zuzug von Ausländern wird begrenzt«, SZ, 27. 3. 1975; Winfried Didzoleit, »Das Dilemma der Ausländerpolitik«, FR, 23. 12. 1976. Vgl. Herbert, Geschichte der Ausländerpolitik, 238 ff.

255 »Minoritäten in Ballungsräumen«, Das Parlament, 22. 2. 1975; »Ausländer in deutschen Großstädten«, GK 4, 1982; Key L. Ulrich, »Das Leben im Ghetto ist ihnen aufgezwungen worden«, FAZ, 26. 6. 1978; »In Frankfurt läutet die Alarmglocke«, SZ, 2. 6. 1979.

256 »›Klein-Istanbul‹ in Berlin«, NZZ, 10. 1. 1979; Stefan Klein, »Die ›Frontstrasse‹ von Hüttenheim«, SZ, 10. 11. 1980; Hans-Joachim Hoffmann-Nowotny, »Integration und Segregation von Ausländern in der Schweiz und der BRD«, NZZ, 3. 10. 1981 und »Eine geringe Bereitschaft zur Integration«, Die Welt, 27. 11. 1981.

257 »Bruderkampf«, Die Zeit, 5. 5. 1967; »Mit gefälschten Pässen in die Bundesrepublik«, TSp, 2. 3. 1969; »Ausländische Extremisten in der BRD«, Politik und Wirtschaft, 21. 8. 1974; Hans-Jörg Sottorf, »Gewaltakte nahmen zu«, HB, 26. 7. 1979; Hans-Peter Schütz, »Der Kampf um die Stammtische«, DAS, 30. 10. 1988.

258 »Helmut Schmidt macht aus Türken Deutsche!«, Deutsche Nachrichten, 14. 9. 1979; »NPD macht gegen Ausländer mobil«, Die Neue, 21. 2. 1980; Fritz Pirkl, »Irrweg der ›Eindeutschung‹«, BK, 17. 11. 1979; »Zu viele Ausländer?«, FAZ, 12. 12. 1981; Hanno Kühnert, »Rassistische Klänge«, Die Zeit, 5. 2. 1982. Vgl. Herbert, Geschichte der Ausländerpolitik, 239 ff.

259 Renate I. Mreschar, »Von der Schule an den Rand gedrängt«, Vorwärts, 14. 7. 1977; Mascha M. Fisch, »Allahs kleine Emigranten tragen Schleier und Blue Jeans«, ebd., »Zwei Drittel aller Ausländerkinder ohne Schulabschluß«, FAZ, 22. 1. 1979; Horst Heinemann, »Eingewandert, ausgeschlossen«, Vorwärts, 31. 5. 1979.

260 »Kühn warnt Deutsche vor einem neuen rassischen Hochmut«, FR, 17. 12. 1979; Jürgen Schmude, »Gleiche Chancen für Ausländerkinder«, Bundesministerium für Bildung und Wissenschaft, Informationen Bildung und Wissenschaft, Januar 1980; »Stärkere Hilfe für Ausländer«, FR, 20. 3. 1980; Bundesministerium für Arbeit und Soziales, sozialpolitische Informationen, 27. 3. 1980.

261 Heiner Geißler, »Eine neue Soziale Frage«, DUD, 20. 3. 1980; »Kultur für die Türken?«, FAZ, 28. 5. 1980; »Sich informieren und andere informieren«, FR, 17. 3. 1981; Christian Graf von Krockow, »Auf der Suche nach einer neuen Heimat«, Die Zeit 21. 12. 1979.

262 »Ausländerfeindlichkeit: Exodus erwünscht«, Der Spiegel 36, 1982, Nr. 18, 37 ff.; »Sofortmaßnahmen der Bundesregierung gegen den Mißbrauch des Asylrechts«, SZ, 19. 6. 1980; »Bonn bremst den Ausländer-Zuzug«, FR,

3. 12. 1981; »Zuspitzung des Ausländerproblems in der BRD«, NZZ, 4. 4. 1982.

263 »Das volle Boot«, FAZ, 5. 2. 1982; »Einigung über Ausländer-Rückkehrhilfe«, FAZ, 22. 6. 1983; »Bonn zahlt für Heimkehr arbeitsloser Ausländer«, FR, 11. 11. 1983; »Hunderttausend Anträge auf Rückkehrhilfe«, FAZ, 5. 7. 1983; »Zimmermann betreibt stur eine Politik der Vertreibung«, FR, 14. 3. 1984; Udo Bergdoll, »Abschied von der Ausländerpolitik«, SZ, 18. 4. 1984. Vgl. Herbert, Geschichte der Ausländerpolitik, 249 ff.

264 »Kirchen setzen sich für Ausländer ein«, SZ, 25. 9. 1980; »Der offene Haß auf die Fremden«, RhM, 26. 9. 1980; »Kirchen und DGB Seite an Seite«, FAZ, 19. 6. 1981; »SPD-Wählerinitiative fordert mehr Rechte für Ausländer«, FR, 16. 11. 1981; »Ausländer werden gebraucht«, ebd., 12. 5. 1982.

265 Jutta Szostak, »Warum kommen wir mit Türken nicht klar?«, Vorwärts, 16. 5. 1982; »CDU-Parolen von ›erschreckender Inhumanität‹«, FR, 12. 10. 1982; »Der Preis der Multikultur«, FAZ, 23. 11. 1982; »Thesen zur Ausländerpolitik«, FR, 3. 9. 1983; »Wallraffs Erlebnisse als Türke ›Ali‹«, NZZ, 18. 12. 1985.

266 »Die Türken haben es am schwersten«, FAZ, 16. 8. 1980; »Sie leben und leiden in einem fremden Land«, WdA, 1. 5. 1980; »Was Frau Keskin erlebte«, Die Zeit, 2. 3. 1984.

267 »›Wir können nicht mal sagen, was wir fühlen‹«, Der Spiegel 36, 1982, Nr. 46, 84 ff.; »Kälte, welche die Seele krank macht«, SZ, 17. 8. 1982; »Und jetzt ›Türken raus‹«, SPD-Pressedienst, 11. 2. 1981; »Manche lernen Karate«, Die Zeit, 16. 1. 1987.

268 Gerhard Spörl, »Die Angst vor den Fremden. Die BRD – ein Nichteinwanderungsland mit Einwanderern«, Die Zeit, 21. 9. 1984; Hilmar Hoffmann, »Im Laboratorium fürs Überleben«, SZ, 3. 6. 1989.

269 »Für Ausländerfeindlichkeit fanden Befrager keine Belege«, FR, 7. 12. 1985; Dieter Strothmann, »Der alltägliche Fremdenhaß«, Die Zeit, 8. 8. 1986; »Ausländerintegration nur bei Übernahme der deutschen Kultur«, FR, 2. 11. 1987; »SPD lehnt Verschärfung des Ausländerrechtes ab«, SZ, 5. 1. 1988.

270 »Ausländer und Ausländerbeschäftigung in der Bundesrepublik Deutschland«, DIW Wochenbericht 49, 1982, 455–461; Manfred Werth, »Brain Drain oder Reintegrationschance?«, AK-Journal 1977, Nr. 4: 14–18; »Belasten Ausländer das Sozialsystem?«, FAZ, 20. 10. 1983.

271 »Strauß: Wir sind kein Einwanderungsland«, SZ, 3. 9. 1984, sowie Dankwart Guratzsch, »Rushdie und die Multikultur«, Die Welt, 20. 3. 1989 versus Gerhard Spörl, »Nirgends zu Hause. Vom Auswanderungsland zum Einwanderungsland«, Die Zeit, 26. 10. 1984 und »Sorge um Weltoffenheit«, FR, 25. 4. 1989.

272 »DDR wahre Heimat der Sorben«, ND, 14. 4. 1961; »Eine Minderheit, die nicht nur tanzen will«, SZ, 20. 8. 1975. Vgl. Cora Granata, »Celebration and Suspicion. Sorbs and Jews in the Soviet Occupied Zone and German Democratic Republic, 1945–1989«, Diss., Chapel Hill 2001.

273 »Leidensweg eines Schwarzen in der DDR«, FR, 18. 7. 1989. Vgl. Jan C. Behrends et al., Hg., Fremde und Fremd-Sein in der DDR. Zu historischen Ursachen der Fremdenfeindlichkeit in Ostdeutschland, Berlin 2003.
274 »Ausländer, die bleiben wollen«, GK, 18. 10. 1986; »4,7 Millionen Ausländer«, ebd., 18. 7. 1988; »Mehr denn je zuvor«, ebd., 3. 7. 1989; Münz, Zuwanderung, 28 ff., 53 ff.
275 »CSU: Deutschland soll kein Einwanderungsland werden«, SZ, 9. 11. 1988; »›Offene Republik‹ kontra ›nationale Interessen‹«, taz, 21. 3. 1989 und »Ausländerpolitik am Scheideweg«, SZ, 11. 7. 1989.
276 »Das droht die DDR zu vernichten«, Der Spiegel 43, 1989, Nr. 33, 18 ff. Vgl. auch das reichhaltige Material in: Presse- und Informationsamt der Bundesregierung, Deutschland 1989. Dokumentation zu der Berichterstattung über die Ereignisse in der DDR und die deutschlandpolitische Entwicklung, 25 Bde., Bonn 1990, Bd. 4.
277 Hertle, Der Fall der Mauer und Jarausch, Die unverhoffte Einheit, 100.
278 »200.000 DDR-Flüchtlinge: Wie verkraften wir das?«, BILD, 3. 9. 1989; »Luftballons für die Landsleute von drüben«, SZ, 12. 9. 1989; »Arbeitgeber halten Anpassungsprobleme der DDR-Bürger für überwindbar«, TSp, 13. 9. 1989; »›Da brennt die Sicherung durch‹«, Der Spiegel 44, 1990, Nr. 4, 28 ff. Vgl. weitere Presseausschnitte in Teil 5 der Dokumentation des Bundespresseamts.
279 »Dank Gorbatschow durften wir raus«, Die Welt, 15. 6. 1989; »Ich bin gekommen, um in Deutschland zu sterben«, FAZ, 5. 7. 1989; »Wir wären auch zu Fuß gegangen«, FR, 9. 7. 1989; »Wenn Kinder von Polen nach Herne siedeln«, ebd., 8. 6. 1989.
280 Astrid Hölscher, »Verwelkte Girlanden«, FR, 13. 5. 1989; Arne Daniels, »Heim und reich?«, Die Zeit, 14. 4. 1989; »Angst vor Aussiedlern wächst«, FR, 29. 6. 1989; »Höhere Akzeptanz für Aussiedler«, Die Welt, 30. 6. 1989.
281 »Leistungen für Aus- und Übersiedler werden gekürzt«, TSp, 7. 6. 1989; »Zuzug von Aussiedlern soll begrenzt werden«, FAZ, 13. 7. 1989; »Lafontaine will Erwerb eines Vertriebenenstatus verhindern«, Die Welt, 24. 1. 1990; »Aussiedleraufnahme nur noch nach Verfahren im Herkunftsland«, TSp, 29. 3. 1990. Vgl. auch Münz, Zuwanderung, 32 ff.
282 »Der Rest Deutschlands soll den Deutschen vorbehalten bleiben«, FR, 8. 1. 1983; »Ausländer in Deutschland«, GK, 8. 10. 1990. Vgl. Herbert, Geschichte der Ausländerpolitik, 263 ff.
283 »Deutschland nahm 1989 die meisten Ausländer auf«, SZ, 14. 8. 1989; »In diesem Jahr 800.000 Menschen in die Bundesrepublik«, FAZ, 29. 12. 1989. Vgl. Münz, Zuwanderung, 58.
284 »Man spürt stärker, dass man unerwünscht ist«, taz, 2. 10. 1990. Vgl. Herbert, Geschichte der Ausländerpolitik, 273 ff.
285 »Von der Aufenthaltsgenehmigung zur Aufenthaltsberechtigung«, FAZ, 30. 9. 1989; »Stoiber kritisiert Referentenentwurf zum Ausländerrecht«, ebd., 28. 10. 1989; »Kritik von Gewerkschaft und Kirchen unfair«, ebd., 7. 11. 1989; »Grosse Koalition gegen Ausländergesetz formiert sich«, SZ, 21. 3. 1990; »Multikulturelle Gesellschaft ade!«, taz, 25. 4. 1990.

286 »Die Bonner Koalition einigt sich auf ein neues Ausländergesetz«, FAZ, 5. 12. 1989; »Neues Ausländergesetz verabschiedet«, ebd., 27. 4. 1990; »Fremde im Paragraphendschungel«, TSp, 28. 4. 1990.

287 »Ein Abgrund von Fremdenhaß«, FR, 22. 8. 1981; »Ventil für eigene Frustration«, BZ, 8. 1. 1992; »Ausländerfeindlichkeit im vereinten Deutschland«, NZZ, 19. 1. 1992; »Jeder vierte Deutsche gehört zur ›Ausländer-raus‹-Fraktion«, FR, 12. 9. 1992.

288 »Überfallserie auf Ausländerheime«, taz, 19. 8. 1991; »Gewalt gegen Ausländer nimmt zu«, FR, 30. 9. 1991; »In der Nacht gingen sie dann ›die Neger holen‹«, ebd., 27. 3. 1992; »Schwere ausländerfeindliche Ausschreitungen in Rostock«, TSp, 24. 8. 1992; »Eine schleichende Vergiftung der Gesellschaft«, ebd., 15. 11. 1992.

289 »Skinheads gröhlen ›Wir sind deutsch!‹«, SZ, 7. 5. 1984; »Tote Hose, soweit die Füße tragen«, FR, 31. 8. 1992; Song-Zitat aus Hans-Jochen Vogel, »Was zuerst geschehen muss«, Die Welt, 4. 12. 1992 und »Die Banalität des Bösen«, taz, 15. 5. 1993. Vgl. Rainer Erb, »Rechtsextremistische Jugendszene in Brandenburg«, Aktionbündnis gegen Gewalt, Rechtsextremismus und Fremdenfeindlichkeit, 1999.

290 Dietrich Strothmann, »Der alltägliche Fremdenhass«, Die Zeit, 8. 8. 1986; »Unverstanden, benachteiligt, ausgeschlossen«, Die Zeit, 5. 4. 1991; Rainer Hank, »Ausländer sind immer die anderen«, FAZ, 20. 3. 1993.

291 Peter Jochen Winters, »Hoyerswerda – die Anonymität und Seelenlosigkeit einer sozialistischen Stadt«, FAZ, 14. 9. 1991; Heribert Prantl, »Hoyerswerda – die letzte Rache an der DDR«, SZ, 2. 10. 1991; Otto Jörg Weis »Tote Hose, so weit die Füße tragen«, FR, 31. 8. 1992.

292 Robert Leicht, »Hoyerswerda in den Köpfen«, Die Zeit, 26. 9. 1991; Walter Bajohr, »Die Scherben von Hoyerswerda«, RhM, 27. 9. 1991; Wolfgang Thierse, »Fremdenhaß ist kein spezifisch ostdeutsches Phänomen«, FR, 13. 1. 1992; »Erklärung der Deutschen Psychoanalytischen Vereinigung zu Fremdenhaß und Gewalt in Deutschland«, FAZ, 27. 11. 1992.

293 Rüdiger Scheidges, »Die Konzepte mit der Realität in Einklang bringen«, TSp, 20. 4. 1991; »Schäuble: Aussiedler werden ohne Einschränkungen aufgenommen«, FAZ, 13. 4. 1991; »SPD warnt Bonn vor einer Massenabschiebung in Krisengebiete«, FR, 29. 6. 1991; »Bonn will Gewalt gegen Ausländer bremsen«, SZ, 11. 12. 1991.

294 »Frau Funcke scheidet enttäuscht aus dem Amt«, FAZ, 13. 7. 1991; »Bekenntnis zum Einwanderungsland«, taz, 10. 9. 1991; »Deutschland längst eine multikulturelle Gesellschaft«, SZ, 3. 2. 1992; »Kein neuer Nazismus in Deutschland«, ebd., 5. 12. 2001.

295 »Wir wollen mit den Ausländern leben«, SZ, 11. 10. 1991; »Wer sich öffnet, erzielt mitmenschlichen Gewinn«, Die Welt, 19. 11. 1991; »Deutschland profitiert von Ausländern«, FAZ, 25. 10. 1991; »Handwerk ohne Ausländer nicht vorstellbar«, TSp, 5. 11. 1991; »Ausländer stützen die Sozialversicherung«, FAZ, 5. 12. 1991.

296 »Wir werden die Zukunft miteinander gewinnen oder verlieren«, FR, 26. 7.

1991; Gemeinsame Front gegen Fremdenhaß«, SZ, 10. 10. 1991; Eckhart Spoo, »Ohne Fremde sind wir allein«, FR, 20. 10. 1991; »Wer wagt überhaupt noch den Kopf zu schütteln?«, ebd., 11. 9. 1992.

297 Theo Sommer, »Das Schandmal des Fremdenhasses«, Die Zeit, 10. 10. 1991; »Was tun gegen den Haß?«, taz, 5. 10. 1991; »Gegen Gewalt und Fremdenhaß«, ebd., 4. 11. 1991; »Fremde brauchen Freunde«, FR, 23. 11. 1991.

298 »Demonstrationen gegen Ausländerhaß«, FAZ, 11. 11. 1991; »Aufrufe zu Massenprotesten gegen den Ausländerhaß«, SZ, 30. 9. 1992; »Zehntausende demonstrieren gegen Rassismus und Fremdenhaß«, FR, 5. 10. 1992; »Lichterkette und Rockkonzert«, Die Welt, 14. 12. 1992; »Kerzen über Berlin«, taz, 29. 1. 1993.

299 Herbert, Geschichte der Ausländerpolitik, 320.

300 Richard von Weizsäcker, »Es ist hohe Zeit, sich zur Wehr zu setzen«, FR, 9. 11. 1992; »Bundestag debattiert über Gewalt«, FR, 26. 11. 1992; »Kohl: Terror von Rechts und Links bekämpfen«, SZ, 11. 12. 1992; »Einhellige Verurteilung von Fremdenfeindlichkeit und Gewalt«, Das Parlament, 18. 12. 1992.

301 »Koalition und SPD legen Streit über Asylrecht bei«, SZ, 16. 1. 1993; »Ein weltoffenes Land«, Die Welt, 22. 1. 1993; »Wie weit geht die SPD?«, FR, 28. 1. 1993; »Einigung über Einzelheiten des Asylrechts«, FAZ, 5. 2. 1993; »Die SPD steht in der Asyldiskussion weiter unter großem Druck«, TSp, 4. 3. 1993; »Asyldebatte im deutschen Bundestag«, NZZ, 6. 3. 1993.

302 »Die Deutschen investieren, die anderen parieren«, SZ, 6. 2. 1993; »Es wird höchste Zeit«, BK, 13. 3. 1993; »SPD geht im offenen Streit in die Abstimmung zur Asylrechtsänderung«, TSp, 23. 5. 1993; »Sozialdemokratinnen und Sozialdemokraten appellieren an die MdB«, taz, 25. 5. 1993.

303 »Verabschiedung der Asylrechtsreform in Bonn«, NZZ, 27. 5. 1993; Roderich Reifenrath, »Eine unheilige Allianz«, FR, 27. 5. 1993; Thomas Kröter, »Der große Durchbruch in die andere Richtung«, Die Welt, 27. 5. 1993; Jutta Falke, »Ende der Selbstblockade«, RhM, 28. 5. 1993; Jens Reich, »Was heisst schon ›politisch‹?«, Die Zeit, 3. 6. 1993.

304 Eckhard Fuhr, »Am Tag danach«, FAZ, 28. 5. 1993 und Claus Leggewie, »Multi-Kulti – Schlachtfeld oder halbwegs erträgliches Leben?«, FR, 29. 1. 1993.

305 »Neue fremdenfeindliche Untat in Deutschland«, NZZ, 2. 6. 1993; Frank Hansen und Alexander Richter, »Fassungslosigkeit, Wut und Trauer«, TSp, 1. 6. 1993; Herbert Prantl, »Solinger Signale«, SZ, 2. 6. 1993.

306 »Vorwürfe gegen Bonner Politiker«, FR, 1. 6. 1993. »Türken fürchten um ihr Leben«, SZ, 1. 6. 1993; Dilek Zaptcioglu-Rogge, »Jetzt weiß ich, dass ich hier keine wahren Freunde habe«, TSp, 3. 6. 1993; »Dann liegt die Schuld bei uns allen«, FR, 4. 6. 1993; Thomas Kielinger, »Mitbürger brauchen Bürgerrechte«, RhM, 4. 6. 1993.

307 »Unfassbares Maß an sittlicher Verrohung«, FR, 17. 6. 1993; »Wirtschaft sorgt sich um positives Deutschlandbild«, HB, 9. 6. 1993; »Anschläge auf Ausländer kommen ›aus der Mitte der Gesellschaft‹«, FR, 16. 6. 1993;

»Fremdenfeindliche Gewalt durch ›diffuse Gefühle‹ motiviert«, FAZ, 30. 5. 1993.

308 »Die Fremden sind nicht die Ursache der Gewalt«, TSp, 20. 6. 1993; »Deutschland gehört den Menschen, die hier leben und wohnen«, SZ, Nr. 131, 1993; »Erst das Grauen macht mitfühlend«, BZ, 29. 6. 1993 und Renate Köcher, »Die Ausländerfeindlichkeit in Deutschland ist gering«, FAZ, 18. 8. 1993.

309 »Absage Bonns an Gewalt und Extremismus«, NZZ, 29. 9. 1993; »Und alles unter den Augen der Polizei«, FR, 26. 10. 1993; »Die Würde des Menschen ist unantastbar«, Das Parlament, 13. 11. 1993; »Ausländer und die deutsche Wirtschaft. Zehn Thesen«, Bundesministerium für Wirtschaft-Dokumentation 339, 1994; Ingrid Müller, »Die Deutschen von morgen werden in einer veränderten Welt leben«, TSp, 23. 7. 1993.

310 »Zweieinhalb Jahre Haft für 22jährigen«, SZ, 4. 3. 1993; Jasper von Altenbockum, »Die Angeklagten von Mölln erscheinen fast harmlos«, FAZ, 27. 8. 1993; »Die peinigende Suche nach dem Bösen«, SZ, 27. 11. 1993; »Höchststrafen für die Brandstifter von Mölln«, NZZ, 10. 12. 1993; »Angriffe auf Ausländer«, GK, 25. 4. 1994.

311 »Entwicklung der Asylbewerberzahlen«, HB, 4. 2. 1993; »Die Fluchtwege nach Deutschland«, GK, 26. 4. 1993; »Wien, Budapest, Laibach, Preßburg, Prag und Warschau für klare Abmachungen«, FAZ, 18. 3. 1993; »Bonn will auf Abschiebung von bisher abgelehnten Asylbewerbern verzichten«, HB, 29. 3. 1993.

312 »Asylverfahren laufen schneller«, SZ, 15. 1. 1993; Sabine Sütterlin, »Nur selten hat einer noch eine Chance«, Junge Freiheit, 12. 8. 1993; Martin Hagenmaier, »Die Menschlichkeit bleibt oft auf der Strecke«, Christ und Welt, 7. 1. 1994; »80 Mark in zwei Raten und täglich Lebensmittelpäckchen«, FAZ, 19. 1. 1994; Kurt Teske, »Abschiebehaft«, Die Welt, 13. 9. 1994.

313 Klaus-Peter Klingelschmitt, »Amnesty kritisiert deutsche Asylpolitik«, taz, 9. 7. 1993; »Erste Erfahrungen mit dem neuen Asylrecht«, SZ, 13. 7. 1993; »Union und FDP werten neues Asylrecht als Erfolg«, ebd., 13. 1. 1994.

314 Erwin Marschewski, »Zuzugsbegrenzung und Integration«, Das Parlament, 22. 11. 1996; »Schmalz-Jacobsen fordert Konzept für Zuwanderung«, FR, 4. 3. 1994; »Ein Unwort für christliche Parteien«, FAZ, 11. 1. 1994; »Härtere Gangart gegen Ausländer«, Die Welt, 25. 1. 1996.

315 »Kohl droht mit Abschiebung militanter Kurden«, NZZ, 25. 3. 1994; »Maßnahmen Bonns gegen Ausländerkrawalle«, ebd., 28. 3. 1996; Rainer Zitelmann, »Gewalt-Täter abschieben?«, Die Welt, 13. 4. 1996; »Bundesrat billigt Visumpflicht«, FR, 15. 3. 1997; »Kanthers ›Handstreich‹ gegen Kinder«, SZ, 14. 1. 1997.

316 »Koalition mildert Ausländerrecht«, FR. 9. 11. 1995; Martina Fietz, »Wer sich hier zu Hause fühlt«, Die Welt, 20. 11. 1995; Jochen Buchsteiner, »Am liebsten abschirmen«, Die Zeit, 2. 2. 1996; »Koalition plant eine Einbürgerungsgarantie für Ausländerkinder«, TSp, 8. 10. 1997; »Koalitionsgezänk in Bonn um junge Ausländer«, NZZ, 29. 10. 1997.

317 »Schöne Zeiten für Schlepper«, Der Spiegel 47, 1993, Nr. 27, 18 ff.; »Zahl der Asylanträge stark gesunken«, SZ, 10. 3. 1994; »Schleuser-Büros werben fürs Paradies Deutschland«, TSp, 8. 10. 1996. Vgl. Münz, Zuwanderung, 58.

318 Jochen Kummer, »Über 13 Millionen Menschen ziehen in diesem Jahrzehnt nach Deutschland«, Die Welt, 24. 9. 1995; »Die Deutschen nahmen viermal so viele Ausländer auf wie der Schmelztiegel USA«, WaS, 20. 4. 1997; »Ausländer: Mehr als ein Viertel lebt seit 20 Jahren oder länger in Deutschland«, FAZ, 20. 6. 1997.

319 Dilek Zaptcioglu-Rogge, »Leben in zwei Welten«, TSp, 20. 6. 1993; »Die Welt aus türkischer Sicht«, SZ, 19. 5. 1995; Wilhelm Heitmeyer, »Die Hinwendung zu einer religiös begründeten Gesellschaft«, FR, 7. 3. 1997; Karin Hummel, »Die vergessen, woher sie kommen«, FAZ, 2. 8. 1997; Konrad Schuller, »Die Türken Deutschlands – eine Minorität im Werden?«, ebd., 25. 6. 1998.

320 »Bildungsstand bei Ausländern wächst«, FAZ, 3. 3. 1994; »Otto und Ali«, Der Spiegel 47, 1993, Nr. 38, 117 ff.; »Die Zwitterstellung der dritten Generation«, Die Welt, 10. 9. 1995; »23 Pillen und die Last zweier Herzen«, SZ, 25. 8. 1994; »Zurück in die Heimat – nur zum Urlaubmachen«, FR, 10. 1. 1995.

321 »›An kein Land binden‹«, Der Spiegel 50, 1996, Nr. 29, 48 ff.; Hans-Christian Rößler, »Man kann seine Identität nicht von heute auf morgen aufgeben«, FAZ, 29. 7. 1997; Zafer Senocak, »Aber das Herz schlägt noch türkisch«, taz, 22. 8. 1998.

322 Dieter Wulf, »Gute Juden – böse Israelis«, RhM, 17. 2. 1985; Andreas Nechama, »Die jüdische Einwanderung besser absichern«, hagalil, 9. 5. 1999; Toby Axelrod, »Deutschland für GUS-Juden attraktiver als Israel«, tacheles, 8. 8. 2003; »Ausländer in Deutschland – Deutsche Ausländerpolitik«, www.schutzbund.de.

323 »Rückkehr zur Politik«, taz, 5. 10. 1998; »Kohl und Schäuble verteidigen CSU-Linie zur Ausländerpolitik«, 10. 7. 1998; »SPD und Grüne werben für neues Ausländerrecht«, FR, 11. 1. 1995; Ekkehard Wienholtz et al., »Wie die Ausländer zum Wohlstand in Deutschland beitragen«, ebd., 19. 8. 1998; »Neue Ausländerpolitik gefordert«, TSp, 2. 11. 1998.

324 »Bewegung in der deutschen Rechtspolitik«, NZZ, 17. 11. 1998; »Mehr Zuwanderung ist nicht verkraftbar«, TSp, 20. 11. 1998; »Schröder stellt sich in der Ausländerdebatte hinter Schily«, Die Welt, 26. 11. 1998; »Neues Staatsbürgerschaftsrecht noch vor der Sommerpause«, FAZ, 6. 1. 1999.

325 Martina Fietz, »Deutsche zum Nulltarif«, Die Welt, 17. 10. 1998; Daniel Goffart, »Legitime Kampagne mit schrillen Tönen«, HB, 5. 1. 1999; »Ausländerpolitische Kampagne der CDU/CSU«, NZZ, 5. 1. 1999; »CDU hält an der Unterschriftensammlung fest«, ebd., 11. 1. 1999.

326 Giovanni di Lorenzo, »Eine ganz unsinnige Polarisierung«, TSp, 10. 1. 1999; »Hitzige Kontroverse um die doppelte Staatsangehörigkeit«, HB, 12. 1. 1999; »Koalition einig über neues Doppelpass-Gesetz«, Die Welt, 13. 1.

1999; »Bubis verurteilt CDU-Kampagne«, FR, 14. 1. 1999; »Katholische Kirche für Doppel-Pass«, TSp, 16. 1. 1999.

327 Roland Koch, »Der Wille zur Integration ist nötig«, Die Welt, 15. 1. 1999; »Der Griff zur Liste«, BZ, 18. 1. 1999; »Im Laufschritt zur Wurst«, Der Spiegel 53, 1999, Nr. 3, 28; »Mehrheit gegen den Doppelpass«, RhM, 29. 1. 1999; »Denkzettel für die rot-grüne Koalition in Bonn«, NZZ, 9. 2. 1999.

328 »SPD auf Kompromisssuche beim Bürgerrecht«, NZZ, 11. 2. 1999; »Schröder will deutliche Einschränkungen beim Doppel-Pass«, TSp, 10. 2. 1999; »SPD setzt beim Staatsbürgerrecht nun auf die FDP«, FR, 11. 2. 1999; »Für die rasche Einbürgerung sind sie alle«, SZ, 3. 2. 1999; »CDU-Vorstand lehnt Gesetzentwurf zur Staatsangehörigkeit ab«, FAZ, 16. 3. 1999.

329 »Rot-Grün lenkt bei Doppelpass ein«, BZ, 25. 2. 1999; »SPD und FDP einig über deutsches Bürgerrecht«, NZZ, 12. 3. 1999; »Bundestag beschließt Doppelpass«, Die Welt, 8. 5. 1999; »Fauler Kompromiss«, ebd.; »Schily: Ein Zeichen für ein modernes und weltoffenes Deutschland«, FAZ, 17. 3. 1999.

330 Werner Kolkhoff, »Besser die zweitbeste Lösung als gar keine«, BZ, 13. 3. 1999; Eberhard Seidel-Pielen, »Mangelhaft und trotzdem gut«, taz, 13. 3. 1999; Vera Gaserow, »Ein Anfang mit Schlussstrich«, FR, 8. 5. 1999; »Territorialprinzip ergänzt Abstammungsregel«, FAZ, 19. 3. 1999. Vgl. Brubaker, Staats-Bürger, passim und Gosewinkel, Einbürgern und Ausschließen.

331 Johannes Leithäuser, »Einbürgerung nach sechs Jahren?«, FAZ, 21. 10. 1999; »Kein Ansturm auf den deutschen Pass in Bayern«, NZZ, 6. 1. 2000; Elke Spanner, »Der deutsche Pass kommt in Mode«, taz, 16. 5. 2000; »Mehr Einbürgerungen in Deutschland«, FAZ, 29. 12. 2000.

332 »Green Card«, www.germany-info.org; »Aufholjagd um talentierte Köpfe«, Focus-online; Pressemitteilung des WZB: »Green Card: Karriere und Gehalt locken«, www.wz-berlin.de, 9. 4. 2002

333 »CSU und Gewerkschaften kritisieren Green Card«, Die Welt, 15. 3. 2000; Presseerklärung des FIfF: »Zukunft statt Rüttgers«, www.FIfF.de, 26. 4. 2000; Pressemitteilung der Gesellschaft für Informatiker: »Schulte irrt: Green Card kein Rohrkrepierer«, www.gi-ev.de, 1. 8. 2001; Artikel von Regierungonline: »Green Card drei Jahre alt – Verlängerung bis 2004«, www.Bundesregierung.de, 31. 7. 2003.

334 Johannes Rau, »Ohne Angst und Träumereien: Gemeinsam in Deutschland leben«, SZ, 13. 5. 2000; »Zwang zum Handeln«, FAZ, 19. 5. 2000; »Streit über die Besetzung der Einwanderungskommission«, SZ, 3. 7. 2000; »Das Einwanderungsgesetz kommt«, Die Welt, 7. 7. 2000; »Mit Rita Süssmuth an der Spitze«, TSp, 13. 7. 2000.

335 »Schily will Gespräche zur Einwanderungspolitik«, SZ, 16. 5. 2000; »Streit und Bewegung in der Asyl-Frage«, Die Welt, 29. 6. 2000; Stefan Dietrich, »Fremdbestimmte Ausländerpolitik«, FAZ, 6. 7. 2000; »Bonussystem für Ausländer in Deutschland?«, NZZ, 19. 4. 2001 und Zuwanderung gestalten – Integration fördern. Bericht der Unabhängigen Kommission »Zuwanderung«, Berlin 2001.

336 »CSU: Ausländer müssen Deutsch lernen«, SZ, 9. 7. 1998; »Stoiber lehnt ›Mischmasch‹ ab«, ebd., 18. 2. 1999; »Notfall Deutschstunde«, RhM, 15. 1. 1999; »Bayern führt schriftlichen Sprachtest für Ausländer ein«, BZ, 11. 3. 2000; Dilek Güngör, »Die Augen sollen sich nicht öffnen«, FAZ, 9. 6. 2000.

337 »Multikultur funktioniert nicht ohne Leitkultur«, WaS, 22. 11. 2000; »Künast: Kein Abschied vom Wort ›multikulturell‹«, FAZ, 2. 11. 2000; Mark Terkessidis, »Das Spiel mit der Herkunft«, taz, 4. 11. 2000; »Büffeln für die Einbürgerung«, BZ, 15. 12. 2000; Vgl. Andrea Mrozek, »Heavy on the Leitkultur«, Central Europe Review 2, 2000, Nr. 42.

338 »Gesetz zur Steuerung und Begrenzung der Zuwanderung und zur Reglung des Aufenthalts und der Integration von Unionsbürgern und Ausländern (Zuwanderungsgesetz)«, Bundesgesetzblatt, 25. 6. 2002. »Das deutsche Ausländerrecht als Zankapfel,« NZZ, 8. 9. 2001; »Zuwanderung – Eklat im Bundesrat,« TSp, 23. 3. 2002.

339 Zuwanderungsgesetz«, www.aufenthaltstitel.de.zuwg; »Schwarz-rote Lösung«, TSp, 18. 6. 2004; »Zuwanderung – jetzt ist sie geregelt«, ebd; »Zuwanderungsgesetz kann in Kraft treten«, 9. 7. 2004, www.bundesregierung.de.

340 »Bundespräsident nennt Umgang mit Ausländern Prüfstein für Demokratie«, TSp, 4. 10. 1992; Werner Schiffbauer, »Assoziationen der Freiheit«, taz, 12. 12. 1992; »Zivile Konfliktbewältigung ist keine deutsche Tugend«, ebd., 11. 12. 1991. Vgl. Wilhelm von Sternburg, Hg., Für eine zivile Republik. Ansichten über die bedrohte Demokratie in Deutschland, Frankfurt 1992.

341 Jochen Kummer, »Sind wir ein Einwanderungsland?«, WaS 2, 1997; »Die Zahl der Ausländer sagt wenig über die Migrationsdynamik«, FAZ, 11. 11. 2000; Rolf Geffken, »Erst raus, dann rein?«, FR, 17. 3. 2000.

342 »›Sie sind ein Utopist‹«, Der Spiegel 52, 1998, Nr. 14, 48 ff.; »Generalmobilmachung gegen Ausländer«, SZ, 21. 2. 1998; Klaus Weber, »Der neue Totmacher kommt aus der deutschen Normalität«, FR, 15. 10. 1999; »Familienkultur der Intoleranz und des Hasses«, taz, 23. 3. 1999. Für die Entwicklung der Diskussion vgl. Klaus J. Bade, Ausländer, Aussiedler, Asyl in der Bundesrepublik Deutschland, 3., neu bearb. u. akt. Aufl. Hannover 1994.

343 Margarita Mathiopoulos, »Europa, einig Mutterland«, ND, 23. 6. 1990; Sonja Margolina, » Der Ethnizismus im multikulturellen Gewand«, taz, 2. 1. 1995 und »Wer zu spät kommt«, Die Zeit, 10. 6. 1998; »Ein Amt zwischen den Stühlen«, taz, 9. 11. 1999; Daniel Bax, »Wie verkaufe ich einen Türken?«, ebd., 1. 2. 2000.

344 »Wir brauchen Zuwanderung«, BZ, 14. 2. 2000; »Das Werk des Rassismus«, SZ, 25. 9. 2000; »Warnung vor Ghettos – Angst vor Vergreisung«, ebd., 1. 3. 2000; »Die Republik ist in Gefahr«, ebd., 2. 10. 1992. Vgl. Klaus J. Bade und Rainer Münz, Hg., Migrationsreport 2000. Fakten, Analysen, Perspektiven, Frankfurt 2000.

345 Marie Luise Knott, »Fremd ist der Fremde nur in der Fremde«, TSp, 16. 12. 1992; Thomas Lackmann, »Mutterheimat, Vaterland«, ebd., 7. 6. 1998; Robert Leicht, »Die List der Vernunft«, ebd., 2. 2. 2001.

346 Gerd Held, »Tischsitten, Stahlbrücken, Verfassungsartikel«, FAZ, 7. 10. 2001; »Was tun gegen die neuen nationalen und rassistischen Töne?«, SZ, 14. 5. 1998; »Türken bilden an vielen Orten eine ethnische Subkultur«, FR, 28. 12. 1999.

347 Zafer Senocak, »Heimatwunsch in der Fremde«, TSp, 3. 11. 2001; Bassam Tibi, »Hidschra nach Europa«, FAZ, 18. 12. 2000; »Ich bin stolz, ein Kanake zu sein«, TSp, 31. 11. 2000; »Ich gehör' hier dazu«, Die Welt, 11. 11. 2000; »50 Millionen Mark gegen Ausländerfeindlichkeit«, Die Welt, 17. 10. 2000; »Plan zur Integration von Ausländern«, SZ, 16. 6. 2000.

Anmerkungen für Schluss von Teil III

348 Als Einstieg: Konrad H. Jarausch, »Etiketten mit Eigenleben. Wende, Zusammenbruch, friedliche Bürgerrevolution«, Das Parlament, 25. 8. 2000. Vgl. Hans-Joachim Veen, Hg., Nach der Diktatur. Demokratische Umbrüche in Europa – zwölf Jahre später, Köln 2003.

349 Jarausch und Sabrow, Weg in den Untergang versus von Plato, Die Vereinigung.

350 Jürgen Kocka, »Reform and Revolution. Germany 1989–90«, in: Reinhard Rürup, The Problem of Revolution in Germany, 1789–1989, Oxford 2000, 161–179.

351 Neubert, Geschichte der Opposition. Der Begriff wurde allerdings stärker in Polen und Ungarn gebraucht.

352 Detlef Pollack, »Wirtschaftlicher, sozialer und mentaler Wandel in Ostdeutschland. Eine Bilanz nach zehn Jahren«, APuZ B 40, 2000, 13–21.

353 Misselwitz, Nicht mehr mit dem Gesicht nach Westen und Staatskanzlei des Landes Sachsen-Anhalt, Hg., Fragen zur deutschen Einheit. Reinhard Höppner im Gespräch mit Daniela Dahn, Egon Bahr, Hans Otto Bräutigam, Erhard Eppler, Günter Gaus, Regine Hildebrandt, Günter Grass, Halle 1999.

354 Hermann Rudolph, »Es geht längst nicht mehr darum, ob die Bundesrepublik ein Einwanderungsland ist«, TSp, 11. 7. 1996; Ayhan Bakirdögen, »Wegbereiter für die multikulturelle Gesellschaft«, ebd., 24. 11. 1996. Vgl. »Wir öffnen die Tür einen Spalt«, TSp, 3. 7. 2004.

355 Timothy Garton Ash, The Magic Lantern. The Revolution of '89 Witnessed in Warsaw, Budapest, Berlin, and Prague, New York 1990.

356 Wilhelm Heitmann, »Feindselige Normalität«, Die Zeit, 11. 12. 2003.

357 Fritz Stern, Verspielte Größe. Essays zur deutschen Geschichte, München 1996.

358 Als westliches Beispiel vgl. Eley, Forging Democracy.

359 Konrad H. Jarausch, »Die Postnationale Nation. Zum Identitätswandel der Deutschen 1945–1995«, Historicum 14, 1995, Frühling, 30–35.

360 Beiträge zum Titel »Der letzte Deutsche«, Der Spiegel 58, 2004, Nr. 2, 38 ff. Vgl. Bade, Europa in Bewegung.

Anmerkungen für Schlusskapitel

1 Erich Nickel, »Der Streit um die deutsche Hauptstadt«, Berlinische Monatsschrift 10, 2001, Heft 7, 20–27. Vgl. auch Udo Wengst, Hg., Historiker betrachten Deutschland. Beiträge zum Vereinigungsprozeß und zur Hauptstadtdiskussion (Februar 1990–Juni 1991), Bonn 1992.
2 Johannes Gross, Begründung der Berliner Republik. Deutschland am Ende des 20. Jahrhunderts, Stuttgart 1995, 84 ff. Als Replik vgl. Habermas, Normalität einer Berliner Republik, 167 ff.
3 Max A. Höfer, »Die ›Berliner Republik‹ als Kampfbegriff?«, APuZ B 6–7, 2001, 27–30. Vgl. auch Willy-Brandt-Kreis, Hg., Zur Lage der Nation. Leitgedanken für eine Politik der Berliner Republik, Berlin 2001.
4 Kurt Sontheimer, »Berlin schafft keine neue Republik – und sie bewegt sich doch«, APuZ B 1–2, 2001, 3–5. Vgl. auch Roland Czada und Hellmut Wollmann, Hg., Von der Bonner zur Berliner Republik. 10 Jahre Deutsche Einheit, Wiesbaden 2000, 13 ff. und Dieter Dettke, Hg., The Spirit of the Berlin Republic, New York 2003.
5 Frank Brunssen, »Das neue Selbstverständnis der Berliner Republik«, APuZ B 1–2, 2001, 6–14. Vgl. James und Stone, When the Wall Came Down.
6 Hans-Ulrich Wehler, Hg., Aus der Geschichte lernen. Essays, München 1988, 11–18; Peter Graf Kielmansegg, »Lernen aus der Geschichte – Lernen in der Geschichte. Deutsche Erfahrungen im 20. Jahrhundert«, in: Weilemann, Macht und Zeitkritik, 3–16.
7 Gerhard L. Weinberg, »Reflections on Two Unifications«, GSR 21, 1998, 13–25. Hans-Ulrich Wehler, Deutsche Gesellschaftsgeschichte, München 2003, Band 4: 981 ff. konstatiert diese Veränderung, ohne die dahinterliegenden Lernprozesse genauer zu analysieren.
8 Brockhaus Enzyklopädie, 20 Bde., Wiesbaden 1974, 20: 719 f.; Johannes Weiß, »Zivilisation«, in: Günter Endruweit und Gisela Trommsdorff, Hg., Wörterbuch der Soziologie, 2., neu bearb. u. erw. Aufl. Stuttgart 2002, 715–717; Hans-Günther Thien, »Zivilgesellschaft«, in: Werner Fuchs-Heinritz et al., Hg., Lexikon zur Soziologie, 3., neu bearb. u. erw. Aufl. Opladen 1995, 757. Vgl. Kleines Politisches Wörterbuch, 3., überarb. Aufl. Berlin 1978, 1043 f.
9 Habermas, Normalität einer Berliner Republik, 167 ff. Vgl. auch Winkler, Der lange Weg.
10 Kielmansegg, Nach der Katastrophe, 81. Vgl. Wirth, Das demokratische Deutschland.
11 Görtemaker, Geschichte der Bundesrepublik. Vgl. auch Kraushaar, 1968. Das Jahr.
12 Konrad H. Jarausch, »Deutsche Einsichten und amerikanische Einflüsse. Kulturelle Aspekte der Demokratisierung Westdeutschlands«, erscheint in Bauerkämper et al., Demokratiewunder?
13 Hans Misselwitz, »Die unvollendete Berliner Republik. Warum der Osten zur Sprache kommen muss«, in: Willy-Brandt-Kreis, Zur Lage der Nation, 32 ff.

14 Siehe Kapitel 8 und 9.
15 Hajo Funke, Paranoia und Politik. Rechtsextremismus in der Berliner Republik, Berlin 2002.
16 Susanne Lütz, »Vom koordinierten zum marktorientierten Kapitalismus?«, in: Czada und Wollmann, Von der Bonner zur Berliner Republik, 651 ff.
17 Konrad H. Jarausch, »Mißverständnis Amerika. Antiamerikanismus als Projektion«, erscheint 2005 in einem von Patrice Poutrus hg. Sammelband. Vgl. auch Jürgen Maier, Politikverdrossenheit in der Bundesrepublik Deutschland. Dimensionen, Determinanten, Konsequenzen, Opladen 2000.
18 Daniela Dahn, »Vereintes Land – geteilte Freude« und andere Texte in: Willy-Brandt-Kreis, Zur Lage der Nation, 12 ff.
19 Konrad H. Jarausch, »Normalisierung oder Re-Nationalisierung? Zur Umdeutung der deutschen Vergangenheit«, GG 21, 1995, 571–584.
20 Siehe Kapitel 1 und 2.
21 Markovits und Gorski, Grün schlägt rot.
22 Hacker, Deutsche Irrtümer. Günter Grass, »Mein Deutschland«, in: Willy-Brandt-Kreis, Zur Lage der Nation, 136 ff. und Daniel Cohn-Bendit und Thomas Schmid, Heimat Babylon. Das Wagnis der multikulturellen Demokratie, 2. Aufl. Hamburg 1993.
23 Frei, Vergangenheitspolitik.
24 Peter Reichel, Politik mit der Erinnerung. Gedächtnisorte im Streit um die nationalsozialistische Vergangenheit, München 1995 und Annette Weinke, Die Verfolgung von NS-Tätern im geteilten Deutschland. Vergangenheitsbewältigungen 1949–1969 oder: Eine deutsch-deutsche Beziehungsgeschichte im Kalten Krieg, Paderborn 2002.
25 Dirk van Laak, »Der Platz des Holocaust im deutschen Geschichtsbild«, in: Jarausch und Sabrow, Die historische Meistererzählung, 163–193 und Michael Jeismann, Auf Wiedersehen Gestern. Die deutsche Vergangenheit und die Politik von morgen, Stuttgart 2001.
26 Kielmansegg, Nach der Katastrophe, 46 ff., 131 ff.
27 Kielmansegg, »Lernen aus der Geschichte«, 8 ff.
28 Simone Barck, Antifa-Geschichte(n). Eine literarische Spurensuche in der DDR der 1950er und 1960er Jahre, Köln 2003. Vgl. Konrad H. Jarausch, »Die gescheiterte Gegengesellschaft. Überlegungen zu einer Sozialgeschichte der DDR«, AfS 39, 1999, 1–17.
29 »Skandal und Öffentlichkeit in der Diktatur«, Sektion des Historikertags von 2002 in Halle. Vgl. Schildt, Ankunft im Westen, 15 ff.
30 Herbert, Wandlungsprozesse, 7 ff.
31 Diese Tabuisierung erklärt die emotionale Resonanz von Friedrich, Der Brand und Anonyma, Eine Frau in Berlin, sowie die Kontroverse um das Zentrum für Vertreibung.
32 Eric Hobsbawm, Das Zeitalter der Extreme. Weltgeschichte des 20. Jahrhunderts, 5. Aufl. München 2002. Vgl. Hans-Peter Schwarz, »Die neueste Zeitgeschichte«, VfZ 51, 2003, 5–28.

33 Michael Staack, »Abschied vom ›Frontstaat‹. Deutschlands veränderte Außen- und Sicherheitspolitik«, in: Czada und Wollmann, Von der Bonner zur Berliner Republik, 159 ff. Vgl. Hans-Ulrich Klose, »The Foreign Policy of the Berlin Republic« und Daniel Hamilton, »The Berlin Republic in a Global Age«, in: Dettke, The Spirit of the Berlin Republic, 48 ff., 56 ff.

34 Till Müller, »Verfassungspatriotismus«, Mitteilungen der Humanistischen Union Nr. 165, 1999. Vgl. Konrad H. Jarausch, »Die Postnationale Nation. Zum Identitätswandel der Deutschen 1945–1995«, Historicum 14, 1995, Frühling, 30–35.

35 Jay Julian Rosellini, Literary Skinheads? Writing from the Right in Reunified Germany, West Lafayette 2000; Jürgen Habermas, Die postnationale Konstellation. Politische Essays, Frankfurt 1998 versus Gerhard Schröder, »Programm für die Zukunft«, Rede auf dem SPD-Kongress Politikwechsel am 29. 6. 1998 in Berlin.

36 Edgar Grande und Burkhard Eberlein, »Der Aufstieg des Regulierungsstaates im Infrastrukturbereich«, in: Czada und Wollmann, Von der Bonner zur Berliner Republik, 651 ff. Vgl. Paul Nolte, Generation Reform. Jenseits der blockierten Republik, München 2004 versus Oskar Negt, »›Die Gewinne von heute…sind die Arbeitslosen von morgen«, in: Willy-Brandt-Kreis, Zur Lage der Nation, 224 ff.

37 Friedrich Dieckmann, »Top down oder bottom up? Zum Prozess der deutschen Vereinigung«, in: ebd., 79 ff. Vgl. Rolf Reißig, »Nach dem Systemschock. Transformation im Osten und Wandel der ›alten‹ Bundesrepublik«, in: Czada und Wollmann, Von der Bonner zur Berliner Republik, 73 ff.

38 Vladimir Handl, »Ungleiche Partner. Deutschland – aus tschechischer Sicht gesehen«, in: ebd., 228 ff. Vgl. Anna Wolff-Poweska, »The Berlin Republic from a Polish Perspective«, in: Dettke, The Spirit of the Berlin Republic, 180 ff.

39 Friedrich Schorlemmer, »Die Forderungen der Bürger an die Demokratie – die Forderungen der Demokratie an die Bürger«, in: Willy-Brandt-Kreis, Zur Lage der Nation, 201 ff. und Peter Graf Kielmansegg, »Soll die Demokratie direkt sein?«, FAZ, 25. 4. 2001.

40 Detlef Pollack, »Das geteilte Bewusstsein. Einstellungen zur sozialen Ungleichheit und zur Demokratie in Ost- und Westdeutschland 1990–1998«, in: Czada und Wollmann, Von der Bonner zur Berliner Republik, 281 ff. Vgl. Hartmut Kaelble, Wege zur Demokratie. Von der Französischen Revolution zur Europäischen Union, Stuttgart 2001.

41 Constanze von Bullion, »Das bewegte Dorf«, TSp, 2. 3. 2003. Vgl. »Von der APO zu ATTAC: Politischer Protest im Wandel«, vorgänge 42, 2003, Heft 4, passim.

42 Artikel von Regierungonline, »Neuregelung verschärft Kampf gegen internationalen Terrorismus«, www.bundesregierung.de, 29. 4. 2002; Pressemitteilung des BMI, »Schily: BKA erfolgreich im Kampf gegen den Terrorismus«, www.bmi.bund.de, 4. 9. 2002; Stefan Krempl, »Schilys Geheimplan im Kampf gegen den Terrorismus«, Telepolis, www.telepolis.de, 12. 10. 2001.

43 Manfred G. Schmidt, »Immer noch auf dem ›mittleren Weg‹? Deutschlands politische Ökonomie am Ende des 20. Jahrhunderts«, in: Czada und Wollmann, Von der Bonner zur Berliner Republik, 491 ff., 514 ff. Vgl. Frank Thies, »The Economic and Social Fabric of the Berlin Republic«, in: Dettke, The Spirit of the Berlin Republic, 85 ff. und Gabriele Metzler, Der deutsche Sozialstaat. Vom bismarckschen Erfolgsmodell zum Pflegefall, München 2003.

44 Konrad H. Jarausch, »A Double Burden. The Politics of the Past and German Identity«, in: Leonhard und Funk, Ten Years of German Unification, 98–114.

45 »Die OSTalgie-Show«, www.ZdF.de, und andere, kommerzielle Webseiten; Tobias Dürr, »On ›Westalgia‹. Why West German Mentalities and Habits Persist in the Berlin Republic«, in: Dettke, The Spirit of the Berlin Republic, 24 ff.

46 Edelbert Richter, »Aufschwung unter neoliberalem Vorzeichen. Zur wirtschaftlichen Lage im Osten der Nation«, in: Willy-Brandt-Kreis, Zur Lage der Nation, 102 ff. Vgl. auch Konrad H. Jarausch, »Creative Destruction. Transforming the East German Academic System«, in: Jürgen Büschenfeld et al., Hg., Wissenschaftsgeschichte heute. Festschrift für Peter Lundgreen, Bielefeld 2001, 192–210.

47 Philippe Moreau Desfarges, »In Search of a New Balance. France, Germany and the New Europe«, in: Dettke, The Spirit of the Berlin Republic, 162 ff.

48 »Zuwanderung: Alle rügen die Union«, TSp, 20. 2. 2004. Vgl. Faruk Sen, »Berlin's Turkish Community«, in: Dettke, The Spirit of the Berlin Republic, 130 ff.

49 Herbert, Wandlungsprozesse, 48 f.

50 Klaus Naumann, »Die Historisierung der Bonner Republik. Zeitgeschichtsschreibung in zeitdiagnostischer Absicht«, Mittelweg 36, Nr. 9, 2000, Heft 3, 53–66. Vgl. Gabor Steingart, »Die Wohlstands-Illusion«, Der Spiegel 58, 2004, Nr. 11, 52 ff. und ders., »Der deutsche Irrweg«, ebd. Nr. 12, 52 ff.

51 Michael Gehler, »Zeitgeschichte zwischen Europäisierung und Globalisierung«, APuZ, B 51–52, 2002, 23–35 und Gerhard Schulz, »Gegen die Vermehrung ist der Markt ein Nichts. Überlegungen zu einer Geschichte im Zeitalter der Globalisierung«, FAZ, 26. 7. 2003.

52 Peter Conradi, »The Architectural Rebirth of a Capital«, in: Dettke, The Spirit of the Berlin Republic, 110 ff.

53 Sebastian Conrad, Auf der Suche nach der verlorenen Nation. Geschichtsschreibung in Westdeutschland und Japan, 1945–1960, Göttingen 1999.

54 R. J. B. Bosworth, Explaining Auschwitz and Hiroshima. History Writing and the Second World War, 1945–1990, London 1993.

55 Gerhard Botz und Gerald Sprengnagel, Hg., Kontroversen um Österreichs Zeitgeschichte. Verdrängte Vergangenheit, Österreich-Identität, Waldheim und die Historiker, Frankfurt 1994.

56 Robert O. Paxton, Vichy France. Old Guard and New Order, 1940–1944, New York 1972 und Henry Rousso, Vichy. L'événement, la mémoire, l'histoire, Paris 2001.

57 Daniel Benjamin, »Condi's Phony History. Sorry, Dr. Rice, Postwar Germany Was Nothing Like Iraq«, Slate Magazine, www.slate.msn.com, 29. 8. 2003; Daniel Rogers, »Misuse of the American Occupation of Germany«, H-German, www.h-net.org, 4. 11. 2003.

58 Kielmansegg, Nach der Katastrophe, 654 ff.

59 Ute Frevert, Eurovisionen. Ansichten guter Europäer im 19. und 20. Jahrhundert, Frankfurt 2003. Vgl. Eric Frey, Schwarzbuch USA, Frankfurt 2004.

60 Ludger Kühnhardt, Die Universalität der Menschenrechte, 2., überarb. u. erw. Aufl. Bonn 1991. Vgl. Jeffrey N. Wasserstrom, Lynn Hunt und Marilyn B. Young, Hg., Human Rights and Revolutions, Lanham/MD 2000.

61 »Die Allgemeine Erklärung der Menschenrechte«, UNO-Resolution 217 A (III) vom 10. 12. 1948, www.unhchr.ch. Weitere Dokumente in: Kühnhardt, Die Universalität, 314–429.

62 »Jahresbericht Forum Menschenrechte 2002«, www.forum-menschenrechte.de. Vgl. Georg Nolte und Hans-Ludwig Schreiber, Hg., Der Mensch und seine Rechte. Grundlagen und Brennpunkte der Menschenrechte zu Beginn des 21. Jahrhunderts, Göttingen 2004.

Personen- und Sachregister

L

M